# THE LONGEST AUGUST

# 漫长的八月

THE

UNFLINCHING

RIVALRY

BETWEEN

INDIA

AND

PAKISTAN

[英] 迪利普·希罗——著

周平——译

上海译文出版社

# 目 录

# 序

    爱尔兰是第一个在英联邦内获得自治领地位的大英帝国殖民地。1922 年 12 月 6 日，以新教教徒为主的北爱尔兰根据 1921 年 12 月的《英-爱条约》行使其权利，脱离了爱尔兰自由邦，继续作为大英帝国的一分子留在版图内。新教徒与天主教徒之间的紧张关系由来已久，可追溯到 1690 年发生的博因河战役，交战双方是信奉新教的奥兰治的威廉三世与信奉天主教的詹姆斯二世，此战最终导致了爱尔兰的分裂。

    在爱尔兰分治四分之一世纪后，印度次大陆成为英国的下一个殖民地，并最终分裂为印度自治领和巴基斯坦自治领。导致这一结果的是占人口多数的印度教教徒和占人口少数的穆斯林之间不可调和的紧张关系。而这一分治的持续、实施及其直接后果和之后的状况，对该地区乃至整个世界的影响要远远大于爱尔兰的分裂。

    这两个分裂的区域之间的共同点为宗教归属。爱尔兰这边，是基督教内部不同教派之间的矛盾；在统一但被殖民的印度，则是信奉多神论的印度教和信奉一神论的伊斯兰教之间的冲突。绝对数字表明，在分治前夕，印度次大陆有 2.5 亿印度教教徒和 9000 万穆斯林，他们加在一起构成了世界人口的近五分之一。

由于少数民族跨越 1947 年 8 月建立的新边界进行双向迁移，数百万家庭被迫离开他们生活了几个世纪的家园。他们留下了所有的不动产和大部分动产。两方政府充公没收了背井离乡者的财产，并计划用以补偿来自对方地区的由于分治而失去财产的人们。尽管印度教教徒和锡克教教徒在西旁遮普邦的总资产超过了穆斯林在东旁遮普邦和德里的总资产，但这一计划在东、西旁遮普和毗邻德里的地方都颇有成效。

小省信德的情况有两点不同于旁遮普省。该地区的人们仍然团结一致，并且没有发生旁遮普邦那样的集体屠杀。在信德省两个主要城市，针对在经济水平和教育程度上远比穆斯林优越的印度教教徒的暴力活动是有限的，但这足以导致信德省的印度教教徒不断外流。然而，与西巴基斯坦的印度教教徒和锡克教教徒不同的是，信德省内没有一块为独立前的印度所保留的地方可供他们迁移过去。因此，他们以相对较少的人数乘火车和轮船出行，历时数月，最后到达了印度西部一个从德里延伸到孟买省南段的弧形地带的印度城市和大型城镇，当地居民都讲马拉地语。

我的老家就在信德省的拉尔卡纳镇，属于这类来自西巴基斯坦的难民。我们从卡拉奇乘船前往古吉拉特邦北部的奥哈港，最后在一个二战时期建造的空荡荡的军营里住下。那里距离孟买市中心东南 35 英里，此时被称为卡扬难民营，编号为 1—5。营地有一排单间，前面是阳台，住宿是免费的，大房间是起居兼睡觉的地方，阳台上有一块地方是用来做饭的。

与之前和之后的其他难民一样，我们慢慢地有了自己的生活。多亏了政府对巴基斯坦难民子女提供贷款，我才得以上了大学。既不希望也不打算回到那个已成"其他"国家的地方，那扇门一直关着。

从古吉拉特邦一个油井钻探项目的合格工程师，到伦敦自学成才的专业作家，我的个人经历属于我的另一成就，与我目前的工作无涉。

这本关于印巴之间麻烦不断的关系的书，不仅记录了政治军事事件及其主要参与者，还记录了双方在贸易和文化上的联系。其内容涵盖了全球参与塑造这些南亚邻国之间关系的主要大国——美国、苏联、中国等，这些国家共同构成了世界人口的五分之一。

在引言中，我解释说，这场长达 65 年的克什米尔争端，源于印度教教徒与穆斯林之间的紧张关系，其历史可追溯到 8 个世纪前。1807 年后，英国对印度次大陆的征服在一个世纪内引发了印度民族主义。对于第一次世界大战后迅速兴起的反帝运动之目标，人们有两种不同的解释，一是为了结束英帝国的统治，将被奴役的印度变为一个主权国家，一是为了结束占人口四分之三的印度教教徒自 1192 年以来所受的奴役；他们现在准备以一人一票的方式为基础管理一个自由的印度。这两种解释互有交集，因为最重要的反帝国主义政党，即印度国大党，绝大多数成员为印度教教徒。

1915 年，印度古吉拉特律师莫罕达斯·K. 甘地从南非归来，在国家政治中播下了一粒种子。这粒种子将成长为一棵覆盖许多政治空间的树。他与另一位讲古吉拉特语的律师穆罕默德·阿里·真纳的竞争，将在之后的 30 年里主导次大陆的政治。这是本书第一章的要点。

甘地是一位虔诚的宗教人士，他与基拉法特运动的穆斯林领导人结成了联盟，在伊斯坦布尔建立的哈里发政权在 1918 年奥斯曼帝国被盟军击败后地位岌岌可危，基拉法特运动致力于维护这一政权，其领导人还对甘地在 1920 年发起的不合作运动予以了支持。甘地突然中止与该运动的关系令他们感到失望和困惑。事实证明，为反对英国统治而形成的印度教教徒和穆斯林之间的联合是暂时的。在之后的十年时间里，甘地开始从事为受剥削的农民和工人争取利益的事业；通过发起诸如未经官方许可的用海水制盐等非暴力运动，甘地得到了广泛的关注。面对甘地不断上升的名望，真纳将他的律师业务搬到了伦敦。本书第二章便涵盖了以上的分析性叙述。

第三章包括了真纳从伦敦归来担任了穆斯林联盟的领导，以及他对两国理论的阐述等内容。尽管该联盟在 1937 年的选举中表现不佳，但几乎完全由印度教教徒组成的国大党各部的政策，预示了国大党官员对穆斯林信仰和习俗的漠不关心。非联盟的穆斯林领导人与联盟保持着密切联系。在 1945—1946 年的选举中，联盟赢得了 73％的穆斯林选票，较之前的 5％是一个巨大的飞跃。

英国在第二次世界大战后决定退出印度，此举加剧了国大党与联盟之间的竞争：前者希望从英国手中继承一个统一的印度，后者则决心通过分割次大陆来建立穆斯林的家园。集体中不同群体之间的紧张关系演变为暴力冲突。这一时期的情况将在第四章中按时序交代。

第五章讲述了 1947 年 8 月在印度和巴基斯坦独立时及不久之后，旁遮普邦不同群体中出现的狂暴活动。作为一个分离出来的政治实体，巴基斯坦要想站起来还面临着重重障碍。

标志着独立的印度和巴基斯坦于 1947 年 8 月 14 日至 15 日诞生的集体大屠杀，尽管在几个月后平息，但不久之后爆发的克什米尔争端继续破坏着这两个邻国之间的关系。事实上，他们随后的时间里充斥着如此多的挑战、危机、代理战争（proxy wars）、暗中利用双方各自社会中的种族和其他断层线①的企图、热战以及核打击的威胁，以

---

① fault lines，即危机点、火药库，容易引发争端。——译者

至于有历史学家不得不将印巴关系概括为"最漫长的八月"。

接下来的一章概述了印度和巴基斯坦在查谟和克什米尔问题上的争夺战，这两个地方的人口以穆斯林为多，却由一位印度教的王公（maharaja）统治。当受到来自巴基斯坦的非正规武装部族入侵的威胁时，王公同意加入印度，并在秩序恢复正常后举行全民公决。这个问题提交给了联合国处理，但几十年来无法得到解决。

这两个邻国的发展道路不同。以多党制和普选为基础的民主政治在印度生根发芽。相比之下，巴基斯坦的政治生活则持续恶化，以致1958年穆罕默德·阿尤布·汗将军对巴基斯坦实行军事统治。他与印度总理尼赫鲁协商，寻求克什米尔问题的令人满意的解决方案，却无功而返。本书第七章讲述的是这一时期的事。

据印度方面宣称，是中国占领了克什米尔的一部分，尼赫鲁才不得不与对印度东北部与中国西藏地区的边界划分存在异议的中国政府打交道。当尼赫鲁试图通过军事行动维护印度的主张时，1962年10月，中印之间爆发了战争。一个月之后，中国在证明了其军事优势之后，宣布单方面停火，并将其部队撤至战前阵地，战争就此结束。这场武装冲突在中国和巴基斯坦之间形成了一种至今尚存的纽带。这是第八章的核心内容。

接下来的章节叙述了1965年9月巴基斯坦在印控克什米尔发动的战争。为期三周的敌对行动未能实现巴基斯坦的期望——破坏克什米尔的现状。事实上，巴基斯坦在这次战争中的失利导致了阿尤布·汗的倒台，以及接下来的东巴基斯坦的分裂。第九章描述了战争的形成、具体过程及后续影响。

下一章讨论的是1971年12月为期两周的第三次印巴战争的准备、交战及其后果。在意识形态方面，印度总理英迪拉·甘地通过表明种族优先于宗教，推翻了真纳的两国理论。这也是印控克什米尔的穆斯林分离分子事业受到的一次挫折。

第十一章展示了佐勒菲卡尔·阿里·布托是如何拯救西巴基斯坦的。尽管他1972年6月在与英迪拉·甘地的西姆拉谈判中表现不佳，但还是设法使她正式结束克什米尔问题的目标落空。在巴基斯坦，由于1977年3月的选举被操纵，街头出现了对布托的大规模抗议活动，但他未能予以遏制。这给他的伊斯兰军队总司令穆罕默德·齐亚·哈克提供了一个推翻政府、让巴基斯坦回归军事统治的机会。这段军事统治时期一直持续到1988年8月齐亚·哈克去世为止。在其统治期间，他将国家和社会伊斯兰化，从而使巴基斯坦进一步远离世俗的印度。苏联对阿富汗的军事介入将巴基斯坦推至冷战前沿，帮助齐亚·哈克加快了核武器计划，在该计划中中国向巴基斯坦提供了重要援助。1984年初，中国在其核试验场测试了一枚在巴基斯坦组装的原子弹。

1984年10月，拉吉夫·甘地顺利接替了他被暗杀的母亲英迪拉的位置。他找到了一位志趣相投的政治伙伴，那就是佐勒菲卡尔·阿里的女儿、1988年12月当选的巴基斯坦总理贝娜齐尔·布托。自1989年起，克什米尔的分离主义叛乱愈演愈烈，印度采取强硬手段镇压，两国之间的友好气氛随之烟消云散。布托和她的继任者穆罕默德·纳瓦兹·谢里夫的抗议徒劳无功。1991年5月拉吉夫·甘地遇刺后，纳拉辛哈·拉奥担任总理期间，国际局势发生了根本性变化。1991年12月的苏联解体，标志着美国在冷战中的胜利。德里加强了与华盛顿的联系，华盛顿认为没有必要弱化与巴基斯坦的历史联系。拉奥加速了印度的核武器计划。第十三章叙述的就是上述事件。

拉奥打算在1995年底测试三个核装置，该计划遭到了致力于阻止核武器扩散的美国总统比尔·克林顿的阻挠。但是，印度民族主义政党印度人民党（BJP）领导人阿塔尔·比哈里·瓦杰帕伊为了巩固该党在议会中微弱的多数席位，下令进行核弹试验。试验在1998年5月中旬进行。两周后，巴基斯坦步其后尘。凭借军事威慑力，巴基斯坦得以与印度平起平坐，从而消除了其在传统军事领域的劣势。1999年2月，信心满满的巴基斯坦总理谢里夫在拉合尔欢迎瓦杰帕伊的到访。在参观穆斯林联盟1940年3月23日通过《巴基斯坦决议》的地点时，瓦杰帕伊指出，一个稳定、安全和繁荣的巴基斯坦符合印度的最大利益。但事实再次证明，这只是一个虚假的黎明景象。三个月后，巴基斯坦陆军总司令佩尔韦兹·穆沙拉夫试图悄悄地攻占印控克什米尔的卡吉尔地区，但以失败告终。而他偷偷摸摸公之于众的核弹头导弹被克林顿察觉，后者随后进行了干预。在华盛顿的紧张谈判之后，他让谢里夫同意将军队撤回到克什米尔的控制线（LoC）。谢里夫的这桩交易为穆沙拉夫推翻他铺平了道路。上述事件详见第十四章。

随后一章叙述了911事件以及三个月后德里议会大厦遭遇恐怖袭击未遂之后，美国是如何成功地促使穆沙拉夫抛弃了阿富汗的塔利班政权，并停止向克什米尔分离主义者提供军事训练和武器的。但随后在2002年1月出现的印巴紧张局势的缓和未能持续下去。当年5月，恐怖分子袭击了克什米尔的卡鲁恰克军营，瓦杰帕伊授权轰炸巴控克什米尔的训练营。由于缺乏足够的激光制导炸弹，该命令不得不推迟执行。这给了美国和英国一个灭火的机会。两国下令其8万公民立即撤离印度和巴基斯坦，瓦杰帕伊的狂躁冷却了下来。两个拥有核武器的邻国从核战边缘退了回来。

第十七章囊括了国大党总理曼莫汉·辛格自2004年以来的所作

所为。他和穆沙拉夫建了一个秘密渠道，想就克什米尔问题达成协议。他们的私人特使制订了一项计划，穆沙拉夫在 2006 年 12 月公之于众。该计划设想在克什米尔"开放边界"，然后双方分阶段从控制线两侧撤军。由于这并不意味着改变目前的边界，该计划被交由印度内阁仔细审查。但是还没等到内阁明确表态，穆沙拉夫就被迫辞去了军队首脑的职务，于 2007 年 11 月宣誓就任文职总统。2008 年 8 月，为避免遭到反对派主导的议会弹劾，穆沙拉夫辞去了总统职务。解决克什米尔难题的希望再次破灭。三个月后，巴基斯坦恐怖分子对孟买南部的豪华酒店进行了 60 个小时的围攻，德里与伊斯兰堡的关系陷入僵局，并持续了两年半之久。

克什米尔的僵局已长达数十年，但似乎还不够，随着以美国为首的北约部队准备在 2014 年 12 月前撤离阿富汗，巴基斯坦和印度之间在阿富汗主导地位问题上的竞争也日益加剧。对于秉持着以印度为头号敌人这一信条长大的巴基斯坦将领来说，2011 年 10 月签署的《印阿战略伙伴关系协定》是朝着他们所设想的最糟糕的境地迈出的一步：印阿联盟从东西两侧同时攻击巴基斯坦。这是第十八章的要点。

相比地缘政治让双方为敌，阿富汗、巴基斯坦和北印度地区在语言、饮食、服饰、体育和表演艺术等文化方面仍然有诸多共同之处。宝莱坞电影和板球在印巴边境两侧依然很受欢迎。在经济领域，作为《南亚自由贸易协定》的签署国，印度和巴基斯坦从 2009 年开始互相实行自由贸易。该条约规定，到 2016 年，南亚区域合作联盟的 8 个成员国将把所有贸易商品的关税减至零。2013 年，他们达成了一项非歧视性市场准入协议，相当于最惠国待遇。倒数第二章的作用便是介绍这方面情况。

最后一章为总结与结论。

结语没有编入索引。

关于印度和巴基斯坦的货币汇率不断变化，用一句话说，就是印度卢比从 1947 年的 4.75 卢比兑换 1 美元跌至 2014 年的 60 卢比兑换 1 美元。而巴基斯坦卢比的贬值幅度更大。

我对如今已经卸任的 Nation Books 出版公司前主编卡尔·布罗姆利不胜感激，是他想出了写一本关于印巴关系的书的点子。他熟悉我的家庭背景和专业背景，认为我是写这本书的合适人选。其间他与我一起努力，对此书具体内容的最终确定提出了最佳方案。

2014 年 9 月写于伦敦

# 引 言

　　2013 年 3 月，东亚的空气中弥漫着末日来临的威胁。为了报复 2 月中旬朝鲜的地下核试验，联合国安理会对平壤实施了进一步的经济制裁。新上任的年轻领导人金正恩威胁要将有 1000 万居民的繁荣的韩国首都首尔变为"火海"，并要先发制人对华盛顿发动核打击。他宣布，他的国家将不再承认 1953 年的停战协定，而正是该协定结束了该国与联合国军之间的交战。联合国则反驳说，停战协定不能单方面取消。

　　然而，地面上似乎没有发生任何变化。停战的实际结果仍保持不变，即非军事区（DMZ）大致沿着三八线分布并由军事分界线平分。位于半岛西海岸附近的共同警备区（JSA）所在地板门店的基础设施也是如此。从首尔出发的一日游巴士数量没有减少，从边境穿过绿色的田野、灌木丛生的山丘和每隔几百码就能看见的军队观察哨需要一小时车程。

　　希望进入共同警备区的游客所面临的唯一危险，是在登上博尼法斯营地的一辆由士兵担任导游的联合国巴士之前签署一份承诺书，表示自己愿意对"因敌方行动直接造成的伤亡"承担责任。共同警备区是敌对双方在沿着军事分界线建造的大楼内进行谈判的地点。

对游客来说，最兴奋的是能围着谈判会议桌走走，这可是朝鲜人和联合国军指挥官（主要是韩国人和美国人）面对面坐着的地方。外面，快餐店、游乐园和纪念品商店的生意依然红火，这些商店出售儿童尺码的军装和印有 DMZ 字样的 T 恤和帽子。

朝鲜和韩国之间 160 英里长、2.5 英里宽的缓冲区被认为是世界上防御最严密、最危险的边界，尽管已经不再是了。这一荣誉如今属于克什米尔控制线（LoC），1950 年，在联合国斡旋下，一条长达460 英里的停火线划定了由印度和巴基斯坦控制的部分领土。2000 年3 月，美国总统比尔·克林顿访问印度，试图缓和该地区的紧张局势时，称此控制线为"世界上最危险的地方"。[1] 交战双方均拥有核武器，并具备搭载核武器的手段。巴基斯坦企图改变克什米尔的停战线，导致了两场战争：1985 年的一场大战和 1999 年发生在卡吉尔地区的一场小规模战争。

## 地球上最危险的地方

印度于 1990 年代中期开始沿克什米尔控制线设置围栏，但由于巴基斯坦的炮击和开火而停止，其原因在于巴方一直反对改变现状。印度 2001 年恢复该项目，并于 2004 年 9 月完成。最终，形成了一道375 英里长的巨大屏障，覆盖了查谟 178 英里的边界和克什米尔 197英里的边界，穿过干旱的土地、绿色的牧场和山谷、树木繁茂的丘陵

---

[1] Jonathan Marcus, "The World's Most Dangerous Place?," *BBC News*, March 23, 2000.

及蜿蜒崎岖的山脉。

这个屏障着实令人望而生畏。它由双排 12 英尺高的铁丝网组成，两排之间的地方布满了成千上万的地雷。在一些地点，围栏配备了热成像设备和运动传感器，以及内置的警报和照明系统，以警告来自巴控克什米尔的渗透部队。只有海拔最高的地区——从 10764 英尺的卡吉尔到 18875 英尺的锡亚琴冰川这段 88 英里长的冰川——没有设防。围栏的总成本高达 16.2 亿卢比（约合 3.24 亿美元），等于每英里要花 86.4 万美元，堪称天文数字。①

围栏并没有严格地沿克什米尔控制线修建，在印控领土内，它离控制线大约 150 码到 1 英里，于是创造了一个无人区。而且，由于这个区域里散布着一些农田与村庄，时而有士兵和平民在这里遇害，以致德里和伊斯兰堡激烈地指责彼此，反咬对方。

然而，在一些地区，围栏会穿过农场或果园。比如图塞夫·巴特那块 7 英亩的土地就是这样，它位于印控克什米尔的班迪波拉地区，就在风景秀丽的同名山谷的古雷兹附近。"围栏给我们造成了很大的不便，"巴特对记者阿萨·帕瓦伊兹说，"有时候，我们不得不走几公里从一个过境点到对面去，只为探望某个邻居，这个邻居住得可能离围栏那一侧不远，在这侧喊一声都能听见。"②

尽管最近一次的停火协议于 2003 年 11 月签署，克什米尔控制线沿线也筑有防御工事，但巴基斯坦管辖的地区仍然有人员一而再地零星渗透进古雷兹山谷。在有着 3.5 万人口的古雷兹镇，学校和其他公共建筑附近都建有防空洞，证明了当时炮兵部队沿控制线交火是一种

① Vinay Kumar, "LoC Fencing in Jammu Nearing Completion," *Hindu*, February 1, 2004.
② Athar Parvaiz, "INDIA: Kashmir's Fence Eats Crops," *IPS News*, October 31, 2011, http://www.ipsnews.net/2011/10/india-kashmirs-fence-eats-crops.

常态。目前，镇上居民担心的是农业和畜牧业是否具有可持续性。"即使没有枪声，但在围栏和控制线之间的地区放牧时，牛群会漫步到巴基斯坦一侧，再也回不来了。"巴特的邻居拉希德·隆对记者帕瓦伊兹说。巴特也证实了这一点。"2011 年 7 月，我所在的布达普村就有 85 头牛不见了，至少价值 5 万美元，"他说，"我们承受不起这样的损失，已经要求当局帮我们找回这些牲口或赔偿我们。"①

因此，没有人会从印控克什米尔的夏季首府斯利那加或冬季首府查谟乘大巴到克什米尔控制线来个一日游。最穷追猛打的印度记者能独自到达的最接近该屏障的地方是乌里，一个三面环山的小镇，离控制线大约 2 英里。从边境重镇巴拉穆拉去乌里镇，出租车要走 21 英里，途中会穿过一个个绿色山谷和 8200 英尺高的山脉，那里距离斯利那加有 35 英里。抵达此地的人会发现安置点里挤满了警察和线人，因为它坐落在一个到处是分离主义武装分子的地区。印方一侧部署了 40 万名全副武装的士兵和伞兵。由于一直担心印度的入侵，巴基斯坦将其 61 万兵力中的三分之二部署在控制线沿线。乔治·W. 布什政府和巴拉克·奥巴马政府一再向伊斯兰堡请求增援在阿富汗—巴基斯坦部落地区荒地的部队，通过减少在克什米尔的军事部署来帮助镇压阿富汗塔利班，但均未得到回应。巴基斯坦总统佩尔韦兹·穆沙拉夫将军在 2002 年 1 月时发表过声明，称"克什米尔流淌在我们的血液中"，此话至今仍然掷地有声。当时，70 万印度士兵和 30 万巴基斯坦士兵在控制线上对峙，高度戒备状态持续了整整一年。

在 1947 年 8 月印巴两国建立主权国家后的几个月里，在克什米尔发生的冲突使得两国关系恶化。巴基斯坦政府不肯眼睁睁地看着英

① Athar Parvaiz, "INDIA: Kashmir's Fence Eats Crops," *IPS News*, October 31, 2011, http://www.ipsnews.net/2011/10/india-kashmirs-fence-eats-crops.

属印度①穆斯林人口占多数的地区最终成为印度教主导的印度的一部分。这场冲突持续了近 70 年，其核心在于印度次大陆的印度教教徒和穆斯林之间长期不可调和的关系。

## 不和的历史根源

印度教为多神教，以偶像崇拜为中心。伊斯兰教是一神教，禁止雕刻图像。亚伯拉罕开始破坏偶像，穆罕默德在麦加亦是如此。印度教教徒崇拜男神和女神的偶像，他们相信轮回，认为永恒的精神以不同的物质形态在一个无尽的周期内生、死和重生。穆斯林相信，来世他们将在审判日受到安拉的审判，而唯有安拉知道哪一天是审判日。种姓是印度教不可分割的一部分，而在伊斯兰教中却没有成圣。

在印度次大陆，印度教教徒—穆斯林的对立已有长达 8 个世纪的历史。1192 年，阿富汗军队的穆罕默德·戈里在日出前的一次突然袭击中，在德里附近击败了信仰印度教的皇帝普里斯维·拉杰麾下令人生畏的拉其普特军队，建立了德里苏丹国，并将领地覆盖到印度北部的大部分地区。1526 年，德里苏丹国遭到扎希鲁丁·穆罕默德·巴布尔的围困，后者是当时喀布尔的统治者，还建立了莫卧儿王朝。1807 年，该国让位于英属印度。

与这个次大陆之前的外国统治者不同，作为东印度贸易公司的定期合同雇员而从海路抵达的英国人来自一个岛屿，其独特身份使他们

---

① British India，又可写作 British Raj，指英国在 1858 年到 1947 年间于印度次大陆建立的殖民统治区，包括今印度、孟加拉国、巴基斯坦、缅甸。——译者

引 言

可以在服完役后回归家园。他们的阿富汗和莫卧儿王朝先辈则不是这样，那些人在被征服的土地上定居下来，成为土著社会不可分割的一部分。

到 1807 年，穆斯林占印度人口的四分之一，其中大多是无种姓的贱民和低等级种姓的印度教教徒皈依了伊斯兰教，原来的阿富汗和莫卧儿王朝的少数统治精英则居于社会顶层。在占压倒性多数的印度农村，穆斯林住在主要村庄之外的小村落，有自己的水井。在城镇，印度教教徒和穆斯林自愿住在不同的社区。

两个社群之间的社交往来很少，也不通婚。就大众层面来说，共同的摩擦点集中在印度教对牛的崇敬以及穆斯林出于宗教信仰对猪及猪肉的极其厌恶上。自公元 4 世纪以来，在印度教王国，杀牛被认为是死罪。为报复穆斯林屠宰牛的行为，死硬的印度教教徒在清真寺入口处偷偷放置猪头或死猪，或者在祈祷期间于清真寺外播放音乐或演乐，以此亵渎清真寺。

英国统治时期，实行统治的少数白人基督徒与被征服的占多数的印度人之间出现了种族隔离，引起当地人对外国帝国主义的普遍不满。这种情绪主导了 1885 年成立于孟买的以印度教为主的印度国民大会党（以下简称"国大党"），后者提出了一个温和的要求，即希望"扩大政府，让人民在其中享有适当和合法的比例"。①

总的来说，由于帝国落入英国之手，穆斯林精英们气愤难当，拒绝接受他们落差巨大的现状。而上层种姓的印度教教徒的情况恰恰相反。往日里，他们已经适应了外国统治的现实，学习穆斯林王朝 7 个世纪以来的宫廷语言波斯语，以治国理政。随着英国统治时期的到

---

① Dilip Hiro, *The Timeline History of India* (New York: Barnes & Noble, 2006), 242.

来，他们转而掌握了英语。如此，印度教教徒中催生出一个受过英语教育的城市中产阶级。相比之下，穆斯林仍然分为文盲的农民和富有的贵族地主两个极端。

穆斯林贵族中也有少数人适应了新的社会现实。其中最著名的是赛义德·艾哈迈德·汗爵士（1817—1898）。赛义德爵士留着浓密的胡须，受过高等教育，亲英，是一位政治思想家和教育家。他敦促穆斯林同胞学习英语，于 1875 年在阿里格尔建立了穆罕默德盎格鲁-东方学院。他还建议与他的宗教同胞远离国大党，专注于扩大"穆罕默德教育大会"（Muhammadan Educational Conference）。

他认为，国大党要求印度人在政府中发挥更广泛的作用，是在为英国人撤离次大陆做准备。"现在，假设英国居民和军队要离开印度，带走他们所有的大炮、精良的武器及其他一切，那么谁会是印度的统治者呢？"他在 1888 年 3 月的一次演讲中问，"在这种情况下，信奉伊斯兰教和信奉印度教的这两个民族会共同执政并拥有同等的权力吗？绝不可能。他们中的一方必须征服另一方。希望两者能保持平等，等于渴望不可能发生和不可想象的事……但是，在一个民族征服另一个民族并使其臣服之前，和平不可能普照这片土地。"[1]

赛义德爵士的演说反映了他所尖锐地称为"民族"的两个社群之间不断升级的摩擦。有时，这些紧张局势升级为暴力冲突。第一次有记录的社群骚乱是在 1854 年古吉拉特邦北部城镇戈德拉发生的。这一事件的细节尚不清楚。[2] 人们更为了解的是 1893 年 8 月发生在孟买的集体骚乱事件。它爆发的背景，是一个被许多穆斯林视为挑衅之举

---

[1] R. Shayan, "Sir Syed Ahmed Khan," *Agnostic Pakistan* (blog), December 14, 2008, http: //agnosticpakistan. blogspot. co. uk/2008/12 /sir-syed-ahmed-khan. html.

[2] Ashish Vashi, "Gandhi-Jinnah, Hindu-Muslim: Godhra Created Many Rifts," *DNA India*, February 18, 2012.

的激进的奶牛保护运动（Gaorakshak Mandali）的兴起，是 1892 年底在孟买省（Bombay Presidency）发起的。在星期五聚礼结束后，穆斯林礼拜者离开了位于孟买南部的壮观的珠玛清真寺，袭击了附近哈努曼巷的一座寺庙。在一个以文盲为主的前广播时代，谣言在接下来两天里迅速蔓延。军队被调来控制局面。共有 75 人丧生。[1]

1906 年 12 月，在达卡举行的穆罕默德教育大会决定将自己转变为一个政党，即全印度穆斯林联盟。它由封建领主和少数宗教学者及教育家掌控，选举了阿达姆吉·皮尔霍伊为主席。在他之后任主席的是阿里·伊玛姆爵士和 23 岁的苏丹穆罕默德·沙阿爵士，后者在此后几年里被称为阿迦·汗。该联盟总部设在勒克瑙，其主要目标是在提升穆斯林政治权利的同时，加强他们对英国王室的忠诚度。

当英国政府决定在 1892 年《印度议会法案》的实施过程中引入赋予印度人投票权的概念时，该党要求穆斯林单独选举。它将迄今为止完全由提名产生的中央和省级立法委员会转变为部分选举产生的议会。被提名的市政委员会、商会、土地所有者协会和大学有权提交当选成员名单，印度总督和省长从中最终遴选出议会成员。这些成员占少数，有权就预算案进行辩论，但无权表决。通俗地讲，这意味着 2% 的成年人，即大约三分之一的印度识字人口，拥有公民权。

联盟还希望促进穆斯林与其他印度人之间的了解，所以并未禁止国大党的穆斯林成员加入其中。不久，联盟和国大党在同一城市，大约同一时间召开年度会议的情况就成了惯例，这样一来，穆斯林代表就能两个都参加。1913 年，穆罕默德·阿里·真纳就是其中之一，他是个优雅但骨瘦如柴的在英国受训的律师，长了一张严肃的削尖

---

[1] Meena Menon, "Chronicle of Communal Riots in Bombay Presidency（1893 – 1945），" *Economic & Political Weekly*, November 20，2010.

脸——就是穿着手工缝制的西装、衣领是浆过的那种爱德华时代的绅士，7年前已加入国大党。

那些支持真纳加入联盟的人宣称，"对穆斯林联盟和穆斯林利益忠诚，绝不意味着对他毕生致力的国家事业的不忠"。[1] 真纳被选入联盟的理事会，在其中发挥了领导作用。

然而，到那时，1909年修订的《印度议会法案》已经纳入了穆斯林联盟的要求，即要求穆斯林选区单立出来，同时减少选民资格。之所以做出这一让步，是因为上流社会的穆斯林多年来不愿放弃波斯语而学习英语，以致他们相比上流社会的印度教教徒而言社会经济地位下降了。为了获得选民资格，印度教教徒的最低应税收入必须为3万卢比，而对穆斯林的要求仅为3000卢比。在教育方面，印度教教徒必须是从有30年校龄的大学毕业的，而对穆斯林的要求只有3年。合格的穆斯林也有权在普通选区投票。[2]

直到1913年，由律师和记者领导的国大党都仅限于向从那一年起设在德里（早期的首都是加尔各答）的英国政府请愿，要求进行适度的行政-政治改革。它曾希望看见伦敦做出让步，允许省级和中央立法委员会的少数议员由占人口2%的公民选举产生。它和穆斯林联盟在1914年爆发的战争中支持英国及其盟友，反对德国和奥斯曼土耳其，土耳其的苏丹也是全世界穆斯林的哈里发。144.1万印度人自愿加入英属印度陆军，其中85万人在海外服役。

他们从西海岸的主要港口孟买和卡拉奇出发，前往中东和西欧作

---

[1] Cited in Jaswant Singh, Jinnah: India-Partition-Independence (New Delhi: Rupa and Company, 2009), 86, citing Mohammed Ali Jinnah—An Ambassador of Unity: His Speeches and Writings, 1912 – 1917, with a Biographical Appreciation by Sarojini Naidu (Lahore, Pakistan: Atish Fishan, 1989), 11.

[2] Hiro, *The Timeline History of India*, 249.

战。虽然德里是英国行使皇权的中心，但孟买作为孟买辖区的首府，已成为律师在其中扮演至关重要角色的国内政治的焦点。1896 年，真纳在伦敦学习法律后回国时，正是回到了这里而非他的出生地卡拉奇。

此前 5 年，另一名在伦敦当律师的人抵达孟买。他与真纳拥有共同的母语，但宗教信仰不同。他就是莫罕达斯·卡拉姆昌德·甘地。真纳和甘地将成为超级公众人物，并主宰这个国家 30 年的政治格局。

# 第一章

## 当时髦先生遇上圣雄甘地

穆罕默德·阿里·真纳是真纳布海·普尼加的独子，普尼加是卡拉奇富裕的进出口商，他是伊斯玛仪派穆斯林，讲一口古吉拉特语。普尼加与英国贸易公司有生意往来，其中一家公司的负责人是弗雷德里克·雷-克罗夫特爵士。慈父般的弗雷德里克爵士在伦敦为16岁的穆罕默德·阿里安排做一段时间的生意学徒。在简短学习了一阵航运基础知识后，年轻的普尼加决定学习法律。1896年，20岁的他取得了律师资格。他从父姓中删去了后缀"bhai"（古吉拉特语"兄弟"之意），并以"真纳"作为自己的姓氏。

在伦敦期间，他成了达达拜·瑙罗吉的助手，瑙罗吉是个蓄着浓密胡须、讲古吉拉特语的印度帕西①商人和政治家，1892年从伦敦北部某选区当选为议会的自由派议员。真纳为他的议员工作提供协助，并经常出席下议院会议。

回到印度后，真纳入孟买高等法院成为一名辩护律师。他在法院附近的阿波罗酒店租了间房，但难以维生。回想起那些日子，他说："在我（1900年5月）成为地方法官之前的两三年里，我过得非常糟糕，每隔一天我就去沃森酒店。那时候它是一家有名的酒店，我常常去那里用打台球的方式赌钱，以此贴补我那点微薄的收入。"②24 岁时，他就被任命为孟买辖区的地方法官，这对于真纳来说算得上一个了不起的成就。然而他辞掉了那份工作，回归律师生涯。

巴德拉丁·提亚布吉法官对真纳颇有影响。考虑到提亚布吉曾是国大党主席，真纳对这个组织青睐有加。在 1904 年的国大党大会上，他会见了党内的温和人物戈帕尔·克里希纳·戈卡莱教授（1866—1915），并与之共事。戈卡莱这位留胡子、戴眼镜，戴一顶平顶圆帽的印度婆罗门，1905 年成为国大党主席。与过去一样，穆斯林代表人数稀少：756 人中只有 20 人，只占约 4%。③

1906 年，法律事业顺风顺水的真纳在孟买的高档住宅区马拉巴尔山买下了一套宽敞的平房，还参加了加尔各答的国大党会议。他担任年事已高的瑙罗吉的私人秘书，瑙罗吉是在他返回印度后当选为国大党主席的。在其任上，瑙罗吉第一次为印度人阐明了斯瓦拉吉（印地语"自治"之意）理想。作为穆斯林选举名单和席位分开算的反对者，真纳由一些穆斯林领导人提名，确立了自己并非来自混居在一起的两大群体的从政者身份。

不过，1909 年，英国政府引入了独立的穆斯林选区方案，其选民的选举资格比被归为"一般"的非穆斯林选区的选举资格要低。同年晚些时候，真纳击败了孟买的穆斯林联盟主席莫拉维·拉菲·乌丁，在总督的帝国立法会（ILC）中代表孟买辖区的穆斯林。因此，他在坚持反对穆斯林选民单独计算的同时，也在穆斯林中显示了自己

---

① parsi，即印度拜火教教徒。——译者
② Jaswant Singh, *Jinnah: India—Partition—Independence* ( New Delhi: Rupa and Company, 2009), 68‑69. 沃森酒店建于 1863 年，现为孟买南部拉贾拜钟楼附近的滨海别墅。
③ Dilip Hiro, *The Timeline History of India* ( New York: Barnes & Noble, 2006), 247.

的声望。他参加了 1910 年的国大党会议，但没有参加接下来两年的。

不过，他与戈卡莱依然关系密切。1913 年 4 月，他作为印度代表团成员，与戈卡莱一起乘船前往伦敦，为印度争取自治权。于 10 月回国后，他 12 月在阿格拉召开的第七届全印度穆斯林联盟会议上加入了该联盟。"真纳现在已经真正进入了他自己的时代，"印度政治作家贾斯万特·辛格在其著作《真纳传》中写道，"在这个关头，他不仅采取步骤实现联盟与国大党的团结，而且还努力在国大党内部的温和派与极端分子之间寻求平衡。政治上，现在各派都承认他。"① 真纳正确地将自己看作了瑙罗吉和戈卡莱的事业的接班人，成为代表次大陆所有主要社群的民族主义领袖。

在莫罕达斯·卡拉姆昌德·甘地的自传《我的求真之路》（*The Story of My Experiments with Truth*）中被称为"［印度］政治领域最完美之人"② 的戈卡莱，一年前受邀到南非联盟，帮助激发当地的印度定居者起来抗议种族主义的规章和法律。在那里，戈卡莱敦促甘地返回印度，推动印度的自治进程。

1914 年 7 月，南非通过了《印度人救济法案》（Indian Relief Act），废除了对前印度契约劳工的税收，允许自由的印度人作为大英国帝国的一部分进入南非，法案一通过，甘地就回国了。次月，第一次世界大战在欧洲爆发，甘地支持大英帝国对抗德国和奥匈帝国，后来奥斯曼帝国也加入了。站在英国一方的还有印度国大党、真纳和穆斯林联盟。

1915 年 1 月 9 日，甘地和他不苟言笑、身材矮小、塌鼻梁的妻子

---

① Singh，*Jinnah*，86.
② Cited by Tim Leadbeater，*Britain and India 1845 - 1947*（London：Hodder Education，2008），38.

卡斯图拜抵达孟买，受到以真纳和戈卡莱为首的一群人的欢迎。考虑到他的名气，当地的 Gurjar Sabha，一个古吉拉特语社区委员会，邀请真纳 5 天后在纺织界大亨曼加达斯·吉尔达达斯的宽敞的宅邸为甘地夫妇举办一场花园招待会。

## 高高在上的甘地

真纳"不仅代表孟买，而且代表整个印度"用英语对甘地夫妇的到来表示了欢迎。他说，目前他们面临的最大问题是"在［印度教教徒和穆斯林］两大社群之间达成一致与合作，以便印度［对英帝国］提出的要求能完全一致"。他还说："毫无疑问，他［甘地］不仅会是一个可圈可点的人物，而且会成为一个真正的［政治］工作者，像他这样的人少之又少。"①

甘地用古吉拉特语作答。他说，在南非，当提到古吉拉特邦时，会被理解为单指印度教社区，帕西人和穆罕默德的信徒则被排除在外。因此，他很高兴地看到 Gurjar Sabha 的一员及招待会主席，是一名伊斯兰教徒。②

且不说甘地提到了流行于南非的看法，他还忽略了自己生活中的一个重要转折点。1893 年初，一家总部位于古吉拉特邦北部城镇拉杰科特的穆斯林律师事务所 Dada Abdulla & Company 给了他一份为

---

① Cited in Singh, *Jinnah*, 100 - 101.

② "Gurjar Sabha, January 14, 1915, citing *The Collected Works of Mahatma Gandhi*, Vol. 14, 342," *Bombay Chronicle*, January 15, 1915, posted by Arun, September 9, 2012, http://thepartitionofindia. blog spot. co. uk/2012/09/gurjar-sabha-january-14-1915-from-cwmg. html.

期一年的合同，让他在英国殖民地纳塔尔省首府德班的办事处工作。① 无论如何，在这种充满希望与善意的场合指出主要演讲者的宗教少数派身份，至少是不合时宜的。这对他和真纳之间的合作关系来说不是个好兆头。

不幸的是，戈卡莱一个月后突然去世。他的离去让他称为"印度教和穆斯林团结的大使"的真纳悲痛不已，甘地亦是如此，他把这位已故的领袖比作"人们渴望沐浴在那清新圣洁之水中的恒河"。②

与真纳不同，刚刚抵达德班的甘地是个新手，在南非的 21 年里有过好几次全新的面貌：他是为印度定居者争取与英国殖民者平等的地位的活动家，是大英帝国在 1899—1902 年布尔战争中的盟友，是以铁腕残酷镇压祖鲁叛乱的纳塔尔政府的同伙，是德兰士瓦殖民地反对《亚洲人注册法案》③ 的被动抵抗运动的领导人，是伦敦的政治说客，是一个培训民间抵抗者的乡村公社的创始人，是印度矿工罢工的煽动者。

甘地的转变体现在他的着装上。1893 年，他作为一名律师来到德班，身穿裁剪合体的西装，衣领上系着领带，脚下是锃亮的皮鞋。20 年后，作为煤矿工人罢工的领导者，他身穿及膝的白衬衫，缠着多蒂腰布和头巾，穿着凉鞋出现。在此期间，他有了一种戏剧化地展

---

① "Mohandes Gandhi Travels to South Africa to Work Under a Year-Long Contract with Dada Abdulla & Co., an Indian Firm"（April 1893），World History Project，http: // worldhistoryproject. org/1893/4/mohandes-gandhi-travels-to-south-africa-to-work-under-a-year-long-contract-with-dada-abdulla-co-an-indian-firm.

② Louis Fischer, *Gandhi: His Life and Message for the World*（New York: Mentor Books, 1954），43. 作为虔诚的印度教徒，甘地相信众多印度教神话，包括在湿婆圣化的恒河中沐浴可以洗去一切罪恶。

③ Asiatic Registration Bill, 1906 年德兰士瓦殖民地针对亚洲人（印度人和中国人）的通行证法的延伸，根据该法案，每个亚裔男性都必须主动登记，并出示一份有拇指印的身份证明。未登记者和被禁止的移民可能会被驱逐出境，且不可上诉。——译者

现自己的才能，一种对他争取印度独立的斗争很有帮助的招数。总的来说，他在南非的经历为他提供了一个成功的竞选模板，也为他将来在英属印度更大规模的竞选活动中大展宏图打下了基础。

## 律师甘地变成了非暴力不合作者

莫罕达斯 1869 年出生在一个从事贸易的种姓家庭。他是卡拉姆昌德·甘地和普特利拜的第四个也是最后一个孩子，卡拉姆昌德是孟买辖区内的小公国博尔本德尔的首席部长。13 岁时，还在上学的莫罕达斯就娶了卡斯图拜·马汉吉，一个与他同龄的不识字的女孩。两年后他做了父亲，但婴儿出生后不久就夭折了。1888 年，莫罕达斯勉强通过了大学入学考试，同时，这对夫妇也诞下了第一个健康的男孩哈里拉尔。不久之后，他的哥哥拉克斯迈达斯将他送去伦敦学习法律。

在一张 1889 年拍摄的大头照上，甘地有一张年轻的脸，大耳朵，尖鼻子，嘴巴丰满而性感，眼睛因恐惧而显得迟钝，给人的总体印象是一个没有生活方向的人。他研习了印度的法律和司法管辖。作为一名严格的素食主义者，他加入了素食协会，其成员包括政治上激进的英国-爱尔兰剧作家萧伯纳。他向年轻的甘地介绍了美国自由主义作家、哲学家亨利·大卫·梭罗（1817—1862）以及著名的俄罗斯作家、思想家列夫·托尔斯泰伯爵（1828—1910）的作品，后者也是素食主义者。1891 年 6 月，甘地获得了律师资格。

回到印度后，他在孟买高等法院注册成为一名律师，比真纳早了 5 年。和真纳一样，他也得努力维持生计。但与真纳不同的是，他很快就放弃了努力，离开孟买去了拉杰科特。在那里，他为诉讼当事人起草请愿书，过着简朴的生活。在他与一名英国军官发生冲突后，这种生活就结束了。好在当地一家律师事务所在德班的办事处为他提供了一份带薪工作，缓解了他的窘境。

1893 年 6 月，他乘火车去比勒陀利亚，一名在多山的彼得马里茨堡站上车的白人不准他乘坐头等车厢。甘地拒绝挪去火车尾部的货车车厢，于是他和他的行李都被扔出了头等车厢。车站工作人员没收了他的行李和大衣。甘地在候车室里冻得瑟瑟发抖，彻夜未眠，决心在一年合同期满后留在纳塔尔省殖民地，与针对印度人的种族歧视作斗争。[①]

作为 1894 年纳塔尔印度国大党的联合创始人，甘地被选为该党秘书长，这使他有机会从基层进行机构建设，并在此过程中培养自己的组织能力。此后，他将在自己的故乡更广泛地运用这些能力，以扩大国大党的根基。

1896 年，他带着家人访问印度德班。在马德拉斯（今金奈）的一次会议上发表讲话，抨击纳塔尔政府把印度人当作"畜生"。[②] 然而，在大英帝国与奥兰治自由邦和德兰士瓦共和国的荷兰殖民者之间的布尔战争中，他积极支持英国一方，组建了一支 1100 人的印度救护队。随后，大英帝国的胜利提升了他的社会地位和职业地位。他的法律事业蓬勃发展，进而在 1903 年，把他经营得不错的律师事务所迁到了德兰士瓦省的首府约翰内斯堡。

尽管在物质方面很富足，但他的性格中仍然保留着早期禁欲主义

---

① 理查德·阿滕伯勒爵士在其执导的 1983 年获奥斯卡最佳影片奖的《甘地传》中，将这一事件以气势磅礴的闪回形式呈现出来。今天，圣雄甘地举起右臂表示祝福的半身铜像矗立在彼得马里茨堡市中心。

② Fischer, *Gandhi*, 25.

的某种因素。这一点，在他读到英国散文家、艺术评论家约翰·罗斯金的著作《给未来者言》(*Unto This Last*)时显露了出来，激发他过简朴的生活。1904 年，他在德班以北 12 英里的凤凰城附近的甘蔗种植园买了一个 1000 英亩的农场，命名为凤凰城定居点，将此作为一年前他在德班创办的周刊《印度观点》(*Indian Opinion*)的总部。

此时他依然相信远在伦敦发号施令的大英帝国的统治是仁慈的。1906 年 2 月，纳塔尔政府宣布戒严，以遏制由班巴塔·卡曼辛扎领导的祖鲁人为反抗英国的压迫而掀起的叛乱，甘地敦促殖民地政府招募印度人作为后备部队。在他的《印度观点》专栏中，他表示"大英帝国的存在是为了世界的福祉"，并重申了对它"发自内心地忠诚"。①

本质上，他希望印度人能讨得大英帝国的欢心，以获得与白人定居者同等的权利，从而使自己高非洲土著一等。政府做出了小小的让步，让他指挥一个由 21 名印度志愿者组成的排，作为担架员和助理卫生员去医治英国伤兵。当惨烈的军事远征结束时，大约三千到四千名祖鲁人死亡。与此形成鲜明对比的是，英国方面只损失了 36 名士兵。②

1909 年 8 月，政府跨过省界，在德兰士瓦殖民地公布了《亚洲人注册法案》的草案。它要求所有的"亚州人"去登记，并携带一张名为"通行证"的登记卡，否则将对其处以罚款或监禁。甘地提出抗议，并敦促其印度同胞不要去注册，但他的努力没有带来什么改变。

该法案一年后成为法律。甘地拒绝注册，于是 1908 年 1 月被判

---

① Fischer, *Gandhi*, 28.
② "Bambatha Rebellion 1906," South African History Online, n. d., http://www. sahistory. org. za/topic/bambatha-rebellion-1906.

入狱两个月。殖民地秘书长扬·斯穆茨在与甘地的谈话中承诺，如果印度人自愿登记，他将废除这项法律。甘地同意合作，他和其他违反此法者因此被释放。大多数印度人听从甘地的建议去注册登记了，但是斯穆茨食言了，该法律仍被保留在成文法典中。

这是甘地政治立场大变的关键转折点。他决定以非暴力的方式把他对政府不公正的法律的不合作态度戏剧化地表现出来。1908 年 8 月 16 日，约 2000 名不同信仰的印度民众聚在约翰内斯堡的哈米迪亚清真寺外，举行抗议集会。甘地点燃了一口装满石蜡的大锅，生起了篝火，鼓励抗议者将通行证扔进熊熊的火焰中。人们照做了，这无疑是对甘地的组织能力的一种肯定。

与此同时，甘地仍然在凤凰城定居点活动，一切在合作的基础上进行。在那里，他和他在纳塔尔省的同伴决定挑衅禁止印度移民进入德兰士瓦的《德兰士瓦移民限制法案》。挑衅只能消极地进行。而甘地却拒绝使用"消极"一词，因为它会让人联想到白人居民将"吃米饭"的印度移民视为弱者的事。

因此，甘地创造了"satyagraha"一词，意为"真理的力量"。那些诉诸 satyagraha（非暴力不合作）的人被称为 satyagrahis（非暴力不合作者）。他是将印度教的"达玛"① 概念——蹲在房子或办公室前对居住者施加道德压力——与公民反抗的概念合成一个。因此，satyagraha 结合了对不公正的权威之非暴力抵抗、不合作这两个概念。

所有准备违法者都平静地守在德兰士瓦边境哨所，都遭到逮捕，被判入狱。1908 年 10 月，甘地也去了，被送进监狱呆了一个月。他在里面重读了梭罗的文章《论公民的不服从》，此文写于 1849 年，当

---

① Dhama，梵语，意为稳定。

时奴隶制和美国入侵墨西哥造成的紧张局势引得群情沸腾。梭罗因拒绝纳税而被判入狱。在公民不服从运动之前，德兰士瓦的 1.3 万名印度定居者中几乎一半离开了该省。剩下的人中，一度有多达 2500 人身陷囹圄。[①]

甘地继续把大英帝国在伦敦的核心与其在世界各地的殖民地区别对待，并对前者仍然保持好感。1909 年下半年，他去了伦敦，以强调在南非的印度定居者的困境。他赢得了许多英国自由和开明的帝国主义者的支持，并成功地废除了德兰士瓦的《亚洲人注册法案》。

在德兰士瓦的白人自由主义支持者中，富有的德国建筑师赫尔曼·卡伦巴赫尤为突出，其原因还包括他有着摔跤手的体格，留着八字胡，戴着夹鼻眼镜。1910 年，他在约翰内斯堡西南 20 英里的劳利购买了 1100 英亩的土地，并把它捐给了反抗德兰士瓦的不公正法律的人。甘地将这个定居点命名为托尔斯泰农场，打算把它作为一个基地，训练非暴力不合作者及其家庭在此过和谐简朴的生活。换句话说，它是甘地和他的非暴力公民不服从运动的追随者的修行之地。

1912 年 10 月，甘地在托尔斯泰农场接待了戈卡莱。出人意料的是，由路易斯·博塔（总理）和斯穆茨（国防部长和内政部长）领导的、已成立两年的南非联邦的政府，为戈卡莱在这个国家的出行提供便利。他们向他承诺会废除《德兰士瓦移民限制法案》，取消纳塔尔政府对获得自由的印度契约制劳工每年征收 3 英镑税的规定，这些劳工从 1860 年开始从印度南部来这里的矿山和种植园工作。开征此税

---

① Fischer, *Gandhi*, 41.

是为了确保合同到期的契约劳工会回国。①

但是，什么都没有改变。事实上，1913 年 8 月在南非实施的《移民管理法》（Immigrant Regulation Act）对希望在南非定居的前印度契约劳工加强了限制。于是，甘地将注意力转向了对自由的契约劳工征税上。这对在煤矿工作的印度人尤其重要。

## 运用非暴力武器对抗矿业巨头

1913 年 10 月，为响应甘地及其助手的号召，纽卡斯尔的印度矿工扔下工具举行罢工。另一些人也加入了罢工队伍。罢工者采取了和平方式。甘地带领 2000 名矿工从纽卡斯尔步行穿过纳塔尔边境，进入德兰士瓦，挑衅移民限制方面的法律，这是提高公众意识的一种独特而有效的方式。

令人侧目的是，游行者几乎都是来自印度南部的印度教教徒，他们高喊着"胜利属于克利须那神"和"胜利属于罗摩神"等宗教口号。许多人唱起了印度教的宗教歌曲。② 甘地没有说任何话或做任何事来和缓他们的宗教热情。抗议者在德兰士瓦内一处距目的地托尔斯泰农场 70 英里左右的地方被捕，之后乘火车返回纳塔尔。但甘地在11 月 11 日被判处入狱 9 个月服苦役。

---

① 当英国人不能雇用非洲人在矿山、榨糖植物或棉花种植园工作后，他们转为在印度南部雇用印度人，以固定的低工资招募农村低种姓的印度教无地劳力，为期 5 年。该契约包括为契约劳工提供 5 年的选择权，之后由雇主承担遣返费回家。印度政府于 1916 年宣布契约劳工合同为非法。

② Sushila Nayar, *Mahatma Gandhi, Satyagraha at Work*（Ahmedabad：Navajivan，1989），678 – 679，684.

然而，到 11 月底，罢工人数飙升至 1.6 万人，波及 66 处工作场所。政府从约翰内斯堡和首都比勒陀利亚增派了警察来阻止罢工。警察和罢工者对峙，6 名印度人被警察射杀。

在德里，总督哈丁男爵要求南非政府任命一个调查委员会来调查印度人的不满。伦敦对比勒陀利亚政府施压。后者于 12 月释放了甘地，并任命了一个三人委员会。

在 1914 年 3 月的报告中，该委员会建议废除 3 英镑的税。4 个月后，南非议会通过了《印度人救济法案》，它废除了 3 英镑的税收，取消了所有欠款，允许出生在南非的印度人不受限制地进入开普殖民地，并使印度人有权继续进入南非。

当甘地坐船经伦敦前往孟买时，正沉浸在这一胜利的荣耀之中。1915 年，他在艾哈迈达巴德建立了一个临时的修行场所，并因早年的救护服务获得了大英帝国的"印度女王"[①] 金质奖章，之后，他开始了次大陆的考察之旅。

## 甘地与真纳分道扬镳

与此同时，真纳通过促请穆斯林联盟和国大党打造一个共同纲领，进一步推动印度教教徒-穆斯林团结的事业。联盟 1915 年 12 月在孟买举行年会，国大党也在同一时间同一城市举行年会。双方领导人都任命了独立的委员会，互相协商，制订了一项让伦敦改革殖民地政府的计划。

---

① Kaiser-i-Hind，英国维多利亚女王在 1877 年接受了"印度女王"的头衔。——译者

其结果是，两党 1916 年 12 月在勒克瑙举行的年度会议上通过了一项共同纲领。其要点是："印度应实行自治。穆斯林应在中央政府中有三分之一的代表权。除非一个社群提出把选民合起来的要求，否则各个社群的选民都应被单独计算。省级和中央立法机构所有当选的成员都应在成人拥有选举权的基础上选出。"①

真纳在 1916 年 12 月当选为联盟主席，他宣布："穆斯林联盟与印度国大党并肩前行，随时准备为任何爱国之举出力，以推动整个国家的发展。"② 他形容自己为"坚定的国大党员"，"不喜欢听教派分子的叫喊"。③

真纳呼吁心不甘情不愿的国大党官员去打消穆斯林之中对成人选举权前景的焦虑。只占印度人口四分之一的穆斯林，担心自己会穷于应付占人口 70％ 的印度教教徒。他认为，为了打消穆斯林的顾虑，国大党领导人应该让穆斯林拥有独立的选区，并在中央政府的权力分配中占 33％。他的提议被采纳了。

与此同时，真纳领导的孟买辖区自治联盟要求印度像澳大利亚、加拿大、新西兰和南非那样，在帝国内部获得自治领的地位。

1916 年夏天，真纳受富有的帕西纺织大亨亦是其朋友兼客户的丁肖·佩蒂爵士之邀，去他位于孟加拉邦大吉岭山地风景迷人的避暑胜地度假。在那里，真纳爱上了丁肖爵士 16 岁的女儿拉坦拜（又名鲁蒂）。她皮肤白皙，眼睛炯炯有神，鹅蛋脸上有一张丰满性感的小嘴，有着与其年龄不相称的聪慧和成熟。她觉得真纳的魅力不可抗

---

① Cited in Singh, *Jinnah*, 604.

② Fischer, *Gandhi*, 60.

③ Barbara Crossette, "Pakistan's Father: What Mohammed Ali Jinnah Accomplished, and What Might Have Been Had He Lived Longer," *New York Times*, December 14, 1997.

拒。但当他向她父亲求娶时，却遭到了拒绝。不过，在他回到孟买后，拉坦拜不顾父亲让她远离真纳的严厉要求，开始偷偷和他见面。他们决定等她满18岁就结婚。

在政治上，真纳遭遇了数名穆斯林联盟领导人的反对，这些人对国大党承认选民可以单独计算并且增强穆斯林的权力不太放心。他们担心自治会导致穆斯林受到印度教教徒的压迫，失去在政府部门和印度教教徒占主导的商界的工作机会。"不要害怕，"真纳在1917年反驳道，"这是摆在你们面前的一个怪物，是想把你们吓跑，让你们远离［与印度教教徒的］合作与团结，这对自治至关重要。"①

1916年12月在勒克瑙举行的国大党会议，对甘地也同样至关重要。潘迪特·拉吉·库马尔·舒克拉是毗邻尼泊尔的比哈尔邦北部边远地区查姆帕兰的佃农代表，他去找了甘地。舒克拉支持提交给会议的一项决议，该决议敦促政府任命一个委员会来调查比哈尔邦北部的靛蓝农民和欧洲种植园主之间的紧张关系。令人惊讶的是，这是国大党大会上第一次允许一个对占总人口80％的农民的状况有亲身感受的农村发言人发表讲话。（早些时候甘地曾拒绝提出该决议，因为他对这个问题一无所知，只答应稍后去实地调研一下。）

1917年4月中旬，他会见了种植园主协会的秘书、蒂尔胡特分部（包括查姆帕兰区）专员和穆扎法普尔市的地方行政长官。他们告诉他，由于官方调查已经开始，他就没有必要再去了，应该离开才是。他不顾劝阻，决心前往最近的莫蒂哈里镇②进行相关调查。

这场危机的根源在于1793年东印度公司与孟加拉和比哈尔邦当

---

① Cited in Fischer, *Gandhi*, 80.
② 莫蒂哈里的独特之处在于它是埃里克·阿瑟·布莱尔的出生地，他1933年以乔治·奥威尔作为自己的笔名。

地地主之间签订的《永久居留法案》（Permanent Settlement Act of 1793），它赋予地主永久的土地所有权。因此，在英国种植户开始获得种植甘蔗和纺织业使用的靛蓝的地块时，他们就成了土地的绝对所有者。他们将土地出租给当地的佃农，条件是他们要在 15％或 3/20 的土地上种植靛蓝，并将这些靛蓝作为土地的租金交给他们。1885 年的《孟加拉租佃法》（Bengal Tenancy Act of 1885，包括比哈尔邦）将这种做法编入了法典。

20 世纪早期，蓝色染料的化学替代品的引入，使得靛蓝的市场变得无利可图。这对 100 万佃农及其家庭的生活造成了毁灭性的打击。查姆帕兰地区的欧洲种植者敦促他们放弃种植靛蓝作物，支付比之前高出 75％的租金作为回报。拒绝付钱的佃农遭到种植园主的民兵的殴打，后者还没收他们的牲畜，进一步骚扰他们。他们中的许多人签了新合同，却发现自己无力支付增加的租金。1912 年，紧张局势升级。由于不能依法追索，佃农们在 1914 年揭竿而起，1916 年再次起义。那年晚些时候，他们派了博学的婆罗门舒克拉在国大党大会上为他们辩护。

无疑，甘地熟悉这样的历史背景，1917 年 4 月 16 日上午 9 点，甘地骑上一头大象，带了两名助手做翻译，去莫蒂哈里走访贾索利帕蒂村的一些佃农。这头野兽以成人特有的步调沉重而缓慢地前行，大约中午时分，一个骑自行车的人追了上来。这位气喘吁吁的骑车人原来是穿着便衣的副巡警，他告诉甘地，地方行政长官韦斯顿马上要见他。甘地从大象身上下来，指示他的助手记录下佃农的证词。

然后，他登上了警察叫来的一辆牛车。在返回莫蒂哈里的路上，一辆车拦下了他们，车上坐着副警长。他递给甘地地方行政长官的通知，命令他"乘下一班火车离开"。甘地在收据上签了名，但也在背面潦草地写明他不会服从。第二天，他被传唤到庭。他与官员不和的消息迅速传开。

就在他出现在地区法官 W. B. 海考克的法庭的前几个小时，数千名佃农聚集到这里，都想看看那位为了改善他们的悲惨境遇而面临监禁的政治家。

甘地表示认罪。"我非常清楚，一个像我这样在印度公共生活中担任要职的人，必须小心谨慎、以身作则，"他说，"我无视给我的命令，不是因为我不尊重合法的权威，而是因为我要服从人类更高的法律准则，即良知的声音。"①

地方法官宣布休庭两小时，同意交保后释放甘地。甘地拒绝交保，但还是被释放了。当法院重新开庭时，海考克说他将在三天后宣布判决。4 月 21 日，比哈尔邦和奥里萨邦副总督阿尔伯特·盖特爵士下令法院撤销了对甘地的指控。

这是印度公民抗命的第一次胜利，甘地声名大噪。当地人开始称他为 Bapu（印地语"父亲"之意）。他让这场斗争紧紧地跟经济挂钩，不牵扯对自治的政治要求，否则可能被政府解读为叛国，然后根据 1915 年严厉的《印度防卫法（刑法修正案）》赋予政府的权力处置他们。

到 6 月中旬，甘地和他的团队，其中包括几位隶属于国大党的律师，记录下了居住在 2800 多个村庄的 8000 多名佃农的证词，都是英国种植园主及其民兵恐吓和胁迫他们的故事。其时，副总督阿尔伯特爵士已经接受建议，任命一个查姆帕兰土地调查委员会，甘地也同意在该委员会任职。1917 年 8 月，委员会通过了甘地关于废除 3/20 制

---

① Rajendar Prasad, *Satyagraha in Champaran* (Ahmedabad: Navajivan, 1949), 115 - 116.

的提议。10 月，该委员会提交了对佃农有利的报告，副总督接受了委员会的大部分建议。种植园主们同意租金不上涨，并退还已收的上涨租金的四分之一。①

这是甘地的荣耀时刻。

## 甘地崛起

甘地曾乘坐拥挤不堪让人难受的三等火车车厢旅行，以此塑造自己"群众中一员"的形象。1917 年 11 月 3 日，他在戈特拉担任第一届古吉拉特邦政治大会主席之际，正是人气极高之时。他与真纳都在主席台上。当真纳起身用英语演说时，甘地打断了他，用古吉拉特语要求真纳用同样的语言讲话。真纳很是生气。他改用了古吉拉特语，但从未原谅甘地在公共场合对他造成的难堪。②

就真纳而言，尽管没有大肆宣扬，但他也在为国家的福祉孜孜不倦地工作。新任命的印度国务大臣埃德温·蒙塔古于 1917 年 8 月向英国议会概述了官方政策，即"在各行政部门加强与印度人的联合，逐步发展自治机构，以期逐步使作为大英帝国不可分割的一部分的印度拥有负责任的政府"。③ 促使英国内阁走上这一立场的是 4 个月前美国跟同盟国站在一边时，美国总统伍德罗·威尔逊发表的支持民族自决的宣言。

① Fischer, *Gandhi*, 59.
② Ashish Vashi, "Gandhi-Jinnah, Hindu-Muslim: Godhra Created Many Rifts," *Daily Bhaskar*, February 18, 2012.
③ Gail Minault, *The Khilafat Movement: Religious Symbolism and Political Mobilization in India* (New York: Columbia University Press, 1982), 57.

　　蒙塔古于 10 月抵达印度，与印度主要领导人进行磋商。真纳是会见蒙塔古和总督切姆斯福德的三个代表团的领导人之一，三个代表团中有一个代表的是国大党和穆斯林联盟。[①] 在这些会面中，41 岁的真纳表现得自信而潇洒。他的美国传记作者斯坦利·沃伯特写道："乌黑的头发，留着几乎和 [陆军元帅赫伯特·] 基奇纳那样浓密的胡须，身材像剑一样清瘦笔挺，声音酷似 [英国演员] 罗纳德·科尔曼，穿着打扮则像安东尼·伊登 [未来的英国首相]。女人大多对他一见钟情，男人大多对他羡慕妒忌。"[②] 他是一位追求奢华的成功的大律师，拘谨，挑剔，而且常常专横且冷若冰霜。

　　相比之下，留着胡子的 48 岁的甘地，穿一身破旧的长衫，裹着土里土气的腰布和头巾，脸上带着微笑，看起来平易近人，令人放松。他习惯了在艾哈迈达巴德市郊的萨巴尔马蒂河边过着斯巴达式的生活，1917 年 8 月当地暴发瘟疫后，他在那里建的修行场所。

　　为阻止工人们逃回自己的村庄躲避瘟疫，以安博拉尔·沙罗拜为首的艾哈迈达巴德纺织厂主协会（AMOA）的纺织厂主们给工人发了 80％ 的"瘟疫奖金"。1 月，当致命疾病的威胁减退，该协会宣布将取消奖金。工人则威胁要举行大罢工。沙罗拜找到甘地，请他帮忙阻止。甘地建议仲裁，但没有成功。在零星的罢工之后，该协会于 2 月 22 日宣布停工。工人们要求加薪 50％，以补偿第一次世界大战造成的高通胀。甘地建议加薪 35％。该协会给出的是 20％，并提出所有准备接受这一条件的人可以复工。但大多数工人选择接受甘地提出的数字以及受他领导。

---

① Singh, *Jinnah*, 96.
② Stanley Wolpert, *Jinnah of Pakistan*（New Delhi：Oxford University Press, 1985），40.

1918 年 3 月 12 日，甘地号召全面罢工，但反响不一。随着工人们陆续返回自己的工作岗位，甘地于 3 月 15 日开始禁食，直到所有工人都走出工厂或问题得到解决。这是一种全新的斗争策略。

甘地每天都会出一份传单，用以阐释他的理论。他说，听工人们说他享受着"丰盛的饭食"，而他们却在忍受"死亡的痛苦"，这让他很难过，遂决定让他们知道他的情况。接下来，他提到了"为精神追求而自愿受苦的力量"，并透露自己从"印度的古老文化中领悟到……一个真理，即使此时只有少数人了解它，却可以让这少数人掌握世界"。3 月 17 日，他在自己的修行场所演讲，承认他的禁食有"胁迫之嫌"，因为纺织厂主协会担心他会饿死。禁食当天的晚些时候，沙罗拜就妥协了。[1]

纺织厂主同意在第一天支付 35％ 的奖金，第二天降至 20％，之后是 27.5％，直到新的仲裁委员会做出裁决。6 个月后，委员会裁定奖金为 35％。

甘地的伟大很大程度上在于他为实现目标而进行的战术创新。作为一名训练有素的律师，他完全有能力用法律术语为自己的案子辩护。通过在约翰内斯堡聚众烧毁登记卡，他以戏剧化的方式反抗了一项不公正的法律。通过在南非领导一场长距离的游行示威，他以一种前所未有的方式促进了民众的政治意识觉醒。他为收集比哈尔邦北部的佃农遭受压迫的证据而进行的实地调研，开创了新局面。他还利用禁食来加强道德上的压迫。他的五花八门的策略，都是非暴力的，使他有别于真纳，后者仍然致力于在立法院或闭门举行的会议上运用宪法手段来达到目的。

---

[1] Kathryn Tidrick, *Gandhi: A Political and Spiritual Life* (London: I. B. Tauris, 2006), 122 - 124.

在艾哈迈达巴德，除了不经意间给甘地提供了一种新的非暴力的绝食策略——在接下来的 30 年里甘地将再用 16 次——最近的一次事件还给了他一个城市，而且是工业基地。这将导致有 2 万多名成员的艾哈迈达巴德纺织劳工协会（ATLA）的成立，相比共产党的全印度工会大会的主张，它实行的工会主义要温和许多。与此同时，甘地与纺织厂老板和其他实业家过去的友好关系，使他能够获得他们的捐款，为国大党拓展其基础比较狭窄的运作提供资金。最重要的是，在查姆帕兰和艾哈迈达巴德发生的事通过媒体在一个文盲率达 93％ 的社会口口相传，使甘地其人其事得到了前所未有的宣传力度。其他政治家，包括真纳在内，都很羡慕他不到几年就如此广为人知。

1918 年 3 月，比哈尔邦和奥里萨邦副总督信守诺言，签署了《查姆帕兰土地法》①（即 1918 年《比哈尔邦和奥里萨邦第一法案》），甘地觉得自己沉冤得雪。4 月 27 日，他出席了在德里举行的总督的战争会议，并用印地语发表讲话。两个月后，他访问了古吉拉特邦的凯拉区，敦促身强体健的年轻农民参军，为帝国的作战出一份力。② 他以宗教话语向妇女们保证：如果她们的丈夫在战场上牺牲，这对夫妇将在"下辈子"中团聚。他还敦促那些有可能参军的人"与英国人一起无条件地战斗到死"。多疑的村民们基本上都没有被说服。③

甘地通过参与农民和工人的经济斗争而有了大批追随者，而真纳身为总督的帝国立法会委员和孟买辖区自治联盟主席，其民族主义者

① Champaran Agrarian Law，亦称 Bihar and Orissa Act I of 1918。——译者
② Mani Bhavan，"Chronology/Time Line，1915 - 1932，" 2004，http：//www. gandhi-manibhavan. org/aboutgandhi/chrono＿detailedchronology＿1915＿1932. htm.
③ Perry Anderson，"Gandhi Centre Stage，" *London Review of Books*，July 5，2012，3 - 11.

的身份得到了强调。1918 年初，孟买辖区总督威灵顿勋爵将真纳列入了一份名单，承认了真纳的政治地位，名单上包括著名国会议员潘迪特·马丹·莫汉·马拉维亚、巴尔·甘加达尔·提拉克（被英国人监禁 6 年）以及安妮·贝桑特（1917 年被拘禁），说他们是"在危机时刻对帝国全无责任感的极端分子"。①

真纳将这个标签当做荣誉徽章。1918 年 4 月，他娶年轻的民族主义者鲁蒂·丁肖为妻，后者在皈依伊斯兰教后改名为玛丽亚姆，婚礼在南苑（真纳位于孟买高档的马拉巴尔山的普莱森特山路富丽堂皇的官邸）举行。

一年后，真纳激烈抨击了蒙塔古和总督切姆斯福德勋爵的关于引入分权制改革印度行政管理的报告，该报告提出总督执行委员会的 7 名成员中将有 3 名印度人，但负责诸如教育、卫生和农业等次要部门。

在 1918 年 11 月盟军获胜之后，真纳及其他民族主义领导人曾期望印度实现自治。他们在那场武装冲突中全力支持大英帝国，而 1915 年 3 月通过的《印度防卫法（刑法修正案）》将在战后 6 个月继续生效。

随着该法的到期日临近，切姆斯福德总督提议无限期地用《罗拉特法案》取代它，后者以该法委员会主席西德尼·罗拉特爵士的名字命名，它授权总督拘留或驱逐任何"恐怖嫌疑分子"而不受任何指控或审判。帝国立法会的印度少数派反对该法案，但英国多数派支持该法案。为表抗议，真纳从该立法会辞职。

《罗拉特法案》于 1919 年 3 月 10 日生效，国大党接受了甘地在

---

① Singh, *Jinnah*, 106.

这个问题上提出的非暴力不合作的建议，号召在3月30日举行为期一天的大罢工，参加者均佩戴黑色臂章。事实证明，戴黑色臂章这一举动非常有效——甚至赢得了亲英印度人的支持，当时有流言在人头攒动的集市上迅速传播，说此举是为了纪念在战争中阵亡的6.2万名印度士兵。甘地后来将抗议日期改为4月6日。但大罢工仍在德里进行。警察开枪射杀罢工者，首都和旁遮普邦的紧张局势进一步加剧。

4月6日，真纳在孟买的一次集会上表示了对罢工的支持，抗议活动因此更加活跃。4天后，两名国大党领袖——一名印度教教徒和一名穆斯林——在旁遮普邦阿姆利则市的一次集会上被逮捕，理由是违反了《罗拉特法案》，并被带到一个不知名的拘留所。此事引发了抗议，乃至纵火和暴力事件，5名欧洲人因此丧命。长着一对招风耳、薄嘴唇的旁遮普副总督迈克尔·弗朗西斯·奥德怀尔爵士召集的增援部队，在55岁的雷金纳德·戴尔准将的指挥下抵达阿姆利则。尽管不再年轻，戴尔仍然带着傲慢的神情。奥德怀尔立即下令禁止进一步举行集会，但由于当时没有覆盖全国的无线电广播，这一禁令没有得到很好的传达，直到1930年才开始在印度实行。

4月13日星期日，时逢印度教教徒和锡克教徒都要庆祝的拜萨哈节，5000到1万名手无寸铁的抗议者聚集在贾利安瓦拉巴格，一个四面围墙、只有两个大门的公园。戴尔说服切姆斯福德总督宣布旁遮普戒严，然后带领90名印度和尼泊尔士兵进入公园。

在没有任何警示的情况下，他命令士兵开火。惊恐的人们发现军队堵住了较大的一个出口，便纷纷向小的出口涌去，另一些人则试图爬上高墙逃跑。10分钟后戴尔下令停火时，1650发子弹已造成379人死亡（此处依据的是官方报告，但非官方报告说是530人），约1150人受伤。戴尔随后撤回了他的部队。第二天，又发生了更多的骚乱和纵火事件，因为戴尔主张采取"恐怖策略"来平息骚乱，他也因此得了"阿姆利则屠夫"的绰号。①

这场大屠杀激怒了持各种政治观点的印度人。虽然这一场景在由理查德·阿滕伯勒执导的传记电影《甘地传》中没有得到很好地再现，却是此片的高潮之一。"当政府拿起武器对付其手无寸铁的臣民时，它就丧失了执政的权利，"甘地在大屠杀之后宣称，"此次事件已经裁定这个政府不能在和平与正义中进行统治……只有废除英国的统治并实行完全自治，才能抚慰受伤的印度……如果说普拉西［战役1758年］奠定了大英帝国的基础，阿姆利则撼动了它。"② 4月18日，甘地暂停了他的非暴力不合作行动。

回顾历史，阿姆利则大屠杀被证明是英国在次大陆统治结束的开始。

国大党官员在阿姆利则举行年度大会，穆斯林联盟也是如此。到这两个会议12月底召开时，英国议会已经通过了1919年《印度政府法》，其中纳入了蒙塔古和切姆斯福德提议的分权制。它涉及将目前的一院制立法机构改组为两院制立法机构，由上院即国务委员会审查中央立法会通过的法案。在国大党年度大会上，真纳对将1919年《印度政府法》描述为"不充分、不令人满意和令人失望"的决议表示附议。③ 甘地纵然表示了反对也是徒劳。

---

① 尽管雷金纳德·戴尔准将被解除了指挥权，并以患病为由送回英国，但他从未受过纪律处分。1920年3月，下议院以230票对129票谴责戴尔，但上议院以129票对86票宣布他受到了不公正对待。他于1927年去世。13年后，英国考文垂的锡克教居民乌德姆·辛格在伦敦皇家阿尔伯特音乐大厅枪杀了迈克尔·奥德怀尔爵士，后者曾称戴尔的屠杀是"正确的行动"，乌德姆·辛格被处以绞刑。
② Cited in Hiro, *The Timeline History of India*, 251.
③ "Jinnah of Pakistan: Calendar of Events, 1919," Humsafar. info, n. d., http:// www. humsafar. info/1919. php.

在穆斯林联盟的大会上，真纳当选为主席，任期三年。他取得如今的地位之时，正是甘地的名声受挫之际。

阿姆利则也是第二届"全印度基拉法特大会"的举办地，这是1918年10月30日之后出现的一个新生的穆斯林群体。那一天，也是落败的奥斯曼帝国苏丹-哈里发迈赫迈特六世——一个留着海象般胡子、头戴印有伊斯兰新月和星星的阿斯特拉罕羔羊皮帽、眼神忧伤的统治者——与获胜的盟军签署停战协议的日子。这对哈里发的未来地位构成了威胁，哈里发又称"基拉法特"，是从 khalifa 一词中衍生出来的，在印度，阿拉伯语和乌尔都语中意为"继承者"，自1517年以来哈里发一直以伊斯坦布尔为大本营。在这个哈里发被公认为所有穆斯林的宗教领袖的世界上，生活在印度的穆斯林是他最大的支持者。

# 第二章

# 甘地的原罪：将宗教注入政治

1919 年 3 月，当公众对《罗拉特法案》的愤怒高涨时，全印度基拉法特大会的种子在于孟买举行的 1.5 万名穆斯林参加的会议上播下。由富商穆罕默德·乔塔尼主持的孟买基拉法特委员会成立，他本人被尊称为塞斯（印地语：商人或银行家）乔塔尼。大会与穆斯林联盟理事会（Muslim League Council）取得联系，双方决定共同组建一个基础更为广泛的组织，因为当时联盟只有 777 名付费成员，主要由被称为乌理玛[①]的律师和宗教学者组成。[②]

促使穆斯林精英迈出这一步的是历史眼光。这个群体认为，奥斯曼帝国的垮台与 1807 年莫卧儿帝国被英国人推翻的情况类似——尽管不是那么突如其来。奥斯曼帝国是被一个英帝国占优势的联盟推翻的。在赞同这一观点的人中，穆罕默德·阿里·焦哈尔最引人瞩目。

阿里兄弟

他 1878 年出身于联合省（今北方邦）兰普尔公国的一个贵族家

庭，毕业于阿里加尔学院，之后入牛津大学继续深造。他放弃了当时很受印度人欢迎的法律专业，选择了历史。回国后，他先是在兰普尔担任教育主管，然后在更大的巴罗达公国担任教育主管。1911 年，他搬到了当时英属印度的首都加尔各答，在那里创办了《同志》周刊。阿里是一位天才的作家和诗人，笔名为焦哈尔（乌尔都语宝石之意）。他的牛津大学教育背景、高超的英语水平以及手工缝制的西装使他显得不同凡响。

1913 年，英属印度的首都迁往德里，他也随之而去。到了那里后，他在兄长肖卡特·阿里的帮助下创办了乌尔都语周刊《哈姆达德》（意为"富有同情心"）。当第一次世界大战在 1914 年 8 月爆发，他敦促奥斯曼苏丹-哈里发迈赫迈特六世保持中立。但当奥斯曼土耳其 11 月向盟军宣战时，他重申了对英国王室的忠诚。与此同时，他在一篇长文中概述了土耳其对英国的不满之处。这足以导致他的期刊被官方下令关闭。后来，由于他和肖卡特·阿里被视为亲土耳其人士，政府根据 1915 年的《印度防卫法》将他们囚禁在印度中部一个默默无闻的小镇钦德瓦拉，直到 1919 年 12 月。

被囚禁的焦哈尔仔细研读了乌尔都语的《古兰经》，从而成为一名虔诚的穆斯林。肖卡特·阿里也一样。他们俩都留起了胡子，改穿及膝的束腰外衣和宽松的外袍，还戴了高高的阿斯特拉罕帽。此后，他们被称为阿里兄弟。焦哈尔有时会被邀请在当地清真寺星期五的会众礼拜后做每周的布道。事实证明，他是一个幽默且能言善道的演说家。

---

① 穆斯林国家对有名望的神学家和教法学家的统称。——译者
② Gail Minault, *The Khilafat Movement: Religious Symbolism and Political Mobilization in India* (New York: Columbia University Press, 1982), 72.

在监狱期间，阿里兄弟被允许与朋友和盟友保持通信，当然是在信件被审查后，还被允许阅读战时审查制度下出版的报纸。他们赞同1916年12月国大党和穆斯林联盟签订的《勒克瑙条约》。早些时候，他们听过甘地1915年在加尔各答对学生发表的演讲，他在讲话中说："政治不能脱离宗教。"① 他们在甘地身上看到一个印度教人士为了吸引大批追随者而将宗教与政治结合起来。

他们要求政府让甘地去狱中探望他们，但没有成功。甘地则在出席1918年4月德里举行的总督的战争会议之后，向他呼吁释放阿里兄弟。切姆斯福德勋爵拒绝了。甘地在狱中继续与他们通信，兄弟俩也对甘地在1919年4月针对《罗拉特法案》的非暴力不合作行动表示支持。

随着奥斯曼帝国的失败，阿里兄弟变得悲观沮丧。将苏丹-哈里发奉为伊斯兰教的"个人中心"的焦哈尔，警告英国不要削弱哈里发这位伊斯兰教在阿拉伯、巴勒斯坦和伊拉克最神圣的圣殿的守护者的无上权威，也不要瓜分他的帝国，焦哈尔认为这会削弱了伊斯兰教的世俗力量。他的观点得到了许多受过教育的穆斯林的广泛认同，这使得1919年9月有400名代表聚集在勒克瑙。他们决定成立基拉法特委员会，由乔塔尼担任主席，被监禁的肖卡特·阿里担任秘书长。

基拉法特委员会宣布1919年10月17日（根据伊斯兰历，土耳其签署停战协议的一周年纪念）为基拉法特日。它敦促穆斯林斋戒、礼拜，并在这一天举行大罢工，还呼吁印度教教徒加入他们的行动。甘地也对此予以了支持。当天，各大城市的集市关门歇业。在孟买，甘地在一个穆斯林集会的每周礼拜结束后向他们发表了演说。在德

---

① Gail Minault, *The Khilafat Movement: Religious Symbolism and Political Mobilization in India* (New York: Columbia University Press, 1982), 56.

里，知名的穆斯林暨印度教改革派团体圣社①的领导人斯瓦米·什拉达南德也在一个 5 万人的集会上发表了讲话。② 事态的发展让真纳感到震惊，他劝告甘地"不要鼓励穆斯林宗教领袖及其追随者的狂热情绪"。③ 甘地没有理会。基拉法特委员会对甘地积极鼓舞他们的事业印象深刻，因而邀请他主持 11 月 23 日至 24 日在德里举行的第一届基拉法特大会。在大会演讲中，印度教教徒和穆斯林的团结是一个反复出现的主题，而且印度教对于杀牛的反对也表现出了应有的敏感性。"如果忘记了印度教教徒的合作，穆斯林的荣誉将岌岌可危，"毛拉阿卜杜勒·巴里说，"就我而言，我会说我们应该停止杀牛，因为我们是同一片土地上的孩子。"④

大会敦促穆斯林抵制定于 12 月举行的官方和平庆祝活动，并决定如果与土耳其达成的解决方案有失公正，穆斯林应该退出与政府的合作。对获胜的盟国到底强加给了土耳其什么，将由一个特别委员会来进行评估。如果它认为对土耳其的解决方案不公正，那么穆斯林将会抵制欧洲商品。甘地是这些决议的坚定支持者。⑤

在会议前夕，真纳从孟买向大会召集人发出了一份友好的电报，在其中表明了对土耳其事业的支持，同时谴责了英国统治者在旁遮普邦犯下的暴行。⑥ 但他强烈反对采取抵制欧洲商品等违宪做法。

---

① Arya Samaj，又称雅利安协会，1875 年成立，由印欧族人组成。——译者
② Gail Minault, *The Khilafat Movement: Religious Symbolism and Political Mobilization in India* (New York: Columbia University Press, 1982), 76.
③ Cited in Jaswant Singh, *Jinnah: India—Partition—Independence* (New Delhi: Rupa and Company, 2009), 124 – 125.
④ Sanjeev Nayyar, "Khilafat Movement," March 2001, http://www.esamskriti.com/essay-chapters/Khilafat-Movement-2.aspx.
⑤ Minault, *The Khilafat Movement*, 77 – 78.
⑥ "Jinnah of Pakistan: Calendar of Events, 1919," Humsafar.info, n.d., http://www.humsafar.info/1919.php.

12 月底在阿姆利则召开的第二届基拉法特会议，由不久前获释的阿里兄弟主持。长期的监禁让他们有了烈士的光环，并为他们赢得了"毛拉"（源自 mawla，阿拉伯语：主人或学者）的宗教称号。代表们责成他们起草《基拉法特宣言》。

1920 年 1 月，穆斯林联盟主席穆赫塔尔·艾哈迈德·安萨里率领的代表团会见了切姆斯福德总督，敦促英国政府不要剥夺苏丹-哈里发迈赫迈特六世对穆斯林圣地的宗主权。甘地是代表团的成员之一。①

阿里兄弟与甘地密切合作，两个月后完成了《基拉法特宣言》。该宣言呼吁英国不要削弱哈里发的地位，并敦促印度穆斯林让英国在哈里发问题上负起责任。该文件还纳入了甘地首次阐述的对政府实行非暴力不合作的概念。这样的一场运动将由不断递进的层面组成，从放弃政府头衔及荣誉开始，它将包括抵制法院、英国支持的教育机构、地方议会选举和外国商品，乃至从公务员、警察和军队队伍中辞职等。最后一步是拒绝纳税。宣言发表后，焦哈尔作为基拉法特代表团的领导人前往欧洲，在巴黎和伦敦为土耳其游说。

4 月 17 日在马德拉斯举行的第三届基拉法特会议由肖卡特·阿里主持，大会通过了《基拉法特宣言》。② 自此至 9 月初国大党特别会议投票对不合作进行表决时，几件事帮助甘地巩固了他不断上升的影响力。

4 月底，甘地谴责国际联盟最高委员会在意大利圣雷莫举行的会议上通过的决议，即允许英国和法国决定奥斯曼帝国非土耳其部分的

① Taimoor Gondal，"The Khilafat Movement，" CSS Forum，December 16，2011，http：//www. css forum. com. pk/386748-post13. html.
② Rajmohan Gandhi，*Gandhi: The Man, His People and the Empire* （London：Haus，2010），133.

统治权性质。他呼吁人们以不合作的方式表达印度对圣雷莫决议的
愤怒。


## 内外转折点


1920 年 5 月 15 日，同盟国公布了与奥斯曼土耳其签订的和平条
约草案，提议将所有非土耳其部分从奥斯曼帝国分割出去。甘地谴责
了这份文件。在国内，威廉·亨特勋爵领导的调查委员会于 5 月 28
日发表了《印度政府任命的调查旁遮普骚乱的委员会的报告》，反英
情绪愈演愈烈。

据报告称，当时贾利安瓦拉巴格有 5000 至 1 万人，全都手无寸
铁。雷金纳德·戴尔准将在地势较高的地方各部署了 25 名士兵。枪
声一响，集会群众就往最低的围墙冲去，那墙大约 5 英尺高。戴尔命
令他的士兵瞄准那个地方。他在给军方上级的快信中写道：**"这已经
不再是驱散人群的问题，**[①] 而是一个足够分量的道德威慑，不仅对在
场的人，更是对整个旁遮普"。[②] 委员会的报告批评了戴尔，谴责了
戒严管理的某些方面，但在总体上认可了旁遮普的戒严政策。甘地立
即将对亨特报告的抗议和基拉法特倡导的不与政府合作的立场结合了
起来。

然而，肖卡特·阿里盘算着如果穆斯林辞去公务员职位，有抱负
的印度教教徒很快就会填补进去。因此，如果没有印度教领导人的积

---

[①] 原文即粗体强调。
[②] Cited in Louis Fischer, *The Life of Mahatma Gandhi* (London：Granada, 1982), 66 -
67.

极支持，他不愿意开展不合作运动。此时，作为一个重要的印度教教徒，甘地的干预变得至关重要。

甘地从印度教的传统神话、信仰与象征中汲取了许多民族主义的灵感。正如他曾经解释的那样："我的兴趣所在不是政治而是宗教。我参与政治是因为我觉得生活中没有哪个方面可以脱离宗教。"①

他的《论印度自治》（*Hind Swaraj*）一书在 1909 年写成，最初用的是古吉拉特语，后来被他翻译成英文版 *Indian Home Rule*，他在书中指出，印度早在英国统治之前就已是一个国家。为了支持他的论点，他提到，"我们远见卓识的祖先在南部创立了 Shevetbindu Rameshwar，在东南部建立了克利须那，在北方建立了哈里瓦，把这些地方作为朝圣之地"，从而勾勒出吠陀印度教的地理范围。② 这些都是印度教的圣地。甘地没有提到古代佛教的朝圣之地，更没提到散布在次大陆各地的穆斯林苏非教派圣徒的圣地，其中一些是穆斯林和印度教教徒经常去的地方。他们共同的信念是，通过在圣地祈祷，他们将得到已故圣人的灵魂的祝福，圣人能代表他们与全能的神进行沟通，以解决他们的世俗问题。（这种做法遭到正统穆斯林的谴责。）

值得一提的是，在纳塔尔举行罢工游行的矿工们跟在甘地身后，高呼"胜利属于克利须那神"，"胜利属于罗摩神"。在罗摩神和克利须那神这两位印度的主神之间，甘地更喜欢罗摩神的生平，这个记录在印度教史诗《罗摩衍那》中的故事，由 17 世纪的诗人杜尔西·达斯译成了印地语。"我认为杜尔西·达斯的《罗摩衍那》是所有宗教

---

① Cited by Dilip Hiro, *The Timeline History of India*（New York: Barnes & Noble, 2006），256.

② Cited by Perry Anderson, "Gandhi Centre Stage," *London Review of Books*，July 5, 2012，3 - 11.

文学中最伟大的著作。"他在 1919 年时称。[1] 甘地在 1918 年 3 月艾哈迈达巴德纺织工人罢工期间的绝食之举，给了他一种印度教圣徒的光环。那次罢工的第二天，他提到自己从"印度古代文化"中汲取了营养，这里的古代文化代表了吠陀印度教为应对佛教的挑战而进行改革之前的传统。[2]

甘地对母牛的崇拜非常富有传奇色彩。"保护母牛是印度教的外在表现形式，"他宣称，"如果有人不愿意为此献出生命，我绝不称他为印度教教徒。我把这一点看得比我的生命更珍贵。"[3]

他的生活方式充满了宗教习惯和不切实际的道德言论。在艾哈迈达巴德附近的静修处，听教友唱印度教用于祈祷的歌曲《拜赞》（bhajans），是他晨祷的一部分。他的圣洁和公开的虔诚为他赢得了圣雄（梵文，意为伟大的灵魂）的称号。虽然缺乏文献证据，但人们普遍认为这是著名作家、哲学家、教育家泰戈尔取的。[4] 泰戈尔于 1913 年获得诺贝尔文学奖，并在两年后被封为爵士。作为一名爱国者，他在 1920 年 8 月放弃了这个头衔，以此响应甘地号召的抵制。在他们的通信中，甘地称他为古鲁德夫（印地语意为敬虔的大师），对于这份赞美，泰戈尔以称他为圣雄作为回礼。

甘地的宗教形象让乌理玛主导的基拉法特运动的领导层感到安

---

[1] "'I regard the Ramayana of Tulasidas as the greatest book in all devotional literature' — Mahatma Gandhi," quoted on National Hindu Students Forum UK, *Sixth Form*, no. 4, December 2010, http: // www. nhsf. org. uk/sixth-form/newsletter/issue4. html.

[2] 参见第一章，p. 22。

[3] Dr. Yogendra Yadav, "Cows Protection and Mahatma Gandhi," Peace & Collaborative Development Network, July 20, 2012, http://www. internationalpeaceandconflict. org/ profiles/blogs/cows-protection-and-mahatma-gandhi, 引自甘地 1920 年 12 月 8 日在比哈尔邦北部贝提亚母牛庇护所开幕式上的讲话。

[4] Kruthi Gonwar, "Who Gave the Title of Mahatma to Gandhiji?," *New Indian Express*, June 26, 2012.

心。在 1920 年 6 月 3 日，在由肖卡特·阿里主持的基拉法特中央委员会会议上，甘地解释说，在他的单独指导下，四到五个月之后，不合作运动将从低层面达到拒绝缴税的高层面。

他要求负责一个特别的不合作委员会，独立运作——他将成为一个事实上的独裁者。① 与会者对他在南非运用这一策略所取得的成功印象深刻，同意了他的提议。

而模棱两可的亨特报告为甘地提供了一次机会，让他可以更加尖锐地抨击英国统治下的印度。"如果我们有资格自称为一个国家，就必须撤回与政府的合作，以此拒绝维护它的存在。"他在 6 月 9 日这样宣布。② 两周后，他呼吁总督切姆斯福德勋爵要么在 8 月 1 日之前修改让土耳其蒙羞的和平条款，要么辞职。他开始将旁遮普邦持续动荡的国内问题与基拉法特运动有关土耳其的诉求混在一起，同时强调哈里发拥有优先权。但同盟国在土耳其问题上的立场并没有改变。

8 月 1 日，甘地归还了他在布尔战争和第一次世界大战期间获得的三枚战争奖章，从而拉开了这场不合作斗争的序幕。

8 月 10 日，同盟国和苏丹-哈里发迈赫迈特六世于巴黎郊区的塞弗尔签署了《塞弗尔条约》"，保留了奥斯曼王朝，但切割了帝国在阿拉伯世界的所有领土。甘地谴责该条约是"对印度穆斯林的重击"。③

随后，甘地和基拉法特的领导人集中讨论了即将于 9 月初在加尔各答召开的国大党特别会议。为了强调他们在印度教教徒—穆斯林之

---

① Francis Robinson, *Separatism Among Indian Muslims: The Politics of the United Provinces* (Cambridge: Cambridge University Press, 2007), 314.
② 同上，317。
③ Cited by Anderson, "Gandhi Centre Stage."

间建立友好关系的诚意，基拉法特领导人呼吁穆斯林不要在巴克里古尔邦节（乌尔都语意为山羊节）——即印度语的宰牲节——上杀牛，而按照习俗，这一天的庆祝方式通常是宰杀山羊、绵羊或牛。按照农历，这个节日应在国大党大会召开前几天。[①]

在这个特别会议上，甘地的决议遭到前国大党主席安妮·贝桑特、马丹·莫汉·马拉维亚和真纳等中坚分子的反对。甘地动员大家的重要论据之一是，基拉法特中央委员会已经打响了不合作战役，已有35年历史的国大党怎能落后于一个新生的机构呢？1886票对884票的结果表明他击败了反对派。

与此同时，9月7日在加尔各答举行的穆斯林联盟特别会议上，真纳谴责了亨特的报告和戴尔的所作所为。但他反对采用违宪手段的立场仍未改变。虽然他和甘地同属民族主义阵营，但他们在斗争策略上两极分化。

12月下旬，在那格浦尔举行的为期5天的会议上，国大党代表在甘地的要求下对该党的目标进行了修正，之前的目标是通过一切合法与和平的手段实现印度人民的自治（swaraj）。甘地预测，如果采取非暴力的不合作的斗争策略，将在一年内达成自治的目标。真纳提出了不同的意见，说自治在实践中的含义并不清楚。"这个（不合作的）武器不会摧毁大英帝国，"他预言道，"这既不符合逻辑，在政治上也不合理、不明智，实际上也不可能付诸实施。"他还说尽管他无力消除印度成为英国殖民地的原因，但他警告印度同胞，大规模不合作这种极端行为会带来可怕的后果。[②]

① Robinson，*Separatism*，318.
② "The Khilafat Movement（1919–1924），" Quaid-e-Azam Mohmmad Ali Jinnah（blog），2008，http：//m-a-jinnah. blogspot. co. uk/2010/04/khilafat-movement-1919-1924. html.

　　但令他懊恼的是，就连穆斯林联盟也不同意他的观点。同期，在由穆斯林联盟主席安萨里主持的那格浦尔会议上，也决定对不合作运动予以支持。另一项同等重大的决议改变了实现自治的目标。大会的横幅总结了联盟的最新理念："忠于你的宗教""自由是人与生俱来的权利"。[1]

　　真纳输了，但没有放弃。在给甘地的一封信中，他表明这种违宪的计划只能吸引文盲和缺乏经验的年轻人，并且必然会导致灾难性后果。[2]

甘 地 式 不 合 作 的 出 笼

　　在甘地的敦促下，那格浦尔的国大党领导人向所有印度人开放了党员资格，每年象征性地收取四分之一卢比（相当于当时的四分之一英国便士或 4 美分）的会费。他们还通过了甘地起草的新宪法，它建立了一个从最高的代表大会工作委员会到最低的村级委员会的等级制度，从而把他们松散无组织的运动纳入一个纪律严明的组织之中。

　　1921 年 4 月，甘地发起了一场运动，招募 1000 万印度各阶层人士加入国大党，并筹集 1000 万卢比（约合 100 万英镑）的全国基金，以推动不合作斗争。他与加尔各答的拉贾斯坦邦金融和工业资本家以及艾哈迈达巴德的纺织大亨之间的友好关系，帮助国大党有了稳定的资金来源。

---

① "The Khilafat Movement（1919 - 1924），" Quaid-e-Azam Mohmmad Ali Jinnah（blog），
　 2008，http：//m-a-jinnah. blogspot. co. uk/2010/04/khilafat-movement-1919-1924. html.
② 同上。

这些努力导致一个巨大的扩大选区的产生，它准备以戏剧化形式表达反抗英国统治的情绪。虽然国大党官员撤回了他们有利可图的法律活动之举上了报纸的头条，但抓住城市印度人想象力的则是抵制外国商品（主要是英国的）。

在焦哈尔的陪同下，甘地坐火车进行了为期6个月的全国巡回之旅，每天只能吃几片吐司、葡萄和羊奶。他在各地驻足，敦促听众不要穿外国服装和鞋子。如果他们鼓掌表示赞同，他就催他们即刻脱去衣服和鞋子，堆在一边。然后，把他1908年8月16日在约翰内斯堡第一次做的事再做一遍——点燃这堆东西。他呼吁观众穿土布衣服，为自己国家的运动出份力。公开焚烧外国纺织品的做法，波及未售出的当地摊贩的库存商品。作为一个滴酒不沾的人，他宣扬节制，这在穆斯林领导人中很受欢迎，因为伊斯兰教禁止饮酒。

临时设立的地方委员会如雨后春笋般涌现。志愿者被派去执行对法院和英国支持的教育机构的抵制。抗议者与警察发生小规模冲突。对英国人来说，这是最糟糕的时刻。第一次世界大战后，胜利的同盟国一方及其殖民地经历了严重的经济衰退——1922年英国的通货紧缩率达到15％。很快，国大党就因为有了自己的志愿者队伍而信心倍增，这些人穿着白色的土布制服，基拉法特运动也有了一支志愿者队伍。

新上任的印度总督雷丁勋爵（又名鲁弗斯·丹尼尔·艾萨克斯，雷丁家的第一代侯爵）曾是英国首席大法官，也是一名执业的犹太人，他对这场动荡的应对准备不足，所以1921年上半年他什么也没做。然后，为了试水，他逮捕了阿里兄弟，罪名是发表煽动性言论。法庭判处他们两年监禁。随之而来的抗议并不强烈，受此鼓励，雷丁开始集中精力打压基拉法特运动。

甘地也抗议了。他在 1921 年 9 月 19 日出版的《年轻的印度》(*Young India*) 周刊上发文说："我毫不犹豫地说,无论是军人还是平民,为这个政府服务都是有罪的……煽动骚乱已成为国大党的信条……不合作运动,虽然是一个宗教的和严格意义上的道德运动,但其特意把目标定为推翻政府,因此从法律上讲就是具有煽动性的。"[①] 换句话说,如果阿里兄弟是带有煽动性的,那么成千上万参加不合作运动的人也是。

他在另一篇 10 月 20 日发表于《年轻的印度》的文章中强调了自己与阿里兄弟结成同盟:"我声明,对我们来说,基拉法特运动是一个关键事实;对于毛拉穆罕默德·阿里来说,这是他的宗教;对我而言,以生命捍卫基拉法特运动,可以确保母牛不被穆斯林的刀宰杀,这是我的信仰。"[②]

在伦敦,政府 1921 年 7 月决定派 26 岁的英俊的威尔士亲王(后来的英王爱德华八世)访问印度,让印度人民以无比的热情和崇敬欢迎他,以表达对帝国的忠诚。印度总督继续镇压抗议活动。到 11 月初,1 万多名印度人(主要是基拉法特运动的部分成员)被关进了监狱。

亲王 11 月 17 日抵达孟买时,迎接他的是罢工、骚乱和纵火。为了在他 4 天的访问期间恢复秩序,警察动用了实弹,造成了 53 人死亡。所有主要城市都出现了罢工。在加尔各答,身着制服的国大党成员和基拉法特志愿军掌控了城市,以确保一场非暴力的总罢工顺利进行。到了晚上,加尔各答陷入了自己造成的黑暗中——变成了一座"死亡之城",就像英国作家吉卜林所描述的。[③]

---

① Fischer, *Life of Mahatma Gandhi*, 72.

② Cited in Singh, *Jinnah*, 124.

③ Evelyn Roy, "The Crisis in Indian Nationalism," *Labour Monthly* (London), February 1922.

12月初，真纳与印度总督交涉，寻求解决日益恶化的局势的办法。总督表示乐意，但甘地提出的先决条件是释放所有与基拉法特运动有关的囚犯。总督拒绝了。[1] 事实上，他继续宣布招募和组织国大党及基拉法特志愿者，以及在城市举行三人以上的集会为非法。由于无视这些禁令，政治犯的数量翻了一番，达到2万人之多。

## 战斗到底——暂停

"雷丁勋爵必须明白，不合作者正在与政府开战，"12月21日，甘地在《年轻的印度》上发表的一份宣言说，"我们想要推翻政府，迫使它服从人民的意愿。我们将不得不令人性为之震惊，哪怕要像在南非和爱尔兰那样，除此之外，我们宁愿抛洒自己的鲜血而不是让对手流血。我们将战斗到底。"[2]

12月27日至28日在艾哈迈达巴德举行的国大党会议，由哈基姆·阿贾马尔·汗主持，它与以往毫不相同。会场没有椅子和桌子，取而代之的是一个巨大的帐篷和铺在地上的地毯，大多数代表穿着土布棉衫，戴着称为"甘地帽"的白色折叠布帽。从服装上讲，真纳和甘地截然不同。真纳穿着他平常穿的三件套西装，衣领浆得笔挺，戴着丝质领带，怀表紧紧地系在马甲上，一支接一支地抽着克雷文-A牌香烟，每天要抽50支。甘地则继续着他的斯巴达生活方式，最近连衬衫、多蒂腰布和白色帽子也不穿戴了，而是换上了一条土布缠腰布和披巾。

---

[1] "Non-Cooperation Movement 1920," *General Knowledge Today*, October 25, 2011.
[2] Roy, "The Crisis in Indian Nationalism."

衣衫不整的甘地提出了一个解决办法，呼吁"对所有政府法律和机构采取积极的公民抗命行为；呼吁非暴力；呼吁不管政府禁令，继续在印度各地公开集会；呼吁所有印度人通过加入（国大党）志愿服务团让自己束手就擒"。该提议经过多次辩论，在4728名代表中仅有10人持不同意见的情况下获得通过。[①] 会议指定甘地为公民抗命运动的唯一执行人。

持不同意见者中最突出的是真纳。他的讲话被观众不断地叫喊"可耻、可耻"所打断。当他提到"甘地先生"时，许多代表高呼"圣雄甘地"。[②] 但他坚持自己的立场——以后也未改变，自始至终称呼甘地为"先生"，所有英国官员也是如此。不过，眼下他垂头丧气地搭下一班火车，离开了那格浦尔，陪伴他的是他年轻的妻子鲁蒂（玛丽亚姆），她在两年前生下了他们的女儿黛娜。这将是他最后一次参加国大党的会议。在与甘地的未公开宣布的战争中，他以屈辱的方式败下阵来。

甘地选择了位于古吉拉特邦孟买以北150英里的巴多利地区作为他的公民抗命运动的试验场。2月1日，他宣布将在这个以农村为主的地区发起一次拒绝纳税的行动。在次大陆以农业为主的社会中，土地收入是英属印度的财政命脉。

一周后，他得到消息说，2月5日，在距离巴多利800英里的联合省小镇乔里乔拉发生了一起暴力事件。抗议食品价格上涨的人们组成长长的队伍上街游行，一路无事，直到一些掉队的人被武装警察击中。他们大声呼救，抗议者转过身来面对警察。警察开枪打死了3名

---

① Roy，"The Crisis in Indian Nationalism. "
② 同样，尽管很多人呼吁称穆罕默德·阿里·焦哈尔为"毛拉"，但被他婉拒。Rajmohan Gandhi, *Understanding the Muslim Mind* （New Delhi：Penguin Books，2000），135。

男子，在子弹打光后跑回了警察局，并在那里设置了障碍。愤怒的暴民放火烧了警局的大楼。当 21 名惊恐万分的警察和他们的局长逃出火海时被人们抓住，并砍成几块扔进烈焰中。后来 225 名抗议者被起诉，72 人被判有罪，其中 25 人被处以绞刑。[1]

听到这个消息，甘地吓坏了。"假设……政府已经退到一边，让巴多利的胜利者代行其职，谁来控制那些遇到一点挑衅就实施不人道行为的不法分子呢？"他问。他说他不确定自己能否做到这一点。他暂停了巴多利的公民抗命运动。作为不合作运动唯一授权的执行者，他禁止在印度的任何地方藐视政府。

在那些对他的决定感到震惊并质疑这是否明智的人当中，不仅有被监禁的阿里兄弟，还有国大党工作委员会的一些成员，包括国大党前主席、联合省阿拉哈巴德一位非常成功的大律师莫蒂拉尔·尼赫鲁，他的独子就是贾瓦哈拉尔·尼赫鲁。后来人们得知，总督雷丁勋爵向伦敦发送了一份表示绝望的报告。"城镇的下层阶级受到了不合作运动的严重影响，"他在 1922 年初写给印度国务大臣埃德温·蒙塔古的信中说，"某些地区的农民也受到了影响……全国各地的穆斯林都心怀鬼胎、怨恨、闷闷不乐。"[2]

在回应国内的批评时，甘地说："实际上，彻底推翻整个带有进攻性的计划在政治上可能是不合理、不明智的，但毫无疑问，这样做在宗教上是合情合理的。"[3] 当形势急转直下时，甘地把印度教搬了出来。可谁来判断他的决定是否具有"宗教上的合理性"呢？一切都是主观的，一切判断都由他个人做出。正如他曾经说过的那样，"那

① Akhila Mol, "Biography of Madan Mohan Malviya," *Preserve Articles*, n. d. , http：//www. preserve-articles. com/201103034355/biography-of-madan-mohan-malviya. html.
② Cited in Hiro, *The Timeline History of India*, 255.
③ Cited in Fischer, *Life of Mahatma Gandhi*, 252 – 253.

些说宗教与政治无关的人不知道宗教意味着什么。"① 无论如何，在四分之一世纪之后，他将宗教注入政治的做法将导致印度次大陆的统一被破坏。

毫无疑问，甘地信仰的核心是正统的印度教，它把禁止食用牛肉和杀牛作为日常生活的组成部分。他的观点可以很恰当地概括为："在崇敬母牛这一点上，我绝不向任何人妥协"。② 与所有虔诚的印度教教徒一样，他致力于从无尽的出生、死亡及重生的轮回中获得解脱（moksha，梵语），从而结束这一轮回中固有的痛苦。"我迫不及待地想要实现自我，想在这种存在中得到解脱，"他在 1924 年出版的《年轻的印度》中写道，"我对国家的服务即我从肉体的束缚中解放灵魂的修炼的一部分。因此，我的服务可以被视为纯粹自私的。我对地上的易腐朽的王国没有欲求，我正为永久的天国（即解脱）而奋斗。"③ 在其他地方，他说，通往解脱的道路是"肉体钉上十字架"。没有这条路，就不可能"与神面对面"，并与之成为一体。但如果能达到这样的完美境界，神就会在世上行走了，因为"试图了解完美的人与天神之间的区别是没有意义的。"那样一来，他对他同胞的命令就没有限制了："当我成为一个完人，只要我开口，整个国家都会倾听。"④ 印度教的内核被一层耆那教包裹着，后者是印度教的一个分支，强调非暴力或对任何生命形式无害。

甘地在放弃公民抗命计划之后，进行了为期五天的忏悔禁食，作

---

① Vinay Lal, " 'Hey Ram': The Politics of Gandhi's Last Words," *Humanscape* 8, no. 1 ( January 2001), citing Mohandas Gandhi, *Autobiography or the Story of My Experiments with Truth* (Ahmedabad: Navajivan, 1940 [1927] ), 371.
② Cited by Anderson, "Gandhi Centre Stage."
③ "The Mind of Mahatma Gandhi," *Young India*, April 3, 1924, 114.
④ Cited by Anderson, "Gandhi Centre Stage."

为他定期肉体受难的一种方式。所有这一切都强化了他在文盲和宗教信仰深厚的群众心中圣雄的崇高形象。

不过，他反对英国统治的运动并没有停止。"当英国这头狮子继续在我们面前挥舞它血淋淋的爪子时，我们怎能妥协呢？"他问道，"吃米饭的弱小的数百万印度人似乎已经下定决心要实现自己的使命，而无需进一步的教育和武器……1920 年开始的战斗，是一场你死我活的战斗。"[1]

这篇文章被认为是最富煽动性的三篇文章之一，之前的两篇发表于前一年 9 月 19 日和 12 月 21 日的《年轻的印度》周刊上。甘地于 1922 年 3 月 10 日被捕，被判犯有煽动叛乱罪，判处 6 年徒刑。由于意外的急性阑尾炎手术，他于 1924 年 2 月获释。

在他离开政治舞台期间，形势发生了根本性的变化。

## 撤 退 与 反 制

一年之内实现自治的希望破灭了，公民抗命运动戛然而止，以致领导者和被领导者都感到失望和沮丧。国大党要人之间出现了分歧，其中一些人放弃了不合作立场，决定参加根据 1919 年《印度政府法》举行的选举。

党内一些高层人士不同意甘地的激进议程，开始远离国大党。马丹·莫汉·马拉维亚就是其中之一，他曾两度担任该党主席。他转而投向全印度印度教大斋会（All India Hindu Mahasabha），一个成立于

---

[1] Louis Fischer, *Gandhi: His Life and Message for the World* (New York：Mentor Books, 1954), 72.

1914 年、作为全印度穆斯林联盟的反制力量的社群组织。1922 年 12
月底，马拉维亚在印度教理事会的年会上发表讲话，详述了印度教教
徒的不满。他提到了自 1921 年 8 月以来，马拉巴尔南部地区（现称
喀拉拉邦）的莫皮拉穆斯林农民对他们犯下的暴行。他还指出，在
1922 年 9 月旁遮普木尔坦市的社群骚乱中，印度教教徒眼睁睁地看
着穆斯林流氓亵渎他们的寺庙。阿姆利则也有类似的情况。[①]

对他们而言，圣社是一个印度教社会改革运动组织，最初成立于
1875 年，旨在清除当代印度教的种姓制度和偶像崇拜，其领导人发
起了净化（梵文 Shuddhi）运动，让皈依印度穆斯林的人回归印度教。
一些穆斯林名人对此感到不安。马拉维亚为净化运动辩护说，过去一
年里，古吉拉特邦有 10 万印度教教徒皈依伊斯兰教，这是一个令人
震惊的现象。"如果现在有 2.2 亿人数（3 亿印度人口中占 2.2 亿）
之众的我们还遭到如此恶劣的对待，如果我们允许印度教教徒以这种
比例皈依伊斯兰教，而不允许已皈依的人回归印度教，那么印度教人
数大大减少之后，我们的未来会怎样？"[②]

印度教教徒和穆斯林之间的关系正日益恶化。1923 年，加尔各
答爆发了印度教教徒—穆斯林的暴力冲突。为了扭转这一趋势，1923
年，在毛拉穆罕默德·阿里·焦哈尔第二次出狱后的几个月内，国大
党代表们选举他为该党主席。他成为该政党 38 年历史上的第六位穆
斯林主席。（5 年前他还在狱中时，曾被选为穆斯林联盟的主席。）

真纳对不合作和公民抗命运动保持着清醒的态度。1923 年 4 月，
他正式辞去了国大党的职务。9 月，他被选出来作为穆斯林联盟的成

---

[①] "Madan Mohan Malaviya: Gaya Presidential Address Hindu Mahasabha 1923," http: //
14. 139. 41. 16/mahamana/images/stories/gaya. pdf.
[②] 同上。

员，代表孟买参加新成立的中央立法会，后者取代了过去的帝国立法会。在这个议会里，他继续要求设立"一个完全负责任的政府"，这是埃德温·蒙塔古于1917年首次承诺的。

甘地从监狱获释后，还没有完全从手术后的虚弱中恢复过来，他和基拉法特领导人就遭遇了重大的政治挫折。1924年3月3日，在土耳其总统穆斯塔法·凯末尔·阿塔图克将军的授意下，安卡拉大国民议会废除了哈里发阿卜杜勒·马吉德，并废止了有着1292年历史的哈里发制度。这样一来，甘地不合作运动的两大支柱相继垮塌。

对于真纳这样一个世俗的公众人物来说，哈里发的命运即使有其重要性也微不足道。事实上，他深感不安地看着穆斯林传教士——有毛拉维（maulavi，毛拉的又一派生词，阿拉伯语意为大师或学者）称号的人——在哈里发问题上的影响力不断上升，以及哈里发对麦加和麦地那的伊斯兰教主要圣地的持续控制。随着哈里发被废黜，真纳在穆斯林联盟中的地位上升。代表们在1924年选举他为党主席，任期三年。

作为一个认为政治应该只是受过高等教育者的特权的人，他对甘地让半文盲和文盲鼓动者参与政治的做法表示遗憾。在他看来，正是这种现象导致了穆斯林和印度教教徒之间日益紧张的关系。

甘地则试图扭转这一令人担忧的趋势。几周以来，他听取了双方的意见，并进行了独立调查。最终结果是1924年5月29日，他在《年轻的印度》上发表了一篇文章，名为《印度教教徒与穆斯林的紧张关系：原因与解决之道》，整个篇幅虽有6000多字，但掩盖不了它的不足之处。文章总结了印度教教徒对穆斯林的普遍看法，反之亦然，还调查了一些社区骚乱案件，斥责了每个社群中一些看似不合理的行为。甘地重申了自己早些时候的论点，即"我们［印度教教徒］

对为［生活在印度的］英国人每天宰牛一事闭口不谈。而当穆斯林宰牛时，我们就变得怒不可遏⋯⋯［但是］母牛的脖子之所以会在屠刀之下，是因为印度教教徒把它们卖了"。① 文章未能从历史、社会学和经济学的角度对这个问题做深入的分析。由于缺乏对这些学科知识的较好掌握，澄清这个问题的任务超出了他的智力范围。

对于疗愈这一陈年旧习的方法，他的结论是，印度教教徒和穆斯林的团结可能是一个，因为"这对双方是如此自然、如此必要，而且我相信人性"。② 这种循环论证本质上是在回避问题。

不出所料，他用英文写的这篇冗文对当地局势并没有实际影响。周期性的骚乱仍在继续。而最引人注目的是 1924 年 9 月发生在西北边境省（后来的开伯尔-普赫图赫瓦省）的科哈特镇（人口为 4.4 万）的那次。

永恒正法委员会（Sanatan Dharma Sabha，梵文）是一个像圣社那样的印度教复兴组织，③ 它的当地分支机构出版了一本小册子，里面有一首粗俗的涉及伊斯兰教的诗，据称是对穆斯林报纸上早些时候登的一首反印度教诗的回敬。这激怒了占当地人口 92％ 的穆斯林。他们对当地印度教领袖的道歉并不满意。从 9 月 9 日至 11 日，发生了为期三天的暴乱：抢劫、纵火及暴力事件，造成 155 名印度教教徒死亡。为安全起见，当局将 3500 名印度教教徒疏散到该镇的军营地带。④

54 岁的甘地决定以自己独特的方式行事。为了"改造"那些爱

---

① Cited by Fischer, *Gandhi*, 78. 早在 1917 年 10 月在北比哈尔邦的贝提亚发表的关于母牛保护的演讲中，甘地就提出了这一论点。参见 Yadav, "Cows Protection and Mahatma Gandhi."。

② Cited in Fischer, *Gandhi*, 75.

③ 印度教纯粹主义教徒称印度教圣三达摩，即永恒的法律。

④ Singh, *Jinnah*, 119.

他的人，他选择绝食，试图用这种方式去走近斗志旺盛的双方的心，以便他们能够体会他的感受，并以他的方式做出反应。9月17日，他宣布在穆罕默德·阿里·焦哈尔位于德里的家中禁食21天。两名穆斯林医生负责照料他。这将向印度教教徒表明，他们如圣人般的政治家将以自己的性命来信任穆斯林，世人将见证莫罕达斯和穆罕默德已是知己。

10月8日，甘地结束了绝食，现场先是一位穆斯林传教士背诵了《古兰经》的开篇经文，接下来唱赞美诗《当我注视着奇妙的十字架》，最后以印度教圣歌《拉库家族的首领，我神罗摩》结束。[1] 一切都非常感人，广为流传。但在大众层面上并没有改变什么。

甘地的此次绝食抗议与他1918年3月在艾哈迈达巴德所做的完全不同。纺织工人的罢工是一个地方性的问题。纺织厂主是小而团结的一群人，生怕甘地会死掉。与此形成鲜明对比的是，印度教教徒—穆斯林问题在全国范围内存在，即使只考虑城市层面，它所涉及的也是庞大而松散的社会实体。一个苦行僧式的政治家自愿不吃不喝，并不能消除几个世纪以来形成的族群间的误解和偏见。

1924年12月下旬，在他主持的国大党会议结束的第二天，甘地在贝尔高姆参加了一个母牛保护会议。会议决定成立一个全印度的母牛保护组织。他的策略是说服穆斯林自愿地放弃宰牛和食用牛肉。"穆斯林声称伊斯兰教允许他们杀牛，"他在1925年1月29日的《年轻的印度》上写道，"因此，在我看来，叫一个穆斯林不杀牛等于强迫他皈依印度教。"[2]

在科哈特骚乱等当代问题上，甘地无法让自己的看法与肖卡特·

---

[1] Fischer, *Gandhi*, 79.
[2] Cited in Yadav, "Cows Protection and Mahatma Gandhi."

阿里的看法一致。他们一起访问科哈特收集证据的计划不得不取消，因为印度总督禁止他们进入该镇。他们决定去拉瓦尔品第举行听证会，最终从不同视角对这一恶性事件做出了评价。1925 年 1 月，肖卡特·阿里宣布纵火及伴之而来的枪击是偶然事件，并非有预谋的针对印度教教徒的圣战。而时任国大党主席的甘地说，9 月 10 日那天穆斯林群众愤怒异常，如果印度教教徒没有大规模疏散的话，恐怕更多的人已遭毒手。[①]

## 甘地—真纳：道不同不相为谋

心灰意冷的甘地现在把自己的一些时间和精力投入到另一场运动中，即结束有种姓的印度教徒对无种姓者实施的贱民制度。与此同时，为了加强对自治的支持，他借用宗教术语来畅想自治的实现。他认为，英国对印度的统治的终结将使"罗摩之治"（Ram Raj）时代重现，即古印度的黄金时代，罗摩神统治的王国是一个正义与公平的盛世。这种情景尤其令乡村里没有文化的印度教群众着迷，却让穆斯林无感甚至疏远。他们无法对印度教奉为神的罗摩王及其王国感同身受，罗摩王和他的王国存在于公元前 700 年到公元前 300 年左右，比伊斯兰教的建立早了 2000 年。

真纳仍在由 145 人组成的中央立法会里积极参与工作。他被选入议会的一个委员会，负责调研在印度建立军事国防学院的可能性。为此，他花了几个月的时间走访欧洲大国和北美地区，陪同委员会成员

---

① Singh, *Jinnah*, 120.

访问英国桑德赫斯特军事学院的人之中，包括道格拉斯·格雷西上尉，即后来的巴基斯坦陆军总司令道格拉斯·格雷西将军。在忆及真纳对前来会见该委员会的英国军官的傲慢行为时，格雷西说："我不得不提出抗议，并指出这些军官是自愿提供证据的……他们有权受到礼貌的对待……一旦有人挑战，真纳就会变得通情达理，以后也不会再怀有恶意了。"①

尽管真纳给了穆斯林联盟领导权，但其成员在 1926 年还是缩减至 1330 人。② 为此真纳更加埋头于政治事务中，以致忽略了鲁蒂的感受。他们变得疏远了。

1927 年 11 月，印度国务大臣伯克黑德勋爵任命了一个以约翰·西蒙为首的 7 名议员组成的委员会，建议修订 1919 年的《印度政府法》。国大党在 12 月召开会议，决定抵制西蒙委员会，因为其中没有来自印度的代表。穆斯林联盟理事会在真纳的引导下，采取了同样的行动，但同意者勉强过半，导致党内出现分裂。伯克黑德勋爵向印度政客提出挑战，要求他们起草一部各社群领导人都接受的宪法。

国大党高级官员接受了挑战。他们邀请所有非国大党领导人参加 1928 年 2 月在德里举行的各方会议（All Parties Conference）。在 5 月举行的第二次会议上，产生了一个由 10 名成员组成的委员会，负责概括出宪法的广泛原则。会议由著名国大党议员莫蒂拉尔·尼赫鲁主持，另外 9 名成员包括两名穆斯林——穆斯林联盟前主席阿里·伊玛姆爵士和舒布·库雷希——以及一名锡克教徒曼加尔·辛格。委员会一致通过的草案称为《尼赫鲁报告》，于 8 月 10 日发布。月底在勒克瑙举行的第三次各方会议上，该草案获得通过。

① Cited in Gandhi, *Understanding the Muslim Mind*, 137.
② Cited by Hiro, *The Timeline History of India*, 257.

《尼赫鲁报告》的要点如下：印度应被授予大英帝国内的自治领地位，采取联邦政府的形式，剩余权力——没有专门分配给中央或各省的权力——将归中央政府所有；穆斯林在中央立法机构中的代表权应与其占总人口四分之一的比例相称；任何社区都不允许有单独的选区，但在少数民族占总人口至少 10％的省份，可以允许保留少数民族席位；官方语言应为印度斯坦语（Hindustani），书面语言为梵文、乌尔都语或其他 6 种主要文字中的任意一种。

《尼赫鲁报告》中取消了单独选区一项，退出国大党并加入穆斯林联盟的焦哈尔拒绝接受它。1928 年 12 月下旬，在结束欧洲之行回国两个月后，真纳在国大党会议前夕前往加尔各答，游说修改《尼赫鲁报告》。他说："大多数人都有压迫和专制的倾向，少数人总是害怕自己的利益和权利受到损害，除非得到法律规定的明确保障。"（他本可以提到几个世纪以来占多数的种姓印度教教徒一直压迫少数贱民的方式。）他警告说，解决问题的另一选择也许是"革命和内战"。[1] 没人听他的这番肺腑之言。国大党领导人正忙着怎么把穆斯林代表的人数从 25％提高到 27％。

"真纳情绪低落，灰溜溜地回到了酒店，"他的帕西朋友、后来的卡拉奇市市长贾姆希德·努舍尔万吉回忆说，"第二天早上……在他的头等车厢门口，他拉着我的手，热泪盈眶地说'贾姆希德，这是要分道扬镳啊'。"[2] 事实证明，真纳的话是具有预见性的：回想起来，这将被视为导致次大陆分裂的三个里程碑中的第一个。

在国大党会议上，甘地提出了一项接受《尼赫鲁报告》的决议，

---

[1] Jamil-ud-din Ahmad, *Middle Phase of the Muslim Political Movement* (Lahore: Publishers United, 1969), 138 – 139.

[2] Hector Bolitho, *Jinnah: Creator of Pakistan* (Westport, CT: Greenwood, 1982), 94 – 95.

但有一个附加条款，即英国政府必须在一年内给印度自治领地位。如果到 1929 年 12 月 31 日印度还没有获得自治领地位，甘地最后说，那"我必然自行宣布独立"。①

真纳于 1929 年 3 月提出了他的十四点宣言，② 其中最重要的是：印度应该有一个联邦形式的政府，剩余权力归于各省；所有中央或省级内阁以及中央立法机关都应至少有三分之一的穆斯林代表；应该继续实行独立的选民制度；穆斯林应在国家的所有服务中享有足够的份额；此外，还应该为保护和促进穆斯林教育、语言、宗教、属人法和慈善机构提供充分的保障。尽管真纳是穆斯林联盟的主席，但他的宣言未能赢得联盟理事会的支持。在德里举行的会议陷入混乱的争执之中。③

真纳遭受这次政治挫折时，正值他生命中的一个脆弱时刻。1929 年 2 月 20 日，他分居的妻子、29 岁的鲁蒂因腹部患上癌症在孟买逝世，当时他正在德里的联盟总部为他的宣言游说。他急忙赶往孟买，在她的葬礼上不禁哭出声来——那是他在公众面前罕见的一次情感流露。

1929 年 6 月，工党领袖拉姆齐·麦克唐纳成为英国首相。印度总督欧文勋爵是一位看起来像教授的秃顶男子，整个夏天的大部分时间他都在伦敦度过。他在 10 月 31 日回到德里时表示，英国政府设想举行一次由英国和印度代表参加的"圆桌会议"，并补充道，"印度宪法意义上的进步的自然问题……是获得自治领地位。"但当议会中的

---

① Cited in Fischer, *Gandhi*, 94.
② 尽管本来的数字是 15，后来呈现为真纳的 14 点，以配合美国总统伍德罗·威尔逊的《十四点宣言》。
③ Stanley Wolpert, *Jinnah of Pakistan* (New Delhi: Oxford University Press, 1985), 96 - 105.

保守派领导人反对这一想法时，他退却了。在 12 月 23 日与印度高层领导人的会晤中，他表示，"他根本无法预判或保证（圆桌会议）会得出任何永久路线。"① 印度代表团里包括甘地和真纳。这将是他们两人最后一次联合参加政党活动。②

一周后，国大党在拉合尔召开会议。1929 年 12 月 31 日午夜钟声敲响时，会议通过了一项由主持会议的 40 岁的贾瓦哈拉尔·尼赫鲁提出的动议。"英国政府不仅剥夺了印度人民的自由，而且在剥削人民的基础上，进一步从经济、政治、文化和精神上毁灭了印度，"动议如此表述，"因此，我们认为，印度必须切断与英国的联系，获得自治权或完全独立。"③

大会采用了一面绿、白、橘黄三色旗帜，中间白色条纹上有一架手纺车作为独立的印度的标志。大会呼吁其成员和朋友退出立法机构，并批准公民抗命、不交税。它授权国大党工作委员会决定何时以及采用何种方式开展非暴力不合作运动。实际上，这个决定取决于圣雄甘地。

## 海盐事件

甘地抱定决心要让公民抗命运动严格坚持非暴力的方式，用他自己的话来说，尤其当"空气中充满暴力的时候"，更要如此。最具戏剧性的例子发生在 1929 年 4 月，当激进的民族主义者巴格特·辛格

---

① Cited in Fischer, *Gandhi*, 95.
② 代表团的其他成员包括尼赫鲁、维萨尔巴伊·帕特尔（中央立法会议长）及著名的宪法律师泰吉·巴哈杜尔·萨普鲁爵士。
③ Hiro, *The Timeline History of India*, 258.

和巴图克什瓦尔·达特从中央立法会的参观者旁听席投掷了两枚土炸弹时。甘地的重点是抗税。

1922 年 2 月，在巴多利举行的税收抗议活动与土地收入挂上了钩。土地收入是英属印度政府财政的主要来源。这一次，他需要选择一些不那么重要，但同时又与印度社会大部分人的生活相关的东西。他想到了英国自 18 世纪中叶东印度公司成立以来就征收的盐税。

1882 年的《印度盐法》（India Salt Act of 1882）明确规定了政府对食盐的采集、制造、批发和征税的垄断。持有并非从国家专卖店购买的食盐即构成犯罪，应受惩罚。在总督雷丁勋爵治下，盐税在 1923 年翻了一番。为了证明自己的观点，甘地在 1930 年 3 月 2 日写了一封长信给印度总督欧文勋爵，信中先是谈到了英属印度政府的税收制度总体上的不公，然后将话题转向盐税及其对印度农民的损害。"英国的体制似乎就是被设计成去碾压印度农民的生命的，"甘地写道，"就连他们的生活必需品盐也要被征税征成这样，使他们不堪重负。①他总结道，如果总督未能"对这种邪恶行为加以处理"，他将在 3 月 11 日继续与他在艾哈迈达巴德静修所的同事们无视《印度盐法》的存在。总督没有理会这封信。

3 月 12 日，甘地开始了他史诗般的徒步之旅。他的 80 名追随者也加入了这次 241 英里的旅程。

像往常一样，时年 61 岁的甘地用宗教来包装自己的言行。"我感觉自己就像是去阿玛纳特或巴德里-凯达尔的朝圣者，"他说，这两处指的是印度西北部山区的印度教圣地，"对我而言，这简直就是一次

---

① Cited in Fischer, *Gandhi*, 96.

神圣的朝圣之旅。"莫蒂拉尔·尼赫鲁也附和道:"正如罗摩神向［斯里］兰卡的带有历史意义的行进一样,甘地此行也是值得铭记的。"① 通常,陪同甘地的非暴力不合作信徒中只有一位穆斯林,即阿巴斯·瓦尔特吉。

此行经过近 300 个村庄,于 4 月 5 日在孟买以北 160 英里以盐田闻名的丹迪村结束。在农村,甘地无数次停下脚步,劝诫他的听众们穿上手捻线、手工纺织的棉布——称为印度土布 (khadi or khaddar)——做成的衣服,远离酒精、童婚和划分贱民的做法。他还特意提到去当地无种姓之人用的井中洗澡。

4 月 6 日早上,在结束了聆听印度教虔诚的祈祷圣歌的仪式后,他涉入阿拉伯海,捡起一把咸泥 (盐盆早些时候被政府人员搅动过),象征性地宣布他的国家已完全独立,他的崇拜者则高呼 Kanoon Torhnewala zindabad (印地语,意为"违法者万岁")。

鉴于印度的海岸线很长,民众有足够的机会违反盐法。大规模的抗命行动随之而来。贾瓦哈拉尔·尼赫鲁于 4 月 14 日被捕,被判处 6 个月监禁。卡拉奇、马德拉斯、加尔各答和吉大港等港口城市成为非暴力抗议活动的主要场所。

在丹迪时,甘地起先住当地穆斯林西拉兹·阿卜杜拉的家里,后来搬进了一所特别建造的棕榈叶小屋。正是在这里,1930 年 5 月 4 日午夜过后,甘地被捕,此次根据的是《1827 年孟买条例》第 25 条,它允许未经审判而拘押。

这样一来,76 岁的穆斯林、退休法官阿巴斯·蒂亚布吉就接续了甘地的使命,他曾被甘地任命为非暴力不合作运动的候补领导人。

---

① National Gandhi Museum, "Salt Satyagraha and Dandi March," n. d. , http: // www. mkgandhi. org/articles/salt _ satya. htm.

在甘地的妻子卡斯图拜的陪同下，他率领游行队伍向丹迪以南 20 英里的达拉萨纳盐场进发。

途中，蒂亚布吉遭到逮捕，被判入狱 3 个月。随后，领导权先后传给了受过牛津教育、直言不讳的诗人沙拉金尼·奈杜，以及在基拉法特运动期间被甘地的魅力折服的大毛拉阿布·卡拉姆·穆希尤丁·艾哈迈德·阿扎德。此时，参加此次非暴力不合作行动的人数已飙升至两千。当游行者走近盐场时，警察把他们挡在了门外。沮丧之余，他们只好开始静坐示威，几天下来，数百人被捕。

5 月 21 日，部分示威者终于到达了他们的目的地，他们试图拆除盐场周围的铁丝网。警察用钢头棍招呼他们，而他们遵从甘地不抵抗的严格指示，"以极大的痛苦回应有组织的流氓暴力行为"，始终没有还击。

合众国际社的美国记者韦伯·米勒报道称："没有一个游行者举起胳膊来抵挡袭击。"

> 从我站的地方，我听到了棍棒打在毫无保护的头骨上发出的令人作呕的重击声……被击倒的人摊开四肢倒在地上、失去了知觉，或者由于头骨骨折或肩膀骨折，身体痛苦地扭动着。两三分钟后，地上就满是横七竖八的人。他们的白衣服上血迹斑斑，幸存者并没有乱了阵脚，而是默默地、迈着坚定的步伐继续前进，直到被打倒在地。当第一列的人都被击倒时，抬担架的人就不顾警察的阻拦冲了上去，把伤者抬到一间作为临时医院的茅草屋里。
>
> 有时，那些毫不抵抗的人被一棍接一棍打得血肉模糊的场面让我非常恶心，不得不转身离开。我心中涌起难以名状的无助的

愤怒和厌恶，既是对那些不予抵抗、甘愿挨打的人的，也是对那些挥舞棍棒的警察的……一队又一队的人前赴后继，即使被打得失去知觉也不举起胳膊抵挡。最后，警察被人们的不抵抗激怒了……他们开始野蛮地踢坐在地上的男人的腹部和睾丸。受伤者痛苦地扭动身体，尖叫着，这似乎让警察更加怒不可遏……然后，警察开始拖拽坐在地上的人的胳膊或脚，有时会拖上100码，把他们扔进沟里。

米勒后来去医院数了数，"320人受伤，许多人头骨骨折，仍然昏迷不醒，还有一些人因睾丸和胃被踢而痛苦地扭作一团……几十名伤者好几个小时也没有得到治疗，2人不治身亡。"[1]

他先是试图把这则报道发给他在伦敦的机构，但遭到了英国在印度的电报运营商的审查。直到他威胁要揭露英国的审查制度后，报道才未经审查被传送出去。这则报道被全球1350家报纸刊载，而且还被参议员约翰·J. 布莱恩收入美国参议院的官方记录。[2]

米勒的报道比阿滕伯勒的传记电影《甘地传》中的情节更生动地描述了这一悲剧事件。就像他对贾利安瓦拉巴格大屠杀的描述未能捕捉到混乱和受害者的恐怖，这部电影对抗议盐税的游行的再现也被非暴力抵抗者的外貌所破坏，他们穿着新洗的熨烫平整的白衬衫、外袍、戴着甘地帽，整齐洁净得难以置信，此时正值亚热带地区季风来临前的5月，天气酷热，尘土飞扬，他们衣服的腋下却连一点点汗渍都看不到。

总督欧文勋爵在给英王乔治五世的报告中，轻描淡写地描述了这

---

[1] Webb Miller, *I Found No Peace: The Journal of a Foreign Correspondent* (New York: Simon & Schuster, 1936), 193 – 195, 446 – 447.

[2] 同上，198 – 199。

件事。"陛下可能会一再忍俊不禁地读到有关达拉萨纳盐场的激烈对抗的报道，"他写道，"警方克制良久，没有采取行动。一段时间后，不行动已不可能，他们不得不采取了更为严厉的措施。很多人因此受了轻伤。"①

政府的大规模逮捕行动，使政治犯的人数上升到 6 万至 9.2 万人之间。②

真纳在与甘地争作印度人的重要代言人的过程中，有一个天生的劣势。甘地不仅是属于多数群体的印度教教徒，而且他通过援引宗教的象征和神话，给自己戴上了印度教的光环。

相比之下，真纳对街头政治的厌恶有增无减。无论在政治上还是社交上，他和甘地都生活在完全不同的两个世界。从性情上说，甘地颇有人情味，善于调动情感、创造和运用"道德压力"。他尝试了各种方式来赢得胜利，尤其是当他无法梳理出理性的论据来支持自己的立场时。与他截然相反，真纳是个知性的人，深谙逻辑，绝不感情用事，是个彻头彻尾的律师。他冷漠，保守，始终如一地拥护立宪。

真纳意识到，全世界报道这场"抗盐税游行"及其后果的戏剧性事件，遮蔽了他通过宪法手段推进印度民族主义事业的努力。在政治斗争的舞台上，他输给了甘地。他决定离开印度。1930 年 10 月，他乘船前往伦敦，重新从事法律工作。

与之形成鲜明对比的是，甘地和国大党的其他头面人物正在肮脏且条件恶劣的监狱里受苦。因此，他们也不可能参加当年晚些时候在伦敦举行的第一次印度问题圆桌会议。

---

① William Roger Louis, *Adventures with Britannia: Personalities, Politics, and Culture in Britain* (London：I. B. Tauris, 1997), 154.

② Fischer, *Gandhi*, 100；Hiro, *The Timeline History of India*, 257.

# 第三章

# "两个民族"理论：分治前奏

1930 年 11 月 12 日，第一次关于印度问题的圆桌会议在伦敦召开，其结果却一点也不圆满。89 名代表围坐在一个 E 形桌周围。在穆斯林代表中，真纳因其与众不同的手工缝制的西装和引人注目的行为脱颖而出。"真纳在会议开幕式上没有说明他的政党〔穆斯林联盟〕已达成何种共识，他们因此感到有些不快，"印度政府顾问官员马尔科姆·海利爵士在给总督欧文勋爵的一份私人信件中写道，"他拒绝像其他人那样提前给会议秘书处一份自己的发言稿。不过当然咯，真纳从来都是个地道的小无赖。"①

真纳在开幕词中提到，这次会议有四方参与：英国、印度公国、印度教教徒和穆斯林。这样一来，他让穆斯林成了一个独特的群体，而不是有特殊利益和要求的印度人。他将他之前的《十四点宣言》中隐含的意思清楚地表述了出来。

回到印度，12 月底，穆斯林联盟的代主席穆罕默德·伊克巴尔爵士在该组织于阿拉哈巴德举行的年会上发表讲话，也提到了一个最初的观点。伊克巴尔爵士是一位剑桥毕业的大律师和诗人哲学家，留着小胡须，发际线很高，目光常常显得若有所思。他强调以领土范围区分穆斯林。"我希望看到旁遮普、西北边境省、信德省和俾路支省合并成一个国家，"他说，"无论是在大英帝国内部的自治，还是在没有大英帝国情况下的自治，在我看来，形成统一的印度西北部穆斯林国家似乎才是穆斯林的命运，至少对于印度西北部是如此。"② 回想起来，这正是巴基斯坦国概念的萌芽。

在伦敦，会议设了8个小组委员会，分别处理不同的问题，其中最重要的是联邦结构、省级权力和少数民族问题。1931年1月19日审议结束时，首相拉姆齐·麦克唐纳说，如果［中央］立法机构可以在联邦的基础上组建，他的政府准备"接受中央权力下放"，③ 并希望国大党将出席下一次会议。

在上司的暗示下，总督欧文勋爵1月25日在国大党的印度完全独立（Purna Swaraj）日前夕释放了该党领导人，又邀请圣雄甘地与之对话。


## 《甘地—欧文协定》


2月17日，甘地在德里与印度总督进行了三个半小时的一对一会谈，这是一次开创性之举。一个致力于结束英国统治的政党的领导人获得这样的特权，激怒了许多英国政客，尤其是保守党，其中最出众的是前财政大臣、殖民地国务大臣温斯顿·丘吉尔。他无法忍受

---

① Cited in Stanley Walport, *Jinnah of Pakistan* (New Delhi: Oxford University Press, 1985), 122.

② Cited in Dilip Hiro, *The Timeline History of India* (New York: Barnes & Noble, 2006), 258.

③ Jaswant Singh, *Jinnah: India—Partition—Independence* (New Delhi: Rupa and Company, 2009), 182.

"这位曾经的内殿律师学院毕业的律师，如今煽动人心的游方僧，半裸着大步走上总督府的台阶，与国王的代表平起平坐地谈判协商的那种令人作呕的场面"。[1] 总督有违游戏规则的邀请，将甘地推上了名人的风口浪尖。

甘地和欧文勋爵会过几次面，敲定了一项协议。在其中一次会谈中，这位印度总督问他是否要喝茶。"谢谢你，"甘地一边整理他的披巾一边回答，然后举起一个纸袋说，"我要在茶里放些盐，好让我们回忆起著名的波士顿茶党。"空气中回荡起了笑声。

在艰难的讨价还价中，甘地从欧文勋爵那里争取到的让步之一，就是允许印度人在沿海地区制盐。不过，总体来说，那只是印度总督的一种象征性姿态，是为了迫使甘地接受未来的宪法，在该宪法中英国将保留对国防、外交关系、少数民族问题和对外财政义务的控制权。该协议的第2条对此进行了总结。[2] 然而，回想起来，这个协议将被证明是甘地政治成就的巅峰。

作为国大党结束公民抗命运动并同意参加下一轮圆桌会议的交换条件，欧文勋爵承诺释放所有政治犯，并归还没收的土地。

《甘地—欧文协定》于3月5日签署。尽管其条款没有达到甘地为"休战"而提出的最低要求，但他为即将于下个月退休的欧文勋爵的诚意做了担保。尽管国大党工作委员会（CWC，即国大党高级指挥部）的年轻成员对第二条颇有微词，还是通过该协议。但它未能在3月底举行的全印度国大党委员会（AICC）特别会议上获得通过。该委员会指示甘地在圆桌会议上不承认第二条。

---

[1] "Gandhi—A Pictorial Biography: Gandhi-Irwin Pact," Mahatma Gandhi Website, n. d., http://www.mkgandhi.org/biography/gndirwin.htm.
[2] Louis Fischer, *The Life of Mahatma Gandhi* (London: Granada, 1982), 358 - 359.

国大党阵营的这一小插曲丝毫没有平息印度以印度教为主的农村地区迅速蔓延的谣言，即伟大的圣雄甘地已经战胜了英国国王，英国对印度的统治即将结束。

下一次圆桌会议在麦克唐纳的工党政府垮台两周后，在伦敦召开。会上发生的事与印度教村民们的期望完全背道而驰。

## 第二、第三次圆桌会议

1931 年 9 月 7 日，在大萧条导致的英国政治危机不断加深的背景下，第二次圆桌会议召开了。圣雄甘地是国大党的唯一代表，声称自己代表 85％的印度人口。但面对 111 名其他代表，他无法维持国大党的主张：代表中近五分之三来自英属印度，五分之一来自印度总督提名的土邦王国，其余的来自英国政府。

每个主要问题——联邦结构和少数民族——都由一个委员会处理。甘地同时得到了这两个委员会的任命。然而，在 38 人组成的少数民族问题委员会中，穆斯林（13 人）比种姓印度教教徒（10 人）多，其余的席位分配给了贱民（Achhut，印地语）——官方称其为"弱势阶层"，占印度人口 11％——还有锡克教徒、基督徒、英裔印度人、欧洲人和女性。

甘地提交了《尼赫鲁报告》，该报告拒绝将穆斯林列为单独的选民以作为解决印度教教徒—穆斯林争议的办法。他的提案未获通过。除了种姓印度教教徒，所有其他团体都赞同一项以不同社区的独立选民为核心的协议。

甘地对官方将贱民列为一个单独社群的决定提出了质疑，声称他

"以个人身份"代表印度教教徒的所有种姓，但这未能说服贱民的领袖比姆拉奥·拉姆吉·安贝德卡尔。年轻的安贝德卡尔是一位口齿伶俐的哥伦比亚大学法律系毕业生，他抨击甘地把贱民称为"神的孩子"（Harijans，印地语），称此为不值当的政治姿态的例子。他坚持认为，贱民作为无种姓之人，是被排除在印度教种姓之外的。

甘地预计自己会在此次会议上失利，遂花了大量时间和精力试图让英国公众转变立场，接受他关于印度完全独立的观点。他强调说，退出大英帝国并不意味着与英国人民断绝联系。他将自己的魅力、机智及自我表现的技巧发挥到了极致。他缠着他标志性的腰布、戴着披巾，挂着一块晃来晃去的手表，脚蹬一双凉鞋，为英国报纸提供了一个具有异乎寻常的吸引力的形象。他前往帝国的纺织中心曼彻斯特和牛津大学，针对完全不同的听众发表演说。在伦敦时，他住在穷人聚集的东区的金斯利公寓。

当甘地占据报纸头条，还时不时地用俏皮话来逗逗读者——"你在你们国家穿长四分之一（plus-fours）[1]的裤子，我更喜欢短四分之一（minus-fours）的衣服"[2]——时，真纳却运用自己辩护才能在伦敦变得富足起来。

真纳在［国王的］枢密院司法委员会从事法律工作，专门处理与印度有关的案件。10年后，真纳以英国人特有的轻描淡写的口吻告诉美国记者兼作家路易斯·菲舍尔："和我的预期相反，我取得了成功。"[3]他所说的成功，让他每年赚2.5万英镑（相当于今天的144万

---

[1] 长及膝下4英寸的灯笼裤，一种宽大的运动裤，多为打高尔夫时穿，曾流行一时。——译者
[2] Sankar Ghose, *Mahatma Gandhi* (New Delhi: Allied, 1991), 206.
[3] Louis Fischer, *Gandhi: His Life and Message for the World* (New York: Mentor Books, 1954), 151.

英镑）。他住在高档住宅区汉普斯特德的一栋带有 8 英亩花园的三层别墅里，他 17 岁的妹妹、牙医法蒂玛是这里的管家，也暂代母亲之职照顾他的女儿黛娜。他出行乘坐的是宾利，有专门的司机替他开车。在大萧条期间，他在豪华的梅菲尔社区购买了好几套公寓。

工党在 1931 年 10 月的大选中大败后，麦克唐纳继续担任由保守党主导的政府的首相。新任印度国务大臣、保守党人塞缪尔·霍尔爵士对国大党并无好感，德里的那位印度总督威灵顿勋爵也一样。几周之内，印度总督在孟加拉和联合省的国大党大本营颁布了《紧急权力条例》（Emergency Powers Ordinances）。

然而，塞缪尔爵士对甘地的着装打扮表现出了十足的敏感。当英王乔治五世和玛丽王后决定邀请所有会议代表参加白金汉宫的茶话会时，国王对塞缪尔爵士说："什么？这个小个男人打算不穿正装，光着膝盖就来王宫！"塞缪尔爵士以巧妙的外交辞令说服国王不要在请柬上对着装进行限制。这件事结束后，当一名记者问甘地是否穿足了正装出席时，他回答说："国王身上的衣服足够我们俩穿的了。"[1]

撇开玩笑不谈，无论是甘地还是真纳，都没有对这次会见未能解决双方的共同议题感到惊讶。麦克唐纳在 12 月 1 日解散了聚会，他说，印度代表未能达成一项共同的解决方案，这使他的政府别无选择，只能做出单方面决定。

12 月下旬，甘地两手空空地回到印度后，国大党工作委员会决定重启公民抗命的斗争。在接下来的几个月里，甘地和党的其他领导人被关进了监狱。

1932 年 8 月 16 日，麦克唐纳宣布了《社群裁决》（Communal

---

① Ghose, *Gandhi*, 208.

Award）。它给予穆斯林、锡克教徒、贱民、基督徒以及英裔印度人和欧洲人单独的选举名单和席位。从社群的角度来看，旁遮普和孟加拉最为重要。在旁遮普邦，锡克教徒是一个相当大的少数民族群体，而在孟加拉，可以追溯到东印度公司（1600—1874）时期的、人数微乎其微的欧洲移民社区在英国人眼中却显得格外突出。事实证明，远在伦敦的政府在分配社群代表权方面是欠公平的。在旁遮普邦，它让占总人口56％的穆斯林拥有51％的立法机关席位；让包括贱民在内的印度教教徒有30％的席位；让锡克教徒有19％的席位。在孟加拉，它让占总人口54％的穆斯林拥有48％的席位；让印度教教徒有32％的席位，相比其实际人口，比例下降了12％；而只占总人口1％的欧洲人却有着相当于其总人口10倍的席位。①

国大党公开拒绝接受《社群裁决》。穆斯林联盟在抱怨不迭、支吾搪塞一阵之后，于1935年1月暂时接受了该裁决，"等哪天各相关社群商定出另一个方案取代它再说"。②

1932年11月17日在伦敦召开的第三次圆桌会议，遭到了国大党的抵制。苏丹穆罕默德·沙阿爵士，通常被称为"阿迦·汗"，是负责挑选穆斯林代表的英国官方的把关人，他将真纳排除在了他的名单之外。与会者减少至46人。在仔细审查和总结了几份报告之后，会议在平安夜结束。他们的提议被纳入了1933年3月出版的白皮书中。从那时起到1936年4月1日，即1935年8月2日颁布的《印度政府法》实施期间，一系列重大事件的发生导致占人口多数的印度教教徒和占人口少数的穆斯林之间的分歧日益扩大。

---

① Joya Chatterji, *Bengal Divided: Hindu Communalism and Partition, 1932 – 1947* (Cambridge: Cambridge University Press, 2002), 20.
② "Jinnah of Pakistan, Calendar of Events, 1935," Humsafar. info, n. d., http：// www. humsafar. info/1935. php.

## 机不可失，时不再来

　　作为一名专业成就卓然的大律师和富有的伦敦人，真纳受到了印度侨民，特别是穆斯林的钦佩。1933年初，他作为贵宾之一，参加了阿迦·汗在伦敦华尔道夫酒店举办的正式晚宴（black-tie dinner party）。在宴会前的招待会上，他发现乔杜里·拉赫马特·阿里过来和他搭讪，给了他一本小册子，名为《机不可失，时不再来：我们是要活着还是就此灭亡?》。① 其中包括一封日期为1933年1月28日，写给"我的阁下"的信，征求他对于"文中所解释的这个印度大问题的拟议解决方案"的意见。

　　作者拉赫马特·阿里是一位身材高大、体格健壮的35岁单身汉。他从拉合尔的伊斯兰宗教学校毕业，在著名的艾奇逊学院任教，1930年移居英国之前，他获得了旁遮普大学的法律学位，并于第二年就读于剑桥大学的伊曼纽尔学院。

　　在他长达2350字的文章中，称其代表"生活在巴基斯坦的我们的3000万穆斯林兄弟——指印度北方的五个地区，即旁遮普省、西北边境省（阿富汗省）、克什米尔、信德和俾路支斯坦"——呼吁"你们同情和支持我们反抗政治受难、彻底毁灭的残酷而宿命的斗争"。文章痛斥参加圆桌会议的穆斯林代表同意一部"基于一个全印度联邦的原则"的宪法，这等于是"签署了伊斯兰教及其在印度的未来的死亡令"。与他的旁遮普同胞穆罕默德·伊克巴尔一样，拉赫马特·阿里关注的是印度西北部地区，对东部穆斯林占多数的孟加拉省

---

① Complete text at http://www.mediamonitors.net/nowornever.html or http://en.wikisource.org/wiki/Now_or_Never;_Are_We_to_Live_or_Perish_Forever%3F.

则视而不见。真纳对拉赫马特·阿里和他的宣传手册反应冷淡。当阿里和他的三个联署人想方设法与他会面，以获得他对"**巴基斯坦**"的支持时，真纳回答说："亲爱的孩子们，不要操之过急；功到自然成。"①

尽管如此，10 年之后，已经被他的崇拜者称为"伟大领袖"（Quaid-i-Azam，乌尔都语）的真纳，在 1943 年 4 月穆斯林联盟的会议上演讲时提到了"一些年轻人"，他说：

> "巴基斯坦"这个词的起源是什么？创造它的不是穆斯林联盟或"伟大领袖"。伦敦的一些年轻人希望把西北部的某个地区与印度的其他地区区分开，他们在 1932 年至 1933 年间想出了一个名字，产生了这个想法，并将该地区命名为巴基斯坦……就这样，一个名字被创造了出来。因此，无论这个词当时的含义可能是什么，很明显，每个文明国家的语言都会发明出新词。巴基斯坦这个词就成了［1940 年穆斯林联盟］拉合尔会议的决议。②

当真纳在伦敦经济上和社会上功成名就之时，甘地却在波纳（现为浦那）的皇家耶尔瓦达高戒备监狱里憔悴潦倒。1933 年 5 月 1 日，种姓印度教教徒对贱民的暴行不断发生，甘地对此深感不安，宣布将于一周后开始绝食 21 天，"以此为净化我自己和我的同道的灵魂而向上天祈祷，为改善印度贱民阶层的命运而尽力。"③ 尽管全世界的善

---

① Khursheed Kamal Aziz, *Rahmat Ali: A Biography* (Lahore：Vanguard, 1987), 85.
② Jamil-ud-din Ahmad, ed. , *Some Recent Speeches and Writings of Mr. Jinnah*, vol. 1 (Lahore：Ashraf, 1952), 555 – 557.
③ "Gandhi Gives Notice of 21 Days' Fast," *Barrier Miner* (New South Wales, Australia), May 2, 1933，http：//trove. nla. gov. au/ndp/del/article/48429154.

良之人都呼吁他放弃这个想法，但他不为所动。对他来说，这是一个"机不可失、时不再来"的时刻。

由于害怕他最后会死在监狱里，政府在他绝食抗议的第二天释放了他。令其追随者和仰慕者松了一口气的是，他活着熬完了绝食期。在绝食期间，他继续编辑自己一年前创办的周刊《神的孩子》（Harijan）。

在暂停一段时间后，公民抗命运动于1934年4月7日正式结束，这一年甘地也终止了自己的国大党正式党员身份，决定集中精力消灭贱民制度。为了提升贱民阶层的地位，他在全国游历近一年之后，在印度中部城镇沃尔塔附近的塞瓦格拉姆村（印地语，意为"服务村"）建立了一个新的静修所。他从那里开始了他的建设性工作，旨在将村庄变为自力更生的定居点，发展像手工织布机这样的小规模劳动密集型产业。鉴于甘地热衷于为自己众多的一时之好做广告，所以难怪他会在《神的孩子》杂志上大谈牛奶跟香蕉一起吃的好处，谈自己吃生的食物的体会，以及吃机器加工后的大米如何不好，等等。

就在甘地自愿从活跃的政治生活中淡出的时候，真纳被说服重返祖国的政治舞台。

## 爱德华时代时髦绅士的回归

在真纳离开印度期间，穆斯林联盟这个缺乏群众基础的薄弱组织已经萎缩。联盟的支柱穆罕默德·阿里·焦哈尔于1931年去世。真纳虽然是该组织名义上的首脑，但他拒绝前往印度主持1933年4月的年会。这年7月，37岁的利亚夸特·阿里·汗——一位戴着眼镜、皮肤白皙、发际线过早后退的旁遮普贵族和牛津大学毕业的律师——在赴欧洲度蜜月期间拜访了真纳。汗和他的妻子拉娜都敦促真纳回国拯救联盟和穆斯林。真纳建议汗去登门求教一位穆斯林政治家。汗照办了，并获得了肯定的答复。

1934 年 4 月，穆斯林联盟会议任命真纳为主席，任期两年。在 1934 年 10 月的中央立法会选举中——当时全国只有 1415892 人投票，即只有一小部分人获得了选举权①——孟买的穆斯林选民把他送进了议会。

在由 145 人组成、部分人是获得提名进入的议会中，真纳成了一个由 22 人组成的独立团体的领袖，除 4 人外，其余均为穆斯林。议会中，一边是国大党及其盟友，一边是他们的亲英的对手，二者势均力敌、平分秋色。这样一来，真纳的团体就成了关键的中间选票。他在议院里表现得得心应手，还在全国各地奔走，为联盟寻求支持。②

1935 年 2 月，英国国会议员、印度中央立法会代表以及由林利斯戈勋爵担任主席的各土邦王国提名的代表团组成的一个 59 人的联合特别委员会，提出了一份关于印度宪法改革的法案草案。经过议会两院长达八周的辩论，于 8 月 2 日获得通过，称为 1935 年《印度政府法案》（简称《1935 年 GOI 法案》）。这是在英国议会 676 年历史上通过的最长的法案。

它的主要目标之一是建立一个由英属印度各省和土邦王国组成的全印度联邦，但由于对土邦王公的权利界定不明，这一目标还是没能

① "Central Legislative Assembly Etectorate [*sic*]," November 10，1942，Commons and Lords Hansard：Official Report of Debates at Parliament，http：// hansard. millbanksystems. com/written _ answers/1942/nov/10/central-legislative-assembly-etectorate.

② Rajmohan Gandhi, *Understanding the Muslim Mind* (New Delhi：Penguin Books, 2000)，143.

实现。该法案将立法权在省和中央立法机构之间进行了划分。两院制中央立法机构将由部分选举和部分提名的联邦立法议会和国务委员会组成。[1]

在德里维持分权制，意味着国防和外交等重要部门由印度总督提名的人管理，总督仍对英国政府负责，有权解散立法机关并以法令进行统治。省级管辖范围包括警察、省级公共服务、卫生和教育。（与此同时还有联邦和省级立法机构都有权立法的事项。）省级政府对民选立法机构负责，但省长被授予特别的权力对立法予以否决，颁布有关法律、秩序、少数民族利益以及保护英国商业的法令。将某地全体选民单独对待的做法还将继续下去。穆斯林在中央立法机构中获得三分之一的代表权。最能说明问题的是，法案没有提及印度获得自治领地位的目标。

1935年《印度政府法案》通过时，真纳在伦敦。两个月后回到祖国时，他将这部法案形容为"一部强加于我们"的法律，并呼吁其他政治家同仁共同应对。事情没有按照他期望的那样发展，部分原因是甘地已经退居二线，而1935年9月才出狱的贾瓦哈拉尔·尼赫鲁不得不赶去瑞士洛桑一家疗养院，照顾他36岁的患结核病的妻子卡玛拉。

直到1936年2月28日她去世后，悲痛欲绝的尼赫鲁才能专注于最新的法律。1936年4月23日，他在勒克瑙主持国大党会议时宣布国大党将在立法机构内外为终结此法案而斗争。他认为，要达到这个目的，最好的办法就是参加选举行政机关的活动，这些行政机关是要对完全选举产生的立法机关负责的。由于省议会正是这样的行政机关，该党决定在各省参加竞选。在大谈破坏1935年《印度政府法案》

---

[1] 由于诸多原因，提议的联邦立法议会和州议会选举并未举行。

的豪言壮语背后，国大党领导人突然发现了一个在选民中合法地宣传他们政党的计划的大好机会。

一周前，穆斯林联盟在勒克瑙举办了年度会议。尽管联盟对全印度联邦的条款持谨慎态度，但对于中央立法机关保留了独立选民制和三分之一的穆斯林代表，还是表示出了赞许。它的主要决议指出，"至关重要的是，穆斯林应该用一个前瞻的进步的方案将自己作为一个政党组织起来"。"为达此目的，该党任命真纳先生在他担任主席期间组建一个中央选举委员会……它有权组建附属的省级选举委员会。"① 真纳在 6 月付诸行动。该委员会还起草了党的宣言。

尼赫鲁主持了 12 月 27 日在法伊兹普尔举行的全印度国大党委员会会议，会上，该党在竞选和获胜后就职之间划出界限，分开处理。鉴于代表们强烈反对省长有凌驾于一切的权力，投票结束后，组建各部委的问题将由国大党工作委员会来解决。

## 1937 年的选举：一个基准

在 3010 万合格选民中，约有一半在 1937 年 1 月和 2 月举行的 11 次省议会选举中行使了自己的权利。其中 70％ 的人支持国大党，使得国大党获得了 1585 个席位中的 707 个。其中，617 个席位属于"普通"席位，即非穆斯林选区席位。② 国大党的胜利出人意料，令

---

① Cited in "Presidential Address by Muhammad Ali Jinnah to the Muslim League，Lucknow， October 1937，" http：//www. columbia. edu/itc/mealac/pritchett/00islamlinks/txt _ jinnah _ lucknow _ 1937. html.

② 参见 Joseph E. Schwartzberg, ed., *A Historical Atlas of South Asia* (Minneapolis：University of Minnesota Press, 1978)，222，转自 http：//dsal. uchicago. edu/reference/schwartzberg/pager . html？ object＝260&view＝text。

人震惊。最令人目瞪口呆的是它在人口众多的联合省的胜利，赢得了138 个席位中的 133 个，击败了强大的地主团体——国家农业党，其 98 名候选人设法保住了 18 个席位。[1] 总的来说，国大党在五个省获得了明显的多数席位，在孟买获得了微弱的多数席位。[2] 在阿萨姆、孟加拉和西北边境省，它成了最大的集团。

国大党的出色是三大因素共同作用的结果。人数占优势的印度教选民将甘地奉为圣雄，他们将对甘地的崇拜和爱戴投射到国大党身上。尼赫鲁为了给当地候选人提供有力的支持，飞行数百英里，开展了一场艰苦的来也匆匆去也匆匆的竞选活动，这是另一个突出的因素。而在孟买活动的国大党议会委员会主席瓦拉巴伊·帕特尔的高超的组织技巧，是此次胜利的最终因素，更何况，他还擅长从孟买和艾哈迈达巴德的工业巨头那里筹集资金。

在 485 个穆斯林席位中，穆斯林联盟仅赢得了 106 个。然而这一成绩已经超过国大党，后者获得了 25 席。其中，15 个席位出于穆斯林为主的西北边境省，10 个省份中只给国大党留了 10 个穆斯林席位，这简单明了地说明了该党在穆斯林中不受欢迎的程度。这与 310 万国大党党员中只有约 10 万人是穆斯林，略高于 3％的事实是一致的。[3] 穆斯林联盟在孟买和联合省表现良好，在前者的 29 个席位中获得 20 个，在后者的 69 个席位中获得 29 个。[4] 国大党领导人沉浸在

---

[1] Sir Edward Blunt, "Indian Elections: Congress Policy," *Spectator* (London), February 26, 1937.

[2] 实际数字是：比哈尔邦 91/152、孟买 88/175、中央省 71/112、马德拉斯 159/215、奥里萨邦 36/60、联合省 134/228。

[3] 参见 Fischer, *Life of Mahatma Gandhi*, 428, and "From a Letter of Jawaharlal Nehru to M. A. Jinnah (6 April 1938)," Nehru-Jinnah Correspondence, Office of the General Secretary of the Indian National Congress, 1938, http://cw. routledge. com/textbooks/9780415485432/43. asp.

[4] B. R. Nanda, "The Ghost of a Missed Chance," *Outlook*, January 24, 1996.

成功的喜悦中，开始对英国人采取强硬态度。他们一再保证各省省长不会利用其凌驾于一切之上的权力来否决法律或解散部长级理事会，以此作为让国大党党员在其人数占优势的地方组建部委的先决条件。

随后进行了旷日持久的谈判。印度总督口头上同意了这一条件，但没有修改法律。当国大党领导人向甘地寻求建议时，他告诉他们要达成一项君子协定。7月初，国大党立法委员在6个省就职，并在两个省领导联合政府。

在旁遮普，18名国大党议员在联合党领导的110人的联合政府中只占一小部分。令他们欣慰的是，穆斯林联盟只获得了2个席位，而以穆斯林为主、也向印度教教徒和锡克教徒开放的地主的联合党获得了89个席位。[1] 穆斯林联盟在信德省的60人议会中，仅占无足轻重的3个席位。在孟加拉邦，穆斯林联盟尽管比阿布·卡塞姆·法兹鲁尔·胡克领导的（穆斯林）"农民人民党"（Krishak Praja Party，孟加拉语）获得的35个席位多出了5个，但还是将首席部长的位置让给了胡克。通过赢得欧洲人（25席）、独立的贱民和种姓印度教教徒（37席）的支持，胡克孤立了占60席的国大党集团。

真纳试图最大限度地利用穆斯林联盟在孟买及联合省的战绩。由于国大党在孟买的多数席位岌岌可危，他认为国大党领导人巴尔·甘加达尔·赫尔愿意与他的政党结为同盟。为了实现他的目标，真纳在通过赫尔带给甘地的信中，提出要建立印度教教徒—穆斯林团结一心的事业，以便为独立铺平道路。他没有成功。"我希望自己能做些什么，但我完全无能为力，"甘地在给真纳的信中写道，"我对团结的信心一如既往地光明，只是我看不到光明穿透黑暗。我在这样的苦难中

---

[1] Riaz Hussein, "Revival of Punjab Muslim League: Jinnah-Iqbal Collaboration," *Iqbal Review* 28, no. 3 (October 1987).

向神祈求光明。"①

然而,一年前,神似乎已经引导甘地教导他的长子哈里拉尔,皈依伊斯兰教意味着违反了神的"法",相当于将两把剑放进同一个剑鞘。② 他对哈里拉尔的告诫让人们难得一见他内心深处对伊斯兰教的看法。之所以要面对这样的局面,是因为这位住在孟买的 48 岁鳏夫哈里拉尔爱上了穆斯林古拉布·沃赫拉,并想娶她为妻。他无视父亲的劝诫,皈依了伊斯兰教,并改名为阿卜杜拉·甘地,这让圣雄甘地很是失望。

在选举舞台上,建议被甘地拒绝的真纳降低了个人期望,商讨形成一个赫尔领导下的"国大党—穆斯林联盟"伙伴关系的可能性。但帕特尔判定,穆斯林联盟的立法委员必须与国大党的立法委员合并,才能使他们其中的任何一人被任命为部长。同样的情况也发生在尼赫鲁的大本营联合省。在这里,两党的谈判也因帕特尔的勒令而破裂。为了回应真纳提出的与国大党合作的要求,国大党要求他清算自己的政党,此举显示出国大党的部分领导人是多么傲慢无礼。

十年之后,国大党将为自己的傲慢之举付出高昂的代价。在以次大陆分治而告终的这段叙述中,1937 年 7 月对穆斯林联盟的友好姿态的拒绝一事将被视为第二个里程碑,此前的一个里程碑可以追溯到 1928 年 12 月,当时国大党在加尔各答的会议上,真纳的提议遭到了拒绝。

国大党在孟买和联合省对穆斯林联盟做出的傲慢之举,甚至让中立的穆斯林领袖也怀疑起了它对他们社区的真实意图。(位于阿富汗

---

① Cited in Singh, *Jinnah*, 250.
② Perry Anderson, "Gandhi Centre Stage," *London Review of Books*, July 5, 2012, 3 - 11.

边境地带、人口稀少、由国大党及其盟友掌控的西北边境省的例子，与次大陆绝大多数穆斯林人关系不大）。印度人民党领导的政府的前部长贾斯万特·辛格在他的《真纳传》中写道："当国大党组建了一个几乎所有穆斯林立法议会委员都坐在反对党席位上的政府时，非国大党穆斯林突然面临着政治上近乎完全无能为力的严峻现实。""他们内心透亮，明白即使国大党一个穆斯林席位也没有拿到，就像现在［指1937年的选举］这样，只要它凭借普通席位赢得议会的绝对多数，它就可以而且也一定会独立组成一个政府——除非穆斯林政治家完全放弃他们各自的政治身份，但在那种情况下，他们从一开始就很难当上议员。"①

### 被蔑视的真纳奋起反击

遭到断然拒绝后，真纳将国大党的部委形容为印度教统治印度（Hindu Raj），在这些部委里，"穆斯林既不能期望正义，也不能期望有公平竞争的机会"。② 头戴甘地帽、土布裹住半身的部长几乎垄断了8个省会的有实权的席位，渐渐地，普通穆斯林及非穆斯林联盟的穆斯林政治家想不认同真纳的看法都难。旁遮普邦的联合党首席部长西坎达尔·哈亚特·汗爵士和孟加拉邦的胡克就是这样。为响应真纳的友好提议，他们决定让自己的政党与穆斯林联盟联手。

另一方面，与甘地不同的是，尼赫鲁并不认为印度教教徒—穆斯

① Singh, *Jinnah*, 232.
② Cited in Penderel Moon, *Divide and Quit* (Berkeley: University of California Press, 1962), 16.

林之间令人担忧的关系是实现独立的主要障碍。按照他的说法，印度教教徒—穆斯林之间的矛盾正是那些有知识的地主和资本家组成的同盟领导层炮制出来的，民众层面并不存在这种不和谐。[1] 尼赫鲁 1936年在欧洲待了一段时间，其中包括前往西班牙支持内战中的共和党政权，此后，他开始从阶级角度看待政治，不再关注印度和欧洲经济发展分属不同阶段的问题。与此同时，他不能忽视一个严峻的事实，即他的政党只夺得八分之一的穆斯林席位，而且在 11 个省中的 10 个，平均下来只有一个国大党穆斯林立法委员。为了改观这一令人沮丧的现实，他发起了一项与穆斯林群众广泛接触的计划。

这一举措使得穆斯林联盟的领导层加倍努力，以每年八分之一卢比（约合 2 美分）的最低会费招募成员，想创建一个更为广泛的群众基础。

1937 年 10 月，在勒克瑙举行的穆斯林联盟年会上，真纳身穿紧身薄裤和长外套，这一探索性形象不仅具有象征意义，还标志着他政治生涯新篇章的开始。它依赖于两大支柱：对抗国大党，以及毫不妥协地坚持联盟应被视为印度穆斯林唯一权威的、代表性组织。

他在讲话中抨击国大党的伪善，说他们"嘴上说着完全独立，手上却捧着《1935 年印度政府法案》"。在预测国大党统治下的前景时，他总结道，"印地语将成为全印度的国语，而《向母亲致敬》（*Vande Mataram*，又名 *Bande Mataram*，梵语）将成为国歌，并强令所有人接受"，"无论是谁，人人都得听从和尊敬国大党的旗帜"。接着，他转到未来国大党—穆斯林联盟合作之可能性的话题上。"体面的和解，只能在党派平等的情况下实现，除非双方学会相互尊重、互相敬畏，否则任何和解都不会有坚实的基础，"他说，"政治意味着权

---

[1] Cited in Singh，*Jinnah*，248.

力，而不是仅仅依靠对正义、公平竞争或善意的呼唤。"演讲结束时，他呼吁穆斯林"成千上万"地加入穆斯林联盟。①

在这次会议上，西坎达尔爵士决定让他的联合党与穆斯林联盟联手，同意在民族问题上支持穆斯林联盟，同时在旁遮普执行他自己的党的议程，向非穆斯林开放（印度教教徒查图·拉姆爵士是该党的第二领导人）。就在参加联盟会议之前，胡克发现自己的政党出现分裂，他的地位也因此被削弱，这对国大党的反对者无疑是种鼓舞。因此，他在继续领导自己在国大党内的残部之余，加入了穆斯林联盟。为确保胡克的忠诚，真纳让他当选为穆斯林联盟孟加拉分支的领袖。

国大党各部委取消了对新闻界的限制，释放了大多数政治犯，此举并没有遭到困扰孟加拉和旁遮普的派系政治的为难。各部委注重通过改善灌溉、发展传统工艺品、推广手纺布和手工编织来改善农村生活，同时特别注意缓解贱民的困境。他们对土地租赁法的改革使所有佃农、印度教教徒和穆斯林受益，但由于大部分佃农都是文盲，没有投票权，该党在增加潜在选票方面所得极微。

生活在城市地区的选民感受到的影响最大。城市里的中小学和大学都变了样。国大党的部委引入了印地语教学，遵奉圣雄甘地、唱被英国统治者禁止的《向母亲致敬》，还让政府管理的教育机构里向国大党旗帜敬礼。这些举动都与穆斯林的信仰与感情背道而驰，不论其政治倾向如何。

《向母亲致敬》有 6 节歌词最具争议性。它源于印度教僧侣在阿南达寺（孟加拉语，意为极乐寺）中唱的一首歌，内容出自般吉姆·

---

① Muhammad Ali Jinnah, presidential address to the Muslim League, Lucknow, October 1937, http://www.columbia.edu/itc/mealac/pritchett/00islamlinks/txt _ jinnah _ lucknow _ 1937. html.

钱德拉·恰托帕德亚于 1882 年写的一部具有浓郁印度教色彩的小说。其中第四节唱道："你是杜尔加，女神和女王，/有着有力的双手和闪光的剑，/你有拉克希米女神的莲花宝座，/缪斯千回百转的歌喉，/你纯洁完美，举世无双。"

从 1911 年开始，国大党领导人就开始将这首诗上升为自由印度的国歌。多年来，其热情的印度教信徒将祖国的概念转变为印度母亲：一个胸部丰满的女神，身着色彩艳丽的纱丽，举着国大党的三色旗，仿佛是一位好战的印度教神祇手持三叉戟。女神身边有一只温顺的小牛犊，装饰着与杜尔加女神和拉克希米女神有关的传统光环。有着印度母亲形象的俗丽海报成千成千地印了出来。

7 年前，时任拉合尔一所大学讲师的穆罕默德·伊克巴尔曾在《团结》（*Ittehad*）周刊上发表过一首印度国歌（Tiran-e Hind，乌尔都语），名为《我们印度是世界上最好的》（*Saare Jahan Se Achha Hindustan Hamara*，乌尔都语）。这首歌生动形象、感人肺腑，歌词采用了印度北部的一些生活用语，即乌尔都语和印地语的混合体——印度斯坦语，而非充满了波斯词汇的乌尔都语。这首爱国歌曲象征着对英国统治的反抗。然而，国大党领导人却未予理睬。

在 1937 年关于《向母亲致敬》这首歌作为自由印度的国歌是否合适的辩论中，泰戈尔曾致信后来的国大党主席苏巴什·钱德拉·博斯，称："《向母亲致敬》这首歌的核心是赞美女神杜尔加，这一目了然，不可能有任何争议……没有哪个穆斯林会把那位十手女神奉为"我们民族"（Swadesh）的化身……议会是所有宗教团体的联合之地，在那里唱这首歌不合适。"[1]

---

[1] K. Datta and A. Robinson, eds. , *Selected Letters of Rabindranath Tagore* (Cambridge：Cambridge University Press, 1995), Letter 314.

在伊斯兰教中，神化或崇拜任何人或任何事物而不是唯一的（看不见的）神都构成背弃罪（shirk，阿拉伯语，意为"分享"），即进行偶像崇拜或多神崇拜。众人齐唱《向母亲致敬》是国大党部委任职期间的官方礼节之一，也是真纳1937年至1938年间在与担任国大党主席的尼赫鲁的通信中提到的几个问题之一。他要求停止这种做法。

"的确，30多年来，《向母亲致敬》这首歌一直与印度民族主义密切相关，它让我们联想到许多与之凝聚在一起的情感和牺牲，"尼赫鲁回答道，"在过去这30多年里，人们从未认为《向母亲致敬》有任何宗教意义，它一直被视为一首赞美印度的民族歌曲。据我所知，除了政府出于政治原因反对外，没有谁反对过这首歌。然而，既然有人提出反对意见，工作委员会仔细审议了这个问题，并最终（于1937年10月）建议某些含有寓言意味的段落不得在国家层面或场合使用。而工作委员会推荐用作国歌的两节中，无论从哪个角度看，都没有哪个词或短语会冒犯任何人"。① 显然，尼赫鲁和真纳是站在不同立场上看待这个问题的。

至于国语，真纳希望乌尔都语获得这一殊荣。尼赫鲁指出，国大党的政策是将（含梵语的）天城文和（含波斯语的）乌尔都文两种文字写成的印度斯坦语作为国语，这两种书写方式都应得到官方承认，而具体用哪种让使用的人来选。实践中，给一个既有印度教学生又有

---

① "From a Letter of Jawaharlal Nehru to M. A. Jinnah（6 April 1938）." 诗文如下：母亲，我向你致敬！溪水奔流让你富庶，五彩果园让你闪亮，喜悦之风令你神清气爽，深色的大地挥舞力量之母，母亲自由了。月光之梦的荣耀，萦绕在树木枝叶之巅、雄伟的溪流之上，包裹着开花的树木，母亲啊，你赐予我们自由，你笑得低调而甜蜜！母亲，我亲吻你的双脚，声音甜蜜而轻柔！母亲，我向你致敬。谁说你在自己的土地上软弱无能呢？当剑握入七千万人手中，七千万个声音咆哮怒吼你可怕的名字从此岸传到彼岸。你拥有强大的力量，积蓄待发，我称你为母亲和神！被拯救的人，起来拯救！我向她哭诉，她的仇人曾经将她从平原和大海驱逐，她挣脱了束缚，获得了自由。

穆斯林学生的班级教授印度斯坦语，需要精通这两种文字的老师。但这样的老师并不存在。所以印度斯坦语只能用天城文来教。

在国大党内部，尼赫鲁代表了现代的世俗趋势。然而，正如民族主义诗人哲学家泰戈尔所指出的那样，他忽略了将赞美祖国的抽象概念与印度教女神巴拉特·玛塔的融合，忽略了女神杜尔加身上《向母亲致敬》这首歌的起源。国大党中另一派的代表人物是帕特尔，他是一个原印度教民族主义者，与秉持地方自治主义的印度教大斋会有着密切的关系。帕特尔负责监督国大党各部的运作——其手法极其严苛。

国大党掌权，暴露了其党内印度教民族主义者与世俗民族主义者之间的断层线。世俗民族主义者认为，反帝运动旨在结束大英的帝国主义统治，将被奴役的印度变成一个主权国家。但印度教民族主义者从更长远的角度看待印度的历史，并且在国大党中占有重要地位，他们认为该党是一件利器，自1192年即阿富汗征服者在德里建立起苏丹政权以来，占人口绝大多数的印度教教徒所受的屈辱将在他们手上终结。民族主义者中最杰出者是帕特尔和马丹·莫汉·马拉维亚。事实上，在1909年至1910年、1918年至1919年担任国大党主席的马拉维亚于1922年当选为印度教大斋会的主席，那是一个地地道道的印度教民族主义组织。

至于真纳，他不只是在信中向尼赫鲁抱怨。一个由皮尔普尔的穆斯林联盟领导人穆罕默德·迈赫迪主持的委员会发表了一份文件，其中内容包括对尼赫鲁的论点的驳斥。而且，发现国大党的对手在孟加拉邦异常活跃后，胡克在1939年中期发表了题为《国大党统治下的穆斯林的苦难》的报告。

让穆斯林联盟领导人感到宽慰的是，在欧洲战争即将结束之时，五年任期才刚过半的国大党各部委辞去了职位。

### 从此无归路

1939 年 9 月 3 日，林利斯戈勋爵当着中央立法会的面以印度总督和总司令的名义宣布，在纳粹德国入侵波兰后，印度与德国为交战国。他还颁布了严酷的《1939 年印度防卫法案》。

国大党工作委员会强烈抗议总督的单方面决定，称如果可以成立新的国民政府，并承诺战后让印度独立，它将与英国合作。但是，委员会补充道，印度总督必须先说明战争的目的。林利斯戈勋爵对他们引述了英国首相内维尔·张伯伦的讲话。然而，该讲话只提及欧洲的和平与国际关系的调整。无论是首相或总督的讲话中，都没有提及"自由"和"民主"这两个词。因此，10 月 22 日，遵照国大党工作委员会的指示，8 个省的国大党部委辞职。印度总督实行直接统治，这使得剩下的 3 个省级内阁维持原状。

与此形成鲜明对比的是，真纳号召穆斯林在这个"关键而艰难的关头"与英国政府合作。为了给国大党当头一击，12 月 2 日，他呼吁穆斯林将 12 月 22 日（那天是星期五）作为他们从"印度教"占据的部委的"压迫"之下解脱出来的"解脱日"（Day of Deliverance）。他敦促他们在教众礼拜后举行感恩仪式和公开集会。穆斯林的广泛回应让真纳及其同事感到振奋。当天的高潮是孟买的秋葵市集（穆斯林）街区的集会，不仅真纳来发表了讲话，贱民领袖比姆拉奥·拉姆吉·安贝德卡尔也在会上做了演讲。

为了应对战争爆发前后的各种出人意料的事件，甘地结束了他半隐退的政治生涯。国大党工作委员会把开会地点搬到了瓦尔达，以便离他所在的塞瓦格拉姆静修所近一些。甘地与尼赫鲁一起试图劝说真纳取消"解脱日"的庆祝活动，他指出，尼赫鲁已同意由第三方出面，对穆斯林联盟声称的国大党虐待穆斯林的说法进行核实。作为回报，真纳要求国大党终止同联盟无关的穆斯林之间的交易。尼赫鲁拒绝了。

甘地和工作委员会决定让大家知道，国大党在穆斯林民众中获得的支持并非微不足道。1940 年 3 月 18 日，在甘地的授意下，在比哈尔邦拉姆加尔举行的年度代表大会上，毛拉阿布·卡拉姆·穆希尤丁·艾哈迈德·阿扎德当选为主席。① 阿扎德的父母是印度人，他出生于麦加，在加尔各答长大，他是一位伊斯兰学者，嘴唇上方和下巴留着精心修剪的胡子，戴一顶黑色的阿斯特拉罕帽，还是位精通乌尔都语、阿拉伯语和波斯语的诗人，其过人之处让他曾在 1923 年 35 岁时被选为国大党主席。

3 月 23 日，在拉合尔举行的穆斯林联盟会议通过了具有里程碑意义的决议，称：既然无论怎么定义，穆斯林都是"一个民族"，联盟要求制定一部宪法，规定"穆斯林人口占多数的地区，如印度的西北和东部地区，应该集合在一起组成独立的国家，加入其中的单位应具有自治权和主权"。② 这项由胡克提出的决议获得了一致通过。

真纳阐述了他的"两个民族"理论：

> 很难领略到为什么我们的印度教朋友不能理解伊斯兰教和印度教的真实本质。它们不是严格意义上的宗教，实际上是与众不

---

① 阿扎德在乌尔都语和印地语中的意思是"自由"，是毛拉阿布·卡拉姆·穆希尤丁·艾哈迈德的笔名。
② Cited in Hiro, *The Timeline History of India*，261.

同的独有的社会秩序……。印度教教徒和穆斯林属于两种不同的宗教哲学，具有不同的社会习俗和文学传统。他们既不通婚，也不一起进餐。实际上，他们分属两种不同的文明，这两种文明主要是建立在相互冲突的思想与观念之上的。对于生命、生活也见解各异。很明显，印度教教徒和穆斯林由不同的历史根源获得灵感。他们有不同的史诗，崇拜不同的英雄人物，经历也各不相同。一方的英雄，往往是另一方的仇敌；一方的胜绩，却是另一方的败果。将两个这样的民族束缚在一国之下，一方是少数，而另一方为多数，必然导致不满情绪日益增长，并最终摧毁为这样一个国家的政府所建立的任何机构。①

作为回应，甘地引用了印度教教徒所熟知的论点：既然印度穆斯林是"皈依者及其后代形成的一个群体"，他们就不能声称自己是"一个脱离母系的民族"。确实，大多数印度穆斯林最初都是无种姓或低种姓的印度教教徒，人数比例从 75%（这是真纳的估算，他的祖父皈依了伊斯兰教，母亲取的是印度教教徒的名字米蒂拜）到 95%（这是尼赫鲁的估计）。② 在印度穆斯林中，为数不多的精英——阿富汗、土耳其和莫卧儿部落的后裔——被视为谢里夫③，即贵族。但正如真纳所指出的那样，这种论点根植于种族和地理起源，它忽视了其他几个一起构成文明的显著因素之间的差异。

1940 年 5 月，温斯顿·丘吉尔这个坚定地维护大英帝国统治的

---

① Quaid-i-Azam Muhammad Ali Jinnah, address to Lahore Session of Muslim League, March 1940, Ministry of Information and Broadcasting, Government of Pakistan, Islamabad, 1983, http://www. columbia. edu/itc/mealac/pritchett/00islamlinks/txt_ jinnah_lahore_1940. html.

② Cited in Fischer, *Gandhi*, 79.

③ Sharif，一种头衔、敬称，阿拉伯语指麦加的行政长官。——译者

人，成为伦敦联合政府的首相，他上任后，英国在印度自治的问题上态度更加强硬。国大党工作委员会 1940 年 3 月提出，如果印度总督在德里设立临时国民政府，他们就愿意合作，作为回应，印度总督林利斯戈爵士在 8 月给出了还盘（counteroffer）。他表示会信守让印度在战后获得自治地位的诺言，立即计划扩大有印度人在其中的现有的执行委员会，并成立一个战争协商委员会（War Consultative Council）。与此同时，他表示英国绝不可能将其帝国势力移交给"任何威信已被印度民族生活中最广泛最强大的人群直接否定的政府体系"。[①] 大多数观察家都认为，这等于是在给穆斯林联盟对未来的任何宪政改革的否决权。然而，真纳拒绝了这一提议，国大党也是。


罗斯福总统的推波助澜


1941 年 12 月日本偷袭珍珠港后，美国以加入同盟国的方式卷入第二次世界大战，对抗由德国、意大利和日本组成的轴心国。富兰克林·罗斯福总统成为影响印英关系的一个因素，尽管其影响并不大。4 个月前，他和丘吉尔在加拿大纽芬兰举行会晤，签署了一份包含 8 点内容的《大西洋宪章》，归纳了他们对于战争与和平的目标。《宪章》中有一条规定，所有人群都享有主权和自决权。罗斯福引用这一声明，敦促丘吉尔赢得印度领土上的民族主义者的合作。

这对丘吉尔来说是一剂苦药，他对甘地并连带对国大党的厌恶之情自第一次世界大战结束以来与日俱增。但英国急需罗斯福的财政援

---

① Jaswant Singh, *Jinnah*, 287 - 288.

助，为避免引起其不满，他提出了穆斯林问题。他告诉其美国赞助人，他不希望印度穆斯林被"国大党领导班子和印度教神职人员"统治，并说"在这个时候宣布英国在战后放弃统治权并撤走是有很大风险的"。[1] 他还谎称印度士兵中有 75% 都是穆斯林，这相当于实际数字的 2 倍多。[2]

罗斯福对此并不满意。他于 1942 年 2 月派遣一名特使前往伦敦，时值英属马来亚和新加坡落入日本人之手，英国首都一派惨淡气氛。作为回应，丘吉尔在仰光沦陷后，于 3 月派遣内阁工党成员斯塔福德·克里普斯爵士前往德里，化解印度的政治危机。

克里普斯给了印度在战后取得自治领地位并有权脱离英联邦的机会；给了他们一个由省级立法机构选举产生的制宪会议，但土邦王国提名的比例不动；还提出立即组建一个由主要政党代表组成的全国性政府，印度总督保留其至高权力。为了满足真纳的主要要求，他同意在自治领建立后，给予各省脱离自治领的选择权。对于国大党领导人来说，这一点是不可接受的。而真纳也没有全然满意，因为这个计划没有赋予"穆斯林民族"脱离自治领的权利。所以他也没有接受这一揽子方案。


### 不成功，便成仁


1942 年 5 月，日本人彻底占领了缅甸，并计划在季风过后入侵

① Warren Kimball, ed., Churchill and Roosevelt: Complete Correspondence, vol. 1 (Princeton, NJ: Princeton University Press, 1984), 374.
② Patrick French, *Liberty or Death: India's Journey to Independence and Division* (London: HarperCollins, 1997), 138.

印度东北部。当月，在甘地强硬立场的激励下，全印度国大党委员会在阿拉哈巴德举行的会议上呼吁英国宣布撤离印度的日期，否则国大党将发起公民非暴力不服从运动。7 月 18 日，在瓦尔达举行的国大党工作委员会会议上，甘地称独立的印度将作为一个自由国家加入同盟国，并允许同盟国在其土地上抗击日军，从而赢得了怀疑论者们的支持。来自马德拉斯的泰米尔婆罗门律师克拉瓦蒂·拉贾戈帕拉查里认为，英国不应该也不会在这个关键时刻离开印度。他不为甘地的话所动，退出了国大党。（后来他成了一个非常现实的政治家，提出了不少见解，比如身处二战的英国绝不会离开印度。）国大党工作委员会授权甘地负责非暴力群众运动。其决议，即呼吁英国“撤出印度”，1942 年 8 月 8 日获得了在孟买的全印度国大党委员会代表的批准。

为动员公民不服从运动，在以“不成功，便成仁”为题的演讲中，甘地简要地提到了真纳。“总有一天他会意识到，我从未冤枉过他或穆斯林，”甘地说，“我迫不及待地想让真纳先生转变立场，同意立即实现印度的独立。”[1]

对于甘地没有征求他的意见就决定发起对抗运动，真纳非常愤怒，他认为只有他一个人可以代表印度与英国和其他大国打交道。穆斯林联盟的主席认为，呼吁英国“退出印度”的决议是“甘地先生和他的印度教国大党勒索和胁迫英国人立即把权力移交给印度教统治者的政策和计划的极点”。[2]

在甘地和国大党高级官员被立即逮捕后，事态更像是一场叛乱而不是公民的非暴力不服从斗争。在第一周，激进的印度人袭击了 500

---

① Cited in Alan Hayes Marriam, *Gandhi vs. Jinnah: The Debate over the Partition of India* (Calcutta: Minerva Associates, 1980/ Thousand Oaks, CA: Sage, 1982), 81.
② 同上，80 - 81。

个邮局、250 个火车站和 150 个警察局，致使 60 列火车出轨。截至 9 月底，当局逮捕了 6 万名煽动者——或者用民族主义者的称呼"自由战士"——并枪杀了约 1000 人。[1]

印度总督取缔了国大党，部署了 57 个营的英国正规军来遏制和镇压平民起义，并颁布了《革命运动条例》（Revolutionary Movement Ordinance），进一步加强了政府的管控。"我在这里遭遇了自 1857 年以来最严重的叛乱，出于军事安全的考虑，我们向全世界隐瞒了事态的严重性及波及的范围，"林利斯戈勋爵 8 月 31 日在一份秘电中告诉丘吉尔，"在乡村的大片地区，暴民活动依然猖獗。"[2] 丘吉尔对总督的铁腕策略大加赞赏，1942 年 11 月 10 日，他在下议院大吼："我不是为了主持大英帝国的领地清算来当国王的首席大臣的。"[3]

1943 年 9 月，当独眼的陆军元帅阿奇博尔德·韦维尔接替林利斯戈勋爵出任印度总督时，英属印度的叛乱已经平息，监狱里满是被捕的国大党党员。

国大党的失利正好帮了真纳的忙，穆斯林联盟填补了该国的主要政治组织被驱逐后留下的真空。在"退出印度"运动的两个月内，真纳在德里创办的《黎明》（Dawn）周报改为日报，成为穆斯林联盟的官方喉舌。

真纳在全国巡回宣传他的"两个民族"理论。1937 年至 1943 年期间，联盟在穆斯林选区 61 个席位的补选中赢得 47 席，国大党里的穆斯林仅获得可怜巴巴的 4 个席位，其余席位被无党派的穆斯林获

---

[1] Hiro, *The Timeline History of India*, 286.

[2] *Quit India, 30 April – 21 September 1942*, vol. 2 in *Constitutional Relations Between Britain and India: The Transfer of Power 1942 – 1947*, ed. Nicholas Mansergh (London: HMSO, 1970 – 1983), 853.

[3] Cited in Fischer, *Gandhi*, 135.

得。对于尼赫鲁在穆斯林成员中的影响力，以及毛拉阿扎德在1941年和1942年再次当选为国大党主席，大多数穆斯林都是不为所动的。相比之下，1944年，联盟声称该党已有200万党员。[①] 真纳的迅速崛起，其原因之一是他故意不把心中所规划的穆斯林家园的细节向公众详细披露。

## 孤注一掷

甘地夫人与她的丈夫一同被囚于浦那的阿迦汗宫，在她1944年2月去世后，政府对这位痛失亲人的鳏夫有所放松。这使得他可以接待来访的拉贾戈帕拉查里，后者一直是自由身。他与甘地讨论了一项计划，想让联盟—国大党联合起来要求建立一个全国性政府，该计划乃是基于这样一种理解，即"穆斯林人口占多数又相邻的地区"可以在国家独立之后脱离，只要该区域的成年人愿意如此。甘地同意了这个方案。

4月，拉贾戈帕拉查里与真纳见了面，告诉他甘地已准备好讨论国家分治的问题。不久，甘地染上近乎致命的疟疾，还好最后活了下来，但印度总督韦维尔生怕他会死在监狱，于5月6日将他释放。拉贾戈帕拉查里与甘地商议后，告诉真纳，甘地对他的方案颇有好感。真纳回答说，如果甘地直接与他打交道，他会将这个方案提交给联盟理事会。

7月17日，甘地用古吉拉特语给真纳寄了封信，并附上一份英

---

① Gandhi, *Understanding the Muslim Mind*, 159.

文副本。信中说："真纳兄弟……今天，我的心告诉我，应该写信给你。你想什么时候见面我们就什么时候见面。请别把我当作伊斯兰教或这个国家的穆斯林的敌人。"真纳在他度假的克什米尔给甘地回了信，信是用英文写的，他说"这是我唯一不会犯错的语言"。信中写道："亲爱的甘地先生……我很高兴一回来就可以在孟买的家中接待你……希望你能完全恢复健康……在我们见面之前，我不想多说什么。"[1]

事实上，两人都年事已高，甘地差不多75岁，真纳只比他小7岁，而且健康状况都不佳。真纳被慢性肺炎折磨，全靠钙液注射、补药和短波透热疗法维持生命。

从9月9日到27日，他们每天都在谈判。他们看似亲切的样子每天都被新闻摄影师记录了下来：身材矮小、秃顶、一对招风耳的甘地，戴着月亮形的眼镜，笑的时候会张大嘴，露出一嘴烂牙。他亲热地把手放在瘦弱高大、脸颊凹陷、头发稀疏灰白，努力露出门牙的真纳肩上。这种每天都进行的仪式让人们看到了希望。

会谈最后无果而终。甘地提议，穆斯林占多数的地区应由国大党和联盟共同任命的委员会来划定界限，然后，他们希望分离出去的愿望，应该通过基于成人选举权的全民公投来决定。但是，分离出去的地区只有在印度独立后，才能根据条约合并为一个独立的国家，而且这样的条约应该明确两个独立的邻国之间在"外交事务、国防、内部通信和海关等方面的有效而令人满意的管理"细则。

真纳希望只授权穆斯林民族选择是否脱离独立后的印度，这意味着只有在穆斯林占多数的地区才能实行全民公投。他还提议在独立之

---

[1] Hector Bolitho, *Jinnah: Creator of Pakistan* (Westport, CT: Greenwood, 1982)，146，147.

前实行分区。他意识到，国大党各部委忽视了穆斯林的共同利益，他不相信在国大党统治下的独立的印度会履行对巴基斯坦的承诺。但甘地无法接受他的提议。绝望的甘地建议由他们挑选的第三方进行仲裁，真纳拒绝了。

总的来说，这两位大人物的尝试都是诚心诚意的，真纳的威望也因此得到提升。是甘地主动找上门的。正是甘地在经历了多番抵抗、各种巧言后，勉强承认了脱离的原则。所有人都清楚，真纳现在对印度作为一个政治实体的未来地位行使了否决权。

1945 年 5 月 9 日，第二次世界大战在欧洲结束后的两周内，总督韦维尔宣布了一项计划，将他的帝国行政委员会转变为印度领导人组成的国家内阁。这是印度走向自治的第一步，它给了穆斯林独立的代表权，还削减了印度教教徒和穆斯林在他们人口占多数的省份的权力。[①] 韦维尔还解除了对国大党的取缔令，并于 6 月 15 日释放了该党领导人。

6 月 25 日，国大党领导人及联盟的领导人应邀参加了在夏都西姆拉举行的一次会议，他们负责提名他们的代表进入拟议的国家内阁，并讨论韦维尔计划的其余部分。会谈以失败告终。真纳坚持提名内阁的所有穆斯林成员，国大党主席、毛拉阿扎德则拒绝放弃在名单中加入该党中的穆斯林党员的权利。在此之前，真纳曾故意避开与毛拉阿扎德握手。[②]

西姆拉会议的失败使得统一印度的最后一个可行的机会化为泡

---

① "India：Simla Conference," *Time*，July 9，1945.
② 最近当选的国大党主席、毛拉阿扎德在给真纳的信中要求他合作推动扩大中央内阁，对此，真纳于 1940 年 7 月 12 日发了一封电报，称："我拒绝与你通信或进行其他形式的讨论。难道你没意识到自己是'做秀'的穆斯林国大党主席吗？如果你还有自尊，请立刻辞职"（cited in Gandhi, *Understanding the Muslim Mind*，155）。

影，而 7 月 26 日，克莱门特·艾德礼领导的英国工党在大选中获得三分之二的多数席位，这使得印度独立的几率急剧上升。

作为 1935 年的反对党领袖，艾德礼曾提议对 1935 年《印度政府法案》进行修订，确定该殖民地享有自治权，但未能如愿。现在，他有幸代替丘吉尔成为 1945 年 8 月 14 日接受日本无条件投降的同盟国领导人之一。

# 第四章

# 不断高涨的暴力浪潮

从 1945 年 8 月开始，印度历史的步伐加快了。虽然伦敦的工党政府在其印度军队的忠诚度难以确定的情况下开始撤离印度，但国大党与穆斯林联盟之间的紧张关系加剧，进而演变成印度教教徒—穆斯林之间野蛮的暴力冲突。

穆罕默德·阿里·真纳在西姆拉会议上明显的失礼之举，深深刺痛了国大党主席毛拉阿布·卡拉姆·穆希尤丁·艾哈迈德·阿扎德，于是他邀请了几个反对穆斯林联盟的穆斯林团体参加 9 月 8 日在德里举行的穆斯林民族主义者大会（Nationalist Muslim Conference）。这个会议为建立参加 1946 年 1 月开始的选举的阿扎德穆斯林议会委员会（Azad Muslim Parliamentary Board）拉开了序幕。

## 英国在印度的军事根基被动摇

在此期间，公众的注意力转向 11 月开始的对沙赫·纳瓦兹·汗将军、普雷姆·萨哈尔上校和古尔巴克什·辛格·迪侬上校的军事审判。他们是英国印度军队的前军官，曾作为日本在马来亚—新加坡战争中的战俘，加入了由前国大党主席苏巴什·钱德拉·博斯领导的印度国民军（INA）。被软禁在加尔各答的博斯1941年1月出逃后，加入了轴心国一方。汗、萨哈尔和迪侬成为英属印度政府决定以叛国罪起诉的6000名印度战俘中最有名的人物。

作为印度人武装反抗英帝国主义的象征，这个印度教教徒-穆斯林-锡克教徒三人组把公众迷得神魂颠倒，而公众迄今为止几乎只知道以非暴力的方式反抗外国的统治好在哪里。

为反映民意，全印度国大党委员会在9月开会通过了一项决议，警告说"如果这些官员因为为印度争取自由所付出的努力而受到惩罚，无论这些努力有多错，都将是一场悲剧"，并要求释放他们。[①] 国大党工作委员会成立了印度国民军国防委员会。当贾瓦哈拉尔·尼赫鲁身穿四分之一世纪前他丢弃的律师服出现在军事法官面前时，在德里历史悠久的红堡举行的审判程序发生了戏剧性的转变。真纳表示，如果汗将军与其他（非穆斯林的）被告撇清关系，他愿意为其辩护。汗拒绝了这个提议。

圣雄甘地，一个笃信非暴力之人，抛弃了自己的信条。"印度国民军施展的催眠术，让我们着了魔，"他在1946年2月24日的《神的孩子》上的文章中承认，"内塔吉［苏巴什·钱德拉·博斯］的名字令人难以忘怀。他的爱国主义是无人能及的……他的所有行动都闪

---

① Patrick French, *Liberty or Death: India's Journey to Independence and Division* (London: HarperCollins, 1997), 210, citing *The Post-War Phase: New Moves by the Labour Government, 1 August 1945 - 22 March 1946*, vol. 6 in *Constitutional Relations Between Britain and India: The Transfer of Power 1942 - 1947*, ed. Nicholas Mansergh (London: HMSO, 1970 - 1983), 279 - 280.

耀着勇敢的光芒。他的目标远大，但未能成功。"①

　　到 1946 年初，印度国民军的激进的民族主义思想开始在迄今为止忠诚的英国印度军队中产生共鸣。事实上，皇家印度海军（RIN）的入伍士兵对伙食和工作条件的不满情绪一直在积聚。这种情绪在 2 月 18 日显现出来，此时，心怀不满的海军在孟买成立了由 M. S. 汗领导的海军中央罢工委员会。皇家重型巡洋舰"塔瓦尔号"——一所在岸信号学校——发生了兵变，还蔓延到皇家印度海军在孟买、卡拉奇、科钦以及维沙卡帕特南港（又名维扎格）的 78 艘军舰、20 个岸上设施，涉及 2 万名海军。第二天早上，他们降下了英国的米字旗，并在大多数船只和岸上设施上升起了民族主义者的三色旗。在孟买，22 艘军舰上的兵变得到了工人罢工和商业歇业的支持。警察下令开火以平息骚乱和暴力，导致 228 人死亡。②

　　海军哗变令克莱门特·艾德礼的政府感到震惊，这位首相令皇家海军出兵镇压。皇家印度海军的指挥官戈弗雷上将在广播中高喊："要么投降要么死。"至此，叛乱分子的要求已然包括了释放所有前印度国民军的官兵。

　　常驻孟买的国大党领导人瓦拉卜巴伊·帕特尔出面干预，以确保叛乱和平结束，真纳也为此出了份力。2 月 21 日，一艘英国驱逐舰从锡兰（后来的斯里兰卡）抵达孟买，停泊在印度门③附近。叛乱两

① Cited in Mohandas K. Gandhi, *The Collected Works of Mahatma Gandhi* (New Delhi: Publications Division, Ministry of Information and Broadcasting, Government of India, 1972 - 1978), vol. 83, 135.
② "1946: Naval Ratings Mutiny Shakes the British; Mutiny Suppressed," *Sainik Samachar*, January 2009, http://sainiksamachar. nic. in/englisharchives/2009/jan15-09/h25. html.
③ Gateway of India, 孟买的印度门正对孟买湾，是印度的门面和标志性建筑，外形似法国凯旋门，是为纪念乔治五世和皇后玛丽的访印之行而建。——译者

天后结束，当局指定了 5 个调查法庭来询问罢工者的要求。①

后来，在德里，印度国民军总司令、陆军元帅克劳德·约翰·奥金莱克爵士迫于民众的强烈抗议及现役印度士兵几乎不加掩饰的不满情绪，撤销了印度国民军士官们的无期徒刑。

10 年后，艾德礼作为西孟加拉邦代理总督 P. V. 查克拉波蒂的客人，承认海军兵变和民意对印度国民军军官受审的普遍不赞成起到了决定性作用。查克拉波蒂在 1976 年 3 月 30 日的信中写道：

> 我直截了当地问他［艾德礼］："甘地的英国'退出印度运动'，实际上早在 1947 年之前就已经消亡了，而当时印度的局势没有任何情况，这使得英国人有必要赶紧离开印度。他们为什么要这样呢？"在答复中，艾德礼提到了几个缘由，其中最重要的就是苏巴什·钱德拉·博斯的印度国民军的行为，它削弱了大英帝国在印度的根基，而且皇家印度海军的兵变使英国人意识到再也不能放心地把印度武装部队视为英国人的后盾了。当被问及英国退出印度的决定在多大程度上受到了圣雄甘地 1942 年的运动的影响时，艾德礼不屑地笑了笑，慢吞吞地说了一句"小得可怜"。②

通过支持印度国民军的事业，国大党获得了那些已对甘地的非暴力战略失去信心的印度人的拥护。这一点在 1946 年 1 月至 3 月的竞

---

① "1946: Naval Ratings Mutiny Shakes the British: Mutiny Suppressed," *Sainik Samachar*, January 2009, http://sainiksamachar. nic. in/englisharchives/2009/jan15-09/h25. html.

② Dhananjaya Bhat, "RIN Mutiny Gave a Jolt to the British," *Sunday Tribune* (Delhi), February 12, 2006.

选中逐渐显露出来。

## 选举委任

在中央立法议会的 103 个席位的选举中，国大党赢得了全部 51 个普通（印度教）席位以及 5 个非穆斯林席位。与此同时，穆斯林联盟也高呼胜利，他们赢得了全部 30 个穆斯林席位，获得 86.6％的穆斯林选票。这些选举是依据选举权严格受限的 1919 年《印度政府法》进行的，仅有 586647 人参加投票，代表的几乎都是有产阶级。

在 1 月下旬至 3 月中旬的省级选举中，选举基础超过 3500 万人。2600 万人投了票，投票率高达 75％，着实令人吃惊。国大党共得到 1900 万张票，穆斯林联盟共得到 450 万票。国大党的总席位从 1937 年的 701 个增加到 923 个，但联盟的实力翻了 4 倍，在 485 个穆斯林席位中占了 425 席。让毛拉阿扎德懊恼的是，穆斯林民族主义者仅获得可怜巴巴的 16 席。[1]

真纳策划了这场竞选活动，同时也置身省级领导人的纷争之外。联盟候选人利用伊斯兰标志和口号来求得选民支持。在穆斯林占多数的省份，他们成功地求助于封建领主、宗族长老和宗教名人等传统权力中心及其关系网。就这样，印度政坛回到了原点。在一代人之前，真纳曾警告甘地不要将宗教与政治混为一谈。而如今他领导的政党的候选人为了赢得选举，面不改色地搭上了宗教这根弦。

---

[1] Arun, "Provincial Elections India 1946," Wake Up, Smell the Coffee（blog），January 27，2011，http：//observingliberalpakistan. blogspot. co. uk/2011/01/provincial-elections-india-1946. html.

他再三强调，为联盟投下的每一张选票都在是为一亿印度穆斯林和伊斯兰教的福祉投票。他在全国各地的选举演说中一再表示："你不是在为哪个人而是……为了巴基斯坦投票。"① 奇怪的是，他都是用英语演说，再由助手翻译成乌尔都语。这一点以及他一如既往的清高已经成为他周身弥漫的神秘感的一部分，也增强了他在信奉同一宗教之人中的魅力。

到那时，由乌尔都语"pak"（意为"纯粹"）和"istan"（意为"地方"）组成的"巴基斯坦"一词，在所有阶层的穆斯林中已经具有了一种护身符般的特质，被认为是解决穆斯林面临的所有问题的灵丹妙药。它的确切含义被刻意模糊不清。"穆斯林商人预见到［巴基斯坦］有着不必与印度教教徒竞争的新市场，"美国学者艾伦·海耶斯·马里亚姆指出，"地主希望偏袒他们的印度土地管辖制度（zamindari system，它保证了对大片的可继承的农田的永久所有权）能永远存在下去，而国大党早已发誓要废除这一制度。知识分子憧憬着文化能摆脱英国人和印度教教徒的压制，重获新生。对于伊斯兰正统派，巴基斯坦承诺建立一个宗教国家……对于官员和官僚，一个新的国家为他们提供了升迁的捷径。"②

选举结束后，国大党在 8 个省份组建了各部委。穆斯林联盟作为孟加拉邦立法机构中最大的团体来领导联合政府，由侯赛因·沙希德·苏拉瓦底担任首席部长。

在选民总数不足 100 万的信德省，穆斯林联盟的 28 个席位与信

① Hamadani, "Muslim League 100 Years Old: 1945 – 1946 Elections," Naseeb. com, January 1, 2007, http://www. naseeb. com/journals/muslim-league-100-years-old-1945-1946-elections-135962.

② Allen Hayes Merriam, *Gandhi vs Jinnah: The Debate over the Partition of India* (Calcutta: Minerva Associates, 1980 / Thousand Oaks, CA: Sage, 1982), 91 - 92.

德省议会联盟党（Sindh Assembly Coalition Party）的席位相当，后者由 21 名国大党立法议员、7 名持不同政见的穆斯林联盟成员和穆斯林民族主义者组成。在 60 人的内阁中，其他人是中立的。省长弗朗西斯·穆迪爵士，作为"穆斯林的伟大同情者及巴基斯坦事业的支持者"——这是省长的秘书纳赛尔·艾哈迈德·法鲁奇①的话——邀请穆斯林联盟的领导人古拉姆·侯赛因·希达亚图拉爵士来组建一个部。弗朗西斯爵士随后由巴基斯坦总督真纳任命为西旁遮普省省长。

但在旁遮普，毛拉阿扎德拼凑了一个联合政府，其中包括国大党（51 席）、锡克教阿卡利党（23 席）以及希兹尔·哈亚特·蒂瓦纳爵士领导的人数大幅缩水的统一党（20 席）。② 阿扎德从拥有 73 个席位的最大团体穆斯林联盟那里夺走了权力，狠狠地打击了真纳的自命不凡。旁遮普是穆斯林联盟领导人在西北地区对巴基斯坦提出主张的核心，被自己的眼中钉打败，这一耻辱让真纳难以承受。

随后，省议会在德里为 300 多人组成的制宪会议选举成员。国大党赢得了 150 个席位，穆斯林联盟获得了 79 个席位。③ 最近的一系列选举凸显了国大党和穆斯林联盟在政治上的主导地位。

3 月 22 日，艾德礼派出了一个由 74 岁的印度国务大臣佩蒂克·劳伦斯勋爵率领的 3 名内阁部长组成的小组前往德里。另两位是他的同事斯塔福德·克里普斯爵士和阿尔伯特·维克多·亚历山大。他们

---

① Naseer Ahmad Faruqui, "Recollections of Maulana Muhammad Ali: Memories of My Beloved," 1962 （revised 2011）, http://www. ahmadiyya. org/books/m-kabir/mjk4-4. htm.

② Rajmohan Gandhi, *Understanding the Muslim Mind* （New Delhi: Penguin Books, 2000）, 165.

③ "Parliament of India: Some Facts of Constituent Assembly," n. d., http://parliamentofindia. nic. in/ls/debates/facts. htm; "First Constituent Assembly of Pakistan （1947 - 1954）," HistoryPak. com, August 8, 2012, http://historypak. com/first-constituent-assembly-of-pakistan-1947-1954.

和总督阿奇博尔德·韦维尔组成了四人组，负责找出一个将大英帝国的统治权移交给印度代表的方案。

### 英国四人组的棘手任务

在伦敦来的三位智者中，只有克里普斯对印度政局的复杂性一清二楚。

事实证明，四人组与国大党和穆斯林联盟领导人的会谈毫无建树。因此，5 月 16 日，内阁代表团与韦维尔协商，发出了《宪法裁决》，拒绝了穆斯林联盟提出的建立巴基斯坦国的要求，那个规模较小的巴基斯坦也不许建。在联盟的蓝图中，巴基斯坦的两个地区相距千里，西面那个有 37％是非穆斯林人口，东面那个有 48％，这将导致社群中少数人口的问题得不到解决。英国内阁大臣表示，规模较小的那个巴基斯坦涉及划分阿萨姆、孟加拉和旁遮普的问题，在他们看来，这个方案"将违背这些省份中很大一部分人的意愿"。他们认为，孟加拉和旁遮普"各有自己的语言及悠久的历史和传统"。[①]

《宪法裁决》由此设想了一个统一的印度，包括各土邦王国，由一个联邦政府负责国防、外交和通讯；一个联邦议会，只有在大多数印度教教徒或穆斯林成员支持的情况下，才能通过种族或宗教性质的重大法律；还有拥有广泛权力的省级政府。由现有的省级立法机构选举产生并负责根据这些原则起草宪法的制宪会议将在德里短暂召开，然后分成三大部分：A 部分为印度教教徒占多数的地区，B 部分和 C

---

① Cited in Louis Fischer, *Gandhi: His Life and Message for the World* (New York: Mentor Books, 1954), 157.

部分将分别为穆斯林占多数的西北地区和孟加拉-阿萨姆邦。其目的是为独立的印度联邦所划定的三个亚联邦制定一部宪法。[1]

为了使国大党和穆斯林联盟这两个对立的政党满意，内阁代表团的裁决包括两个相互矛盾的条款。裁决的第15段规定，"各省可以自由地组成有执法和立法机构的团体"。但第19段又说，各团体的代表"必须着手制定省级宪法"，"还应决定是否要为那些省份的团体制定宪章"。[2]

6月6日，真纳和穆斯林联盟接受了这份《宪法裁决》，声称巴基斯坦的建立在这种"强制性分组"面前已成必然，还暗示这一文件给了穆斯林群体"分裂的机会和权利"。

国大党领导人也在举棋不定。1946年5月初，随着国大党主席由毛拉阿扎德变为印度教教徒贾瓦哈拉尔·尼赫鲁，印度总督韦维尔看到了一个机会可以满足真纳提出的要求，即联盟应该独家享有提名穆斯林代表进入印度总督希望组建的临时内阁的资格。6月16日，韦维尔宣布，他将邀请真纳及其4位党内同僚、尼赫鲁与另5位国大党印度教教徒领导人（其中包括一位贱民），以及锡克教徒、基督徒和帕西人各一位，组成临时政府。如果联盟或国大党拒绝了他的提议，那么他打算任命新内阁，在他眼里，新内阁将尽可能代表那些愿意接受5月16日《宪法裁决》的人。

迫于压力，6月25日，国大党领导人接受了《宪法裁决》，同时强调第15条赋予了各省选择置身于"巴基斯坦"各团体之外的权利。但是他们拒绝了韦维尔加入临时政府的邀请。（心照不宣的原因是他

---

[1] Cited in Louis Fischer, Gandhi: His Life and Message for the World (New York: Mentor Books, 1954), 157 – 158.

[2] Gandhi, *Understanding the Muslim Mind*, 166.

剥夺了他们提名一位穆斯林国大党党员为内阁部长的权利。）他们心里的盘算是，要是让韦维尔任命一个由真纳领导的内阁，那将是场灾难。事实证明他们是对的。韦维尔撤回了他在 6 月 16 日的提议，从而剥夺了真纳成为统一的印度的最高代表的毕生抱负。

真纳觉得自己被骗了。他痛斥印度总督的背叛，抨击佩蒂克·劳伦斯和克里普斯的背信弃义以及国大党领导人的阴险狡诈。事实上，国大党工作委员会所做的就是先赢得他们在印度总督提议的临时内阁中的代表权，然后再对行使这一权利的机会予以拒绝。他们这步棋下得聪明极了，断了真纳往前走的念想。

由于真纳的美梦破碎了，再加上 7 月 7 日在孟买举行的全印度国大党委员会会议上，国大党工作委员会的决定以 204 票对 51 票获得认可，尼赫鲁有些兴奋过头了，自信心膨胀的他在随后的记者招待会上表现得有点得意忘形。他解释说，他的政党只同意参加制宪会议，而一旦制宪会议召集开会，只要愿意，它将有权改变《宪法裁决》的条款，分组计划很有可能根本不会实现。

尼赫鲁轻率、咄咄逼人的声明，最终并且是不可挽回地扼杀了一个统一、独立的印度的前景。以致真纳撤回了联盟接受《宪法裁决》的决定。这是三个具有里程碑意义的事件中的最后一个——这一切都是拜国大党所赐——最终导致了次大陆的分裂。

## 真纳的反击

应真纳的要求，7 月 27 日至 29 日在孟买举行的穆斯林联盟理事会会议同意以"直接行动"的方式让建立巴基斯坦成真。他宣称：

"今天，我们要向宪法途径道别。""（到目前为止）英国人和国大党手里各握着一把枪，一把是权威和武器，另一把是群众斗争和不合作运动。今天我们也锻造了一把枪，正好派上用场。"①

真纳总结了自己政党近年来的情况，他说，出于公平竞争的考虑，穆斯林联盟"为了确保全印度的独立，在国大党的祭坛上牺牲了作为完整主权国家的巴基斯坦"，得到的回报却是"挑衅和蔑视"。② 理事会将 8 月 16 日定为实现建立巴基斯坦的目标的"直接行动日"（Direct Action Day）。因此，在痛斥甘地诉诸违宪手段四分之一世纪后，75 岁的真纳也步了对手的后尘，但没有借鉴圣雄对于非暴力的强调。

甘地对《宪法裁决》的态度有些模棱两可。"我们不要怯懦，要带着勇敢和自信去完成我们的任务，"他在孟买对全印度国大党委员会的代表说，"别去管我脑子里想的那些阴影。"③ 当他注意到印度教教徒-穆斯林之间的疏远急剧增加时，脑海里的阴影更加暗沉了。7 月 17 日，在接受美国记者路易斯·菲舍尔的长时间采访中，甘地将此归咎于真纳，菲舍尔随后出版了对圣雄热情赞颂的传记。

> 甘地：穆斯林是宗教狂热分子，但狂热不能以狂热来回应……国大党中出色的穆斯林越来越反感。他们在印度教教徒中找不到人与人的兄弟情谊。他们说伊斯兰教是讲人与人的兄弟情谊的。事实上，那只是穆斯林的兄弟情谊……［但］印度教分裂主义分子在国大党与穆斯林联盟之间制造裂痕。真纳是一个邪恶

① Gandhi, *Understanding the Muslim Mind*，170，citing Jamil-ud-din Ahmad, *Creation of Pakistan* (Lahore：Publishers United, 1976), 278.
② Gandhi, *Understanding the Muslim Mind*，170.
③ Louis Fischer, *The Life of Mahatma Gandhi* (London：Granada, 1982), 538.

的天才。他相信自己是先知。

菲舍尔：他是一名律师。

甘地：你这么说对他不公。我告诉你 1944 年［9 月］我与他会谈 18 天都谈了些什么。他真的把自己看作伊斯兰教的救世主。

菲舍尔：他在为某件事申辩，没有宣扬什么事业。

甘地：但我不认为他是个骗子。他迷惑了头脑简单的穆斯林。

菲舍尔：有时我认为，穆斯林—印度教教徒的问题在于为新兴的穆斯林中产阶级在不发达的印度找个位置。印度太落后了，无法为穷人提供一个容身之处。真纳赢得了中产阶级的支持，因为他帮助他们与其他根深蒂固的印度教中产阶级竞争。现在他正在弥合地主和农民之间的鸿沟。他利用建立巴基斯坦来达到这个目的。

甘地：你说的对。但真纳没有赢得农民的支持，只是试图争取他们而已。

菲舍尔：真纳在 1942 年告诉我，你不想印度独立……他说你想要印度教统治这个国家。

甘地：荒谬。我是印度教教徒、佛教徒、基督徒、犹太人、帕西人……他说的不是实话。他说话就像个讲歪理的律师……只有疯子才会如此指控……

菲舍尔：你和真纳在一起 18 天里学到了什么？

甘地：我看出了他是个疯子。一个疯子不疯的时候会变得讲点道理。我从不太过固执……我和他不可能有什么进展，因为他是个疯子……

菲舍尔：怎么解决这个问题呢？

甘地：真纳还有 25 年可以工作……真纳廉洁勇敢……如果真纳不参加制宪会议，英国人应该坚定，让我们单独制定这个计划。英国人绝不能像希特勒式的人屈服。①

随着真纳退出英属印度的两个计划，韦维尔勋爵只剩下一个印度伙伴了，那就是尼赫鲁。印度总督与国大党主席接洽，请后者重新考虑其政党在临时政府问题上的立场。尼赫鲁一点头，总督就于 8 月 12 日宣布将邀请他组建临时内阁。在尼赫鲁的倡议下，真纳于 8 月 15 日，即联盟的直接行动日前夕与他会面。他们未能达成协议。尼赫鲁提出给联盟 14 个席位中的 5 席，而真纳要求 7 席，尼赫鲁拒绝了。

于是，联盟领导人开始在全国各地积极筹划起了 8 月 16 日［星期五］的街头行动。

## 对台戏：第一幕

由于孟加拉邦由首席部长、穆斯林联盟的苏拉瓦底管辖，"直接行动日"得到了官方的支持。当天早上，在加尔各答——一个拥有 420 万人口的城市，其中四分之三为印度教教徒——成立两年的穆斯林联盟国民警卫队（MNG），即联盟的民兵组织，强迫印度教教徒店主关闭他们在北加尔各答的穆斯林人口占多数的地区的商店。作为回

---

① Louis Fischer, *The Life of Mahatma Gandhi* (London: Granada, 1982), 542-544.

应，愤怒的印度教教徒拦截了联盟的几小股游行队伍，这些穆斯林正要去市中心奥克特洛尼纪念碑附近的公地进行星期五的集会礼拜。尽管如此，还是有 5 万到 10 万名穆斯林聚集在一起，聆听了包括苏拉瓦底在内的联盟领导人关于让巴基斯坦变成现实的慷慨激昂的演说。

在集会结束后回家路上，一些穆斯林受了演讲者有关政治-宗教的激烈言辞的刺激，手持铁棍和竹竿袭击印度教教徒，洗劫他们的商店。总的来说，反印度教的暴力行动是穆斯林联盟国民警卫队挑起的，在苏拉瓦底的嘴里，这些人就是他所设想的巴基斯坦的士兵。随着一辆辆卡车载着手拿砖块和破瓶子的穆斯林冲上街头，抢劫印度教教徒的商店，骚乱进一步升级。作为报复，印度教教徒和锡克教徒还以颜色。他们在街上、商店袭击穆斯林，甚至闯入其家中施暴。由于苏拉瓦底没有向警方施压要求平息骚乱，暴力事件迅速蔓延。

谋杀、纵火、强奸和抢劫蹂躏了整座城市。血腥的混乱持续了 3 天，其中包括了数次大屠杀，随后两天还偶有小规模冲突发生。直到 8 月 21 日，总督约翰·伯罗爵士介入，调集了 5 个营的英军，再加上 4 个营的印度士兵殿后，下令使用实弹恢复秩序，这场灾难才宣告结束。

据估计此次事件的死亡人数在 5000 到 1 万人之间，另有 1.5 万人受伤，逾 10 万人无家可归。这些统计数字使其成为印度历史上最血腥的集体骚乱。被杀害者往往被肢解——这种犯罪模式一年之后将在旁遮普以更大的规模重演。在社群骚乱中，首次出现了强奸案，这种特征之后也将成为此类暴力的一部分。

根据大多数人的说法，大部分受害者属于穆斯林社区，基本上是穷人。"因此，这次大屠杀可以描述为一场大规模屠杀和一场小规模屠杀的结合，前者是由印度教教徒中的恶棍〔印地语、孟加拉语称为

goondas〕针对贫穷的穆斯林实施的，后者是由穆斯林中的无赖针对贫穷的印度教教徒实施的。"研究群众暴力的克劳德·马尔科维茨在2008年对这一可怕事件的研究中得出结论。① 事发不久后，有人也得出过同样的结论。1946年8月21日，帕特尔在给拉贾戈帕拉查里的信中写道："对穆斯林联盟来说，这次〔加尔各答杀人事件〕是个很好的教训，因为我听说丧命的穆斯林比例要大得多。"② 发生这样可怕的杀人放火事件，加尔各答成了当之无愧的英国作家鲁德亚德·吉卜林笔下的"暗夜之城"。

8月22日，孟加拉邦总督解散了苏拉瓦底政府，实行直接统治。许多逃离加尔各答的穆斯林回到了他们在穆斯林占多数的东孟加拉邦的村庄，孟加拉邦农村地区宗教间的紧张关系因此而加剧。

8月24日，印度总督在德里宣布，在任的执行委员会成员已经辞职，继任者将于9月2日就职。这一天，由12位部长组成的内阁宣誓就职，其中包括一名国大党党员、两名独立的穆斯林，尼赫鲁就任分管外交事务的执行委员会副主席。③ 正如外长尼赫鲁所说，"印度将奉行独立政策，远离那些拉拢一方打击另一方的集团的强权政治"。④ 在美国决定将其驻德里的外交使团升为大使级后不久，尼赫鲁就任命其以前的内阁同僚、国大党的律师兼政治家阿萨夫·阿里为

---

① Claude Markovits，"The Calcutta Riots of 1946," *Online Encyclopedia of Mass Violence*，July 24，2008，http：//www. massviolence. org/The-Calcutta-Riots-of-1946? artpage = 2-5.

② Gandhi，*Understanding the Muslim Mind*，170，citing Durga Das，ed.，*Sardar Patel's Correspondence*（Ahmedabad：Navajivan, n. d.），vol. 3，40.

③ 内阁部长包括贾瓦哈拉尔·尼赫鲁、瓦拉卜巴伊·帕特尔、拉金德拉·普拉萨德、克拉瓦蒂·拉贾戈帕拉查里、阿萨夫·阿里、萨拉特·钱德拉·博斯、约翰·马太、巴尔德夫·辛格（锡克教教徒）、沙法特·艾哈迈德·汗爵士、贾吉万·拉姆、阿里·扎希尔和库韦韦·霍尔木吉·巴哈（帕西人）。

④ Dennis Kux，*India and the United States: Estranged Democracies, 1941 – 1991*（Washington，DC：National Defense University Press，1992），50.

驻华盛顿大使，后者将于 1947 年 2 月在华盛顿就职。

与此同时，真纳呼吁其追随者悬挂黑旗，以致哀的方式表达对临时政府的就职典礼的抗议。他抨击印度总督允许内阁中有三名穆斯林，其中一位是阿萨夫·阿里，称他们缺乏宗教同胞的信任。真纳的声明引发了孟买和艾哈迈达巴德的社区骚乱，以致印度总督打算让国大党和穆斯林联盟合作。

他得到了穆罕默德·哈米杜拉·汗爵士的帮助，后者是博帕尔的地方行政长官（Nawab），与真纳和甘地都是朋友，当时正住在距离孟买 100 英里的潘奇加尼山区车站。因为汗爵士的从中斡旋，两位大人物终于在 10 月初会面。双方设法达成了妥协。甘地承认只有穆斯林联盟才有"代表印度穆斯林的无可置疑的权利"，真纳则承认国大党可以在"它认为合适的"国大党—穆斯林联盟联合政府中拥有"这样的代表"。①

10 月 13 日，真纳给了韦维尔勋爵 5 个名字，其中包括来自孟加拉的贱民领导人乔金达·纳特·曼达尔。他这么做是和国大党较劲，因为国大党坚持提名该党的穆斯林议员阿萨夫·阿里担任部长。尼赫鲁从内阁中剔除了两名独立的穆斯林和萨拉特·钱德拉·博斯（苏巴什·钱德拉·博斯的哥哥），并增加了真纳提名的、由其副手利亚夸特·阿里·汗领导的 5 名候选人。改组后的内阁于 10 月 25 日就职，其中包括担任国防部长的锡克教徒巴尔德夫·辛格。

巧的是，10 月 25 日这一天，被印度教领袖宣布为国大党控制的比哈尔邦的"诺阿卡利日"，这些印度教领袖隶属于国大党。

---

① Gandhi, *Understanding the Muslim Mind*, 171, citing Ahmad Jamil-ud-din, ed., *Historical Documents of the Muslim Freedom Movement* (Lahore: Publishers United, 1973), 545 – 546.

## 对台戏：第二幕

　　他们对两个地区发生的针对印度教教徒的暴力事件作出了反应，这两个地区都在东孟加拉邦，都是穆斯林占多数，一个是恒河流域的诺阿卡利，一个是布拉马普特拉河①洪水冲积而成的三角洲蒂佩拉。两地五分之四的人口是穆斯林，而大部分农业用地却属于信印度教的地主。因此，严重的经济不平等加深了宗教分歧。鉴于最近发生在加尔各答的恶性杀戮事件，此次反击是为了报复这座大都市里发生的针对穆斯林的暴力行为。

　　10月10日，在一场亲巴基斯坦的集会结束后，骚乱在拉姆甘吉上演，并蔓延到另外10个定居点。一周后，当骚乱结束时，印度教教徒的死亡人数可能至少有500人（官方统计），也可能多达5000人，还有6万人无家可归。在蒂佩拉地区，近9900名印度教教徒被迫皈依伊斯兰教，其中许多人被戴上了写有"巴基斯坦"字样的帽子游街，诺阿卡利地区被迫皈依伊斯兰教的人更多。遭绑架的印度教妇女还被逼嫁给穆斯林。②

　　谣言在相邻的比哈尔邦蔓延开来，说有5万名印度教教徒在诺阿卡利和蒂佩拉地区被杀害。人口中90％为印度教教徒的比哈尔邦，归国大党中的印度教教徒领袖、首席部长克里希纳·辛格管辖。在宣布10月25日为"诺阿卡利日"之后，数千名印度教教徒上街游行，一路高呼"血债血偿"，而领头的多半是当地的国大党党员。在一个

---

① 中上游在中国境内，称雅鲁藏布江。——译者
② Fischer，*Gandhi*，164.

多星期的时间里，杀人、纵火、抢劫把包括巴特那在内的比哈尔邦的4 个地区闹翻了天。受害者是穆斯林。

当野蛮行径结束后，各方估计出的死亡人数各不相同。国大党领导人认为是 2000 人，英国议会提到的是 5000 人，加尔各答出版的权威报纸《政治家》（*Stateman*）报道的数字是 7500 至 1 万人。甘地接受了后者的统计数字。相比之下，真纳给出的数字为 3 万人。①

为了扑灭公众的怒火，尼赫鲁由联盟提名的通信部部长阿卜杜勒·拉·尼希塔陪同，飞往比哈尔邦首府巴特那。他在边防团某特遣队的护送下，乘坐一辆敞篷吉普车视察了暴乱地区。"大街小巷谋杀横行，单枪匹马或成群出动的暴徒都在恣意实施令人发指的暴行，"他后来写道，"难以想象，我们性情平和的人民竟然变得如此好斗和嗜血。'骚乱'一词已不足以形容此事——简直就是施虐狂在释放自己的嗜杀欲望。"② 他震惊至极，威胁要"炸死骚乱者"。

东孟加拉邦和比哈尔邦农村发生的可怕事件，摧毁了甘地和尼赫鲁的理论，此前他们以为社群间的紧张关系只存在于两个社群的上层，而不同信仰的村民是和平共处的。

可以预见，真纳的情况正相反。他关于印度教教徒占多数的政府迫害穆斯林的警告得到了证实。联盟的《黎明》报呼吁幸存的比哈尔邦穆斯林"在面对印度教教徒的侵害时保持团结，不屈不挠"。③ 比哈尔邦的大屠杀事件，使得"伊斯兰危在旦夕"的口号在印度教教徒统治的印度变得更加可信。真纳后来告诉卡拉奇的比哈尔邦难民，鉴

---

① Fischer, *Gandhi*, 163; Ian Stephens, *Pakistan* (New York: Praeger, 1963), 111.
② Cited in Kenton J. Clymer, *Quest for Freedom: The United States and India's Independence* (New York: Columbia University Press, 1995), 266.
③ Cited in French, *Liberty or Death*, 270.

于比哈尔邦的穆斯林的悲惨遭遇，巴基斯坦的建立已成当务之急。①

## 倒数第二步

随着 12 月 9 日制宪会议开幕在即，12 月 2 日，艾德礼在伦敦唐宁街 10 号召见了尼赫鲁、真纳、利亚夸特·阿里·汗、巴尔德夫·辛格和韦维尔。为期 4 天的会议中，英国宪法专家支持联盟对 5 月 16 日有关分组的宪法声明的解释。12 月 6 日，艾德礼宣布，如果制宪会议在没有穆斯林联盟的合作的情况下通过宪法，"国王陛下的政府当然不会考虑……将这样的宪法强加于这个国家任何不愿接受它的地区"。②

在伦敦期间，真纳公开表示，他预计印度将分裂成一个印度教国家和一个穆斯林国家。他还说，他和丘吉尔一样对"印度的内战和骚乱"感到担忧。③ 鉴于上述情况，唐宁街 10 号的谈判没有取得成功。

制宪会议 12 月 9 日在德里召开时，其中的穆斯林联盟成员离开了。大会休会至 1947 年 1 月 20 日，等着联盟的人和准独立的土邦王国代表来开会。几个大城市爆发了零星的社区暴力。例如在平安夜，孟买不止 450 人被杀害。

在抵制国大党的宪法计划的同时，联盟领导人巩固或者说扩大了他们在穆斯林占多数的省份的民众基础。1946 年 12 月，摇摇欲坠的

---

① Papiya Ghosh, *Partition and the South Asian Diaspora: Extending the Subcontinent* (London: Routledge, 2007), 3.

② Fischer, *The Life of Mahatma Gandhi*, 569.

③ Fischer, *Gandhi*, 167.

希达亚图拉的部在信德省倒台，以真纳为首的联盟议会委员会全力以赴，想在即将到来的选举中赢得全部 35 个穆斯林的立法席位。真纳让他的朋友古拉姆·阿里·阿拉纳负责竞选拉票，后者则请来了阿里加尔穆斯林大学的学生，让他们通过血淋淋的细节讲述比哈尔邦发生的杀害穆斯林的事件。另一策略是利用苏非教派神社看守人的关系网来吸纳选票。通过把联盟的票投给主要的封建领主，阿拉纳加强了联盟在选举中控制局势的能力，只有 2 个席位没拿到，其余的穆斯林的席位尽在囊中。有了在内阁中占绝对多数的优势，新的希达亚图拉政府于 1947 年 2 月中旬就职。①

1947 年，全印度国大党委员会在孟买召开了一次紧急会议。1 月 6 日，它以 99 票对 52 票通过了一项决议，即接受英国对 5 月 16 日声明的解释，但前提是不能强制任何省份或其中某个地区接受解决方案。②

1 月 20 日，联盟成员没有出席制宪会议。一周后，联盟理事会表示，鉴于国大党没有无条件接受 5 月 16 日声明，为制宪会议而进行的选举以及制宪会议本身已经无效。2 月初，9 名非联盟的内阁部长请印度总督要求 5 位联盟的部长辞职，这使得制宪会议内部的紧张局势愈演愈烈。

在关键的旁遮普省，联盟领导人决定采取"直接行动"，推翻由统一党领袖希兹尔爵士领导的联合内阁。"直接行动"始于 1 月 24 日，当时政府宣布穆斯林联盟国民警卫队以及印度教民兵组织"国民志愿服务团"（Rashtriya Swayamsevak Sangh，梵文）为非法。联盟领导人、中央内阁部长加扎法尔·阿里·汗辩称，查禁国民警卫队无异

① Wasio Abbasi, "Chronicles of Pakistan: Sindh's Ethnic Divide and Its History—Part 1," Reason Before Passion (blog), October 12, 2012, http://wasioabbasi.wordpress.com/2012/10/12/chronicles-of-pakistan-sindhs-ethnic-divide-and-its-history-part-1.

② Clymer, *Quest for Freedom*, 266.

于禁止其政党最重要的活动。因此，希兹尔爵士于 1 月 28 日解除了禁令。但当联盟并没有兑现承诺取消其公民抗命的活动时，他将联盟的高层官员投进了监狱。

监狱里挤满了违反公众集会禁令的穆斯林联盟成员，他们的口号却一天比一天喊得耸人听闻。最受欢迎的口号是"巴基斯坦的口号是什么？没有神，只有真主！""我们〔穆斯林〕将像征服印度那样得到巴基斯坦"。人们对首席部长极尽辱骂之词。越来越咄咄逼人的示威者开始骚扰印度教教徒和锡克教徒，逼迫他们在自己的店铺和车辆上挂穆斯林联盟的绿色标志。这些口号和行为令印度教教徒和锡克教徒感到恐惧。

联盟的这些举动使该党和真纳成为众人关注的焦点。相比之下，有关甘地在东孟加拉邦的诺阿卡利和西比哈尔邦地区的饱受冲突蹂躏的村庄之间断断续续的徒步旅行，宣扬印度教教徒—穆斯林和睦友好的平实报道，却很少出现在报纸上和全印广播电台（AIR）的电波中，也没有引起多少关注。甘地有一项艰巨的任务要完成。在东孟加拉邦，穆斯林视他为罗摩之治的典范，而在西比哈尔邦，印度教教徒则视他为穆斯林的说客。

为了迎接挑战，甘地将他的十几个随行人员分派到不同的居住区。身边只留下了他的速记员 R. P. 帕拉苏拉姆、孟加拉语翻译尼尔玛·博斯教授以及他 18 岁的侄孙女马利杜拉——人们称她为马努本、马努修女——她是贾伊苏赫拉尔·甘地的女儿，在那年初，成了甘地的一名工作人员。① 甘地将马利杜拉作为他的"实验"（brahmacharya，

① 1943 年，生于 1929 年的马利杜拉·甘地应邀从卡拉奇来到浦那照顾生病的卡斯图拜·甘地，她的鳏居父亲，即圣雄的侄子贾伊苏赫拉尔，在浦那的一家船运公司工作。卡斯图拜去世后，马利杜拉回到了父母的家中。

梵文，字面意思为追随永恒；比喻自我强制的独身）的一部分。他从小就有一个关于精液的力量的观念，它源于古代印度教经文，归纳起来就是："谁能保住身上的液体，谁就会获得永恒的力量。"①

甘地经常与马利杜拉同床共枕，说得好听是尴尬，说得不好听就是丑闻。不止一人劝过他，其中，帕特尔就曾在1947年1月25日给甘地的信中敦促他暂停这项实验，并称此举是圣雄犯下的"可怕的错误"，会让其追随者痛苦"难以名状"。②

1947年2月1日，甘地在阿米莎帕拉村的祈祷会上说："我和我的侄孙女（马努本）在一起。她和我同睡一张床。先知［穆罕默德］……乐于接纳向神祷告过的这样的阉人。这是我的心愿。我知道自己的行为招致了朋友的批评。但我不会推卸责任。"他是用孟加拉语讲的，他的翻译博斯在翻译时，略去了这番话。《神的孩子》周刊的编辑基索拉尔·马什鲁瓦拉和纳哈里·帕里克在发表他的演讲内容时，也删去了这段话。但甘地很顽固，他反驳道："如果我不让马努本和我一起睡——尽管我认为她本应这么做——那不是说明我很软弱吗？"私下里，他对马努本说："我们俩都可能被穆斯林杀害，我们必须对我们的清白进行终极考验，这样我们才能知道我们正在奉献最纯洁的牺牲，我们现在都应该开始裸睡。"③

结果表明，甘地为控制自己的性冲动而进行的这一"实验"所具有的重要意义，有其政治动机，但与任何灵性无关。某次，博斯曾无意中听到他对一位同事谈及"实验"，他说："如果我能掌控这种［性

---

① Cited by Jad Adams, "Thrill of the Chaste: The Truth About Gandhi's Sex Life," *Independent* (London), April 7, 2010.
② Uday Mahurkar, "Mahatma & Manuben," *India Today*, June 7, 2013.
③ Cited by Adams, "Thrill of the Chaste."

冲动]，我就还能打败真纳。"① 看来，当艾德礼首相起草一份有关印度的历史性声明之际，这位圣雄似乎准备用秘密的、富有创意的方式让自己在与真纳长达数十年的较量中占上风。

_____

① Rajmohan Gandhi, *Gandhi: The Man, His People, and the Empire* (Berkeley: University of California Press / London: Haus, 2010), 552.

# 第五章

# 浴血而生

　　1947 年 2 月 20 日，英国首相克莱门特·艾德礼宣布，英国将"不迟于 1948 年 6 月的某个日期将权力移交到负责任的印度人手中"。①他还表示，英国政府不得不"考虑英属印度的权力应该交给谁，何时适合移交，是作为一个整体交给某种形式的中央政府，还是在某些地区移交给现有的省级政府，抑或以其他看起来最合理的方式移交"。②过渡工作将由接替韦维尔勋爵担任总督的路易斯·蒙巴顿勋爵负责，他是英王乔治六世的表弟。

　　一直忠于英国王室的旁遮普的统一党，感受到了艾德礼的历史性宣言的直接和不利的影响。其威望顿时一落千丈。而已经在该省进行宣传鼓动的穆斯林联盟利用了这种地位上的变化。由于设想中的巴基斯坦的第一个字母代表旁遮普，当地的联盟领导人更加起劲地反对首席部长希兹尔·哈亚特·蒂瓦纳爵士。

　　蒂瓦纳受不了被联盟的铁杆拥护者贴上"伊斯兰叛徒"的标签，于 3 月 2 日辞职。但当总督埃文·詹金斯爵士呼吁联盟领导人伊夫提哈尔·侯赛因·汗·马姆多特组建一个部时，他的提议未能获得多数通过。这样也好。作为首席部长，他会发现在一个有超过 3500 万人口的省份里维持法律和秩序是一项多么艰巨的任务，这样的省份里社群的情绪正在迅速升级——一边是占人口 45％的印度教教徒和锡克教教徒，一边是占人口 53％的穆斯林。

将近 600 万锡克教教徒（人数只有印度教教徒的一半）强烈反对建立巴基斯坦，因为巴基斯坦会把他们的社区一分为二，一半位于穆斯林的家园。他们的领袖，72 岁的前印度教大师塔拉·辛格宣布 3 月 11 日为"反巴基斯坦日"。为了刺激锡克教同胞，他重提锡克教最后一位大师戈宾德·辛格（1708 年去世）的口号："锡克教将一统此地，挡我者死（Raj karega Khalsa，aki rahe na koi，旁遮普语）。"③ 锡克教教徒对穆斯林的敌意源于穆斯林军阀马哈拉贾·兰吉特·辛格（1780—1839）加害莫卧儿人所带给他们的挫败感，锡克王国因此崛起，其统治范围覆盖了印度西北部大部分地区。

这种煽动性言论激起了锡克教教徒和穆斯林之间的仇恨。激进的穆斯林联盟国民警卫队和穆斯林退役军人对锡克教教徒展开攻击。不出几天，社区暴力就蔓延到了拉瓦尔品第和木尔坦地区的村庄。在前一个地方，锡克教教徒遭到屠杀。"在许多村庄，他们被赶进屋子里活活烧死，"总督埃文·詹金斯爵士在 4 月 16 日的报告中说，"许多锡克教

---

① 真纳要求英帝国打破印度的统一，创建由穆斯林占多数的西北和东北省份组成的巴基斯坦和印度斯坦，分别作为英联邦的两个自治领；之后让它们在平等的基础上组成联邦或作为主权国家签署条约。但当英国政府决定在 1948 年 6 月前从印度撤出时，真纳设计的 10 年框架被证明是不现实的。

② Penderel Moon, ed., *Wavell: The Viceroy's Journal*（New York：Oxford University Press，1997），406.

③ Patrick French, *Liberty or Death: India's Journey to Independence and Division*（London：HarperCollins，1997），334，citing *The Mountbatten Viceroyalty, Princes, Partition, and Independence, 8 July-15 August 1947*，vol. 12 in *Constitutional Relations Between Britain and India: The Transfer of Power 1942 -1947*，ed. Nicholas Mansergh（London：HMSO，1970 - 1983），214.

徒被剃掉头发和胡须，甚而还被强行行割礼。许多逃过屠杀的锡克教妇女遭到了绑架。"[①] 大约 3500 名锡克教徒被杀害，与此同时，抢劫和纵火也是层出不穷。匆忙搭建的多座难民营里收留了 4 万多名流离失所的锡克教徒。

比起联盟领导人对这场大规模暴力行为的纵容，当时驻扎在该省的弗兰克·梅瑟维将军表达了他的震惊。他写道："我服役 34 年，大部分时间都是在旁遮普并且和旁遮普的部队待在一起。我简直不敢相信，平时侠义正派的旁遮普穆斯林农民会被煽动成这样，以致有如此大规模的疯狂野蛮的行径。"除了主要的社群因素外，他还提到了两个次要原因。

> 首先是经济因素。印度教-锡克教店主（bania）利用社区布匹和一些食品（如糖）的稀缺来牟取暴利，大肆进行黑市倒卖。政府的控制措施也主要掌握在锡克教徒或印度教教徒代理人和职员手中。穆斯林农民和劳工一有机会，就巴不得拿回一点自己的东西。第二个原因是每个社区都有"恶棍"，总是随时瞄准这样的骚乱来纵火、强夺和武装抢劫。[②]

回想起来，这场大屠杀只是火山爆发的前奏，5 个月之后，火山会猛烈喷发。

---

① "Note by Sir E. Jenkins," April 16, 1947, https：//sites. google. com/site/cabinetmissionplan/punjab-february-march-1947.

② General Sir Frank Messervy, "Some Remarks on the Disturbances in the Northern Punjab," in *The Fixing of a Time Limit, 4 November 1946 -22 March 1947*, vol. 9 in Mansergh, ed., *Constitutional Relations Between Britain and India*, 898 - 899.

## 分割已成必然

当身穿缀满装饰和勋章的白色海军制服、高大英俊、令人过目难忘的路易斯·蒙巴顿勋爵和他纤瘦的妻子埃德温娜 3 月 22 日抵达德里时，旁遮普正有一场巨大的动荡等待着他们。

第二天，是穆斯林联盟的拉合尔决议通过七周年纪念日，真纳警告说，如果不让巴基斯坦成真，印度将面临"可怕的灾难"。3 月 27 日，财政部长利亚夸特·阿里·汗提交了他的第一份预算案，提议征收营业利润税、资本利得税并提高茶叶税。反对声浪既没有将他的预算描述为反商业的或社会主义的，也没有视其为进步之举，而是指责他助长地方自治主义。

汗很气愤。"如果我提交的预算是按照我认为印度应该遵循的原则而制定的，他们［批评者］就会说现在这里是巴基斯坦。"他感到遗憾的是，人们把该预算案看作居心不良，以为他要"毁了这个国家的经济命脉，然后投奔巴基斯坦"。①

3 月 31 日，印度总督蒙巴顿勋爵与甘地举行了 6 次会晤中的第一次，这 6 次会谈持续了 12 天。他与真纳也面谈了同样多的次数。4 月 12 日，他有意拖延了他与甘地的会面时间，因为他下一个要见的人是真纳。他希望能诱使这两个渐行渐远的政治巨头能跟对方开口说话，说不定可以取得进展。真纳准时到达，在一张大扶手椅上坐下，尽可能地远离甘地。他们都压低声音与总督交谈。印度总督成了他们中间的传话人。他建议他们单独会面，他们同意了。

由于甘地住在肮脏破旧的贱民居住区，会谈的地点只能选在真纳

---

① Cited in Ayesha Jalal, *The Sole Spokesman: Jinnah, the Muslim League and the Demand for Pakistan* (Cambridge: Cambridge University Press, 1994), 245 - 246n1.

位于新德里的奥朗则布路上的宽敞平房里，而平房周围是养护得很好的花园。4月15日举行了3小时的"友好"会谈，谈话结束时两人也未能在分割印度的问题上达成一致，但他们发表了一份联合声明，对"最近发生的极度有辱印度声誉的无法无天且暴力的行径"痛心疾首，并谴责了这种"以武力达到政治目的"的行为。[①] 甘地一如既往地用印地语、乌尔都语和英语签署了这份声明，而真纳只用了英语。他们的呼吁并未得到任何回应。

临时内阁中的国大党和穆斯林联盟成员之间的关系非常紧张，以至于国大党部长们在安置人员或调动官员这样的事情上，无法征得穆斯林联盟同僚的同意。国家出现了粮食短缺，但政府中的对立和官僚作风阻碍了补救行动的开展。贾瓦哈拉尔·尼赫鲁为内阁成员的内讧感到沮丧，他在4月21日宣布："如果穆斯林联盟希望拥有巴基斯坦，可以如愿，但条件是他们不得占领印度那些不想加入巴基斯坦的地区。"[②]

甘地看到了不祥之兆。"国大党已经接受了建立巴基斯坦这件事，并要求分割旁遮普和孟加拉邦，"他在5月7日的祈祷会上说，"我仍和以往任何时候一样反对印度分裂……我唯一能做的，就是让自己和这样的计划没有干系。"[③]

## 梅农的计划

现在该来弄清楚权力移交的可行性了。在这个问题上，一位有着

① Louis Fischer, *The Life of Mahatma Gandhi* (London：Granada，1982)，577.
② Cited in Louis Fischer, *Gandhi: His Life and Message for the World* (New York：Mentor Books，1954)，171.
③ Fischer, *Gandhi*，173.

改革专员头衔的印度高官瓦帕尔·潘古尼·梅农被证明是有创新精神的。他建议将权力一分为二，对印度和巴基斯坦中央政府各移交一半，同时给予它们在英联邦内的自治领地位。旁遮普和孟加拉到底是分割还是继续分别作为一个整体，应由各自的省议会决定。英国不应坐等目前的制宪会议制定新宪法，而应立即将权力移交给新的中央政府，在它们颁布自己的宪法之前，新的中央政府须根据1935年《印度政府法案》来运作。

5月17日，蒙巴顿会见了真纳和利亚夸特·阿里·汗，那时他正准备飞往伦敦参加一系列紧急会晤，首先是同艾德礼的。他们同意了梅农的计划。早些时候，尼赫鲁也在非正式场合对此表示同意。

到5月18日蒙巴顿被艾德礼召见时，他已经能声称两位印度领导人暂时接受了梅农的计划。他带着梅农一起去了伦敦。在那里，他展开游说，先是艾德礼，然后是他的内阁，最后是反对党保守党领袖温斯顿·丘吉尔爵士，都接受了梅农计划。这让他忙活了10天。

5月25日，身在德里的尼赫鲁敏锐地意识到伦敦正在进行最后的决断，他敦促当时在东孟加拉宣传印度教教徒—穆斯林友好和睦的甘地赶赴德里，与他一起站在这个历史舞台的中心。但甘地并没有登上为他准备的专机，而是坚持乘火车去。

蒙巴顿一行于5月31日返回德里。两天后，他在总督官邸浅灰色的办公室里主持了7位印度领导人的会议。他的左边坐着真纳，旁边是利亚夸特·阿里·汗，再旁边是留着黑色的海象胡子、裹着顶部带褶皱的白色包头巾的阿卜杜尔·拉布·尼斯塔；他的右边坐着尼赫鲁，旁边是秃顶、脸上皮肤粗糙的内政部长瓦拉卜巴伊·帕特尔，然后是瘦骨嶙峋、留着小胡子的国大党主席吉瓦特兰·巴格旺达·克里帕拉尼，以及戴着头巾、身材健壮的国防部长锡克教徒巴尔德夫·辛格。蒙巴顿向这群贵客简要介绍了权力移交的细节，让各位领导人连夜思考，第二天反馈意见。

会议结束，各位领导人刚一离开，甘地就被请进了蒙巴顿的办公室。那天是星期一，是圣雄每周的"沉默日"。他坐下后没说一句话，以潦草的笔迹告诉印度总督他发誓要在这天闭口不言。他没有评论梅农的计划。相反，他提到了内阁代表团5月16日的声明，该声明拒绝了分治方案。①

那天晚上，蒙巴顿早早离开了晚宴，与真纳进行了一对一的会谈。1948年10月6日，他在伦敦皇家帝国学会发表了题为"印度权力移交"的演讲，讲述了这次重要的会谈。他告诉听众，"以避免内战，国大党领导人同意接受分治"，但他们拒绝把大片非穆斯林地区划给巴基斯坦，"这也就意味着旁遮普和孟加拉两个大省将会分割"，其中的非穆斯林地区不会被纳入穆斯林治下的巴基斯坦。

> 当我告诉真纳先生，我已和他们（国大党领导人）达成关于分治的临时协议时，他高兴极了。但当我说这必然会涉及旁遮普和孟加拉的分割时，他露出惊恐之色。对于为什么不应该分割这些省份，他提出了最有力的论据。他说，那里的居民有其民族特色，分割将是灾难性的。这我同意，但我还要说的一点是，我现在更加觉得分割整个印度的问题也是同样的道理。他不喜欢这样，开始解释为什么印度必须被分割。于是，我们绕着桑树林走了一圈又一圈，直到最后他意识到，要么他有一个统一的印度和未被分割的旁遮普和孟加拉，要么分割印度也分割旁遮普和孟加

---

① French，*Liberty or Death*，302.

拉。最终，他接受了后一种解决方案。①

当 7 位印度领导人于 6 月 3 日再次会晤时，他们正式接受了梅农计划，这意味着国大党放弃了在分治之前移交权力和制定宪法的要求，也意味着这个巴基斯坦比真纳设想的要小。最后，蒙巴顿发表了一份由与会者签署的公报。而真纳拒绝签名，仅点头表示同意。②

当晚，印度总督在尼赫鲁、真纳和巴尔德夫·辛格的陪同下，等候在全印广播电台的演播室里，艾德礼宣布了向英国下院移交权力的细节。蒙巴顿在广播讲话中提到分割时用的是"如果"——这意味着分不分割取决于旁遮普和孟加拉议会的投票。

真纳在广播中说，英国方案的最终决定权取决于 6 月 9 日举行的穆斯林联盟理事会。他在赞扬总督的"公平公正"后，提到了将在国大党统治的西北边境省举行的公投，以决定是加入巴基斯坦还是印度斯坦。他呼吁省级联盟领导人结束他们在那里发起的公民不服从运动，以"巴基斯坦万岁"的口号结束了他的讲话。③

在 6 月 4 日的记者招待会上，蒙巴顿说："我想〔权力〕移交可能在 8 月 15 日左右进行。"不久之后，在他的主持下，成立了一个由 4 名成员组成的分治委员会，国大党和穆斯林联盟各两人。国大党是帕特尔和拉金德拉·普拉萨德，联盟是真纳和利亚夸特·阿里·汗。他们的任务是监督公务员、军事人员以及政府资产——从打字机到火车头，包括英属印度的财政部——在这两个后继国家间的分配。

---

① Cited in Fischer, *Gandhi*, 170.
② Ian A. Talbot, "Jinnah and the Making of Pakistan," *History Today* 34, no. 2 (1984).
③ 真纳 1947 年 6 月 3 日的讲话稿，由位于德里的全印广播电台播送，http://omarrquraishi. blogspot. co. uk/2013/09/transcript-of-mohammad-ali-jinnahs. html。

　　由于德里的国大党占多数的政府把即将实行的分治看作某些地区脱离中央，选择加入巴基斯坦的〔穆斯林〕官员发现自己被赶出了办公室。因此，对巴基斯坦的规划是在帐篷里进行的。后来，对巴基斯坦的人口和面积的估算分别为大英帝国治下印度（英属印度加562个土邦王国）的17.5％和20％，它将分得现有政治实体资产的18.75％。

　　就这样，真纳得到了他所说的"残缺的、被蚕食的"的巴基斯坦，其东西两翼被1000英里的印度土地隔开，恰似悬挂在印度身体两边的两片耳朵。巴基斯坦的7700万居民中，4100万人集中在仅占全国领土六分之一的东翼。

　　6月9日，联盟理事会成员聚集在新德里的帝国酒店。他们以300票对10票通过了一项决议，称尽管理事会不能同意分割孟加拉和旁遮普，但是在将权力移交计划作为一个整体来考虑之后，决定充分授权真纳，让他接受其基本原则以作为妥协，并由他来解决细节问题。[1] 理事会在一楼舞会大厅开会时，遭到50名哈克萨尔分子（Khaksars）的干扰，哈克萨尔是巴基斯坦一个激进的穆斯林组织，要求将德里纳入巴基斯坦版图。这伙人还没进入大厅，就被身穿制服的穆斯林联盟国民警卫队的志愿者赶了出去。[2]

　　6月15日，全印度国大党委员会以153票对29票通过决议，接受了6月3日的计划。为了缓解分治带给大家的苦涩，任国大党主席时间最长的大毛拉阿布·卡拉姆·穆希尤丁·艾哈迈德·阿扎德说："分割

---

① "The Plan of June 3，1947，" Quaid-e-Azam Mohammad Ali Jinnah（blog），2008，http：//m-a-jinnah. blogspot. co. uk/2010/04/plan-of-june-3-1947. html.

② Alex von Tunzelmann，*Indian Summer: Th e Secret History of the End of an Empire*（London：Simon &. Schuster，2008），203.

的只是国家版图而不是人民的心。我相信分治是不会长久的。"[1]

不出所料，孟加拉和旁遮普的立法议会选择了分割，后者在 6 月 23 日着手进行。由于印度教教徒在信德省任何一个地区都不占多数，该省议会决定加入巴基斯坦制宪会议。在俾路支省，由英国政府任命的当地部族首领和奎达市的提名候选人也做出了相同的决定。

7 月 6 日至 7 日，在穆斯林占多数的阿萨姆邦锡尔赫特举行的公投中，23.96 万人赞成加入东孟加拉，18.4 万人投票支持留在印度教教徒占多数的阿萨姆邦。[2] 锡尔赫特和东孟加拉邦共同组成了东巴基斯坦。3 天后，有消息说，真纳将出任巴基斯坦总督。

在具有高度战略意义的西北边境省，国大党呼吁抵制 7 月 6 日至 17 日在印度军队的英国军官的监督下举行的公投。在 57.28 万名合格选民中，51％的人参加了投票，其中 99％的人选择加入巴基斯坦制宪会议。由于公投的总票数仅比 1946 年的省议会选举少了 25％，因此国大党要求抵制的呼声是没有实际效力的。[3]

7 月 18 日，英王乔治六世签署了《1947 年印度独立法案》。德里政府非正式地分为两个内阁，其中之一为利亚夸特·阿里·汗领导的巴基斯坦内阁。

一周后，蒙巴顿谈到了土邦王国的未来问题，它们与英国签署过条约，承认英国王室至高无上的权威。560 多个这样的实体占了大英帝国统治下的印度版图的三分之一，其面积从几平方英里到 8 万多平方英里不等，比如海得拉巴、查谟和克什米尔。

---

[1] Cited by French, *Liberty or Death*, 306.

[2] "Sylhet Referendum 1947," *Banglapedia: National Encyclopedia of Bangladesh*, 2012，http://www.banglapedia.org/HT/S_0653.htm.

[3] Muhammad Iqbal Chawla, "Mountbatten and the NWFP Referendum: Revisited," *Journal of the Research Society of Pakistan* 48, no. 1 (2011).

印度总督在向王公议会（Chamber of Princes）发表讲话时，为他们提供了签署同意书加入印度或巴基斯坦的机会：该文件将确保他们继续享有自治权，并获得他们的"私用金"（Private Purse）——税收的一部分将用于维持王公的开销——而不是给新的自治领用于维护国际关系和加强国防。在谈到他与英国君主的血缘关系时，蒙巴顿表示，如果这些王公不加入英国王室统治下的两个自治领之一，就会地位不保。这些土邦统治者也想起尼赫鲁曾警告过他们，即任何独立的土邦王国都将被印度自治领视为敌人，而且国大党工作委员会在6月声明过，结束英国的最高统治权并不意味着主权独立。

难怪，当国大党主导的临时政府在帕特尔的领导和梅农的协助下成立"国务院"之际，签署好加入尚未建立的"印度联邦"的文书一份接一份地很快就摞到了蒙巴顿的办公桌上。[1] 但是印度教教徒占多数的海得拉巴的穆斯林尼扎姆[2]，以及穆斯林占多数的查谟和克什米尔的印度教王公还在观望。

印度教教徒占多数的朱纳加尔，位于古吉拉特邦北部海岸，面积为23平方英里，其穆斯林统治者决定加入巴基斯坦，却未能被落实。但这比起旁遮普问题的复杂程度，简直微不足道。

## 五河之地的血腥分割

在英属印度，印度河的五条支流交汇出了旁遮普（Punj 意为五；

---

[1] 由国大党主导的内阁决定保留印度这个名字，放弃了印度斯坦这个与巴基斯坦相对应的叫法。

[2] 尼扎姆王朝曾在1724年至1948年之间统治海得拉巴。尼扎姆也是中央政府封派的省级官员（后来成为掌握省实权的最高长官）的称谓，且必然是穆斯林。——译者

aab 意为水，乌尔都语）这个名字，从东到西依次是比亚斯河、萨特莱杰河、拉维河、奇纳布河和杰卢姆河。从宗教的角度来看，奇纳布河以外的西部地区显然将加入巴基斯坦，东部的萨特莱杰河和杰卢姆河（后来的亚穆纳河）之间的区域则将加入印度。而人口稠密、富饶且具有战略重要性的中部区域尚存在争议。那里的穆斯林、印度教教徒和锡克教徒的生活错综复杂地纠缠在一起。他们对圣地、铁路、防御边界以及灌溉设施的要求也是相互矛盾的。

巴尔德夫·辛格对 6 月 3 日计划的接受，遭遇了好斗的锡克教领导人的为难。7 月，他们向由著名的英国律师西里尔·拉德克利夫爵士担任主席的边界委员会提交了一份备忘录。该委员会提议以奇纳布河来划分旁遮普，以便将其 90％ 的锡克教徒留在印度。由于此举将进一步减少真纳无奈之下同意的"残缺、被蚕食的"巴基斯坦的面积，这一提议立即被否决了。

锡克教徒变得忧心忡忡。在某个曾被英国人列为印度"尚武种族"之一的社区，好战情绪急剧上升。焦躁不安的锡克教领袖在他们的寺庙里召集政治集会，策划打击穆斯林的行动。他们招募退伍军人，以私人储备的左轮手枪、步枪、霰弹枪、汤米枪（又名汤普森冲锋枪）、轻机枪以及手榴弹、长矛和斧头来武装。他们决定在旁遮普中部的拉合尔和古尔达斯普尔地区展开不懈的报复行动，对早些时候在旁遮普北部地区发生的对锡克教徒的大屠杀还以颜色。他们凶残的袭击像军事行动一样精确命中，吓坏了的穆斯林拼命自卫。

穆斯林一看到一小队配备武装的锡克教徒，就会冲到屋顶敲打锣鼓，向邻近的穆斯林居住区示警。手上有枪的锡克教徒会瞄准他们的猎物，其他人则会将手榴弹扔进院墙里，迫使居民们走上街头，而手持三叉戟、长矛和锋利的小剑（锡克族男子佩带这种圣刀是作为一种宗教义务）的袭击者正等在街上准备杀掉他们。最后，这伙锡克教徒的老将在村子里放火，并以长矛和圣刀结果想逃跑的人。

旁遮普总督詹金斯在 8 月 4 日交给印度总督的每两周一次的报告中指出，他本人目睹了该邦发生的一场"社群之间你死我活的混战"，这些对立的团体正在"争夺我们即将放弃的权力……"。此外，毫无疑问，骚乱在某种程度上是由穆斯林联盟、国大党和［锡克教］阿卡利党直接或间接控制下的个人或团体组织和雇用的。"① 他的首席犯罪调查员杰拉尔德·萨维奇亲口告诉蒙巴顿，他的情报显示，"永恒军"（Akal Fauj，旁遮普语）的激进的锡克教徒正在策划爆炸和火车出轨事件。

为了应对已经预料到的令人反胃的暴力行为的激增，英属印度军队总司令、陆军元帅克劳德·奥金莱克爵士于 7 月 17 日将印度第四师调为旁遮普边界部队，由少将托马斯·皮特·里斯指挥，并配了 4 名准将（两名穆斯林，一名印度教教徒和一名锡克教徒）担任里斯的顾问。边界部队于 8 月 1 开始履职。②

但当真纳 8 月 7 日从德里飞往巴基斯坦临时首都卡拉奇时，血腥袭击和纵火事件呈指数级增长的报告已堆积如山。在和妹妹法蒂玛一起登上蒙巴顿勋爵的银色达科他运输机之前，他伤感地说："我想这是我最后一次看德里了。"③ 在卡拉奇，他被任命为巴基斯坦候任总督。4 天后，巴基斯坦制宪会议的开幕会上授予真纳紧急行事权，并选举他为大会主席。

至于官方，西里尔·拉德克利夫爵士将于 8 月 16 日公布关于孟

---

① *The Mountbatten Viceroyalty, Princes, Partition, and Independence*，512.
② 到 1947 年 6 月为止，英军在印度的人数只有 4000。
③ Cited in Rajmohan Gandhi, *Understanding the Muslim Mind*（New Delhi：Penguin Books，2000），175.

加拉-阿萨姆邦和旁遮普邦边界划分的决定。但计划早早便泄漏了。

8月8日，"拉德克利夫线"示意图被拉德克利夫的印度助理秘书泄露给了尼赫鲁和帕特尔，此图显示，在萨特莱杰河以东形成了费罗兹普凸起地带的费罗兹普和齐拉这两个分区将划给巴基斯坦。[1]

拉德克利夫通知旁遮普中部多地的民事长官、军队和警察，要他们提前部署警队和部队。在德里，这一消息则通过其他渠道泄露了出去，其中包括蒙巴顿的印度行政人员。这种划分相当于拿匕首指着锡克教徒的心脏地带，也意味着锡克教创始人古鲁·那纳克·德夫（1469—1539）的出生地南卡那萨希布将划到西旁遮普。锡克教激进分子为此非常愤怒。

8月9日晚，他们发动了一场消耗战。一队锡克教徒借助电子设备让"巴基斯坦一号专列"出轨，这趟列车从德里前往位于东旁遮普的帕蒂亚拉土邦王国边界附近的拉合尔，车上载有选择前往巴基斯坦的穆斯林高级公务员及其家人。出轨事件造成数名乘客丧生。

詹金斯总督在8月12日给印度总督的电报中写道："拉合尔的感觉现在糟透了，［警署］总督察告诉我，穆斯林联盟国民警卫队穿着制服出现，警察最不靠谱。"第二天，他报告说旁遮普有近400人被杀，阿姆利则也在大火中损毁严重。"总体形势在恶化。"他的电报以此作为结束语。[2] 从3月开始沸腾的局势现在失控了，后果令人毛骨悚然。

真纳也对旁遮普正在发生的令人心碎的屠杀感到震惊。8月11日他在由79人组成的巴基斯坦制宪会议上发表的讲话正是基于上述

[1] A. Read and D. Fisher, *The Proudest Day: India's Long Road to Independence* (New York: W. W. Norton, 1997), 490.

[2] *The Mountbatten Viceroyalty, Princes, Partition, and Independence*, 475, 709.

背景。他说："我知道有些人不太同意印度的分治，但在我看来，没有其他解决办法。我相信未来的历史将记录下对这个解决方案有利的裁决……也许这种观点是正确的，也许不是，这还有待观察。"他又补充道，他的志向是让巴基斯坦成为一个没有"肤色、种姓或信仰"偏见的国家：

> 你是自由的，你可以自由地去你的寺庙。在巴基斯坦，你可以自由地前往清真寺或任何其他礼拜场所。你可能属于任何与国家事务无关的宗教、种姓或信条。我们正在开启这样一个时代，它没有歧视，社群之间也没有区别，种姓之间或信条之间没有差别待遇。我们将从一个基本原则开始，那就是一个国家的所有公民都是平等的。……现在，我认为我们应该将此原则作为我们的理想摆在面前，你将会发现，随着时间的推移，印度教教徒将不再是印度教教徒，穆斯林也将不再是穆斯林，这并不是从宗教意义上来讲，因为宗教是每个个体自己的信仰，而是从作为国家公民的政治意义上来讲的。①

这一讲话的节选被广泛传播，指望旁遮普和西北边境省的那些被嗜血狂热冲昏头脑的印度教教徒、穆斯林和锡克教徒能因此收敛。然而这一策略对旁遮普平原上持续存在的骇人听闻的野蛮行径几乎毫无约束。

---

① "Mr. Jinnah's Presidential Address to the Constituent Assembly of Pakistan，August 11，1947，" http://www.pakistani.org/pakistan /legislation/constituent _ address _ 11aug1947. html.

## 集体屠杀事件

随着印度和巴基斯坦分别于 1947 年 8 月 14 日和 15 日获得独立，史无前例的集体屠杀仍在继续。截至 10 月底，已夺去了 20 万至 100 万人的生命。关于死亡人数，最新的研究所取得的共识为 50 万到 60 万人，穆斯林与非穆斯林的死亡人数几乎相等。[①]

在经济方面，相对富裕的印度教教徒和锡克教教徒移居印度的损失，远远超过了来到巴基斯坦的穆斯林移民的损失。从东旁遮普迁到巴基斯坦的 435 万名穆斯林留下了 470 万英亩的土地，而从西旁遮普迁往印度的 429 万名锡克教教徒和印度教教徒不得不放弃更肥沃的 670 万英亩土地。[②] 此外，作为西旁遮普的城市地区的多数居民，非穆斯林人口拥有的资产远远超过东旁遮普穆斯林的资产。在信德省，只占四分之一人口的印度教教徒拥有近四分之三的动产和不动产。

肆无忌惮的残暴行径，包括到处打劫的暴徒对村庄、火车站、火车上、无家可归者的流动大篷车以及难民营的袭击，涉及大规模杀害、阉割、残害、强奸、抢劫、纵火、绑架和致火车脱轨然后屠杀乘客等。最常用的武器是斧头、镰刀、剑、矛和棍棒，左轮手枪、步枪和轻机枪次之。将当地少数民族中一些倒霉蛋扔进井里——次大陆村庄里唯一的饮用水来源，是集体狂热行为的典型做法之一。对妇女实施性侵则成了凸显受害者群体的脆弱无助和羞辱其男性同胞的立竿见

---

① Lionel Baixas, "Thematic Chronology of Mass Violence in Pakistan, 1947 – 2007: Mass Violence Related to the State's Formation," *Online Encyclopedia of Mass Violence*, June 27, 2008, http://www.massviolence.org/Thematic-Chronology-of-Mass-Violence-in-Pakistan-1947-2007.

② M. J. Akbar, *India: The Siege Within* (Harmondsworth, UK: Penguin Books, 1985), 146.

影的手段。

8 月 13 日，蒙巴顿勋爵和埃德温娜飞往卡拉奇。当时的我还是卡拉奇的一名中学生，亲眼见证了建筑工人日以继夜地工作，在这个城市的大片空地上十万火急地建起军营般的一座座建筑，用作巴基斯坦连绵不绝的秘书处大楼。8 月 14 日，我和数以千计的观众一起见到了皮包骨头的真纳，他穿着宽松裤和长外套，头戴一顶黑色卡拉库尔帽，印度总督蒙巴顿勋爵则穿着海军上将制服，他俩并排站在一辆劳斯莱斯敞篷车上，从省长官邸慢慢驶向制宪会议所在地。

与旁遮普形成鲜明对比的是，有 500 多万居民的小省信德一派和平，当地四分之一人口是印度教教徒。首都卡拉奇的 50 万居民中，印度教教徒和穆斯林几乎各占一半。在巴基斯坦成立之日，首都呈现出一片狂欢景象。当局有关免费乘坐公共汽车和有轨电车的决定，更增添了城市里欢乐的气氛。港口城市宜人的海风充满了希望和生机。呼吸着海风的成群结队的人兴高采烈——没有注意到流入旁遮普土地的人的鲜血，也没有注意到从相邻的古吉拉特邦、拉贾斯坦邦以及遥远的联合省和比哈尔邦涌入的讲乌尔都语的穆斯林，他们的到来会把讲信德语和俾路支语的当地穆斯林变成少数族群。

蒙巴顿在巴基斯坦制宪会议上发表讲话后，中午登上了他的达科他军事运输机。当飞机在前往印度首都的途中飞过旁遮普平原时，印度总督看到该省 1.7 万个村庄中的许多都被大火吞噬。考虑到可怕的暴力正在蹂躏邻邦旁遮普，德里当局取消了丰富多彩的官方仪式。取而代之的是在 17 世纪红堡的城墙上发表演说。街道上的围墙被重新粉刷，挂起了横幅，栅栏和树上挂着无数橙、绿、白三色彩灯，这是印度国旗的颜色。马车夫则把马匹的腿涂成了国旗的颜色，布商也在大声叫卖三色的纱丽。

晚上 11 点，尼赫鲁开始在红堡外向人山人海发表讲话。"当午夜钟声敲响的时候，"他说，"印度将从沉睡中苏醒，获得生命与自由。历史上难得一见的时刻即将到来，这一刻，我们从旧时代步入新时代，一个时代结束了，一个长期被压抑的民族的灵魂发出了自己的呐喊。"但是，在那个重要的日子里，最热烈的、最震天动地的掌声出现印度总督蒙巴顿讲话时。他宣布："在这个历史性时刻，让我们不要忘记，印度应该感谢圣雄甘地为印度所做的一切——他是以非暴力的方式让印度获得自由的建筑师。我们今天在这里想念他，希望他知道他在我们心中的形象。"① 这句话为即将就任印度自治领总督的蒙巴顿赢得了普遍的好感。

甘地不甘心次大陆的分裂，他称之为"一场精神上的悲剧"，因此对德里的官方仪式敬而远之。一个星期前，他抵达加尔各答，和侯赛因·沙希德·苏拉瓦底一道住进了贝利亚哈塔郊区一位穆斯林寡妇的宅邸，绝食并祈祷印度教和穆斯林之间能友好起来。②

## 血流成河的惨剧飙升

就在印度人庆祝自己独立的第一天，一列开往拉合尔的巴基斯坦专列在阿姆利则附近因锡克教极端分子的破坏而脱轨。接下来的几天里，又发生了两起类似的脱轨事件。愤怒的穆斯林暴徒以牙还牙，在瓦济拉巴德-西亚尔科特地区伏击了三列满载乘客的开往印度的列车，

---

① "On Th is Day: India Gains Independence from Britain," *Finding Dulcinea*，August 15，2011， http://www.findingdulcinea.com/news/on-this-day/July-August-08/On-this-Day-India-Gains-Independence-from-Britain.html.

② Von Tunzelmann，*Indian Summer*，236.

并屠杀了乘客。① 这伙丧心病狂的人以尽情地放血成河的方式，发泄出了他们压抑了好几代的原始宗教仇恨和强烈敌意。

尽管满载乘客的列车上的大举屠戮所造成的死亡人数仅占总数的一小部分，但这种令人头皮发麻的大屠杀的特别之处在于给大众的心灵上留下了挥之不去的印记。这就是经典小说《开往巴基斯坦的火车》（*Train to Pakistan*）的作者库什旺特·辛格（1915—2014）带给大家的身临其境之感。1947 年的某个阳光明媚的夏日，这位裹着头巾戴着眼镜的 32 岁锡克教律师由司机开车，从拉合尔的家中前往喜马拉雅山山麓卡绍利的他家的避暑别墅。在一条异常空旷的路上，他们碰上一辆吉普车，车上载着携带步枪和沾满鲜血的长矛的锡克教徒。锡克教徒停下车，得意洋洋地详细描述了他们是如何残忍地屠杀附近穆斯林村庄的所有居民的。袭击者忘乎所以地沉溺于自己的嗜血欲望，这在库什旺特·辛格的世俗心理上留下了不可磨灭的印记，种子慢慢发芽，最终成了他在 1956 年出版的这部小说。②

故事发生在印巴边境一座铁路桥附近的一个虚构出来的印度村庄里，它的名字叫马诺马拉，居民主要是锡克教徒和穆斯林，他们各有自己的住处，彼此和平共处。在当地的印度教教徒放债人被杀后，嫌疑落在了贾加特·辛格身上，他是一个强壮的锡克教徒、假释犯，正在与近乎失明的毛拉的性感迷人的女儿努兰偷偷约会。当一列火车满载着巴基斯坦锡克教徒的尸体抵达村里的火车站时，紧张局势迅速升级。警察无力应付不断升级的社群暴力。政府命令所有穆斯林晚上乘专列离开此地。一个锡克教团伙计划伏击这列火车并杀害乘客。贾加

---

① Baixas, "Mass Violence Related to the State's Formation."
② 但直到 1998 年，《开往巴基斯坦的火车》才拍成电影。

特·辛格意识到怀了自己孩子的努兰就在火车上，于是挫败了阴谋，自己也在此过程中被锡克教团伙杀害。这部小说令人钦佩地捕捉到了逼真的现实和分治经过的令人毛骨悚然之处。

当时的实情是，被恐怖事件深深震撼的尼赫鲁于 8 月 17 日飞往拉合尔，会见巴基斯坦外交大臣利亚夸特·阿里·汗，而拉合尔的印度教-锡克教人口已从 30 万人减为 1 万人。二人在广播中呼吁和平——但无济于事。

在 8 月的剩余时间里，尼赫鲁三次进入东旁遮普，与新建立的边境两边的人们交谈，以评估迅速恶化的局势。可悲的是，他总结道，"双方都难以置信地不人道和野蛮。"[1]

随着来自西旁遮普的印度教教徒和锡克教徒难民涌入德里，被赶进临时难民营，反穆斯林情绪急剧上升，到 8 月下旬达到狂热的程度。很快，印度首都就成了吞噬近邻旁遮普的凶残激愤的大熔炉。

8 月 31 日，经甘地斡旋才有的加尔各答的 18 天和平日子，戛然而止，上千名印度教青年将一名受伤的印度教教徒带到甘地在贝利亚哈塔的住处，声称他是被穆斯林刺伤的。甘地双手合十地面对愤怒叫嚷的暴徒，不为所动，这些人只能作罢。但圣雄甘地内心非常不安。9 月 2 日，他开始绝食。不到一天，所有宗教和党派的领袖都来恳求甘地结束绝食，印度教教徒和穆斯林的暴徒也泪流满面地前来道歉。城市恢复了平静。9 月 4 日，甘地结束了绝食抗议。

在德里，印度教和锡克教难民源源不断地涌入首都，点燃了一轮又一轮地报复和雪耻行动。他们的叙述往往夸大其词、添油加醋，给本已日趋严重的反穆斯林狂热火上浇油。9 月 4 日，德里爆发了严重

---

[1] Ramchandra Guha, *India After Gandhi: The History of the World's Largest Democracy* (London: Macmillan, 2007 / New York: Harper Perennial, 2008)，15n19.

的骚乱，穆斯林首当其冲。两天后，一颗炸弹扔进了新德里火车站，站上当时挤满了前往巴基斯坦的穆斯林，造成许多人死亡。

9月7日，一伙趁火打劫者袭击了首都中心规模庞大的康诺特广场。"［穆斯林］死者在街头腐烂，因为没人愿意为他们收尸下葬，"印度总督的幕僚长黑斯廷斯·伊斯梅将军指出，"医院里塞满了垂死和受伤之人，而且医院里因为工作人员和病人中有穆斯林，随时会有遭到袭击的危险。纵火和抢劫随处可见……德里警局的穆斯林要么开了小差，要么被解除武装，而印度教工作人员要么被收买，要么不敢履行职责。"①

政府实行宵禁，调来了军队并下令开枪。尼赫鲁在9月9日的广播讲话中说："我们正在应对一个类似于战争的局势，我们将在任何意义上按照对待战争的方法来处理局势。"② 待到法律和秩序恢复之时，穆斯林已有1万人死亡、33万人——占该市总人口的三分之一——因恐惧而逃离家园。③

尼赫鲁以堪称楷模的勇气和信念挺身而出。他将官邸宽敞的花园变成了穆斯林难民的帐篷营地。他无所畏惧地走上街头，与普通民众交谈，还单枪匹马地直面暴徒和趁火打劫者。他随心而至地冲上大街与暴徒流氓对峙，这种戏剧化的行为足以佐证理查德·阿滕伯勒的电影《甘地传》里面那个动人的片段。

私下里，同为分治委员会成员的帕特尔和普拉萨德都主张解雇所有穆斯林官员，并认为部署印度士兵来保护穆斯林公民毫无意义。相比之下，尼赫鲁却亲自赶往康诺特广场和旧德里去阻止谋杀和抢劫，

① Cited in by Z. H. Zaidi, ed. , *Quaid-i-Azam Mohammad Ali Jinnah Papers: Volume I* (New York: Oxford University Press, 1994), 459.
② *Times of India*, September 10, 1947.
③ 33万，等于新德里穆斯林居民的90%，旧德里穆斯林居民的60%。

并向穆斯林家庭保证他们可以依靠政府的保护。对他而言——用印度编年史家苏尼尔·基尔纳尼的话来说——"不过，分治首先是对印度国家主权的考验，看它有没有保护其公民、维持秩序并证明其领土所有权正当性的能力"。①

由于对旁遮普的印度教教徒和锡克教徒的暴力事件感到震惊，帕特尔领导的尼赫鲁内阁成员中，几乎半数都倾向于选择一个"印度教巴基斯坦"。尼赫鲁表示反对。"只要我还掌权，印度就不会成为一个印度教国家，"他宣称，"神权国家的整个理念不仅是中世纪的，更是愚蠢的。"② 如果这是他必须为印度教印度付出的代价，那他一天总理也不想做了。③

就这样，尼赫鲁这个坚定的世俗主义者在印度历史上最关键的时刻，面对巨大的挑战，证明了自己的勇气。在爆炸性的重大危机中，他保持着清醒的头脑、坚定的意志和敏锐的洞察力。他形容印度的局势是"一艘装有弹药的船开到海中央的时候着火了"。④ 他没把普拉萨德在 9 月 17 日的信中提出的观点放在心上，即动用军队拯救穆斯林会让政府不得人心。他不同意帕特尔的说法，说自己不想因为穆斯林过去支持巴基斯坦运动而向他们索取代价，要是因为这个原因叫他"毛拉尼赫鲁"，那就随它去吧。

甘地于 9 月 10 日从加尔各答及时抵达，这对尼赫鲁很有帮助。圣雄原本打算前往旁遮普，打破没完没了的复仇与反复仇的恶性循环，但帕特尔劝阻了他，说那里的局势一触即发，太过危险。因此，

---

① Sunil Khilnani, *Th e Idea of India* (London: Penguin Books / New York: Farrar, Straus and Giroux, 1998), 31.

② Cited in von Tunzelmann, *Indian Summer*, 280.

③ Sankar Ghose, *Jawaharlal Nehru: A Biography* (Bombay: Allied, 1993), 170 - 171.

④ Ghose, *Jawaharlal Nehru*, 170 - 171.

他没有像从前那样在贱民聚居地设立简陋的办公室，而是选择了安全的毕尔拉公馆，这是纺织界百万富翁甘什亚姆·达斯·毕尔拉的豪宅，此人是甘地长期的赞助人和理财人。甘地认为，除了照顾来自巴基斯坦的印度教教徒和锡克教教徒难民外，印度政府还应该照顾那些栖身于首都各类难民营，包括旧堡（Old Fort）等历史遗迹之中的国内流离失所的穆斯林。

随着新成立的印巴两国间人口相互流动的日益加快，难民人数激增。临时的难民安置地点突然爆满。唯一能记录这场前所未有的人口交流的方式就是从空中勘察，蒙巴顿和他的高级内阁部长们就是这样做的。

## 绝望的大篷车队

9月21日，蒙巴顿带着帕特尔、尼赫鲁及几名助手乘坐他的达科他运输机进行了一次巡视，以"观察旁遮普的移民流"。在印巴边境附近的费罗兹普一带，他们注意到了第一批非穆斯林难民的大篷车队，并持续观察了50英里，仍没有发现这支队伍的尽头。[1]

早些时候，9月2日，拉合尔的一篇题为"200万人的大流动从旁遮普开始"的新闻报道中，提到了一个60英里长的非穆斯林大篷车队。它主要由有牛车或驮畜的人组成，在通过西旁遮普萨特莱杰河上的苏莱曼基拦河大桥时，花了36个小时。[2] 这些群体只是历史上最大规模的人口迁徙中的一部分。

[1] Alan Campbell-Johnson, *Mission with Mountbatten* (London：Robert Hale, 1951)，200－201.
[2] Cited in by Zaidi, *Quaid-i-Azam*，476.

达尔文德·辛格·格雷瓦尔的父亲，一位出生在西旁遮普的莱亚普尔区（今费萨拉巴德）拉坦村的退休上校，后来对这种能让《圣经》中以色列人出埃及时的情景相形见绌的看似无边无际的大篷车队的形成，提供了自己的洞察。身为大篷车队的一员，老辛格用日记记下了所见所闻。

1947 年 9 月 4 日，一列来自印度的火车抵达距拉坦村 30 英里的戈吉拉，车上堆满了尸体和伤痕累累的穆斯林。当地的穆斯林被激怒了，发誓要对大屠杀血债血偿。拉坦村住的几乎全是印度教-锡克教徒，他们开始认真考虑迁移到印属旁遮普。当他们听说附近的帕卡安娜车站又来了一列沾满穆斯林鲜血的火车时，便下定决心离开。

9 月 10 日，拉坦村的印度教教徒和锡克教徒家庭开始往牛车上装包括食物和衣物在内的生活必需品。他们把自己的牛放生了。第二天下午，所有非穆斯林家庭都舍弃了自己祖先的居所，村里只剩下三户穆斯林人家。孩子、老人和体弱者乘坐牛车，成年男女步行。晚上，他们到达了大海滩（Dhaipai），在那里加入了一个更大的大篷车队，其中包括另外 6 个村庄的非穆斯林居民。

这个长长的大篷车队在日出前出发，由一队年轻的锡克教徒骑马护送，他们带了步枪，以确保侧翼、前方和后方的安全。当车队在傍晚到达埃克里瓦拉运河客栈时，他们沿着运河安营扎寨。人们用从附近田地里拾的饲料喂牛，在历时 14 小时走了 15 英里后吃上了第一顿饭。他们从当地的水泵和水井中取水，尽管一些井里有尸体，已经被污染。在下一站苏德尔，地区警长指示他们待在原地，以免遭到一群愤怒的穆斯林的野蛮袭击。他们照办了，等了三天。由于附近的池塘和水井被漂浮的尸体污染，他们遭遇了缺水之苦。

直到他们到达莱亚普尔，才有了当地的锡克教徒给的食物和水。

9月19日，当大篷车距离巴洛基海德还有一英里时，一个穆斯林武装团伙向他们开火。骑马护送他们的锡克教徒也开枪还击。尽管如此，拉坦村一名印度教居民还是被杀了。（尸体没有被火化，而是被埋在了一块空地上。）这一事件使难民愈加恐慌，他们周围是燃烧的村庄，还有断断续续的"真主伟大"（Allah-u-Akbar）的呼喊。当他们越过拉维河，沿着河的对岸宿营后，锡克教男子给所有锡克教和印度教妇女配了一把带鞘的圣刀防身，刀就挂在她们身上裹着的布条上。一旦遇袭，这些妇女就会杀死袭击者，如果不敌，就用这把致命的武器结果自己。谢天谢地，这种不幸并没有发生。

经过4天多沉闷的行进，许多儿童和老人因饮用了遭污染的水腹泻而死，大篷车队于9月25日在克姆卡兰越过了没有标识的印巴边境。这是他们为期两周的亡命之旅的终点。[1]

早些时候，从东旁遮普和邻近地区徒步或乘坐大篷车前往西旁遮普的流离失所的穆斯林还受过额外的苦，那就是得在7月19日开始的斋月期间白天禁食。由于季风雨的延迟，即使在阴凉的地方气温通常也达到了100华氏度。

"还有一种景象让我难以忘怀。"总部设在马德拉斯的英文周刊《自由党》（*Swatantra*）的驻旁遮普记者报道说：

> 由2万名穆斯林难民组成的5英里长的一个大篷车队，以蜗牛般的速度穿过萨特莱杰大桥，缓缓进入巴基斯坦境内，牛车上堆满了可怜巴巴的生活必需品，牲口在一旁被驱赶着往前走，怀抱婴儿的妇女头上顶着破旧的小锡皮箱子。2万名男女和儿童长

---

[1] Col. Dr. Dalvinder Singh Grewal，"The Making of Refugees," SikhNet，February 28，2013，http：//www. sikhnet. com/news /making-refugees.

途跋涉进入应许之地，不是因为它是应许之地，而是因为一个个印度教和锡克教团伙在法里德科特（土邦王国）和费罗兹普区的内陆地区已经砍死了数百名穆斯林，留下的话就会没有活路。①

在真纳总督访问拉合尔期间，他的复兴部部长米安·伊夫提哈鲁丁和《巴基斯坦时报》（*Pakistan Times*）的编辑马扎尔·阿里·汗陪他一起飞越了一分为二的旁遮普。据报道，当看到无边无际的人流从西旁遮普涌进涌出时，他用一只手拍了拍额头懊悔地说："我都干了些什么呀？"②

直到 10 月底，被分割的旁遮普的人口交换才完成。又过了一年，100 万印度教教徒才从信德省单向迁移到印度各地。到那时，同样数量的印度教教徒已经从东巴基斯坦移居到西孟加拉邦。根据印度 1951 年的流离失所人口普查，722.6 万穆斯林从印度迁往东巴基斯坦和西巴基斯坦，而 724.9 万印度教教徒和锡克教徒则向相反方向迁移。③

尽管眼前的挑战对尼赫鲁的内阁来说是令人生畏的，但相比真纳和他的政府在巴基斯坦诞生时必须克服的重重障碍，这些挑战算不了什么。

## 巴基斯坦：元年

1947 年 8 月 15 日，当巴基斯坦财政部长古拉姆·穆罕默德抵达

---

① Cited in Guha, *India After Gandhi*, 15.
② Kuldip Nayar, *Beyond the Lines: An Autobiography* (New Delhi: Roli Books, 2012), 10.
③ Martin Frost, "Frost's Meditations: Partition of India," August 2007, http://www.essaysyards.blogspot.com/2011/06/frosts-meditations.html.

他在卡拉奇的办公室，开始第一天的工作时，他发现办公室里除了一张桌子外什么都没有。从德里搭火车送来的其他所有物品都在途中被洗劫一空。[1] 至于他所掌管的国库，仅有 2 亿卢比。德里目前现金余额略高于 40 亿卢比，而巴基斯坦有权获得其中的 18.75%，相当于 7.5 亿卢比（今天价值 24 亿美元），分两次支付。但眼前巴基斯坦可用的现金几乎不足以支付巴基斯坦军队 4 个月的费用，而其未偿债务总额将近 4 亿卢比。

在熟练地处理自己的资金方面，真纳是很有天赋的，他动用了一切手段来维系巴基斯坦的偿债能力。他向海得拉巴的尼扎姆——奥斯曼·阿里·汗爵士求援，得到了一笔 2 亿卢比的贷款，解了燃眉之急。帕特尔及其在尼赫鲁政府中的同僚则决心要把新生的穆斯林家园扼杀在摇篮之中。至于真纳向包括英国在内的英联邦其他成员国请求的财政援助，都一无所获。"我们的敌人正在竭尽所能地给我们制造困难，企图削弱我们的国家或让我们瘫痪，最后溃不成军，"他在 10 月 1 日的信中向艾德礼抱怨道，"令人惊讶的是，大多数印度最高的领导人一再表明，巴基斯坦得臣服于印度联邦，然而，巴基斯坦永远不会屈服。"[2]

除了担任总督、制宪会议主席和巴基斯坦穆斯林联盟的主席外，真纳还负责与西北边境省的土邦王国和部族机构打交道。他还制定了外交政策的指导方针。他强调，巴基斯坦应该发展与美国和英国的友好关系，同时将自己定位为共产主义苏联和靠不住的印度之间的缓冲区，并在当时处于血腥内战的中国和中东之间找一个有利的位置。

---

[1] Richard Symonds, *In the Margins of Independence: A Relief Worker in India and Pakistan, 1942–1947* (Karachi: Oxford University Press, 2001), 116.

[2] Von Tunzelmann, *Indian Summer*, 279.

9月20日，保罗·H. 阿林被任命为美国驻巴基斯坦大使后，真纳直接向华盛顿请求给予资金援助。但在美国国务院 1947 年 12 月批准向这个新生的国家提供 1000 万美元（约合 4800 万卢比）的援助之前，[①] 真纳发现自己在查谟和克什米尔面临着巨大的政治意识形态挑战。这场危机的核心人物是印度王公哈里·辛格爵士。

---

① Von Tunzelmann, *Indian Summer*, 280.

# 第六章
# 战争中的双胞胎

哈里·辛格出生于查谟,是将军阿马尔·辛格爵士和拉尼·奇布·德维唯一的孩子,十几岁时就给人一种前途无量的感觉。他先是就读于阿杰梅尔的梅奥王子学院,1915 年时,20 岁的他从印度国防学院毕业。随即,他被他那位留着大胡子、裹着厚厚头巾的叔叔帕塔普·辛格大君任命为查谟和克什米尔武装部队的总司令。他骨架很大、肌肉发达,顶着一张下颚宽宽的脸,看起来有着超乎他实际年龄的稳重。

在哈里·辛格出生前的 14 年里,查谟和克什米尔是印度最大的土邦王国,面积 84470 平方英里。占四分之三是属地吉尔吉特-瓦扎拉特和拉达克-瓦扎拉特,它们由于地处高山,形成了干旱、寸草不生的气候,人烟也稀少。1941 年,该地区居民仅有 31.15 万人。相比之下,毗邻旁遮普的查谟有近 200 万人口,克什米尔有近 175 万人口。总体而言,该王国 85% 的人是穆斯林。查谟地区西部以穆斯林为主,东部以印度教锡克教徒为主。但在克什米尔,非穆斯林只占 6%。[①]

## 哈里·辛格爵士与谢赫·阿卜杜拉

1925 年，膝下无子的帕塔普·辛格去世后，哈里·辛格在斯利那加即位。随着 1932 年"穆斯林会议"[2]的成立，这位专制的印度教统治者与大部分穆斯林人口之间的紧张关系凸显了出来。在谢赫·穆罕默德·阿卜杜拉的主持下，该党要求结束在公务员制度中对穆斯林的歧视。两年后，为了回应民众的不满，大君建立了一个由 75 人组成的议会，其中只有 30 人是由为数不多的有选举权的人选出的。[3] 1939 年，他将当选代表的人数增加到 40 人。但由于这个议会没有实权，这一姿态毫无意义。

谢赫·阿卜杜拉是克什米尔政坛的后起之秀。他出生在斯利那加附近的一个村庄，降生后不久父亲便去世了，他是在贫困中长大的。[4] 然而，他还是从阿里加尔穆斯林大学获得了科学硕士学位，随后，这个瘦长的、身高 6 英尺 4 英寸、圆脸、鼻梁笔直、目光凝视着不远处的年轻人即以执教为生。

1937 年，32 岁的阿卜杜拉在拉合尔火车站的候车室被引见给了贾瓦哈拉尔·尼赫鲁，后者当时正在前往西北边境省的行程途中。他

---

① Z. G. Muhammad, "Stories Retold: Of Some Historical Narratives About Kashmir," *Punchline*, March 11, 2013, http://www.greaterkashmir.com/news/2013/Mar/11/stories-retold-27.asp.

② Muslim Conference, 谢赫·阿卜杜拉在 1932 年成立了克什米尔第一个现代政党，全称是"全查谟与克什米尔穆斯林会议"（All Jammu and Kashmir Muslim Conference）。——译者

③ 1934 年，在查谟的印地语报纸 *Ranbir* 创办 10 年后，第一份英文周刊 *Kashmir Times* 发行。

④ 谢赫·穆罕默德·阿卜杜拉在他的自传中透露，他的祖父是一位名叫拉戈·拉姆·考尔的印度教教徒。

们亲切地交谈，越谈越投入，于是尼赫鲁邀请阿卜杜拉陪同他去白沙瓦，他答应了。出生在印度北部城市阿拉哈巴德的尼赫鲁是克什米尔婆罗门的后裔，他告诉阿卜杜拉，他自视为克什米尔人，并建议阿卜杜拉把"穆斯林会议"向所有克什米尔人开放。[1] 由于阿卜杜拉的游说，"穆斯林会议"的总理事会于 1939 年 6 月将其名称变更为"国民议会党"（National Conference），并向所有居住在克什米尔的人敞开大门。由古拉姆·阿巴斯领导的持不同政见者则沿用该党的原有名称。

在第二次世界大战期间，由于哈里爵士积极鼓励其臣民加入英属印度陆军，共有 71667 人报名入伍，其中八分之七是穆斯林，主要来自查谟的蓬奇-米尔布尔地区。[2] 意识到这一点，再加上大君的军事背景，首相温斯顿·丘吉尔爵士邀请这位大君参加 1944 年 4 月的战争内阁会议。他感到很荣幸。

当年晚些时候回到斯利那加后，他收到了"国民议会党"的题为"新克什米尔"（Naya Kashmir，乌尔都语）的宣言，为谢赫·阿卜杜拉所写。宣言要求建立一个君主立宪的完全民主的政府，其经济蓝图则要求废除以"耕者有其田"为口号的土地制度。专制的哈里爵士断然拒绝了宣言的要求。

1944 年夏，穆罕默德·阿里·真纳在克什米尔度假时，同时受到"国民议会党"和"穆斯林会议"的邀请。在会见谢赫·阿卜杜拉之后，真纳对自己的政党表达了颇为矛盾的看法，但他对"穆斯林会议"的评价毫不含糊。"穆斯林有一个纲领，一个伊斯兰教信条（kalma）和一个真主，"他说，"我请求［克什米尔的］穆斯林团结在

---

[1] 此后不久，国大党成立了"全印度各邦人民会议"，以鼓励各邦争取民主代表权。
[2] Victoria Schofield, *Kashmir in Conflict: India, Pakistan and the Unending War*, rev. ed. (London: I. B. Tauris, 2003), 41.

"穆斯林会议"的旗帜下，争取他们的权利。"[1]

第二次世界大战结束后，谢赫·阿卜杜拉试图让克什米尔人团结在新克什米尔的宣言所概述的民主模式周围。而盛气凌人的大君穿着装饰华丽的军装，压根没有放弃任何权力的迹象。[2] 这导致阿卜杜拉效仿国大党 1942 年的"退出印度运动"，于 1946 年 5 月发起了"退出克什米尔运动"，其目的是让大君退位。包括阿卜杜拉在内的数百人因此遭到逮捕。

尼赫鲁在另一位国大党领导人、律师阿萨夫·阿里的陪同下，经陆路进入克什米尔，打算出庭为阿卜杜拉辩护。但尼赫鲁遭到逮捕并立即被驱逐出境。阿卜杜拉被判处三年监禁。

不出所料，真纳将"退出克什米尔运动"斥为"少数不满者为在该邦制造混乱而进行的煽动活动"，[3] 并敦促"穆斯林会议"置身事外。

就像旁遮普的亲英统一党政客一样，哈里爵士听到首相克莱门特·艾德礼 1947 年 2 月的退出印度计划时，也十分震惊。他试图通过继续沉迷于马球和高尔夫以及越境偷猎和野外狩猎等来转移自己对这件事的注意力。

随着英国撤军势头的越来越强，哈里爵士倾向于宣布独立，以便同时保持与印度和巴基斯坦的友好关系，这一想法是受到了他的首席大臣拉姆·钱德拉·卡克的影响，此人是反尼赫鲁的，而且娶了英国女人为妻。在军事战略方面，该邦武力量总参谋长 H. L. 斯科特少将看到了克什米尔独立的好处。此外，大君那位自称有未卜先知能力

---

[1] Jagmohan, *My Frozen Turbulence in Kashmir*, 8th ed. (New Delhi: Allied, 2007), 78.

[2] 由于对反对其统治的抗议活动日渐高涨感到震惊，这位大君不再将第二次世界大战后复员的士兵召入其军队。

[3] Jagmohan, *My Frozen Turbulence in Kashmir*, 78.

的占星师宣称，该邦的创立者古拉布·辛格大君（1846—1857 在位）是支持克什米尔成为主权国家的。

另一方面，总督蒙巴顿勋爵 6 月中旬在斯利那加逗留了 4 天，其间，他建议哈里爵士 8 月 14 日之前在印度或巴基斯坦之间做出选择。在印度总督逗留的最后一天，本以为大君会把自己的决定告诉他，然而哈里爵士假装绞痛发作，取消了会议。尽管如此，英国政府还是按照之前承诺的，在 7 月将吉尔吉特-瓦扎拉特的租地归还了大君。

尼赫鲁决定飞往斯利那加，但被国务部长瓦拉卜巴伊·帕特尔劝阻，于是改派圣雄甘地前往。8 月 1 日，甘地在会见哈里·辛格及其亲印度的妻子塔拉·德维时，重复了印度总督一周前对王公议会所说的话。通过签署加入印度的文书，他将继续享有自治权并获得私用金，作为交换，其外交和国防要交给即将成立的印度自治领。然而，哈里爵士一想到尼赫鲁为一年前被无礼地逐出国门一事跟他算旧账，就感到郁闷。不过，他还是接受了甘地的建议，并在妻子的支持下于 8 月 10 日开除了倾向于独立的卡克。

两天后，新任命的总理贾纳克·辛格少将给巴基斯坦和印度政府发去电报，提出暂停进一步行动。巴基斯坦同意；印度不同意。至于甘地忠告大君不要违背其人民的意愿，其中包括要求他释放阿卜杜拉，都被哈里爵士放在了他的"暂时搁置"的盘子里。他还没有准备好与长期大患和平共处。


午夜后诞生的双胞胎


7 月，大君注意到在穆斯林占主导地位的查谟省西部出现的不满情绪，该地区在战争期间向印度军队输送过数万名新兵，于是敦促退伍军人向当地警方交出武器。然而，迟迟无人响应。让大君震惊的是，许多为印度教地主工作的穆斯林农民在 8 月 14 日之后公然挂出了印有星星和新月的巴基斯坦绿色旗。

这是穆斯林在查谟西部蓬奇-米尔布尔地区发动反对大君统治起义的序曲，其结果是一些印度教教徒被杀，更多的人流离失所。哈里爵士的回应是出动其印度教军队镇压叛乱。他们采取焦土政策，向人群开枪，放火焚烧房屋和整个村庄，抢劫，实行宵禁，并进行大规模逮捕。有许多株连的例子，比如，他们会因一户造反而烧毁整个村庄。①

"从 8 月开始，大约 11 周的时间里，［查谟］陷入了有计划有步骤的野蛮状态……几乎消灭了该地区人口中的所有穆斯林元素，多达 50 万人，"伊恩·斯蒂芬斯在其《巴基斯坦》一书中写道，"约 10 万人就这么失踪了，仍然无迹可寻，可能已被屠杀或因流行病、流落街头而死。其余的人逃去了西旁遮普。"伊恩是总部位于加尔各答的《政治家》的编辑。②

大君的铁腕政策激怒了当地的穆斯林，他们加入了由"穆斯林会议"所建的民兵组织，该组织后来被称为"自由军"（Azad Fauj，乌尔都语）或"阿扎德军"，号称有 5 万人之众，其中大多为退伍军人。这支队伍后来由化名为塔里克将军的巴基斯坦陆军准将穆罕默德·阿克巴尔·汗指挥。他在接受卡拉奇出版的《国防期刊》1985 年 6—7 月刊的采访时透露："在分治几周后，［难民善后部部长］米安·伊夫

---

① Christopher Snedden, "The Forgotten Poonch Uprising of 1947," *Eye on Kashmir* 643 (March 2013), http://www.india-seminar.com/2013/643/643 _ christopher _ snedden.htm.

② Ian Stephens, *Pakistan* (London: Ernest Benn, 1963), 200.

提哈鲁丁代表［总理］利亚夸特·阿里·汗，要求我准备一份在克什米尔的行动计划。我被召到拉合尔与利亚夸特·阿里·汗会面，在那里［我的］计划获得通过，分配了任务并下了命令。所有细节都要对军队保密。"① 在继续负责土邦王国和部落地区事务的同时，真纳还指派阿里·汗处理克什米尔问题。

9月4日，总部位于拉合尔的《民事与军事公报》（*Civil and Military Gazette*）报道了蓬奇地区的一次起义。4天后，伦敦的《泰晤士报》也做了报道。到9月22日，尽管存在武器弹药供应不足、通信不畅等困难，但阿扎德军的表现非常出色，即将离任的斯科特少将此时只指挥三个旅，他告诉大君，他的士兵分成小纠察队散布在广阔的地区，发现很难控制比他们的规模大得多的叛乱分子队伍。接替斯科特的拉金德·辛格·贾姆瓦尔准将倾向于亲近印度。

卡拉奇、德里和斯利那加之间正在手忙脚乱地进行外交行动。哈里爵士拒绝了真纳提出的9月中旬在斯利那加与之会谈的建议，使得这位巴基斯坦最高官员很恼火。受到冒犯的真纳决定还以颜色，在10月初实施了一次宽松的封锁，使得该邦没法用上盐、食用油、糖、煤油、汽油和布料等必需品。从西旁遮普来的穆斯林卡车司机极易受到查谟的印度教和锡克教武装分子的袭击，这一事实也助了真纳一臂之力。

在印度方面，克什米尔和印度之间通过邮件、电话、无线电和道路交通展开的交流迅速升级。"从查谟到卡图亚的公路铺设也在以最快的速度进行，"总部位于拉合尔的《巴基斯坦时报》9月27日报道说，"此举是在保持克什米尔和印度联邦之间某种形式的沟通，以便

---

① Cited in "Tribal Invasion: An American Reportage," *Kashmir Sentinel*, 2012, http：//kashmirsentinel. org/tribal-invasion-an-american -reportage.

基本的物资和军队可以不必经过巴基斯坦境内就能迅速送往克什米尔。"[1] 在帕坦科特附近的拉维河上架设的一座浮桥，则是为了改善位于从东旁遮普的古尔达斯普尔进来的交通。

9 月 27 日，尼赫鲁写信给帕特尔，说大君应该与"国民议会党"交好，这样"民众才可能会支持他与巴基斯坦对抗"。（前一天，被监禁的阿卜杜拉在一封广为流传的信中表达了他对大君的效忠。）哈里爵士于 9 月 29 日释放了阿卜杜拉。据报道，在他们随后的会面中，阿卜杜拉向大君进献了几枚金币，从而接受了他作为至高无上统治者的事实。

阿卜杜拉的获释打开了另一条外交途径。10 月 1 日，阿卜杜拉学术上的朋友、后来定居拉合尔的穆罕默德·丁·塔瑟尔博士率领的巴基斯坦代表团，在斯利那加与阿卜杜拉及其同事进行了协商。阿卜杜拉同意与真纳会面，但表示要先去德里见见尼赫鲁。尽管如此，他的朋友古拉姆·穆罕默德·萨迪克陪同塔瑟尔去了拉合尔，阿卜杜拉的另一位同事巴克希·古拉姆·穆罕默德则已先一步抵达拉合尔。他们与巴基斯坦官员的多次会晤，以 10 月 8 日与阿里·汗的会晤最为重要。

在德里，尼赫鲁在与阿卜杜拉的会谈中重申了蒙巴顿对土邦王国提的条件，即他们只需把国防、外交和通信交由印度联邦负责。此外，他向阿卜杜拉保证，居住在克什米尔之外的人将被禁止在克什米尔拥有财产，就像英国统治时期那样。阿卜杜拉要求将这些保证写入印度宪法。尼赫鲁同意了。在谈到关于西旁遮普的封建领主打算购买克什米尔的农业用地的报道时，尼赫鲁指出，国大党承诺废除有利于

---

[1] Cited in Schofield, *Kashmir in Conflict*, 43.

地主的土地制度，与新克什米尔宣言是有共同之处的。

从 10 月初开始，有关克什米尔的法律和秩序迅速恶化的报道陆续刊登在《民事与军事公报》上。到 10 月 7 日，克什米尔政府逮捕了印度联合通讯社的记者，该社是这一地区新闻的主要来源；同时对在当地发表的"所有新闻和观点实行严格的预先审查"，并对从西旁遮普输入的 4 份日报予以查禁。《克什米尔时报》的编辑为抗议官方下令不准刊登宣扬克什米尔加入巴基斯坦的文章而停止了该报的出版。[①]

10 月 15 日，大君用印度人梅尔·钱德·马哈詹法官替换掉了贾纳克·辛格担任总理，形势突然起了变化。马哈詹立即下令，叫巴基斯坦外交及国务联合大臣 A. K. 沙阿离开斯利那加，此人试图说服贾纳克·辛格选择巴基斯坦。

但巴基斯坦总理之前设计好的双管齐下的计划完全没有受到影响，即接管当地"穆斯林会议"创建的阿扎德军，并将部族地区的非正规部队武装起来，以制订出一项独立计划来确保斯利那加的安全。

## 主谋利亚夸特·阿里·汗

9 月 21 日，利亚夸特·阿里·汗在拉合尔主持了一次有关克什米尔问题的绝密计划会议。出席者有文职官员，有军方人员，包括旁遮普和西北边境省的首席部长伊夫提哈尔·侯赛因·马姆多特和阿卜杜勒·卡扬·汗，以及米安·伊夫提哈鲁丁、（已退役的）库尔希

---

① Snedden，"The Forgotten Poonch Uprising."

德·安瓦尔少校和在拉瓦尔品第总部负责武器装备部的穆罕默德·阿克巴尔·汗准将。商定的战略包括加强蓬奇-米尔布尔地区煽动叛乱，并在克什米尔西部开辟一条新战线，由安瓦尔领导的部族非正规军完成。他们要求阿克巴尔·汗在武装这些战士时，不能让他的英国指挥官察觉到军械库的东西不翼而飞。

安瓦尔是旁遮普一个土邦王国的人，土生土长，后来成了德里的民用物资部门的高级官员。这个部门在第二次世界大战期间与军方关系密切，他也因此获得了少校军衔。因涉嫌向平民提供稀缺物品时接受贿赂，他被军队开除，加入了旁遮普的穆斯林联盟，被任命为"巴基斯坦"各省的穆斯林联盟国民警卫队指挥官。他在拉合尔设立了穆斯林联盟国民警卫队总部。在联盟反对统一党领导的部而进行的公民不服从运动期间，他转入地下，继续煽动骚乱。1947 年 3 月统一党政府倒台后，他将注意力转向了西北边境省。在那里，他与卡尤姆·汗及其他的联盟官员合作，针对国大党的部门发起直接行动。在其他领导人服刑期间，他虽然隐姓埋名，但仍然十分活跃。

尽管选民在 7 月中旬的全民公决中选择了巴基斯坦，但是国大党的盟友阿卜杜·贾巴尔·汗（即汗·萨希布博士）的内阁在立法机构中仍然占多数席位。然而，真纳命令西北边境省省长乔治·坎宁安爵士在 8 月 22 日解散了汗博士的部门，这使得穆斯林联盟的卡尤姆·汗，一个克什米尔血统的普什图人组建了下一届内阁。

安瓦尔声称 8 月下旬得到了阿里·汗的许可，把注意力转向克什米尔。他和卡尤姆·汗着手从蒂拉地区、北瓦济里斯坦和南瓦济里斯坦地区招募了一支部族军队，而且志愿者人数迅速增加。到 10 月初，来自阿夫里迪和马苏德部落的大约 5000 名武装人员，将在西北边境省的阿伯塔巴德市集结，其中包括几百名休假的巴基斯坦士兵。

到 10 月中下旬，阿扎德军已经控制了克什米尔境内的蓬奇和米尔布尔的大部分地区，而穆扎法拉巴德市各区的大部分地方正在清除非穆斯林，以报复在查谟东部对穆斯林的持续暴力侵害。

在外交方面，克什米尔的总理马哈詹回避了真纳的提议，即由第三方出面，对其政府关于巴基斯坦武装渗透蓬奇的指控进行公正调查。相反，他在 10 月 18 日给真纳发了一封电报，威胁说如果巴基斯坦人继续武装渗透蓬奇、封锁边境货物运输并坚持其反对大君的宣传活动，他将要求印度提供"友好的"援助。[1]

真纳给大君回了一封电报，说："您政府的政策，其真正目的是在确保印度自治领会进行干预提供援助的情况下，通过政变来寻求加入该自治领的机会。"随后，他主动邀请总理访问卡拉奇，"以友好的方式化解困难，转圜事态"。[2]

10 月 20 日，大君的士兵用迫击炮、手榴弹和自动步枪袭击了西旁遮普的 4 个村庄，造成了重大伤亡，致使卡拉奇和斯利那加之间的关系恶化。[3]

按照事先的计划，那天，部族战士开始从阿伯塔巴德向克什米尔进军。直至那时，西北边境省省长乔治爵士对于安瓦尔在他的首席部长卡尤姆·汗的协助下所做的准备一无所知。当他得知第二天进军的消息时，立即通知了总理阿里·汗。

"10 月 21 日，利亚夸特·阿里·汗异常兴奋地告诉我，一支数千人的部落军队（lashkar，乌尔都语）正向克什米尔进发，"巴基斯

---

① Schofield, *Kashmir in Conflict*, 46.
② Schofield, *Kashmir in Conflict*, 46, citing *Quaid-i-Azam Mohammad Ali Jinnah: Speeches and Statements, 1947-1948* (Karachi: Government of Pakistan, 1989), 91-92.
③ Alex Von Tunzelmann, *Indian Summer: The Secret History of the End of an Empire* (London: Simon & Schuster, 2008), 288.

坦首席秘书乔杜里·穆罕默德·阿里在其《巴基斯坦的崛起》（*The Emergence of Pakistan*）一书中写道，"我问他是否通知了'伟大领袖'（真纳），他说'还没有'，因为他刚刚收到报告。"①

首席大臣是否误导了他的最高领导？答案可以在安瓦尔的话中找到，他的朋友、1947 年以来一直是巴基斯坦克什米尔问题专家的 M. 优素福·布赫后来引用过他的话。安瓦尔退休之后在拉瓦尔品第开了一家制冰厂，他对布赫说："老头子从来没有开过绿灯。""老头子"指的是真纳，阿里·汗没有向他完整地介绍过情况。②

## 结　局

10 月 22 日，退休的安瓦尔少校沿着杰卢姆山谷的路进入克什米尔西部后，率领一支由 200 辆卡车组成的车队发动了"古尔马格行动"，车上满载着装备了小型武器和迫击炮的强壮的普什图人。他的策略是沿着穆扎法拉巴德、多梅尔、乌里和巴拉穆拉的轴线前进，占领斯利那加机场和城市，进而确保巴尼哈尔隘口截断进入查谟的道路，以切断该邦与印度其他地区的联系。在他占领了两个前哨阵地之后，该邦军队的穆斯林连开始叛逃去投奔他。

10 月 22 日下午，当部族袭击的消息传到大君耳朵里，他命令贾姆瓦尔准将与来犯者殊死决战。第二天凌晨，贾姆瓦尔的 150 人连队在乌里以西 45 英里的格里与这群袭击者遭遇。由于穆斯林部队早前

① Chaudhuri Muhammad Ali, *The Emergence of Pakistan* (New York: Columbia University Press, 1967), 292.
② Cited in Khalid Hasan, "The Other Khurshid Anwar," *Friday Times* (Lahore), February 11, 2005.

的叛逃，士兵人数严重不足，力量也弱了，贾姆瓦尔在炸毁桥梁后撤回了乌里。这拖延了袭击者的来犯，为他们赢得了一天时间。10月24日，他的士兵东进30英里，跨越杰卢姆河，在巴拉穆拉迎战袭击者。战斗中，官兵们全体阵亡。

当天，在帕伦达里的"穆斯林会议"主席穆罕默德·易卜拉欣·汗的领导下，蓬奇-米尔布尔地区的当地反叛分子组成了阿扎德-查谟和克什米尔独立政府，简称为"阿扎德-克什米尔"。他宣称，该政府的目标是解放该邦的其他地区，并呼吁巴基斯坦提供援助。

10月24日晚，克什米尔副总理R.L.布特拉怀揣着向尼赫鲁和帕特尔寻求军事援助的信函抵达，印度政府由此得知了此次入侵有多严重。第二天，即10月25日早上，印度内阁国防委员会在总督蒙巴顿勋爵的主持下开会。蒙巴顿认为，在国际社会眼中，向一个中立国家派遣军队将是一件愚蠢之极的事。

委员会随后派遣瓦帕尔·潘古尼·梅农以及文职和军事官员前往斯利那加，评估当地的情况，并查明大君是否准备加入印度。

与总理马哈詹会晤后，梅农和马哈詹又与处于紧张状态的大君进行了会谈。鉴于一些入侵者已经渗透到斯利那加的传言已经得到证实，梅农建议大君尽快驱车前往查谟的冬季首府。

回想起来，这种预防措施被证明是没有必要的。按照"古尔马格行动"的安排，部族战士应该在10月25日前到达斯利那加，在城里与当地穆斯林一起庆祝古尔邦节。由于意外的耽搁，那天他们发现自己在巴拉穆拉。那里有1.4万人口，是通往克什米尔山谷的商业门户，非穆斯林人口比例很高。这些人口中包括建在山上的约瑟夫学院、修道院和医院的工作人员和病人，其中一些是欧洲人。

安瓦尔在招募部族士兵之前就告诉他们，因为没有任何预先支付的酬劳，他们有权在克什米尔被征服地区掠夺异教徒的财产。现在，机会来了，入侵者便拼命掠夺非穆斯林的财产。他们抢走当地妇女（不分宗教信仰）的珠宝，抢劫集市和家庭，破坏印度教和锡克教寺庙。他们用卡车将掠夺的财物运回阿伯塔巴德。他们把人掳到当地的电影院一逞兽欲。被枪杀的人中包括 D. O. 戴克斯中校和他准备带着新生婴儿出院的英国妻子，以及两名欧洲修女。他们还绑架了数百名女孩，都是印度教教徒、锡克教徒和穆斯林人家的。他们无视安瓦尔的请求，沿一条平坦的道路向 30 英里外的斯利那加挺进。无奈之下，安瓦尔率领几支穿着便服的巴基斯坦正规军士兵前往首都。

恣意掠夺、强奸和谋杀，沉溺于这种狂欢中的主力部队耽搁了两天。两日之差就这样决定了这次武装冒险行动的成败迥异。

10 月 26 日凌晨 2 点左右，大君及其随行人员的车队携带贵重物品逃到查谟后，梅农一行在马哈詹的陪同下登上了一架达科他飞机前往德里。梅农一向国防委员会通报了克什米尔的严峻局势，一场辩论随即展开。蒙巴顿指出，等大君签署了加入印度的文书之后，才能派遣印度士兵去他的土邦王国。他还补充说，必须在法律和秩序得到恢复之后，通过全民公决来确定加入印度符合人民的意愿，他才会接受他们的加入。尼赫鲁、帕特尔和委员会的其他成员也对此表示同意。

梅农飞回查谟。在皇宫，他叫醒了从斯利那加连夜开车到此的大君。大君哈里·辛格爵士签署了加入文书，其中规定了该王国的自治权。（后来，《印度宪法》中有一条规定印度议会需要得到该邦政府的允许，才能将其他行政区域的法律适用于该邦的领土。）在托人转交给蒙巴顿总督的信中，他说，在接受他的加入之后，他会要求与谢赫·穆罕默德·阿卜杜拉组建临时政府，后者上周作为官方客人住进了德里的一家酒店。

当晚，国防部长巴尔德夫·辛格给德里的军事指挥部发去消息，要求第二天一早向斯利那加空运部队。帕特尔迅速购买所有民用飞机，有了这些，一夜之间调动了大约100架民用和空军飞机向斯利那加运送人员、武器和弹药。10月27日上午10点30分，第一架载有印度士兵的飞机抵达距离市中心8英里的无人值守的斯利那加机场。

蒙巴顿勋爵在10月27日接受了大君的加入文书，他在附信中写道：

> 基于殿下提到的情况，我国政府决定接受克什米尔加入印度自治领。为了保持政策的一致性，即对于在加入一事上存在争议的任何邦，加入一事应依据该邦人民的意愿来决定。我国政府希望，一旦克什米尔的法律和秩序得到恢复，其领土上的侵略者被清除，邦的加入与否应参照人民的意见来解决。①

10月28日，尼赫鲁向巴基斯坦外长发了一份长电报。他先概述了大君签署加入文书的背景，然后补充道："关于加入一事，我们已经明确指出，必须依据该邦人民的意愿和决定。印度政府无意强加任何决定，而是将遵照人民的意愿。但是，在和平、法律和秩序没有恢复之前，这些都无从谈起。"两天后，阿里·汗以电报发去回复。他提到了穆斯林在蓬奇遭到杀戮，在查谟被屠杀，以及这些暴行和早些时候在东旁遮普屠杀穆斯林的行为是如何激化部族之间的情绪的。他解释道："当有证据表明，在东旁遮普发生的悲剧也将在克什米尔重演时，如果不动用军队，就不可能完全阻止部族进入克什米尔。而动用军队会在边境造成一种很可能会失控的局面。""帕坦人（即普什图

---

① "27 October 1947," Truth by KBaig (blog), October 26, 2013, http://www.truthbykbaig.com/2013/10/27-october-1947-day-when-indian-forces.html.

人）① 的突袭行动直到 10 月 22 日才开始。因此，很明显克什米尔要求印度派援军来的计划的形成……与这次突袭无关。所有证据和所采取的行动都表明这是事先安排好的。"②

两位领导人在克什米尔问题上大相径庭的表述，预示着未来几十年里，这两个邻国在解决这一争端时将面临严峻的挑战。

克什米尔事件让真纳越来越焦虑。当印度士兵飞抵斯利那加时，他命令他的总司令弗兰克·梅瑟维爵士派遣部队到克什米尔。梅瑟维是驻扎在德里的陆军元帅克劳德·奥金莱克爵士的下属，后者是驻印度和巴基斯坦的英军最高指挥官。③ 奥金莱克爵士拒绝考虑出兵的可能性，因为这将导致英国军官分别指挥各自的印度和巴基斯坦部队对彼此开战。梅瑟维也因此拒绝执行真纳的命令，认为印度军队在克什米尔的存在是正当的，因为大君已经加入了印度一方，而且如果巴基斯坦军队被带进克什米尔的话，他只好从巴基斯坦军队中撤走所有的英国军官。这样一来，经验老到的律师真纳发现自己被束缚了手脚，使不上力。此后，他与梅瑟维的紧张关系将导致这位将军在 1948 年 2 月提前退休。

## 后　天

10 月 30 日，巴基斯坦宣称，由于克什米尔加入印度乃是基于"欺诈和暴力"，所以不能予以承认。那天，真纳在拉合尔见了蒙巴

---

① 居住在印度西北边境省的阿富汗人。——译者
② J. C. Aggarwal and S. Agrawal, *Modern History of Jammu and Kashmir: Ancient Times to Shimla Agreement* (New Delhi: Concept, 1995), 41-43.
③ 印度总司令罗伯特·洛克哈特将军也隶属于陆军元帅克劳德·奥金莱克爵士。

顿，对于公民该以何种方式投票来决定该邦的未来，他们未能达成一致。尼赫鲁在 11 月 2 日向全国广播时重申了他的承诺，即在法律和秩序建立之后，在国际社会主持下，在该邦举行公民投票。两天后，阿里·汗在拉合尔的广播电台中做出回应，称克什米尔的加入是不道德不合法的。

谢赫·阿卜杜拉，人称"克什米尔之狮"（Sher-i-Kashmir，乌尔都语），10 月 30 日组建了一个临时政府，并担任其首席行政官，他所在党的活动人士立即打出口号迎接即将到来的印度士兵，比如"入侵者小心了，我们克什米尔人准备好了"（Hamlavar Khabardar, Hum Kashmiri Hai Tayar，乌尔都语），"克什米尔之狮指引印度教教徒、穆斯林、锡克教徒团结一致"（Sher-i-Kashmir Ka Kya Irshad, Hindu Muslim Sikh Ittihad，乌尔都语）。

10 月 31 日，阿扎德克什米尔军的先头部队抵达斯利那加郊外，与印度军队交火。他们表现非常糟糕。待到印度军队于 11 月 8 日夺回巴拉穆拉并切断了他们的补给线后，他们就撤退了。

巴拉穆拉，现在是个有 1000 人口的废弃城镇，夺回之后对当地和外国记者开放。《生活》杂志的记者兼摄影师玛格丽特·伯克-怀特在 1949 年出版了《通向自由之中途》（*Halfway to Freedom*）一书，书中写道："这个曾经可爱的小镇……眼下到处瓦砾，满目焦土。山上人去楼空的［圣约瑟夫］修道院已经面目全非、凌乱不堪……我们走进了遭受重创的小教堂，跋涉穿过一大堆被撕碎的赞美诗集和破损的神像。祭坛深陷在瓦砾堆之中。"她描述了城镇在遭到武装部族袭击时发生的事情：

　　修女、医院的病人以及几个在修道院避难的流浪市民被赶进一间单独的宿舍里，由持步枪的士兵看押。某天，印度军队的一次空袭让部族成员特别激动、情绪紧张，随后6名修女被带出来排成一排等待枪决。[但是] 他们的一位酋长赶到了；他还算明智，意识到射杀修女这事是绝不能做的，即使是入侵时也不行，修女们因此得救了。①

11月11日，印度士兵夺回了乌里，袭击者从附近的古尔马格镇和坦马格镇撤退。但另一方面，阿扎德克什米尔武装加强了攻势，在11月26日占领了米尔布尔。

当天，在德里举行的印巴联合防务委员会会议决定这个委员会继续运作，不顾伦敦方面已经做出的决定，即在11月30日关闭英军驻印度和巴基斯坦的联合最高司令部（JSC）。

12月8日，蒙巴顿和尼赫鲁出席了在拉合尔举行的联合防务委员会会议。尼赫鲁认为，允许部族武装分子利用巴基斯坦领土袭击印度，这对于巴基斯坦而言是一种战争行为，应该呼吁这些人返回故土。阿里·汗争辩道，这样呼吁会导致他的政府垮台。蒙巴顿随后建议，可以邀请联合国在印度和巴基斯坦之间进行斡旋。这个想法值得认真考虑。尼赫鲁后来接受了。

作为外交部长，尼赫鲁奉行不结盟政策，在独立前夕，他派遣他的妹妹维贾伊·拉克希米·潘迪特担任驻苏联大使，以平衡6个月前任命内阁部长阿萨夫·阿里为印度驻华盛顿大使的决定。这样一来，他就有信心不会在联合国安理会上与美国或苏联发生冲突。

1948年1月1日，尼赫鲁根据《联合国宪章》第六章（和平解决

---

① Cited in "Tribal Invasion."

争端）第 35 条，就克什米尔的动乱向联合国安理会指控巴基斯坦。这一条与上一条一样，授权联合国安理会调查所有争端，以确定争端是否"可能危及国际和平与安全"。[1] 印度驻联合国代表指出，巴基斯坦给部族人员配备武装并教唆他们从其领土上袭击克什米尔，他们的侵略所得应该收缴。

两周后，巴基斯坦提出了申诉。它声称：印度一直试图让分治方案作废，在东旁遮普和旁遮普的土邦王国境内对穆斯林发起有预谋的大规模种族灭绝行动，并通过欺诈和暴力手段来确保克什米尔加入印度。申诉中还提到，德里没有把巴基斯坦应得的现金余额的那份付掉。[2] 早些时候，在英军驻印度和巴基斯坦联合最高司令部关闭前夕，奥金莱克在单独向艾德礼首相提交的一份报告中便说过，他"可以毫不犹豫地肯定，当前的印度内阁决心不遗余力地尽其所能，坚决阻止巴基斯坦建立自治领"。[3]

## 非暴力运动倡导者被枪杀

在巴基斯坦成立之初，[4] 印度向其支付了 2 亿卢比，作为其在德里的现金余额中所占份额的第一笔款项。但在剩下的 5.5 亿卢比付清

---

[1] "Chapter VI: Pacific Settlement of Disputes," Charter of the United Nations, http://www.un.org/en/documents/charter/chapter6.shtml.

[2] Dr. Justice Adrarsh Sein Anand, "Accession of Kashmir—Historical & Legal Perspective," *Supreme Court Cases* 4, no. 11 (1996), http://www.ebc-india.com/lawyer/articles/96v4a2.htm.

[3] John Connell, *Auchinleck: A Critical Biography: A Biography of Field-Marshal Sir Claude Auchinleck*, 2nd ed. (London: Cassell, 1959), 920.

[4] 见第五章。

之前，克什米尔爆发了战争。印度拒绝支付这笔款项，理由是巴基斯坦将把这笔钱用在克什米尔正在持续发生的武装冲突中。真纳因此对印度总督蒙巴顿勋爵抱怨不迭。他未能说服尼赫鲁和帕特尔履行印度的法律义务，遂求助于甘地。圣雄同意帮他。[①] 在 12 月中旬的一次祷告会上，他公开敦促印度政府遵守其与巴基斯坦之间具有道义和法律意义的金融协议。

在 12 月 22 日的讲话中，他提到距离德里市中心 12 英里的梅鲁里村的苏非教派圣徒赫瓦贾·库特布丁·奇什蒂的神社，每年都有成千上万的穆斯林和非穆斯林去那里参拜。他遗憾地告诉听众，神社在 9 月"遭到了盛怒的印度教暴徒的袭击"。结果，过去 800 年来一直居住在其附近的穆斯林都逃离了此地。"现在，尽管穆斯林礼敬这座神社，但其附近的任何地方都已经找不到穆斯林了，"他说，"印度教教徒、锡克教徒和政府官员有责任开放神社，洗清我们身上的这一污垢。这同样适用于德里及周边地区穆斯林的其他圣地和宗教场所。"[②]

没人理会甘地的请求，于是他在 1948 年 1 月 13 日开始绝食。他宣称："只有当和平重现德里，我才会停止绝食。如果德里恢复和平，不仅会对印度产生影响，还会对巴基斯坦产生影响。"后来，他解释说，他的绝食针对的是"印度的印度教教徒和锡克教徒，以及巴基斯坦的穆斯林"。[③]

大毛拉阿布·卡拉姆·穆希尤丁·艾哈迈德·阿扎德 1 月 17 日

① Prof. Dr. Yogendra Yadav, "The Facts of Rs 55 Crores and Mahatma Gandhi," Peace & Collaborative Development Network, September 16, 2012, http://www. international-peaceandconflict. org/profiles/blogs/the-facts-of-55-crores-and-mahatma-gandhi.
② Dilip Simeon, "Gandhi's Final Fast," Akshay Bakaya's Blog, March 22, 2010, http://www. gandhitopia. org/profiles/blogs/gandhis-final-fast-by-dilip.
③ 同上。

在德里举行的一场声势浩大的集会上发表了讲话，向大家说明情况，称无论何种信仰的人都应该能够无所畏惧地在首都四处走动，还应该劝说那些被赶出城的穆斯林返回。第二天，一群政治和宗教领袖发表了一份在甘地的见证下签署的联合声明：

> 我们承诺，会保护穆斯林的生命、财产和信仰，在德里发生的事件不会再发生。我们想向甘地保证，在赫瓦贾·库特布丁·奇什蒂神社举行的一年一度的博览会，今年还将如期举行……我们将归还穆斯林留下的、现在为印度教教徒和锡克教徒所有的清真寺。我们不会反对已经移民的穆斯林返回德里。所有这一切都将通过我们个人的努力完成，而不会借警察和军方之手。①

当许多社区领袖促请甘地结束绝食时，激进的印度教示威者游行经过他的大本营毕尔拉公馆，高喊着："让甘地去死吧！"他们嘲笑他是"穆罕默德·甘地"。1月15日，他们对甘地的恨意更炽，这一天，印度政府响应他的呼吁，宣布将立即转给巴基斯坦5.5亿卢比（今天价值16亿美元）。②

1月19日，甘地在毕尔拉公馆的花园举行的祈祷大会上告诉听众，支持地方自治主义的印度教大斋会的一位官员否认了他对早些时候印度教教徒—穆斯林交好誓言的支持。全国印度教大理事会尽管力弱，却是对抗穆斯林联盟的地方自治主义者的一股力量，它与印度教民兵组织"国民志愿服务团"（RSS）结成盟友。

---

① Dilip Simeon，"Gandhi's Final Fast，" Akshay Bakaya's Blog，March 22，2010，http：//www. gandhitopia. org/profiles/blogs/gandhis-final-fast-by-dilip.
② 由于印度政府是在圣雄甘地绝食期间做出的决定，一些历史学家因此错误地认为，他是因为向巴基斯坦支付现金的问题而绝食。

第二天，甘地在祈祷会上发言时，放在他讲台后面大约 75 英尺的墙上的一枚手工炸弹爆炸了。引爆者是来自西旁遮普的难民马丹·拉·帕瓦，此人是孟买一家烟花厂的工人，会造手榴弹。现场观众中的一位强壮的女性与帕瓦扭打起来，直到其他人冲上前去。他只是制造恐慌的阴谋中的一环，按计划，甘地将被从浦那和孟买前往德里的七人暗杀小组中的两人射杀。当帕瓦带领警察赶到该团伙其他成员所住的两家酒店时，他们已经仓皇逃离。在玛丽娜酒店的一个房间里，他们发现了几件印有字母"NVG"的衣服。在整件事期间，甘地一直保持冷静，他拒绝听从警方的建议少去参加几场每日的祈祷集会。

一旦警方放松了警惕，名字缩写为 NVG 的纳斯拉姆·维纳亚克·古德斯①，一个中等身材、长着一双猫头鹰般眼睛和一张粗犷的脸的壮汉，便开始对毕尔拉公馆及其周围地区进行了反复的侦察。

与此同时，有报道称尼赫鲁和帕特尔之间的紧张关系加剧，甘地对此感到不安。帕特尔与尼赫鲁的分歧之一，是他不赞成尼赫鲁把克什米尔问题拿到联合国安理会上去说，这样做导致巴基斯坦提出了洋洋洒洒的反诉。甘地决定在他们之间斡旋。1 月 30 日，他致函尼赫鲁，以弥合他与帕特尔的分歧。当天下午 4 点，甘地与帕特尔就同一主题进行了面谈。他们的谈话比预定的时间要长。

古德斯混入了现场聚集在前排祈祷的人群中。甘地从大楼里走了出来。他像往常一样靠在孙媳阿卜哈·甘地和他的侄孙女马努·甘地的肩膀上穿过花园，当他走上通往用于祈祷的大帐篷的 4 个台阶时，穿着棉衬衫，外面套着宽松夹克和宽松长裤的古德斯向他走来。他站在离甘地 6 英尺的地方，双手合十，表示敬意。甘地向他回了礼。

---

① "国民志愿服务团"前成员、极端民族主义者。——译者

"今天的祈祷你来晚了。"古德斯一边说，一边躬身触摸圣雄的脚，进一步表达敬意。"是的。是迟了。"甘地答道。古德斯从夹克口袋里掏出他的六发贝雷塔 M1934 半自动手枪，朝着甘地的心脏开了三枪。当时是下午 5 点 12 分。甘地倒下了，他身边的人把他扶了起来。甘地被带回他的房间，15 分钟后，他去世了。[①]

古德斯被自己周围的人抓住了，一顿拳打脚踢。警方逮捕他时，他自称是总部设在蓬奇的周刊《印度教民族》（*Hindu Rashtra*，马拉地语）的编辑。他曾是印度教民兵组织"国民志愿服务团"的一员，该组织由信奉印度教至上的大斋会创立。[②] 在审判中，他坚称杀死甘地是因为甘地坚持要付钱给巴基斯坦，他认为此举是在"削弱印度"。

尼赫鲁伤心欲绝，当众落泪，多年来他已经与甘地情同父子。帕特尔感到很内疚，为他没有为圣雄提供足够的安全保障，也为情报局未能及时发现正在实施的暗杀计划。

他下令查禁印度教大斋会和"国民志愿服务团"，而三周前，他还把这帮人描述为"热爱自己国家的爱国者"。[③] 这场惨烈的悲剧将国大党主要官员凝聚到了一起，加强了尼赫鲁领导的党内世俗派的力量。

整个印度都陷入了悲痛之中，全世界的哀悼也从四面八方涌来，包括真纳，第二天他便下令关闭了巴基斯坦所有的政府办公室。他称

---

① "Gandhi Shot Dead，" *Hindu*，January 31，1948.

② 纳斯拉姆·维纳亚克·古德斯被判为刺杀圣雄甘地的凶手，他的大头目纳拉扬·达塔特拉亚·阿普特为暗杀小组的头。1949 年 11 月 15 日，两人均被判处死刑，并在东旁遮普安巴拉中央监狱被绞死。

③ 就"国民志愿服务团"杀害穆斯林的报道，瓦拉卜巴伊·帕特尔 1 月 8 日作出回应，对该民兵组织表示支持，并补充说："你不能一棍子打翻一船人。"他认为有关暴力活动的报道"有些夸大"。Patrick French，*Liberty or Death: India's Journey to Independence and Division*（London：HarperCollins，1997），359 - 360.

甘地为"印度教集体所孕育出的至伟之人之一，一位赢得普遍信任和尊重的领袖"，对于"伟大的印度教集体及其家人在这一重大而关键的历史性时刻所遭受的丧亲之痛"，他真诚地感同身受。（这是对甘地1915 年的一次评价的回报，当时甘地说找一个像真纳这样的穆斯林来做孟买的多宗教组织古贾尔萨巴①的领袖。②）只有最后一句话，即"他的离世对于印度自治领是无法弥补的损失"，没有将甘地与印度教社会联系在一起。③

　　早些时候真纳拒绝了他的军事参谋穆罕默德·阿克巴尔·汗将军的建议，如今，他调转立场，悄悄下令加高了他在卡拉奇的大本营——政府大楼的低矮院墙，明显是为了让他和他的办公室免遭投掷炸弹的袭击。

　　与此相比，更重要的转变是真纳对巴基斯坦未来宪法的立场，这是他在差不多一周前公开表达的。他之所以调转立场，是因为次大陆和其他地方最近的事态发展。在德里，帕特尔曾要求印度的穆斯林领导人高调支持政府对克什米尔的军事干预，因此加剧了社群之间的紧张局势。印度在克什米尔的举动削弱了印度教教徒在巴基斯坦的地位，那里占多数人口的穆斯林认为他们不爱国。最终，华盛顿在 12月做出决定，向巴基斯坦提供 1000 万美元的财政援助，这正是真纳急需的经济刺激，反过来，又鼓励他要坚定自己的意识形态立场。

　　真纳 1 月 25 日在卡拉奇向信德省律师协会发表讲话时说："我无法理解那些蓄意和恶意宣传《巴基斯坦宪法》将不以伊斯兰教义为基

---

① Gurjar Sabha, Gurjar（古贾尔）是印度种姓之一，萨巴是长老议事会。——译者
② 见第一章。
③ "Quaid-i-Azam Corner, Jinnah's Condolence Message on the Death of Gandhi," *Republic of Rumi*, January 30, 1948, http：// pakistanspace. tripod. com/archives/jinnah19480130. htm.

础的人的逻辑。适用于 1300 年前生活的伊斯兰教戒律，今天也同样适用。"他还说，巴基斯坦的宪法将以伊斯兰教教规为基础，使巴基斯坦成为"一个真正伟大的伊斯兰国家"。[①]

真纳在 2 月 21 日，也就是梅瑟维将军提前辞职两周后，对驻扎于卡拉奇郊区的马里尔的第五重型装甲兵团和第六轻型装甲兵团发表了讲话，重申了这一说法："你必须小心守护伊斯兰民主、伊斯兰社会公义的发展和维持，并在你自己祖国的土地上实现同胞的平等。"[②] 值得注意的是，这是现代历史上，"伊斯兰民主"一词第一次从一位居领导地位的穆斯林政治家嘴里说出来。

## 真纳的绝症

等大卫·格雷西将军一接替梅瑟维将军，余下的 4000 名驻印度的英军便于 2 月 28 日开拔，真纳马上感觉到自己在克什米尔调遣正规部队比以前自由了。事实上，10 月 31 日，吉尔吉特侦察队（Gilgit Scouts）在选择投靠巴基斯坦的英国军官带领下，逮捕了大君所任命的省长，并成立了一个隶属于阿扎德-克什米尔政府的临时政府。三天后，吉德拉尔的统治者与巴基斯坦签了加入书，这相当于巴基斯坦通过阿扎德-克什米尔政府直接或间接地控制了克什米尔除拉达克外的人口稀少的大部分地区。但是，真纳漏掉了令人垂涎的克什米尔山谷，那里平均海拔 6000 英尺，面积 6160 平方英里。"克什米尔局

---

[①] "Jinnah's Speech to Sind Bar Association, Karachi," *Dawn* (Karachi), January 26, 1948.

[②] Jinnah of Pakistan, "Speeches & Statements: Selfless Devotion to Duty," Humsafar. info, n. d., http://www.humsafar.info/480221_sel.php.

势的转变对伟大领袖真纳的健康产生了不利影响，"乔杜里·穆罕默德·阿里写道，"他先前的乐观情绪被深深的失望所取代，他说：'我们上错车了。'"[1]

克什米尔地区的战事因为冬季降雪而暂时偃旗息鼓，印度人准备夺回失地，尤其是在克什米尔人口密集的地区，那里的某些地方已被阿扎德克什米尔武装所控制。由于担心巴基斯坦边境被印度军队攻破，真纳于4月初下令部署巴基斯坦军队。他这样做是冒着风险的，德里可能会拒付16.5万吨军械储备中的18.75%，这是分治委员会分配给巴基斯坦的份额。[2]

联合国安理会在听取了双方的意见之后，于1948年4月21日通过了第47号决议。它指出，为了确保关于国家未来的公民投票的公正性，巴基斯坦必须撤出所有进入该地区作战的部族成员和国民，印度留下的军队数量应该够维持社会秩序即可。由于该决议是根据《联合国宪章》第六章通过的，因此既不具约束力，也不能得到强制执行。[3] 只有根据第七章（"关于威胁和平、破坏和平和侵略行为的应对办法"）通过的决议才能要求强制执行。

真纳要求双方同时撤军。德里拒绝了。因而这两个邻国之间的战争状态仍在继续，双方都决定无视安理会要求立即停火的呼吁。

为便于管理，真纳在卡拉奇设立了克什米尔事务部。边境的另一边，由于德里施压，大君在3月用前首席行政官谢赫·阿卜杜拉取代了他的总理、印度教教徒马哈詹，从而使他的政府看起来更能代表占

---

[1] Muhammad Ali Chaudhri, *The Emergence of Pakistan* (New York：Columbia University Press，1967），297.

[2] 到1948年4月初，印度只转出了巴基斯坦应得份额的六分之一。分给巴基斯坦的249辆坦克，印度一辆也没有交付。Pervaiz Iqbal Cheema, *The Armed Forces of Pakistan* (New York：New York University Press，2001），18。

[3] "Resolution 47（1948），" https：//www. mtholyoke. edu/acad/intrel/kashun47. htm.

人口多数的穆斯林。

在卡拉奇，真纳如今病得十分严重，无法再在他位于政府大楼办公室的桌子上办公，只能躺在沙发上工作，把文件、报纸和没完没了的新闻电报摆在自己周围。6月，他和他的妹妹暨管家法蒂玛搬到了气候凉爽些的奎达。每天都有印着字母"M. A. J."的黑色公文传送箱从卡拉奇空运过来，要求他注意和采取行动。他还得打起精神对当地"指挥与参谋学院"的学员们发表讲话。他告诉他们："你们与巴基斯坦的其他部队一样，都是巴基斯坦人民的生命、财产及荣誉的守护者。"[1] 他难以预料到的是，10年之后，军方领导人将证明他们不仅仅是守护者，他们还将夺取全部权力，把所有政客打发回家。

真纳于7月1日飞抵卡拉奇，为巴基斯坦国家银行揭牌。几天后他返回奎达时，有人建议他搬去70英里外的山城齐亚拉特。他搬过去了，然后继续在那里不停地工作。当月底，应法蒂玛·真纳的邀请来到齐亚拉特的军医伊拉希·布克斯上校告诉他的病人真纳和法蒂玛，真纳患有肺结核和肺癌。这个消息被隐瞒得很好，甚至连总理阿里·汗抵达齐亚拉特时，他们也没有告诉他。

应布克斯和法蒂玛的邀请，奎达民用医院的护理主管、英国人菲利斯·邓纳姆修女于7月29日抵达齐亚拉特，为真纳提供专业的护理。尽管严格封锁了消息，公众还是隐约得知他们的伟大领袖病了，正在俾路支省的齐亚拉特休养。在8月7日的古尔邦节上，各清真寺为他的康复做了公开的礼拜。两天后，真纳被送回了奎达，此时他的体重已经从之前的120磅掉到了79磅，并且两颊深陷、目光呆滞。为了维持官方的正常状态，8月14日的独立日前夕，政府播发了为

---

[1] Cited in Stanley Wolpert, *Jinnah of Pakistan* (New Delhi: Oxford University Press, 1985), 361.

他代写的一段话。

8月29日，真纳的身体似乎有点好转，他泪流满面地对布克斯说："你知道，当你第一次来到齐亚拉特时，我是想活下去的。不过现在，无论是生是死，我都无所谓了。"① 为了政治稳定考虑，他必须趁活着的时候回到卡拉奇。出于虚荣心，真纳不想被人看到他是被担架抬到首都的。然而，当他在9月9日患上肺炎时，他已经别无选择，只能飞往卡拉奇接受更好的治疗。

9月11日是星期六，早上，真纳的"维京人号"飞机在奎达机场降落。阿里·汗得到了通知，但被告知不要去距离卡拉奇政府大楼10英里的毛里普尔机场。下午4点15分，他的公务座驾凯迪拉克、一辆军用救护车和一辆运送行李和仆人的卡车在机场接到了他。真纳躺在担架上，被送上了救护车。救护车缓慢移动，离目的地差不多还有一半路程的时候，救护车抛锚了。见司机发动不了车，真纳的军事秘书被派去再叫一辆救护车来。

由于真纳太虚弱，无法坐在后座上，担架又无法安装在汽车上，人们无法把真纳转移到凯迪拉克上。而且救护车也没有挂总督的旗子，真纳一行中没有人能拦下途经此地的任何公共汽车或卡车。救护车里面又热又挤。即使邓纳姆修女用一块硬纸板使劲给真纳扇风，他还是汗出个不停。真纳没法说话，他用手摸了摸她的手臂，微微一笑表示感谢。在另一辆救护车到来之前，他们等了极其漫长的一个小时。一行人于下午6点10分抵达政府大楼。② 人们把真纳抬到床上，

---

① Hector Bolitho, *Jinnah: Creator of Pakistan* (Westport, CT: Greenwood, 1981), 223.

② Jaswant Singh, *Jinnah: India—Partition—Independence* (New Delhi: Rupa and Company, 2009), 470–474, summarizing Dr. Illahi Bux's description in his book *With Quaid-i-Azam During His Last Days*.

晚上 10 点 25 分，他去世了。

政府宣布哀悼三天。9 月 12 日，近百万人聚集在一起，出席伟大领袖真纳的葬礼，穆斯林联盟的主席位置由巴基斯坦穆斯林联盟的孟加拉邦主席卡瓦贾·纳兹穆丁接任。当天，德里宣布全国哀悼，所有官方建筑降半旗致哀。

尼赫鲁说：

> 真纳确实以错误的方式塑造了印度的历史，这是事实，并放任如此作恶多端的邪恶势力横行。我们该如何评价他呢？在过去的这些年里，我常常生他的气。但是现在，想到他时，我心中没有一丝苦涩，只是对于过去之种种感到莫大的悲伤……表面上看，他圆满地完成了他的任务，实现了他的目标，但是付出的代价如此之大，结果与他的想象也是如此不同。如果他早知道会有今天这样的结果，他会对过去所做的感到遗憾或后悔吗？可能不会，因为他用仇恨的外衣包裹着自己，好像一切邪恶都来自他所憎恨的人。对任何人来说，仇恨都是有害无益的。[1]

在对真纳的评价中，尼赫鲁没有表现出自我反省的迹象。他也没打算对次大陆的悲惨分裂推卸责任。所有的一切都是恶毒的真纳的错。自以为是是尼赫鲁性格的一个显著特征，他做了 16 年总理，直到在任上去世，一生如此。

随着雄霸次大陆政坛 30 年的巨人真纳和甘地的谢幕，一个时代结束了。真纳在自己所构想的一个新国家诞生仅一年后去世了，他的

---

[1] Jaswant Singh, *Jinnah: India—Partition—Independence* (New Delhi: Rupa and Company, 2009), 476.

死使这个国家在一个关键时刻失去了强有力的支撑。而独立的印度的最高决策者们则将注意力集中在经济的快速发展上，强调工业化的进程，并发现甘地的乌托邦式自给自足的乡村社会观念已经跟不上时代。

好莱坞在1982年制作了一部有关甘地的传记片，事实证明，该片在口碑和票房方面双双取得了成功，而一部关于真纳的同名电影到1998年才问世。印地语版的《甘地传》极为成功地将甘地塑造成了一个标志性人物，尤其是在年轻一代中。影片《真纳传》由伦敦的贾米尔·德拉维制片并执导，英国恐怖片演员克里斯托弗·李饰演主角。其乌尔都语版在巴基斯坦表现不俗，在其他地方的影响则不值一提。

## 克什米尔停火协议

真纳去世后，阿里·汗担起了管理羽翼未丰的巴基斯坦的全部责任。他出身贵族，正式的头衔是旁遮普的"穆斯林地方行政长官之子"（Nawabzad，乌尔都语），其职业是律师，牛津大学毕业且从政多年，这使他在面对剑桥大学毕业的律师尼赫鲁时感到很放松。

在克什米尔问题上，他选择了"更强硬的外交"路线，以及比之前级别低的军事行动，因为他的政府认为军事行动的代价太高，无法持续进行，他之前曾向真纳兜售过这个策略，但没有成功。尼赫鲁政府也感受到了克什米尔战争造成的巨大消耗所带来的不利影响，随着冬雪逐渐覆盖了作战线，两个邻国决定在联合国印巴委员会（UNCIP）的斡旋下达成停火协议，偃旗息鼓，刀枪入库。拉瓦尔品第总司令部的军方高层是反对的，但未曾放到明面上，停火协议就这样在 1949 年 1 月 1 日生效了。协议决定，在联合国监督下举行自由公正的公民投票。

巴基斯坦控制了查谟和克什米尔 37％的地区，此区域后来又分为北部地区和阿扎德-克什米尔，首府位于穆扎法拉巴德。为了监督停火线，安理会任命了一个联合国驻印度和巴基斯坦军事观察组。至关重要的是，印度保留了 85 英里长、20 英里宽的克什米尔河谷的控制权。该河谷位于喜马拉雅山区的皮尔-潘加尔山脉和喀喇昆仑山脉之间，有终年白雪皑皑的群山守护，遍布苍松翠柏，春季里野花盛开，五彩缤纷，灌溉它的是杰卢姆河及其支流，以至于这里被诗人和民众称为"人间天堂"。

在独立前夕，这两个自治领决定允许货物、人员和资本自由流动一年。但由于克什米尔冲突后双方关系迅速恶化，这一协议破裂了。11 月，巴基斯坦对在加尔各答工厂加工的黄麻征收出口关税。印度则以对己方产品征收出口关税作为报复。贸易战在 1949 年 9 月 19 日升级为危机，当时英国将英镑兑美元贬值 30.5％，至 1 英镑兑 2.80 美元。印度卢比和巴基斯坦卢比都与英镑挂钩。印度货币紧随英国变化，但巴基斯坦没有。这使巴基斯坦的出口产品几乎贵了三分之一。德里于是终止了与卡拉奇的贸易关系。

# 第七章
# 渐行渐远

　　印巴贸易关系的破裂导致印地语电影对巴基斯坦出口的结束。这些影片通常由旁遮普的演员主演，他们长相俊美，说一口流利的印度斯坦语——乌尔都语和印地语的一种混合体。这样一来，西巴基斯坦人发现自己再也无福享受主要的大众娱乐产品了。拉合尔的电影公司每年只制作 9 部电影，而孟买每年则出产 75 部电影。

　　在英属印度的穆斯林占少数的省份，大多数穆斯林商人和专业人士都移民到了巴基斯坦，以逃避更具优势的印度教同行的竞争，但在孟买繁荣发展的电影业中，穆斯林在社会上自由、政治上进步，因而不必如此。他们当中有编剧、词作者、导演和制片人，都留在孟买发展，除了萨达特·哈桑·曼托。

## 萨达特·哈桑·曼托

　　曼托是东旁遮普卢迪亚纳附近的萨姆拉拉人，戴着眼镜，椭圆脸，是一位多产的乌尔都语短篇小说家，靠写剧本为生，日子过得很舒坦。他的处女作名叫《秀》（*Tamasha*，乌尔都语），是根据 1919 年发生在阿姆利则的贾利安瓦拉巴格大屠杀创作的一部短篇小说。

分治后，35 岁的曼托移居拉合尔。面对电影剧本供过于求的现状，他不得不靠着在文学杂志或报纸副刊上发表短篇小说来赚取微薄的收入。他的故事中露骨的性描写与乌尔都语出版物的保守读者格格不入。因为他大胆描写了被印巴两国社会视为禁忌的社会与性的问题，遂 6 次被指控犯有淫秽罪，3 次是在印度，3 次是在巴基斯坦。虽然他最终没被定罪，但他还是转而开始在报纸上写专栏。这给了他一个平台，让他用笔来描绘印度著名演员、作家，甚至穆罕默德·阿里·真纳。（他那些令人眼前一亮的有关印地语电影业工作的文章，时而怀旧，时而尖刻，时而充满诗意，时而八卦连篇，后来结集出版，名为《来自另一片天空的星星》）。为了养活妻子萨菲娅和他们的三个女儿，他拼命工作，不得不喝廉价的非法酿造的酒——1955 年，他因肝硬化英年早逝。

他留下了 22 部短篇小说集、1 部小说、5 部广播剧集和 3 部散文集。然而，直到 2005 年 1 月 18 日，即他逝世 50 周年之际，巴基斯坦才为纪念他发行了一枚邮票以示纪念，并授予他官方最高荣誉"卓越勋章"（Nishan-e-Imtiaz，乌尔都语）。

在去世前几个月，他出版了一本讽刺小说，名为《托巴·泰克·辛格》。故事发生在 1950 年，这一年，印度和巴基斯坦交换了他们精神病院的病人，《托巴·泰克·辛格》之所以成为经典，是因为它抓住了分治的疯狂逻辑。这个故事的前提是，这些收容所的囚犯基本上不知道次大陆发生了如此戏剧性的大事。

锡克教徒比山·辛格是巴基斯坦的一位老精神病人。在发疯之前，他在家乡托巴·泰克·辛格（确有一个叫这个名字的城镇，至今没变）拥有土地。他被他的疯子同伴称为托巴·泰克·辛格。在交换病人那天，当轮到他提供个人资料以便在转移到印度之前存档时，他问这位官员："托巴·泰克·辛格在哪里？在印度还是巴基斯坦？"官方笑着回答："当然是在巴基斯坦。"听到这个，比山·辛格转身往回跑，去跟他待在巴基斯坦的同伴会合。巴基斯坦卫兵抓住了他，试图将他推到边境线那边的印度去。比山·辛格抵死不从，宣称："这是托巴·泰克·辛格。"为了说服他越过边境进入印度，他被反复误导说托巴·泰克·辛格在印度，或者很快就会在印度。但他仍然不相信。当他们试图将他拖到印度一方时，他拒绝了。由于他是一个无害的老人，官员暂时把他抛在一边，继续进行余下的交换。卫兵们全神贯注地完成这项艰巨的交换任务，忘记了他的存在。黎明时分，他们听到了撕心裂肺的尖叫声。随后，发现了比山·辛格的尸体，面朝下，身体呈大字形地趴在两道带刺的围栏之间——一边是印度疯子，另一边是巴基斯坦疯子——他倒在了一块无名地带。①

事实上，在现实生活中，克什米尔的印巴停火线的某些路段已经成了无人区——这个问题在 1949 年期间继续受到联合国印巴委员会以及印巴军事代表的关注。

### 尼赫鲁的不结盟政策惹恼了华盛顿

那一年，世人见证了这两个自治领在外交等重要领域的渐行渐

---

① 有关故事的文本，请访问 http：//www. punjabiportal. com/articles/punjabi-short-stories-saadat-hassan-manto。在萨达特·哈桑·曼托逝世 50 周年之际，由阿菲亚·纳撒尼尔执导的一部 18 分钟的电影《托巴·泰克·辛格》在 "2005 年纽约亚裔美国人国际电影节"上映。

远。为了推行他不与分别以苏联和美国为首的两大权力集团中的任何一个结盟的政策，贾瓦哈拉尔·尼赫鲁在 8 月将他的妹妹维贾伊·拉克希米·潘迪特从莫斯科调到华盛顿，担任印度大使。她为她哥哥两个月后的访美之行做好了准备。

尼赫鲁 10 月 13 日与总统哈里·杜鲁门会面，开始了自己对华盛顿为期 4 天的正式访问和会谈。随后，他向美国众议院发表讲话。"我来到这里，是为了探索美国的思想和心灵，并把我们的心放在你们面前，"他说，"这样，我们就可以促进我们两国都热切盼望的理解与合作。"他向听众保证："在自由或正义受到威胁或发生侵略的地方，我们不能也不该保持中立。"随后，他匆匆赶去参议院，在旧的最高法院会议厅临时召集的会议上发表了同样的讲话。[①]

作为一个拥有古代文明遗产和 3.6 亿人口的新独立国家的领导人，尼赫鲁被视为政治巨星。《纽约时报》在 1949 年 10 月 14 日的社论中说："华盛顿把在亚洲建立一个民主集结点的希望，寄托在了亚洲第二大国印度，以及决定印度政策的人——尼赫鲁身上。"《时代》周刊在 10 月 17 日那期的封面上刊登了一幅尼赫鲁的肖像，讨人喜欢的那种。之后，他对美国进行了为期三周的访问，行程包括东西海岸和中西部的城市。

1950 年 6 月，作为联合国安理会 6 个非常任理事国之一，印度对安理会的第 82 号决议表示了支持，决议呼吁朝鲜北方立即撤回到与南方接壤的边界地区。几天后，它向负责扭转朝鲜之举的联合国指挥部提供了一支医疗队。

---

① "The Prime Minister of India，Pandit Jawaharlal Nehru Addressed a House Reception，October 13，1949," US House of Representatives，http：//history. house. gov/HistoricalHighlight/Detail/36630? ret = True.

但后来，随着美国开始实行以一系列地区防务条约包围苏联的政策，尼赫鲁在国防事务上与华盛顿分道扬镳。1949 年 10 月初，杜鲁门签署了《共同防卫援助法》（Mutual Defense Assistance Act），与1948 年 4 月签订的同样也是针对欧洲的《经济合作法》（即马歇尔计划）形成互补。1951 年，这两项法案被合并为共同安全署的《共同安全法》（Mutual Security Act），负责监督包括军事和非军事的所有对外援助计划，以加强华盛顿盟友的防御能力。这一步将共同安全协议和安全援助概念与美国主导的西方世界遏制苏联的全球战略结合了起来。

不过，尼赫鲁赴美盘桓之后，华盛顿对印度的适度经济援助仍在继续。1952 年 1 月，印度和美国签署了一项为期五年的技术合作协议，由华盛顿为具体的技术项目提供资金。

1950 年 6 月朝鲜战争爆发，引起了美国对亚洲的关注，也预示了美国安全政策的全球化。6 个月前，印度承认了中华人民共和国，在击败中华民国之后，中华人民共和国于 1949 年 10 月 1 日宣告成立。印度因此成为第一个承认中华人民共和国的非共产主义国家。（印度驻北京大使潘尼迦于 1950 年 4 月抵达北京。）

1950 年 10 月，中国介入朝鲜战争，为的是确保以美国为首的联合国军不会影响中国边境。1951 年 2 月，在联合国会议上，印度与美国意见相左，并拒绝指责中国是正在进行的战争中的侵略者。华盛顿方面认为，德里的立场是共产党国家绥靖政策的一个典型例子。印度拒绝加入美国发起的 1951 年《对日和平条约》（Treaty of Peace with Japan），此条约旨在招募日本作为盟友，共同对抗共产主义国家在亚洲取得的成功，这标志着两国之间出现了进一步的分歧。

由于印度拒绝与美国结盟，杜鲁门政府便把注意力投向了巴基斯坦，这个国家自真纳创建以来就一直在向美国示好，而真纳本人始终怀疑克里姆林宫对南亚存有野心。难怪在他去世15个月后，巴基斯坦才与苏联建交，并向莫斯科派出了首位巴基斯坦大使。

1950年5月3日，杜鲁门总统在华盛顿机场铺上红毯，迎接阿里·汗的到来。在他们第二天会面之后，巴基斯坦领导人分别向国会两院发表了讲话。他再次强调他的国家的地缘战略位置的重要性，因为它毗邻阿富汗，而阿富汗与苏联之间有着漫长的边界。他表示愿与美国站在一起面对苏联的威胁。[1] 为了实现这一共同目标，他请求美国提供军事援助，杜鲁门答应会予以考虑。然后，他仿效尼赫鲁，在美国走访了三个多星期。

不久之后，他支持联合国使用武力扭转朝鲜北方对南方部分地区的占领。而且，与尼赫鲁不同的是，他支持华盛顿与东京签订的和平条约。

1951年的《共同安全法》生效后，华盛顿把对巴基斯坦的军事和非军事援助结合起来就变得相对容易了。但杜鲁门对于批准阿里·汗的武器请求仍持谨慎态度，担心他会在巴基斯坦持续存在的克什米尔争端中用美国的武器来对付印度。阿里·汗对杜鲁门的推诿搪塞感到沮丧，遂于1951年5月21日与中华人民共和国建交。

这两个邻国的外交政策上的分歧在它们的双边贸易中反映了出来。1950年初，印度实际上暂停了与巴基斯坦的贸易，在这之后，巴基斯坦试图与美国建立贸易往来。1950年6月朝鲜半岛爆发的战争对此起到了促进作用。战事一起，黄麻、皮革和棉花等原材料价格上涨，此类商品的原材料供应商巴基斯坦因此受益。与印度的贸易破

---

[1] "Liaquat Ali Khan Goes to the US (1950)," *Friday Times* (Lahore), September 30 - October 6, 2011.

裂也使得新来的印度穆斯林商人加快了在巴基斯坦开建棉花和黄麻厂的步伐，这些人在分治前支持穆斯林联盟的前提就是，希望有一天，在穆斯林国家，他们将不再面临来自印度教实业家的竞争。这些新工厂减少了巴基斯坦对印度制品的依赖。而对原材料需求的增加也使其对外贸易展现出多样化。

## 尼赫鲁—阿里·汗的插曲

在国内，利亚夸特·阿里·汗政府决定在东巴基斯坦镇压共产党，在那片地区，共产党赢得了信奉印度教的贱民的大力支持。1949年12月中旬，警察突袭卡尔希拉的贱民定居点，逮捕共产党人，一名警察在行动中被杀。出于报复，一队武装警察和几支部队在12月20日袭击了卡尔希拉，殴打村民，并任凭附近的穆斯林洗劫他们的财产，杀害男子，绑架妇女。除了三处宅基地外，其余所有房屋都被夷为平地。附近的印度教村庄也遭遇了类似的命运。来自卡尔希拉的一些难民抵达加尔各答，他们的悲惨故事登上了西孟加拉的报纸，令当地印度教教徒群情激愤。由此导致加尔各答的社区发生骚乱。东巴基斯坦的报纸对于这些事件的夸大其词的报道使得印度教教徒与穆斯林之间本已脆弱的关系变得更加不堪。

2月初，东巴基斯坦议会议长拒绝讨论卡尔希拉事件，这是应国大党议员所请，他们全部都是印度教教徒。在2月10日首都达卡举行的集会上，演讲者发表了反印度教的长篇大论，随后，日渐升温的社群紧张局势迅速升级为暴力行动。

散居各地的穆斯林民众疯狂抢劫印度教教徒的商店和住宅，还在其中一些地方纵火。该市有 41.7 万居民,据估计,其中的 8 万名印度教教徒中有 5 万在长达 7 个小时的谋杀、抢劫和纵火中变得无家可归。巴基斯坦(贱民)法律部部长约根德拉·纳特·曼达尔写道:"我从第一手资料中看到和得知的情况,实在令人震惊和心碎。"①

事实证明,首席部长努鲁尔·阿明领导的政府软弱无能,无法遏制骚乱,也未能指示各地首府当局采取预防措施。结果,社群暴力蔓延到多个地区的首府和农村地区,包括抢劫、杀人,强奸和绑架妇女,还强迫人皈依伊斯兰教。通过整理详细资料,曼达尔得出结论,达卡和其他地方的印度教教徒死亡人数"在 1 万左右",巴里萨尔区占了其中的四分之一。② 3 月下半月,东巴基斯坦的印度教教徒开始大规模撤离。

随后,西孟加拉邦发生报复行动,穆斯林遭到袭击。其中一次是在 3 月下旬,一家黄麻厂的 100 多名穆斯林工人在豪拉被杀。西孟加拉邦边境村庄的近 20 万穆斯林也被驱赶到了东巴基斯坦。③

尼赫鲁和阿里·汗都意识到,如果他们不能尽快采取一致的行动来阻止社群暴力的浪潮,分治之时撕裂旁遮普邦的噩梦将会卷土重来。于是,尼赫鲁邀请巴基斯坦总理访问德里。阿里·汗带领一个庞大的代表团抵达。经过 6 天的紧张谈判,两位总理于 4 月 8 日签署了若干重要文件,有关于少数民族权利的、通过和平手段解决争端的,

---

① "Resignation Letter of Jogendra Nath Mandal, 8 October 1950," http://en. wikisource. org/wiki/Resignation _ letter _ of _ Jogendra _ Nath _ Mandal.
② 同上。
③ Tridib Santapa Kundu, "The Partition and the Muslim Minorities of West Bengal, 1947 - 1967," Partition Studies ( blog ), August 23, 2009, http://bengalpartitionstudies. blogspot. co. uk/2009/08/partition-and-muslim-minorities-of-west. html.

还有贸易方面的，并商定于 1951 年 2 月恢复商业往来。①

两位领导人一致同意设立一个少数民族事务部，由一名少数民族社区的成员领导。两国新成立的少数民族委员会负责确保难民能够不受干扰地返回家园变卖自己的财产，确保被掠夺的财物会被归还原主，遭绑架的妇女能被接回安置，被迫转变的信仰无效。即便如此，到 1950 年底，仍有 100 多万印度教难民从东巴基斯坦迁移到西孟加拉邦。相比之下，由于社会动荡而离开西孟加拉邦的 70 万穆斯林中，有 50 万人后来返回了原住地。②

在 1951 年的人口普查前夕，东巴基斯坦有 900 万印度教教徒，在 4100 万的总人口中占 22％。与此形成鲜明对比的是，西巴基斯坦只有 100 万印度教教徒，且几乎全都在信德省。印度教教徒在巴基斯坦总人口中的比例接近 13％。而穆斯林在印度的总人口中只占 10％。

## 阿里·汗及其刺客之死

1951 年 10 月 16 日下午，阿里·汗在拉瓦尔品第的伙伴公园举行的一场大型公众集会上担任演讲嘉宾。下午 4 时 10 分，当他用"全国的兄弟们"（Braadran-e-Millat，乌尔都语）作为演讲的开场词以示对到场者的欢迎时，两颗从 6 英尺外的一支毛瑟手枪里射出的子弹击中了他的胸膛。他倒在地上，口中用阿拉伯语喃喃念着伊斯兰教信条："世上只有真主，穆罕默德是真主的使者"。

---

① 尽管 1951 年恢复了印巴贸易，但双边贸易量和贸易额都在稳步下降，两个邻国都扩大了它们建立的新的对外商业关系。

② Kundu, "The Partition and the Muslim Minorities of West Bengal."

开枪的是 29 岁的阿伯塔巴德居民萨阿德·阿克巴尔，1944 年他作为政治难民从阿富汗来此定居，靠政府的微薄津贴生活。耐人寻味的是，他在此事发生前几个小时就到了现场，还协助穆斯林联盟国民警卫队的志愿者布置讲台，忙活了好一阵。

刺杀发生后，现场一片混战，阿克巴尔被副警长穆罕默德·沙阿·古尔打中 5 枪。受了如此致命伤后，他又被连刺多刀，手臂骨折，那些扑向他的人还抠出了他的双眼。与此同时，阿里·汗被紧急送往医院，下午 4 点 50 分不治身亡。①

由穆罕默德·穆尼尔法官领导的调查委员会在 1952 年 8 月 17 日的报告中声称，至此还无法确定刺客阿克巴尔究竟是个人行为还是在执行某项阴谋。已知的事实和文件倾向于告诉大家，他"或有意或无意地成了某个聪明的第三方的工具"。② 这件事情至今仍是迷雾重重——在巴基斯坦历史上的一系列悬案中名列首位，其他未解之谜还有穆罕默德·齐亚·哈克将军和贝娜齐尔·布托之死。

因此，巴基斯坦在其诞生的 4 年内失去了两位主要的开国元勋，一位是"伟大领袖"真纳，一位是"民族领袖"（Quaid-i-Millat，乌尔都语）阿里·汗。由于继任的政治家没有一位具有这二人的魅力和声望，这个新生国家的政治开始瓦解。

印度的情况恰恰相反。尼赫鲁的势力不断壮大。制宪会议于 1949 年 11 月在德里通过了一部新宪法，它将于两个月后生效。好在由于英国法律的变化，新成立的印度共和国（印地语为 Bharat）得以保留其在英联邦的成员资格，此时在任的印度总统是拉金德拉·普拉

① Shahid Saeed，"Murder at Company Bagh," *Friday Times* (Lahore)，March 25 - 31，2011.

② "Report of Inquiry Commission on Assassination of Mr. Liaquat Ali Khan," *Keesing's Record of World Events* 8 - 9 (August 1952)：12426.

萨德。1950 年 12 月，国大党内代表印度教民族主义趋势的瓦拉卜巴伊·帕特尔去世，随之，尼赫鲁领导的世俗派在执政党中的地位更加牢固。

1951 年 10 月至 1952 年 2 月，印度国民议会直选下议院，即"人民院"（Lok Sabha，印度语）举行了第一次普选。国大党赢得了 491 个席位中的四分之三。和过去一样，该党的明星拉票人尼赫鲁在全国各地进行了一次旋风式走访。他继续担任着总理兼外交部长之职，并孜孜不倦地推行他的不结盟政策。

相比之下，阿里·汗的继任者卡瓦贾·纳兹穆丁（在任时间为 1951 年 10 月至 1953 年 4 月）则保持着定期派代表团到华盛顿寻求武器援助的做法。1953 年 1 月，（已退休的）艾森豪威尔将军跟随杜鲁门入主白宫，并任命狂热的反共分子约翰·福斯特·杜勒斯为国务卿。纳兹穆丁也随之有了更多的机会。

而到此时，南亚的两个邻国已经巩固了自己在克什米尔的地位。


## 在克什米尔巩固地位


1949 年 1 月 1 日停火后，阿扎德-克什米尔政府成为停火线以西领土的行政当局，此地包括由吉尔吉特、罕萨、纳加尔组成的吉尔吉特当局和巴尔提斯坦当局。1949 年晚些时候，巴基斯坦将吉尔吉特政府和巴尔提斯坦政府合并，并命名这个新的实体为"北部地区"（Northern Areas），对其实行直接管辖。次年，颁布了一项法令，名为《阿扎德-克什米尔政府管理条例》，作为该地区的基本法。这个政府的最高领导人在克什米尔事务部的监督下运作。巴基斯坦保留了对国防、外交政策和与联合国打交道的控制权，而阿扎德-克什米尔当局继续负责该地区的行政管理和经济发展。

1950年3月，联合国印巴委员会为负责在克什米尔两个地区实现非军事化的联合国代表所取代。第一位这样的代表是澳大利亚法官欧文·迪克森，他报告说，既然德里永远不会同意非军事化，就应该考虑另外两种选择：1. 在查谟和克什米尔山谷、拉达克和北部地区举行4次区域内公民投票；2. 对该邦实行分治，一些地区归到印度，另一些地区归到巴基斯坦，只在克什米尔山谷举行公民投票。

尼赫鲁对此表现出了兴趣，但阿里·汗拒绝了迪克森的提议，他坚决要求通过公民投票来决定查谟和克什米尔所有地区的命运，并相信占人口多数的穆斯林会选择加入巴基斯坦。这是数次错失的和平解决克什米尔争端的机会中的第一个，从那时起，这个问题将被证明是一个棘手的问题。

在德里的逼迫下，大君哈里·辛格爵士于1949年退位，由其18岁的儿子卡兰·辛格继位，谢赫·穆罕默德·阿卜杜拉则仍然担任该邦的首席行政长官。世俗印度《宪法》的第370条赋予克什米尔拥有自己宪法的权利，由75人组成的制宪会议的选举定于1951年8月至9月举行。最终，投票仅在4个选区进行，因为反对阿卜杜拉的"全体会议"的人集中在查谟地区，他们被告知，他们填写的所有提名文件都"弄错了"，因此不能参加选举！这种伎俩是实行一党专政而非多党民主的实体的惯常做法。

阿卜杜拉的这种做法加深了查谟的印度教教徒和克什米尔的穆斯林之间已然存在的因袭仇恨，前者支持大君，后者厌恶印度教统治者。于是，查谟的印度教教徒开始抗议"克什米尔统治"，并要求与印度建立更紧密的联系。阿卜杜拉同意在发生外部侵略时，给予印度总统在查谟和克什米尔"宣布进入紧急状态"的权力。但这并不能让查谟坚定的亲印度分子感到满足。1952 年末，在奉行地方自治主义的"印度人民同盟"（Bharatiya Jan Sangh，印度语）的领导下，他们发起了一场"一部宪法、一面旗帜、一位总统"的运动。这引起了克什米尔穆斯林的担忧，他们认为这是对印度宪法赋予邦特殊地位的威胁。

正是在这种紧张局势和猜疑不断升级的氛围中，一个由尼赫鲁领导的阴谋集团在德里策划了逮捕阿卜杜拉的计划，策划者中包括阿卜杜拉的副手巴克希·古拉姆·穆罕默德、阿卜杜拉的印度教同僚杜尔加·普拉萨德·达尔以及卡兰·辛格。促使他们采取行动的是 1953 年 7 月 14 日普拉萨德总统写给尼赫鲁的一封信，他在信中写道，在他访问克什米尔归来后，副总统萨瓦帕利·拉达克里希南博士告诉他"就连谢赫·阿卜杜拉都认为我们会在公民投票中失败"。[①]

1953 年 8 月 9 日，根据卡兰·辛格的命令，依据该邦的《公共安全法》对阿卜杜拉实施逮捕并"暂时"拘留。[②] 对他的监禁在 1958 年 1 月曾结束过一段时间，可惜很短。

在此期间，巴基斯坦的国内外局势都发生了很大变化。


## 华盛顿棋盘上的巴基斯坦


艾森豪威尔、杜勒斯二人着手在"中苏集团"周围建立一个遏制

① Valmiki Choudhary, ed., Dr Rajendra Prasad: Correspondence and Select Documents Vol. 21 (New Delhi: Allied, 1995), 91.

② Dilip Hiro, *Inside India Today* (London: Routledge and Kegan Paul, 1976 / New York: Monthly Review Press, 1977), 211 – 212.

圈，而巴基斯坦是这个圈的关键部分。华盛顿将巴基斯坦视为一个战略位置优越的国家，拥有"一支30万人的志愿军"，并且是"反共的而非中立的"。这支"武装部队纪律严明、专业、训练有素，他们的士气和勇气都毋庸置疑。"①

巴基斯坦总理穆罕默德·阿里·博格拉曾于1952年2月至1953年4月担任巴基斯坦驻美国大使。1954年4月2日，美国与巴基斯坦签署了一项《共同防务援助协定》（Mutual Defense Assistance Agreement），5月19日又签署了一项单独的协定，以满足国会的要求。

"我给您发出这封私人信函，是因为我想让您在公众知道之前得知我决定向巴基斯坦提供军事援助，还因为我想让您直接从我这里得知，这一举动丝毫不会影响我们对印度的友谊。"艾森豪威尔在2月24日给尼赫鲁的信中这样写道：

> 我们提议做的，或者巴基斯坦同意做的，都不是针对印度的。我将公开向大家申明，如果我们对包括巴基斯坦在内的任何国家的援助被滥用，并直接用来打击另一国家，我将立即……在联合国内外采取适当行动，以挫败这种侵略……。我们还认为，印度应该拥有强大的军事防御能力，这是符合自由世界的利益的，我们对贵国政府管理军事设施的有效方式表示赞赏。如果贵国政府认定情况需要我们的共同安全立法所设想的那类军事援

① *US News & World Report*, November 13, 1953, cited by Hamid Hussain, "Tale of a Love Affair That Never Was: United States-Pakistan Defense Relations," *Defence Journal* (June 2002).

助，请放心，对您的请求我将予以最积极的考虑。[①]

尼赫鲁拒绝了艾森豪威尔的提议。"不过，你知道我国政府和我国人民对此事的看法，"尼赫鲁于3月1日答复道，"我们经过深思熟虑后所奉行的这些想法和政策，是出于我们希望促进和平与自由的愿望。我们将继续奉行这一政策。"通过提出这一点，他指出："总统对我们和他自己的态度都不够公正。如果我们反对你们向巴基斯坦提供军事援助，自己却接受这种援助，那我们就是伪君子和无原则的机会主义者。"[②]

当天，尼赫鲁公开谴责了华盛顿对巴基斯坦的军事援助是对印巴事务的"干预"。因此，他的政府不再认为，联合国驻克什米尔的观察员小组的美国成员的立场是中立的。在印度国内，国大党通过在示威和集会中带头谴责巴—美协议，从而赶在右翼的印度人民同盟或印度共产党之前利用这一问题来增强民众对自己这一方的支持。

在尼赫鲁公开反对艾森豪威尔之前，他的政府已经利用其中立性帮助结束了朝鲜战争。在1953年春季的全球之行中，杜勒斯访问了德里，对"印度在联合国为结束朝鲜战争所做的努力"表示了敬意。他还说，华盛顿将帮助印度制定经济发展的第一个五年计划。[③]

当朝鲜战争的停火谈判在遣返战俘问题上陷入了僵局时，人们找到了一个解决办法，即建立以印度为首的中立国遣返委员会。该委员会的任务是在中立的环境下，会见拒绝遣返的个别囚犯，让后者自己

---

[①] *Keesing's Contemporary Archives*，Vol. 9：1952 - 1954，13461，cited by Zulfikar Ali Bhutto，*The Myth of Independence*（Oxford：Oxford University Press，1969），44 - 45.

[②] *Keesing's Contemporary Archives*，Vol. 9：1952 - 1954，13462，cited by Bhutto，*The Myth of Independence*，45.

[③] Bhutto，*The Myth of Independence*，44.

选择去留。这个过程最终使得停战协定在 1953 年 7 月 27 日签署。

一个奇怪的巧合是，就在那个月，印度不顾美国的反对，继续向中国运送硝酸钍——一种可用于核工业的物质。为了能够获得美国的任何援助，德里必须遵守其《最终用户协议》（End User Agreement），该协议被纳入了 1949 年的《出口管制法》（Export Control Act of 1949）。该法案限制向苏联集团出口某些战略或军事物资，涵盖了生产武器所需的各种材料，尤其侧重于任何可能有助于原子武器研究和建造的。1953 年，当华盛顿得知印度即将向被认为是苏联集团一部分的中国出口硝酸钍时，指示印度采取行动中止运送。尼赫鲁热衷于维护印度新近赢得的独立，拒绝接受美国对印度贸易施加的任何限制。违反美国法律将导致华盛顿方面终止援助，但杜勒斯意识到切断对印度的所有援助将弊大于利，于是通过谈判达成了妥协，印度同意只向中国运送一批货物而已。①

对印度做出的这一小小让步，并没有影响艾森豪威尔-杜勒斯封锁中苏集团的战略。在签署《共同防务援助协定》4 个月后，巴基斯坦出席了在马尼拉举行的八国会议，商议组建东南亚条约组织（SEATO）。② 随后，巴基斯坦与穆罕默德·礼萨·巴列维统治下的伊朗以及北大西洋公约组织（北约）成员国的土耳其一道，于 1955 年成立了"中央条约组织"（CENTO）。

在美—巴军事协定签署后，数百名巴基斯坦军官被派往五角大楼的军事院校进行高级培训。美国军事援助咨询小组也在拉瓦尔品第的巴基斯坦陆军总部设立了办事处。

---

① Dennis Kux, *India and the United States: Estranged Democracies, 1941 - 1991* (Washington, DC: National Defense University Press, 1992)，124 - 125.
② 东南亚条约组织成员包括澳大利亚、法国、新西兰、巴基斯坦、菲律宾、泰国、英国和美国。

随着美国的军事援助从 1955 年的 2.66 亿美元，飙升到第二年 10.86 亿美元，[①] 巴基斯坦武装部队的预算和民众支持率急剧上升。相比之下，政治家的声望却越来越低。

阿里·汗担任总理期间，穆斯林联盟在 1951 年 3 月旁遮普举行的选举中表现良好。但这种良好表现并没有在 12 月西北边境省举行的选举中重现，在 1953 年 5 月信德省的立法选举中也是表现平平。1954 年 3 月，联盟在人口稠密的东巴基斯坦的选举中，被孟加拉民族主义联合战线击败，蒙受了奇耻大辱。

总督古拉姆·穆罕默德对此事做出的反应是在 1954 年 10 月 24 日解散了制宪会议，称其已经不再具有代表性。这反过来又导致博格拉组建了一个新内阁，任命伊斯坎德尔（也称西坎德尔）·阿里·米尔扎少将为内政部长，陆军参谋长穆罕默德·阿尤布·汗少将担任国防部长，此前该职位一直由文职总理担任。穆罕默德因病在英国接受治疗的两个月期间，米尔扎担任代理总督。

一个月后，博格拉宣布了一项计划，将西翼的四个省、前土邦王国和部族机构合并为一个单位，称为西巴基斯坦，1955 年 10 月成立。当年 4 月，由东巴基斯坦和西巴基斯坦各自立法机构的成员选举产生了一个新的制宪会议，它由 80 人组成，其成员东、西巴基斯坦各占一半。

1955 年 8 月，身患绝症的穆罕默德辞去了总督职务，米尔扎少将接替了他的职务，这标志着军方权力在巴基斯坦管理层的上升趋势。作为一名孟加拉人，他认为，让另一名孟加拉人博格拉继续担任总理在政治上是不明智的，于是派其回华盛顿担任巴基斯坦大使。

---

① Claire Provost, "Sixty Years of US Aid to Pakistan: Get the Data," *Guardian* (London), July 11, 2011.

## 巴基斯坦失去了宪法，迎来了军事统治

米尔扎责成前旁遮普邦官僚，后成为穆斯林联盟领导人的乔杜里·穆罕默德·阿里组建下一届政府。由于他的坚决推动，新的制宪会议于 1956 年 2 月 29 日通过了一部包含普选条款的共和制宪法。宪法规定政府为议会形式，伊斯兰教为国教，乌尔都语、英语和孟加拉语为官方语言。然而，其中并无区域自治内容，为表抗议，以侯赛因·沙希德·苏拉瓦底为首的东巴基斯坦人民联盟 16 名成员离席。1956 年 3 月 23 日，该宪法生效，国民议会一致推选米尔扎少将为巴基斯坦伊斯兰共和国第一任总统，这一天也是《全印度穆斯林联盟拉合尔决议》通过 16 周年的纪念日。

凭借共和政制，巴基斯坦赶上了印度。但是，由一位退休少将担任总统这一点，使巴基斯坦有别于那个领土比它大的邻国，后者的所有权力都掌握在民选的文官手中。此外，巴基斯坦的宪法中，"部长的选任应依据总统的意愿"这一条赋予了总统最有力的杠杆。米尔扎利用这一权力任意解散中央和各省的部委，还经常滥用自己的影响力来推动政治阴谋、讨价还价。

随着国民议会中的穆斯林联盟群体的分裂，变节者与其他政客一起组成了共和党，穆罕默德·阿里于 1956 年 9 月辞职。其位置由苏拉瓦底接任，他是人民联盟与共和党结成的同盟的领导人。苏拉瓦底的妻子是莫斯科出生的俄罗斯女演员薇拉·蒂申科，在 1930 年代末欧洲即将发生大战之际，她从罗马移居加尔各答，为自己和襁褓中的孩子寻到了避难所。由此，苏拉瓦底对国际事务产生了浓厚的兴趣。

就任总理和国防部长才几周，苏拉瓦底便在外交部长菲洛兹·

汗·努恩的陪同下访问了北京。他们告诉周恩来总理，巴基斯坦已做出选择，要与美国站在一起，并希望中国与巴基斯坦以及美国建立更加友好的关系。① 周恩来善解人意地倾听着他的建议。当年 12 月对卡拉奇进行了回访。而尼赫鲁碰巧在那个月去了艾森豪威尔位于葛底斯堡的农场做客。

与艾森豪威尔会面是苏拉瓦底梦寐以求的事。1957 年 7 月 10 日，这个愿望在白宫成了现实。作为对美国去年向巴基斯坦提供 21.42 亿美元民用和军事援助的回报，艾森豪威尔要求在巴基斯坦国土上搜集秘密情报和建立军事设施。据巴基斯坦前驻华盛顿大使赛义德·阿姆贾德·阿里所说，苏拉瓦底对此表示同意。② 美国的高空 U-2 侦察机被允许从巴基斯坦空军白沙瓦机场的部分地区飞越苏联上空。作为回报，艾森豪威尔同意在华盛顿给巴基斯坦的军火运输中加入 F-104 战斗机和巴顿坦克，两者都比印度的武器先进。

经过长时间谈判，两国政府于 1958 年 7 月签署了一项为期 10 年的协议。该协议为成立 6 年的美国国家安全局提供了一个位于巴达伯的基地，此地距离白沙瓦 10 英里。

该基地的任务是监听苏联中亚弹道导弹基地和核试验地点的通信，以及其他相关的往来信息。③

在国内，苏拉瓦底承受着压力，要求根据新宪法确定 1958 年 3 月进行大选。他据理力争，说他需要两年时间来实施他的计划，并将

① "Telegram from the United States Mission at the United Nations to the Department of State," January 10, 1957, *Foreign Relations of the United States, 1955 – 1957*, Vol. 8: South Asia, Document 40, US Department of State, Office of the Historian, http: //history. state. gov/historicaldocuments/frus1955-57v08/d40.
② 赛义德·阿姆贾德·阿里在其 *Glimpses* (Lahore: Jang, 1992) 一书中指出，苏拉瓦底的私人助理通知大使馆工作人员，称总理同意美国在巴基斯坦领土上修建设施。
③ Farooq Hameed Khan, "Badaber to Shamsi," *Nation* (Lahore), July 8, 2011.

大选日期推迟到 1958 年底。米尔扎总统则担心苏拉瓦底在总理职位上取得的成功会削弱自己的权威，因此在 10 月将苏拉瓦底解职。他要求与真纳同时代的政治家、讲古吉拉特语的伊斯梅尔·易卜拉欣·琼德里加出面组建新政府，但琼德里加未能实现成功组阁。

米尔扎的下一人选是努恩，他是旁遮普的封建领主、共和党领袖，领导了一个由 5 个团体组成的同盟，其中包括穆斯林联盟，它是在 1957 年 12 月中旬加入的。正是在努恩任职期内，美国国家安全局开始修建白沙瓦空军基地的综合设施，而华盛顿对巴基斯坦的援助慷慨到每年高达 15 亿美元。① 已完工的巴达伯综合设施在当地被称为"小美国"，包括技术基础设施、住宅区和体育设施，谁可以进出此设施，由美方说了算。

在国内，米尔扎沉迷于政治阴谋。结果，穆斯林联盟退出了 5 个团体组成的同盟。穆斯林联盟的领导人在 1958 年 9 月 28 日威胁说，如有必要，他们将通过宪法之外的手段推翻努恩的政府。

这给了米尔扎一个现成的借口，让他在 1958 年 10 月 7 日废除了宪法。他声称，这部宪法行不通了，因为其中存在非常危险的妥协。他解散了国家和省两级的内阁以及立法机构，并取缔了所有政党。他下令戒严，并任命阿尤布·汗少将为戒严的首席行政官。②

当米尔扎和阿尤布·汗无法确定彼此如何分享权力时，他单方面任命阿尤布·汗为总理，并为他挑选了一个由技术官僚组成的内阁。阿尤布·汗对米尔扎的高压手段表示抗议，米尔扎作为一个极端善于操控局势的人，试图获得阿尤布·汗在军队内部的对手的支持。阿尤

---

① "Summary of US Aid to Pakistan, 1948 – 2010," *Guardian* (London), July 11, 2011.
② Yasmeen Yousif Pardesi, "An Analysis of the Constitutional Crisis in Pakistan (1958 – 1969)," *Dialogue* 7, no. 4 (October – December 2012).

布·汗得知了米尔扎的诡计，在最高司令部的支持下，于 10 月 26 日至 27 日深夜派 3 名将军前往总统官邸，将米尔扎送上了飞往伦敦的飞机。阿尤布·汗成为唯一的统治者。他废除了总理职位，自任总统。

阿尤布·汗向全国人民解释说，巴基斯坦需要稳定，而这种稳定只有通过赶走那些对政治不稳负有责任的"效率低下的流氓政客"，并让军队在共和国管理中发挥核心作用才能实现。由于日常行政管理仍然由文职公务员负责，这导致了上层官僚机构与军方之间的结盟。

随着这种状况的出现，一个时代在巴基斯坦结束了。现在的巴基斯坦已然与印度截然不同，在印度，1957 年的第二次大选使国大党和尼赫鲁重新掌权。至此，这两个邻国在克什米尔问题上的立场已经变得不可调和。

1957 年 3 月，美国国会通过了《促进中东和平与稳定的联合决议》(Joint Resolution to Promote Peace and Stability in the Middle East)，卡拉奇与华盛顿之间的军事联系因此得到加强。该决议授权总统动用武装力量协助中东任何国家或集团，抵御一切"共产国际控制的国家"的武装侵略。[1] 华盛顿凭借其与中央条约组织成员国伊朗和土耳其的防务联盟，将巴基斯坦视为中东的一部分。

<br>

## 克什米尔问题的僵化

1953 年 6 月的英联邦总理会议期间，博格拉和尼赫鲁在伦敦举

---

[1] Dilip Hiro, *A Comprehensive Dictionary of the Middle East* (Northampton, MA: Interlink, 2013), 271.

行了双边会议，随后决定就克什米尔和其他问题继续进行对话。当年7月底，尼赫鲁对卡拉奇进行了为期3天的访问，其间，他受到了官方和民众的热烈欢迎，博格拉多次称他为"我的兄长"。离别时，他们约定10月在德里会面。

但是8月初，谢赫·阿卜杜拉一夜之间突然被捕，导致会晤时间发生变动。阿卜杜拉被监禁期间，克什米尔山谷的抗议印度的活动遭到了阿卜杜拉的继任者巴克希·古拉姆·穆罕默德的严厉镇压。阿卜杜拉的身陷囹圄将他塑造成了边境两边的英雄。巴基斯坦主要城市的示威者要求政府对克什米尔采取紧急和有力的行动。

在博格拉的推动下，尼赫鲁同意8月16日在德里举行会晤。双方的联合公报提到了"几年前"双方商定的举行公平公正的公民投票，由于某些"前期问题"而迟迟没有进展。双方决定任命军事委员会和其他方面专家组成的委员会，为两位总理解决"前期问题"提供咨询意见，以此作为在1954年4月底之前任命公民投票负责人的前导步骤。随后，这位负责人将规划在"［查谟和克什米尔］全邦"举行公民投票的准备工作。①

这份公报在西巴基斯坦引起严重抗议。批评者谴责联合国置身事外，作壁上观；抗议由美国海军上将切斯特·尼米兹接任公民投票负责人一职的提议，以及对采取分区进行公民投票的可能性的否定。由于公众的反对，再加上内阁并非一致支持，博格拉左右为难，不知如何是好。当尼赫鲁以"实际困难"为由，不肯同意难民返回家园的协议时，博格拉最初的热情也消失殆尽。这意味着要剥夺查谟地区数十

---

① Yousaf Saraf，"Bogra-Nehru Accord，"Kashmiri Info，October 27，2006，http：// www. kashmiri. info/Kashmir-Fight-for-Freedom-by-Yousaf-Saraf/bogra-nehru-accord. html.

万因恐惧而迁移到西巴基斯坦的穆斯林难民的公民权。

随着美国武器涌入巴基斯坦，尼赫鲁于 1953 年 12 月 3 日致信博格拉称美国的军事援助将直接影响克什米尔问题，并建议巴基斯坦政府远离大国集团。之后，两国代表在德里会晤讨论非军事化问题时，印度方面坚持要先讨论美国的军事援助问题，但遭到巴基斯坦方面的拒绝。会议因此终止，所有议程都未进行。

博格拉在 1954 年 3 月 29 日的信中向尼赫鲁解释说，华盛顿的军事援助与印巴之间的克什米尔争端或克什米尔的自决权无关。尼赫鲁对他的解释不置可否。两周后，他通知博格拉，说由于美巴军事协定的存在，局势发生了变化，4 月底为任命公民投票负责人的最后期限一事已变得多余。博格拉在 9 月 21 日的信中说："由此，我深感遗憾地认为，我们关于克什米尔的对话失败了。"[1]

如果能有奇迹发生，让博格拉能看到 1952 年 8 月 25 日尼赫鲁从克什米尔的索纳马尔格写给克什米尔总理阿卜杜拉的便条，他就会得出结论：他的"兄长"在关于克什米尔全民投票的问题上不过是在走走过场。在信上，尼赫鲁其实已经承认了他早"在 1948 年 12 月底"就决定反对举行公民投票。他之所以在 1948 年 12 月 23 日接受了联合国印巴委员会为实现停火而给出的关于举行全民投票的提议，是因为印度军队已经进入了他们在地面的期望路线。他决心用武力维持"现状"。"我们在军事和工业上的实力都优于巴基斯坦，"他在信中写道，"但是，这种优势还没有大到可以在战争中或对战争的恐惧中迅速解决问题的地步。因此，我们的国家利益要求我们对巴基斯坦采取

---

[1] Ibid.；"Bogra-Nehru Negotiations," *Story of Pakistan*，June 1，2003，http：//storyofpakistan. com/bogra-nehru-negotiations.

和平政策，与此同时增强我们的实力。"① 简而言之，尼赫鲁，一个自以为是的满口道德之人，在强权政治的祭坛上牺牲了道德和法制。

他承认此事，固然耸人听闻，但比起他在 1956 年 4 月披露的消息就不足为奇了。他说，大约一年前，他给了博格拉一个提议，其中包括沿克什米尔停火线在法律上进行永久分割，但此事未成。②

## 尼赫鲁在斯利那加的亲信

当尼赫鲁与博格拉进行外交对话之时，在斯利那加，巴克希·古拉姆·穆罕默德证明了自己比印度人更亲印度。在他领导下，74 名制宪会议成员中的 64 人 1954 年 2 月 15 日批准了该邦加入印度。巴克希·穆罕默德宣布："今天，我们正在做出最终的和不可撤销的加入印度的决定，世上没有任何力量可以改变它。"③ 那年晚些时候，巴克希·穆罕默德说，只要克什米尔的未来悬而未决，谢赫·阿卜杜拉就不会"被放出来"。④

在莫斯科，共产党领导层对美国为首的同盟以区域防御协议的方式围堵苏联感到震惊。这样的协议提醒大家，巴基斯坦的不同之处在于它既属于东南亚条约组织，又是中央条约组织成员。相比之下，尼

---

① S. Gopal, H. Y. Sharada Prasad, and A. K. Damodaran, eds., *Selected Works of Jawaharlal Nehru: Volume 19* (New Delhi: Oxford University Press, 1996), 322. 这封信写了 48 年后才被发现。

② Sumanta Bose, *Kashmir: Roots of Conflict, Paths to Peace* (Cambridge, MA: Harvard University Press, 2005), 72.

③ Arvind Lavakare, "Forgotten Day in Kashmir's History," *Rediff News* (Mumbai), March 8, 2004, citing *Hindu*, February 17, 1954.

④ "Not Even Abdullah," *Spectator* (London), January 17, 1958, 6.

赫鲁坚定不移地奉行他的不结盟政策。1953 年 3 月，苏联领导人斯大林去世，莫斯科与德里的关系有所改善，两国在年底签署了一项贸易协定。1954 年，克里姆林宫同意在印度的公营部门建设一座钢铁厂。4 个月后，尼赫鲁对苏联进行了为期 16 天的正式访问。[1] 苏共第一书记尼基塔·赫鲁晓夫和苏联总理尼古拉·布尔加宁元帅于 11 月 18 日至 12 月 1 日对印度进行了回访。

为了表达对巴基斯坦外交政策的不满，苏联政要访问了斯利那加。"查谟和克什米尔人民希望为他们深爱的国家——印度共和国的福祉而努力，"赫鲁晓夫说，"他们不想成为帝国主义列强手中的玩物。这就是一些大国在所谓的克什米尔问题上支持巴基斯坦所要达到的目的……克什米尔就是印度共和国的一个邦，这一点，克什米尔人民已经决定了。"[2] 虽然苏联领导人的声明在德里受到了高度赞扬，但卡拉奇那些幻想破灭的高官们称之为"奇谈怪论"。

博格拉和他之后的多任总理均拒绝考虑任何公民投票以外的提议。他们相信，在任何公平的公民投票中，人口占优势的穆斯林会选择让查谟和克什米尔加入巴基斯坦。

1957 年 1 月初，印度驻联合国代表阿瑟·拉尔在纽约与美国驻联合国代表团顾问詹姆斯·W. 巴科私下会晤时，含蓄地承认了这一点。该代表团在 1 月 10 日发给国务院的电报中写道："拉尔坚持认为，巴基斯坦赢得［公民投票］的唯一途径是诉诸宗教问题，而这样做将加剧印度的穆斯林之间的宗教紧张关系，并可能引发新一轮的社

---

[1] 1927 年，贾瓦哈拉尔·尼赫鲁与其父莫蒂拉尔一起首次访问苏联，参加苏联成立十周年的庆祝活动。
[2] Cited in Bose, *Kashmir*, 71.

区暴动。"①

穆罕默德与德里密切合作，利用贿赂、镇压和操纵选举来巩固自己的权力。1956 年 11 月 17 日，制宪会议通过了该邦的宪法，1957 年 1 月 26 日，宪法生效。《宪法》第 3 节规定："查谟和克什米尔现在是印度联邦不可分割的一部分。"而且，这一节被宣布为今后任何修订时都不可改动的条款。

为响应巴基斯坦在东南亚条约组织的游说，该组织的三名成员国——美国、英国和澳大利亚——于 1957 年 2 月 20 日向联合国安理会提交了一项决议，支持安理会就克什米尔的非军事化问题部署"一支联合国临时部队"的提议。决议赢得了 11 票中的 9 票，但遭到了苏联的否决。苏联认为，争议双方没有尽全力诉诸双边手段来解决争端。② 由此，苏联在印度的威望迅速蹿升。当年 10 月，随着莫斯科成功发射了世界上第一颗"斯普特尼克号"人造卫星，它的威望进一步飞升。

1957 年 3 月，在印控克什米尔的一次公然舞弊的选举中，"国民大会"赢得了立法议会 75 个席位中的 68 席。

谢赫·阿卜杜拉于 1958 年 1 月被解除软禁，成为"公民投票阵线"（Plebiscite Front）的主要支持者。该阵线是在他监禁期间，他的副手米尔扎·阿法扎尔·贝格组建的，它要求在联合国主持下举行全民公决，以决定克什米尔的主权问题。阿卜杜拉抨击穆罕默德政府是一个由暴徒、机会主义者和小偷组成的政府，德里将他毫不妥协的立

① "Telegram from the United States Mission at the United Nations to the Department of State."
② Article 37, "Chapter VI: Pacific Settlement of Disputes," Charter of the United Nations, http://legal.un.org/repertory/art37/english/rep_supp2_vol2-art37_e.pdf.

场归因于他与巴基斯坦之间的接触，据称巴基斯坦正在资助他。4 月下旬，他再次被捕，并连同另外 22 人一起被起诉，罪名是阴谋通过混乱和暴力来推翻政府。来自阿扎德克什米尔的"穆斯林大会"活动家对阿卜杜拉的再度被捕感到愤慨，决定越过停火线进入印控克什米尔。米尔扎总统不想激怒印度，因此，巴基斯坦当局逮捕了"穆斯林大会"的数百名志愿者及带头者。

对阿卜杜拉等人的审判始于 1959 年 3 月，涉及 223 名控方证人和近 300 件证物，审判一直拖延到 1964 年初，届时该案将被撤销。

## 各有优先事项

阿尤布·汗的首要任务是巩固自己在国内的权威并使其合法化。他启动了起草新宪法的程序。与此同时，他需要向军方和公众保证，他并没有忽视在公众情绪和意识形态方面高度敏感的克什米尔问题。

1959 年 3 月，他代表巴基斯坦与美国签署了《巴—美合作协议》（Pakistan-US Cooperation Agreement）。协议第一条首先声明，美国"认为维护巴基斯坦的独立和领土完整对其国家利益和世界和平至关重要"，接着补充道，"如果巴基斯坦遭到侵略……美利坚合众国……将采取适当的行动，包括按双方的商定调派武装部队，并按照［1957年 3 月 9 日］《促进中东和平与稳定的联合决议》的设想，应巴基斯坦的请求予以协助"。①

在德里，中印两国在边界争端上的紧张局势自 1954 年以来一直

---

① *Pakistan's Foreign Policy, 1947 -2005: A Concise History* (Karachi: Oxford University Press, 2007), 57.

在加剧，这使得尼赫鲁在与巴基斯坦讨论克什米尔争端时表现得有点底气不足，而且还把他对《巴—美合作协议》的反对意见搁置一旁。

因此，1959 年 9 月 1 日，自封为陆军元帅的阿尤布·汗在从拉瓦尔品第到达卡的途中，于新德里的帕拉姆机场停留，与尼赫鲁会晤。（当天，印度各大报纸纷纷刊登了陆军参谋长 K.S. 蒂马亚将军辞职的消息，称他此举是为抗议政府对中国入侵克什米尔阿克赛钦地区的反应不温不火。）尼赫鲁-阿尤布·汗的联合公报指出，"有必要在合理和有计划的基础上而不是根据日常发生的紧急事件来处理彼此的关系，双方悬而未决的和其他的问题应从共同利益出发，本着公平公正的原则，以友好、合作、睦邻互利的原则来解决。"①

这种和解的做法，成功地结束了双方在印度河流域的水域划分问题上的漫长而曲折的谈判。1948 年 5 月，这两个邻国签署了关于分配印度河流域水资源的《自治领间协议》（Inter-Dominion Accord），印度同意向西巴基斯坦提供充足的水资源，费用按年收取。这是一种临时安排。当谈到达成一项永久性协议时，巴基斯坦猛然醒悟，意识到由于该流域所有六条主要河流的源头都在印度，自己处于不利地位。然而，巴方坚持将其在分治前对印度河所有支流享有的权利永久化，其理由是如果没有这种资源，西旁遮普的东部地区将变成沙漠。印度则坚持认为，先前的水域分布不应决定未来的分配。巴基斯坦建议将此事提交国际法庭，而印度拒绝接受这个提议。

1952 年，双方转而同意邀请世界银行率先就该问题的技术方面提供建议。两年后，世界银行总算给出了自己的裁定，它判给印度该流域三条东部支流：萨特莱杰河、比亚斯河和拉维河；其余三条西部

---

① A. G. Noorani，"Planning Foreign Policy，" *Dawn* (Karachi)，October 3，2009.

支流判给巴基斯坦：印度河、杰卢姆河和奇纳布河。为了对巴基斯坦放弃东部支流的（部分）权利做出补偿，印度被要求修筑运河、建造储存设施，以便将水从印度东部河流输送到西巴基斯坦。尽管德里表示可以接受世界银行的提议，但卡拉奇拒绝了。

双边谈判走到了破裂的边缘，但并未叫停。巴基斯坦历届短期政府都意识到，结束谈判将使该国与印度的紧张关系火上浇油，他们不能冒那样的险。由于没有一项永久性条约，德里被迫搁置了印度河流域地区的大型开发项目。

现在，阿尤布·汗所领导的军事政府已经稳定下来，一旦世界银行说服美国、英国以及澳大利亚和新西兰出资在印度修建运河和储存设施，将水从印度东部的河流输送到西巴基斯坦，总统阿尤布·汗就能够在印度河水域的问题上达成协议。

阿尤布·汗提议将卡拉奇作为尼赫鲁和他正式签署协议的地点。尼赫鲁同意了。1960 年 9 月 19 日，超过 10 万人在卡拉奇机场迎接尼赫鲁。从机场到总统府有 10 英里，沿途两侧挤满了高呼"尼赫鲁万岁"（Nehru zindabad，乌尔都语）的人群，车队缓缓驶过，最前头的一辆敞篷车上是尼赫鲁和阿尤布·汗。《印度河水域条约》的签署仪式在总统办公室举行，当天晚上，在总统府宽敞而修剪整齐的草坪上，上千名受邀嘉宾参加了招待会，尼赫鲁后来称该条约"令人难忘"，因为"尽管存在问题，又拖到令人心烦意乱，但最终还是取得了成功"。他形容这是"两个邻国之间团结合作的象征"。[①]

这一至关重要的经济难题的成功解决，让阿尤布·汗备受鼓舞，开始对解决克什米尔这个关键的政治问题跃跃欲试。为了能在宜人的

---

① Paul M. McGarr, *The Cold War in South Asia: The United States and the Indian Subcontinent, 1945 – 1965* (New York：Cambridge University Press，2013)，77 – 78.

天气中讨论这个棘手的难题，阿尤布·汗于9月21日用飞机将尼赫鲁接到了穆里山中避暑小镇的总统别墅。但他们之间的这次一对一的会谈没有达成任何结果。

6个月后，在伦敦举行英联邦政府首脑会议期间，阿尤布·汗与拉杰什瓦·达亚尔聊天，后者是他在印巴预分割时交的朋友，后来在卡拉奇担任印度高级专员。阿尤布·汗告诉达亚尔："他轻蔑地看着我。"说的是尼赫鲁和他们在穆里的会面情景。这位巴基斯坦总统接着说，作为一个大国的首脑，他不应该受到这样的待遇。"阿尤布·汗透露，当他试图展开一场关于克什米尔的对话时，尼赫鲁只是盯着窗外的风景，'像蛤蜊一样闭着嘴，一言不发'。"[1] 在那时，每当哪位外国领导人在谈话中提及克什米尔，尼赫鲁都会把目光转向空旷处，或盯着自己的脚，这已经成了他在听到这个话题时的标准做法。

1931年至1933年，身陷囹圄的尼赫鲁在没办法去任何图书馆查资料的情况下写出了一部长达千页的皇皇巨著《世界历史一瞥》（*Glimpses of World History*），又在1942年8月至1945年6月被监禁期间，用5个月的时间写成了《发现印度》（*The Discovery of India*）一书，作为一名知识分子，他对没文化的领导人充满了不屑。在他的公共生活中，与他打交道的通常是在英国受训的律师兼政治家。与尼赫鲁会面或通信的5位巴基斯坦总理中，除了一位之外，其余的要么是律师，要么是牛津或剑桥毕业的，要么就是牛津或剑桥毕业的律师。虽然阿尤布·汗自己的职业生涯也令人刮目相看，但他并不属于这个行列。

阿尤布·汗出生于西北边境省哈里普尔附近的一个村庄，父亲是

---

[1] Rajeshwar Dayal, *A Life of Our Times*（Delhi：Orient Longman, 1998），301, 303.

英属印度军队的普什图族士官米尔达德·汗，阿尤布·汗有幸成为英国桑德赫斯特皇家军事学院的第一位非白人学员。毕业时，他以少尉军衔加入英属印度军队。在第二次世界大战期间，他被提升为上校。1947年，当他选择加入巴基斯坦军队时，他是军中第10位高级军官。4年后，他再获晋升，成为陆军参谋长。他是一个直率豪爽、宽肩膀、留着小胡子的男人，与身材瘦弱的尼赫鲁形成了鲜明对比。

尽管尼赫鲁无法把他对阿尤布·汗的蔑视遮得严严实实，但在1960年9月21日写下的15段文字中，他总结他们俩在穆里的谈话。尼赫鲁写道："他〔阿尤布·汗〕就这个〔克什米尔〕问题上谈了许多，并强调要尽快找到解决办法。""在处理克什米尔问题时，我们必须实事求是地看待局势。不这样做的话，会使我们陷入更大的困境。如果我们打算迈出的一步是可能会造成无数的烦扰或情绪波动的，那对我们将是非常不幸的。"[1] 尼赫鲁就是这样一个混淆视听的高手，只要机会合适。

阿尤布·汗在1967年出版的回忆录《朋友不是主人》（*Friends Not Masters*）中，提到了穆里会议和克什米尔。"尼赫鲁先生终于问我，在接受了两国之间需要和平并且解决克什米尔争端的回旋余地有限这样的事实后，我们的第一步应该怎么做，"阿尤布·汗写道，"我告诉他，这将取决于我们面前的目标。一旦确定了目标，就可以建立一个组织来制定方法。尼赫鲁表示，他预见到他的国家会出现严重的政治对抗。他提到，印度舆论之前对中国'占领印度领土'反应非常激烈。"[2]

尼赫鲁以《美—巴共同安全条约》（US-Pakistan Mutual Security

① A. G. Noorani，"Lessons of Murree," *Frontline* (Chennai)，June 19 – July 2，2010.
② Muhammad Ayub Khan，*Friends Not Masters: A Political Biography* (Berkeley：University of California Press / Karachi：Oxford University Press，1967)，124 – 125.

Pact）的外部因素为借口，对早些时候同意在克什米尔举行公民投票之事出尔反尔，现在又将论点转移到国内状况。从本质上讲，他是同意把停火线变成克什米尔事实上的分治线这个想法的，还在 1955 年 5 月第一次向巴基斯坦总理博格拉提及。但这对巴基斯坦来说是不可接受的，因为这将使德里对克什米尔山谷的控制合法化，而克什米尔山谷正是这场日益激烈的斗争中最令人垂涎的战利品。

此时，中国已经成为印巴关系中的一个组成部分，因为德里宣称中国占领了查谟和克什米尔的部分地区。所以，在穆里会议上，尼赫鲁不出所料地提出了巴基斯坦与中国的边界问题。阿尤布·汗回忆说：

> 他问我是否已经和中国人就划定边界问题接洽过，我把立场告诉了他。他要我给他看那张我们提出主权要求时所依据的地图，并要我告诉他我们提出主权要求的确切范围。我十分坦率地告诉他，我们无意对我们确信不属于我们的专家确定的实际控制线范围的任何地区提出主权要求。我们可能会要求超出控制线范围的某些区域为当地居民提供设施……。他一回到印度，就开始批评我们接触中国人以划定边界。他提到了我给他看过的地图，并说我们甚至连边界在哪里也不清楚，还说我们的行为太过幼稚。这就是尼赫鲁先生的行事风格，他完全忘记了我们讨论这个问题是为了什么，而是把整件事当作辩论的重点。①

正是这种外交方式使得印度和中国之间的关系在 6 年内到达了破裂的边缘，并导致两国在 1962 年秋天爆发战争。

---

① Muhammad Ayub Khan, *Friends Not Masters: A Political Biography* (Berkeley: University of California Press / Karachi: Oxford University Press, 1967), 126.

# 第八章

# 尼赫鲁的"前进政策"：走得太远了

之前的几个世纪，鉴于沿着共同边界的偏远高山难以到达荒凉的地区，英属印度和中国之间的争端集中在东部和西部地区的片区或边区，而不是其东西部的分界线。值得注意的是，英属印度的东北边境特区（North-East Frontier Agency）最初被称为东北边境边区（North-East Frontier Tract）。

当下的边界是一个过程的最终结果，这个过程从定界开始——以书面形式在条约或协定中划定——然后进一步勾勒，在联合测量边界之后，于地图上描画出边界线。最后一个阶段称为"分界"，用柱子、铁链或其他标记在地面上建立边界线。按照这一标准，中国的南部边境不仅与印度（后来也与巴基斯坦），而且也与缅甸和尼泊尔没有边界线。

## 西藏，中国与英属印度之间的缓冲区

1912 年初中国的清朝灭亡后，达赖喇嘛统治的西藏宣布成为一个单独的实体，这违反了 1904 年西藏被英属印度军队打败后与伦敦签署的条约。该条约规定西藏的外交和贸易权让与英国，英国则给西藏 250 万卢比作为弥补。

1913 年，英属印度外交大臣亨利·麦克马洪爵士——一个高大、瘦削、大长脸、留小胡子的男人——与清朝全权代表陈贻范①以及藏人伦青夏扎商讨西藏的新地位问题。在 1914 年 7 月 3 日的最后一份所谓的《西姆拉条约》文件中，提到了一张小比例尺的地图，它显示了中国与"内藏"——大致上是今天的西藏自治区——之间的界限，"内藏"在中国的"宗主权"之下由达赖喇嘛政府管理，也显示了"内藏"与"外藏"的界限。这张地图上没有陈贻范名字的首字母或签名。② 在北京于 4 月 28 日否决了《西姆拉条约》的初稿之后，麦克马洪和伦青夏扎附上了一份照会，否认中国可以依据该协议享有任何特权，并且还签署了这份文件作为双边协议。"麦克马洪线"沿着喜马拉雅山脉从不丹东北部边界向东延伸 550 英里，穿过布拉马普特拉河的大弯，然后向东南到达缅甸。

1935 年，英属印度外交和政治部副部长奥拉夫·卡罗在处理一名英国人经由达旺地区非法进入西藏的案件时，发现了《西姆拉条约》的文件。他说服他的上司将"麦克马洪线"列入官方地图，也就是说，这条线到此时为止仍未显示在官方地图上。

7 年后的二战期间，为了抵御日本的进攻，阿萨姆邦政府采取了一系列前瞻性政策措施，以加强对东北边境特区这个半自治的、占地

---

① 陈贻范签的并非汉文，而是英文，并且他自己的签名与条约正文的拼写不一样（条约正文中是"Ivan Chen"，而陈贻范草签的是"Ivan Chin"）。——译者
② 仅由亨利·麦克马洪和伦青夏扎于 1914 年 3 月 25 日签署的更为详尽的地图标出了"麦克马洪线"。根据北京政府的指示，4 月 28 日，陈贻范从较早的《西姆拉条约》草案中撤掉了自己的签名。这两份草案都没有将现在的阿鲁纳恰尔邦（以前称为东北边境特区）确定为"英属印度"或类似的东西。

23165 平方英里的地方的控制。1945 年，它将其行政控制权扩大至色拉山口以南的达旺地区的部分地方。随后，驻扎在德让宗的阿萨姆步枪队将藏人收税官们驱逐出境，但仍让西藏当局控制色拉山口以北的地区，那里有达旺镇，镇上的佛教寺院有 400 年历史。

从大英帝国那里接手了印度之后，尼赫鲁政府继承了这些特权。随着 1949 年 10 月中华人民共和国成立，中国结束了长期的内战，这就需要新德里和北京之间就西藏问题签订新的条约。

1950 年 9 月 16 日，西藏代表团在德里会见了中国驻印度大使袁仲贤将军。袁传达了他的政府的建议，即如果西藏同意成为中华人民共和国的一部分，并将其国防、对外关系与贸易交由北京处理，中国将尊重达赖喇嘛领导下的内部自治和社会制度。位于拉萨的丹增嘉措政府拒绝了这一提议，丹增嘉措是十四世达赖喇嘛，时年 18 岁。结果，中国人民解放军 10 月进入西藏，在昌都击败了达赖的军队。

随后进行了旷日持久的谈判。1951 年 5 月 23 日，西藏代表团在北京与中央政府签署了一项《十七条协议》[1]，接受中央的领导，同意解放军进驻西藏。[2]

在西藏局势动荡的背景之下，1951 年 2 月，拉伦纳奥·哈伊什少校率领一支阿萨姆步枪队前往达旺，并从藏人手中夺取了达旺地区其余地方的控制权。这标志着西藏对该地区由来已久的控制的结束。[3] 当时，中央政府太专注于说服达赖喇嘛接受西藏的新地位，没来得及对印度占领色拉山口以北的领土提出抗议。

---

[1] 全称是《中央人民政府和西藏地方政府关于和平解放西藏办法的协议》。——译者
[2] 直到 1951 年 10 月，达赖喇嘛才批准该条约。
[3] "Major Bob Khathing: A Legend," *Assam Rifles*, February 29, 2012, http://assamrifles. gov. in /news _ view. aspx? id＝1300; Neville Maxwell, *India's China War* (New York: Pantheon Books, 1970 / Harmondsworth, UK: Penguin Books, 1972), 66.

在中印边界的西段，中国新疆维吾尔自治区的南部毗邻查谟和克什米尔的拉达克省，那里的阿克赛钦地区成了印度与中国争夺的焦点。印度政府在德里出版的《艾奇逊条约集》1931 年卷声明："克什米尔邦的北部和东部边界仍未确定。"[1] 1920 年代和 1930 年代出版的印度测绘地图显示，克什米尔和新疆之间以及克什米尔和西藏之间留了大片空白。[2] 1945 年，在此时已晋升为印度外交部长的奥拉夫·卡罗的指导下，新的印度测绘地图上将阿克赛钦标记为"边界未定"。这就是尼赫鲁政府从英国人手中继承的东西。[3]

但是 1953 年 3 月 24 日，尼赫鲁决定单方面在喜马拉雅山脉为 2015 英里的中印边境划出一条不可协商的分界线，其中包括查谟和克什米尔的拉达克省阿克赛钦地区，而该地区正是造成印巴关系恶化的核心地带。"这是一个致命的决定，"印度评论家 A. G. 努拉尼在其著作《1846—1947 年印中边界问题：历史与外交》（*India-China Boundary Problem, 1846 - 1947: History and Diplomacy*）中写道，"旧地图被付之一炬。一位前外交大臣给笔者讲了他作为一名下级官员，是如何被迫参与这场闹剧的。"

在与中国就印度与西藏的关系进行新条约的谈判时，尼赫鲁——表面上是出于诚意——遵循他早前曾向印度驻北京大使赖嘉文（N. Raghavan）口头表达过的战略。他在 1952 年 12 月 10 日给赖嘉文的秘密备忘录中说："我们对中国政府的态度应始终是既友好又坚定

---

[1] Sir Charles U. Aichison, *A Collection of Treaties, Engagements and Sanads Relating to India and Neighbouring Countries, Volume XII*（New Delhi: Foreign and Political Department of the Government，1931），5.

[2] Karunakar Gupta, *Spotlight on Sino-Indian Frontiers*（Calcutta: New Book Centre，1982），82.

[3] Shastri Ramachandran, "Nehru's Stubbornness Led to 1962 War with China?,"*Times of India*, December 19，2010.

的，如果我们表现出软弱，就会立即让人有可乘之机。这一点，在任何可能的事态发展下都可以得到印证，在西藏和尼泊尔、不丹、锡金、拉达克以及印度其他地区之间的边境问题上也是如此。对于整个边境，我们必须保持坚定的态度。事实上，这里没有什么可讨论的，我们已经向中国政府表明了这一点。"①

尼赫鲁说到做到。不久之后，在他的倡议下，情报局的特工开始尽一切可能帮助达赖喇嘛那位反共的二哥嘉乐顿珠以及其他藏人"难民"，当时他们住在印度和锡金边境的噶伦堡及其周边。②

## 和平共处掩盖下的颠覆活动

1954 年 4 月 29 日，印度与中国签署了《中华人民共和国和印度共和国关于中国西藏地方和印度之间的通商和交通协定》，其序言部分包括了著名的"五德"（Panchsheel，梵文），即"和平共处五项原则"："互相尊重领土主权，互不侵犯，互不干涉内政，平等互惠和和平共处。"③ 印度放弃了从英属印度政府那里继承的在西藏的治外法权和特权，承认西藏是中国不可分割的一部分。

但这并没有阻止尼赫鲁像马基雅维利那样行事。和蔼可亲的 56 岁中国总理周恩来将于 6 月 25 日访问德里，届时，他将受到高呼"印度人、中国人，兄弟，兄弟"（Hindi Cheeni Bhai Bhai，印地语）

① Cited in A. G. Noorani, "Nehru's China Policy," *Frontline* (Chennai)，July 22 - August 4, 2000.

② Dilip Hiro, *Inside India Today* (London：Routledge & Kegan Paul, 1976 / New York：Monthly Review Press, 1977)，248 - 249.

③ Cited by Noorani, "Nehru's China Policy."

的当地人的热烈欢迎。而在他访问前的一周，尼赫鲁就西藏和中国问题致函外交部的三位高级官员。"没有哪个国家能最终依赖另一个国家的永久善意或诚意过活，哪怕它们之间可能存在密切的友谊也不行。"他在 6 月 18 日写道：

> 可以想象，西大西洋联盟可能不会按其意图来发挥作用，有关国家之间可能存在恶意。中国和苏联可能不会继续像现在这样友好下去，这也并非不可想象。当然，我们与中国的关系可能会恶化，这是可以想象的，尽管目前还没有这种可能性……。如果我们与中国就西藏问题达成协议，那不是永久的保证，而是在当前和可预见的未来以多种方式来帮助我们的一个重要步骤……
>
> 当然，苏联和中国都在扩张之中。但它们这么做是出于邪恶的目的，而不是为了实现共产主义，尽管共产主义可能成为达成这一目的的工具。一千多年来，中国的扩张在亚洲历史的各个时期都很明显。我们或许正面临着这种扩张的新时期。我们必须考虑到这一点，制定出相应的对策，以防它妨碍我们的利益或我们认为重要的其他利益。[1]

在为期三天的五次亲切会谈中，尼赫鲁和周恩来讨论了东南亚、南亚和中东局势以及其他议题。尼赫鲁没有向中方提出边界问题。

会谈一周后，尼赫鲁发给他在外交部的高级官员一份长长的秘密备忘录，其中第 7 到第 9 段是 3 个具有可操作性的段落。所有旧地图

---

[1] Ravinder Kumar and H. Y. Sharada Prasad, eds., *Selected Works of Jawaharlal Nehru*, 2nd series, vol. 26 (New Delhi: Jawaharlal Nehru Memorial Fund, Distributed by Oxford University Press, 2000), 477.

都应替换成新地图，新地图上不应再显示"任何未划定的领土"，以后的边界"应该是坚决恪守的、确定无疑的、没有任何讨论余地的界线"。为巩固这一立场，"有必要在整个边界部署检查站。更重要的是，我们应该在那些可能被认为有争议地区的地方设立检查站，比如碟木绰克①和桑久拉山口"这种被中国人视为存在争端的领土"。②

尼赫鲁自 10 月 19 日起对中国进行为期 12 天的回访，访问第一天，他和周恩来一同乘坐敞篷车从机场到北京故宫，沿途 12 英里，受到 100 多万人的列队欢迎。除了与周恩来会谈外，尼赫鲁还于 10 月 19 日至 20 日与中国国家主席毛泽东举行了两次友好会晤。"印度和中国之间并没有关系紧张，也不存在心理战，"毛泽东说，"我们不会在人民中间宣扬心理战。"尼赫鲁对此表示同意，早些时候他也曾宣称"和平是绝对必要的"。③ 无论是这些最高领导人还是出席这些会议的其他任何人，当时都不会想到，8 年后的今天，印度和中国会开战。

尽管尼赫鲁与毛主席亲切地交换了意见，但他的政府很快就公开出版了地图，从地图上看，西部（克什米尔）地区"边界未定"的传说不复存在，一条显示印度边界的连续的实线赫然纸上。

德里一如既往地秘密支持"西藏难民"。情报局局长 B. N. 穆利克在其回忆录中写道："关于西藏的抵抗精神，［尼赫鲁］总理认为（在 1954 年与中国达成协议之后），即使这些"难民"帮助他们在西藏境内的兄弟，印度政府也不会理会，除非他们过于公开地妥协，否

---

① 中方称为巴里加斯。——译者
② Cited by Noorani, "Nehru's China Policy."
③ Cited in Claude Arpi, "Talks Between Mao and Nehru, October 1954," http：//www. claudearpi. net/maintenance/uploaded _ pics/195410TalksMaoNehru. pdf.

则不会理会中国方面的任何抗议。"① 印度向西藏叛乱分子秘密提供武器。这显然违反了印度表面上与中国一道遵循的和平共处五项原则中所规定的互不干涉内政的原则。

到 1956 年，主要在噶伦堡活动的美国特务和台湾特务，心照不宣地与印度和苏联的特务干着同样的事——招募和武装西藏流亡者，在西藏组织分裂活动，分裂的最初推力来自西藏东部的康巴部落。颠覆战略按部就班地进行着，1956 年至 1957 年间，叛乱在东部小规模地开始，然后蔓延到西部。

1958 年 8 月 21 日，尼赫鲁抗议中国对印度进行"地图侵略"，称印度部分地区被标注为中国领土。周恩来在 12 月 14 日的回信中写道："这些地图无疑是对旧地图的再版，但〔中华人民共和国〕尚未对中国边界进行勘测，也没有征求过相关国家的意见，在进行此类调查和协商之前，中国不会单方面改变边界。"② 周恩来的声明适用于印度，也适用于缅甸和尼泊尔。

尼赫鲁在当天的回复中，引用了他们在 1954 年和 1956 年的讨论记录，其中周恩来"提议"承认"麦克马洪线"。"我想指出的是，中印边界从未正式划定。"周恩来在 1959 年 1 月 23 日反驳道，

> 历史上，中国中央政府与印度政府之间从未就中印边界问题缔结任何条约或协定。就实际情况而言，双方在边界问题上存在一定的分歧……最新的案例涉及中国新疆维吾尔自治区南部的一

---

① B. N. Mullik, *My Years with Nehru: The Chinese Betrayal* (Bombay: Allied, 1971), 183.

② Cited in M. L. Sali, *India-China Border Dispute: A Case Study of the Eastern Sector* (New Delhi: APH, 1998), 81.

个地区,该地区一直属于中国管辖范围。中国政府的边防部队一直在该地区执行巡逻任务。我国于 1956 年建成的新藏公路贯穿该地区。然而最近印度政府声称,该地区属于印度领土。这一切都表明中印之间确实存在边界争端。①

到 1958 年 12 月,反共游击队开始在西藏西部活跃起来。1959 年 3 月初,估计有 2 万名西藏游击队员在拉萨东北部和南部地区与解放军交战。3 月 15 日至 16 日,当中国指挥官准备炮击达赖喇嘛的宫殿和周围的行政大楼时,达赖喇嘛正准备与 20 名随从一起逃跑。他们是在 3 月 17 日出逃的。西藏叛乱分子和解放军在拉萨交战三天,估计有 2000 人死亡。②

经过 15 天的跋涉,达赖喇嘛和他的随从进入了东北边境特区。才几天,尼赫鲁就为达赖喇嘛及其同伴提供了庇护。他对印度议会下院人民院说:"我们无意对西藏做任何干预,但与此同时,我们也非常同情西藏人民,对他们的无助与困境深感痛心。"③

4 月 18 日,在阿萨姆邦提斯浦尔举行的记者招待会上,达赖喇嘛否认了 1951 年 5 月北京政府和西藏签署的《十七条协议》。此举加剧了中国政府对他的反对,并间接恶化了他与尼赫鲁的关系。④ 其结果是,中印边界之争愈演愈烈。1959 年 5 月,当中国大使潘自力警告尼赫鲁印度可能出现(与巴基斯坦和中国)两面不和的局面时,被尼赫鲁严词驳斥。

---

① A. G. Noorani, "The Truth about 1962," *Hindu*, November 30, 2012.
② "Dalai Lama Escapes to India," BBC News, March 31, 1959.
③ Cited in Maxwell, *India's China War*, 282.
④ 尼赫鲁阻止达赖喇嘛成立流亡政府。Kuldip Nayar, *India: The Critical Years* (London: Weidenfeld & Nicolson, 1971), 143.

### 早期的小规模冲突

随着这两个亚洲大国之间的摩擦升级，双方军队在 1959 年 8 月 25 日发生了武装冲突。朗久的一队印度士兵在他们的一名战友被捕后，越过了"麦克马洪线"，向驻扎在西藏马及墩的中国卫兵开枪，时间长达数小时。[1] 中方反击，杀死了一些印度士兵。此事在印度被大肆渲染，尼赫鲁以"民族自豪感……自尊……以及……民众的热情"来煽动人民的情绪。[2] 尼赫鲁这么做给他带来的好处是，中国不仅受到了西方的谴责，也受到了苏联的谴责。

10 月 21 日，西部地区突然爆发战事。当天，印度中央后备警察部队在对中国边防军进入阿克赛钦一事予以反击时，损失了 10 名警察。[3] 尼赫鲁称这片地区"海拔 1.7 万英尺，荒无人烟、寸草不生"，对印度没有任何战略价值，因而没有派军队去巡逻。

在更大的外交舞台上，尽管美国对德里和莫斯科之间日益升温的关系感到不满，但仍继续向印度提供经济援助，包括根据 1954 年第 480 号《公法》提供的粮食。该政策允许华盛顿以折扣价出售农产品，并接受大部分货款由受援国的货币支付。对于印度，美国把货款的 80% 归还给了德里用于发展项目的赠款和贷款，余下的钱用于维持其在印度的大使馆和领事馆的运转。华盛顿希望看到印度在与共产党领导的中国的经济竞赛中获胜，并以此向其他亚非国家表明，西方

---

[1] Mark A. Ryan, David M. Finkelstein, and Michael A. McDevitt, *Chinese Warfighting: The PLA Experience Since 1949* (Armonk, NY: M. E. Sharpe, 2003), 177.

[2] Cited by Noorani, "Nehru's China Policy."

[3] 印度政府接着将 10 月 21 日定为警察纪念日。

式民主比共产主义更具优越性。

1959 年 10 月，美国总统艾森豪威尔和苏联总理赫鲁晓夫在马里兰州的戴维营会晤时，均认可了社会主义和资本主义之间能够"和平共处"，但中国拒绝接受这个观念，这使中国成为美国和苏联的主要敌人。两个月后，在印中紧张局势升级的背景下，艾森豪威尔造访德里，在街头受到了热烈的欢迎。

为了和平解决边界争端，周恩来于 1960 年 4 月在德里逗留了近一周时间。在与尼赫鲁的第一次会谈中，他用六点阐述了他的观点，其中第四点最为重要。

第四点称："既然我们要进行友好谈判，那么任何一方都不应该对一个不再受其行政控制的地区提出主权要求。例如，我们没有在东部地区对"麦克马洪线"以南地区提出任何主权要求，印度却在西部地区提出了这样的要求。这是很难接受的。最好是双方都不要提出这样的领土主张。"周恩来建议双方在东部、西部和中部的各区域维持现有的实际控制线。尼赫鲁不同意。他辩称："我们如果像他们一样接受现状，那就意味着基本上什么争议都没了，问题到此为止。我们没法这么做。"他提出了一个激进的替代方案。"我们应该占领边界的每一部分，然后用我们认为对的观点说服对方。"①

这种做法在国际外交中简直闻所未闻。通常是双方检视他们在各个问题的立场上存在的分歧，然后尽力弥合，直至达成一致。在这种情况下，各方都将对自己至关重要的、不可让渡的利益牢牢地掌握在手中。印度咬住"麦克马洪线"，中国则抓住 1957 年修建的贯穿拉达克的阿克赛钦的新藏公路。

---

① Cited by Noorani, "Nehru's China Policy."

1962 年 10 月 8 日，周恩来在回顾 1960 年 4 月 25 日与尼赫鲁的最后一次会面时，对苏联驻北京大使说，尼赫鲁断然拒绝了他的所有提议。"我们建议两边的武装部队分别从边界后撤 20 公里，并停止巡逻以避免冲突。他们不接受这个建议。后来，我们为避免冲突，便于谈判顺利进行而单方面撤退了 20 公里，并且没有派部队在该地区巡逻。然而，印度或许就此有了某种错觉，以为我们在示弱，［我们］害怕冲突……。于是趁我们后撤 20 公里且没有派巡逻队，不但入侵，还设立了哨所。"①

正是这种僵局导致尼赫鲁在 1960 年 9 月向巴基斯坦总统、陆军元帅穆罕默德·阿尤布·汗提出了中巴边界的问题。但是，尼赫鲁并没有从这位巴基斯坦领导人与北京成功地处理这一问题中吸取经验，反而嘲笑他说，巴基斯坦人"行事方式很幼稚"。②

在与中国的冲突中，尼赫鲁发现自己同时成了莫斯科和华盛顿的宠儿。1960 年 11 月初美国总统选举前夕，民主党候选人、参议员约翰·F. 肯尼迪在接受哥伦比亚广播公司新闻节目记者沃尔特·克朗凯特采访时，称印度是"自由世界采取平权运动的一大重要领域"，说"印度的起步与中国差不多。中国共产党人在过去十年中一直在前进。印度……已经取得了一些进步，但如果印度不能在其 4.5 亿人民的支持下取得成功，不能在其国家实现自由，那么全世界的人都会认为，尤其是在欠发达地区，他们开发资源的唯一途径是通过共产主义制度"。③

---

① Ananth Krishnan, "China Files: Crossing the Point of No Return," *Hindu*, October 25, 2012.
② 见第七章。
③ *Washington Post*, October 22, 1960, cited in Mike Gravel, *The Pentagon Papers: The Defense Department History of United States Decision-Making on Vietnam*, vol. 2 (Boston: Beacon, 1971), 799.

## 尼赫鲁攥紧的拳头：前进政策

到 1961 年 7 月，中国人已经推进到横贯阿克赛钦的新藏公路以西 70 英里处，占领了印度号称拥有主权的 12700 平方英里的领土。尼赫鲁决心在东部和西部地区兑现其领土主张，这使得边境地区成了冲突地带，交锋时有发生。

1961 年 11 月 2 日，尼赫鲁主持的印度高级官员会议，通过了关于中印边界问题的"前进政策"（Forward Policy）。也就是说，德里决定在东部的"麦克马洪线"以北、拉达克阿克赛钦地区的中国哨所后面设立前沿军事哨所。它计划在拉达克现有的 9 个中国前沿哨所后面建立 5 个新的全天候哨所，每个哨所有 80 至 100 名士兵。这些前哨站坐落在此，其战略目的是切断已锁定的中国哨所的补给线，让那里的人员挨饿，从而夺取这些哨所。印度巡逻队还计划在那里对新藏公路进行探查。[1]

自 11 月 5 日到 19 日，尼赫鲁奔走在出访美国、墨西哥和英国的路上。此行的第一站为美国，在罗得岛的纽波特他受到了肯尼迪总统的热烈欢迎，总统在当地拥有一座家族豪宅。

回国后，尼赫鲁就中国边境问题向人民院提出了他的"前进政策"。"他们［中国人］仍在他们占领的地区［拉达克］……但是，从军事角度和其他对我们有利的角度来看，形势已经逐步发生转变，"

---

[1] Noorani, "Nehru's China Policy," citing the US Central Intelligence Agency Staff Study for the Department of Defense, "The Sino-India Border Dispute, from 1950 to 1962," May 2007.

他在 11 月 28 日对内阁这样说道，"我们将继续一步一步地来确立这些东西，以便最终我们能够采取行动，收复［现在在］他们手中的那些领土。"换句话说，尼赫鲁公开表示他打算以武力实现他的目标。他似乎把他的战略建立在这样一个假设之上，即印度和中国之间的武装冲突将升级为一场世界大战。他的想法存在严重的缺陷。令人惊讶的是，他竟然对亨利·基辛格 1958 年出版的开创性著作《核武器与外交政策》(*Nuclear Weapons and Foreign Policy*) 并不熟悉。基辛格在书中指出，鉴于拥有核武器的美国和苏联之间的"恐怖平衡"——以及双方"相互确保毁灭"[1] 的情景——华盛顿有责任发展有限战争的学说。"印度与中国之间的战争还会仅仅局限于这两个国家吗？"12 月 6 日，尼赫鲁在印度上院"联邦院"(Rajya Sabha，印地语) 讲话时反问道，"这将波及世界，必然是一场世界大战。"[2]

在北京，毛主席总结说，既然印度拒绝其政府一再重申的和平共处政策，那应该让印度尝尝"武装共处"的滋味。当中国诉诸的和平手段未能扭转德里的前进政策时，毛泽东下令解放军必须与之"进行长期的武装共存"。[3]

1962 年 6 月 26 日，在波兰华沙举行的美中大使秘密会谈期间，美国特使接到指示，暗中向中国大使保证，华盛顿不会支持台湾的国民党政府入侵大陆的任何企图。[4] 这使得中国解放军的将领们能够将一些沿海岸线部署的军队调到中印边境。为打击当地的叛乱分子，他

---

[1] 又称共同毁灭原则，一种同归于尽的军事战略思想，其依据的原则是，如果一个有核能力的国家用核武器攻击另一个国家，最终的结果将是两国的核毁灭。——译者
[2] Cited by Noorani, "Nehru's China Policy."
[3] Neville Maxwell, "China's India War: How the Chinese Saw the 1962 Conflict," *East Asia Forum*, August 2, 2011.
[4] "Nixon's China Game," PBS, June 26, 1961, http://www.pbs.org/wgbh/amex/china/timeline/timeline4nf.html.

们在本已部署了六个师的西藏又增加了两个师。

在有争议的边界沿线，多拉哨所自 6 月以来一直由印度人占领。该哨所位于"麦克马洪线"西端以北的塔格拉峰（Thagla Ridge）对面。9 月 8 日，60 名中国士兵出现在该哨所对面的塔格拉峰，他们接到的命令是采用威慑手段迫使印度人不战而退。根据政府官员的通报，印度媒体将中国特遣队的规模扩大了 10 倍，说成是 600 人。

当时在伦敦出席英联邦政府首脑会议的尼赫鲁告诉媒体，英属印度陆军已经接到指示，要"解放"被中国占领的印度领土。9 月 11 日，印度决定允许所有前方哨所和巡逻队向任何进入印度所宣称的领土范围的中国武装人员开火。总的来说，印度已经建立了 60 个前沿哨所，其中 43 个位于"麦克马洪线"以北，占据了 4000 平方英里的中国领土。其东部的指挥部于 9 月 20 日把军令升级了，允许士兵对任何进入其武器射程内的中国巡逻队"开火"。这一激进之举无异于宣战。

10 月 3 日，中国发出了最后的外交警告，同时呼吁立即进行无条件谈判。尼赫鲁拒绝了这一提议。他在 10 月 12 日前往锡兰（今斯里兰卡）之前告诉媒体，他已下令武装部队把东北边境特区内的中国人清除出去。此言一出，得到了除印度共产党之外的反对党和新闻界的一致和热烈的支持。

然而，尼赫鲁颐指气使的命令导致两个只配备了轻型装备、衣袜不足以蔽体的驻扎在平原地带的印度营，在海拔 1.3 万英尺的泥泞中翻山越岭，冒雨跋涉去完成任务。尽管如此，尼赫鲁的声明是明确无误的。周恩来说："我们不想与印度开战，但尼赫鲁关闭了所有的路径。我们别无选择，只能一战。"[1]

---

[1]　Maxwell, "China's India War."

　　毛主席在 10 月 18 日的中共政治局会议上发表讲话时说："既然尼赫鲁决意与我们开战，我们别无选择，只有奉陪了。俗话说，'不打不成交'，也许我们要打一仗，才能有一个稳定的边境，才能和平解决边界问题。但我们的反击只是警告尼赫鲁和印度政府，边界问题是不能通过军事手段解决的。"①

　　在地球另一端，1962 年 10 月 18 日，白宫与克里姆林宫之间因为苏联在古巴部署核导弹而引发的长达 13 天的危机开始了。


尼赫鲁与毛泽东较量；肯尼迪挑战赫鲁晓夫


　　1962 年 10 月 20 日，两个配有中型机枪的装备精良的中国师在震耳欲聋的迫击炮火力掩护下，在拉达克及"麦克马洪线"的对面同时发起进攻。解放军发动的一波又一波的攻击，再次上演了他们在朝鲜战争（1950—1953）中对美国和南朝鲜军队作战时的情景。在东北边境特区，他们在锡金和不丹之间的春丕河谷往前推进，再向东前往达旺。他们以 5 比 1 的人数优势，迅速占领了印度在东北边境特区的 20 个前哨和在拉达克的 8 个前哨。

　　不仅地理位置有利，而且在西藏的军事行动中国人占优势，他们从相对平坦的青藏高原向前线靠近，这对筑路和部队调动都比较方便。自 1950 年代中期以来，他们一直在西藏与反政府武装作战，已经习惯于在山区作战。（印度有高海拔作战经验的部队驻扎在克什米

---

① Cited by Ye Zhengjia, "Clearing the Atmosphere," *Frontline* (Chennai), October 10 - 23, 1998, citing Major General Lei Yingfu, *My Days as a Military Staff in the Supreme Command* (in Chinese) (Nanchang: Baihuazhou Culture and Arts, 1997), 210.

尔与巴基斯坦的边界地带。）相反，印度士兵不得不在潮湿的天气中爬上植被茂密的陡峭山丘。他们过时的点303步枪无法与中国军队的自动武器匹敌。

战争期间，周恩来与尼赫鲁每天通信。10月24日，周恩来提出了停火方案。他建议，原则上，双方应从实际控制线（LAC）撤退12英里并停止开火。如果印度同意这样做，那么中国就撤回其在实际控制线以北东部地区的边防部队并停止开火。周表示愿意访问德里，以寻求友好解决争端的办法。"什么是实际控制线？"尼赫鲁反唇相讥，并拒绝了周恩来的提议。[①] 第二天，中国解放军便占领了达旺，还在那里驻扎了下来。

尼赫鲁赶紧呼吁美国、英国和苏联领导人对其予以军事援助。美国驻德里大使约翰·加尔布雷思身材瘦长、面容憔悴，英国高级专员保罗·戈尔-布斯爵士则身材矮胖，二人在外交使团中向来被打趣地称为"劳莱与哈代"[②]，这下子忙得不可开交。加尔布雷思在其回忆录《大使日记》（*Ambassador's Journal*）中描述了这位印度领导人10月28日的样子，说他"虚弱、脆弱，看上去又小又老，明显地疲惫不堪"。[③] 华盛顿和伦敦用巨大的运输机将重要的武器和弹药紧急送往印度，这令巴基斯坦很是不安。

肯尼迪和英国首相哈罗德·麦克米伦（更别说尼赫鲁了）所担心的是巴基斯坦在克什米尔开辟了一个打击印度的新战线。"巴基斯坦人继续向中国示好，而印度三个师仍然驻扎在巴基斯坦边境，"加尔

---

① Nayar, *India*, 172 – 173.

② 好莱坞默片时代的著名喜剧演员二人组，他们一瘦一胖、一暴躁一怯弱，给影史留下了多部系列喜剧片。——译者

③ John Kenneth Galbraith, *Ambassador's Journal: A Personal Account of the Kennedy Years* (Boston: Houghton Mifflin, 1969), 388.

布雷思在回忆录中写道，"这让印度人感到恼火。"① 美国驻巴基斯坦大使沃尔特·马康卫出面干预，敦促巴基斯坦外长穆罕默德·阿里·博格拉不要做任何让印度难堪的事。

不出所料，总统阿尤布·汗发现了一个在克什米尔问题上碾压尼赫鲁的绝佳机会。他告诉马康卫，德里只有在克什米尔问题上做出让步，才能确保巴基斯坦在中印战争中保持中立。此话的意思显而易见，如果印度拒绝，巴基斯坦就将卷入战争，从而迫使印度双线作战。加尔布雷思写道："我对以下两个问题同等关心：一是帮助印度人对付中国人，二是维护印巴之间的和平。巴基斯坦人对印度人心存怨恨，他们认为他们的这种怨恨是实打实的，不是没来由的。印度被巴基斯坦和中国夹攻的噩梦，以及印度遭遇失败、崩溃甚至陷入无政府状态的可能性一直在我脑海中挥之不去。②

后来，马康卫奉命去找阿尤布·汗，希望他向尼赫鲁保证"他们不会在印度遇到麻烦的时候，做任何让印度人难堪的事"，但巴基斯坦总统更愿意这样的话出自肯尼迪之口。③ 很快，他就收到了一封信。与此同时，华盛顿敦促尼赫鲁向巴基斯坦提供有关印度部队在克什米尔行动的数据，并向阿尤布·汗发出友好信息。尼赫鲁照办了。④ 至此，阿尤布·汗才终于给出了尼赫鲁迫切想要的保证。

---

① John Kenneth Galbraith, *Ambassador's Journal: A Personal Account of the Kennedy Years* (Boston: Houghton Mifflin, 1969), 383.

② 同上，376。

③ 同上，387。

④ Jeff M. Smith, "A Forgotten War in the Himalayas," *Yale Global*, September 14, 2012.

更让人担忧的是超级大国之间的对峙。让全世界松了一口气的是，肯尼迪和赫鲁晓夫于 10 月 29 日解决了他们之间剑拔弩张的核对峙。克里姆林宫同意从古巴撤走其部署的导弹，作为交换，白宫要从土耳其撤走"朱庇特"中程弹道导弹。尼赫鲁向肯尼迪和赫鲁晓夫发去了贺信，希望他们现在将更多的注意力用于把深陷泥潭的印度拉出来。

在德里，11 月 8 日至 15 日举行的有关战争的议会辩论，创纪录地有 165 名议员参加，与此同时，爱国热情也席卷全国。在印度的 4 个主要城市，年轻人在征兵中心外排起了队。正常情况下，这些办公室每周只开放两次，而且大多数志愿参军者体检都不合格。眼下，国家处于非常时期，对身体条件的要求有所降低，因而引来了大量的临时工、工厂工人和失业的毕业生，他们向往未来有食宿保障的日子，更不用说还有军装，穿上它会让他毫无目的的人生变得有意义。

11 月 15 日，中国军队在"麦克马洪线"最东端袭击了瓦弄，打破了战场上的平静。印度军团乱作一团，溃不成军，他们的许多队伍倒下了，剩下的则扔掉武器逃跑了。茫然不知所措的印度指挥官无法决定撤到哪里为止。最终，他们在达旺以南 15 英里处的 1.4 万英尺高的色拉山口驻扎下来，但部队没能守住达旺。他们的军官不得不下令向东北边境特区以内 90 英里的邦迪拉撤退。中国人继续顽强地挺进，邦迪拉下一秒成了他们的战利品。毗邻的阿萨姆邦一片恐慌，偌大的提斯浦尔定居点成了一座鬼城。

恐慌蔓延到了德里，尼赫鲁大吃一惊。英国记者、作家内维尔·马克斯韦尔写道："那天（1962 年 11 月 20 日）深夜，尼赫鲁紧急地公开呼吁美国出动轰炸机和战斗机中队，对中国采取行动，他的要求很详细，甚至指定了所需中队的数量——15 个".① 尼赫鲁的策略是轰炸中国军队的供给线及其油库，驻扎在孟加拉湾的美国第七舰队的战机为印度的主要城市提供空中掩护。当地时间 11 月 19 日晚 9 点，印度驻华盛顿大使馆收到了这一消息，肯尼迪总统当时已经就寝。"所以，你们连两个星期都撑不住，"肯尼迪的特别助理嘲笑道，"而丘吉尔在没有美国武器的情况下打了两年。"②

危机戛然而止。11 月 20 日午夜，在武器装备、战略、通信、后勤和规划等方面都确立了优势的中国，宣布单方面停火，并且表示中国边防部队撤离之后，将退至"比他们 1962 年 9 月 8 日之前占领的阵地还远得多的地方"。北京的决定，诚如毛泽东在 10 月 18 日对政治局所言："但我们的反击只是警告尼赫鲁和印度政府，边界问题是不能通过军事手段解决的。"印度没有明确表态，但接受了停火协议。③ 11 月 22 日，中国人撤回到"麦克马洪线"以北和他们战前在拉达克的阵地。

总的来说，这是亚洲大国之间一场有限的战争。双方都没有部署空军。中国只损失了 722 名士兵。印度损失了 3100 名士兵，其中 1700 人为失踪，也就是在积雪中冻死或在潮湿的森林中倒下了。

战场上死亡人数的悬殊让印度的败绩一览无余，在宝莱坞电影《现实》（Haqeeqat，印地语）中，这一事实以隐晦的方式表现了出来。中印的拉达克一仗中，被认为已经阵亡的印度某排被当地人救起，当他们接到命令撤出已被中国人包围的哨所时，一名印军上尉和他的拉达克女友为让全排士兵安全撤离，牵制住敌人，直至战死。但

---

① Maxwell, *India's China War*, 448 - 449.
② Cited in Nayar, *India*, 179.
③ 见第七章。

撤退的部队发现自己寡不敌众,最终全体阵亡。这部电影的目的是为了突出印度士兵满满的爱国热情。影片公映的时间是 1964 年 5 月尼赫鲁去世后。[①]

## 尼赫鲁对克什米尔问题的执拗

中印战争结束还不到一个月,肯尼迪和麦克米伦便同意向德里提供价值 1.2 亿美元的紧急军事援助。鉴于阿尤布·汗未插手中印战争,美、英也兑现之前的承诺,由美国特使阿弗雷尔·哈里曼和英国外交部长邓肯·桑迪斯敦促尼赫鲁与巴基斯坦进行谈判。

起初,尼赫鲁拒绝将克什米尔问题包括在谈判内容之内,但后来他让步了。11 月 30 日,尼赫鲁和阿尤布·汗发表联合声明,表示双方一定努力解决两国在"克什米尔和其他有关事项上"的悬而未决的分歧。但第二天,尼赫鲁故态复萌,告诉人民院,打乱目前有关克什米尔的安排将有损于未来的印巴关系。[②]

12 月中旬,由外交部长斯瓦兰·辛格率领的印度代表团在拉瓦尔品第会见了以穆罕默德·阿里·博格拉为首的巴基斯坦代表团,驻印度的美国和英国使节在同一座大楼里监听了会谈的情况。双方决定于 1963 年 1 月下旬在德里举行第二轮会谈。那时,博格拉已经去世,佐勒菲卡尔(又名佐勒菲)·阿里·布托将接替他出任巴基斯坦外交部长。在德里举行的会谈毫无建树。布托建议,由加尔布雷思和戈尔-布斯进行第三方调解。尼赫鲁当即拒绝了。

---

① 该片 1965 年获得第二届印度电影奖最佳故事片奖。
② Cited by Nayar, *India*, 190.

1963 年 2 月 8 日，在卡拉奇的下一轮谈判举行前夕，阿尤布·汗在接受美国记者采访时重申了他在 1961 年 3 月 22 日的声明：巴基斯坦在克什米尔问题上愿意接受除全民公决之外的解决方案，但它应该由印度一方提出。① 两国代表团最新的一轮会议以联合公报的发表为结束，公报提到了"与解决克什米尔问题相关的各个方面"。

经过两年的谈判，1963 年 3 月 2 日，阿尤布·汗政府与中国政府签署了一项划界条约，其中涉及巴基斯坦管理的克什米尔地区。与印度不同的是，巴基斯坦放弃了之前根据过时的英属印度地图提出的领土主张。作为回报，中国放弃了 750 平方英里的领土。北京获得了对红其拉甫口岸的合法控制权，该口岸位于巴基斯坦联邦政府管理的吉尔吉特-巴尔蒂斯坦北部边境的喀喇昆仑山脉。这一口岸对于中国新疆自治区具有重要的战略意义。

当印度对巴中条约提出反对时，布托声称他的国家没有将任何领土割让给中国。为了应对加尔布雷思和戈尔-布斯的压力，印度和巴基斯坦代表团继续维持对话的形式。肯尼迪政府直接进行了干预，它向尼赫鲁提到了美国国会日益增长的要求，要将其对印度的军事援助与克什米尔争端的解决挂钩。接下来在 4 月和 5 月又进行了两次会议。不出所料，什么问题也没解决。

尽管没有进展，肯尼迪和麦克米伦在他们于苏塞克斯郡麦克米伦的乡间别墅会晤后，决定向印度提供空中掩护，让印度空军熟悉超音速轰炸机操作，并起草了计划，帮助印度加强防御，以抵御中国再次进攻的威胁。五角大楼同意对印度的一些山地部队进行现代化改

---

① A. G. Noorani, "Kashmir Resolution: Never Before So Close," *Daily Times* (Lahore), June 25, 2008.

造。① 这些防务联系的加强使巴基斯坦领导人感到震惊，但他们除了提出书面抗议外，别无他法。

美英的军事援助使印度的陆军师增加了一倍，达到了 22 个，空军和海军部队也扩大了。②

美国中央情报局帮助印度组建了一支由持不同政见的藏人组成的秘密特别边境部队（SFF），由苏扬·辛格·乌班准将指挥，对中国驻西藏部队进行骚扰。③ 后来，这支特别边境部队更名为"第 22 建制"（之所以改这个名，是因为乌班在第二次世界大战期间是第 22 山地团的指挥官），设在德里的国防部总部旁边。

英美对德里的慷慨馈赠让阿尤布·汗和本就暴躁的布托大为光火。肯尼迪对阿尤布·汗的隆重欢迎姿态在巴基斯坦人中造成的好感，如今一下子烟消云散。1961 年 7 月，肯尼迪在纽约第五大道举行了盛大的游行，并在华盛顿的弗农山庄举办了国宴，以此向巴基斯坦总统表示敬意。1962 年 9 月，美国总统在罗得岛的宅邸和弗吉尼亚州米德尔堡的农场接待了他。

然而在美英对印度慷慨的军事援助的支持下，尼赫鲁把克什米尔问题放在了次要位置，这让阿尤布·汗气急败坏，沮丧不已。

另一方面，成了中国人的手下败将让尼赫鲁备受打击。他的健康也受到影响。1963 年的夏秋，他在气候宜人的克什米尔度过了相当长的一段时间，以恢复他越来越糟的身体和精神状况。

---

① 之后美国向印度提供了 8000 万美元贷款，资助美国公司在孟买的塔拉普尔建造一座核电站，核电站的动力来自美国政府提供的低浓缩铀。

② Harold Gould, *The South Asia Story: The First Sixty Years of U. S. Relations with India and Pakistan* (New Delhi: Sage, 2010), 64, 68.

③ Praveen Swami, "India's Secret War in Bangladesh," *Hindu*, December 26, 2011.

## 不翼而飞的先知胡须：转机的出现

这个动荡不安的国家的人民震惊了，他们听说"克什米尔阴谋"案牵涉到谢赫·穆罕默德·阿卜杜拉以及另外 23 个被控阴谋推翻政府的人。此案始于 1958 年，在巴克希·古拉姆·穆罕默德集团重新掌权的背景下，案件拖了好几年。由于 1962 年 2 月至 3 月的一次选举存在明显的舞弊行为，阿卜杜拉的"国民议会党"在 75 个议会席位中获得了 70 席。9 月，审判被告的特别法官将案件移交给了上级法院。

多年来，尽管穆罕默德政权的腐败和暴政由于德里提供的慷慨的粮食补贴以及资助的教育设施迅速增加而一度有所缓解，但如今已然变得让人难以忍受。1963 年 10 月，尼赫鲁打着重振国大党及其盟友（包括国民议会党）的旗号，让包括穆罕默德在内的几位首席部长辞职，并接手党务工作。

他的继任者赫瓦贾·沙姆苏丁才一上任，克什米尔山谷就爆发了大规模的反政府示威活动，因为先知默罕默德的一缕胡须 12 月 26 日在斯利那加的哈兹拉特巴尔神庙里不翼而飞。此事引爆了民众的不满情绪——它自 10 年前谢赫·阿卜杜拉被捕以来就一直在民众中累积——使之像火山一样喷发了出来。在克什米尔山谷，人们走上街头，举行大规模抗议。这让迅速衰老且一直处于疲惫状态的尼赫鲁彷徨不安。

在此之前，由于媒体串通一气，以严重的偏见来报道克什米尔地区的事件，印度人对那里的局势普遍感到很乐观。想到这个最北的邦，大多数民众脑海里会出现白雪皑皑的山脉、不断喷涌的冷溪、柏树与白杨等，这种田园诗般的场景为演绎某个伤心欲绝的英雄及其此生挚爱的故事提供了舞台，一如宝莱坞电影《克什米尔的卡利》（*Kashmir Ki Kali*，印地语）和《我的爱》（*Mere Sanam*，印地语）中所展现的那样。电影于1913年进入次大陆时，只有十六分之一的印度人识字，因而它成了塑造大众观念和文化的重要工具。至于民众喜闻乐见的接收新闻的媒体——无线电广播，则归新闻和广播部管。10年后，国营电视台的新闻才开始在孟买和阿姆利则开播。

即使在斯利那加失踪的先知遗物于1964年1月4日找了回来，即使沙姆苏丁下台，更年长、更有经验的古拉姆·穆罕默德·萨迪克接替他的职位将近两个月后，民众的骚动仍然没能平息。4月，萨迪克和尼赫鲁决定撤销针对阿卜杜拉的"克什米尔阴谋"案，并释放阿卜杜拉和其他人。

阿卜杜拉应邀作为尼赫鲁的私交来到德里，并住进了他的官邸。两人就克什米尔问题进行了商讨。在阿卜杜拉出席的内阁会议上，尼赫鲁对其他部长说，他希望在有生之年解决克什米尔问题。阿卜杜拉会见了驻德里的巴基斯坦高级专员，并收到了布托的邀请，请他访问巴基斯坦首都。尼赫鲁建议他答应下来。阿卜杜拉在德里郊外与其他几位印度领导人进行了磋商，随后于5月20日返回了尼赫鲁的住所。

5月23日，阿卜杜拉一行登上了阿尤布·汗派来的专机。被印度政府监禁11年，使得阿卜杜拉从巴基斯坦人眼中的伊斯兰和克什米尔穆斯林的叛徒，变成了克什米尔大无畏的捍卫者。他在拉瓦尔品第受到了英雄般的接待。

5月25日，星期五，他在一个近20万人的集会上发表了讲话，主持这次集会的是他毕生的对手、"穆斯林大会"的主席乔杜里·穆罕默德·阿巴斯。[1] 第二天，在与巴基斯坦总统的长时间会谈中，阿卜杜拉提出了建立印度—西巴基斯坦—克什米尔—东巴基斯坦的次大陆四方联盟的想法，早些时候尼赫鲁曾对此表示出很大的兴趣。此次会晤之后，阿卜杜拉宣布阿尤布·汗将于6月中旬在德里与尼赫鲁举行会谈，以解决克什米尔争端。

5月27日，正当阿卜杜拉乘坐官方车队前往阿扎德-克什米尔首府穆扎法拉巴德的途中，有消息称，尼赫鲁因为中风，在当天下午早些时候死于心脏病发作。听到这个消息，阿卜杜拉失声痛哭。尼赫鲁之死扼杀了印度与巴基斯坦友好解决克什米尔问题的一切机会。

在德里的亚穆纳河两岸举行的尼赫鲁遗体露天火化仪式上，阿卜杜拉跳上讲台，不顾一切地放声大哭，把鲜花扔到了火葬的柴堆上。后来，阿卜杜拉在其自传《梧桐的烈焰》（*Aatish-e Chinar*，乌尔都语）中总结了他与尼赫鲁之间起起落落的关系。他写道："尼赫鲁先生对克什米尔的爱更像是对一个他想占有的美丽女人的爱，他把我当成了想占有这片美丽山谷的情敌。"[2]


## 尼赫鲁乏善可陈的继任者


接替尼赫鲁的拉尔·巴哈杜尔·夏斯特里，既没有必备的个人魅力，也没有赢得议会批准与巴基斯坦达成协议所需的声望，而这些是

① Yousaf Saraf, "Kashmir Fight for Freedom," Kashmiri Info, October 27, 2006, http：//www. kashmiri. info/Kashmir-Fight-for-Freedom-by-Yousaf-Saraf/sh-abdullah-in-pakistan. html.

② Cited by Bal Raj Madhok, *Kashmir: The Storm Center of the World* (Houston：A. Ghosh, 1992), citing *Aatishe Chinar* (in Urdu) (Srinagar：Ali Muhammad & Sons, 1982).

不可避免要用到的，比如要对巴基斯坦的一些领土主张做出些许让步时，比如在让克什米尔人为整个邦或者按地区来行使自决权时。

夏斯特里与尼赫鲁的背景形成了鲜明的对比。英俊的尼赫鲁出身贵族，是富有的律师莫蒂拉尔·尼赫鲁和妻子斯瓦鲁普拉尼·图苏之子；而夏斯特里身材矮小、长着一对招风耳、举止温和、说话轻声细语，出生在一个教师家庭，他1岁时父亲便去世了。他长大后成了国大党的坚定成员，并自1952年起在尼赫鲁的内阁任职，他最近所在的部门是内政部。

谢赫·阿卜杜拉意识到政治形势发生了巨变，于是公开呼吁举行全民公投，而在此之前他从未这样要求过。萨迪克对此感到很不安，与此同时他还不得不应对穆罕默德在议会针对他新组建的内阁所采取的策略。这一来，为了继续掌权，他只能更加依赖德里而不是穆罕默德。他积极与夏斯特里政府合作，以便将克什米尔进一步纳入印度联邦。

12月21日，印度的总统获得了迄今一直未赋予他的几项权力，即如果他认为克什米尔的宪法机制已经崩溃，就可以接管其政府。三周后，他宣布解散"国民议会党"，国大党将在克什米尔建立一个分支机构。反对派则在谢赫·阿卜杜拉要求举行全民公决以决定该邦未来的1月15日，宣布这一天为抗议日。

次月，阿卜杜拉在妻子阿克巴·贾汗和一名高级副手的陪同下，前往麦加朝圣，并计划访问另外几个阿拉伯国家以及英国和法国。在阿尔及尔，他与周恩来进行了一次不在计划之列的会晤。根据他在回忆录《梧桐的烈焰》中所言，他们讨论了中国与巴基斯坦就吉尔吉特北部边境达成的协议。周恩来说："目前，吉尔吉特在巴基斯坦控制之下，因此我们达成了一项协议，规定只有吉尔吉特在巴基斯坦的控制下该协议才能继续有效。"阿卜杜拉透露，他给印度驻华大使发了一份他与周恩来谈话的摘要。① 但周恩来邀请阿卜杜拉访华的消息令夏斯特里政府感到很不安。

当年3月，当阿卜杜拉人在国外期间，立法部门在萨迪克的指使下修改了克什米尔宪法，将邦元首的头衔从省主席（Sardar-i-riyasat，乌尔都语）改为省督，又将总理（Wazire Azam，乌尔都语）改为首席部长，从而消除了克什米尔与印度其他邦之间在宪法上的区别。简而言之，此举消除了查谟和克什米尔同印度联邦之间长期存在的"特殊关系"的几个要点。②

4月，阿卜杜拉在纽约著名的杂志《外交事务》（*Foreign Affairs*）上发表了一篇文章，指出印度、巴基斯坦和克什米尔应该设计出一个解决方案，给予克什米尔人"自决所要求的实质性内容，同时让巴基斯坦和印度都受到尊重和公平对待"。③ 就这样，他把印度和巴基斯坦相提并论了。

## "沙漠鹰行动"：试练

萨迪克和夏斯特里的举动，在巴基斯坦激起了反印情绪，以致这两个邻国在阿拉伯海沿岸的卡奇沼泽地发生武装冲突。这片面积约2900平方英里、人烟稀少的沼泽地，原本是土邦王国卡奇的一部分，

① Victoria Schofield, *Kashmir in Conflict: India, Pakistan and the Unending War*, rev. ed. (London: I. B. Tauris, 2003), 106.
② 查谟和克什米尔有别于印度联邦其他邦之处，就在于它的旗子是红的，上面有一把犁和三条竖线，而且禁止非克什米尔人在该邦置业或定居。
③ Sheikh Mohammad Abdullah, "Kashmir, India and Pakistan," *Foreign Affairs*（April 1965）.

其高地小岛被用作牧场。这是巴基斯坦和印度之间为数不多的未划界地区之一，两国在分散的小岛上都分别设有几个武装警察哨所。

1965 年 4 月 9 日，巴基斯坦军队占领了坎加尔科特堡附近的一个印度警察哨所，并声称拥有整个卡奇沼泽地的主权。为收复失去的哨所，德里在该地区部署了军队。巴基斯坦也针锋相对地在 4 月 24 日派出了一个步兵师和两个装甲团，装备了美国提供的先进的巴顿坦克和野战炮，"沙漠鹰行动"由此展开。46 吨重的巴顿坦克上装有 4 英寸厚的钢甲，除非距离极近，否则所有火力都拿它没办法。① 巴基斯坦又占领了 4 个哨所，并声称对整个坎加尔科特地区拥有主权。考虑到自己糟糕的后勤保障和低配的军事装备，印度人别无选择，只能象征性地抵抗了一番后撤退。为了遏制英联邦两个成员国之间的战斗，英国首相哈罗德·威尔逊进行了干预。随后，双方在 4 月底暂时休战。

但是 5 月，在阿卜杜拉回国后，造成这场危机的克什米尔却局势恶化了。阿卜杜拉被逮捕，关押在距克什米尔 2000 英里的奥塔卡蒙德山区。三四月间，弥漫在克什米尔山谷的反印情绪愈演愈烈。街上随处可见大规模的抗议示威。这些示威活动都遭到了铁腕镇压。

卡奇沼泽地的停战协议破裂了。6 月 15 日，就在为期一周的英联邦政府首脑会议在伦敦召开前夕，敌对行动再度爆发。威尔逊又一次介入。停火协议 6 月 30 日正式签署之后，后续的边界问题便交给了一个三人仲裁委员会。②

巴基斯坦的"沙漠鹰行动"的目的有三：评估印度的军事准备情

---

① 对于这些美国提供的武器被用于战斗，印度向美国提出抗议，华盛顿——作了回复。但一切照旧。

② 1968 年 2 月，仲裁委员会将卡奇沼泽地的 10% 判给了巴基斯坦。

况；迫使印度从旁遮普和克什米尔撤军；确定华盛顿对于这一禁令——有印度参加的战争中禁止使用包括 F4 喷气式战斗机在内的高级军事装备——的执行力度。尽管德里一再抗议，林登·约翰逊政府却没有采取任何有效行动来阻止巴基斯坦人使用美国制造的武器。

陆军元帅阿尤布·汗打胜了在卡奇沼泽地与印度的一战，这让他很是振奋。他的乐观情绪是夏斯特里的首席秘书拉克希米·康德·贾哈对外透露的，这两位南亚领导人在伦敦英联邦会议期间会晤时，贾哈也在场。据报道，阿尤布·汗说："你知道，你们的人试图侵犯我们的领土，我们的人教训了他们几下，他们就开始逃跑了。"夏斯特里问道："总统先生，如果我必须要打巴基斯坦，你认为我会选择一个我们没有后勤保障而你拥有所有优势的地区吗？你认为我会犯这样的错误或者我的将军们会允许我犯这样的错误吗？"[①]

夏斯特里几乎没有意识到，一个月前阿尤布·汗仔细研究了一份有关直布罗陀行动的军事报告，并在他的授意下，对印控克什米尔的阿克诺奥尔发动的袭击被列入了后来代号为"大满贯"（Operation Grand Slam）的行动。随后，阿尤布·汗批准了"直布罗陀行动"。然而不久之后，他重新考虑了这个宏伟计划的执行。以布托为首的内阁中的鹰派人物对此大肆抨击，说总统不想打破现状，因为这将危及他家族新获得的财富。这逼得阿尤布·汗不得不出手。7 月底，他向"直布罗陀行动"的部队指挥官发表讲话，拉开了实际行动的序幕。[②]

巴基斯坦方面，阿尤布·汗 9 月 7 日对他的同胞发表讲话说："印度［早些时候］对克什米尔的侵略不过是在为袭击巴基斯坦做准

---

① Cited in G. M. Hiranandani, "Chapter 3: The 1965 Indo Pakistan War," in *Transition to Triumph*, October 15, 1999, http://indiannavy.nic.in/book/1965-indo-pakistan-war.

② Hiranandani, "The 1965 Indo Pakistan War."

备。印度统治者对于建立一个独立的巴基斯坦,能让穆斯林在那里拥有自己家园这件事从不肯善罢甘休……但是他们的失败已近在眼前,因为1亿巴基斯坦人的心都在随着'万物非主,唯有真主,穆罕默德是真主的使者'的声音跳动。直到印度人的枪声不再响起,这个声音才会休止。"①

---

① Cited in Farzana Shaikh, *Making Sense of Pakistan* (London: Hurst & Company, 2009), 160.

# 第九章

# 夏斯特里的最高命令：巴基斯坦噩梦成真

"直布罗陀行动"①是1965年5月初佐勒菲卡尔·阿里·布托给穆罕默德·阿尤布·汗总统的一份备忘录发展出的结果。布托在备忘录中警告说，由于西方加大了对印度的军事援助，南亚的力量平衡正迅速向德里倾斜。他建议在克什米尔采取"勇敢而大胆的"行动，为"通过谈判解决问题创造更大的可能性"。②复杂的"直布罗陀行动"的最终目的，是使巴基斯坦军队能够成功占领克什米尔的领土，同时，也使人们认为是克什米尔人最终发动了武装叛乱，结束了印度令人难以忍受的压迫统治。

## "直布罗陀行动"与"大满贯行动"

"直布罗陀行动"是由阿尤布·汗政权的克什米尔小组构想出来的，后来交到了阿赫塔尔·侯赛因·马利克少将手里，他是驻穆里的第12步兵师指挥官。这个师与阿扎德-克什米尔武装部队一起守卫克什米尔的停火线，他们的策略是让一支由训练有素的游击队和破坏分子组成的庞大部队潜入印控克什米尔进行颠覆活动，以破坏邦政府的稳定，煽动克什米尔人进行反印叛乱。

如果未能实现预期目标，那么巴基斯坦军方将启动"大满贯行动"作为补救。其计划是由装甲部队和步兵部队从停火线的南端迅速出击阿克诺奥尔——一个位于帕坦科特—贾姆—斯利那加公路沿线的城镇。占领阿克诺奥尔，将切断被困在克什米尔山谷的印度军队的关键补给线，为巴基斯坦提供一种或多种可资利用的选择。

马利克少将身材高大，留着八字胡，灰白的头发日渐稀疏，他曾与巴基斯坦三军情报局（ISI）局长里亚兹·侯赛因准将合作，为一支名为"圣战者连"的新部队招募志愿者。这支部队由巴基斯坦军官领导，负责武装其成员并将他们训练成游击队员和杀手。马利克组建了 6 支特遣部队，分别以历史上杰出的伊斯兰将军的名字来命名，每支 500 人，都由阿扎德-克什米尔部队和圣战组织非正规的志愿者组成，所有人都着便服。他们的任务是炸毁桥梁，切断通讯线路，突袭补给站，袭击军事单位等，由此作为计划于 1965 年 8 月 9 日举行的武装起义的序幕。当天恰逢谢赫·穆罕默德·阿卜杜拉第一次被捕 12 周年，"公民投票阵线"的领导人也选中这一天来抗议他最近遭到监禁的事。

根据这一计划，圣战者队伍打算在 8 月 1 日至 5 日之间以小组形式越过停火线，在预先安排的地点集合，设立营地，以此拉开之后三天内在克什米尔山谷多点渗透的行动。这一阶段将由巴基斯坦军队沿着停火线开火，以分散印度军队的注意力。

---

① 直布罗陀是阿拉伯名称 Jabal Tariq 的西班牙语派生词，意为"塔里克山"，一位阿拉伯将军在公元 711 年占领了此地。因此，它象征着穆斯林对不信教者的胜利。

② Cited in Mahmood Shaam, "We Won the 1965 War, Not India," *Rediff India Abroad*, September 6, 2005.

按照计划，加兹纳维特遣部队将在 8 月 9 日占领斯利那加机场和电台，为宣布成立革命委员会奠定基础，该委员会将宣告查谟和克什米尔的解放。

然而，实情是这样的，8 月 5 日，一名牧童报告警方，说在距离斯利那加 24 英里的边境城镇坦马格，有穿着绿色沙丽克米兹①的陌生人在以行贿获取情报。他把警察带到了萨拉赫丁特遣部队的大本营。同一天，在距离斯利那加 60 英里的门德哈，一名当地人通知附近的陆军旅总部，说有几个外国人向他打听情报。但直到 8 月 8 日，军队在距离斯利那加 5 英里的纳兰纳格附近逮捕了渗透者的两名指挥官后，他们才得知巴基斯坦的计划。②

然而此时，加兹纳维特遣部队已经设法抵达了斯利那加的郊区某地。首府很快爆发了枪战。克什米尔当局大吃一惊，立即敦促德里宣布在该山谷戒严。但拉尔·巴哈杜尔·夏斯特里政府没有这样做。斯利那加武装渗透者的破坏和枪击事件一直持续到 8 月 12、13 日。"斯利那加的街道上空无一人，"印度西部司令部的指挥官哈巴克什·辛格中将说，"居民们透过窗户往外张望，脸上表现出明显的焦虑和紧张。"③

全印广播电台播放了两名被俘军官的供词，他们概述了巴基斯坦的宏观计划。④ 印度政府通过外交渠道提出抗议。巴基斯坦回应说，

---

① salwar kameez，南亚地区的一种传统服装。——译者
② "Battle of Hajipir Pass 1965," Pakistan Defence, February 27, 2011, http://defence.pk/threads/battle-of-hajipir-pass-1965.95263. 为了最大限度地保密，巴基斯坦的三军情报局没有完全信任克什米尔的亲巴基斯坦分子，以致渗透者未能接触到重要情报。
③ Cited in Kuldip Nayar, *India: The Critical Years* (London: Weidenfeld & Nicolson, 1971), 214.
④ Cited in G. M. Hiranandani, "Chapter 3: The 1965 Indo Pakistan War," in *Transition to Triumph*, October 15, 1999, http://indiannavy.nic.in/book/1965-indo-pakistan-war.

克什米尔是一个有争议的领土，那里的暴力骚乱不能归咎于巴基斯坦政府。另一方面，正如事先计划的那样，巴基斯坦国营电台8月9日广播说，印度占领的克什米尔地区爆发了叛乱。还说根据"克什米尔之声广播电台"的报道，一个革命委员会已经接管了这个邦的全部权力。

在德里，陆军参谋长乔纳托·纳特·乔杜里将军告知内阁紧急委员会，说虽然渗透者已被逮捕，但在逃者仍有可能实施进一步的破坏。事实上，印控克什米尔的枪战和颠覆活动一直持续到8月13日。

当天，夏斯特里授权军队越过停火线，摧毁渗透者的基地。他还说，如果巴基斯坦正规军介入，那么部队想在哪里报复都会无往不利，只要地点合适。8月15日"独立日"那天，他在德里的红堡城墙上发表演讲，宣称"诉诸武力必将遭到武力还击"。[1] 他的豪言壮语有助于塑造他坚定果敢的领袖形象。当天，印度士兵越过了东卡吉尔地区的停火线。

印度还有更雄心勃勃的目标，那就是切断巴基斯坦进入克什米尔山谷的主要渗透路线。这条路线在阿扎德-克什米尔境内3英里处穿过皮尔-潘加尔山脉西部8652英尺高的哈吉皮尔山口。此次行动需要数日的周密计划和执行。8月24日，印度人准备占领哈吉皮尔山口。

当天，马利克少将向设在拉瓦尔品第的总指挥部请示，启动计划好的"大满贯行动"。军事行动处处长居尔·哈桑准将把这一请求转达给了陆军参谋长穆罕默德·穆萨·汗将军。没有等到回音的哈桑，第二天又提醒了陆军参谋长。而陆军参谋长需要得到总统、陆军元帅穆罕默德·阿尤布·汗的批准，后者当时正在200英里外风景如画的

---

① Cited in ibid. , quoting P. V. R. Rao, the defense secretary.

斯瓦特山谷度假。于是，穆萨·汗派外交部长布托前往斯瓦特。巴基斯坦当时正处于全面战争爆发的边缘，但是来自俾路支族的几位陆军参谋长却不愿在这位普什图族总统度假期间做出决定。8月29日，马利克获准采取行动。而此时，印度人已经占领了哈吉皮尔山口，并在该地区增加了三个步兵部队和一个炮兵团以增强军事实力。在总部又推迟了36小时后，"大满贯行动"于9月1日凌晨5点启动。


### 阿尤布·汗的中途换将

当马利克的第12步兵师向前推进时，他的装甲部队与印度人的相比有6比1的优势，他的巴顿坦克性能也远优于敌方较小型的（美国）谢尔曼坦克和（法国）AMX-13坦克。他的火炮部队也具有类似的优势，步兵人数则是印度的2倍。[①] 因此，不出所料，在这一天结束之前，巴基斯坦人已经攻克了所有目标。印度人在兵力和武器装备上都远不如对方，损失惨重。他们迅速撤退，而战略要地阿克诺奥尔仍由4个步兵营和1个坦克中队轻松地防守着。

在这个关键时刻，巴基斯坦方面的指挥权发生了莫名其妙的更迭。穆萨·汗将军乘直升机抵达战区，将旁遮普人马利克的第12师指挥权移交给时任第7步兵师指挥官阿加·穆罕默德·叶海亚·汗少将。此人身材魁梧、长着双下巴、一副浓眉、个性懒散，和阿尤布·汗一样，都是普什图族人。马利克被要求随穆萨·汗一起乘坐直升机离开。

① A. H. Amin, "Grand Slam—A Battle of Lost Opportunities," *Defence Journal* (Karachi), September 2000.

叶海亚·汗改变了马利克的战略，因而损失了更多的时间。马利克本打算绕过印度人防守严密的阵地，先尽快占领阿克诺奥尔的奇纳布河上的大桥再说。但叶海亚·汗选择了一条不同的路线，他越过塔维河，直奔特罗蒂，因而错失了至关重要的几个小时。

阿尤布·汗为何中途换将呢？他对"大满贯行动"将取得的辉煌胜利过于自信，希望胜利的荣耀归于他的普什图同胞叶海亚·汗，而不是策划了相互关联的"直布罗陀行动"和"大满贯行动"的马利克。

阿尤布·汗极其外行的决定让印度有时间去加强对阿克诺奥尔的防御。当敌人距离阿克诺奥尔大约 10 英里的时候，军方高级指挥部出动了多架飞机来阻击敌人的攻击。空袭摧毁了巴基斯坦的部分巴顿坦克，减缓了其他巴顿坦克的前进速度。作为回应，巴基斯坦的飞机不仅瞄准了印度在克什米尔的空军基地，也瞄准了印度在旁遮普的空军基地。

9 月 3 日，联合国秘书长吴丹向安理会转达了他从联合国驻印度和巴基斯坦军事观察组（UNMOGIP）负责人那里收到的报告的要点。克什米尔发生了一系列身着便衣的武装人员从巴基斯坦一侧侵犯停火线的事件，目的是"逼印度一侧采取武装行动"。[①] 三天后，安理会通过了一项决议，授权联合国秘书长加强联合国驻印度和巴基斯坦军事观察组的力量，并向其通报该地区的局势。于是，吴丹马不停蹄地赶往交战双方的首都。

战场上的印度将军得出结论，阻止巴基斯坦的坦克推进不能单靠空袭。因此，内阁紧急委员会抛出了这样一个问题：我们是否应该越

---

① Cited in Chintamani Mahapatra, "American Activism on the Kashmir Question," *Strategic Analysis* 21, no. 7 (October 1997): 987 – 997.

过国际边界去袭击巴基斯坦领土，从而迫使其军方高级指挥部从克什米尔前线调防部队？最终的决定权在夏斯特里手中。他说："行动！"

## 最矮的领袖下了最高的命令

9月6日，就在巴基斯坦军队距离阿克诺奥尔只有3英里时，印度人袭击了巴基斯坦境内的拉合尔和锡亚尔科特地区，从而开辟了一条新战线。这迫使拉瓦尔品第的总指挥部从克什米尔前线迅速调来人员和武器，以挫败印度军队对拉合尔的入侵，此地离边境只有15英里。这一举动实质上标志着"大满贯行动"的结束。印度陆军中将哈巴克什·辛格后来说："印度军队永远不会忘记那个个子最矮的人下达的最高命令。"[1]

事实上，夏斯特里在1964年11月做出了一个更为关键且极端保密的决定，他批准了印度的核武器计划，而这一事实10年后才为人所知。这是夏斯特里对上个月中国在罗布泊附近成功试爆原子弹的回应。中国的这一突破性事件，是毛泽东下令加快中国核武器计划的结果，因为在中印战争期间，华盛顿和莫斯科都给了印度军事和外交方面的支持。

巴基斯坦方面，阿尤布·汗9月7日对他的同胞发表讲话说："印度［早些时候］对克什米尔的侵略不过是在为袭击巴基斯坦做准备。印度统治者对于建立一个独立的巴基斯坦，能让穆斯林在那里拥有自己家园这件事从不肯善罢甘休……但是他们的失败已近在眼前，

---

[1] Cited in Nayar，*India*，218.

因为 1 亿巴基斯坦人的心都在随着'万物非主，唯有真主，穆罕默德是真主的使者'的声音跳动。直到印度人的枪声不再响起，这个声音才会休止。"[1]

在外交领域，印度人一进入印巴边境，阿尤布·汗和布托就呼吁华盛顿遵守 1959 年的《巴—美合作协议》，协助其抵御印度的侵略。林登·约翰逊总统的政府指出，一起出手指的是任何"受国际共产主义控制"的国家的武装侵略，而印度不属于这个范畴。[2] 约翰逊暂停了对德里和拉瓦尔品第的军事援助。这对完全依赖华盛顿的巴基斯坦造成的伤害，超过了对印度的伤害。（英国也随之效仿。）巴基斯坦向位于曼谷的东南亚条约组织总部求助，同样没能奏效，原因也是它并非受到了共产主义国家的侵略。

## 交战国的爱国浪潮

在巴基斯坦，从卡拉奇到拉合尔再到达卡，爱国情绪席卷全国，到处都是人在参加支持军队的大型集会。"每个巴基斯坦人都想出一份力。"当时任职于拉合尔的《新时代日报》（*Nawa-e-Waqt*, 乌尔都语）的记者马哈茂德·沙姆回忆道。

> 诗人写有关民族主义诗歌。电台成了大众媒介。只有在拉合

---

[1] Cited in Farzana Shaikh, *Making Sense of Pakistan* (London：Hurst & Company, 2009)，160.

[2] 无论如何，"国际共产主义"一词在 1963 年失去了其整体含义，当时中国开始挑战苏联对其部分边境地区的占领，相邻的几个共产主义国家开始在有争议的边境地区加强兵力。

尔才能看到电视节目。流行歌手努尔-贾汗（人称"旋律女王"）
去拉合尔电视台，请他们允许她为巴基斯坦歌唱……拉合尔广播
电台外面有个邮筒，供人们投稿爱国主义诗歌……我为巴基斯坦
空军写的一首诗变得非常流行："啊，空中的向导/啊，云彩的伙
伴/你们是光荣的圣战者/冒着生命的危险/你变得强壮。"统治者
和反对党团结了起来……这是我们第一次为保卫边界抛洒热血。
从 1947 年到 1965 年……我们正在努力成为一个国家。但是在
1965 年的战争中，我们团结成一人：巴基斯坦人。对印度的敌
意和仇恨进一步加深。[1]

对巴基斯坦公众来说，这是与印度的第一次全面战争，1947 年
至 1948 年的克什米尔冲突是件小事，仅限于这个土邦王国。而这一
次，敌对双方动用了自己坦克总量的三分之二（巴基斯坦 756 辆；印
度 620 辆）。随之而来的是二战结束以来最激烈的几场装甲战斗，通
常发生在旁遮普边境的甘蔗地。为了鼓舞士气，大众媒体上铺天盖地
的战场大捷之中点缀着士兵及其所在部队的英雄事迹。[2]

发生在印度旁遮普邦境内距离国际边界几英里的小镇凯姆卡兰附
近的那场战斗，引起了交战双方的广泛关注。巴基斯坦装甲部队和步
兵于 9 月 7 日占领了这座城镇，印度人决心不计代价夺回它。他们只
能集结三个装甲兵团，用一堆劣质坦克来对抗开着多功能巴顿坦克的
6 个巴基斯坦装甲兵团。但他们以高超的战术弥补了自己在硬件方面
的劣势，出其不意地包围了敌人。

---

[1] Shaam，"We Won the 1965 War."
[2] 后来，9 月 6 日被定为巴基斯坦的"国防日"，这一天，大多数城市的战争纪念馆都
会向 1965 年冲突的烈士致敬，电子媒体播放特别节目，报纸出版大量的增刊以纪
念战争死难者。

9月9日至10日夜间，印军的战地指挥官古尔巴克什·辛格少将在阿萨尔乌塔村外尚未收割的甘蔗地里把坦克排成 U 形编队，然后倾巢而出，覆盖了周边地区。第二天早上，前进中的巴基斯坦装甲师被困在了敌人的马蹄形阵形之中，由于身处沼泽地带，他们很难掉头。等巴基斯坦坦克一靠近，印度炮手便从隐蔽地点开火，成功地打穿了巴顿坦克。这场激战结束时，印度在损失了 32 辆坦克的同时，摧毁或缴获了 97 辆巴基斯坦坦克，其中包括 72 辆巴顿坦克。[1]"那么多坦克被毁，像玩具一样躺在战场上。"哈巴克什·辛格中将在他的回忆录《在前线》（*In the Line of Duty*）中写道。[2]

而敌对的巴基斯坦一方，人们为他们的军队 9 月 7 日占领了凯姆卡兰而欢呼雀跃。40 年后，马哈茂德·沙姆回忆道："我们都被带去了凯姆卡兰，看到了我们获胜的战场，感到很自豪。甚至《时代》杂志也报道说'尽管双方都声称对凯姆卡兰拥有主权，但令人尴尬的事实是，凯姆卡兰现处于巴基斯坦政府的控制之下'。"[3] 但接下来发生的事——一败涂地——备受各方谴责。

巴基斯坦广播电台在谴责敌方战机轰炸白沙瓦和达卡等新闻的同时，宣布突袭德里著名的月光集市（Chandni Chowk）购物区，这对巴基斯坦人来说如同打了一针强心剂。库尔迪普·纳亚尔在他的《印度：危机岁月》（*India: The Critical Years*）一书中写道："1966 年 1 月，我去拉瓦尔品第报道印巴部长级会议，巴基斯坦记者问我月光集市的情况有多糟，我的回答是没有一枚炸弹落在德里，这话引起一片

---

① Harshvardhan Pande，"The Battle of Asal Uttar—1965，" Great Indian War Stories (blog)，May 14，2010，http：//greatindianwarstories. blogspot. co. uk/2010/05/battle-of-asal-uttar-1965. html. 包括 28 辆巴顿坦克在内的 32 辆坦克状态良好。

② Harbakhsh Singh，*In the Line of Duty: A Soldier Remembers*（Delhi：Lancer，2000），253.

③ Shaam，"We Won the 1965 War."

嘲笑。"①

印度记者也同样摆出了一副必胜者的姿态。在德里的每日新闻发布会上，最常见的问题是："拉合尔机场倒塌了吗？拉合尔广播电台是否在我们的控制之下？"② 事实是，尽管印度的坦克已经抵达阿拉马伊克巴尔国际机场附近的巴塔普尔——那里位于国际边界和拉合尔市中心之间且距离瓦加边境站 20 英里，造成了人员大量外逃，但印度的将军们无意夺取这座拥有 100 万人口的城市。占领城市不免有一场肉搏战，随后占领军还得担负起维持法律秩序以及供应人民日常所需的繁重任务。

总的来说，巴基斯坦人深信，仗打得很顺利，印度教执掌的印度正在为无端袭击他们神圣的领土付出惨重的代价，为此，他们感到很欣慰。正如拉瓦尔品第的总指挥部指出的那样，民众的看法与现实情况是矛盾的。双方敌对行动的第三周，陆军元帅阿尤布·汗和他的亲密助手们明显地意识到，军队的炸弹、子弹、燃料和食物供应极度短缺，短期内也没有外国势力的军事援助要来。

## 外交攻势

在被美国和东南亚条约组织回绝后，巴基斯坦也排除了与莫斯科接触的可能性，因为莫斯科与德里关系密切。不过，苏联那边，1965年 4 月初阿列克谢·柯西金总理对前来访问的阿尤布·汗和布托表示

---

① Nayar, *India*, 237.
② Ramachandra Guha, *India After Gandhi: The History of the World's Largest Democracy* (London: Macmillan, 2007 / New York: Harper Perennial, 2008), 398.

了欢迎，他们俩为期 8 天的苏联之行是为了抵消美国和中国在巴基斯坦的影响。随后，克里姆林宫在 5 月中旬接待了来访的夏斯特里，访问为期一周，以突出贾瓦哈拉尔·尼赫鲁建立的印苏友谊。

此战中，中国坚决支持巴基斯坦，警告印度不要侵犯巴基斯坦领土。印度入侵后，中国谴责了印度的行为。在 9 月 16 日致德里的夏斯特里政府的信函中，中国表示，只要印度还在侵略巴基斯坦，自己就将继续支持巴基斯坦的"正义斗争"。

面对战场上的严峻形势，9 月 19 日晚至 9 月 20 日，阿尤布·汗和布托从白沙瓦飞往北京，与中国最高领导人举行了秘密会晤。毛泽东重申了之前承诺的援助，还建议阿尤布·汗制订应急计划，把军队撤回山区，对印度开展长期的游击战。[1] 对于受教于桑德赫斯特的阿尤布·汗和伯克利毕业的律师布托来说，这样的建议不值得考虑。事实上，北京所做的一切不过是威胁要对印度开辟第二战场。

在几个世界大国的首都，人们都非常担心，生怕中国直接参与这场冲突会把其他大国也卷入其中。因此，西方大使不断向巴基斯坦施压，让其不要鼓励中国做超出口头声明的举动。同样，他们也向印度施压，要求印度不要攻击东巴基斯坦，否则会把北京拖入双边战争。

在南亚进行穿梭外交后，吴丹于 9 月 16 日向联合国安理会报告说，交战国都表示希望基于某些条件停止敌对行动，但他们的条件对方都无法接受。他向安理会提出的为数不多的建议中，有一项是要求交战国的领导人前往一个对双方都友好的国家举行会晤，讨论结束目前的冲突和其他悬而未决的分歧。9 月 18 日，柯西金致函阿尤布·汗和夏斯特里，提出让他们在苏联乌兹别克斯坦的塔什干或任何其他

---

[1] Shaam, "We Won the 1965 War."

苏联城市会晤，就克什米尔问题进行谈判，并表示，如果双方同意，他愿意参加双边会晤。夏斯特里于 9 月 22 日表示接受，并通知了议会。阿尤布·汗则闪烁其辞，一周后答复说这样的会议"目前"不可能取得什么成果。①

与此同时，美国和苏联在安理会共同起草了一项决议草案。结果，第 211 号决议于 9 月 20 日迅速获得一致通过。② 决议要求双方在格林尼治标准时间 1965 年 9 月 22 日早上 7 点停火，谈判解决克什米尔争端，随后将"所有武装人员"撤回 8 月 5 日前的阵地。印度于 9 月 21 日接受了该决议。布托 9 月 22 日在安理会发表讲话，说这项决议不能令人满意，但为了国际和平考虑接受了它。印度标准时间 9 月 23 日凌晨 3 点 30 分，即格林尼治标准时间 9 月 22 日晚 10 点，枪炮声停止。

不出所料，德里和拉瓦尔品第对各自的得失说法不一。据巴基斯坦报道，印度方面有 8200 人被杀或被俘，摧毁或缴获印度飞机 110 架、坦克 500 辆。巴基斯坦问题专家赫伯特·费尔德曼估计的印度损失如下：死亡人数 4000 至 6000 人；坦克约 300 辆；飞机 50 架。据统计，巴基斯坦有 3000 至 5000 人死亡，损失 250 辆坦克和 50 架飞机。③ 德里方面承认损失了 75 架飞机，与中立观察员估计的 60 至 76 架飞机相符。但是他们估计印度损失了 150 到 190 辆坦克，这个数字远低于费尔德曼的估计。德里方面声称有 5260 名巴基斯坦人被杀或被俘，而中立的评论员给出的数字是 3800 人。他们估计巴基斯坦损

① George Ginsburgs and Robert M. Slusser, eds., *A Calendar of Soviet Treaties: 1958 - 1973* (Rockville, MD: Sijthoff & Noordhoff, 1981), 319.
② 在安理会的 11 名成员国中，只有约旦弃权。
③ Herbert Feldman, *From Crisis to Crisis: Pakistan, 1962 - 1969* (Karachi: Oxford University Press, 1972), 146.

失了 200 至 300 辆坦克，这与费尔德曼估计的 250 辆相当。印度声称摧毁了 43 至 73 架巴基斯坦飞机，这一说法远远高于中立观察员的估计。

根据加拿大学者大卫·范普拉格的说法，印度拿下了巴基斯坦 710 平方英里的土地，其中包括阿扎德-克什米尔地区总面积的三分之一。相比之下，巴基斯坦获得了 210 平方英里的印度土地，除了 19 平方英里外，都在克什米尔。[1] 巴基斯坦在印度旁遮普的所得仅限于凯姆卡兰的周边地区。[2]

战争的最终结果是什么呢？通过阐述双方各自的主要目标，可以很好地回答这个问题。始作俑者巴基斯坦的目的是用武力改变克什米尔的现状。但没能成功。印度的目的仅仅是让对手不能得逞。它成功了。在某种程度上，德里没输就是赢了。与之形成鲜明对比的是，拉瓦尔品第并没有从它挑起的这场战争中得到任何好处。事实上，其国内政治出现了各种灾难性的结果。这场武装冲突引发了各种趋势，最终导致阿尤布·汗政权倒台，随后巴基斯坦解体，其东翼脱离出去，形成了主权国家孟加拉国。

## 当枪声沉寂

大多数巴基斯坦人都想不明白，为什么明明他们的将军在战场上炫耀自己的辉煌胜利，却要签下停火协议。阿尤布·汗政府的公信力

---

① 印度在巴基斯坦的收获细分如下：锡亚尔科特地区 180 平方英里、拉合尔地区 140 平方英里、信德省 150 平方英里。

② David Van Praagh, *The Greater Game: India's Race with Destiny and China* (Montreal: McGill-Queen's University Press, 2003), 294.

急剧下降，再也没能恢复，尽管总统在几次集会上为他的决定做过辩解。

他的防御姿态与布托的形成鲜明对比。"巴基斯坦将战斗下去，哪怕一千年，"布托在 10 月的一次新闻发布会上宣称，"如果印度制造原子弹，我们会吃草根啃树皮甚至挨饿，但我们会有一颗自己的原子弹。我们别无选择……只能以原子弹对付原子弹。"① 布托的声明向印度发出了一个信号，即巴基斯坦知道印度的秘密核武器计划。在 1965 年早些时候访问维也纳时，布托从穆尼尔·艾哈迈德·汗那里得到了这个信息，后者是成立 8 年的国际原子能机构（联合国的一个监督机构）的高级技术人员。后来，在 1972 年布托担任总统期间，艾哈迈德·汗被任命为巴基斯坦原子能委员会（PAEC）主席。

在与印度长达三周的冲突中，东巴基斯坦人惊恐地意识到，他们所在的省份严重缺乏保障自身安全的军队。尽管军队消耗了国家 60％的预算，但只有 7％的军队来自东巴基斯坦，而东巴基斯坦人口占全国的 54％。

在印度，士兵对此表现出不满情绪，他们宁愿继续摧毁巴基斯坦的装甲车。夏斯特里在一辆被缴获的巴顿坦克上摆出了炫耀的姿态让人拍照，之后对驻扎在边境城镇费罗兹普的军队发表了讲话。他解释说，他同意停战是因为美国的施压，印度在粮食和经济方面要依赖美国的援助。② 这一点在当年晚些时候将变得非常明显，当美国的经济援助急剧下降，印度政府不得不放宽了对外贸易的限制，并使其货币

---

① Cited in Adrian Levy and Catherine Scott-Clark, *Deception: Pakistan, the United States and the Secret Trade in Nuclear Weapons* (New York: Walker & Company, 2007), 18.

② Nayar, *India*, 240.

大幅贬值 57.5%。①

　　停火之后，按照第 211 号决议的要求，交战双方须将部队撤回到 8 月 5 日时的阵地，但双方都未能做到这一点。这种情况需要某大国出面调停。柯西金在 11 月 21 日的信中重申了他之前提出的建议：在塔什干举行印巴首脑会议。夏斯特里对此做出了积极回应。在拉瓦尔品第，老谋深算的布托则骗得克里姆林宫对他发出了进行国事访问的邀请，以此来向美国施压，因为 12 月 10 日阿尤布·汗和约翰逊将在华盛顿举行会晤。11 月 23 日，阿尤布·汗和总统匆匆飞抵莫斯科，两天后，阿尤布·汗接受了柯西金的提议。

## 苏联成为和平的缔造者

　　1966 年 1 月 4 日，62 岁、眼睛深陷、头发稀疏的柯西金在塔什干市政大厅发表讲话，塔什干会议由此开幕。除了来自印度、巴基斯坦和苏联的官员外，到场听众还包括 300 名国际媒体代表。

　　以夏斯特里为首的印度代表团希望恢复战前的停火线，除了他们的军队在哈吉皮尔、蓬奇-乌里和卡吉尔地区占领的山口，还要求与巴基斯坦签署了一项不开战协定。而他们的对手，包括好生事的布托在内的代表，既不打算放弃这些山口，因为它们是进入印控克什米尔的主要关隘，也不打算签订什么不开战协定。②

---

① 汇率从 5 卢比兑 1 美元，变为 7.576 卢比兑 1 美元。1965 年至 1966 年，印度的国防支出急剧上升，占其总支出的 24%。
② 受一项不开战协定的约束，印度在 1971 年发动东巴基斯坦战争之前可能曾思虑再三。

印度方面坚持要求达成不开战协定，而巴基斯坦方面回应说，只有在有一个内在机制讨论解决克什米尔问题时，他们才会同意这样做。印度人重申克什米尔是他们国家不可分割的一部分，并拒绝了巴方的要求。僵局随之而来。

柯西金在与夏斯特里的私下会谈中告诉他，如果印度拒绝按照第211号决议的要求完全撤出所占领土，克里姆林宫将不会对联合国可能对德里实施的制裁行使否决权。这使夏斯特里妥协了。与此同时，苏联外交部长安德烈·葛罗米柯劝服了巴基斯坦代表，使他们相信试图在谈判桌上取得他们在战场上未能取得的成果是徒劳的。①

作为最后的赌注，1月9日上午，柯西金突然带着阿尤布·汗去参观了塔什干的大型战机制造厂，提醒大家华盛顿已经切断了军事硬件上对巴基斯坦的供应。柯西金口若悬河地介绍着苏联每年生产的数量惊人的坦克和战机，这给军人出身的阿尤布·汗留下了深刻印象。两位领导人之间的关系在不断升温。柯西金在叙述中巧妙地融入了自己的观点，他说，由于缺乏资源，像巴基斯坦和印度这样的发展中国家应该避免通过使用武力来解决他们之间的分歧。阿尤布·汗明白了他的意思。② 当晚，《塔什干宣言》的九条草案敲定。③

1966年1月10日签署的《塔什干宣言》第一条指出："他们〔印度总理和巴基斯坦总统〕重申，根据《联合国宪章》，两国有义务不诉诸武力，以和平方式解决争端。""他们认为，持续的紧张局势……无益于他们所辖地区的和平……查谟和克什米尔问题正是在这种背景

---

① Katia Zatu Liverter, "Part 1: Russia as Mediator: Imperial and Soviet Times," *RT Comment*, July 15, 2011.
② Altaf Gauhar, *Ayub Khan, Pakistan's First Military Ruler* (Lahore: Sang-e-Meel Publications, 1993), 386–387.
③ 由于新近开始的对苏联的好感，阿尤布·汗宣布对反俄罗斯的007电影 *From Russia with Love* 实行禁映。

下进行讨论的，双方都阐明了各自的立场。"还有两条规定，两国武装人员必须在 2 月 25 日的最后期限前，撤回到 8 月 5 日以前的阵地，"双方均应遵守基于停火线的停火条款"。最后一条称，"双方将继续就两国直接关心的问题举行最高级别及其他级别的会晤。双方都认识到有必要建立印巴联合机构，由它向各自政府汇报工作，以便决定应采取哪些进一步措施"。① 一天前，柯西金在回答布托的一个问题时说，"查谟和克什米尔的确存在争议，你当然有权根据'第九条'提出这个问题。"②

由于没有提及查谟和克什米尔的全民公决问题，印度代表团看起来很满意。"印度人兴高采烈，面带微笑，"巴基斯坦代表团成员、空军上将阿斯加尔·汗写道，"对巴基斯坦来说，《塔什干宣言》不啻为投降声明。房间里到处都是印度人，见人就握手。就好像印度在奥运会上击败了巴基斯坦的曲棍球队一样。"

汗没有觉察到印度代表团团长夏斯特里几乎毫无兴致。他先是与柯西金就宣言的文本进行了磋商，然后与他的外交部长和国防部长一起商谈，以评估印度民众听说了联合公报会如何反应。他一直忙到 1 月 10 日凌晨 3 点，只睡了一小会儿，这对于心脏不好的他来说实在太短了。


## 因公殉职


1 月 10 日上午，夏斯特里同他的部长、高级官员以及苏联官员

---

① "Official Text of the Tashkent Declaration 1966," http：//www. stimson. org/research-pages/tashkent-declaration.

② Mohammed Asghar Khan, *The First Round, Indo-Pakistan War 1965* (New Delhi：Vikas, 1979), 120 - 121.

举行了一系列会议，对宣言进行了微调，并为他的讲话做准备。下午，他签署了这份历史性文件。然后，他立即转身对随行的印度记者团说："我的命运掌握在你们手中。如果你写得好，这个国家会接受的。"[1] 晚上，他参加了东道主苏联举办的告别招待会。

随行记者回到了他们住的酒店，那里距离夏斯特里一行下榻的别墅有一段距离。"你们的总理快死了。"印度驻塔什干记者团成员库尔迪普·纳亚尔听到俄罗斯女礼宾员在喊，后者是在试图叫醒她负责的这层楼的记者。纳亚尔和印度新闻专员急忙乘出租车赶往夏斯特里的别墅。"在别墅里，我们见到了柯西金，眼前的情景令人悲伤，"纳亚尔写道，"他说不出话来，只是举手示意夏斯特里已经去了。"[2]

告别招待会结束后，夏斯特里大约在晚上 10 点钟回到了别墅。"夏斯特里叫［他的贴身仆人］拉姆·纳特把他的晚餐拿给他，东西是［T. N.］考尔大使家送来的，烹饪的是他的厨师扬·穆罕默德，"纳亚尔接着写道，"他吃得很少：盘子里就是一点菠菜、土豆和咖喱。"文卡特·拉曼是夏斯特里在德里的私人助理之一，他打来电话说，德里对《塔什干宣言》的总体反应是积极的，唯有反对党领导人反对印度军队从哈吉皮尔山口撤军。夏斯特里很想知道自己家人的反应，于是打电话询问他的大女儿库萨姆。她用印地语回答："我们不喜欢。"夏斯特里问："你的阿妈觉得怎样？""她也不喜欢。"女儿答道。这让夏斯特里心烦意乱。"如果连我自己的家人也不喜欢，外界会说什么呢？"他问。

心绪不宁的他开始在房间里踱来踱去，他在接受媒体采访时也经常这样。他喝了些牛奶，准备上床睡觉。但他睡不着，又继续在房间

---

① Nayar，*India*，252.
② Nayar，*India*，250.

里踱步。他要水，拉姆·纳特从梳妆台上的热水瓶里倒了些给他。午夜过后不久，他让拉姆·纳特回房休息，早早起床，飞去喀布尔。

在另一个房间里，夏斯特里的私人秘书贾甘·纳特·萨海和两名速记员在凌晨1点20分整理好了行李。突然，他们发现总理站在门口。"先生，医生在哪里？"他有些吃力地问。令人惊讶的是，在夏斯特里宽敞的房间里没有应急警铃或蜂鸣器。R. N. 丘格医生正在里间睡觉。萨海叫醒了丘格。等医生穿好衣服，萨海和速记员搀着夏斯特里走回他的房间。（回想起来，这对于严重心脏病患者来说是个致命的举动，据纳亚尔在他的著作《印度：危机岁月》中所说：夏斯特里此前曾发过两次轻微的心脏病。）

在房间里，他咳得厉害，人都抽搐了。给他喝了水，让他上床躺下。他摸了摸心口，随即不省人事。丘格医生来了，摸了摸他的脉搏，在他手臂上打了一针，然后在他的心脏位置扎了针。他没有反应。接着又给奄奄一息的夏斯特里做人工呼吸，但没能成功。

丘格对萨海说："去请当地医生来。"别墅的保安迅速行动。一名苏联医生10分钟不到就来了，其他医生紧随其后。他们宣布夏斯特里已经死了。他的确切死亡时间是1月11日，塔什干时间凌晨1点32分，印度标准时间是凌晨2点02分。阿尤布·汗立即得到了消息，他于凌晨4点到达夏斯特里的别墅。他神情沮丧。"这是个平和的人，为印巴友好献出了生命。"他说。后来他会告诉巴基斯坦记者，夏斯特里是个和他很投缘的印度领导人。阿尤布·汗说："如果他还活着，巴基斯坦和印度或许已经解决了双方的分歧。"[1] 当巴基斯坦外交部长阿齐兹·艾哈迈德打电话给布托，告诉他夏斯特里的死讯

---

[1] Nayar, *India*, 254.

时，布托半睡半醒，只听到了"死"这个词。"那两个混蛋中的哪一个死了？"他问；① 另一个"混蛋"，据他说是阿尤布·汗。

在印度，任何反对《塔什干宣言》的声音都随着夏斯特里的去世而销声匿迹。议会对该宣言表示支持。作为权宜之计，49 岁的信息和广播部部长英迪拉·甘地被国大党的大佬们任命为总理。英迪拉是贾瓦哈拉尔·尼赫鲁和卡玛拉·尼赫鲁唯一的孩子，但基本上没人注意到她，她成长为一个缺乏安全感、防备心理很强的女人。她有着又长又尖的鼻子，宽阔的前额，结合了她父亲的精致和强壮有力以及她母亲臃肿的脸庞。她爱上了性格开朗、口齿伶俐的拜火教知识分子、国大党活动家弗罗兹·甘地。25 岁时，她不顾她父亲和圣雄甘地的反对，按照印度教的仪式嫁给了他。由于拜火教不接受皈依者，英迪拉也就不存在信仰她丈夫的宗教的问题。印度独立后，她的婚姻破裂，开始为她的父亲管家。1959 年，尼赫鲁凭借其无人敢挑战的权力和个性，让她当选为国大党主席。她就这样被空降到印度主流政治舞台。执政党主席的位子使她洞悉了主要政治人物的弱点，这一优势后来被她成功地用来打败了那些之前背地里笑她是"哑巴娃娃"（goongi guddia，印地语）的人。

## 阿尤布·汗交权

巴基斯坦国家控制的新闻媒体被禁止公开表达对《塔什干宣言》的失望之情。即使如此，民众还是把愤怒通过街头示威宣泄了出来。

① Kuldip Nayar, "The Night Shastri Died and Other Stories," *Outlook* (Delhi), July 9, 2012.

抗议者认为，他们的总统将克什米尔出卖给了印度教"小职员"（babus，乌尔都语）和军阀，并在谈判桌上丢弃了战场上的胜果。警方在拉合尔枪杀了两名抗议学生。愤怒的示威者沿着卡拉奇的主干道游行，纵火焚烧了美国信息服务图书馆。

阿尤布·汗在 1 月 14 日的广播中提到这场骚乱时说："我们中间可能有些人会利用你们的感情，试图误导你们。"[①] 他指的是他的政治对手，布托毫不掩饰地反对《塔什干宣言》壮大了对手的队伍和气势。事实上，布托在这份宣言签署 5 个月后辞去了外交部长的职务，并开始筹划组建自己的政党。

不过，在东巴基斯坦，由于物质和文化方面的原因，一种更为强烈的反对声音也在增长。阿尤布·汗担任总统期间，权力集中在军方、官僚和工商界精英手中，其中孟加拉人只占少数。克什米尔战争和他们没有什么利害关系，他们对它也没有什么情感依恋，而战争却没得商量就强加于他们身上。在战事持续的 17 天里，他们一直是无可奈何的旁观者。1966 年 3 月，在达卡举行的一次国民议会辩论中，[②] 他们震惊地听到布托说，在印巴战争期间，巴基斯坦政府自以为是地认为，一旦东巴基斯坦遭到攻击，中国将会挺身而出。[③] 如果归根到底东巴基斯坦的防务归北京负责，那么仍是巴基斯坦一部分的东翼就没有任何优势可谈。大多数孟加拉人认为，作为一个独立的国家，他们或许能够更有效地保卫它。这些因素使谢赫·穆吉布·拉赫曼领导的"人民联盟"（Awami League）的队伍壮大起来。该党的六点纲领以实行联邦制的巴基斯坦政府为中心，设想了一个权力有限的

---

① Cited in Abid Ali, "Towards the Tashkent Declaration. "
② 拉瓦尔品第是巴基斯坦的行政首都，而达卡是其立法首都。
③ Siyasi Mubassir, "Zulfikar Ali Bhutto Revisited Part I (1956 – 1966)," *Pakistan Link*, February 5, 2005, http: //pakistanlink. org/Opinion/2005/Feb05/24/03. htm.

中央政府，它没有收税权和对外贸易的控制权，其管辖范围缩小到只剩外交和国防两个方面。

回首往事，阿尤布·汗后悔当初决定与印度开战。当年4月，他对内阁说："我希望大家明白，我们再也不会为了500万克什米尔人而拿1亿巴基斯坦人去冒险了。"① 但事实证明，民众对他的支持暴跌，并已不可逆转。

布托于1966年6月从内阁辞职，4个月后，他宣布了他即将成立的巴基斯坦人民党（PPP）的信条："我们的信仰是伊斯兰教；我们的政策是民主；我们的经济是社会主义经济。一切权力属于人民。"在担任内阁部长8年期间，他以渊博的知识和聪明才智给同事留下了深刻印象，并拥有了自己的根基。通过与西巴基斯坦的左派人士和少量来自东巴基斯坦的共产党人合作，1967年11月，他在拉合尔建立了巴基斯坦人民党，从而扩大了自己的根基。值得注意的是，该党的建党宪章提到了针对印度的"圣战"，理由是印度还在拒绝在查谟和克什米尔举行它承诺的全民公决。他过早谢顶，一张细腻的脸上有个尖尖的鼻子，不过很有魅力，能说会道，喜欢朗朗上口的口号。他打出了"人人有饭吃，人人有衣穿，人人有房住"的口号，一如他高喊"打倒地主""为农民争取平等权利"，受到了公众的欢迎。借由诱人的蛊惑民心的口号和令人敬畏的自信，他迅速为巴基斯坦人民党赢得了广泛的支持。

从1968年秋季开始，民众示威、罢工，反政府情绪逐步升级。形势变得非常严峻，1969年3月，阿尤布·汗废除了他在1962年公布的宪法，重新实施戒严，然后辞职了，将权力移交给了陆军参谋长

① A. G. Noorani, "Lyndon Johnson and India," *Frontline* (Chennai), May 12 – 25, 2001.

叶海亚·汗将军。

8 月，叶海亚·汗在拉合尔欢迎美国总统理查德·尼克松的到来。1971 年 10 月底，他对华盛顿进行了国事回访，当时东巴基斯坦的危机变得极其严重，需要与尼克松进行磋商。随后，他于 11 月 14 日在北京与周恩来会晤。在国内，他早前做出决定，要扩大三军情报局，并将收集东巴基斯坦政治情报的任务交给它。

## 三军情报局与调查分析局的崛起

三军情报局草创于 1948 年，当时陆军副参谋长罗伯特·卡索恩是要把它建成军事情报部门之一，此后它经历了一段漫长的发展历程。成立两年后，他把它变成了一个由他直接指挥的独立机构。1950 年代，陆军参谋长阿尤布·汗利用三军情报局来监视越来越不安分的政治家。1958 年他掌权后，该机构的权力也更大了，事实上已成为军队的政治武器。鉴于 1965 年 9 月的印巴战争中巴基斯坦情报部门让人失望，他对其进行了重组。他在三军情报局内设立了一个"秘密行动司"（Covert Action Division），其早期任务是协助少数民族叛乱分子，这些叛乱分子以印度东北部要求独立的"全特里普拉猛虎组织"（All Tripura Tiger Force）和"博多全国民主阵线"（National Democratic Front of Bodoland）之名四处活动。

德里方面在 1967 年 9 月进行了反击，英迪拉·甘地建了一个外国情报机构，最初是作为印度情报局（IB）的一个分支，名字取得无关痛痒，叫"调查分析局"（Research and Analysis Wing，RAW），但直接向总理办公室汇报工作。它刚一成立就获得了特别边境部队的资产，特别边境部队是 5 年前成立的一支秘密军队，由美国中央情报局培训，专门从事颠覆行动，最初针对的是西藏的中国军队。①

在建立新机构之前，英迪拉·甘地通过林登·约翰逊总统获得了中央情报局的援助。自 1966 年 3 月他们在白宫会面以来，他俩一直保持着友好关系。他不赞成巴基斯坦与中国发展密切关系，这为调查分析局和印度情报局的高级官员接受美国中情局的培训开辟了道路。调查分析局 1968 年成了一个独立机构，由拉梅什瓦尔·纳兹·高领导，他曾是印度情报局外国情报司的头。该机构的活动不仅要对公众保密，还要对议会隐瞒。为了应对巴基斯坦和中国之间日益增加的情报和军事上的联系，总理指示高与以色列的外国情报机构摩萨德建立联系，摩萨德也是总理秘书处的一个部门。② 当时，德里与特拉维夫没有建立外交关系，还曾在巴以冲突中采取了强烈的亲巴勒斯坦立场。

1970 年 10 月，叶海亚·汗宣布举行省议会和国家议会的选举，其基础是前所未有的成人普选，他还授权国家议会承担起制宪会议的作用，通过一部新宪法。叶海亚·汗意识到由谢赫·拉赫曼领导的人民联盟在东巴基斯坦很受欢迎，于是指示三军情报局局长穆罕默德·阿克巴尔·汗准将不承认人民联盟在选举中获得的多数票，并为此拨了一笔资金。但这个计划没进行多久。

三军情报局在东巴基斯坦有了一个卖力的竞争对手：调查分析局。该印度机构想出了好几种资助巴基斯坦人民联盟的方式，因为人民联盟的竞选宣言要求为联邦制定一部主要只应对国防和外交事务的

① 见第八章。
② B. Raman, *The Kaoboys of R&AW: Down Memory Lane* (New Delhi: Lancer, 2008), 127.

宪法，这符合德里的意愿。由于东巴基斯坦遭受飓风和洪水灾害，该省的选举推迟了两个月。

后来，在达卡活动的调查分析局特工警告他们在加尔各答的行动人员，无论选举结果如何，军方都将在1971年2月镇压人民联盟。他们建议谢赫·拉赫曼离开达卡，但无济于事。[1]

在12月7日举行的大选中，人民联盟在省议会的300席中赢得了惊人的288席，在300人参加的国家议会/制宪会议上，得到了分配给东巴基斯坦的162席中的160席。早些时候，在西巴基斯坦，布托的巴基斯坦人民党获得了国家议会132席中的81席，以及省议会300席中的144席。投票率达到63％。12月17日，谢赫·拉赫曼重申了他关于建立一个松散的巴基斯坦联邦的六点要求，布托拒绝了这项提议，并宣称没有他的政党的合作，任何宪法都不可能制定出来，任何政府都没法从中央层面来管理。[2]

1971年1月，克什米尔武装分子劫持了一架飞往拉合尔的印度飞机，并将其炸毁，印度就此禁止巴基斯坦的航班飞越印度领空，巴基斯坦两翼之间脆弱的地理联系便凸显了出来。这迫使巴基斯坦当局重新安排两翼之间的空中航线，改道斯里兰卡的科伦坡，这是一个既昂贵又耗时的选择。

调查分析局在对巴基斯坦的评估中，描绘出了一幅令人震惊的军事实力图景——印度媒体对此进行了适当的报道——量化了巴方军队的人数和武器装备，并得出结论说，伊斯兰堡已经为"与印度的任何对抗做好了不错的军事准备"。这一评估认为，巴基斯坦袭击印度的

---

[1] Ashok Raina, *Inside RAW: The Story of India's Secret Service* (New Delhi: Vikas, 1981), 53 - 54.

[2] "1970 Polls: When Election Results Created a Storm," *Dawn* (Karachi), January 8, 2012.

可能性是"真实存在的，尤其是考虑到中巴合谋"。此外，它还补充说，东巴基斯坦的宪法危机有可能会鼓励将军们做出牵制军力的冒险之举，就像 1965 年 8 月那次一样，先从"查谟和克什米尔的渗透行动开始"。①

叶海亚·汗将 3 月 3 日在达卡开幕的国民议会/制宪会议无限期推迟，因为布托威胁说，如果制宪会议如期举行，西巴基斯坦将举行大罢工。

3 月 2 日，谢赫·拉赫曼在东巴基斯坦发动了为期 5 天的大罢工。随后，人民联盟发起了不合作运动。叶海亚·汗把 3 月 25 日定为国民议会/制宪会议的开幕日。

3 月 7 日，谢赫·拉赫曼宣布，只有立即取消戒严并将权力移交给省议会当选议员，人民联盟才会参加国民议会/制宪会议。当天，叶海亚·汗任命留着胡子、不苟言笑、一脸坚韧的穆罕默德·提卡·汗将军为东巴基斯坦的军事省省长。随后又下令从西巴基斯坦向达卡空运部队（尽管他们身着便衣），以加强那里现有的 3 万兵力。而这 3 万人中 1.8 万人是孟加拉人，后来他们大多叛逃了或被解除了武装。这一切完成后，他于 3 月 15 日飞往达卡，去促成谢赫·拉赫曼和布托之间达成妥协。5 天后，就在他宣布一项计划，打算在 3 月 20 日颁布临时宪法就此结束戒严之时，布托拒绝了他的提议。

而在人后，叶海亚·汗和提卡·汗敲定了军事接管东巴基斯坦的计划，目的在于遏制东孟加拉兵团中的孟加拉人、东巴基斯坦步枪队、警察、奉行民族主义的学生和其他平民的抵抗。3 月 23 日，谢

---

① Cited in Ramchandra Guha, *India After Gandhi: The History of the World's Largest Democracy* (London: Macmillan, 2007), 453, quoting a secret report by RAW in January 1971, entitled "Threat of Military Attack or Infiltration Campaign by Pakistan."

赫·拉赫曼发表了东巴基斯坦的"解放宣言"。正如预期的那样，当他、叶海亚·汗和布托之间的最后一轮谈判在3月25日晚10点破裂时，提卡·汗启动了"探照灯行动"，浇灭了民众的热情。这件残忍的事，是他派了6.5万名军人去完成的。

他宣布人民联盟为非法组织，将被捕的谢赫·拉赫曼用飞机送到西巴基斯坦受审，罪名是叛国，并驱逐东巴基斯坦的外国记者，实施新闻审查制度。[①] 这是剧烈动荡的开端，8个月后，伊斯兰堡和德里在东巴基斯坦爆发了地面战争。

---

① 后来，叶海亚·汗还监禁了佐勒菲卡尔·阿里·布托，因为后者批评他处理东巴基斯坦局势不当。

# 第十章

## 英迪拉·甘地扼杀两个民族理论

1971 年的印巴战争在东巴基斯坦爆发前，经历了三个阶段：3 月至 5 月、6 月至 9 月、10 月至 11 月 21 日。这些都是由政治外交因素和次大陆东部的天气所决定的。6 月到 9 月季风的结束，是横跨 10 月到 11 月初的收获季节的序曲。农作物运输到城市中心堵塞了铁路，而铁路是从驻军城镇把重型军事装备大规模运送到前线所必不可少的。

解释收获季节性作物与军队备战之间的关系这件事，由印度陆军参谋长萨姆·霍姆斯基·弗拉姆吉·贾姆谢吉·马内克肖将军来负责。这位身材瘦长、留着海象胡子、高傲而又守旧的拜火教教徒还指出，随着冬天的临近，喜马拉雅山山口将被关闭，中国领导人将无法干涉巴基斯坦一方的战斗。内阁同意了他的说法。

这场被称为"孟加拉战争"或"孟加拉解放战争"的武装冲突的加剧及其持续时间，见证了复杂的外交斡旋，这是二战以来从没有过的。除了印度和巴基斯坦，美国、苏联和中国也卷入其中。台湾当局被逐出联合国之后，中华人民共和国于 1971 年 10 月 25 日获得了联合国安理会常任理事国的席位。这是美国国家安全顾问亨利·基辛格

7 月 10 日至 11 日秘密访问北京的结果，他此行的主要目的是讨论台湾的命运。

<h2 style="text-align:center">"孟加拉屠夫"的首要目标</h2>

提卡·汗将军于 1971 年 3 月 25 日启动了"探照灯行动"，意在消灭孟加拉民族主义的源泉——知识分子，为一个更残酷的目标拉开序幕。据《卡拉奇晨报》助理编辑安东尼·马斯卡伦哈斯所说，此项官方战策包括三个要素。他在 6 月中旬的报道中说："一、孟加拉人已经证明自己靠不住，必须由西巴基斯坦人统治。二、必须按照正确的伊斯兰教义对孟加拉人进行再教育。群众的伊斯兰化——这是官方术语——是为了消除分裂主义倾向，并与西巴基斯坦建立起牢固的宗教纽带。三、当印度教教徒被死亡和战争灭绝时，他们的财产将被用作赢得贫困穆斯林中产阶级的金胡萝卜。"[1] 虽然印度教教徒只占东巴基斯坦 7500 万人口的七分之一，但他们拥有的财产远远高于这个比例。

巴基斯坦军队特意把达卡的大学以及印度教社区作为他们的攻击目标。3 月 31 日，印度国会通过了一项支持"孟加拉人民"的决议。德里的公开干涉巴基斯坦内政之举，与加尔各答的调查分析局特工大肆活动齐头并进。在帮助逃离军队拉网式搜捕的"人民联盟"领导人于 4 月 17 日在加尔各答建立流亡政府一事上，他们发挥了核心作用。

该流亡政府自称为孟加拉国临时政府，由谢赫·穆吉布·拉赫曼

---

[1] Cited in Vivek Guamste, "The Hindu Genocide That Hindus and the World Forgot," *India Tribune*, 2012.

担任总统，很快就正式成立了各种武装抵抗组织，统称为"解放军"（Mukti Bahini，孟加拉语），在东巴基斯坦境内进行反抗现政权活动。"解放军"由（退休的）穆罕默德·阿托拉·加尼·奥斯马尼上校指挥，印度政府负责组织、资助、武装和训练。在该组织的秘密通信中，它开始将东巴基斯坦的活动描述为"为孟加拉民族（Bangladesh，孟加拉语）而战"。

与伊斯兰堡的政府一样，中国也对印度的举动流露出深深的忧虑。"中国政府认为，目前在巴基斯坦发生的一切纯属巴基斯坦内政，只能由巴基斯坦人民自己解决，不容任何外国势力干涉，"中国总理周恩来在 4 月 21 日写给叶海亚·汗总统的信中说，"请阁下放心，如果印度扩张主义者敢于对巴基斯坦发动侵略，中国政府和人民将一如既往地支持巴基斯坦政府和人民维护国家主权和民族独立的正义斗争。"[1]

4 月 7 日，眼睛炯炯有神、椭圆脸、胡子刮得干干净净的阿米尔·阿卜杜拉·汗·尼亚兹中将被派往达卡，他自二战以来参加过多次战斗，此行是去协助提卡·汗将军。这下子，东巴基斯坦的起义愈演愈烈，印度台前幕后的参与也越来越活跃。

在尼亚兹的建议下，提卡·汗收编了伊斯兰社会党（Jamaat-eIslami，乌尔都语），后者在讲乌尔都语的比哈里穆斯林移民中很受欢迎。该组织领导人宣布将对孟加拉"解放军"及其印度支持者发动圣战。这与伊斯兰堡在媒体上广泛散布的说法相吻合，媒体声称"人民联盟"与孟加拉印度教教徒关系密切，说他们是"印度教复国主义者针对伊斯兰教巴基斯坦的阴谋的一部分"。[2] 正如后来的事实所揭

---

[1] Cited in A. G. Noorani, "The Mystique of Archives," *Hindu*, March 1, 2003.

[2] Cited in Ramchandra Guha, *India After Gandhi: The History of the World's Largest Democracy* (London: Macmillan, 2007 / New York: Harper Perennial, 2008), 452.

示的那样，上述的后一种说法颇有点道理。

伊斯兰社会党旗下的学生团体在5月份加入了军政府的行动，成立了两个准军事的镇压叛乱部队。这一安排是提卡·汗6月1日根据《东巴基斯坦拉萨卡条例》①正式确定的。该条例要求建立一支训练有素的志愿部队，作为正规军的补充。

尼亚兹在他的回忆录《东巴基斯坦之背叛》（*Betrayal of East Pakistan*）中写道："一个独立的拉萨卡部门成立了。"

> 称为巴德尔（Al Badr）和沙姆斯（Al Shams）的两个独立支队正式成立。来自普通学校和宗教学校的受过良好教育、积极性很高的学生被安排到巴德尔支队，他们在那里接受了"特别行动"训练；其余的人则被集中在沙姆斯支队，负责保护桥梁、重要据点和其他地区。拉萨卡主要用在那些周围有军队控制的地区以及能用得着他们的地方……这支部队在用得上的地方都能发挥作用，特别是右派势力强大和它在当地有足够影响力的地方。②

沙姆斯还为军队提供后勤保障和情报，其成员经常开着吉普车去搜寻孟加拉民族主义分子的据点，随意逮捕嫌疑人，并把他们带到当地的刑讯中心。

这一战略的实施，是在军队的第一轮暴力行动5月中旬在主要城市压制了当地民族主义武装之后，这些武装由激进的平民和孟加拉军队的逃兵（当局称之为"异端分子"）组成。为了让外界知道该策略

---

① East Pakistan Razakar Ordinance，"拉萨卡"是准军事组织之一。——译者
② A. A. K. Niazi, *Betrayal of East Pakistan* (New Delhi: Manohar Books, 1998), 78.

的成功，伊斯兰堡政府挑选了 8 名记者，包括《卡拉奇晨报》的马斯卡伦哈斯，由导游带领，对东巴基斯坦进行了为期 10 天的访问。①

6 月初回国时，其中 7 名记者撰写了亲政府的报道，在军方审查之后发表了。而长着一张方脸，留着八字胡，眼镜后面有一双深情的眼睛的马斯卡伦哈斯，却迟迟没有动静。他的妻子伊冯娜后来透露："他告诉我，如果不能写自己的亲眼所见，那他一个字也写不出。"他告诉她，如果他把自己看到的写下来，就会被枪毙。他谎称他住在伦敦的姐姐安病得很重，便飞去了伦敦。在那里，他遇到了《星期日泰晤士报》的编辑哈罗德·埃文斯。尽管对早些时候在东巴基斯坦境内犯下的暴行已有所耳闻，但埃文斯还是对他最终从马斯卡伦哈斯口中听到的事始料未及。这名巴基斯坦记者对埃文斯说，"军方做的事更糟，规模也更大"，而他亲眼看到了一场大规模的有计划有步骤的杀戮，还听到军方官员将这场杀戮描述为"最终解决方案"。"探照灯行动"的设计师提卡·汗将因此获得"孟加拉屠夫"的称号。

但埃文斯要将这件令人毛骨悚然的事公之于众，只能在目击证人的妻子和 5 个孩子离开巴基斯坦之后。一旦巧施计谋让他们离开，马斯卡伦哈斯一家又于 6 月 12 日抵达伦敦，《星期日泰晤士报》次日便以"种族灭绝"为题，刊登了马斯卡伦哈斯写的一篇长达三个版面的报道。"我亲眼看见了当军队清除反政府武装之后在城镇和村庄进行大屠杀时，'杀人放火的事'做得有多残忍，"他写道，"我看到整个村庄被'惩罚行动'摧毁了。晚上在军官食堂里，听到那些原本勇敢可敬的人自豪地回味着这一天的杀戮，我简直难以置信。'你干掉了

---

① 安东尼·马斯卡伦哈斯生于印度西部城市贝尔加姆，父母是基督徒。他毕业于卡拉奇的圣帕特里克学院，印巴分治后定居卡拉奇，最初是在国有机构巴基斯坦联合通讯社当记者。

多少？'那些答案深深地印刻在了我的记忆里。"①

　　一位久负盛名的巴基斯坦记者所精心记录的、耸人听闻的的第一手资料，在全世界范围内被引用。这对国际舆论转向反对伊斯兰堡军政府方面发挥了至关重要的作用。据埃文斯说，印度总理英迪拉·甘地告诉他，这篇文章让她非常震惊，以至于她"在欧洲各国首都和莫斯科展开了一场个人外交活动，为印度的武装干预做好准备"。②

　　与此形成鲜明对比的是，对这份令人痛心的报告美国高层官员无动于衷。在1971年4月28日基辛格在一份备忘中，尼克松总统在一张他潦草写下的便条上记下了自己的立场，而基辛格在备忘录中指出东巴基斯坦的未来是"更大的自治权，甚至可能是最终走向独立"："此时此刻，所有人都不要逼迫叶海亚"。当年5月，英迪拉·甘地给尼克松写了一封信，信中提到"东孟加拉大屠杀"和加诸印度的难民潮，尼克松对此无动于衷。2005年6月公布的白宫录音带解密抄本中，包含了1971年5月26日尼克松与基辛格之间的谈话片段：

　　　　基辛格：他们是那里最有侵略性的人。

　　　　尼克松：印度人？

　　　　基辛格：是的。

　　　　尼克松：确实。③

　　6月22日，《纽约时报》刊登了泰德·苏尔克的一篇报道，题为

---

① Cited by Mark Dummett, "Bangladesh War: The Article That Changed History," BBC News, December 16, 2011.
② Dummett, "Bangladesh War." While working for the *Sunday Times* in London, Anthony Mascarenhas published his book *Rape of Bangladesh* in 1972.
③ "Nixon's Dislike of 'Witch' Indira," BBC News, June 29, 2005.

"美国无视禁令，向巴基斯坦运送军用物资"。文章披露，为了规避国会自 1965 年 9 月印巴战争以来对巴基斯坦的武器禁令，尼克松政府正通过伊朗和土耳其向巴基斯坦运送武器。

而此时，基辛格和尼克松正在推行一项计划，乘北京与莫斯科关系破裂之机，让基辛格秘密访问北京。那两个共产主义邻国的关系恶化始于 1969 年 3 月双方的一系列边境冲突，在周恩来与苏联总理柯西金 9 月会谈失败之后，北京方面在 10 月发出了军事警告，交恶进一步升级。1970 年，由于有传言称克里姆林宫计划对中国在新疆的核试验场进行外科手术式打击，苏联在中国边境部署的师数量增至 30 个。[1]

随着双方军事力量在 1971 年持续加强，尼克松和基辛格看到了一个机会，即美国可以以巴基斯坦为信使，寻求与中国修好，从而加大其对付主要对手苏联的砝码。

预 热 阶 段

6 月 28 日，叶海亚·汗宣布了起草新宪法的计划，并建议在 4 个月内完成这项任务。一个月后，他声称东翼已经恢复正常。但他的说法与以下事实是有出入的：第一支在印度受训的 110 人的孟加拉游击队在 7 月设法渗透进东巴基斯坦，并抵达其中心城镇马达里普尔。[2] 它摧毁了茶园、内河船只和铁轨，这些举动牵制了巴基斯坦军

---

[1] "Sino-Soviet Border Clashes," Global Security, n. d. , http：//www. globalsecurity. org/military /world/war/prc-soviet. htm.

[2] Praveen Swami, "India's Secret War in Bangladesh," *Hindu*，December 26，2011.

队，破坏了当地工业，并毁掉了达卡与两个重要省城之间的通讯。①

有关政府试图通过外交手法来应对日益加剧的危机。印度外交部长斯瓦兰·辛格6月在莫斯科会见苏联外交部长安德烈·葛罗米柯时表示，中国是唯一一个向伊斯兰堡军政府提供"全力、全面、明确支持"的国家。"中国人反对苏联所代表的一切，"葛罗米柯说，"我们支持的任何事业都会招致他们的反对，而我们认为不值得我们支持的任何事情他们都会支持。"②

两位部长商讨了葛罗米柯的内阁最初向印度驻莫斯科大使杜尔加·普拉萨德·达尔提出的一项条约，该条约旨在"作为强大的威慑力量，迫使巴基斯坦和中国放弃任何军事冒险的想法"。为此，辛格会见了苏联总理柯西金，后者对此提议表示赞同。双方交换了草案后，有效期为20年的《印苏和平友好与合作条约》最终定稿。8月9日，辛格和葛罗米柯在新德里签署了这份协议。③

该《条约》的"各缔约国"宣布，它将"就影响两国利益的重大国际问题相互保持经常联系"，它"不应缔结或者参加任何针对另一缔约国的军事同盟"，"如果任何一方受到攻击或威胁，缔约双方应立即进行协商，以消除这种威胁，并采取适当有效措施，确保其国家的和平与安全"。④

这一历史性文件是在基辛格秘密访问北京、会见周恩来一个月后

---

① 印度军事训练人员建了6个营地，以招募志愿者，把他们训练成破坏分子。在某个营地，大约3000名年轻人不得不苦苦等待两个月才能上岗。Claude Arpi, "1971 War: How the US Tried to Corner India," *Rediff India Abroad*, December 26, 2006.

② Cited in Guha, *India After Gandhi*, 456.

③ 那时，苏联已成为印度最大的武器供应国，同时也是印度商品最大的单一买家。Dilip Hiro, *Inside India Today* (London: Routledge & Kegan Paul, 1976 / New York: Monthly Review Press, 1977), 251.

④ Cited in ibid., 251.

签署的。"我们认为，如果印度无视世界舆论继续走目前的路，它就会继续肆无忌惮地走下去，"周恩来对他说，"不过，我们支持巴基斯坦的立场。这是众所周知的。如果他们〔印度人〕执意挑起这样的局面，那么我们就不能坐视不管。"基辛格告诉周恩来，华盛顿也同情巴基斯坦。①

尼克松在得知《印苏和平友好与合作条约》后，加深了对印度外交官"狡猾、奸诈"的印象。他认为这是德里和莫斯科之间毫不掩饰的勾结，是苏联势力在南亚扩张的表现。8月下旬，尼克松在为讨论南亚危机而成立的华盛顿特别行动小组（WSAG）的一次会议上说，尽管巴基斯坦人"直截了当"，有时甚至"愚蠢至极"，而"印度人更狡猾，有时狡猾到让我们落入他们的圈套"。他强调，"美国决不能允许印度以难民为借口分裂巴基斯坦"。②

从东巴基斯坦源源不断涌入的难民，到当年8月已达600万，其中四分之三为印度教教徒。他们涌入西孟加拉邦和周边各邦破败不堪的难民营，给德里的资源造成了无法承受的负担。另一方面，这些营地也成为渴望接受游击队训练的志愿者的巨大来源。

在组建"解放军"的过程中，调查分析局与印度军方进行了合作。通过收编成立9年的"第22建制"（即特别边境部队）作为其武装力量分支，它积累了把志愿者训练成游击队员和破坏分子的经验。而它与军队之间的联系，是通过调查分析局局长的军事顾问和军事情报咨询小组来维持的。至此，调查分析局已经发展出了复杂的信号情报和照片侦察能力，这多亏了美国中情局的协助。

在印度军方和调查分析局的共同支持下，7月11日至17日在加

---

① Arpi, "1971 War."
② Cited in Guha, *India After Gandhi*, 455.

尔各答举行的孟加拉邦军官秘密会议上，东巴基斯坦被划分为 11 个区。"解放军"被分为正规军和由情报工作志愿者组成的游击队。游击队的任务是突袭和伏击军事目标，破坏工厂、发电厂以及通讯系统。他们还被传授如何迫使巴基斯坦部队分散成小股，然后对他们各个击破。①

## 雨季之后

截至 9 月，印度每月在 10 个营地培训 2 万名游击队员，8 名印度士兵作为教练，负责每个营地的 100 名志愿者。② 随着季风降雨逐渐减弱，"解放军"游击队的渗透急剧增加。

另一方面，为了表明东巴基斯坦已恢复了正常，叶海亚·汗在 9 月初宣布大赦，并且用温和派政治家阿卜杜勒·马利克接替提卡·汗担任省长。提卡·汗被改派去领导驻扎在西巴基斯坦的木尔坦第二军团。尼亚兹中将接替提卡·汗担任东部司令部的指挥官。

在外交方面，克里姆林宫与德里签署友好条约后，并没有因此改变之前在东巴基斯坦问题上的立场。1966 年的塔什干会议之后，为奉行对巴基斯坦的友好政策，苏联开始向伊斯兰堡提供武器。现在它坚持认为，东巴基斯坦的冲突属于伊斯兰堡政权的"内政"。

为了说服克里姆林宫改变其政策，英迪拉·甘地于 9 月底飞去莫斯科。她在那里重申了自己的观点，即东巴基斯坦的难民不断涌入，

---

① "Mukti Bahini," *Banglapedia: National Encyclopedia of Bangladesh*, n. d. , http：//www. bpedia. org/M _ 0380. php.
② Arpi, "1971 War. "

导致印度政府有限的资源出现严重短缺。她还说，由于难民营的生活条件恶劣，人们正在陆陆续续死去。随后的印苏公报提到，必须采取一切必要措施，制止和扭转目前人数已达 800 万的难民潮。①

从 10 月中旬开始，印度军队开始用炮火掩护"解放军"的渗透者。令他们失望的是，当巴基斯坦军队反击时，这些游击队员很少能够坚守阵地。结果，印度人在印度—东巴基斯坦边境的炮击变得愈加猛烈，"解放军"的渗透规模也越来越大。

印度方面，英迪拉·甘地的外交努力仍在继续，重点是强调不断从东巴基斯坦涌入的难民。她为期三周的西欧和北美首都之行于 11 月 4 日在华盛顿结束。

在白宫南草坪，尼克松以完全军礼②欢迎英迪拉·甘地的到来。两人会晤期间，尼克松阐述了避免再次发生战争的理由，并提出为叶海亚·汗在东巴基斯坦达成政治解决方案设定了一个时限。据当时在场的基辛格说，英迪拉·甘地效仿她父亲贾瓦哈拉尔·尼赫鲁每次听到外国领导人提及克什米尔争端时的反应，即"面无表情地"一味听着。通过对尼克松的讲话不作任何评论，她成功地在她和尼克松之间筑起了一堵看不见又穿不透的墙。至于这位美国总统，他对在印度寻求避难的数百万难民几乎只字不提。

11 月 5 日，英迪拉·甘地离开白宫后，尼克松与基辛格回顾了她的此次访问。根据美国国务院 2005 年 6 月解密的文件，尼克松说："我们真的很羡慕那个老巫婆。"（很明显，这是指他在欢迎词中对她的赞扬，他说英迪拉·甘地"有其与众不同之处，表现在印度议会制

---

① Noorani，"The Mystique of Archives."
② full military honors，最隆重的仪式，包括鸣 21 响礼炮和检阅三军仪仗队。——译者

度上，就是投票支持她的人比支持世界历史上任何一位领导人的都多。①）"印度人不管怎么说都是混蛋，"基辛格说，"他们在那里发动战争。"他还说："虽然她是个婊子，但我们也得到了我们想要的。回去后，她不能说美国没有热情接待她所以她出于绝望只能开战。"②

一个奇怪的巧合是，11 月 5 日，佐勒菲卡尔·阿里·布托任团长的巴基斯坦代表团访问北京，寻求中国的支持。但中国领导人始终没松口答应在军事上支持巴基斯坦。5 天后，尼克松指示基辛格叫中国向印度边境派遣一些军队，说："威胁他们，要么调动军队，要么自此置身事外，亨利，这是他们现在必须做的。"基辛格向中国新任驻联合国大使黄华转达了这一信息。③

北京不得不考虑到印度早已在印西藏边界部署的 8 个山地师。尽管如此，它还是在印度边境集结了士兵。德里威胁要轰炸新疆的罗布泊核设施，因此北京重新部署了自己的军队。④ 为了平衡军力，北京决定加强西巴基斯坦的防御能力。穿越昆杰拉布山口的喀喇昆仑公路已建成 5 年，它的存在有助于实现这一目标。每天都有 100 辆载有民用和军用物资的卡车从中国的喀什开到吉尔吉特。

印度军方的规划人员精心地设计了一项战略，把"第 22 建制"的秘密部队纳入正在进行的对巴基斯坦的战斗中。根据孟加拉国解放战争⑤40 周年之际官方秘档解密的部分文件，到 1971 年 11 月初，大约有 5.1 万名"解放军"战士活跃在东巴基斯坦。他们主要沿着与印

---

① Richard Nixon, "Remarks of Welcome to Prime Minister Indira Gandhi of India, November 4，1971，" http：//www. presidency. ucsb. edu/ws/？ pid＝3208.
② "Nixon's Dislike of 'Witch' Indira. "
③ Arpi, "1971 War. "
④ Adrian Levy and Catherine Scott-Clark, *Deception: Pakistan, the United States and the Secret Trade in Nuclear Weapons* (New York：Walker & Company，2007)，61.
⑤ 亦称为孟加拉国独立战争或巴基斯坦内战。——译者

度接壤的边境地区作战，并成功地将巴基斯坦军队拉向印度边境，从
而为印度正规军最终挺进达卡铺平了道路。① 实际上，11 月间，印度
正规军部队在东巴基斯坦境内连夜开展游击行动，然后再撤回边界
那边。

## 东巴基斯坦的地面战争

11 月 21 日晚，印度军队停止了早前的做法，即在东巴基斯坦小
打小闹之后就返回印度领土，而是继续留在边境那一边。两天后，叶
海亚·汗宣布巴基斯坦全国进入紧急状态，并呼吁巴基斯坦人做好与
印度人开战的准备。到 11 月 25 日，印度军队的几个师用装甲武器和
火炮袭击了东巴基斯坦的主要边境地区。为了把巴基斯坦士兵从主要
的人口中心转移出去，调查分析局的头头拉梅什瓦尔·高敦促美国中
情局训练的持不同政见的藏人采取行动。这些人端着匆忙进口的保加
利亚突击步枪和美国制造的卡宾枪，在苏扬·辛格·乌班准将的指挥
下，涌入了东亚部族聚居的吉大港山区。他们利用轻度的边境冲突牵
制住了巴基斯坦军队。②

尼亚兹手下有 6.5 万名士兵。他所面对的印度东部加尔各答司令
部的指挥官贾吉特·辛格·奥罗拉中将，手下士兵数量几乎是他的 4
倍。这迫使尼亚兹采取防御策略。他把他的部队从分散的边界纠察队
中撤出来，集结在内陆主要城市中心的防御工事中。11 月 30 日，他
收到总参谋长阿卜杜勒·哈米德·汗将军发来的电文，其中写道：

---

① Praveen Swami, "Fighting Pakistan's 'Informal War,'" *Hindu*, July 15, 2008.
② Praveen Swami, "India's Secret War in Bangladesh," *Hindu*, December 26, 2011.

"整个国家都为你们感到骄傲，全国人民都在全力支持你们。"当天，拉瓦尔品第的最高军事指挥部决定于 12 月 2 日在印度西线发动"成吉思汗行动"，后来该行动推迟了 24 小时，却没有通知尼亚兹。[①]

12 月 3 日是个星期五，下午 5 点 40 分，巴基斯坦轰炸了其西部边境附近的 11 个印度机场，并炮击了印控克什米尔地区。英迪拉·甘地得知这一消息后说："感谢上帝，他们袭击了我们。"[②] 这意味着印度不会被指责为侵略他国，因为外界认为，印度在东巴基斯坦持续 11 天的军事行动是孟加拉民族主义分子正在进行的秘密武装斗争的一部分。午夜时分，英迪拉·甘地向巴基斯坦宣战。

## 热战，疯狂的外交

12 月 4 日，印度从海、陆、空对东巴基斯坦发动了全面进攻，其场面之大，赢得了"没有坦克的闪电战"之称。印度军队和"解放军"战士一起行动，从五个点突入东巴基斯坦边境，由北部、东部和西部向达卡挺进。尼亚兹的部队试图通过炸毁桥梁来延缓敌人的进攻步伐。在已经进入东巴基斯坦境内的"解放军"游击队的帮助下，入侵部队切断了首都和其他重要城市之间的通讯。他们占领了重要的军需品铁路运输终点，把守军困在原地。印度人袭击了西巴基斯坦的目标，以此回敬巴基斯坦在其领土上发动的空袭和地面袭击。

---

① Sarmila Bose, "The Courageous Pak Army Stand on the Eastern Front," *Mianwali Online*, n. d. , http：//www. mianwalionline. com/personalities/genniazi/AAKNiazi. shtml♯Op-Ed.

② Blema S. Seinburg, *Women in Power: The Personality and Leadership Style of India Gandhi*（Montreal：McGill-Queen's University Press, 2008），36.

第三次印巴战争引发了外交狂潮。在联合国安理会上，美国驻联合国大使乔治·H. W. 布什提出一项决议，要求印巴双方立即停火并撤军，但被苏联否决了。中央情报局局长理查德·赫尔姆斯告诉尼克松：虽然甘地希望中国不要从北方进行干预，但克里姆林宫警告她，中国仍有可能在克什米尔的拉达克地区"挥戈相助"。

12月6日，印度宣布承认位于加尔各答的孟加拉国临时政府。据此，叶海亚·汗组建了一个文官政府，由来自东巴基斯坦的孟加拉人努鲁尔·阿明担任总理，布托担任副总理兼外交部长。

截至12月9日，印度人挫败了巴基斯坦对其西部战线的进攻，并摧毁了巴基斯坦在卡拉奇的油库。

12月10日，基辛格在联合国会见了黄华。"如果中华人民共和国认为印度次大陆的局势对其安全构成威胁，如果你们采取措施保护自身安全，美国将不允许其他国家干涉中国的努力，"他对黄华说，"对于具体步骤我们不作任何建议，我们只向你们通报其他方面的行为。我们的海军目前仍在马六甲海峡以东，要到他们在星期日晚上（12月12日）横渡马六甲海峡之后，局势才会明朗。"随后，基辛格阐述了华盛顿对次大陆军事局势的评估。他说："东部的巴基斯坦军队已经被摧毁，而西部的巴基斯坦军队再过两三周就会耗尽天然气和石油，也许两周，因为卡拉奇的油库被毁，已经无法储备石油。我们认为，当前的目标必须是防止印度袭击西巴基斯坦军队。如果不采取一切措施制止，我们担心东巴基斯坦会成为下一个不丹，西巴基斯坦会成为下一个尼泊尔。在苏联的帮助下，印度就有暇将精力转移到其他地方。"[1]

---

[1] Cited in Noorani，"The Mystique of Archives."

　　华盛顿和北京都担心印度入侵西巴基斯坦会给苏联制造机会控制南亚，这是他们绝对不允许发生的事。因此，尼克松鼓励中国进一步增加对巴基斯坦的军火运输。

　　布托为表示对巴基斯坦的支持，于 12 月 10 日晚抵达联合国。

　　对于接下来的关键日子里外交战线上发生的事，从基辛格在 12 月 17 日发给周恩来的电文中可见一斑。据基辛格称，12 月 12 日，美国通过苏联驻华盛顿大使馆敦促苏联向印度施压，要求印度罢兵。次日，苏联驻美大使阿纳托利·多布里宁通知白宫，克里姆林宫正在与印度磋商，并会把结果通报白宫。"12 月 14 日，星期二，清晨，苏联方面传来消息，除了表达对南亚局势的一些常规看法外，还转达了一个信息，即坚决保证印度领导人没有夺取西巴基斯坦领土或攻击西巴基斯坦武装部队的计划。"当天上午晚些时候，根据尼克松的指示，美国副国务卿亚历山大·黑格将军会见了苏联临时代办尤里·沃龙佐夫，并告诉他，总统和基辛格发现苏联关于印度在西巴基斯坦的意图的信息不够明确，希望澄清两点：苏联所说的是否包括阿扎德-克什米尔，双方是否会回到敌对行动爆发前的确切边界？沃龙佐夫表述了他个人的理解，他认为这正是苏联的意思。

　　黑格强调，美国希望克里姆林宫迅速采取行动制止战争，拖延可能对美苏关系产生极其严重的影响。① 多布里宁在他的回忆录《信赖》（*In Confidence*）中写道："尼克松和基辛格只能相信莫斯科的话，即印度不会袭击西巴基斯坦。"他还说："苏联的外交干预有助于防止军事冲突扩散。"②

---

① Cited in Noorani, "The Mystique of Archives."
② Anatoly Dobrynin, *In Confidence: Moscow's Ambassador to Six Cold War Presidents* (New York：Crown, 1995)，237.

1972 年 6 月 20 日，基辛格和周恩来总理在北京大会堂会晤时，回顾了 12 月那段动荡日子里发生的事。讨论的话题包括专栏作家杰克·安德森在 1972 年 1 月发表的一系列关于美国向巴基斯坦"倾斜"的文章，这些文章是根据华盛顿特别行动小组的机密会议记录撰写的。[1] 尼克松和基辛格急切地想与中国建立友好关系，却忽视了美国评论家日益对巴基斯坦军队在东巴基斯坦犯下野蛮暴行的谴责与愤怒。很有意思的是，对他们"无视恶行"的立场的抗议最早来自美国驻达卡领事馆。1971 年 4 月 7 日，总领事阿彻·K. 布拉德从达卡寄出一份由美国领事馆和其他美国发展机构的 20 名官员签名的电文，标题为"对美国的东巴基斯坦政策之不同意见"，其中提到了在东巴基斯坦的"选择性种族灭绝"。[2]

> 周总理：他们［巴基斯坦人］不清楚这种情况，因为布托先生本人不是军人，而且叶海亚·汗还吹嘘过军事状况。所以我相信，布托先生到［12 月］11 日还认为当时巴基斯坦的军事形势确实非常乐观。
>
> 基辛格：布托于美国时间 10 日星期五抵达纽约，北京时间是 11 日。……您 12 日上午给我们打了电话，而我们正要去［亚速尔群岛］会见［法国总统］蓬皮杜，所以派了［亚历山大］黑格将军去接电话。但是在我们接到电话和收到消息之间，我们不知道发生了什么。由于黄华的立场非常强硬，我们不清楚情况，

---

[1] Sajit Gandhi, ed. , "The Tilt: The US and the South Asian Crisis of 1971," *National Security Archive Electronic Briefing Book* No. 79, December 16, 2002, http://www2. gwu. edu/~nsarchiv/NSAEBB /NSAEBB79/.

[2] 它后来被称为"血腥的电报"。Gary J. Bass 将用它作为自己 2013 年出版的著作的书名。

还以为您给我们的信息是你方正采取军事行动。因为我们在［与黄华会面］之前要去亚速尔群岛，所以不得不［对黑格］做出指示。如果您的信息是，你们正在采取军事措施，我们的指示就是如果苏联对你们采取行动，我们就对苏联采取行动。

周总理：为什么报纸会刊登华盛顿特别行动小组一步步讨论东巴基斯坦局势的内容？

基辛格：首先，总理必须明白，华盛顿特别行动小组是执行决策，而不是做出决策。我之所以必须在这群人中采取如此强硬的立场，是因为我们的官僚机构大部分是亲印度和亲苏联的。

周总理：亲苏联？

基辛格：相对于亲中而言，更亲苏一些。我受到极其猛烈的攻击……。当时的情况是，一个不听话的官员把这些文件交给了报纸，他们把这些文件公布在报上，想毁了我们，他们差点就达到目的了。

周总理：但在阅读了公布的文件后，我觉得这个小组的成员来自很多方面。

基辛格：是的，他们几乎一致反对我们的政策。

周总理：特别是对印度的？

基辛格：他们不了解我们的总体战略。如果他们明白我们正准备对付苏联，那么眼前发生的事比起可能发生的事算是温和的。我们把舰队开进印度洋，主要不是针对印度，而是对苏联施压——如果苏联像我之前提到那样做了的话。

周总理：但他们也紧跟着你们进入了印度洋。

基辛格：是的，但他们要做什么的话我们可以轻松应对。

周总理：他们的目的是在东孟加拉闹出更多的动静。他们公然穿越对马海峡，之后又穿越马六甲海峡。

　　基辛格：是的，但他们的实力不足以与我们抗衡。

　　周总理：是的，但你知道，他们可以以这种方式来表现他们对东孟加拉的支持。

　　基辛格：哦，是的，这就是它的作用。实际上，东边的巴基斯坦军队 5 天后（12 月 16 日）投降了，所以你们现在做什么都为时已晚。

　　周总理：叶海亚·汗也下令准备在 11 日或 12 日采取这样的措施。①

中国在 12 月 12 日给美国的电文中显然表达了对立即停火的支持。当天，华盛顿要求重新召开安理会。在安理会审议期间，巴基斯坦的军事局势迅速恶化。

在敌对行动发生后的一个星期内，印度战机突袭了东巴基斯坦的四个主要空军基地，迫使整个空军停飞，并几乎完全控制了其领空。印度军舰袭击了东巴基斯坦的三个主要港口，切断了被困巴基斯坦军队的逃跑路线。

德里的军队闪电般的推进，很大程度上要归功于印度译电员成功地破解了巴基斯坦的军事密码。据部分解密的印度 1971 年战争的官方密档透露，译电员向印度军事情报部门提供了敌人战略决策的实时信息。② 此外，印度对巴基斯坦军事通讯的拦截，致使后者的高级指挥部打算用伪装成商船的 5 艘船撤离军队的决定流产。

---

① Ghazala Akbar, "Why the Seventh Fleet Was Sent to the Indian Ocean in 1971," Pakistan Link，January 2012，http：//pakistanlink. org/Commentary/2012/Jan12/20/01. HTM.

② Swami，"India's Secret War. "

在陆地上，沿着达卡—吉大港公路前进的印度军队被迫在达卡东南20英里处停下来，因为他们遇到了一座横跨梅克纳河的断桥。奥罗拉中将后来回忆说，"巴基斯坦军队炸毁了梅克纳河上的一座桥，以为这样他们就能阻止我们前进。但在当地居民的帮助下，我们在夜间过了河，这让他们猝不及防。这是［战争的］转折点。"[1] 这样一来，12月13日，达卡在入侵者的炮火中变得不堪一击。

## 尼亚兹无条件投降

拉瓦尔品第的总司令部发给尼亚兹的一封电报这样写道："面对巨大的困难，你们进行了英勇的战斗。"不过，电文接下来说："你们现在已经到了这样一个阶段，即继续抵抗已无力回天，也毫无意义……你们现在应该采取一切必要措施，停止战斗，保住武装部队人员的生命，包括所有来自西巴基斯坦的人员和所有忠诚之士的。"[2]

后来，当巴基斯坦就那些重要日子里实际发生的事件爆出争议时，一些批评人士指责尼亚兹单方面采取行动。尼亚兹声称："我发誓，叶海亚明确命令我投降，而我仍决心战斗到底。"我甚至发了电报，表明我的这一决心。然而，阿卜杜勒·哈米德·汗将军和空军的拉希姆［·汗］元帅给我打电话，命令我按照1971年12月14日［总部］的指示行事，因为西巴基斯坦处于危险之中。正是在这种情

---

[1] "Niazi Signed the Instrument of Surrender with General Aurora on December 16, 1971, at Dacca," *Daily Star* (Bangladesh), May 4, 2005.
[2] Bose, "The Courageous Pak Army."

况下，我被要求同意停火，以确保部队的安全。”[①]

12 月 15 日，尼亚兹联系了美国驻达卡总领事，后者联系了德里的有关当局。第二天，印度东部司令部和孟加拉国临时政府部队的联合指挥官奥罗拉中将飞抵达卡，接受尼亚兹签署的投降书。

在德里，得知尼亚兹决定投降后不出几小时，马内克肖拜访了英迪拉·甘地。据报道，他问她军方最高指挥部是否有权“把活干完”，也就是，占领西巴基斯坦。她回答说内阁会考虑他的建议。[②]

她召集了内阁会议。当她向同事们介绍克里姆林宫在她和尼克松之间扮演的秘密中间人角色，以及克里姆林宫甚至排除了进攻阿扎德-克什米尔的可能性时，她的一些部长对马内克肖打了鸡血的提议的热情烟消云散了。会议结束时，大家一致决定在 12 月 17 日宣布西部战线也单方面停火。在 1965 年 9 月的印巴战争期间，也做出过类似的头脑清醒的决策，当时，夏斯特里总理领导的内阁安全委员会投票反对攻占拉合尔的计划，认为届时会在拉合尔遭遇激烈抵抗。

在达卡，奥罗拉在拉姆纳赛马场华丽的行政办公室遇到了尼亚兹。该赛马场过去是驻扎在达卡营地的英国军官的专属俱乐部，那里可以俯瞰赛马场和周围的公园。正是在这里，1971 年 3 月 6 日，谢赫·穆吉布·拉赫曼在他的历史性演讲中宣称：“这一战是为了我们的自由。”现在，在一大群身穿制服的文武官员的簇拥下，蓄着胡须、头戴浆过的条纹头巾的奥罗拉会和胡子刮得光光、头戴贝雷帽的尼亚兹联名签署投降书。

---

① “The Rediff Interview: Lt Gen A. A. Khan Niazi,” *Rediff News* (Mumbai), February 2, 2004. 38. Cited in Tariq Ali, *The Duel: Pakistan on the Flight Path of American Power* (New York: Scribner, 2008), 206.

② Cited in Tariq Ali, *The Duel: Pakistan on the Flight Path of American Power* (New York: Scribner, 2008), 206.

　　当印巴两国官员走出签字仪式现场时，受到了欢呼的人群的欢迎。兴高采烈的年轻男女穿着五颜六色的衣服，高举孟加拉国和印度的国旗，汽车里播放的音乐震耳欲聋。他们缓缓穿过拥挤的人群。"孟加拉必胜！"（Joi Bangla，孟加拉语）的呼喊声，夹杂着反巴基斯坦和亲印度的口号，在冬日的空气中回荡。在场的官员们眼见着庆祝的群众人数成倍增长。

　　打了胜仗和吃了败仗的高级军官好不容易挤过人群找到了自己的吉普车，开到军队驻地的军官食堂。一到那里，他们就边喝着威士忌和苏打水，边交流起印度军事学院的趣闻轶事，分治前他们曾在那里一起受训。

## 计算得失

　　此刻，他们暂时将 90370 名巴基斯坦战俘的命运放在一边，他们为新生的孟加拉国政府所获，但被印度军方关押。其中，军事人员56370 人，准军事人员和警察 2.2 万人，其余是公务员及其家属。在两方的前线，印度和巴基斯坦丧生的军人分别是 3850 人和 9000 人。可想而知，巴基斯坦声称摧毁了 130 架印度战机的说法遭到了印度政府的反驳，后者声称只有 45 架。同样，对于印度声称的击毁敌机 94架，巴基斯坦也只承认 42 架。印度损失 82 辆坦克，相比巴基斯坦损失的 226 辆不过是一小部分。[①]

　　对于 1971 年 3 月 26 日至 12 月 16 日东巴基斯坦死于暴力事件的

---

① 印、巴国防部的官网分别是 www. mod. nic. in 和 www. mod. gov. pk.

人数的估计差异巨大，从 2.6 万人到 300 万人不等。根据哈穆杜尔·拉赫曼调查委员会看到的巴基斯坦东部司令部的记录，军方在行动中杀死了 2.6 万人，该委员会指出，官员给出的数字总是很低。[1] 在谢赫·拉赫曼以自由人的身份返回达卡后，1972 年 1 月，他在接受英国电视名人大卫·弗罗斯特采访时首次提到了 300 万这个数字，当时人们普遍认为这个数字过于夸大其词，因为它是 1947 年旁遮普前所未有的集体屠杀所估计的死亡人数的 5 倍。[2] 印度官员告诉《战争与分裂：巴基斯坦、印度和孟加拉国的诞生》（*War and Secession: Pakistan, India, and the Creation of Bangladesh*）一书的作者理查德·西森和里奥·E. 罗斯的统计数字为 10 万人。[3]

牛津大学讲孟加拉语的学者萨米拉·博斯对这一课题进行了广泛的实地研究，研究成果后来以《死亡人数推算：1971 年孟加拉战争记忆》（*Dead Reckoning: Memories of the 1971 Bangladesh War*）之名出版。在拣选了据称是其中最恶劣的几桩暴行之后，她通过采访巴基斯坦和孟加拉国的参与者——主要是退休的巴基斯坦军官、暴行的幸存者及其在孟加拉国的亲属，以及非孟加拉和非穆斯林的少数民族人士——对这些暴行进行了重构和量化。根据她对个案的逐个估算，总共有 5 万到 10 万人死亡。[4] 在分析世界卫生调查项目的数据时，齐亚德·奥博迈耶和其他研究人员提到的数字是 26.9 万人，这个数字把

---

[1] *The Report of the Hamoodur Rehman Commission of Inquiry into the 1971 War* (Lahore：Vanguard, 2001)，317，340।

[2] 大卫·弗罗斯特对谢赫·穆吉布尔·拉赫曼的采访于 1972 年 1 月 18 日播出；参见 http：//groups. yahoo. com/neo/groups/mukto-mona/conversations/topics/5108。

[3] Richard Sisson and Leo E. Rose, *War and Secession: Pakistan, India, and the Creation of Bangladesh* (Berkeley：University of California Press，1990)，360n24。

[4] Sarmila Bose, *Dead Reckoning: Memories of the 1971 Bangladesh War* (New York：Columbia University Press, 2011)，181।

从越南战争到波斯尼亚战争的 50 年间死于暴力战争的人数都盖过了。①

然而，在印度和孟加拉国军队闪电般获胜的兴奋中，在东巴基斯坦丧生的人的统计数字并没有引起公众的关注。孟加拉国和西孟加拉邦城市欢腾的人群，与西巴基斯坦城市的街道上掀起的愤怒的示威浪潮形成了鲜明对比。军政府对媒体的控制是如此彻底，以至于公众普遍认为他们的军队在东部打赢了，而且在与西巴基斯坦接壤的地方重创了印度人。

12 月 16 日，当尼亚兹签署投降书的情景和声音在电视、广播上出现时，西巴基斯坦人一时间无法接受。他们把战场上的溃败归咎于叶海亚·汗沉缅于酒精和女色。当晚的广播中，叶海亚·汗舌头都喝大了，还一个劲地宣称虽然打了一场败仗，但战争仍将继续。第二天，他接受了德里单方面提出的在西巴基斯坦停火的提议。

叶海亚·汗的亲信集团之外的那些高级军官认为，他得为国家的失败之耻承担责任，他和他的高级将领必须下台。然而，他却在 12 月 18 日宣布将颁布一部新宪法，而与此同时，全国各地爆发了要求政府下台的愤怒示威。此时，一个真正的危机是他有可能会动用军队来恢复秩序，这将导致西巴基斯坦的平民流血事件。

为了避免这种情况的发生，拉瓦尔品第城外师部的几位指挥官联名向叶海亚·汗发出最后通牒，要求他在 12 月 19 日晚上 8 点前辞职。当天上午，他们当中的代表阿利姆·阿夫里迪上校和贾韦德·伊克巴尔上校飞往拉瓦尔品第，下午又向总参谋长居尔·哈桑将军重复

---

① Ziad Obermeyer, Christopher J. L. Murray, and Emmanuela Gakidou, "Fifty Years of Violent War Deaths from Vietnam to Bosnia: Analysis of Data from the World Health Survey Programme," *British Medical Journal*, June 26, 2008.

了这一要求。经过高层磋商，哈桑告诉他们，叶海亚·汗将在晚上7点接见他们。与此同时，他的顶头上司哈米德·汗将军打算给几位将军打电话，希望他们支持总统。结果白忙一场。就在晚上8点的最后期限前不久，一则新闻称，总统叶海亚·汗已决定将权力移交给民选代表。①

哈桑将军、空军元帅拉希姆·汗和巴基斯坦人民党领袖 G. M. 哈尔一起给布托打了电话——当时布托因回国命运未卜而在罗马等待危机过去——他们建议布托飞回拉瓦尔品第。布托于12月20日抵达，随即前往总统官邸。他与叶海亚·汗连续交谈了数小时。谈完之后，这位老谋深算的43岁政治家就这么成了巴基斯坦总统、军队总司令和军法管制首席执行官。

布托向全国发表了讲话，他在不着边际的长篇大论中承诺要建立一个"新巴基斯坦"，还说"我们在东巴基斯坦的兄弟"将得到巴基斯坦其他地区的支持，助其将自己从"外国统治"下"解放"出来。他宣布叶海亚·汗的朋党派系的所有将军退休，称他这么做"是顺了武装部队和年轻军官的心意"。②

### 印度的短暂之喜

西巴基斯坦的老百姓、政客和士兵在经历了最初的震惊和怀疑之

---

① F. B. Ali, "The Coup of 19 December 1971: How General Yahya Was Removed from Power," Pakistan Patriots (blog), June 21, 2013, http://pakistanpatriots.wordpress.com/2013/06/21/the-coup-of-19-december-1971-how-general-yahya-was-removed-from-power/.

② Syed Badrul Ahsan, "Pakistan in December 1971," *Daily Star* (Bangladesh), December 19, 2012.

后，陷入了深深的沮丧，而印度的老百姓、政客和士兵此时却沉浸在无限的喜悦之中。在9年前被中国轻松打败后，此时的印度人双手合十、津津有味地享受着他们战胜巴基斯坦的胜利果实。

在印度各地的城市街道和市场上，到处洋溢着喜庆的气氛。尽管有他们的世俗宪法，以及他们的政治家对世俗主义价值观的重新诠释，主要信奉印度教的印度人仍利用他们的宗教神话来为自己的胜利加冕。他们尊英迪拉·甘地为"女神杜尔加"（梵语为"不可接近"之意）。此举在孟加拉国的印度教教徒之中尤其受欢迎，他们对杜尔加女神的五花八门的崇拜带有传奇色彩。在印度教的传说中，杜尔加被描绘成一个身披五彩纱丽的美丽女子，8只胳膊拿着不同的武器，坐骑是狮子或老虎。她是一位杰出的女战神，在面对邪恶势力时会变得无比强大。身为战神，她杀死了牛面恶魔马西萨苏拉。在当前局势下，英迪拉·甘地有如杜尔加附体，斩断了穆罕默德·阿里·真纳为东西两翼相隔遥远的巴基斯坦建立的两个民族理论之邪说。

此刻，真纳所设想的巴基斯坦已经失去了一半以上的人口，还失去了从其东翼出口黄麻所赚取的主要外汇来源。更重要的是，东巴基斯坦的分裂削弱了居住在印度次大陆的两个国家的建国学说，却变相地印证了国大党领导人的观点，即分治是解决国大党与穆斯林联盟之间冲突的务实途径，而非意识形态上的失败。东巴基斯坦的分裂证明，信奉同一种宗教不足以将两个拥有不同语言、饮食、文化和历史背景的社会凝聚在一起。族群的民族主义盖过了宗教，这对西巴基斯坦人民和政治家，乃至那些主张加入巴基斯坦的印控克什米尔人来说，都是一颗难以下咽的苦果。

西巴基斯坦人也对印度教教徒8个世纪以来首次在次大陆击败穆斯林感到遗憾。1971年12月中旬，他们的独立存在变得岌岌可危。

最终，尼克松的强力干预、苏联领导人勃列日涅夫的克制以及印度内阁的冷静思考，挽救了这样的局面。

第三次印巴战争在经历了次大陆分裂的创伤后历时近四分之一个世纪，才结束了南亚独立后的动荡时期。此外，它让印度的几位电影制作人有了足够的信心来思考印度穆斯林在分治前夕所面临的严峻困境。

## 胶片上的历史

这些电影中有争议的一部，是 1972 年由 M. S. Sathyu 执导的低成本电影《热风》（*Garm Hava*, 印度语），其对白为印度斯坦语。电影剧本改编自孟买的左翼穆斯林作家伊斯马特·楚泰（1911—1991）的一篇未发表的短篇小说，主要讲述了阿格拉（伊斯兰建筑的光辉典范泰姬陵的所在地）的一家鞋厂老板萨利姆·米尔扎在分治后所经历的磨难。

银行拒绝让他的账户透支，鞋子的订单也急剧下降。他女儿的未婚夫在订婚后移民巴基斯坦，当他回来娶她时，被怀疑是间谍而遭到逮捕，米尔扎的女儿因此自杀。绝望中，米尔扎和他的妻子以及他们上大学的儿子一起去火车站，前往巴基斯坦。但是他们的马车被一支挥舞着旗帜的游行队伍挡住了，游行的人高喊着社会和谐的口号。

儿子一冲动，跳下马车加入了示威者的行列。米尔扎和他的妻子也赶紧跟上了儿子的步伐。

令人惊讶的是，审查委员会得出的结论是，这个故事很可能会"挑起社区纠纷"，所以拒绝发给制片人准映证。当导演为许多官员和记者放映了该片后，他们对委员会的意见表示了异议。面对压力，审查机构取消了禁令。这部电影在 1973 年上映时获得了舆论的好评，商业上也取得了成功。该片因其对"民族融合"的贡献而获得了一项颇高的荣誉①，后来被影评人评为有史以来 25 部宝莱坞最佳影片之一。② 然而，它没有在巴基斯坦上映的机会，因为在 1965 年的战争之后，印巴贸易实际上已经停了。

印度人民因为他们在孟加拉独立战争中的胜利而增强了信心，巴基斯坦军队可耻的投降却让其本国一蹶不振。重振士气的艰巨任务落在了佐勒菲卡尔·阿里·布托的身上。

---

① 1974 年戛纳电影节金棕榈奖最佳导演奖提名。——译者
② Tammy Kinsey, "Garam Hawa," *Film Reference*, n. d., http: //www. filmreference. com/Films-Fr-Go/Garam-Hawa. html.

# 第十一章

## 佐勒菲卡尔·阿里·布托

### ——西巴基斯坦的救星

　　佐勒菲卡尔·阿里·布托在一个军队名誉扫地、政府支离破碎、公众困惑且士气低落的国家获得了至高无上的权力。他出生在信德省拉卡纳的封建领主沙赫·纳瓦兹·布托爵士家，14岁时，他由父母包办与表姐阿米拉结婚，此前不过收到了一只板球拍作为礼物。5年后，他进入加州大学，1950年获得了政治学学位毕业。随后，他去了牛津大学学习法律。在第二年的暑假期间，他在卡拉奇遇见了22岁的努斯拉特·伊斯帕哈尼，并和她结了婚。努斯拉特·伊斯帕哈尼高挑苗条，颧骨很高，父母都是伊朗人，从孟买搬到卡拉奇，她是在孟买接受的高等教育。这对年轻夫妇随后前往牛津，在获得牛津大学法律学位后，布托被召至伦敦的林肯律师学院。那年他25岁，有个女儿叫贝娜齐尔（乌尔都语/信德语皆意为"无与伦比"）。

　　回到卡拉奇后，他成为执业律师，并在信德省穆斯林法学院教授法律。三年后，他被任命为巴基斯坦驻联合国代表团成员，又以此身份在海洋自由会议上发言。

　　1958年军事政变后，穆罕默德·阿尤布·汗将军任命布托为水利和电力部部长。对于 1960 年 9 月与印度签署的《印度河水域条约》，他向阿尤布·汗提供了建议，这位军事统治者随后将他提拔为商务部部长。真正的机会在 1963 年 1 月穆罕默德·阿里·博格拉去世后降临，35 岁的他接管了外交部。1966 年中期，他退出了阿尤布·汗政府，此时他已经在内阁做了 8 年的部长。他也因此在巴基斯坦的政治官僚体系中打下了一定的基础，关于他创立巴基斯坦人民党以及该党迅速崛起的事，前文已有叙述（见第九章）。

尽管巴基斯坦人民党的实力远不及谢赫·穆吉布尔·拉赫曼领导的人民联盟，但布托还是一心想成为总理，为此，他不惜出来搅局。或许有意或许无心，他成了巴基斯坦解体的推动者。然而，面对军事失败和失去东翼所造成的创伤，无论是他，还是人民或者政治和军事领导人，都没有重新审视近些年来发生的事。

1971 年 12 月 22 日，他将谢赫·拉赫曼从单独监禁的地方转移到拉瓦尔品第附近的一家政府招待所软禁起来，在那里他仍被隔绝了与外界的一切消息。几天后，布托拜访了这位孟加拉领导人，向他通报了自己的官职。他试图从拉赫曼那里得到一个承诺，即孟加拉国和巴基斯坦会保持某些联系。谢赫·拉赫曼拒绝了。[①]

包括理查德·尼克松总统在内的多位外国领导人不断施压，要求释放谢赫·拉赫曼。为了转移公众对这位令人讨厌的孟加拉偶像的命运的关注，布托颁布了一系列法令，其中包括 1972 年 1 月 1 日的一项法令，将十大基础产业收归国有。5 天后，他决定软禁叶海亚·汗，同时释放谢赫·拉赫曼，随后将后者送上了飞往伦敦的飞机。他任命了一个由哈穆杜尔·拉赫曼法官领导的调查委员会，调查巴基斯

① Syed Badrul Ahsan, "Pakistan in December 1971," *Daily Star* (Bangladesh), December 19, 2012.

坦军队在东巴基斯坦的军事失利。布托的这一系列举动，使得华盛顿在 2 月恢复了对巴基斯坦的援助。

布托赶紧着手实施他最钟爱的计划——用原子弹武装巴基斯坦。1972 年 1 月 20 日，在旁遮普省木尔坦的一位封建领主朋友宽敞花园里的帆布篷下，他召集巴基斯坦原子能委员会官员和另一些科学家举行了秘密会议。会上，他发表了鼓舞人心的演说，说天降大任于他，让他在他的职位上带领巴基斯坦参加核军备竞赛。"你们能给我〔原子弹〕吗？"他问。看到资深科学家们支支吾吾，布托转向了年轻的科学家，其中包括苏丹·巴什鲁丁·马哈茂德和穆尼尔·艾哈迈德·汗。马哈茂德站了起来，他说："是的，有这种可能性。""需要多久呢？"布托执着地问。"也许，5 年吧。"布托举起 3 根手指说："我想 3 年就拿到。"[1] 讽刺的是，在布托的最后期限前引爆核装置的却是他的眼中钉肉中刺印度。

2 月，他去了伦敦。

返回通往曲折顶峰之路

在那次访问期间，布托告诉英国前首相、他在牛津大学基督教（学院）的校友亚历克·道格拉斯-霍姆爵士，他希望在棘手的印巴关系上翻开新的一页。这需要与英迪拉·甘地举行峰会。她作为最近一战的胜方，可以大度一点，邀请他进行会谈。

当英迪拉·甘地被告知布托正在着手磨炼思想、面对现实时，秘

---

[1] Adrian Levy and Catherine Scott-Clark, *Deception: Pakistan, the United States and the Secret Trade in Nuclear Weapons* (New York: Walker & Company, 2007), 19‑20.

密通道就建立了起来。布托通过享有盛誉的《黎明》日报的时任编辑、（被取缔的）巴基斯坦共产党前党员马扎尔·阿里·汗，联系上了一位印度共产党人，也是他在分治前的同路人之一。又选中了住在德里的萨贾德·扎希尔，他们在 3 月的第三周在伦敦碰面，以敲定会谈议程。汗向扎希尔保证，布托不想纠缠于过去，还说帮助布托巩固权力也符合印度的利益，否则将军和宗教界右派会联手推翻他。（事实上，这事将在 5 年后发生。）扎希尔将他的谈话要点转告给了自己过去的一位同路人帕梅斯瓦尔·纳拉扬·哈卡萨，此人现在是甘地的心腹。

他们同意于 1972 年 6 月下旬在喜马偕尔邦首府西姆拉举行峰会，其最首要的目的是制定一套指导印度与 1971 年后的巴基斯坦之间关系的原则。

甘地总理身穿一件色彩鲜艳的阔边纱丽，在气候宜人的西姆拉迎接布托的到来，布托总统身着剪裁考究的白色双排扣棉衫，率领一个庞大的代表团抵达，代表团中包括 19 岁的贝娜齐尔，她当时还是拉德克利夫学院的学生。她和父亲下榻于省长的宾馆。甘地特地去看了这座房子，并在订购了新家具之后，在 6 月 28 日的峰会召开前亲自过问了房间的布置。

高级官员 M. K. 卡考负责照顾贝娜齐尔·布托，协助他处理此事的是印度外交部官员维纳·达塔。当她的父亲进行高层外交活动时，他和他的同事不得不随机应变，让她有事可做。"维纳帮我让贝娜齐尔保持一个好心情。"卡考在他退休之后撰写的回忆录《无处不是局外人：一个局内人的披露》（*An Outsider Everywhere: Revelations by an Insider*）一书中这样写道。

贝娜齐尔最想做的是去看新上映的宝莱坞电影《纯洁》

（*Pakeezah*, 乌尔都语），鉴于印度与巴基斯坦之间没有贸易往来，该片无法在巴基斯坦上映。当时还没有 DVD 或 VHS 录像带。贝娜齐尔的选择凸显了巴基斯坦人和印度人对电影的迷恋，在这件事上是不分性别、阶级或宗教的。《纯洁》讲述的是一位精通舞蹈、音乐和社交礼仪的莫卧儿宫廷交际花的故事，这一角色由穆斯林电影明星米娜·库马里饰演，可惜这位明星的一生以悲剧告终。当地的丽兹电影院专门为贝娜齐尔安排了一场放映。"当时电影院里只有我们三个人：贝娜齐尔、维纳和我，"卡考写道，"贝娜齐尔非常喜欢这部电影。"① 正是由于贝娜齐尔对电影的热爱，15 年后，她嫁给了阿西夫·阿里·扎尔达里，后者的父亲哈基姆·阿里拥有卡拉奇的班比诺影院，它是为数不多的放映外国电影的影院之一，因此她经常光顾那里。

然而，眼下在西姆拉，贝娜齐尔的父亲佐勒菲卡尔·阿里，一个被征服国家的领导人，与胜利国的领导人英迪拉·甘地之间发生的故事，与现实如出一辙。她利用执政的国大党中诋毁她的人的弱点，在国内获得了至高无上的权力。这些人因为她吐字不清，最初给她起了个外号叫"哑巴娃娃"。与之形成鲜明对比的是，布托在公开场合是一位高超的演说家，私下里风趣健谈，他对待谈判，态度像律师一样，这已经成了他的第二天性。另一方面，甘地从未能完成牛津大学萨默维尔学院的现代史课程学习。不过，他们两人意志都很坚强，一旦获得至高地位就会垄断权力。一点微不足道的怠慢，他们就会觉得受了奇耻大辱。他们记仇，乐于痛击对手。大家都知道，为了打败政敌，并粉碎他们的邪恶意图，甘地会赞助由自封的印度教大师进行的

---

① "When Benazir Bhutto Enjoyed *Pakeezah* in Shimla," IANS, May 13, 2012, http://www.ummid.com/news/2012/May/13.05.2012/benazir_bhutto_in_shimla.htm.

古怪宗教仪式。她定期咨询占星家和圣人。

从积极的方面看，在进行日常管理的同时，两人都保持着对本国有利的长期战略眼光。布托自视极高，他在他一本书的某章结尾写道："我的名字和名誉有人民的看顾，并且处在历史的中央，它们绝对安全。"① 诸如此类的言论使甘地认为他"心理失衡"。他容易情绪激动，做出夸张的举动，比如当他 1971 年 12 月 16 日在联合国安理会听到巴基斯坦军队向印度投降时，一怒之下撕毁了发言稿。相比之下，甘地在危机中表现得异常平静；在第三次印巴战争的准备阶段，她展现出的这种素质赢得了诸多赞誉。

在西姆拉峰会上，她的首要目标是正式结束克什米尔争端。鉴于布托讨价还价的筹码太少，她的成功几率很高。当甘地坚持把"克什米尔问题的最终解决方案"列入联合公报时，两国代表团之间紧张而曲折的谈判进入了死胡同。布托不同意。他希望将克什米尔问题列为一个正在持续、仍有待解决的争端。早些时候，双方同意将 1949 年的联合国停火线改为控制线。为了挽回峰会的失败，布托和甘地于 7 月 2 日晚举行了一对一的会谈。

关于那次会议期间发生的事情，各种报道相互矛盾。有一种说法是，布托运用他所有的律师逻辑和巨大的魅力去说服甘地，想让她相信东巴基斯坦在最近的战争中蒙受了巨大损失后，如果他放弃巴基斯坦对克什米尔和平的主张，他就会被军方驱逐。还有一种说法是，布托与甘地的谈判归结起来就是把目前的控制线变成一个国际边界。据报道，布托口头表示了同意。"这是对于继续谈下去的认识吗？"甘地

---

① Cited in Victoria Schofield, *Kashmir in Conflict: India, Pakistan and the Unending War*, rev. ed. (London: I. B. Tauris, 2003), 127.

问。据说布托答道："当然，你应该相信我。"①

双方最终在克什米尔问题上达成了妥协。双方商定的文件说，"在查谟和克什米尔，1971 年 12 月 17 日停火所产生的控制线应受双方尊重，而不损害任何一方的公认立场。任何一方都不应不顾彼此的分歧和法律解释，谋求单方面修改"。此外，双方承诺"不威胁或使用武力违反这条线"。最终草案包括印度的措辞，即两国将"通过双边谈判或双方同意的其他和平方式"来解决所有分歧。这就排除了第三方调解的可能性。该协定的第六条把查谟和克什米尔问题的最终解决列为"有待解决的突出问题之一"。②

《西姆拉协定》规定了印度和巴基斯坦未来关系的原则，以及实现关系正常化的步骤。虽然协定上的日期是 1972 年 7 月 2 日，但签署时间是在 1972 年 7 月 3 日凌晨 12 点 40 分。从那时起，停火基本上得到了遵守，除了 1999 年的卡吉尔武装对峙期间。双边主义已经成为印巴关系的决定性特征，没有第三方调解或仲裁的余地。总的来说，1972 年的《西姆拉协定》成为随后所有印巴会谈的基础。

## 后《西姆拉协定》时期

在详细谈判确定克什米尔分界线之后，印巴于 1972 年 12 月 20 日完成了双方的撤军，并在印度西部边境交换了战俘。而德里将西巴

① Manish Chand, "40 Years Later, Shimla Accord Haunts India-Pakistan Ties," *South Asia Monitor*, July 1, 2012.
② "Simla Agreement, July 2, 1972," http://www.jammu-kashmir.com/documents/simla.html.

基斯坦 5000 多平方英里的领土归还了伊斯兰堡。

《西姆拉协定》没有提及 90370 名巴基斯坦战俘。这些人由孟加拉国管辖，但由于新成立的该主权国家的财政与行政资源匮乏而被扣押在印度境内，巴基斯坦目前还没有承认这个新国家。

遣返这些战俘是布托的当务之急，但他只有在巴基斯坦新宪法出台之后，才能承认孟加拉国，新宪法中考虑到了巴基斯坦国土面积缩小的事实。有权制定新宪法的是国民议会，巴基斯坦人民党在其中占多数席位。在布托的授意下，负责起草宪法的委员会开始工作。

作为在这项工作上与人民党合作的回报，俾路支省执政的民族人民党（NAP）要求获得更大的自治权。但布托对于任何企图削弱其权力的设想，都断然拒绝。正在酝酿中的内乱进一步加剧。1973 年 2 月，布托解散了民族人民党政府和省议会。俾路支省的抗议演变为暴力事件。布托派遣军队去镇压叛乱，维持秩序。这次出任务，恢复了军队的士气，此前军队在东巴基斯坦一败涂地因而情绪低落。将军们底气一足，便要求给一些军人升职，布托热情地答应了，希望以此加强他在 12 个军团的指挥官中的声望。另一方面，布托也在无意之中为军队恢复其之前在国家治理中的核心地位铺平了道路。

在布托统治时期，巴基斯坦军方仍然一如既往地将印度定为头号敌人。对他来说，宣扬巴基斯坦外有强敌的策略，是政治上的权宜之计。这为巴基斯坦四个省的人民提供了一个强劲的动力，激励他们把对语言和次民族的忠诚往后放，而把至高无上的爱国主义放在前面，因为巴基斯坦在与一个强大的敌人共享边界。

解除了与次大陆东部地区的联系后，1971 年之后的巴基斯坦开始把目光往西投向波斯湾地区，包括伊斯兰教的诞生地沙特阿拉伯。1973 年至 1974 年，石油价格翻了两番，海湾地区的君主制国家出现了难以想象的兴盛，由此产生的对巴基斯坦的穆斯林工人的需求之大也是前所未有的。这反过来又加固了他们民族的宗教情绪，印度和巴基斯坦的社会也被进一步拉得更开。

巴基斯坦的新宪法于 1973 年 3 月完成，该宪法将伊斯兰教描述为该国的官方宗教，从而突出了布托对伊斯兰社会主义（Islamic socialism）教义的承诺。（事实上，随着东巴基斯坦大量印度教人口的流失，巴基斯坦其他地区的印度教人口比例急剧下降，仅为 2%。）宪法规定了政府为议会制。1973 年 8 月 14 日颁布的宪法中，有一条规定禁止对该法进行任何修改。随之，布托成为巴基斯坦伊斯兰共和国总理。

此时，孟加拉国根据自己的宪法举行了第一次大选。谢赫·穆吉布尔·拉赫曼也重新当选为总理。

1974 年 2 月，拉合尔的伊斯兰会议组织（Islamic Conference Organization）提供了一个机会，让巴基斯坦和孟加拉国这两个主要的穆斯林国家达成和解。一个特别代表团飞去了达卡，带着谢赫·拉赫曼一起返回了拉合尔。巴基斯坦议会随后授权布托承认孟加拉国。之后，他前往孟加拉国，向位于达卡西北 15 英里处的萨瓦尔乌帕齐拉的战争纪念碑敬献花圈，此举受到孟加拉国人的热烈赞赏，但在巴基斯坦引发了争议。

印度与巴基斯坦一签署补充协议，巴基斯坦战俘随之被遣返。通过这件事，布托完全可以理直气壮地宣称，他已经抹去了 1971 年之前巴基斯坦所受的最后一丝屈辱。

1974 年，布托悄悄地将克什米尔地区的控制线改为国际边界，将北部地区纳入巴基斯坦版图。而他的政府直接获得了管理阿扎德-克什米尔的权力，这相当于巴基斯坦合并了这片地区——德里早些时候在印控克什米尔问题上就做过这种事。

与此同时，在印度，当时被软禁在德里的谢赫·穆罕默德·阿卜杜拉正在反思1971年的第三次印巴战争。他的结论是，最好结束国与国对抗的政治，否则有可能导致巴基斯坦和印度关系的进一步破裂。他在1972年2月表示："我们与印度政府的不和，不是关于谁加入哪方，而是关于自治体的数量。"他在当年晚些时候获释。阿卜杜拉和甘地任命的个人代表之间进行了长期的谈判，于1974年11月签署了《克什米尔协议》。该协议中写道："查谟和克什米尔邦是印度联邦的一个组成单位，就其与印度联邦的关系而言，应继续受《印度宪法》第370条的管辖。"[①] 最后，在自由公正的选举中选出了一个政府，阿卜杜拉视此为这个国家实现了真正的自治。1975年2月，他解散了"公民投票阵线"，恢复了奄奄一息"国民议会党"，成为克什米尔地区的首席部长。

这些事态发展，表明印巴在克什米尔问题上的紧张局势有所缓和。但是，《西姆拉协定》第三条中所列的有关双方关系正常化的任何议题都没有取得进展：比如通过一切可用的途径建立更广泛的交流，促进旅游设施建设，恢复经贸合作，开展科学和文化的交流。


印度和平的"微笑佛陀"


不管怎么说，布托和甘地都因国内政坛的动荡分散了注意力。摆在布托面前的是俾路支的叛乱。1973年末和1974年初，石油价格翻

---

① Ab Qayoom Khan, "Sheikh Abdullah: A Political Sufferer-II," *Kashmir Observer*, September 10, 2012.

了 4 倍，这加剧了印度的通货膨胀，印度的外汇储备也降到了危险的低点，因为它必须为进口石油支付硬通货。非暴力的大规模抗议活动愈演愈烈，人们指责甘地领导的国大党腐败、蠹政。

为了转移公众的注意力，甘地于 1974 年 5 月 18 日授权在地下引爆一次"和平核装置"，代号为"微笑佛陀"（Smiling Buddha），地点在拉贾斯坦邦的焦特布尔市和杰伊瑟尔梅尔市之间的波卡兰军用发射场。其当量估计为 12 千吨。官方声称将进行进一步的实验，以完善"核装置"，还说这完全是出于"和平的目的"。①

这次爆炸是印度核物理学家霍米·J. 巴巴 1944 年在孟买塔塔基础研究所发起的一项研究的巅峰成就。他游说德里的官员和大政客赞助核研究。支持他的人中，包括贾瓦哈拉尔·尼赫鲁。尼赫鲁在 1946 年 6 月说："我毫不怀疑印度会发展科研，我希望印度科学家将原子能用于建设性的目的。但如果印度受到威胁，它将不可避免地采取一切手段保护自己。"② 作为总理，尼赫鲁在 1948 年成立了印度原子能委员会，由巴巴领导。6 年后，位于孟买郊区特伦贝的巴巴原子研究中心购买了一个 CIRUS（美国的"加拿大—印度反应堆"）研究型反应堆，用的是美国供应的重水（氧化氘）。③ 直到 1960 年 7 月，该反应堆才进入临界状态。1962 年 10 月中国打败印度后，巴巴公开呼吁发展核武器，以此遏制中国可能发动的侵略。两年后，当拉尔·巴哈杜尔·夏斯特里任总理时，北京试验了它的原子弹，他的提议才

① Dilip Hiro, *Inside India Today* (London: Routledge & Kegan Paul, 1976 / New York: Monthly Review Press, 1977), 254.

② Cited in Dorothy Norman, ed. , *The First Sixty Years: Presenting in His Own Words the Development of the Political Thought of Jawaharlal Nehru and the Background Against Which It Evolved* (London: Bodley Head, 1965), 186.

③ 两家供应商都规定，CIRUS 仅可用于和平目的。

得到了官方的批准。[1] 在波卡兰进行的核试验，使用了从 CIRUS 反应堆回收的乏燃料中提取的钚。到那时为止，核计划已经花费了印度10 亿美元，当时印度的年度预算为 1.4 亿美元。[2] 然而，直到 1980年，印度的核武器才能投入使用。

不出所料，伊斯兰堡政府不接受德里宣称的和平意图。在一次新闻发布会上，布托公开表示巴基斯坦不会受印度"核讹诈"的威胁。三个星期后，再次谈到这个问题时他说，印度的核计划旨在恐吓巴基斯坦，并"在次大陆建立霸权"，并声称巴基斯坦将发展核计划对印度还以颜色。[3]

波卡兰的惊天一爆，标志着这两个传统对手之间的核军备竞赛的开始，布托已经从几个石油资源丰富的阿拉伯国家——包括卡扎菲上校统治下的利比亚——为他的核事业获得了财政援助，由此，他创造出了一个朗朗上口的术语："伊斯兰原子弹"。他认为，基督教、犹太教和印度教国家拥有核武器的事实，凸显了穆斯林国家在这方面的不足。在他的论点中，显然没有提到无神论的中国共产党领导下的中国，但他对这个致命缺陷似乎不以为然。

为了在国内炫耀他的伊斯兰身份特质，1974 年，布托拒绝了艾哈迈迪派的请求，不同意承认他们为穆斯林，而宣布他们是非穆斯林。[4] 他这样做，是为了安抚乌里玛（宗教学者）的情绪。布托经常

---

① 见第九章。

② Levy and Scott-Clark, *Deception*, 30.

③ "Nuclear Technology 1970 - 1974," Bhutto. org, 2014, http：//www. bhutto. org/article21. php.

④ 艾哈迈迪派是米尔扎·古拉姆·艾哈迈迪（1835—1908）的追随者，此人生于旁遮普邦的卡迪亚村，这些人认为艾哈迈迪是继克利须那神、耶稣基督和先知穆罕默德之后的弥赛亚，这与主流穆斯林认为穆罕默德是最后也是终极先知的信条相矛盾。这些人占巴基斯坦人口的 2.3%。

怀疑自己会被伊斯兰团体攻击，因为他的母亲拉基·拜是印度教教徒。伊斯兰团体故意忽略她皈依了伊斯兰教，并在嫁给布托爵士之前改名为库尔希德的事实。它们也没有意识到巴基斯坦的创始人穆罕默德·阿里·真纳娶的是一位皈依了伊斯兰教的拜火教教徒。

作为社会主义的象征，布托开始戴毛泽东戴的同款帽子，开始穿毛泽东同款的开领外套。尤为重要的是，他将所有银行、保险公司和另外 70 家工业企业（包括一些中型工厂）收归国有，从而打破了主宰巴基斯坦非农经济的排在前 22 位的大家族的垄断。

与此同时，他的扩军计划仍在继续。尽管在东巴基斯坦脱离出去后，国民人口已失去了一半以上，巴基斯坦还是将其武装力量从 1971 年的 37 万人扩大到 1975 年的 50.2 万人。[1] 由于布托政府签署了一系列中巴协议，中国成为巴基斯坦军事硬件的主要供应国。1976 年 6 月，布托作为巴基斯坦高级军事和科学代表团团长访问北京之后，两国关系变得更加紧密，合作进步一扩展到核工业领域。中国同意重开 1965 年由加拿大出售的卡拉奇核反应堆。更重要的是，加拿大与巴基斯坦签订了合同，向其供应通常被称为"黄饼"的六氟化铀，这种化合物是铀浓缩过程中的原料，而铀浓缩过程将生产出核反应堆和核武器的燃料。[2]

1976 年 7 月，工程研究实验室（1983 年更名为卡胡塔研究实验室）开始工作，其代号为 706 项目（Project 706），实验室位于伊斯兰堡的姊妹城市拉瓦尔品第东南 25 英里的卡胡塔村。布托把实验室交给扎希德·阿里·阿克巴尔和阿卜杜勒·卡迪尔·汗共同领导，前者

① Christina Lamb, *Waiting for Allah: Pakistan's Struggle for Democracy* (London: Hamish Hamilton, 1991), 84.
② Levy and Scott-Clark, *Deception*, 62.

是陆军工程兵团的中将，后者是核科学家，正是他说服布托以铀浓缩的方法来制造原子弹，而不是像印度那样用钚。布托给了卡迪尔·汗7年期限造一枚原子弹。由于有中国的积极援助，这位科学家愿意一试。

卡迪尔·汗出生于印度中部城市博帕尔，16岁时随父母移居巴基斯坦。从卡拉奇大学物理冶金专业毕业后，这位长着椭圆脸、头发乌黑、胡子修剪齐整、目光炯炯有神的巴基斯坦人，于1962年至1971年间继续在西柏林、荷兰的代尔夫特、比利时的鲁汶深造，获得了冶金和工程专业的本科及研究生学位。在此期间，他娶了荷兰女人亨德里娜·唐克斯为妻，并育有两个女儿。这表明他会获得荷兰国籍。1972年3月，他在阿姆斯特丹的一家工程公司的物理动力学研究实验室（荷兰语缩写为FDO）找到了工作，担任冶金学家。

卡迪尔·汗精通英语、荷兰语和德语，这对该实验室来说是一笔巨大的财富，当时它从URENCO①获得了一份分包合同，开发一款更好的浓缩铀离心机，URENCO是1970年英国、荷兰和西德联合成立的一个财团，其制造离心机，以生产用于发电厂和核武器的浓缩铀。因此，他可以自由地接触到离心机的设计和制造，以及各种零件和材料的供应商。他向他的雇主声明自己打算入荷兰籍，这使他轻松通过了安全调查。

印度"微笑佛陀"的惊天一爆令他震怒，他给布托写了一封信，阐明自己在荷兰阿尔梅洛的实验室为URENCO工作时获得了通过离心机进行铀浓缩的专业技术知识。1974年12月，他和家人一起抵达卡拉奇，之后被迅速送往伊斯兰堡。他向布托解释说，通过铀浓缩生

---

① 显然，URENCO代表铀（UR）浓缩（EN）公司（CO）。2013年，它是全球第二大核燃料供应商，其产品销往50个国家。

产一枚原子弹的燃料成本只需区区 6 万美元。布托被说服了。1975
年初，巴基斯坦的铀浓缩项目一启动，卡迪尔·汗就开始将
URENCO 的秘密技术信息传递给 706 项目的负责人苏丹·巴什鲁
丁·马哈茂德。随着 1976 年中国与巴基斯坦达成协议向其提供"黄
饼"，布托的梦想开始成真。

布托在他的回忆录《如果我被暗杀》（*If I Am Assassinated*）中
写道："当我离开政府来到这间死牢的时候，我们正在全面核能力的
门槛上。我们知道以色列和南非拥有全面核能力。基督教、犹太教和
印度教文明都有这种能力。共产主义国家也拥有。只有伊斯兰文明没
有，但这种情况即将改变。"该回忆录于 1979 年末出版，此时布托已
经去世。[1]

## 布托、甘地双双在国内受挫

在印度，1974 年 5 月的核爆激发出的国民好心情很快就消失殆
尽了，因为持续的高通胀和生活必需品短缺的情况并没有任何改善的
迹象。在古吉拉特邦，由大学生发起的抗议活动迅速蔓延，导致当地
的国大党政府垮台。到这年年底，除了印度共产党以外，所有的反对
党都聚集在贾亚·普拉卡什·纳拉扬周围，此人是一位无党派人士，
人品高尚，口碑无瑕。反对党现下的呼吁，包括根除政治和政府官僚
机构的腐败，彻底改革被国大党腐蚀的不公平的选举制度。在这场动
荡中，1975 年 6 月，法院裁决甘地在 1971 年竞选期间利用政府设施

---

[1] Levy and Scott-Clark, *Deception*, 60, citing Zulfikar Ali Bhutto, *If I Am Assassinated* (Delhi: Vikas, 1979), 138.

和资源的腐败行径赢得的议会席位无效。甘地并没有下台，而是让总统法赫鲁丁・阿里・艾哈迈德宣布国家进入紧急状态。然后，她开始依法执政。

在巴基斯坦，布托把国有化变为一种政治工具，并于 1976 年将其扩展到所有从事小麦碾磨、稻谷脱壳和轧棉的单位，以此削弱其对手的实力。他的独裁作风令许多左翼人士和那些在人民党诞生之初成群加入该党的人敬而远之。

1977 年 3 月的大选前夕，所有反对党派系和被剥夺权力的利益集团联合起来，组成了融合宗教人士和世俗人士的巴基斯坦九方全国联盟（nine-party Pakistan National Alliance），挑战人民党。

这引起了人民党内部的恐慌，导致在农村地区无所不能的地区委员操纵选举，其程度尚不确定。选举官员宣布，人民党赢得了 200 个席位中的 155 个，占总数的 76%，比 1970 年上次大选的 58% 有所上升，而九方全国联盟只获得了 36 个席位。布托的对手高声抗议舞弊行为。随后，在九方全国同盟内部的伊斯兰政党领导了大规模的抗议示威活动。而布托以戒严和军队荷枪实弹的镇压作为回应。

当这些方法被证明无效时，布托向宗教阵营作出了妥协。他宣布，将在 6 个月内实施伊斯兰教法，禁酒禁赌，还要关闭夜总会，并宣布将星期五——伊斯兰教主麻日——而非传统的星期日定为每周的休息日。

布托的妥协并未能让反对派满意。这为穆罕默德・齐亚・哈克将军在 1977 年 7 月 5 日凌晨 4 点实施他的"公平行动"提供了口实。他推翻了文官政府，实行戒严，将布托软禁在穆里山中避暑小镇。齐亚的行动代号暗示，他想要摆脱敌对，进行新的选举，可惜未能如愿。另一方面，在德里，甘地在情报局保证让她的国大党在选举中胜出后，于 1977 年 1 月下令举行大选。事实证明，情报局犯了个致命的错误。由主要反对党组成的人民党联盟以 345 席对 189 席击败了甘地领导的国大党联盟，前国大党保守派领袖莫拉吉·德赛出任总理。作为甘地长期以来的对手，他试图尽可能远离他前任的外交政策。为了平衡甘地强烈的亲苏倾向，他尝试改善与中国的关系，他的外交部长瓦杰帕伊于 1979 年 2 月访问了北京。接下来，德赛将印度调查分析局与以色列摩萨德之间长达 10 年的秘密合作正式化。与此同时，他重申了印度对巴基斯坦的和平意图。

齐亚·哈克违背了他举行国民议会选举的承诺，因为三军情报局局长告诉他，根据其特工收集的信息，巴基斯坦人民党将在一场自由公正的选举中赢得胜利。具有讽刺意味的是，正是在三军情报局局长古拉姆·吉拉尼·汗将军的推荐下，布托在 1976 年 3 月提拔齐亚·哈克中将为陆军参谋长，职衔高于另外 4 名高级将领。此外，考虑到齐亚·哈克众所周知的虔诚和对政治缺乏兴趣，布托就此认为自己可以指望一个将军始终如一的忠诚，此人的虔诚会为他的政治形象增添一种亲伊斯兰的色彩。

当阿尤布·汗将军在 1958 年夺取政权时，政治家的地位已经一落千丈，曾经强大的穆斯林联盟分裂成争吵不休的派别。相比之下，齐亚·哈克虽然推翻了布托，但犯下种种过错的布托仍在民众中有相当多的拥趸，他白手起家的巴基斯坦人民党也已在社会上有相当深的根基。因此，齐亚·哈克面临着一项艰巨的挑战：消除布托的魔力，粉碎人民党。

# 第十二章

## 伊斯兰主义者、发展原子弹的齐亚·哈克

同为大人物，穆罕默德·齐亚·哈克和佐勒菲卡尔·阿里·布托却是截然不同的两种人。齐亚·哈克来自旁遮普东部城市贾兰德哈尔的一个普通家庭，他的父亲穆罕默德·阿克巴尔·阿里是个虔诚的教徒，是驻德里的英属印度军队的一名小职员。他出生于 1924 年，毕业于该市著名的圣斯蒂芬学院[①]，之后加入了军队的骑兵团。他在 1947 年选择加入巴基斯坦军队，随后步步高升，但对那些社会地位比他高的人仍然毕恭毕敬。他始终恪守教义。"军官们都用喝酒、赌博、跳舞和听音乐打发业余时间，"他回忆说，"我则是祈祷。起初，大家都笑话我，有时还被人鄙视，但一段时间后，我的前辈和同龄人决定不再管我。"[②] 1962 年，他以上校的身份在堪萨斯州利文沃思堡的美国陆军司令部和总参学院接受了两年的训练。在那里，他同样不饮酒，不跳舞。1965 年印巴战争期间，他是坦克指挥官。从 1967 年到 1970 年，他以陆军准将的身份在约旦训练士兵。1973 年，他晋升为少将，统帅木尔坦第一装甲师。

两年后，他升任中将，指挥同样驻扎在木尔坦的第二突击队。他邀请布托总理到他的基地，并请他射一个目标试试。自负的布托第一

枪就命中了，这让他既惊讶又满意。齐亚·哈克极尽谄媚之能事，处处表现出对布托的忠诚，而布托也注意到，这位将军每天都一丝不苟地进行伊斯兰教的祈祷。

如今，在 1977 年 7 月，齐亚·哈克推翻了他的恩人，获得了最高权力，成为军法管制首席执行官，还自称"真主的战士"。他摆出调停者的姿态，承诺在 90 天内举行自由公正的选举，届时，巴基斯坦人民党和九方全国联盟都将参加角逐。他于 7 月 28 日释放了布托。

对他这番话信以为真的包括印度外交部。据解密的文件显示，外交部最高官员、外交部长 J. S. 梅塔在给印度所有驻外使团的电报中说："他〔齐亚将军〕曾多次明确表示，接管政权是防止内战的必要措施，而他的首要目标是监督政治解决方案。""按照他的 90 天计划，他有责任在 10 月安排投票。到目前为止，所有的公开迹象都表明他是言行一致的。"③

事情并非如此。事实证明，布托的集会非常受欢迎，他的国内活动以他出访友好的阿拉伯国家而告一段落。齐亚·哈克了解布托一向是怎么惩罚敌人的，他料到在他期待的选举胜利后，布托会采取报复行动。因此，他于 9 月 3 日再次逮捕了布托，罪名是涉嫌参与谋杀旁遮普省的政治家穆罕默德·汗·卡苏里，此人与布托不和，1974 年退出了人民党。而布托将在 1979 年 4 月被判有罪并被处以绞刑。

---

① 穆罕默德·齐亚·哈克 1983 年回访德里的母校时，人们拿出他当年给校长的请假条让他看。他当时将名字错拼为 "Zai ul-Haq"。"Glimpses of St. Stephen's College," St. Stephen's College, http://www. ststephens. edu/archives/history2. htm.

② Cited in Shahid Javed Burki and Craig Baxter, eds. , *Pakistan Under The Military: Eleven Years of Zia Ul-Haq* (Boulder: Westview, 1991), 5.

③ Cited in Josy Joseph, "MEA Totally Misread General Zia-ul-Haq's Intentions After Coup, Show Declassified Papers," *Times of India*, November 7, 2011.

## 齐亚的高超骗术

不过，印度驻伊斯兰堡大使①仍然以一种积极的观点介绍齐亚·哈克。"据说齐亚·哈克将军虔诚却不狂热，而且看问题很专业。"德里的印度前外交部长梅塔写道。印度外交部驻巴基斯坦-阿富汗分部的外交官对此表示赞同。"对伊斯兰教法和先知穆罕默德的统治（Nizam-i-Mustafa，乌尔都语）做出这些让步，无疑是为了压制一切反对军方武装部队违宪接管政府的声音，但这不一定是继续掌权的野心的表现。顺便提一句，这也为该政权赢得了正统政治分子的支持。"②

事实上，一旦最高法院在10月援引"必要性原则"使政变合法化，齐亚·哈克就开始垄断权力。这也使他可以中止1973年的宪法。作为军法管制首席执行官，他提交了一份临时宪法，授权他随意修订1973年的宪法。但是他继续推行布托的计划，即投入更大的精力制造原子弹，同时保守706项目的秘密，并由听起来很平常的"工程研究实验室"秘密地浓缩铀。③

为了弄清楚"工程研究实验室"到底在干什么，印度的调查分析局从附近的理发店收集了废弃的头发，将它们送到位于特伦贝的

① 为抗议英国承认孟加拉国，巴基斯坦总统佐勒菲卡尔·阿里·布托宣布巴基斯坦退出英联邦。之后，巴基斯坦1988年重新申请加入英联邦并被接受。在英联邦成员国中，外交使团团长被称为高级专员而不是大使。
② Cited in Joseph，"MEA Totally Misread General Zia-ul-Haq's Intentions."
③ Robert Hutchinson，*Weapons of Mass Destruction: The No-Nonsense Guide to Nuclear, Chemical and Biological Weapons Today*（London：Weidenfeld and Nicolson，2003），112.

巴巴原子研究中心进行分析。他们在头发中发现了微量铀，这表明
"工程研究实验室"在进行铀浓缩活动。齐亚·哈克是个假话连篇
的老手，他热情地回应了印度总理莫拉吉·德赛的友好提议。他们
定期通电话，以保持直接联系，直到 1979 年中期，执政的人民党
联盟发生分裂，德赛不得不下台为止。据调查分析局反恐部门的前
负责人巴胡库图姆比·拉曼说，1978 年初，德赛一时疏忽，对齐
亚·哈克说他很清楚巴基斯坦的核武器计划。① 可以想见，齐亚·
哈克当然否认有任何违禁活动。为了从"工程研究实验室"里揪出所
有的外国间谍及特工，巴基斯坦的三军情报局立即开足马力行动
起来。

　　齐亚·哈克非常了解华盛顿为了让无核国家放弃拥有核武器会采
取怎样的政策。1976 年，美国参议员斯图尔特·赛明顿提出的
《1961 年对外援助法》修正案明确规定，停止对任何进口铀浓缩技术
的国家施以援助。第二年，参议员约翰·格伦提出的《对外援助法》
修正案规定，终止对任何进口核燃料后处理技术的国家的援助，这种
技术可用于从核武器的辐照核燃料中回收可裂变钚。② 美国国会于
1978 年 3 月通过了《核不扩散法》，它禁止美国对任何进行核武器试
验的国家进行援助，而且要对试图获得未经授权的核技术的国家实施
制裁。

　　齐亚·哈克承认正在建造铀浓缩设施，但他说这个设施将只用于
发电，并宣称巴基斯坦政府不会因为美国的压力而在核问题上妥协。

---

① B. Raman, *Kaoboys of R&AW: Down Memory Lane* (New Delhi: Lancer, 2008),
113.
② 开发核燃料后处理技术用于分离和回收辐照核燃料中的可裂变钚。早期的后处理技
术被用来提取钚以生产核武器。后来，再加工的钚也被循环回用于热反应堆的
MOX 核燃料中。

1978 年 10 月，巴基斯坦外交部长阿加·沙希在与美国国务卿赛勒斯·万斯会晤时表示："即使不是核武器专家，你也能理解拥有核武器的战略重要性。其价值不在于使用，而在于拥有。"①

然而，从地缘政治的角度看，导致印巴关系发生重大转变的是 1978 年 4 月 27 日信仰马克思主义的军官对阿富汗总统穆罕默德·达乌德·汗发动的政变。达乌德·汗在总统府的战斗中丧生，他的总统和总理职位被交到了努尔·穆罕默德·塔拉基手中。军方领导人将这个国家改名为阿富汗民主共和国，这次政变也把阿富汗推到了白宫和克里姆林宫之间冷战的前沿。

这是阿富汗 5 年来发生的第二次巨变。1973 年 7 月，达乌德·汗总理推翻了他的表亲穆罕默德·扎希尔·沙阿国王，宣布阿富汗为共和国。为了巩固自己的权力，他再次提出了普什图尼斯坦的问题，后者是一个由巴基斯坦西北边境省和联邦直辖的部落机构（FATA）的部分地区划分出来的独立省。他的军官们开始对 1.2 万名叫嚣要收复失地的普什图人和俾路支志愿者进行训练，以骚扰巴基斯坦军队。作为报复，布托于 1975 年 7 月发起了一场推翻达乌德·汗的政变，由阿富汗伊斯兰领袖古勒卜丁·希克马蒂亚尔领导。政变失败了。但布托允许西北边境省首府白沙瓦成为阿富汗伊斯兰组织的基地。在伊朗国王的调解下，伊斯兰堡和喀布尔之间的紧张局势到 1977 年终于有所缓和。但随后发生的信仰马克思主义的军官的政变又破坏了这两个邻国关系的正常化。

---

① Dilip Hiro, *Apocalyptic Realm: Jihadists in South Asia* (New Haven, CT: Yale University Press, 2012), 58.

## 喀布尔的马克思主义者政变的涟漪

马克思主义者接管喀布尔的消息，震惊了美国总统吉米·卡特（1977—1981 在任）的政府。它赶紧恢复了先前停止的对伊斯兰堡的发展援助。1965 年印巴战争后，华盛顿禁止向巴基斯坦出售美国武器及零部件，此禁令一直持续到 1975 年，被杰拉尔德·福特总统解除。

另一方面，克里姆林宫向喀布尔派遣了军事顾问。与此同时，苏联驻喀布尔大使亚历山大·普扎诺夫在这年 6 月建议塔拉基总统与巴基斯坦领导人展开对话，以解决双方的分歧。[①]

塔拉基邀请齐亚·哈克前往喀布尔。结果，9 月 9 日，他们最终在距首都 16 英里的帕格曼会面。[②] 两人之间截然对立的意识形态成为人们关注的焦点。塔拉基自豪地告诉与他对话的人，他的政权已经将土地给了 1100 万阿富汗人。齐亚·哈克说，所有的财产都属于真主，人类不过是真主土地的监护人。"所有的土地都属于耕者。"塔拉基反驳道。[③]

德赛和其他印度政客应该会同意塔拉基的说法。他们在印度进行了土地改革，尽管时断时续。因此，不出所料，德里与喀布尔由来已久的亲密关系并未受到政治动荡的影响。塔拉基政权仿效印度在 1973 年 8 月的做法，于 1978 年 12 月与莫斯科签署了友好合作条约。

---

① ArdeshirCowasjee，"ARe-CapofSoviet – PakistanRelations，" *Dawn*（Karachi），December3，2011.

② 在首都喀布尔会见努尔·穆罕默德·塔拉基总统，即意味着事实上承认了阿富汗民主共和国，齐亚·哈克可不想这样做。

③ General Khalid Mahmud Arif, *Working with Zia: Pakistan Power Politics 1977 – 1988* (New York：Oxford University Press，1995)，307.

到那时，齐亚·哈克总统的政府已经为阿富汗的伊斯兰叛乱分子"圣战者"提供了秘密训练基地，积极参与其中的中央情报局将此命名为"旋风行动"。

1978 年 12 月 2 日，伊斯兰堡政府对国内宣布，从先知穆罕默德的下一个生日起，将强制执行有关盗窃（剁手）、饮酒（74 鞭）和通奸（用石头砸死）的伊斯兰法律。巴基斯坦的这种伊斯兰化举动并没有引起卡特主政的白宫的关注。1979 年 2 月，狂热的反美人士霍梅尼推翻了美国的坚定盟友穆罕默德·礼萨·巴列维·沙阿，美国发现自己失去了与伊朗的战略联盟，于是加紧了与齐亚·哈克的军事政权的来往。

美国决定授权中央情报局向阿富汗"圣战者"提供武器，以加强对他们的支持。最初，中情局用苏联制造的武器来武装他们，这些武器一部分来自其在前几次地区冲突期间在当地建立的军火库，另一部分来自一度是莫斯科盟友的埃及。"圣战者"因此声称他们是袭击了政府的军械库才得到了这些武器。

在喀布尔，马克思主义者的政权分裂成两派，导致塔拉基被杀，哈菲祖拉·阿明 1979 年 9 月出任总统。而阿明政权又在 12 月被巴布拉克·卡尔迈勒所推翻。卡尔迈勒邀请苏联军队来帮他稳定政局。苏联人在圣诞节当天到达。一夜之间，齐亚·哈克从一个卑鄙的独裁者摇身一变，成了美国领导的全球反苏运动中一个无可挑剔的盟友。

德里和伊斯兰堡对阿富汗事件的反应不一。印度外交官建议阿富汗各对立派别进行谈判。与此形成鲜明对比的是，齐亚·哈克将莫斯科的举动表述为苏联"正向阿拉伯海的温暖水域推进"，以此暗示巴基斯坦将成为苏联侵略扩张的下一个目标。卡特欣然接受他的阐释。

白宫与克里姆林宫之间的冷战愈演愈烈。但卡特政府意识到，用中央情报局提供的武器消灭驻阿富汗的苏联军队的话太过具有挑衅意味，会加剧莫斯科与华盛顿直接对抗的可能性。因此，它决定通过巴基斯坦三军情报局这个代理来合作，以便到时候能"合理地推诿"其责任。"华盛顿—伊斯兰堡—利雅得联盟"应运而生，作为总协调国的美国，成了唯一的武器供应国，武器均需以美国和沙特的现金购买，由巴基斯坦这唯一通道来运输。在这个方案中，三军情报局起到了关键作用。

随后，该联盟在伊斯兰堡 Khayaban-e-Suhrawardy 的高高的石墙后面一幢式样单调、没有任何标识的红砖建筑内办公。大约 100 名军官维持着一个由数千名特工和自由间谍组成的内部和外部情报网的运转。和其他军队一样，三军情报局的官员和特工也按齐亚·哈克的命令接受了宗教教育。同样，军官们也有义务带领士兵进行祈祷。

随着在阿富汗的雄心勃勃的新任务和大幅增加的预算，三军情报局着手扩充其工作人员和特工队伍，让精通波斯语和普什图语的巴基斯坦人以及上千名阿富汗人参与进来，并承诺为他们在巴基斯坦的家人提供钱财和住所。这样一来，到 1988 年初，三军情报局的全职和兼职员工总数达到近 10 万人。[1] 齐亚要求三军情报局收集国内外情报，协调三军的情报职能，对外国人、媒体、政治上活跃的巴基斯坦人以及驻巴基斯坦的其他国家外交官、在国外任职的巴基斯坦外交官进行监视，拦截和监视他们的通信，并开展秘密的攻击行动。

当伊斯兰堡和莫斯科之间的关系变得冷淡时，德里与莫斯科之间的关系却变得更为融洽。1980 年 5 月，印度官员签下了合同，购买米格-25 飞机、攻击舰和先进的 T-72 坦克，印度稍后将自己生产。

---

[1] Dilip Hiro, *War Without End: The Rise of Islamist Terrorism and Global Response* (London: Routledge, 2002), 211.

1980 年 6 月，齐亚·哈克在各省的高级法院设立了教义法庭（Sharia courts），并在最高法院设立了教义上诉法庭。它们有权裁决某一法律是否为伊斯兰教法。[①] 这些官方措施通过清真寺和媒体的宣传，获得了伊斯兰教的支持。所有教科书都被审查，其内容如果非伊斯兰教，都不允许用于教学。

这样一来，迅速伊斯兰化的巴基斯坦社会与世俗化的印度社会之间在社会、文化和意识形态之间的差距就比以前更大了。

## 齐亚在核武器问题上的"猫鼠游戏"

到 1978 年底，卡特政府已握有确凿证据，可证明巴基斯坦在卡胡塔的"工程研究实验室"从事铀浓缩项目。它跟伊斯兰堡说起了这个问题，但对于得到的反应，卡特很不满，于是在 1979 年 4 月，根据赛明顿的那份修正案切断了对巴基斯坦除粮食援助外的其他经济和军事援助。他重申，只有在他确认巴基斯坦不会发展或获取核武器，或者协助其他国家发展或获取核武器的情况下，才会恢复对巴援助。[②]

1980 年 1 月 14 日，苏联军队抵达阿富汗才几周，英迪拉·甘地重新上台，其时伊斯兰堡与华盛顿之间的关系仍然处于僵局。由于苏联在阿富汗的军事存在，她极力劝说齐亚·哈克不要跟卡特政府来往，不要寻求恢复对其国家的军事和经济援助。当年 4 月，她派前外交部长斯瓦兰·辛格作为特使去伊斯兰堡，向齐亚·哈克保证，如果

---

① 在实践中，仅执行了涉及鞭刑的处罚。
② 1980 年 6 月，BBC 纪录片 *Project 706: The Islamic Bomb* 对巴基斯坦的铀浓缩计划做了完整的介绍。

他决定将军队从印度边境撤离至阿富汗边境，她的政府绝不乘虚而入。但是，正当两国领导人建立秘密渠道，想安排印度外交部长帕穆拉帕图·文卡塔·纳拉辛哈·拉奥 1981 年 3 月访问伊斯兰堡时，华盛顿的政治形势已经发生了变化，情况对甘地不利。

共和党人罗纳德·里根（1981—1989 在任）于 1981 年 1 月入主白宫。他称苏联为"邪恶的帝国"，这个说法日后将成为他的标志性语言。1980 年 12 月苏联领导人勃列日涅夫访问德里期间，甘地政府与这个政权签署了一项重大协议，要促进印度能源部门的发展，并在 1981 年至 1986 年间将双边贸易翻一番。

里根缺乏卡特的聪明才智，却是位出色的沟通者，这个身材高大健壮的男人在好莱坞做了多年的演员。他的说服力帮助他克服了国会对他的政策的阻力。1981 年 1 月至 1982 年 7 月，担任国务卿的亚历山大·黑格把巴基斯坦的核计划表述为这个国家的"内政"。他只求巴基斯坦学着点以色列，不要引爆原子弹，以色列在 1966 年首次获得核武器后始终没有进行试爆。

里根政府与国会合作，给予巴基斯坦 5 年的豁免期，可以不执行赛明顿的修正案，该修正案在向阿富汗"圣战者"提供美方援助方面发挥了作用。1981 年 5 月，美国参议院外交关系委员会改变了先前的立场，批准在未来 6 年内向伊斯兰堡提供 32 亿美元的援助，一半为民事援助，一半为军事援助。白宫辩称，向巴基斯坦提供美国的现代武器，将减少其寻求核选择的可能性。实际上，事情根本不会像他们想的那样。伊斯兰堡在常规武器和非常规武器两方面都取得了进展。而参议院于 1981 年 12 月通过了外交关系委员会的法案。①

---

① 另一项安排是为巴基斯坦购买 40 架美国制造的多功能 F－16 战斗机，这使德里感到十分震惊。

里根任命威廉·凯西为中央情报局局长。他是个秃顶的胖子，一张表情极为丰富的脸上戴着一副超大的眼镜。他的职业生涯始于中央情报局的前身——战略调查办公室，在那里，他把自己训练成了一个不落俗套的工作人员，冷酷而且好斗。现在，他与三军情报局局长阿卜杜尔·拉赫曼·汗中将以及沙特情报部门的负责人图尔基·费萨尔亲王之间的私交迅速密切起来。阿富汗的叛乱活动有所抬头。

美国不希望留下白纸黑字的货币交易记录，让莫斯科抓住把柄，说美方插手了阿富汗事务（从而引发一场可能会蔓延为国际争端的地区冲突），因而所有的货币交易都是现金交易。这给三军情报局提供了大量机会，可以抽走外国资金来注入核计划。

据中情局文件称，1982 年，巴基斯坦从中国获得了一枚 25 千吨当量的核弹的完整设计，以及足以制造两枚核弹的武器级铀。北京接着还向伊斯兰堡提供了一枚核弹头的设计。① 难怪伊斯兰堡和莫斯科的关系变得紧张起来。1982 年 9 月 20 日，勃列日涅夫在欢迎英迪拉·甘地来访的宴会上发表讲话，公开建议印度不要接受齐亚·哈克提出的"非战公约"。私下里，他对甘地解释说，在与印度签署了"非战公约"后，巴基斯坦领导人将把大部分军队从印度边境转移到其与阿富汗的边境，并对克里姆林宫支持的喀布尔政权构成威胁。甘地采纳了他的建议。她提出了一项反提案，关于缔结和平与友谊的条约，但齐亚·哈克对此并不感兴趣。

在克里姆林宫会谈期间，甘地私下建议苏联从阿富汗撤军。但她的建议遭到了拒绝。② 那时，印度的国防工业与苏联的国防工业的联

---

① Hiro, *Apocalyptic Realm*, 322n23; "Pakistan Nuclear Weapons," Global Security, n. d., http: // www. globalsecurity. org/wmd/world/pakistan/nuke. htm.

② V. D. Chopra, ed., *Significance of Indo-Russian Relations in the 21st Century* (New Delhi: Kalpaz, 2008), 85.

系是如此紧密，以至于她在与克里姆林宫打交道时没有任何优势可言。

由于印度与马克思主义政权的持续友好关系，调查分析局与阿富汗国家安全部管理的情报机构"卡德"（KHAD）之间的联系变得更加紧密。两者都与苏联的主要安全和情报机构克格勃密切合作。其中，克格勃和卡德向调查分析局提供了关于锡克教分离主义者在巴基斯坦部落地区活动的重要信息。

在 1966 年组建的旁遮普邦，当地 1500 万居民中锡克教徒占了 60％，余下的几乎全是印度教教徒。从 1981 年 10 月起，锡克教社区的激进分子就开始诉诸暴力，要求在巴基斯坦和印度之间建立锡克教徒自己的家园——卡利斯坦。锡克教分离主义者认为，他们的社区饱受印度教教徒的歧视。然而，锡克教的创始人古鲁·那纳克生下来就是一个印度教教徒，他的信仰萌生于他想通过废除种姓制度来改革印度教。自锡克教创立以来，印度教教徒和锡克教徒之间的关系一直很融洽，锡克教徒也庆祝光明节之类的印度教节日。两个社群都容忍不同信仰的人通婚。现在，卡利斯坦的拥护者在旁遮普邦攻击印度教教徒，使锡克教徒和印度教教徒之间的关系变得紧张。最重要的是，他们在宗教基础上建立家园的要求——虽然已如种子在巴基斯坦开花——触及了印度世俗宪法的根基。德里当局排除了这种可能性。

因此，这一话题并没有列入甘地与齐亚·哈克的谈话议程，那是 1982 年 11 月 1 日，甘地在前往马来西亚的途中于新德里稍作停留，与齐亚·哈克进行了长达一小时的会谈。他们决定授权本国的外交部长继续进行谈判，以建立南亚区域合作联盟（SAARC）。①

---

① William K. Stevens, "Pakistan's Leader to Confer in India," *New York Times*, October 31, 1982.

### 南亚核游戏的五大玩家

在人后，甘地为齐亚·哈克偷偷利用武器级铀制造原子弹而伤脑筋，她考虑了终止其计划的若干方法。她知道，1981 年 6 月 7 日，以色列战机在巴格达以南 18 英里处摧毁了法国装备的、在建的奥西拉克核反应堆。以色列这次大胆而令人震惊的突袭启发了她，她在秋季启动了一个名为"奥西拉克"的应急计划，该计划由空军中将迪尔巴格·辛格主持。

印度空军的飞机使用 2000 磅重的炸弹练习低空飞行。但事实证明，对印度军方来说，压制卡胡塔设施——包括地对空导弹在内——的强大的防空力量，是一个太大的挑战。不过由于调查分析局和摩萨德之间有来往，以色列很快就提供了干扰卡胡塔的先进通讯系统的专业技术。此举也是符合其阻止任何穆斯林国家拥有核武器的政策的。

于是，在 1982 年，以色列成为继印度、巴基斯坦、中国和美国之后南亚核游戏的第五个玩家。它们之间的结盟充满了对抗。印度与以色列制定了一项针对巴基斯坦的大胆计划，而它与以色列之间却并没有充分的外交往来。尽管里根政府在法律上遵守核武器不扩散的原则，却对中国这个未加入《不扩散核武器条约》（NPT）的国家在其核武器计划中向伊斯兰堡提供持续的援助视而不见。以色列是美国在冷战中一直以来的坚定盟友，现在却在巴基斯坦成为华盛顿在阿富汗击败苏联的关键因素之际，摆出了反对巴基斯坦的姿态。

与之形成鲜明对比的是，中国在抵消印度在南亚的霸权的战略上保持了独特的一致性，这一点，它是通过帮助巴基斯坦克服其在常规武器和武装人员方面一直不如邻国印度的地方来做到的。中国急切地帮助巴基斯坦制造核武器，其目的是在国防问题上使巴基斯坦与印度平起平坐，从而挫败印度成为南亚霸主的野心。

德里接受了以色列鹰派国防部长阿里尔·沙龙的协助。1982 年底，印度和以色列计划联手袭击巴基斯坦卡胡塔的核设施。1983 年 2 月，印度军官秘密前往特拉维夫，购买电子设备，干扰卡胡塔的防空系统。颇能说明问题的是，1983 年 2 月 23 日，甘地指责巴基斯坦"偷偷摸摸地试图制造核武器"，3 天后，巴巴原子能研究中心负责人拉贾·拉曼纳透露，印度也在开发铀浓缩设施。①

古怪的是，这就是甘地和齐亚·哈克 1983 年 3 月 7 日至 12 日在德里举行的第七次不结盟运动期间亲切会晤的背景。他们签署了一项通过成立印巴联合委员会来使两国关系正常化的协议，该委员会下设贸易、经济、信息和旅游等分会。

据中情局文件称，1983 年，中国帮助巴基斯坦研制原子弹的触发装置。这些装置要么是传统的开关，要么是电子触发电路。以阿卜杜勒·卡迪尔·汗为首的巴基斯坦专家开始在俾路支省西北部查盖山的一条隧道里进行冷试验，以完善触发装置。经过 20 多次试验，终于获得成功。这是组装原子弹的最后一步。他们在年底前做到了。至此，工程研究实验室正式更名为卡胡塔研究实验室。

在华盛顿，一份（后来）解密的 1983 年的美国政府评估报告得出结论："有确凿的证据表明，巴基斯坦正在积极推行核武器发展计划……。我们认为，在卡胡塔生产的浓缩铀的最终用途显然是核

---

① Adrian Levy and Catherine Scott-Clark, *Deception: Pakistan, the United States and the Secret Trade in Nuclear Weapons* (New York: Walker & Company, 2007), 104.

武器。"①

然而，没有一方对巴基斯坦采取任何行动。里根政府认为，制裁巴基斯坦无异于帮了克里姆林宫的忙。因此，当美国面临选择，到底是用一切可能的手段将苏联人从阿富汗驱逐出去，还是阻止伊斯兰堡制造原子弹时，它选择了让那个"邪恶帝国"大出血。它如此坚定地致力于这一政策，以至于不惜采用卑鄙的手段，压制国务院官员定期提供的无可辩驳的证据，而这些证据正好表明巴基斯坦正在不管不顾地加紧生产核武器。

印度和以色列突袭卡胡塔基地的计划，没过多久就被三军情报局知道了。1983年秋，巴基斯坦陆军中将拉赫曼·汗联系了调查分析局的诺舍尔·F. 桑图克。由此促成了巴基斯坦原子能委员会主席穆尼尔·艾哈迈德·汗和拉曼纳的会面，地点是在维也纳的一家酒店。艾哈迈德·汗警告拉曼纳说，如果印度单独或与以色列勾结袭击卡胡塔，巴基斯坦将袭击印度孟买郊区的特伦贝核设施，让孟买这座特大城市的数百万居民尝尝后果。② 想想这样的情景，甘地犹豫了。

与此同时，调查分析局和摩萨德之间的联系变得如此紧密，摩萨德甚至为调查分析局所辖的航空研究中心的两架波音707飞机配备了收集信号情报的专业设备。③ 正是在这种背景下，1983年底，沙龙提出从古吉拉特邦的贾姆讷格尔发动突袭，低空飞行躲开雷达进入巴基斯坦，沿着克什米尔山区到达卡胡塔。就在那时，据报道，在里根政府的默许下，中情局驻伊斯兰堡的站长向齐亚·哈克透露了沙龙向甘

---

① "Pakistan Nuclear Weapons—A Chronology，" Federation of American Scientists，June 3，1998，http：//www. fas. org/nuke/guide/pakistan/nuke/chron. htm.

② Levy and Scott-Clark，*Deception*，104 - 105.

③ Hiro，*Apocalyptic Realm*，122.

地的提议，希望能缓和印度与巴基斯坦之间这种危险的针锋相对。①

齐亚·哈克采取了行动。在他的授意下，卡迪尔·汗在1984年1月和2月接受了两家地方大报的长时间采访。他的话，核心信息就是"只要需要，巴基斯坦可以制造原子弹。而如果卡胡塔被摧毁，那么巴方可以重建不止一座这样的设施"。巴基斯坦驻德里大使告诉印度外交部，如果卡胡塔遭到袭击，他们将毫不留情地轰炸印度作为报复。② 齐亚·哈克的目的有两个：一是表明巴基斯坦的核计划势不可挡，以获得国际社会的认可；二是警告甘地，如果她决定突袭卡胡塔，巴基斯坦将以牙还牙。他成功了。3月，甘地撤销了她早些时候和沙龙做的打算。

1984年是巴基斯坦核计划的关键一年。1月，中国收到了一枚在卡胡塔组装的原子弹，3月在新疆罗布泊试验场成功引爆。对此，伊斯兰堡和卡胡塔的高级官员谨慎地表示了高兴。③ 既然在国防方面已经与印度平起平坐，现在在巴基斯坦领导人有能力挑战印度获得地区霸权的企图。然而，发生在罗布泊的这一超级机密事件，两年后才传到中央情报局和调查分析局那里，其他人则知道得更晚。与此同时，擅长伪装的齐亚·哈克仅承认，他的国家已经获得了用于和平目的的非常有限的铀浓缩能力。

1984年底，卡迪尔·汗说他已经准备好在俾路支省进行一次热试验，但是齐亚·哈克排除了这种可能性。他不想让里根政府难堪，因为里根政府对他的政府太过慷慨，并一再对巴基斯坦在核武器计划

---

① Levy and Scott-Clark, *Deception*, 105 – 106.
② 同上，106。
③ 同上，105；亦可参见 "Adrian Levy Interview with Amy Goodman," *Democracy Now!*, November 19, 2007。

中的违规行为视而不见。

齐亚·哈克如此谨慎行事，还有另一个重要原因。1984 年 4 月，美国参议院外交事务委员会通过了拉里·普雷斯勒和另外两位参议员提出的一项限制性条款，从而将继续向伊斯兰堡提供经济援助与军售挂上钩。总统需要证明巴基斯坦并没有核爆炸装置，还需要加一句，说新的援助将大大降低巴基斯坦拥有核武器的风险。直到 1985 年 8 月，这项被称为"普雷斯勒修正案"的规定才被附加于 1985 至 1986 年财年的《对外援助法》中。在众议院，斯蒂芬·索拉兹的修正案规定，禁止向非法采购或试图从美国采购核材料的无核国家提供一切军事和经济援助。

但有一个凌驾于一切之上的退出条款，适用于所有此类修正案。如果美国总统认为他的做法符合国家利益，那他有权放弃这些权利。不过，里根没有使用这个选项。相反，哪怕有层出不穷的来自多个来源的确凿证据表明巴基斯坦仍在坚定不移地制造原子弹，里根政府却年复一年地证明事实并非如此。他这样做是为了让美国的军事和经济援助源源不断地流入巴基斯坦，这样，巴政府也能提升阿富汗圣战组织叛乱分子的破坏性。

### 印度和巴基斯坦的软肋

有了里根的无条件支持，以及阿富汗圣战组织叛乱活动造成的可怕后果，齐亚·哈克大胆地实施针对印度的政策，削弱印度的实力。这意味着要为在那里兴起的任何民族统一运动提供物质援助。激进的锡克教徒暴力煽动的卡利斯坦独立运动就是其中之一。该运动在

1980 年代初开始汇聚成势力。由于它获得了英国和北美的许多锡克教移民的支持，三军情报局与他们的领导人搭上关系变得相对容易。

在国内，齐亚·哈克的统治在 1983 年初遇到了压力。由人民党领导的十党联盟，被称为"恢复民主运动"（MRD），它要求在 8 月 14 日独立日之前举行选举，并恢复 1973 年的宪法，否则将发起一场反对军事独裁的非暴力运动。

齐亚·哈克对此不予理会，还说"恢复民主运动"是印度的工具。当英迪拉·甘地于印度议会下院发表评论支持该运动时，齐亚·哈克的指控被坐实了。信德省是巴基斯坦人民党的传统堡垒，由于"恢复民主运动"的势力在信德省特别强大，军政府指控"恢复民主运动"的目的是确保信德省脱离巴基斯坦，以抗议旁遮普人为主的伊斯兰堡政府。信德省的村民驳斥了官方的宣传。他们是如此坚定地支持"恢复民主运动"的行动，以致齐亚·哈克出动了三个师去镇压。军队逮捕了 1.5 万人，杀死了 60 到 200 名抗议者。[1]

10 月初，甘地在新德里举行"世界信德大会"（World Sindhi Conference）的揭幕仪式，这是一个在英国韦林花园城注册的倡导人权的组织。它宣称："我们支持民主，而且将永远如此。我们必须反对任何地方的不公。我们希望民主无处不在，这样说没有什么不好或不妥。"会议通过了一项决议，要求立即从信德省撤军，恢复宪法赋予人民的权利。全印广播电台开始用信德语广播，这种语言 1967 年被列入《宪法》承认的语言名单，但在此之前从未在无线电广播中占有一席之地。当这些事态进展的消息传到信德民族主义者领导人古拉

---

① Stephen Zunes, "Pakistan's Movement for the Restoration of Democracy（1981 – 1984），" Nonviolent Conflict, 2009，http：//www. nonviolent-conflict. org/index. php/ movements-and-campaigns　/movements-and-campaigns-summaries？ sobi2Task ＝ sobi2Details&sobi2Id ＝ 24.

姆·穆尔塔扎·赛义德那里时，他欣喜若狂。①

齐亚·哈克密切关注着这些事件。他在 10 月 22 日宣称，"恢复民主运动"正在与某外国势力联手，"正如我们所知，一旦'恢复民主运动'开始煽动，某外国势力就会跳出来支持它"。至于这个外国势力是谁，没人会作他想。在谈到印度人时，他说，"他们并没有真正接受巴基斯坦的存在。"② 这是一句有年头的口头禅，至今在巴基斯坦仍有市场。1984 年，巴基斯坦领导人指示三军情报局官员同两方面的代表建立联系，一个是查谟和克什米尔的"伊斯兰大会党"，一个是世俗民族主义者的"查谟和克什米尔解放阵线"（JKLF）。

## 锡克教叛乱索命英迪拉·甘地

1982 年 8 月，在锡克教占多数的旁遮普邦，一场为其争取更多灌溉用水的和平运动遭到了国大党政府的镇压。在不到 3 个月的时间里，政府逮捕了 3 万名抗议的锡克教徒，警察开枪打死了 100 多人。11 月 19 日至 12 月 4 日，在为德里举行的亚运会进行筹备期间，所有从旁遮普邦前往德里的锡克教徒都被搜身，以防亚运会期间发生恐怖袭击。锡克教徒觉得受辱，与印度教社会愈见疏远。这样一来，富有煽动力的 35 岁宗教领袖贾内尔·辛格·宾德兰瓦勒的队伍日益壮大。他那乌黑的长胡子和深蓝色的头巾使他在人群中显得很突出。③

---

① Suranjan Das, *Kashmir and Sindh: Nation-Building, Ethnicity and Regional Politics in South Asia* (New Delhi: Anthem, 2001), 144.
② Partha Sarathy Ghosh, *Cooperation and Conflict in South Asia* (Chennai: Technical Publications, 1989), 42.
③ 贾内尔·辛格·宾德兰瓦勒是锡克教原教旨主义教派达达米·塔克萨尔的领袖。

宾德兰瓦勒和他的数百名武装随从一起，在金庙——官方名称是哈曼迪尔萨希布寺——安顿下来，那是一座由 42 幢建筑组成的建筑群，其中许多都是金碧辉煌的神殿。他们在那里感到安全，因为一般来说，安全部队不会进入宗教礼拜场所。宾德兰瓦勒在接受外国电视频道采访时，呼吁建立一个称为卡利斯坦的独立的锡克教国家。他获得了许多在英国和北美定居的富裕的锡克教徒的支持。他们的捐款使宾德兰瓦勒的营地能够用巴基斯坦制造的步枪武装自己，而这些步枪是穿过 150 英里长的旁遮普边境走私来的。

宾德兰瓦勒威胁到了他的锡克教徒的敌人的存在。在 1983 年 4 月的一次耸人听闻的行动中，其党羽杀害了警察局副局长阿夫塔·辛格·阿特瓦尔，安全局势随之恶化。10 月，6 名印度教教徒在巴士上遇害，随之，德里的甘地政府宣布进入紧急状态，实行中央管制。但暴力事件并没有停止。1984 年的头 5 个月，据称旁遮普邦有 298 人遇难，并蔓延至与之接壤的哈里亚纳邦及其邻近的德里。

甘地决定发动军事袭击、控制金庙，因为它已成为宾德兰瓦勒及其 600 名武装追随者的堡垒。作为代号"蓝星"的军队和武装警察袭击的前奏，6 月 3 日在旁遮普省施行了 36 小时的宵禁，使所有行动陷入瘫痪状态。政府在该州部署了 7 个陆军师的同时，对新闻进行了严格的审查。6 月 5 日晚，配备重型火炮、坦克和装甲运兵车的安全部队突袭了金庙。在与全副武装的叛乱分子展开激战后，他们于 6 月 7 日早上获得了完全控制权。叛乱分子曾被一名退休的锡克教徒将军安排在该建筑群 40 多座建筑物的战略位置。

人们普遍认为，官方统计的 136 名安全人员、357 名叛乱分子和其他平民的死亡人数不可信。恐怖分子嫌疑人为 1592 人，还有 1600

人失踪。宾德兰瓦勒被杀。[1] 非官方估计的死亡人数在 1500 到 5000 人之间。《芝加哥论坛报》6 月 12 日公布的数字为 2000 人。军方直升机报道说，成千上万的锡克教徒无视紧急状况在向阿姆利则挺进。更严重的是，旁遮普邦驻军城镇的大约 4000 名锡克族士兵变节，杀死了他们的军官，然后前往阿姆利则。武装警察拦下这些人，许多人丧生。[2]

在随后的代号为"商店"和"木玫瑰"的两次军事行动中，安全部队突袭了旁遮普邦农村地区，抓捕了疑似极端分子，并扫荡了整个农村。这场拉网式搜查迫使近 3000 名锡克教青年越境进入巴基斯坦。他们被当作没有适当证件入境的外国人而被捕。[3] 在 1984 年 7 月 10 日出版的《旁遮普骚乱白皮书》（*White Paper on the Punjab Agitation*）中，英迪拉·甘地政府提到了巴基斯坦插手了对卡利斯坦运动的支持，该运动直接针对印度的实力、团结和世俗主义。[4]

印度军方对锡克教最神圣之地发起猛攻，深深地伤害了印度各地的锡克教徒。他们认为这是在攻击他们的宗教和身份。有报道称，锡克教公务员和军官辞职以示抗议，另一些人，包括著名作家兼专栏作家库什万特·辛格，则归还了官方授予他们的荣誉凭证。

在他们眼中，英迪拉·甘地成了邪恶的化身。1984 年 10 月 31 日上午，当她穿过官邸花园和办公室之间的一扇小门去接受爱尔兰电

---

[1] 拉吉夫·甘地总理在一次讲话中承认，"蓝星"行动损失了 700 多名士兵。2009 年 10 月 31 日，CNN 和 IBN 的报道称军队损失了 365 名突击队员。

[2] Khushwant Singh, *A History of the Sikhs*, *Volume II: 1839－2004*, 2nd ed. （New Delhi: Oxford University Press, 2012）, 364.

[3] Marc Kaufman, "India Blames Pakistan in Sikh Conflict," *Philadelphia Inquirer*, June 19, 1988.

[4] Indira Gandhi and P. V. Narasimha Rao, "Debate on the White Paper on the Punjab Agitation, Monsoon Session of Parliament, 1984: Interventions by Prime Minister and Home Minister," Ministry of External Affairs, 1984.

视台采访时,她付出了生命的代价。刺杀她的不是别人,正是她的锡克教保镖——25 岁的副督察班特·辛格和 21 岁的警官萨特万特·辛格·巴卡尔。班特·辛格用他的点 38 口径左轮手枪对着甘地的胸部和腹部开了三枪,当她倒地后,巴卡尔把他冲锋枪里的 30 发子弹全部射进了她流血的身体。他们将武器扔在地上,当即被突击队员逮捕并带到警卫室。英迪拉·甘地在抵达全印医学科学研究所的途中去世,当晚,她 40 岁的儿子、议会下院的初级议员拉吉夫宣誓就任总理。随后,举行了 3 天的官方哀悼活动。

在那段时间里,有组织的帮派在德里和其他地方实施了针对锡克教徒的大屠杀。当暴民的怒火消散之后,有 6000 到 8000 名锡克教徒被捅死、烧死或殴打致死,100 多座锡克教寺庙被焚,数千家商店和房屋被洗劫一空。锡克教徒总共损失了价值 3 亿卢比(约合 600 万美元)的财产。[1] 为了保住自己的生命,反对卡利斯坦运动的库什万特·辛格前往瑞典大使馆寻求庇护。"我觉得我在自己的祖国像个难民。"他哀叹道。[2]

随着英迪拉·甘地的去世,印度失去了一位政治家,在担任总理的 15 年中,这位政治家证明了自己是一位强有力的领导者,尽管她在 1975 年至 1977 年期间实施国家紧急状态的决定是错误的和专制的。在处理国内政治时,她的特点是善于操纵和报复,归根结底,这是锡克教徒民族统一主义兴起的根源。正是她支持了暴发户宾德兰瓦勒与她反对的老牌锡克教领袖相抗衡。后来,宾德兰瓦勒却变成了弗兰肯斯坦,转而反对她。

---

[1] Singh, *A History of the Sikhs, Volume II*, 378.

[2] Reginald Massey, "Khushwant Singh Obituary," *Guardian* (London), March 20, 2014.

在巴基斯坦，政府宣布哀悼 3 天。齐亚·哈克赶赴德里，参加了在亚穆纳河畔举行的甘地的火葬仪式。

英迪拉·甘地遇刺之后，调查分析局得到了以色列国内情报机构辛贝特的帮助，以加强总理的安保系统。在她的继任者执政期间，印以关系更加紧密，这让巴基斯坦领导人忧心忡忡。

## 粗野的拉吉夫和狡诈的齐亚

拉吉夫·甘地的母亲遇刺后，在随后的议会选举中，他领导的国大党博得了广泛的同情，获得了 515 个席位中的 404 席。[1] 对于身材高大、体格健壮、面如满月的拉吉夫来说，这的确是一项非凡的成就，1981 年，他在他从政的弟弟桑贾伊于一次飞行事故中丧生后，才勉为其难地进入政坛。1962 年至 1965 年，他在剑桥大学三一学院学习工程学，但并未毕业。他遇到了意大利人安东尼娅·埃德维奇·阿尔宾娜·玛诺，开始与她约会，玛诺来剑桥大学是学英语的，兼职做服务员。1966 年回到印度后，拉吉夫接受了飞行员培训，加入了国有印度航空公司。两年后，他在德里按照印度教仪式与 21 岁的玛诺结婚。她改名为索尼娅。在两个孩子拉胡尔和普里扬卡出生后，对政治不感兴趣的拉吉夫和妻子孩子过着平淡的家庭生活。

就这样，印度被交到了一个缺乏政治、行政、外交或战略经验的公众人物手里。他言谈风雅，态度诚恳，没有政客的狡诈，齐亚·哈克的特点则是狡诈，尽管受过军人训练，却有着政客的品性。两位领

---

① 差不多一年之后，当时处于紧急状态的旁遮普和阿萨姆举行了选举。

导人于 1985 年 3 月 13 日在莫斯科，即苏联领导人康斯坦丁·契尔连科的葬礼上会面。那时，甘地还在艰难的工作中努力寻找平衡，巴基斯坦总统却已经站稳了脚跟。

通过举行"不分党派"的国民议会大选，齐亚·哈克平息了美国国内对他的批评。通过玩弄宪法，他获得了任命议会的当选议员之一为总理的权力，然后选中了穆罕默德·汗·居内久担任总理。自 1981 年以来，美国的财政援助一直是每年 6000 万美元，1985 年飙升至每年 3 亿美元。① 而这位狡猾的巴基斯坦将军赞同甘地的建议，尝试在两国间建立良好的关系。

两国的双边峰会于 1985 年 12 月中旬举行。在印度总统位于德里的官邸过夜后，齐亚·哈克在黄厅与东道主进行了交谈，黄厅是从前蒙巴顿勋爵与英属印度领导人举行高层会谈的地方。他们的一对一会谈持续了两个小时。

齐亚·哈克在联合新闻发布会上宣布："［我们会谈］最重要的方面是，我们决定不攻击对方的核设施。"甘地称该协议是"建立信任的第一步"。印度当时有三座核反应堆，五座较小的研究型反应堆，三座大型核电站，还有两座在建。巴基斯坦有一座核电站、一座研究型反应堆和一处铀浓缩设施。两国都没有签署 1968 年的《不扩散核武器条约》，都声称他们的核计划是出于和平目的。甘地以外交辞令表达了他对巴基斯坦核计划和平性质的怀疑，他说："我们尚未就核计划的性质达成一致意见。"②

---

① 根据中央情报局 Milton Beardon 的说法，苏联在 1989 年初离开阿富汗时，中情局已经花费了 60 亿美元，沙特阿拉伯花费了 40 亿美元。Cited by Stephen Kinzer，"How We Helped Create the Afghan Crisis," *Boston Globe*，March 20，2009。
② Stephen R. Wilson，"India and Pakistan Pledge Not to Destroy Each Other's Nuclear Plants," Associated Press，December 17，1985.

根据两位领导人指示，双方的国防部长将会晤，讨论最近在 2 万英尺高、面积 1000 平方英里、荒无人烟的锡亚琴冰川上发生的边界冲突。印度人于 1984 年 4 月占领了这座位于克什米尔边界尚未明确界定的地区的冰川。此外，他们还宣布，印度和巴基斯坦的外交部长将于 1986 年 1 月的第三周举行会晤，就德里提出的和平友好条约和伊斯兰堡提出的无战条约重启谈判。

齐亚·哈克说，印度总理再次指责巴基斯坦为来自印度旁遮普邦的锡克教恐怖分子提供庇护、培训和武器装备，宣称："巴基斯坦完全反对各种恐怖主义。"接着，他转而开始抱怨印度的越境颠覆行为。他说："我们已经达成一致，将进一步调查这个问题。"但他没有予以详细说明。[①]

旁遮普一解除紧急状态，就于 1985 年 9 月举行了邦选举，完全由锡克教徒组成的阿卡利党在选举中获胜。旁遮普的秩序恢复了些许正常。但拉吉夫·甘地政府未能兑现其在 1986 年 1 月底前将旁遮普和哈里亚纳邦的共同首府昌迪加尔移交给旁遮普的承诺，以致锡克教极端主义死灰复燃。


### 印度的"布拉斯塔克斯行动"


1986 年 1 月 26 日，聚集在金庙的锡克教激进分子支持由全印锡克教学生联合会领导人，以及已故的宾德兰瓦勒的锡克教原教旨主义派别达达米·塔克萨尔派的领导人提出的决议，赞成建立卡利斯坦。

---

① Stephen R. Wilson, "India and Pakistan Pledge Not to Destroy Each Other's Nuclear Plants," Associated Press, December 17, 1985.

但仅仅 3 个月后，阿卡利党首席部长苏吉特·辛格·巴纳拉就派遣边境安全部队和国家安全卫队①的"黑猫"突击队进入金庙，以清剿武装分子。他们的"黑雷一号"行动抓获了 300 名武装分子，还缴获了原产于巴基斯坦部落地带的枪支，那里盛产小型武器。

拉吉夫·甘地一面公开指责巴基斯坦在煽动锡克教民族统一主义中所扮演的角色，一面指示调查分析局采取反制措施。调查分析局成立了反情报小组 X 和 J，分别针对巴基斯坦和卡利斯坦团体。调查分析局的这些秘密组织利用跨境走私者，穿越漫长的、漏洞百出的印巴边境运送武器和现金，而三军情报局也在那一头做着同样的事。

在阿富汗，美国中央情报局 1986 年春通过三军情报局给阿富汗圣战者运送了 150 枚美国制造的肩扛式"毒刺"地对空导弹（SAM），随后在夏季又送去了 300 枚英国制造的吹管导弹。圣战者在秋天开始大规模发射，到年底已击落了 60 架苏联武装直升机，由此，他们发现这些东西比苏联设计的萨姆-7 更有效，他们以前使用过的萨姆-7 据称是由中央情报局从埃及和中国秘密采购的。② 在消灭叛乱分子时，莫斯科的军火库中威力最大的武器失效了，战争便转向了有利于圣战者的方向。

1987 年 1 月，莫斯科支持的阿富汗政府宣布单方面停火 6 个月，随后在 8 月，又单方面撤出了 6000 名苏联士兵。

这件事跟其他事情一起让齐亚·哈克情绪高涨，此时他正等着来自华盛顿的好消息。美国情报机构曾向里根总统提供过巴基斯坦生产的核弹在 1984 年试爆的确凿证据，但里根无视这些证据，在 1986 年 10 月签发了"巴基斯坦没有制造原子弹"的文件，为美国对巴基斯坦慷慨的经

---

① 由于身穿黑色制服，国家安全卫队的突击队通常被称为"黑猫"。
② Hiro, *War Without End*, 220.

济和军事援助扫清了道路。他的决定让拉吉夫·甘地不知所措。

接下来的一个月，甘地批准了他自信满满的陆军总参谋长克里希纳斯瓦米·桑搭拉詹中将（人们通常称其为桑搭吉，1985 年 2 月至 1988 年 5 月任指挥官）执行他在 7 月构思的代号为"布拉斯塔克斯"的军事演习。此次演习旨在测试知识型军人的创新理念，即结合机械化、机动性和空中支援，用计算机操作坦克、控制指挥中心以及过去几年安装的电子战装备的能力。1985 年，他与海军参谋长拉哈克里希纳·哈里拉姆·塔希里安尼一起向国防部长提交了一份论核武器理论的草案。

在与信德省接壤的拉贾斯坦邦，信德民族主义势头正旺，"布拉斯塔克斯行动"动员了驻扎在那里近四分之三的印度军队，并让他们处于高度戒备状态。这是次大陆有史以来最大规模的军事演习，出动了 1300 辆坦克、1000 多辆装甲车以及 40 万军队，集结到距巴基斯坦边境不到 30 英里的地方。这种全面入侵的架势，重新唤起了巴基斯坦领导人长期以来怀有的被印度灭国的恐惧心理。

时任巴基斯坦外交部长的阿卜杜勒·萨塔尔表示，印度军方在拉贾斯坦邦西部动员了 9 个陆军师和 5 个独立装甲旅，使"集结的部队有能力向巴基斯坦发动突然袭击，切断巴基斯坦北部与南部之间的联系"。"与现有的共识相悖的是，印度陆军总参谋长并没有将演习的地点、时间表和规模通知相应的巴基斯坦官员……。三场战争，悬而未决的争端引发的长期紧张局势，不充分或不可靠的情报，以及根深蒂固的相互猜疑，都助长了对最坏情况的假设。"[1]

作为巴基斯坦的陆军总参谋长，齐亚·哈克将军扩大了他的军队

---

[1] Abdul Sattar, *Pakistan's Foreign Policy, 1947 – 2005: A Concise History* (Karachi: Oxford University Press, 2007), 194, 195.

在旁遮普的冬季演习规模，然后在 12 月调集了卡拉奇的第五兵团以及南方空军司令部，同时在印度边境部署了机械化师和火炮。他在锡亚尔科特地区的萨特莱杰河以北及拉维河以西的军事行动，被印度人视为巴基斯坦对印度旁遮普的一种钳制，那里的锡克教叛乱活动已经卷土重来。

1987 年 1 月，危机随着德里方面称巴基斯坦的举动是"挑衅性的"而进一步加剧。作为还击，伊斯兰堡矛头直指印度在距离巴基斯坦边境不远的拉贾斯坦邦的大规模军事集结。1 月 15 日在德里举行的一年一度的建军节阅兵式上，人们情绪高涨。三天后，这两个邻国之间的紧张关系爆发了。当天晚上，巴基斯坦外交部长扎因·努拉尼向印度大使 S. K. 辛格转达了齐亚·哈克总统的口信：如果印度侵犯巴基斯坦的主权和领土完整，巴基斯坦"有能力对印度造成其无法招架的打击"。① 然而，这并没有阻止桑搭吉下令将军队空运到印度旁遮普。

1 月 20 日，巴基斯坦高级官员在伊斯兰堡召开紧急会议。第二天，总理居内久致电拉吉夫·甘地，建议化解这场危机。甘地与内阁安全委员会的其他 4 名成员磋商后，同意了他的提议。于是，印度和巴基斯坦的外交部长于 1 月 31 日在德里举行会晤。双方于 2 月 4 日签署了一项协议，决定先关闭前线空军基地，然后分阶段从前线撤出地面部队。

### 齐亚·哈克的冒险之举

齐亚·哈克声称"有能力对印度造成其无法招架的打击"，这种

---

① J. Bandhopadhyay, *The Making of India's Foreign Policy* (New Delhi: Allied, 1991), 272.

说法的背后所隐藏的威胁在几周之后就会变得清晰起来。只有极少数人知道，齐亚·哈克正在玩高空走钢丝。他的首要目标是劝阻印度人不要与拥有核武器的巴基斯坦发动常规战争，同时别让人抓到与里根总统所说的伊斯兰堡方面没有追求核武器议程的话相矛盾的证据。卡迪尔·汗 1987 年 1 月 28 日在伊斯兰堡接受了印度记者库尔迪普·纳亚尔的采访。"我们有［原子弹］，而且有浓缩铀，"他说，"东西已经是武器级的了。把它们装在一起就行。"纳亚尔说："如果你们进行了测试，对印度将是一个重磅警告。"卡迪尔·汗冷冷地盯着采访者，"纳亚尔先生，如果你们把我们逼到绝境，我们就会用的，"他说，"你们在东孟加拉邦对我们做过这样的事。我们不会把时间浪费在常规武器上。我们会直接用它。"①

纳亚尔把他的独家新闻发给了总部位于伦敦的《观察家》（*Observer*）周报，该报编辑唐纳德·特拉福德试图通过不同的消息来源证实这篇报道的真实性，为此将它压了四周才发表。在此间隙，采访内容泄露了。

拉吉夫·甘地想出了一个主意，即利用将在拉贾斯坦邦首府斋浦尔举行的"信实杯"世界板球锦标赛的印巴对抗赛来缓和紧张局势。作为"板球外交"的一部分，他邀请齐亚·哈克在 1987 年 2 月 22 日到场观看五天比赛中第二天的比赛。板球在印度和巴基斯坦都非常受欢迎，这场对抗赛吸引了多达 3 亿电视观众。这种时候，两国的街道和集市都会空无一人，因为大多数人都在电视开播之前就坐到了电视机或收音机前。不出所料，这位巴基斯坦领导人接受了甘地的邀请。

但是，据报道，在板球赛现场，坐在东道主甘地旁边的齐亚·哈

---

① Levy and Scott-Clark，*Deception*，151.

克说：“如果你的军队越过我们的边境一英寸，我们就炸平你们的城市。”这表明如果有必要，他的军队会毫不犹豫地首先使用原子弹来保卫巴基斯坦。① 但在一份例行声明中，巴基斯坦否认该国总统说过这话。

经过漫长的等待，《观察家》于 1987 年 3 月 1 日刊登了一则“巴基斯坦拥有原子弹”的报道。报道援引汗的话说：“中央情报局关于原子弹的说法是正确的。他们之前告诉我们巴基斯坦永远不可以制造核弹，他们怀疑我们的能力，但他们现在知道我们有了。”②

这篇报道传遍了全球各地，让齐亚·哈克感到很尴尬。他采取了一项有力的止损措施。卡迪尔·汗声称，他被纳亚尔骗了，纳亚尔断章取义地引用了他的话。在巴基斯坦媒体上，纳亚尔被讥讽为“卑鄙的印度特工”。齐亚·哈克宣称：“巴基斯坦既没有愿望，也没有意图，更没有能力发展核武器。”③ 在《观察家》的报道登出后，印度政府表示，该消息的披露“迫使我们重新审视我们的选择”。这个声明毫无意义，因为印度自 1980 年以来一直在制造原子弹。

尽管存在争议，新闻头条不断，但两位主角修补关系的公开外交仍在按部就班。3 月 2 日，双方外交部长在伊斯兰堡会晤，同意将军队逐步撤离到和平时期的位置。两天后，印度国防部安排本土和外国记者以及使馆武官（其中一名来自巴基斯坦），在导游的带领下去拉贾斯坦邦前线参观。“这不是一支第三世界的军队，”一位西方外交官告诉《纽约时报》记者史蒂芬·R. 韦斯曼说，“这是一支现代化的军

① Shafik H. Hashmi, "The Nuclear Danger in South Asia," citing the *Atlantic*, November 2005, 82, http：//www. cssforum. com. pk/css-compulsory-subjects/current-affairs/3803-nuclear-danger-south-asia. html.
② Cited in Levy and Scott-Clark, *Deception*, 151。《观察家》为库尔迪普·纳亚尔那篇耸人听闻的独家报道付的报酬少得可怜，只有 350 英镑（约合 500 美元）。
③ Levy and Scott-Clark, *Deception*, 152.

队，可以胜任任何任务，和中国人、韩国人或法国人一样出色。"一些分析人士认为，印度在常规战争中的优势"可能会促使巴基斯坦将核武器作为一种威慑手段"。[1] 这不过是一种委婉的说法。

据称，一枚巴基斯坦制造的炸弹实际上 1984 年初就在中国进行了试验，3 年后，巴基斯坦已经准备好在国内组装一枚。自 1988 年 3 月起，印度媒体就不断报道说，巴基斯坦人"只需转动螺丝刀"就可以组装原子弹了。

## 代理战争上了轨道

虽然公开进行的军事演习和外交活动圆满结束，但印度和巴基斯坦通过调查分析局和三军情报局进行的代理战争在 1987 年愈演愈烈。在阿富汗，卡德和克格勃增加了他们对俾路支民族主义者的训练和武装，以便在俾路支进行颠覆活动。分裂分子的目标是建立一个独立的俾路支，这意味着要将巴基斯坦切掉 43%，因此遭到伊斯兰堡政府的强烈抵制。作为三合一的卡德-调查分析局-克格勃的一部分，调查分析局的 X 反情报小组积极参与煽动巴基斯坦的颠覆活动。它与卡德的协作，使得卡拉奇、拉合尔和木尔坦等地发生了小规模但持续不断的爆炸事件。根据美国国务院的数据，1987 年全球 835 起恐怖事件中有一半以上发生在巴基斯坦。[2]

---

[1] Steven R. Weisman, "On India's Border, a Huge Mock War," *New York Times*, March 5, 1988.

[2] Terry Atlas, "Terror Attacks on U. S. Down Sharply in 1987," *Chicago Tribune*, January 18, 1988. 51. Ravi Shankar, "Spy Wars," *New Indian Express*, May 16, 2012.

印度旁遮普的局势依然一触即发。在阿姆利则，激进分子从1986 年夏天开始悄悄潜入金庙。当反对暴力的锡克教最高领袖达尔山·辛格·拉吉因生命受到严重威胁而被迫逃离圣殿后，激进分子于1987 年 6 月完全接管了那里。这是德里政府在旁遮普实施中央统治的信号。（它将持续到 1992 年 2 月。）

为了确保代理战争不会升级到使热战不可避免的程度，齐亚·哈克设想让三军情报局和调查分析局负责人进行秘密会晤。但他需要一个有亲和力和影响力，并且手段高超的中间人来实现这一目标。在约旦执行军事任务期间，他与王储哈桑·本·塔拉尔建立了友好关系。塔拉尔的妻子萨瓦思·伊克拉姆拉出生于加尔各答，在剑桥接受教育，还是巴基斯坦前总理侯赛因·沙希德·苏拉瓦底的侄女。哈桑·本·塔拉尔同意充当中间人。他成功地与拉吉夫·甘地的办公室取得了联系。

在各自领导人的授权下，三军情报局局长哈米德·居尔中将（1987 年 3 月至 1989 年 10 月在位）和调查分析局局长维尔马在安曼会晤，讨论了双方共同关心的问题。作为分阶段移交越境进入巴基斯坦的近 3000 名激进锡克教徒的交换条件，维尔马承诺，将分阶段减少对巴基斯坦城市的轰炸行动。他们在瑞士因特拉肯镇再次会面，这次的重点是讨论印控克什米尔锡亚琴冰川，但没有取得任何进展。

在印度旁遮普邦，宾德兰瓦勒的"猛虎部队"以及总部位于巴基斯坦的帕拉姆吉特·辛格·潘杰瓦尔[①]的卡利斯坦突击队的武装分子从金庙的安全地带出发，去杀害旁遮普的知名政治家、警察和军官以

---

① 2006 年 12 月，纽约一家法院裁定巴基斯坦人哈立德·阿万向巴基斯坦境内的卡利斯坦突击队头目帕拉姆吉特·辛格·潘杰瓦尔提供金钱和金融服务的罪名成立。"Pakistani Convicted for Financing Sikh Militant Group," *Rediff News*（Mumbai），December 21，2006.

及疑似告密者和无辜的印度教教徒。同样，安全部队非法处决了一些人，并将其归咎于编造的"意外"。这些锡克教"烈士"的照片贴上了金庙许多建筑物的墙壁。[1]

激进的锡克教徒还在锡克教和印度教教徒离群索居的地方进行活动。从 1987 年 5 月起，恐怖分子从巴基斯坦偷运了越来越多的致命武器 AK - 47，缺少这种武器的警察发现自己处境极其不利。由于部分锡克教警察同情卡利斯坦的事业，有些武装不足的警察甚至会在遇到极端主义分子时拔腿就跑。执法机构的士气一落千丈。[2]

1988 年 1 月，锡克教激进分子的恐怖主义活动加剧，据称受害者有 173 人，其中许多是被怀疑为警方线人的锡克教徒，还包括 30 名极端分子。2 月，《费城问讯报》的马克·考夫曼报道称："今天，年轻的锡克教激进分子拿着 AK - 47、霰弹枪和各种手枪在［金庙］建筑群里游荡，他们的武器通常藏在毯子和长袍下。数十名武装分子——其中许多人自豪地称自己已被巨额悬赏——现在住在圣池环绕的小屋里，圣池是该建筑群中最神圣的区域。"[3]

1988 年 5 月，在代号为"黑雷 2 号"的 9 天行动中，印度安全部队在旁遮普警察总长的指挥下，对金庙建筑群实施了严格封锁，然后持枪进入。在随后的交火中，41 名武装分子被打死，近 200 名锡克教极端分子投降。

当局声称，对被捕的激进分子的审讯显示，他们当中的许多人曾在巴基斯坦境内的营地受训，先进的武器和弹药也是经巴基斯坦边界

---

[1] Marc Kaufman, "In the Punjab's Golden Temple, Sikh Militants Rule Once More," *Philadelphia Inquirer*, February 12, 1988.

[2] Anant Mathur, "Secrets of COIN Success: Lessons from the Punjab Campaign," *Faultlines* 20（January 2011）.

[3] Kaufman, "Punjab's Golden Temple."

偷运过来的。1988 年 6 月 13 日，拉吉夫·甘地在联合国裁军特别会议上发表讲话后，又在纽约举行的新闻发布会上说："巴基斯坦可能是全球最大的恐怖主义支持者。"他还说"我们已经给了〔巴基斯坦人〕详细的训练营名单，正在进行训练的人员名单，以及营地里各种训练内容的说明"，要求巴基斯坦停止提供帮助。"我们给了他们营地所在位置的地图。"①

齐亚·哈克一如既往地否认了这一指控，并谴责了恐怖主义。他心情不错，因为从阿富汗传来了好消息。苏联领导人戈尔巴乔夫1988 年 2 月与联合国特使达成协议后，苏联从阿富汗撤军的第一阶段于 4 月完成。此外，他在 1987 年初构想出来的分阶段削弱德里对克什米尔的控制的战略，转达给了查谟和克什米尔民族解放运动领导人，也获得了支持。到目前为止印度和巴基斯坦一直视为领土争端的事情，现在被齐亚·哈克置于伊斯兰主义的更广泛的意识形态背景之下。

讽刺的是，几个月后，齐亚·哈克本人成为巴基斯坦恐怖主义的受害者。

### 爆炸的芒果

1988 年 8 月 17 日下午 3 点 52 分，C-130 大力神涡轮螺旋桨运输机"巴基斯坦一号"在距离巴哈瓦尔布尔机场 18 英里的地方坠毁，机上有一个密封的空调舱，载有 4 名机组人员和 27 名乘客。除了齐

---

① Kaufman, "India Blames Pakistan."

亚·哈克之外，死者还包括巴基斯坦参谋长联席会议主席阿卜杜尔·拉赫曼·汗将军、美国驻巴基斯坦军事援助团团长阿诺德·拉菲尔大使、赫伯特·M. 沃森将军，以及其他十几名巴基斯坦将军。"巴基斯坦一号"在空中上下颠簸，然后以巨大的冲力一头扎进了土里，螺旋桨在地面搅起好几英尺高的尘土。之后飞机发生了爆炸，撞击引燃了两万磅燃料，燃烧持续了数小时。这架飞机是载巴基斯坦和美国高级官员去距离巴哈瓦尔布尔机场只有几英里的塔米瓦利发射场视察新配备的美国 M1 艾布拉姆斯坦克的性能的，坠毁在返回伊斯兰堡的途中。

副参谋长米尔扎·阿斯拉姆·贝格中将在巴哈瓦尔布尔机场送别了"巴基斯坦一号"，之后登上一架小型涡轮喷气机，前往拉瓦尔品第的达米尔陆军航空基地。在前往目的地的途中，他的飞行员无意中听到一名直升机飞行员在向控制塔报告坠机事故。他命令飞机调转方向飞到现场，在看到了地面上熊熊燃烧的飞机残骸后，他继续了他的旅程。在到达达米尔基地后，贝格将军赶往陆军总部，就任总参谋长一职。

听到这个消息后，自 1985 年以来一直担任参议院主席的齐亚·哈克的亲信古拉姆·伊沙克·汗驱车赶往陆军总部，他很清楚，宪法中的一项条款规定，一旦出现权力真空，他有权成为代理总统。在与贝格将军取得联系后，他立刻接任了总统职位。当晚，在军队迅速封锁伊斯兰堡的官邸、政府大楼、电视台和其他战略要地之后，伊沙克·汗在电视上向全国发表了讲话。他宣布全国哀悼 10 天。

在德里，政府宣布哀悼 3 天。8 月 19 日，印度总统拉马斯瓦米·文卡塔拉曼出席了齐亚·哈克的葬礼。拉吉夫·甘地也取消了他 20 日的生日庆祝活动。

已公开的三份主要文件中交待了制造这一恐怖主义行为的嫌疑人。官方调查委员会在 6 名美国空军专家的协助下，于 1988 年 11 月提交了报告。美国记者爱德华·杰伊·爱普斯坦也做了调查，并在 1989 年 9 月的《名利场》杂志上发表了自己的调查结果。

最终，《纽约时报》前南亚记者芭芭拉·克罗塞特的调查结果刊登在了 2005 年秋季出版的《世界政策杂志》（*World Policy Journal*）上。她的采访对象中最耀眼的是驻巴哈瓦尔布尔的马哈茂德·阿里·杜拉尼将军，他是塔米瓦利发射场坦克实地试验的负责人。（据杜拉尼称，美国制造的用于沙漠作战的 M1 坦克未能通过实地试验，主要原因是它的过滤器被当地沙子和黏土混合而成的沙尘堵住了。）在乘坐"巴基斯坦一号"抵达巴哈瓦尔布尔机场后，齐亚·哈克飞往塔米瓦利与杜拉尼进行商谈，后者送给他两箱当地特产芒果。总统把芒果带上了他乘坐的直升机，准备返回巴哈瓦尔布尔机场，再换乘"巴基斯坦一号"。据杜拉尼说，这些芒果经过安保人员的逐一检查。他对克罗塞特说："我相信，还有一些芒果被送到了巴哈瓦尔布尔，是当地军方和文职领导人送［给齐亚·哈克］的。"他没法控制飞机上的那些芒果或其他行李。①

巴基斯坦调查委员会排除了飞机制造商洛克希德公司提到的机械故障。其结论是，"事故极有可能是犯罪行为或破坏行为造成的"。它还补充说，在残骸中发现的爆炸物以及"所用的极端复杂的技术"，表明"有一个极其擅长执行此类任务并拥有执行手段和能力的专门组织参与其中"。②

爱普斯坦的调查证实，齐亚·哈克总统的安保人员为他的安全执

① Barbara Crossette, "Who Killed Zia?" *World Policy Journal* 22, no. 3 (Fall 2005).
② Cited in Edward Jay Epstein, "Who Killed Zia?," *Vanity Fair*, September 1989.

行了标准的安检程序。"巴基斯坦一号"在前一天完成了往返巴哈瓦尔布尔 310 英里的飞行。飞行员是联队指挥官马苏德·哈桑，他由齐亚·哈克亲自挑选，并得到了空军情报部门的批准。一架塞斯纳安全飞机对该区域进行了最后的检查，并在"巴基斯坦一号"被允许起飞之前清空了所有区域。一旦对残骸进行筛选并采集完土壤样本，8 月 17 日晚，搜集到的遇难者遗体便被装进裹尸袋，送到巴哈瓦尔布尔军事医院存放，巴基斯坦和美国的病理学家组成的一个小组将在那里进行尸检。

然而，第二天下午，医院方面接到命令，要求将这些裹尸袋装进棺材，立即下葬。关键证据，尤其是飞行员和副驾驶身上到底发生了什么，就这样被掩埋了。[①] 杜拉尼向克罗塞特解释说，所有的罹难者都被烧焦了，只能通过衣服或散落的碎片来辨认身份。齐亚·哈克剩下的只有下颌骨。巴基斯坦当局缺乏处理这类突发事件的专门技术。[②]

位于华盛顿的美国酒精、烟草、枪支和爆炸物管理局（ATF）实验室对残骸中的化学物质进行了分析，发现了破坏者用来制作雷管的烈性炸药——季戊四醇四硝酸酯（PETN）的痕迹，还有用在引爆装置的引信中的硫化锑。爱普斯坦解释说，巴基斯坦的专家用这些化学物质做了一个小型的爆炸雷管，它可以引爆一个汽水罐大小的烧瓶，而烧瓶中可能含有一种可以使飞行员失去知觉的无味毒气［最有可能是 VX 毒剂］。[③]

佐勒菲卡尔的长子穆尔塔扎·布托曾在喀布尔领导过佐勒菲卡尔

---

① Epstein，"Who Killed Zia?"
② Crossette，"Who Killed Zia?"
③ Epstein，"Who Killed Zia?"

集团，后来搬到了大马士革。他或许会承认是他干的。他曾承认，游击队5次企图暗杀齐亚·哈克。1982年，游击队发射的一枚导弹差一点击中"巴基斯坦一号"。①

爱普斯坦声称，佐勒菲卡尔集团在给BBC的电话中声称对"巴基斯坦一号"爆炸负责，但在大马士革的穆尔塔扎听说美国大使也一道遇害的消息后，立即收回了自己的说法。② 齐亚·哈克的儿子伊贾兹·哈克在1989年年中时告诉克罗塞特，他"101％确定"穆尔塔扎·布托与此事有关。③ 但他拿不出任何证据。他的未经证实的说法，与穆尔塔扎的女儿法蒂玛·布托在回忆录中所说的南辕北辙。她指出："自从穆尔塔扎的哥哥沙赫·纳瓦兹［1985年］被谋杀后，这些年佐勒菲卡尔一直郁郁不振。我知道我父亲很高兴知道佐勒菲卡尔集团被怀疑与齐亚将军飞机失事有关，但他们对独裁者暴政的象征性反抗已经结束。"④

与卡德合作的克格勃，既有影响力，又具备专业知识。美国国务院将1987年和1988年巴基斯坦城市发生的多起恐怖袭击归咎于卡德。有几次喀布尔电台甚至在爆炸发生前就宣布了爆炸的消息。⑤

以色列的摩萨德也有明显动机。1987年，以色列曾向拉吉夫·甘地重提联合攻击卡胡塔核设施的事。甘地拒绝了。摩萨德轰炸、勒索和威胁过卡胡塔实验室的许多欧洲供应商，因为齐亚·哈克曾承诺

① Fatima Bhutto, *Songs of Blood and Sword: A Daughter's Memoir* (London: Jonathan Cape, 2010/New York: Nation Books, 2010), 281.
② Cited in Epstein, "Who Killed Zia?"
③ Crossette, "Who Killed Zia?"
④ Bhutto, *Songs of Blood and Sword*, 282.
⑤ Robert D. Kaplan, "How Zia's Death Helped the US," *New York Times*, August 23, 1989.

与其他穆斯林国家分享核弹技术。怀疑摩萨德参与了此事的人中，就包括华盛顿驻印度大使约翰·冈瑟·迪恩。他在后来接受克罗塞特采访时，进一步厘清了自己的说法，称以色列可能参与了牵涉印度和苏联克格勃的多国阴谋。①

由于印度领导人不确定谁将接替齐亚·哈克的职位，调查分析局不太可能参与了坠机事件。指责中情局似乎也没有说服力，因为美国大使原本就在计划陪同巴基斯坦总统的名单中。据杜拉尼说，② 8月13日敲定的时间表中情局是知情的。

但上述任何一种情况都无法成为放弃对飞行员进行尸检的机会的理由。"任何外国情报机构甚至穆尔塔扎［·布托］都可能有击落"巴基斯坦一号"的动机甚至手段，但他们没有能力阻止在巴基斯坦的一家军事医院计划进行的尸检，压制审讯，或者让联邦调查局蒙在鼓里。"爱普斯坦总结道，"他们也没有太多理由让整件事看起来像是意外而不是暗杀。只有巴基斯坦国内的某些人才会有明显的动机，让齐亚、拉赫曼和另外28人的死看起来比政变更合法。③

至于部署的手段，最合理的解释似乎是，装有芒果的板条箱直接在巴哈瓦尔布尔机场装运，因为设计或意外，箱子未经检查，没能发现里面装着一罐带计时器的神经毒气。神经毒气经飞机的空调系统散布开来，两名飞行员被毒死，导致飞机失控。

不过，这种可能性至少给驻伦敦记者、前巴基斯坦空军飞行员穆罕默德·哈尼夫带来了灵感，他写了一部关于此事的小说，并命名为

---

① Crossette，"Who Killed Zia?"
② 同上。
③ Atul Sethi，"20 Years On，Zia's Death Still a Mystery，"*Times of India*，August 17，2008，引自爱德华·杰伊·爱普斯坦在齐亚·乌尔·哈克遇刺20周年纪念会上发表的讲话。

《芒果爆炸案》（*A Case of Exploding Mangoes*），在事件发生 20 年后才出版。他富有想象力的讽刺作品抨击了军国主义、虚假的虔诚和对个人生活的过度管制，而这些就是齐亚·哈克所作所为的缩影。①

---

① *A Case of Exploding Mangoes* 入围 2008 年英国布克奖长名单。

# 第十三章

# 拉吉夫—贝娜齐尔的友好关系结束

听到发生在巴哈瓦尔布尔附近的空难事故后，贝娜齐尔·布托为穆罕默德·齐亚·哈克的暴死而窃喜，认为这是他以莫须有的罪名绞死她父亲佐勒菲卡尔·阿里·布托的报应。不过，在公开场合，她将这起煽动性事件描述为"神的干预"。在罗纳德·里根政府的压力下，齐亚·哈克于 1986 年允许她从她主动流亡的伦敦返回巴基斯坦。

贝娜齐尔出生在信德省拉卡纳一个超级富有的封建领主家庭，曾在默里和卡拉奇的耶稣和玛丽修道院接受教育，16 岁时被送到拉德克利夫学院学习政治。由于家里没有司机开的车，她有生以来第一次不得不走路去上课。当她和她的总统父亲一起前往西姆拉时，被昵称为"小指头"的她已经是一个西化的年轻人，穿着从萨克斯第五大道精品百货买的衣服，过着一个富裕的外国领导人溺爱的女儿的生活。

1973 年从哈佛大学毕业后，她进入牛津大学深造。她开着一辆黄色的两座名爵车四处兜风。在她那些出了名的派对上，酒都是敞开了喝，而且她喜欢跳舞。一位与她同期在牛津就读的男性回忆说："她在牛津过得几乎是一个摆脱了严苛的穆斯林家庭束缚的、典型的富家女生活。当她竞选牛津大学学生会主席时，巧妙地利用了有关她的非伊斯兰行为的传言……。与此同时，她暗示男性沙文主义者和反动派将阻挠她竞选，以此把女权主义者团结在她身边，即使她所暗示的那些人正是与她一起度过闲暇时光的男人们。"[1] 身材苗条的布托有着椭圆形的脸蛋、白皙的皮肤和高高的颧骨，个性也很迷人。然而，在她第一次竞选学生会主席时，最终仅排在第三位。1976 年以政治、哲学和经济学第二名的成绩毕业之后，她进入圣凯瑟琳学院攻读国际法和外交，目的是加入巴基斯坦的外交部门。她再次参加竞选，这一次她赢了，成为该校学生会历史上首位担任主席的亚洲女性。

1977 年她回国后不久，她担任总理的父亲在一次军事政变中被赶下台。1979 年 4 月，她的父亲被绞死，几个月后，她和她的母亲、时任巴基斯坦人民党主席的努斯拉特被控违反戒严法。在接下来的 5 年中，她大部分时间都被单独关押在昏暗的监狱里，或是被软禁——除了 1982 年短暂出狱去伦敦接受过一次耳部手术。1984 年 1 月，她开始主动流亡，在伦敦的一套公寓里安定下来。

1986 年 4 月 10 日，她回到拉合尔时，受到了 200 万人的欢迎。1987 年 12 月，她嫁给了阿西夫·阿里·扎尔达里，从而摆脱了巴基斯坦民众对大龄未婚女性的偏见。

11 月 16 日，代总统古拉姆·伊沙克·汗宣布国民议会将举行选举，她和努斯拉特·贝古姆·布托开始为巴基斯坦人民党胜出而奔走。

另一方面，由伊沙克·汗、陆军总参谋长米尔扎·阿斯拉姆·贝格将军以及三军情报局局长（伊斯兰主义者）哈米德·居尔中将组成

---

[1] Cited in "Benazir Bhutto: Oxford Party Girl Cursed by Blood-Soaked Family Dynasty," *Daily Mail* (London), December 28, 2007.

的三巨头，决心阻止巴基斯坦人民党的势头。他们发起了一个由保守党和伊斯兰政党组成的联盟，名为"伊斯兰民主联盟"（IJI），由穆罕默德·纳瓦兹·谢里夫领导。居尔教伊斯兰民主联盟的候选人刻意强调受过西方教育的贝娜齐尔·布托是美国的密友，这是巴基斯坦核计划的安全隐患。伊斯兰民主联盟还在其传单中对女性是否可以成为伊斯兰国家的总理表示质疑。在题为"戴手镯的恶棍"的海报上，穿泳衣骑自行车的模特被安上了贝娜齐尔和努斯拉特的面孔。1975 年布托一家访问华盛顿期间，努斯拉特·布托与杰拉尔德·福特总统共舞的照片，被三军情报局的伊姆蒂亚兹·艾哈迈德准将发现后作为把柄。

## 从派对女孩到总理

然而在 11 月 16 日举行的国民议会上，在竞争 207 个席位时，人民党得到 94 个，远远超过了伊斯兰民主联盟的 56 席。贝娜齐尔·布托之所以获胜，是因为她是人民党创始人佐勒菲卡尔·阿里的女儿，佐勒菲卡尔·阿里则被追授为"烈士"（Shaheed，乌尔都语）；还因为大多数巴基斯坦人都信奉伊斯兰教的宽容的苏非教派，渴望摆脱独裁者穆罕默德·齐亚·哈克强加给他们的清教徒式的僵化的伊斯兰教教义。

尽管在国民议会中成为最大团体的领袖，但直到 12 月 1 日，伊沙克·汗才允许她组建政府。在她接受了他请中间人传达给她的条件后，他才这么做的，这些条件是：不插手核问题；保留齐亚·哈克的外交部长沙赫扎达·雅库布·汗的职位；尊重军队。

　　贝娜齐尔·布托领导了一个联合政府，其中包括最近成立的"移民民族运动"（MQM，乌尔都语），这是一个来自印度、讲乌尔都语的穆斯林移民政党。35 岁时，她成为穆斯林国家的第一任行政总理，同时还领导着国防部和财政部。

　　布托上任不到一个月，拉吉夫·甘地就在索尼娅和他们的两个孩子的陪同下抵达伊斯兰堡，出席于 12 月 29 日至 31 日的南亚区域合作联盟峰会。作为主办地女主人，布托邀请拉吉夫·甘地和索尼娅·甘地共进晚餐，阿西夫·阿里·扎尔达里和努斯拉特也出席了晚宴。

　　由于所有的用餐者都不是素食主义者，所以他们所吃的食物与这对巴基斯坦夫妇餐桌上的日常饮食并没有什么不同。他们一起分享了来自印度次大陆北部的美食。同样，贝娜齐尔和索尼娅的着装也有很多相似之处，贝娜齐尔的沙丽克米兹比纱丽和罩衫多，索尼娅则相反。尽管次大陆北部地区一分为二，却完整地保留了共同的饮食、服饰和语言习惯。

　　忆及那次晚宴，拉吉夫后来对他的亲密助手说，虽然贝娜齐尔似乎怀疑三军情报局会窃听餐厅情况，并因此感到紧张，但扎尔达里说话时倒显得无拘无束。[1] 如果拉吉夫把话题引到宝莱坞电影上，与他和贝娜齐尔大谈宝莱坞的后起之秀阿米尔·汗、萨尔曼·汗和沙·鲁克·汗[2]，扎尔达里可能会更加放松，因为他们都出生于 1965 年，也就是第二次印巴战争的那一年。毕竟，是电影和电影院让贝娜齐尔和阿西夫·阿里走到了一起。卡拉奇的班比诺电影院为阿西夫·阿里

---

[1] G. Parthasarathy, "Rumblings in Pakistan: Zardari Is Indeed on a Slippery Slope," *Tribune* (Chandigarh, India), October 2, 2008.

[2] 过去，穆罕默德·优素福·汗为了赢得民众爱戴，不得不改名为迪利普·库马尔，一个印度教名字；与过去不同，后来没有一个姓汗的觉得有必要如此。这是衡量世俗主义在印度扎根的一个标准，大多数印度人认为宗教是严格意义上的私事，与职业或政治意义无关。

的父亲哈基姆·阿里所有，影院不错，放的电影也非常出色。影院闪烁的蓝色霓虹灯招牌上，整晚都有一个扭动着臀部的女舞者形象在闪闪发光。那里主要上映外国电影，痴迷外国电影的贝娜齐尔就是主顾之一。阿西夫·阿里·扎尔达里正是在这里，第一次看见了他未来的妻子。

就社会等级而言，哈基姆·阿里·扎尔达里远低于著名的布托家族，他除了电影院和上面的几个楼层之外，只在信德省乡下有一所不起眼的房子。但是，在一个新娘比新郎通常要小 5 到 10 岁的社会中，为提高自己的社会地位，阿西夫·阿里选择了娶一个比他大两岁的女子。

在次日与拉吉夫的一对一会谈中，贝娜齐尔·布托承诺，巴基斯坦将停止对锡克教分裂分子的援助。在 2007 年的一次采访中，她说："是否还有人记得，是我履行了我对拉吉夫·甘地总理的诺言，当年我们会晤时他曾请我帮忙对付锡克教徒？印度是否忘记了 1988 年 12 月发生的事？他们是否忘了那次会议的结果，以及我是如何帮助遏制锡克教武装势力的？"作为回报，拉吉夫·甘地承诺，印度军队将撤出有争议的锡亚琴冰川地区，这一承诺后来被推迟到 1989 年大选后的一段时期，但他在大选中落败了。[1] 据报道，贝娜齐尔·布托交出了一份档案，其中包含巴基斯坦激进的锡克教徒特工的秘密身份，他们是锡克教徒叛乱的主谋。这对调查分析局追查锡克教恐怖分子、摧毁他们的网络帮了极大的忙，这一过程持续了近 5 年时间。

1988 年 12 月 31 日，布托和甘地正式确立了齐亚·哈克和甘地 3 年前就核设施达成的非正式谅解，并签署了《关于禁止攻击对方核设

---

[1] Meena Gopal, "Benazir Bhutto Riposte: 'I Kept My Word, Rajiv Didn't,'" *Outlook India*, December 31, 2007.

施的协议》。该协议于 1991 年 1 月 27 日正式生效，并一直使用至今。

这两个邻国间还有一项自 1960 年以来一直有效的协议，即由世界银行斡旋达成的《印度河水域条约》（见第七章）。该条约由印度河常设委员会监督，每个国家任命一名专员。尽管发生了几次危机和战争，双方仍在继续交换有关资料，并保持合作精神，而这正是他们在解决克什米尔问题上所缺少的。

## 拉吉夫—贝娜齐尔关系渐淡

1989 年 7 月 14 日法国大革命 200 周年之际，甘地夫妇与布托及其丈夫扎尔达里在巴黎再次会面。英国首相玛格丽特·撒切尔在此下意识地扮演了保姆的角色，照顾她的这两个次大陆被监护人，后两者似乎相处得不错。

在回国途中，拉吉夫·甘地在莫斯科停留，会见了苏联领导人戈尔巴乔夫，随后于 7 月 16 日飞抵伊斯兰堡，在查克拉拉机场受到国宾级款待。《今日印度》杂志的记者马都·江恩报道说："查克拉拉装扮得如新娘般美丽，到处是欢迎的人潮。虽然距离他们上次在巴黎见面还不到 24 小时，但甘地夫妇像迎接久违的朋友一样问候贝娜齐尔和她的丈夫扎尔达里。"在国宴上，拉吉夫·甘地说："当一个印度人和一个巴基斯坦人作为普通人类相遇时，会立即相互认可，来一个超越政治情绪的拥抱……。我们为什么要绕道相见呢？为什么我们不能在彼此的家中和壁炉前见面呢？"①

---

① Cited in Madhu Jain, "French Leave: Rajiv Gandhi Embarks on Giddy Five-Day Three-Nation Tour," *India Today*, August 15, 1989.

布托提出了制定贸易协定的议题。但在 7 月 17 日发布的联合公报中，她和甘地只是表达了他们想达成全面解决方案、以减少冲突和使用武力的机会的愿望。事实证明，这份声明只是一个形式，没有带来什么实质性的变化。

1989 年初，因为拉吉夫·甘地政府在 1986 年 3 月以 13 亿美元从瑞典博福斯公司手中购买 410 门榴弹炮的丑闻曝光，拉吉夫·甘地的清白形象染上了污点。他做了美国共和党总统理查德·尼克松在 1974 年华盛顿水门公寓的民主党办公室非法闯入事件曝光时所做的事情：想出了一个精心掩盖的计划，以圆一个谎，即博福斯所付的钱款并不是为它获得这份备受觊觎的合同而付的佣金。他的伎俩失败了。10 月，即大选前一个月，著名的《印度教教徒报》（Hindu）公布了瑞典国家审计局报告中的机密部分的传真件，其结论是，博福斯公司付的款"完全被证实是与博福斯公司的 FH－77 武器交易有关的佣金，付给了［接收方］公司在瑞士的账户".① 正是这把冒烟的枪摧毁了甘地的公信力，导致国大党在选举中被反对党组成的大而无当的联盟"民族阵线"（National Front）所击败。联盟中的领导人之一，是后来成为总理的维什瓦纳特·普拉塔普·辛格。

而巴基斯坦那边，贝娜齐尔·布托在 1989 年 10 月国民议会的一次不信任动议中侥幸过关。事实证明，她是个差劲的行政长官。她面临的腐败指控不仅针对她的内阁同僚，还针对被任命为投资部部长的阿西夫·阿里·扎尔达里。他很快就人戏称为"10％先生"，据说这是因为他要从政府合同中拿走 10％ 的好处，钱都给了他父亲。

---

① "Editorial：The Brothers Hinduja and the Bofors Scandal," *Frontline* (Chennai)，October 28－November 10，2000.

## 克什米尔问题掩盖了一切

由于印控克什米尔事件，伊斯兰堡与德里的关系变得冷淡。而齐亚·哈克通过将克什米尔问题纳入伊斯兰主义更广泛的意识形态背景下，为民间圣战组织介入这一争端提供了机会。其中，"虔诚军"（Lashkar-e Taiba，LeT，乌尔都语）、伊斯兰社会党慈善组织的武装派别在三军情报局的支持下，成为正在上演的克什米尔大戏中的活跃演员。在印控克什米尔，诸条件似乎已经成熟。1989 年 1 月 26 日是印度的共和国日，克什米尔人在这一天举行抗议罢工。那一年，罢工占去了全年三分之一的工作日，这令巴基斯坦领导人从心底感到高兴。多年来，他们在印控克什米尔煽动罢工的努力都以失败告终，此刻，他们热烈欢迎克什米尔人自己发起的非暴力抗议活动。

从 1988 年初到 1989 年末，许多年轻的克什米尔穆斯林越境到巴控克什米尔接受军事训练。提供训练的是查谟和克什米尔"伊斯兰社会党"的武装派别——俗称"圣战者党"（Hizb ul Mujahideen，阿拉伯语），以及"虔诚军"和其他与三军情报局有关的组织，其中包括走世俗路线、奉行民族主义的"查谟和克什米尔解放阵线"。他们带着武器弹药返回家园后，再秘密训练其他人。

克什米尔武装分子继续他们的袭击行动。1989 年的炸弹爆炸和暗杀事件数量有所增加。对亲印度的"国民议会党"的活动人士的恐吓也更多了，目的是迫使他们退休，让政治进程崩溃。1990 年 1 月，辛格政府任命贾格莫汉为克什米尔总督，并实行直接统治，这次将持续到 1996 年 10 月，时长创下了历史记录。鉴于贾格莫汉对穆斯林的偏见，德里犯了一个大错。克什米尔穆斯林与印度的疏离感不仅日益扩大，还加深了。

贝娜齐尔·布托政府对此强烈抗议，但无济于事。她本国的问题正在成倍增加，事实证明她无法胜任这项艰巨的任务。1990年8月6日，伊沙克·汗总统因为腐败、无能、未能维护信德省的法律和秩序、以官方机构谋党派利益等缘由解散了她的内阁。他还解散了信德省和西北边境省的国民议会与省议会，并以外部侵略和内部骚乱为由宣布进入紧急状态。布托谴责他此举既"非法又违宪"，但无济于事。

甘地和布托这两颗次大陆冉冉升起的新星，遭遇到了同样的命运。但他们的垮台方式反映出了这两个邻国政治文化上的截然不同。在印度，一旦权威报纸《印度教教徒报》证实了甘地与博福斯公司的贪腐证据确凿，选民们就拒绝再次让甘地当权。① 而在巴基斯坦，做决定的是总统，他是在最高军事领导人的要求下决定了布托的命运，无需拿出什么可以指控她执政不当的证据。1985年11月，两院制议会通过了宪法第八修正案，赋予了总统这一权力。这使得巴基斯坦的议会制变成了半总统制，以致巴基斯坦在政治管理上与印度从此分道扬镳。

在随后于1990年10月举行的国民议会选举中，以阿萨德·杜拉尼中将为首的三军情报局直接进行了干预。这一次，在"伊斯兰民主联盟"的旗帜下，由纳瓦兹·谢里夫领导的巴基斯坦穆斯林联盟（PML-N）的9个主要右翼政党又聚集在一起。它还通过迈赫兰银行向纳瓦兹·谢里夫提供资金，以资助"伊斯兰民主联盟"的竞选活动，这一暗中媾和直到12年后，巴基斯坦前空军元帅阿斯加尔·汗

---

① 《印度教教徒报》的编辑为纽约哥伦比亚大学新闻学院毕业的纳拉西姆哈·拉姆。

向最高法院提起一桩诉讼时才曝光。[①] "伊斯兰民主联盟"及其盟友"移民民族运动"击败了人民党领导的人民民主联盟，后者的席位降至44席，而"伊斯兰民主联盟"占106席，"移民民族运动"占15席。拉合尔的实业家纳瓦兹·谢里夫成为巴基斯坦第13任总理。

41岁的纳瓦兹·谢里夫体胖圆脸、秃顶，他是齐亚·哈克的门徒。1985年的"非党派选举"之后，在华盛顿的敦促下，尽管受到人民党的抵制，齐亚·哈克还是任命他为旁遮普省财政部长，然后又提拔他为首席部长。如今，纳瓦兹·谢里夫当上了总理，自然支持其恩师在印控克什米尔搞颠覆的战略。在竞选活动中，纳瓦兹·谢里夫也是把解放克什米尔作为一个重要而煽情的主题。

不过，巴基斯坦与印度的最高级别的正式接触仍在继续。1990年11月，谢里夫和印度总理钱德拉·谢卡尔在马尔代夫首都马累举行的南盟首脑会议期间进行了会晤，双方决定新增一条热线，早前一条是1972年开通的。他们还同意恢复两国间的外长级会谈。

大约同时期，印度情报部门称，约有1万名克什米尔穆斯林前往巴基斯坦接受武器训练，而且在巴控克什米尔有46个安全屋，供武装人员接受武器和炸药方面的训练。美国国务院在1991年关于全球恐怖主义的报告中，提到了伊斯兰堡支持克什米尔激进组织的一些可靠报告，这里的支持包括军事训练和武器弹药的供给等。当时，三军情报局正忙着协助巴基斯坦和其他外国武装分子（包括阿富汗的反莫斯科"圣战"老兵）潜入印控克什米尔。

---

① 2012年，最高法院裁定伊沙克·汗、阿斯拉姆·贝格将军和三军情报局局长阿萨德·杜拉尼中将密谋向"伊斯兰民主联盟"提供财政援助。参见"Asghar Khan Short Order, Full Text," *Express Tribune* (Karachi), October 19, 2012; and Husain Haqqani, *Pakistan: Between Mosque and Military* (Washington, DC: Carnegie Endowment for International Peace, 2005), 248。

这一举动使得华盛顿很有可能将巴基斯坦列为支持恐怖主义的国家。美国法律规定要对此类国家实施严厉制裁，包括限制双边贸易，否决国际货币基金组织和世界银行的金融援助等。在 1992 年 5 月写给谢里夫的信中，美国国务卿詹姆斯·贝克提到了他收到的关于三军情报局等组织继续向恐怖组织提供物质援助的可靠情报，他补充道："美国法律要求对被发现支持国际恐怖主义行为的国家实施一整套严厉的制裁。"[1]

在同高级官员讨论了这封信后，谢里夫决定只通过像"伊斯兰社会党"及其附属机构和"虔诚军"等"民间渠道"，向克什米尔分裂分子提供援助。在给贝克的回信中，他保证他的政府将立即停止对反印度武装分子的一切秘密援助。[2] 在未来几十年里，这种口是心非的承诺将成为伊斯兰堡与华盛顿之间关系的常态。

## 印度拆除一座历史悠久的清真寺

1991 年 5 月 21 日，在议会下院的竞选活动中，拉吉夫·甘地的车队前往金奈西南 25 英里外的斯里佩鲁姆布杜尔，那里有一个为当地政党候选人钱德拉塞卡举行的集会。炫丽的灯光在数千人聚集的草地上闪烁，其中大多数是男人。男的穿着纱笼裤和运动衫，女人们穿着廉价的五颜六色的纱丽。根本没有安保措施，讲台附近围着成群结队的人，还很平静，尽管那天晚上拉吉夫·甘地迟到了两个小时。

甘地在途中一直与坐在他那辆印度制造的大使牌轿车后座上的两

---

① Cited in Haqqani, *Pakistan*, 294.

② Haqqani, *Pakistan*, 296.

名外国记者交谈，此时他抓紧时间就他演讲中应该涉及的话题向钱德拉塞卡征求意见。她爽快地给出了答案："乡村发展"。甘地的车在离讲台 25 码的地方停了下来，他下了车，车上的其他乘客也跟着下来了。当他走向通往讲台的短楼梯时，一名年轻女子——后来被认出是斯里兰卡的泰米尔激进分子，名叫泰莫齐·拉贾拉特南——为他戴上了花环。然后，她弯下腰摸了一下他的脚以示尊重，又按下了装有 RDX 炸药和数千个小钢珠的自杀腰带的按钮。

芭芭拉·克罗塞特在《纽约时报》上报道称："[迪拜《海湾新闻报》的] 戈帕尔夫人和我跟着 [甘地]，这时，突然传来一声像是放鞭炮的爆炸声，接着是一声巨响，人群在爆炸声和烟雾中四散开去。没过几秒，这一切就结束了。"[1] 此时是晚上 10 点 10 分，甘地死了，另外还死了 14 人。他的身体只残存了头部和穿着昂贵跑鞋的脚。献花的女子是这个阴谋的一部分。[2]

甘地 1987 年派遣一支印度维和部队进入斯里兰卡，帮助科伦坡政府镇压为谋求建立独立的泰米尔国家而斗争的泰米尔伊拉姆"猛虎组织"（LTTE）叛乱分子，因而招来了"猛虎组织"的刻骨仇恨。他的母亲英迪拉·甘地在与国内的锡克教民族统一者的斗争中丢了生命，他则是为避免印度在阿拉伯海的小邻邦的分裂而丧了命。他少得可怜的一点遗体在德里的亚穆纳河边被火化。

国大党的领导权落在了 P. V. 纳拉辛哈·拉奥的身上。拉奥 70 岁，神情低迷，身材矮小，是个律师，也是南部安得拉邦的资深国大

---

① Barbara Crossette, "Assassination in India: A Blast, and Then the Wailing Started," *New York Times*, May 21, 1991.
② 7 年后，她的 26 个同伙中的大多数被审判法院判处死刑。上诉之后，最高法院于 2014 年 1 月将其中的 15 例死刑减为无期徒刑。接下来一个月后，对其他三人的处理也是如此。"Rajiv Gandhi Murder: India Court Suspends Plotters' Release," BBC News, February 20, 2014。

党党员。他的政党占 244 席，还差 8 席才能达到绝对多数。为便于治理，他不得不拉拢小团体。他成功了。随着 1991 年 12 月苏联解体，美国在冷战中获胜，世界变成了单极的，美国成了唯一的超级大国。随着克里姆林宫的反击声消失，德里和华盛顿之间的友谊变得更加热络，这让伊斯兰堡很不痛快。

纳拉辛哈·拉奥沿用了过去利用区域和国际集会与巴基斯坦领导人举行双边会谈的做法，在 1991 年 10 月至 1992 年 9 月期间，同纳瓦兹·谢里夫举行了三次会议。其间，由 120 名印度教民族主义者组成的反对党——印度人民党利用了拉奥政府的软弱。

印度人民党通过不断复述过去穆斯林部落在次大陆屠杀印度教土著的故事，大大提高了自己的知名度。然后，它将目标瞄准了巴布尔皇帝 1527 年在北部城镇阿约提亚修建的一座清真寺，声称该清真寺立在罗摩神出生地所建的一座古庙的遗址之上。历史记载中并没有阿约提亚国王罗摩存在的证据，但这一事实对印度人民党的领导层来说无关紧要。

印度人民党领导层发起竞选活动时，正值克什米尔的穆斯林分裂分子在外国圣战者的帮助下发动的武装叛乱愈演愈烈之时。圣战者把通过驱逐印度军队来帮助克什米尔穆斯林实现自决，看得跟他们早先成功地对驻阿富汗的苏联军队采取的游击行动一个样。人民党的竞选活动开始了。换句话说，克什米尔的叛乱有助于激发印度教的复兴。

在获得 1992 年 12 月 6 日在巴布里清真寺前举行集会的官方许可之前，奉行民族主义的印度教组织者向最高法院保证，不会碰这座清真寺。然而到了那一天，近 20 万名印度教激进分子与印度人民党领导人合谋，冲破了清真寺周围设置的路障。大约 4000 名示威者挥舞着镐、绳索和大锤，在 4 小时内拆除了这座历史建筑。纳拉辛哈·拉奥政府后来决定封锁该地点，并大大加强周围的安保措施，这是亡羊补牢的典型例子。印度穆斯林同样感到震惊和愤怒。当他们在印度多个城市的街头表示抗议时，遭到了激进的印度教教徒的袭击。随后的骚乱导致 2000 多人死亡，其中大多数是穆斯林。

巴基斯坦政府承诺将呼吁联合国对印度施压，要求其保护穆斯林的权利。谢里夫号召在 12 月 8 日举行全国性罢工，得到了广泛的响应。反对党领导人贝娜齐尔·布托比他走得更远，将这场悲剧归咎于他错误的外交政策，声称如果她掌权就不会发生这样的事。[①] 她已意识到，对印度采取强硬态度可以获得政治资本。

巴基斯坦的穆斯林暴徒连续 3 天到处横冲直撞，高呼"灭了印度教"和"粉碎印度"的口号。在卡拉奇，他们袭击了 5 座印度教寺庙，在信德省各地的城镇，他们向 25 座寺庙投掷石块，并纵火焚烧，巴基斯坦 150 万印度教教徒中有 85％居住的信德省。[②]

拆除巴布里清真寺之事使印度在国际舞台上处于不利，尽管印度驻卡拉奇总领事馆遭洗劫，却只使巴基斯坦在道德上降低了一两个等级。

更重要的是，巴基斯坦不得不应对被美国列入支持恐怖主义国家名单的可能性。1993 年 2 月 26 日，一枚炸弹在纽约世界贸易中心的地下室爆炸后，这种可能性变得更加明朗。大本营设在巴基斯坦的恐怖分子被怀疑是此事的幕后黑手。4 月初，紧张不安的纳瓦兹·谢里夫派他的外交部长阿克拉姆·扎基前往华盛顿，向美国国务院保证他将遏制国内的极端分子。三军情报局大幅减少了对克什米尔武装分子

---

[①] Shekhar Gupta, "India in the Dock: Babri Masjid Demolition 1992: How the World Reacted," *India Today*, December 5, 2011.

[②] "Pakistanis Attack 30 Hindu Temples," *New York Times*, December 8, 1992.

的直接支持，但仍通过"伊斯兰社会党"和"虔诚军"继续间接地支持他们。

4月18日，巴基斯坦总统伊沙克·汗以渎职、腐败、贪污和裙带关系为由，将纳瓦兹·谢里夫解职。谢里夫在最高法院对这一决定提出了质疑。此事随之陷入僵局。陆军总参谋长瓦希德·卡卡尔将军出面干预，他强迫他们两人在7月辞职。参议院议长瓦西姆·萨贾德接替伊沙克·汗，担任代总统。

## 布托再次当选，对印度采取强硬态度

在1993年10月的议会选举中，贝娜齐尔·布托的巴基斯坦人民党是最大的团体，但因缺少23席，未能达到绝对多数。因此，她最终领导了一个大而无当的联合政府，其中包括法兹鲁·拉赫曼领导的"伊斯兰宗教学者协会"（Jamiat Ulema-e Islam，JUeI，乌尔都语）。该组织与"伊斯兰社会党"一起，一直是阿富汗圣战的主要参与者。

在拉赫曼的激励下，布托允许时任军事行动主管佩尔韦兹·穆沙拉夫中将向印控克什米尔增派了1万名圣战分子。在她的瞩目下，伊斯兰堡为印控克什米尔地区的叛乱活动提供的年度预算飙升至1亿美元。①

2007年12月贝娜齐尔·布托遇刺后，退休的居尔中将在接受德里的《喧嚣》（Tehelka）杂志的采访时坦言："她过去对圣战分子保护备至。我告诉你，贝娜齐尔在克什米尔问题上从不手软。我在她手

---

① Adrian Levy and Catherine Scott-Clark, *Deception: Pakistan, the United States and the Secret Trade in Nuclear Weapons* (New York: Walker & Company, 2007), 240.

下［1988 年 12 月至 1989 年 10 月］任三军情报局局长。塔利班在她第二任期内出现，并在她担任总理期间占领了喀布尔。她的内政部长（纳西尔乌拉·巴巴尔将军）过去常常公开对他们表示支持。"[1]

她表示，如果德里不结束其在克什米尔对人权的野蛮侵犯行为，她与印度外长纳拉辛哈·拉奥会面的可能性就不存在。

实际上，暗地里，为了报复伊斯兰堡，印度调查分析局的反情报小组 X 和 J 分别疯狂地展开活动，以颠覆巴基斯坦，消灭卡利斯坦团体。反情报小组 X 的目标是对巴基斯坦境内种族的断层线——信德省的信德族和讲乌尔都语的移民（称为穆哈芝林人）之间的矛盾、俾路支民族主义者和旁遮普人主导的联邦政府之间的矛盾，以及西北边境省的普什图民族统一主义者和伊斯兰堡之间的矛盾等——加以利用。巴基斯坦广泛公布的报告称，从 1983 年到 1993 年，多达 3.5 万名调查分析局特工进入巴基斯坦：信德省 1.2 万人，旁遮普省 1 万人，西北边境省 8000 人，俾路支省 5000 人。[2]

至于反情报小组 J，它已经帮忙削弱了旁遮普的锡克教叛乱，使德里政府结束了直接管控，并于 1992 年 2 月恢复了当地的民主统治。大选之后，国大党的宾特·辛格出任首席部长。然而，锡克教好战分子的残余势力仍坚持了一年左右。在长达 10 年的暴力冲突中，旁遮普省有 2 万多人丧生。[3]

在边界另一边，伊斯兰堡把所有种族和教派间的冲突都归咎于调查

① HarinderBaweja，"Get America Out of the Way and We'll Be OK，" *Tehelka*，February 2，2008.

② "The RAW：Understanding India's External Intelligence Agency，" *Indian Defense Forum*，September 29，2009，http：//defenceforumindia. com/forum/defence-strategic-issues/5670-raw-understanding-indias-external-intelligence-agency. html.

③ Hamish Telford， "Counter-Insurgency in India：Observations from Punjab and Kashmir，" *Journal of Conflict Studies* 21，no. 1（Spring 2001）.

分析局，这已成为一种常规做法。在齐亚·哈克发动的伊斯兰化进程中，由于各派的宗教学者对伊斯兰法理学的不同解读，占多数的逊尼派和占少数的什叶派之间的关系变得紧张。当来自沙特阿拉伯——逊尼派瓦哈比教派的大本营——的资金到位后，形势恶化了，巴基斯坦的逊尼派极端组织开始凶残地迫害什叶派。这反过来又导致什叶派激进分子的反击。1994年，在该国最大城市卡拉奇，教派之间以及激进的信德民族主义者与穆哈芝林武装分子之间的暴力冲突夺走了800人的生命。由于无法减少流血事件，布托政府干脆将此归咎于调查分析局，遂关闭了印度驻该市领事馆。但是逊尼派和什叶派之间的流血冲突并没有停止。

在克什米尔，在印度东北部有镇压叛乱经验的前陆军总参谋长K. V. 克里希纳·拉奥在1993年被任命为省长，这导致激进派系被调查分析局特工渗透，他们的策略是在激进组织中制造分裂。作为"考底利耶行动"（Operation Chanakya）的一部分，调查分析局还出资成立了一些伪激进组织，其名称与现有真的激进组织类似，从而使普通的克什米尔人无从辨别。就这样，调查分析局和三军情报局在印控克什米尔地区较上劲了，而调查分析局占了上风。到1996年，印度安全部队的估计为21万至60万人，而武装分子的人数则从高峰时的2万到2.5万人骤减至6000人。[1]

## 劣迹斑斑的印度酷刑

之所以造成这样的结果，是因为印度壮大了其在克什米尔的安全

---

[1] Victoria Schofield, *Kashmir in Conflict: India, Pakistan and the Unending War, rev. ed.* (London: I. B. Tauris, 2003), 172.

部队并大规模地侵犯人权。

到 1990 年夏，已经形成了这样一种模式：武装叛乱分子袭击特定目标，安全部队便实施报复，通过逮捕—封锁—搜查行动消灭游击队，找出武器弹药，以致克什米尔人听从武装分子的要求消停了下来。

德里议会于 7 月通过了《1990 年武装部队（查谟和克什米尔）特别权力法》（AFJKSP），该法授权州政府宣布查谟和克什米尔或其部分地区为"动乱地区"，这样的地区将适用该法，它允许武装部队军官射杀违反"任何法律"或拥有致命武器的任何人，在没有逮捕令的情况下逮捕任何涉嫌犯下任何罪行的人，并进入和搜查执行这种逮捕的任何场所。这项法律还赋予军官对其行为的法律豁免权。[①] 也就是说，安全部队可以完全随心所欲，而不必担心被问责。此后，为镇压猖獗的叛乱，他们任意逮捕、拷打、强奸妇女和男子、私刑处决和纵火等。[②] 到 1991 年年中，印度的军事和准军事人员共计 15 万人。对激进的武装分子人数的估计差别很大，从 1 万到 4 万人不等。

被印度安全部队非法拷打或杀害的人每周都在增加。对嫌疑犯施以酷刑成了家常便饭。多年后，曾被施以酷刑的"安萨尔"在得到保证他的真名不会被公开后告诉克什米尔记者巴沙拉特·皮尔："他们把你带到建筑物外的草坪上，叫你脱光自己的衣服，包括内衣，然后把你绑在一个长木梯上，再把木梯放在一个装满煤油和红辣椒粉的沟边。他们像玩跷跷板一样摆弄梯子，抬起，放下，让你的头推进沟里。这会持续一个小时还是半个小时，全凭他们的心情。"另一些时

---

① 《武装部队（特别权力）法》（AFSPA）于 1958 年首次通过，以适用于印度东北部的"动乱地区"。至今该法在各地区仍然有效。

② Jason Burke, "Indian Officers Named in Report on Kashmir Abuses," *Guardian* (London), December 6, 2012.

候，施刑者会将穿着衣服的嫌疑人绑在梯子上，将长裤的脚踝那头扎紧，然后把老鼠塞入裤子。"他们还会用烟头和焊接用的煤油炉烧你的胳膊和腿，"安萨尔接着说，"他们会灼你的肉，直到你开口说话。"他卷起右手袖子，露出肘部上方一块凹凸不平的褐色皮肉。[1]

印度安全部队在克什米尔的残暴行径在巴基斯坦被大肆报道，这个国家在齐亚·哈克 1988 年死后，由民选政府统治。当然，从独裁到民主的转变并没有影响伊斯兰堡在克什米尔问题上的政策，因为政策实际上是由三军情报局执行的。1995 年 11 月，BBC 播出了一部纪录片，显示阿扎德-克什米尔营地里"伊斯兰社会党"为其提供支持的证据，那里正在接受训练的战斗人员公开表示打算在印控克什米尔发动圣战。[2] 而这显然违反了印巴之间 1972 年签订的《西姆拉协定》。

尽管印度拒绝公布其安全部队在克什米尔的总兵力，但给出了其安全部队和克什米尔警察在 1989 年至 1995 年间缴获的武器数量：13450 支 AK‑47、1682 枚火箭弹、750 个火箭筒和 735 支通用机枪。凭借更好的情报能力，他们在 1995 年收缴了 590 枚炸弹，几乎是 1994 年的两倍。至于死亡人数，1988 至 1995 年间的非官方估计数为 4 万人，是官方数字的 3 倍。总部设在伦敦的"大赦国际"给出的数字是 1.7 万人，并指出有几千人下落不明。[3] 其中近一半被认为是武装分子。

---

[1] Basharat Peer, Curfewed Night（Noida：Random House India, 2009）/ Curfewed Night：One Kashmiri Journalist's Frontline Account of Life, Love, and War in His Homeland（New York：Scribner, 2010）/ Curfewed Night：A Frontline Memoir of Life, Love and War in Kashmir（London：Harper, 2010），143.

[2] Dilip Hiro, *Apocalyptic Realm: Jihadists in South Asia*（New Haven, CT：Yale University Press, 2012），103.

[3] Schofield, *Kashmir in Conflict*，176，177，183.

这就是 1996 年 9 月和 10 月在克什米尔举行选举的背景。大选前夕,印度总理德韦·高达公布了一项高达 35.2 亿卢比(约合 1 亿美元)的一揽子财政援助,用以改善基础设施,并一笔勾销了每人高达 5 万卢比(约合 1400 美元)的未偿还贷款——这是明目张胆的贿选。①

国民议会党主席、已故的谢赫·穆罕默德·阿卜杜拉的儿子法鲁克·阿卜杜拉改变了此前的立场,决定参选。"人们希望看到独立,但是他们看不到独立的后果,"他说,"我们与中国和巴基斯坦这两个强大的邻国都是内陆国家。如果我们独立,印度撒手,我相信巴基斯坦会在一夜之间入侵并接管政权。"②他认为,与其让局势在没有公众参与的情况下停滞不前,不如冒险一试,看看现状最好能改变到何种程度。与此形成鲜明对比的是,搞分裂的政党——"全党派自由大会"(All Parties Hurriyat Conference)的领导人坚持抵制根据印度宪法举行的选举。

面对武装分子的可怕威胁,候选人以防弹车辆出行,并由安保人员作保镖。在克什米尔山谷,没什么人愿意去投票。安全部队要求更多的人前往投票站,他们警告市民,如果晚上他们的食指还没有沾上投票站那种不褪色的墨渍,"后果"自付。不出所料,"国民议会党"赢得了 87 个席位中的 59 席。阿卜杜拉成为首席部长。

一触即发的核问题

1994 年 11 月,贝娜齐尔·布托在接受英国电视名人大卫·弗罗

---

① Hiro, *Apocalyptic Realm*, 104.
② Cited in Schofield, *Kashmir in Conflict*, 194.

斯特采访时说："我们既没有引爆核武器，也不拥有核武器。作为一个负责任的、致力于核不扩散的国家，我们巴基斯坦连续五届政府都在政策上做出了遵守和平核计划的决定。"[①] 军方领导人确实对布托隐瞒了核计划的细节，但她对整个计划的性质了解得一清二楚，并在一年前前往朝鲜，接洽购买适合运载核弹头的导弹。

在 1995 年 4 月访问华盛顿会见比尔·克林顿总统期间，她曾敦促克林顿修改美国有关对外援助计划的"普雷斯勒修正案"。她认为，虽然"这是掌握在印度手中的否决权，是那些 50 年来和苏联站在一起反对美国的人手中的工具和大棒"，但它同时也在奖励"印度的不让步"，惩罚"巴基斯坦对美国的忠诚和友谊"。她在新闻发布会上表示，如果印度领导人也愿意签署核不扩散条约的话，她"随时随地"都可以签。她说："我将很高兴地同意签署这一条约，从而在南亚禁止核武器，在南亚建立一个无导弹区，并在南亚停止生产导弹材料，但条件是这个次大陆唯一被证实拥有核武器的国家遵守该条约。"[②]

她在华盛顿的精彩表现并没有使她在国内越来越多的批评者扭转印象。卡拉奇的治安状况依然严峻。这给了法鲁克·莱加里总统——人民党的坚定拥护者——充分的借口，在 1996 年 11 月以管理不善、裙带关系和腐败为由，解散了她的政府。

6 个月前，德里政府也发生了变化，但它是通过投票而非总统命令发生的。印度的大选产生了一个"无多数党议会"（hung parliament）。多年来，有两名总理属于"联合阵线"的不同组织。

1997 年 4 月，因德尔·库马尔·古杰拉尔在德里就任总理，伊斯兰堡那边，总理是"巴基斯坦穆斯林联盟"的领导人纳瓦兹·谢里

---

① Levy and Scott-Clark, *Deception*, 255 – 256.
② "Pakistan Against Forces of Extremism: PM," *Dawn* (Karachi), April 6, 1995.

夫，他在国民议会以三分之二的历史性多数轻松获胜。

古杰拉尔出生于英属印度的西旁遮普省杰卢姆镇，毕业于拉合尔的福尔曼基督教学院。他是个瘦高个子的秃顶男人，留着灰白色的山羊胡，戴着超大的眼镜，与圆头胖脑的谢里夫形成鲜明对比。不过，由于旁遮普人都精通乌尔都语，1997 年 5 月他们在马累的南盟首脑会议期间相遇时，可谓一见如故。

与 1988 年的拉吉夫·甘地和贝娜齐尔·布托不同，他们是老练的政治家。他们决定重启热线，并就几个有争议的问题成立工作组。至关重要的是，谢里夫同意采用"综合途径"来解决双方分歧，而不是把重点放在克什米尔问题上。在双方的互动中，古杰拉尔接受了巴基斯坦的立场，即克什米尔是一个需要解决的争端。但据巴基斯坦信息部长穆沙希德·侯赛因所说，这一点是"1997 年 6 月 23 日"才公之于众的，这一天，两国外长宣布了一项协议，即印巴之间就悬而未决的问题组成联合工作组，而且为克什米尔问题成立一个单独的工作组。这是 50 年来印度第一次同意这样做。"①

随着旁遮普的锡克教危机结束，古杰拉尔下令解散调查分析局的反情报小组 J。在克什米尔，调查分析局和该省省长克里希纳·拉奥的联合策略使叛乱分子的人数从最高峰时的 2 万至 2.5 万人减到了一小部分。由于法鲁克·阿卜杜拉·古杰拉尔就任斯利那加民选的首席部长，他认为反情报小组 X 已没有理由继续存在，它当年奉调查分析局之命去颠覆巴基斯坦，以应对煽动印控克什米尔叛乱的行为。随后，解散了该小组。

1997 年 6 月，印巴外长在举行会谈后，同意就和平与安全、查

---

① Cited by A. G. Noorani, "The Truth About the Lahore Summit," *Frontline* (Chennai), February 16 – March 1, 2002.

谟和克什米尔、锡亚琴冰川、乌拉尔大坝、爵士湾（Sir Creek）、恐怖主义、商业以及促进各领域友好交流8个问题成立联合工作组。但一周后，古杰拉尔排除了成立克什米尔问题联合工作组的可能性。对巴基斯坦来说，克什米尔问题是"核心问题"。[①]

1997年9月初，谢里夫宣布："巴基斯坦的核能力如今已是既定事实。无论我们拥有什么，我们都有权保留它。"[②] 此时再去猜测这种"核能力"到底是什么已毫无意义。

谢里夫和古杰拉尔9月下旬在纽约的联合国大会期间会晤，一个月后，又在爱丁堡的英联邦政府首脑会议期间会面。但他们未能结束双方在克什米尔争端之重要性问题上的僵局。

古杰加尔领导的少数党政府在12月倒台。在1998年2月的下一届议会选举之后，印度人民党领导的十三党全国民主联盟（NDA）以微弱多数获胜。

---

① Cited by A. G. Noorani, "The Truth About the Lahore Summit," *Frontline* (Chennai), February 16 – March 1, 2002.

② "Pakistan Nuclear Weapons—A Chronology," Federation of American Scientists, June 3, 1998，https：//www. fas. org/nuke/guide/pakistan/nuke/chron. htm.

# 第十四章
## 核俱乐部大门轰然倒塌

在最新的议会选举中，全国民主联盟赢得 286 个席位，以 13 席的微弱优势胜出。作为全国民主联盟中占 182 席的印度人民党的领导人，阿塔尔·比哈里·瓦杰帕伊在 1998 年 3 月 19 日就任总理。他的当务之急是加固其余十二党的忠诚。他意识到，做到这一点的最好的办法是用一个引人注目的决定来提高他新组建的政府的声望，这个决定将抓住这个国家的想象力并提升其自信心。于是，他上任不到三周就下令进行核试验。

### 瓦杰帕伊酝酿已久的核梦想

对于经验老到的观察人士来说，73 岁的瓦杰帕伊此举倒是完全符合他的政治形象。这位白发苍苍的印度教民族主义政治家有着宽阔的肩膀和双下巴，脸颊圆润，自 1964 年中国试验原子弹以来，他一直是印度核武化的支持者。当时，他是印度人民同盟（BJS）——一个纯印度教政党的初级议员。

瓦杰帕伊出生在印度中部城市瓜寥尔的一个婆罗门家庭，父亲是教师克里希纳·比哈里·瓦杰帕伊，而他从小就被教育成了一个虔诚的印度教教徒。17岁时，他参加了民兵组织国民志愿服务团的军官训练营，那是一个以意大利法西斯党为样板的沙文主义组织。

其成员每天集中，身穿白色衬衫、宽松的卡其布半长裤，扎着腰带，一起训练、玩耍、参加政治讨论和听教条灌输。[①] 在北方邦公立的坎普尔大学获得政治学硕士学位后，他于1947年成为民兵组织的全职工作人员。为了全身心投入这份工作，他放弃了与大学时的女友拉杰·库马里结婚的想法，成了印度唯一一位终身未婚的总理，虽然他绝非独身。他在公共场合滴酒不沾，但据传他私下里会喝。

在为国民志愿服务团工作期间，他编了一本宣传印度教复兴主义的印地语杂志，一直办到1951年，此时，国民志愿服务团把印度人民同盟当成其政治臂膀。作为一名议员，他是位颇能打动人的印地语演说者。1968年，印度人民同盟的联合创始人迪恩·达亚尔·乌帕达哈亚去世后，他被选为该党主席。印度人民同盟成长为国大党的对手，谴责国大党对穆斯林的纵容。在英迪拉·甘地于1975年中期实施全国紧急状态期间，瓦杰帕伊和印度人民同盟的其他领导人被监禁，那18个月，给了这些人政治殉难者的光环。他们加入了总理莫拉吉·德赛的内阁，总理领导着人民党联盟，这是一个包括印度人民同盟在内的反国大党的联盟，该同盟赢得了1977年的大选，在民众中声望渐隆。瓦杰帕伊就任外交部长。

人民党解体后，原有的印度人民同盟改称印度人民党，并开始接受非印度教教徒作为党员。然而，在实践中，该党根深蒂固的反穆斯林意识丝毫没变。此时的印度人民党成为"罗摩寺庙运动"（Rama Janam Bhoomi Mandir movement）的政治代表，该运动由民兵组织国

---

① 每年，所有印度教民兵组织"国民志愿服务团"的新兵都会在一个盛大的仪式上向其支队领导捐款。

民志愿服务团发起，想在阿约提亚的巴布里清真寺遗址上为罗摩神建一座寺庙。在忆及 1992 年 12 月，那伙偷偷摸摸组织起来的 4000 名印度教激进分子拆毁巴布里清真寺一事时，瓦杰帕伊写道："现在我认为，印度教社会已经重生，而这正是国民志愿服务团的首要任务。过去，印度教教徒曾在侵略前屈服，但如今不会了……。如此多的变化都是新焕发出的自我肯定带来的。"[①]

印度人民党在其 1996 年 4 月和 5 月大选的竞选宣言中提到，印度应该行使"选择使用核武器"的权利，并宣称"印度应该成为一个公开的核大国，这样印度才能在世界舞台上赢得应有的尊重"。[②] 瓦杰帕伊作为议会最大团体（187 个席位）的领袖，于 5 月 16 日应邀组建政府，而附带条件是要在两周内获得议员的信任投票。他立即下令进行核试验。三个核装置被快马加鞭地送往距离巴基斯坦边境 93 英里的拉贾斯坦邦的波卡兰军用发射场，置于试验井中。意识到自己在议会中缺乏多数支持，瓦杰帕伊在 5 月 28 日提出了辞职。不过在此之前，他撤销了对核爆炸的授权。

### 印度在核问题上的共识

实际上，瓦杰帕伊所做的不过是完成了拉吉夫·甘地 1988 年启

---

[①] "'The Sangh Is My Soul,' Writes AtalBihari Vajpayee, the First Swayamsevak Who Became Prime Minister," *Samvada*, December 24, 2012, http://samvada.org/2012/news/the-sangh-is-my-soul-writes-atal-bihari-vajpayee-the-first-swayamsevak-who-became-pm.

[②] Carey Sublette, "India's Nuclear Weapons Program: The Momentum Builds: 1989 – 1998," Nuclear Weapon Archive, March 30, 2001, http://nuclearweaponarchive.org/India/IndiaMomentum.html.

动的进程，甘地曾下令对 1974 年首次投入使用的波卡兰核试验场进行升级，使其能适应在短时间内引爆的要求。1995 年，他的继任者纳拉辛哈·拉奥决定对核装置进行地下试验，准备工作在 12 月初达到了高潮。而这些迹象被 4 颗强大的美国间谍卫星记录了下来。

12 月 15 日，《纽约时报》援引克林顿政府一名未透露姓名的官员的话说，华盛顿最近几周拍到了波卡兰核试验场的动向。在国务院的指示下，美国驻印度大使弗兰克·威斯纳向印度高级官员展示了卫星照片，劝阻他们放弃核试验。克林顿在电话中敦促纳拉辛哈·拉奥取消该计划，拉奥则向克林顿保证印度不会做出"不负责任"之举——仅此而已。12 月 18 日，印度政府宣布其不会屈服于外部压力，第二天，外长普拉纳布·慕克吉也否认该国已计划进行任何核试验。到最后，纳拉辛哈·拉奥放弃了此次计划，但仍指示核科学家在接到行政命令后一个月内做好试验准备。[1]

随后的两位总理德韦·高达和因德尔·库马尔·古杰拉尔，继续保持了这种预备状态。按古杰拉尔的说法，"核文件一直摆在我们的桌上"。[2] 除两个共产党派别外，所有大党都赞成获得核武器。至于其原因，古杰拉尔在其与克林顿的一段被广为引用的对话中谈到过，当时是 1997 年 9 月 22 日，两位领导人在纽约参加联合国大会。古杰拉尔告诉克林顿，印度次大陆有句古老的谚语说，印度人受神的庇佑有第三只眼。"我告诉他，当我的第三只眼看着联合国安理会会议厅的门时，看到了一个小小的标志，上面写着'只有拥有经济实力或核武器的人才允许入内'。"见此话引起了克林顿的注意，古杰拉尔又说

---

[1] T. V. Paul, "The Systemic Bases of India's Challenge to the Global Nuclear Order," *Nonproliferation Review* (Fall 1998).

[2] 同上。

道："［印度］很难获得经济财富。"① 其深意是，在印度没有成为一个重量级经济体的情况下，它获得联合国安理会常任理事国席位的唯一途径，就是成为一个拥有核武器的国家。警醒之余回想一下，正是这种逻辑促使佐勒菲卡尔·阿里·布托在 25 年前于木尔坦举行的一次绝密会议上，敦促巴基斯坦科学家在三年内造出核弹。②

1995 年 12 月与美国的交涉收场后，印度彻底改变了波卡兰基地的工作模式，以避开美国间谍卫星的监视。

陆军第五十八工程兵团主要在夜间开工，轮班结束时再将设备运回原位，使其看起来一直没挪动过。兵团的人穿着便服和平民在伪装网下挖竖井，把挖出的沙子弄得看起来像是天然沙丘。传感器的电缆被沙子覆盖，隐藏在植被下。那些受雇到工地工作的人会先去别的地方转悠，然后再由军队的车辆接去试验场。下班后，工人会三三两两离开工地。

为了蒙蔽负责监控电话通讯的位于华盛顿的国家安全局（NSA），军方设计了一套密码。总部位于德里的"国防研究与发展组织"（DRDO）负责实施该项目，当它问波卡兰操作室的工作人员"商店到了吗?"，接着问"塞拉餐厅还供应威士忌吗?"，意思就是"科学家开始研究核装置了吗?""核装置放进代号'威士忌'的竖井的特殊舱里了吗?"③

1998 年 5 月 11 日，瓦杰帕伊在临时召开的新闻发布会上对记者说："今天 15 时 45 分，印度在波卡兰山进行了三次地下核试验，用了一个裂变装置、一个低当量装置和一个核聚变装置。跟 1974 年 5

---

① Cited in Sublette, "India's Nuclear Weapons Program."
② 见第十一章。
③ "Weapons of Peace: How the CIA Was Fooled," *India Today*, May 17, 1999.

月进行的试验一样。我热烈祝贺为试验成功保驾护航的科学家和工程师。"[1] 紧接着在 5 月 13 日，作为这个代号"力量行动"（Operation Shakti，印度语）的试验的另一部分，印度国防研究与发展组织又进行了两次较小的、当量低于千吨的试验。

印度官员声称，这些试验事关国家安全，是对巴基斯坦核发展的一种预防措施，也是对中国不断增强的军事实力的一种威慑。印度是《不扩散核武器条约》的非签署国，自然没有违反任何国际条约。不用说，伊斯兰堡立即对这些试验进行了谴责。

印度试验的目的有三：一是测试新造的 40 千吨级的核聚变炸弹（即氢弹）；二是检验 15 年前的一枚 12 千吨级的裂变炸弹是否还有用；三是确定三种新组装的当量小于 1 千吨的战术武器在被激活时能否产生连锁反应。所有的裂变弹都是钚基的。为证明核试验的成功，印度政府将于 5 月 17 日公布这五处地点的照片，每处都有一个 160 英尺深的竖井。

这些核试验大出华盛顿的意料，在波托马克河对岸的弗吉尼亚州兰利市的中情局总部，许多人感到无地自容。中情局局长乔治·J. 特内特立即任命前参谋长联席会议副主席、海军上将大卫·耶利米负责一项为期 10 天的调查，以弄清其情报机构缘何未能发现波卡兰核试验的准备情况。[2]

相较之下，印度官员为愚弄了无所不知的中情局而欣喜若狂。在民众层面，印度人民党和民兵组织国民志愿服务团很快就通过举行公

---

[1] "On This Day, 11 May 1998: India Explodes Nuclear Controversy," BBC News, 2003.

[2] Tim Weiner, "Nuclear Anxiety: The Blunders: US Blundered on Intelligence, Officials Admit," *New York Times*, May 13, 1998.

众集会和示威，来表明对瓦杰帕伊这一大胆决定的热烈支持。无独有偶，《印度斯坦时报》（*Hindustan Times*）① 5 月 13 日的社论指出："这个国家的科学家再次证明他们在高科技领域是首屈一指的，这事关一个民族的自豪感，而且他们一直把每一次不被肯定都变成一个机会，让印度在空间技术领域成为一个不可小觑的大国。"② 为了强调这一点，瓦杰帕伊政府宣布 5 月 11 日为"国家科技日"。

美国学者托马斯·布洛姆·汉森在总结他关于印度民众对这些核试验反应的大规模调查时指出："报纸的反应似乎更为积极，民调显示了对该决定的压倒性支持，印度人民党现在在国内舞台上俨然众望所归，成了印度民族自豪感和国家利益最坚定的捍卫者。"③

然而，在政党政治方面，分歧还在。反对党国大党的发言人库尔希德把瓦杰帕伊的决定归结为政治考量，即通过凝聚全国上下的强烈的亲核情绪，来巩固印度人民党的影响力。急于表明自己观点的库尔希德，就这样忽略了这样一个事实：出身国大党的总理拉奥差一点在 1995 年 12 月主持几场核试验。来自共产党的议员认为，瓦杰帕伊迈出了核武这步，必然导致巴基斯坦效仿，而事实也确实如此。他们认为，这两个世界最穷国家之间随后开展的核军备竞赛将阻碍双方的经济发展。华盛顿那边，克林顿迅速援引 1994 年的《防止核扩散法》，切断了一切援助：禁止美国银行贷款和出口电脑等军用产品，并限制

---

① 印度发行量最大的英文报纸之一，创刊于 1924 年，总部位于新德里，主要流行于印度北部。——译者

② Cited in ReemSiddiqi，"Nuclear Arms in India：A Weapon for Political Gain，" *Monitor：Journal* of International Studies 7，no. 1（Fall 2000）．

③ Thomas Blom Hansen，The Saffron Wave：Democracy and Hindu Nationalism in Modern India（Princeton，NJ：Princeton University Press，1999），3. 一些民意调查显示，92% 的人赞成印度发展核能。"India Focus：Strategic Analysis and Forecast，" *India Focus：Strategic Analysis and Forecasts*，May 1998，http：//www. indiastrategy. com/may98. htm.

对印度的军事技术出口。他的决定中包括了美国对德里的 5 亿美元贷款或贷款担保。

## 印度：5 分，巴基斯坦：6 分

然后，克林顿将注意力转向巴基斯坦总理纳瓦兹·谢里夫，劝告他不要效法瓦杰帕伊所为。鉴于本国经济形势的严峻，华盛顿的经济制裁是谢里夫难以承受的，况且国际货币基金组织和世界银行也会跟着美国进行制裁。卡拉奇的证券交易所对印度的核试验反应强烈，市值蒸发了创纪录的三分之一。谢里夫被逼得举棋不定，而克林顿也在电话中不断施压，甚至还在 5 月 15 日至 17 日从八国集团峰会的现场伯明翰打去电话。

然而，当 5 月 15 日，巴基斯坦的各伊斯兰政党动员了数万名支持者上街游行时，谢里夫发现很难持观望态度。似乎觉得伊斯兰阵营闹哄哄的要求还不够，贝娜齐尔·布托也加入进来。5 月 18 日，她发誓如果谢里夫不批准核试验的话，她就要在大规模示威游行中"走上街头"，叫谢里夫下台。[1]

布托不知道，内阁国防委员会一天前做出核试验的决定之后，谢里夫已将他的命令传达给了巴基斯坦原子能委员会主席、68 岁的伊什法克·艾哈迈德，谢里夫用清脆简洁的乌尔都语下令："进行试爆"（Dhamaka kar do）。[2] 戴着眼镜，长着高颧骨、一对招风耳和满头白

---

[1] John F. Burns, "Nuclear Anxiety: The Overview: Pakistan, Answering India, Carries out Nuclear Test'; Clinton's Appeal Rejected," *New York Times*, May 29, 2013.

[2] Rai Muhammad Saleh Azam, "When Mountains Move—The Story of Chagai," *Defence Journal*, June 2000.

发的艾哈迈德向谢里夫保证：会为 10 天后进行的核试验准备好一切。

在距伊朗边境 30 英里的俾路支省查盖地区的拉斯科山脉，那里的卡姆巴兰山为花岗岩质地，山上铺设了一条长 0.62 英里、直径 9 英尺的钢制隧道，试爆地点主要是在此隧道中进行。该隧道为巴基斯坦原子能委员会 1980 年所建并归该委员会所有，它呈鱼钩形，为的是确保爆炸发生后山体会向外移动，隧道会坍塌并封住入口。它能够承受 20 千吨级的爆炸，这一当量相当于 1945 年 8 月在日本长崎丢下的那颗。

考虑到这一点，再加上巴基斯坦原子能委员会对核武器进行的冷试验要比位于卡胡塔的汗研究实验室（KRL）多，政府选择了前者。① 早些时候，在政府召集的一次扩大会议上，核科学家阿卜杜勒·卡迪尔·汗认为，鉴于汗研究实验室是第一个进行铀浓缩并自行设计原子弹、自行进行冷试验的机构，它应该获得进行巴基斯坦首次核试验的机会。但没人把他的话当回事。他又去向陆军总参谋长杰汗吉尔·卡拉麦特将军抱怨，后者给谢里夫打了电话。于是，谢里夫决定汗研究实验室的人员应参与试验场地的准备工作，试验时也应在场。

5 月 19 日，巴基斯坦原子能委员会的 140 名科学家、工程师和技术人员组成的两个小组，从伊斯兰堡和其他地方飞往俾路支省的图尔伯德机场，然后转道卡姆巴兰山的试验场。

花了 5 天时间组装好了 5 个核装置，里面装的是武器级高浓缩铀。巴基斯坦原子能委员会的萨马尔·穆巴拉克曼德亲自监督了组装过程，一遍遍检查每个装置，在闷热的隧道里艰难跋涉了 5 次。然

---

① 在冷试验中，原子弹在没有触发所需的裂变材料的情况下被引爆。

后，诊断电缆穿过隧道铺设到了遥测站，在那里可以与 6 英里外的指挥所进行通信。接下来，用无线电链路进行了完整的模拟试验。

现在，时间是 5 月 25 日。

与印度现时的波卡兰军用发射场不同，巴基斯坦的试验场在美国间谍卫星的观察范围内，卫星不分昼夜地盯着它。5 月 25 日，一名美国情报官员说："到了这一步，他们可以随时进行核试验。"因此，中央情报局每小时向克林顿通报一次情况。

当隧道被 6000 袋水泥封严时，时间已是 5 月 26 日下午。一旦水泥在 24 小时内干透，工程师就会宣布场地已经准备就绪。这个信息将通过军方总指挥部（GHQ）传递给谢里夫。总之，巴基斯坦各官方机构以令人钦佩的速度、协调一致、沉着自信地完成了一项艰巨任务。

至于华盛顿那边，官员们预测试验将在"几小时内"进行。5 月 27 日晚（伊斯兰堡时间），克林顿给谢里夫打了 4 个电话中的最后一个。据他的发言人迈克·麦克里说，这场 25 分钟的通话"非常紧张"，克林顿恳请谢里夫不要进行试验。[1] 事实证明，这是徒劳的。

12 年后，当谢里夫回忆起自己在那场危机期间承受的巨大压力时，他透露说，克林顿主动提出要给巴基斯坦高达 50 亿美元的援助，只要巴基斯坦不进行核武器试验。但对他来说，更重要的是执行国家意志，那就是进行核试验。[2] 关于那次重要的电话交谈，还有另一个版本，说谢里夫要求美国明确表示提供安全保障，而克林顿无法提供

---

[1] Carey Sublette, "Pakistan's Nuclear Weapons Program：1998：The Year of Testing," Nuclear Weapon Archive, September 10, 2001, http：//nuclearweaponarchive. org/ Pakistan/PakTests. html.

[2] "US Offered ＄5 Bn to Refrain from Nuclear Tests：Nawaz Sharif," *Times of India*, May 28, 2010.

也不愿提供。[1] 也有可能这两点都谈到了。

似乎还嫌不够热闹,印度和以色列突然加入了巴基斯坦正在上演的大戏。5月27日,印度陆军信号情报部门(Signals Intelligence Directorate)截获了一份密码电报,它警告巴基斯坦驻新德里高级专员公署,称巴基斯坦掌握的"可靠情报"表明,印度准备在黎明前对其核设施发动袭击。[2]

正当巴基斯坦准备测试其核装置时,军方在周边领空发现了美国制造的F-16战机,它知道以色列有双座的F-16战机,这种战机配备了先进的侦察设备,能在4.5万英尺的高空拍摄很远处的物体。军方担心这是印以两国对其位于俾路支省的试验场发动先发制人的攻击计划的一部分,便通知了美国和联合国,随即又联系以色列政府,以色列政府当时保证自己并没有这样的计划。[3] 巴基斯坦还是不放心。总统穆罕默德·拉菲克·塔拉尔将在谢里夫发表电视讲话后不久中止宪法,宣布国家进入紧急状态,理由是受到不明"外部侵略"的威胁。

5月28日格林尼治时间15:00,谢里夫在巴基斯坦电视台宣布:"今天,我们算清了旧账,并成功进行了5次核试验。"他的话获得了欢庆的掌声,而这种掌声通常是板球比赛中,人们为击球手将球打出边界欢呼时才有的。

谢里夫在随后的新闻发布会上详述了他的爆炸性声明,他说:"巴基斯坦今天成功地进行了5次核试验,结果一如预期。没有放射

---

[1] Sublette, "Pakistan's Nuclear Weapons Program."
[2] Raj Chengappa and Zahid Hussain, "Bang for Bang: Pokhran Tests Fallout," *India Today*, June 8, 1998.
[3] Christopher Walker and Michael Evans, "Pakistan Feared Israeli Raid: Missiles Were Put on Alert to Counter Strike at Nuclear Sites," *Times* (London), June 3, 1998.

性物质泄漏。在此，我要向所有巴基斯坦科学家、工程师和技术人员表示祝贺，感谢他们在掌握复杂和先进的技术方面表现出的敬业的配合及专业知识。全国上下都为巴基斯坦原子能委员会、汗博士的研究实验室和所有附属机构的成就而自豪。"在指责了"印度现任领导层的鲁莽行为"后，他又补充道："我们决定行使核问题的选择权，是为了捍卫国家利益……阻止侵略，无论是核侵略还是常规侵略。"①

街上顿时一片欢腾。拿卡拉奇来说，成千上万人前往市中心参加庆祝活动，以致该市交通陷入瘫痪。而在拉合尔，群众焚烧瓦杰帕伊的肖像，高呼赞美谢里夫、卡拉麦特和卡迪尔·汗的口号。②

参加星期五聚礼的人听到的布道，是感谢真主让巴基斯坦成为第一个拥有核武器的穆斯林国家。各伊斯兰政党对"伊斯兰原子弹"——这是他们讨厌的佐勒菲卡尔·阿里·布托发明的一个术语——的试验成功欢欣鼓舞，其原因有二。首先，它让巴基斯坦在国防上与印度平起平坐，而常规上讲，巴基斯坦比起印度这个更大、更强的邻国，是缺乏这方面优势的。其次，掌握这种武器的生产和试验是伊斯兰教与现代技术结合的胜利。而他们忽略的事实是，巴基斯坦是从西方窃取了零件和材料，并从中国获得了设计方案，这才组装出了一枚铀基原子弹。

与将军们关系密切的鹰派外长戈哈尔·阿尤布·汗显然很乐观，迸发出满满的自信。他宣称，"我们拥有核武器，我们是一个核大国"，又说"我们有先进的导弹计划"，还警告称巴基斯坦已具备了对印度实施"报复性和毁灭性打击"的能力。③

---

① Cited in Sublette，"Pakistan's Nuclear Weapons Program."
② Burns，"Nuclear Anxiety."
③ John Ward Anderson and Kamran Khan，"Pakistan Declares Intention to Use Arms in Self-Defense，"*Washington Post*，May 30，1998.

由于军事实力更强的印度所怀有的敌意，在巴基斯坦的继续存在充满不确定性达半个世纪后，如今，巴基斯坦领导人具备了有效的威慑力，可以阻止德里方面分裂或吞并该国的任何企图。

此外，为了在数字游戏中击败印度，谢里夫下令于 5 月 30 日在卡兰进行代号"查盖二号"的进一步试验。卡兰是一个地势平坦的沙漠山谷，位于拉斯山脉的西南 95 英里处。试验场是一个 300 英尺深、700 英尺长的 L 形竖井，装置为钚基。官方宣布的 18 千吨到 20 千吨的当量受到了独立评估人员的质疑，《原子科学家公报》（*Bulletin the of Atomic Scientists*）给出的数字是 2 千吨。同样被认为夸大的，还有早前代号"查盖一号"的试验引爆的 5 个装置的当量总数的统计。巴基斯坦声称是 40 至 45 千吨，《原子科学家公报》估计的只有 8 至 15 千吨。[1]

科学家对核武器试验和核爆炸进行了区分。根据他们的说法，印度进行了 3 次核试验，其中包括 1974 年那次。1998 年 5 月在波卡兰进行了两次：其中一次同时发生了两起爆炸，另一次则同时发生了三起爆炸。[2] 同理，巴基斯坦在查盖的山里同时发生的 5 次爆炸被算作第一次试验，而在卡兰发生的那次算作第二次试验。所以最终的得分是：印度 3 分，巴基斯坦 2 分。

5 月 29 日，正当巴基斯坦普通百姓沉浸在欢庆的气氛中时，其中的富人却陷入了深深的沮丧。谢里夫政府发布紧急命令，冻结了巴基斯坦各银行 115 亿美元的私人外币存款，并吊销了外汇交易商的执照。由于担心近在眼前的经济制裁会导致外汇大量撤离，政府立即采

[1] *Bulletin of the Atomic Scientists*（July 1998）：24.
[2] "Arms Control and Proliferation Profile：India," Arms Control Association, July 2013, http：//www.armscontrol.org/factsheets/indiaprofile.

取行动，却冷不丁地意识到该国央行只有16亿美元的外汇储备，而国家的外债高达320亿美元，占其GDP的64％。政府宣布，除开发项目外，所有支出削减50％。[1]

巴基斯坦进行核试验的绝密决定，谢里夫只告知了一位外国领导人，那就是阿卜杜拉·本·阿卜杜勒·阿齐兹亲王，他是沙特阿拉伯的实际领导人。为了表达对这一姿态的感谢，阿卜杜拉提出每天向巴基斯坦供应5万桶石油，约占其消费总量的七分之一，对付款无限期要求，也可延期付款。这在一定程度上减轻了美国和欧盟制裁带来的不良影响。[2]沙特阿拉伯是对巴基斯坦做出这一"大胆决定"表示祝贺的两个国家之一，另一个是阿拉伯联合酋长国。

在国内，谢里夫的政治优势在于他的支持率发生了戏剧性的转变，从缓慢的不可逆转的下降变成迅速飙升。瓦杰帕伊也赢得了公众的尊敬，被认为是印度安全的坚定捍卫者。声望的提升使得两位领导人可以停止剑拔弩张，着手修补邦交。

## 核爆之后的关系解冻

他们是通过坚持在一年一度的南亚区域合作联盟首脑会议期间举行会议来改善关系的。1998年7月，会议由斯里兰卡主办。受此消息的鼓舞，克林顿考虑放松对这两个南亚邻国的制裁。

9月23日的联合国大会期间，谢里夫和瓦杰帕伊在纽约进行了

---

[1] Husain Haqqani, *Pakistan: Between Mosque and Military* (Washington, DC: Carnegie Endowment for International Peace, 2005), 248, 247.

[2] FarhanBokhari, Stephen Fidler, and RoulaKhalaf, "Saudi Oil Money Joins Forces with Nuclear Pakistan," *Financial Times*, August 5, 2004.

亲切会谈，双方取得了更大的实质性进展。谢里夫表示，在核武器环境下，任何一方甚至连考虑使用武力都不可以。[1] 他们决定重启两国外长在 8 个悬而未决问题上的对话，并开辟新领域：恢复德里和拉合尔之间的巴士服务，以鼓励两国人民互相接触。这又相应地使克林顿撤回了他对国际货币基金组织向巴基斯坦提供贷款的反对意见。

尽管来自华盛顿的消息对谢里夫来说是可喜的，但这不足以扭转巴基斯坦经济衰退的颓势，在受到华盛顿和其他西方国家的制裁之后，巴基斯坦的经济衰退加剧了。受损害的还包括军方企业的利益。陆军总参谋长卡拉麦特对不断恶化的国内局势表示遗憾，并建议成立包括军事领导人在内的国家安全委员会，使决策制度化。

谢里夫认为这是企图削弱宪法赋予总理的权利。他跟卡拉麦特针锋相对，给其两个选择，要么接管政府，要么辞职。卡拉麦特与谢里夫不同，不是那种对着干的个性。所以他于 1998 年 7 月辞职，比计划的退休日期提前了 3 个月。

谢里夫提拔了佩尔韦兹·穆沙拉夫将军。这位将军长着一张方脸，戴着眼镜，中等身材，胡子修剪得整整齐齐，在三星将领中排名第三。谢里夫以为，讲乌尔都语的穆沙拉夫是个土生土长的德里人，领导的大多是旁遮普-普什图兵团指挥官，因而缺乏对旁遮普人领导的文官政府施压的劲头。事实证明，这将是个致命的假设。

至于伊斯兰堡和德里的关系，在 10 月和 11 月的会晤中，双方外长克里希南·拉胡纳特和沙姆沙德·艾哈迈德在程序问题上取得了进展，这是迈向机构接触的一步。从 12 月中旬开始，他们集中精力起草一份双方认可的文件，提交给各自的总理。

---

[1] Cited in Amjad Abbas Maggsi, "Lahore Declaration February, 1999: A Major Initiative for Peace in South Asia," *Pakistan Vision* 14, no. 1 (2013): 183 – 201.

在 1999 年 2 月 3 日见报的一篇采访中,谢里夫说:"为什么我们不能直接对话?为什么我们要继续以'迂回接近'(Bhatinda,旁遮普语)的方式来接近彼此?"他还说,如果瓦杰帕伊做出积极的回应,他将非常愿意"主动"邀请他访问巴基斯坦。[①]瓦杰帕伊积极地回应了他。1999 年 2 月 20 日,谢里夫邀请瓦杰帕伊到拉合尔进行一次长达 14 小时的德里—拉合尔巴士之旅。瓦杰帕伊上了车。

## 公车外交

那天下午,谢里夫在距离拉合尔 15 英里的瓦加边境口岸为瓦杰帕伊铺上了红地毯,此举受到了国际媒体的广泛关注。陪同他的有内阁高级部长以及信息部长穆沙希德·侯赛因,后者被指定为瓦杰帕伊的部长级联络人,但一行人中没有国防部长。谢里夫邀请他们到瓦加与他会合,他们拒绝了,称不希望被人看到在公开场合欢迎"敌国"领导人。在检阅仪仗队之后,瓦杰帕伊和谢里夫登上了一架直升机。飞机把他们送到了印度总理将下榻的地方——富丽堂皇的拉合尔省省长官邸,它坐落在 80 英亩精心打理的草坪中央,许多房间里都挂着水晶枝形吊灯。

侯赛因后来在接受印度杂志《前线》(*Frontline*)采访时透露:"当直升机降落在省长官邸的草坪上时,他[瓦杰帕伊]受到了陆军总参谋长佩尔韦兹·穆沙拉夫将军率领的三军参谋长的迎接,穆沙拉夫将军向他敬礼并伸出了手。空军元帅佩尔韦兹·马赫迪·库雷希和

---

① Amit Baruha, *Dateline Islamabad* (New Delhi: Penguin Books, 2007), 119.

海军参谋长法兹·布哈里上将也是如此。然后我们都进了客厅……一边喝茶，一边促膝谈心。他们返回伊斯兰堡，是因为当天晚上外交部长萨尔塔吉·阿齐兹为来访的中国国防部长举行了晚宴，三军参谋长必须出席。"[1]

据侯赛因说，"当瓦杰帕伊和谢里夫开始正式会谈时，谢里夫首先微笑着感谢瓦杰帕伊，说'你们为我们提供了成为核大国的机会，因为如果你们没有发展核武器，我们可能就不会进行核试验。因此，正是印度的核试验，以及印度主动公开承认自己成为核大国，迫使巴基斯坦做出了同样的回应'……。对此，瓦杰帕伊只是淡淡地笑了笑"。[2]

谢里夫竭尽全力确保瓦杰帕伊不会在城里遇到有敌意的人。为了防止标语被扯掉，欢迎瓦杰帕伊的标语在 2 月 19 日深夜才沿着主干道的购物中心挂起来。虽然包括布托领导的巴基斯坦人民党在内的主流政党对此次访问表示欢迎，但"伊斯兰社会党"2 月 20 日在拉合尔举行了大罢工。值得注意的是，这次罢工是在军事情报处主管埃桑·哈克少将的授意下，由"伊斯兰社会党"领导人卡齐·侯赛因·艾哈迈德号召进行的。当艾哈迈德的数百名追随者遭到拘禁时，艾哈迈德为躲避逮捕[3]，正藏在自己位于拉瓦尔品第的家中。这件事成了军方情报机构和伊斯兰组织之间存在瓜葛的证据。这种见不得人的联手，其源头可以追溯到穆罕默德·齐亚·哈克将军的统治时期，他首先利用伊斯兰组织及其武装力量对付喀布尔的马克思主义政权，然后又用它在印控克什米尔对付德里。

---

[1] A. G. Noorani, "The Truth About the Lahore Summit," *Frontline*, February 16 - March 1, 2002.

[2] 同上。

[3] Haqqani, *Pakistan*, 363n205.

受邀赴历史悠久的拉合尔堡参加为瓦杰帕伊举行的国宴的几位大使，遭到了抗议示威者的阻挠。

为安全起见，第二天早上，一架直升机载着瓦杰帕伊一行来到了距离省长官邸仅两英里的伊克巴尔公园的草坪，巴基斯坦独立纪念塔（Minar-e Pakistan）就在这里。纪念塔是一根有凹槽的下粗上细的白色大理石柱，高 200 英尺，它从大理石圆篷上升起，圆顶则坐落在高高的平台上——那是 1960 年代的工匠 8 年辛劳的成果——平台周围飘扬着绿白相间的国旗。1940 年 3 月 23 日，全印度穆斯林联盟在此通过决议，要建立一个印度穆斯林的家园。

瓦杰帕伊在养女娜米塔的陪伴下，阅读了印好的铭文，其部分内容这样写道："本届穆斯林联盟着重重申，1935 年的《印度政府法案》所体现的联邦体制于这个国家的特殊情况完全不合适、不可行，是印度穆斯林完全不能接受的。"在访客簿上，瓦杰帕伊表达了印度人民对于与巴基斯坦拥有"持久和平与友谊的深切渴望"。"一个稳定、安全和繁荣的巴基斯坦符合印度的利益。请巴基斯坦人民不要怀疑这一点。印度衷心祝愿巴基斯坦安好。"[1]

瓦杰帕伊参观巴基斯坦独立纪念塔之举，有着极大的象征意义，是想让巴基斯坦人放心，即使是印度的印度教民族主义者也不再质疑巴基斯坦的存在权了。这就是两位总理签署的《拉合尔宣言》的序言。它指出，为避免冲突，促进信任措施的建立，这两个拥有核武器的国家需要承担额外的责任。为避免意外或未经授权使用核武器，签署双方同意在弹道导弹飞行试验、意外或无法解释原因使用核武器之前通知对方，以避免核冲突。双方还同意就各自的核原则和相关安全

---

① Pamela Philipose, "The Symbol of Pakistan," *Indian Express*，February 22，1999.

问题进行磋商。① 签字仪式结束后，谢里夫希望"巴基斯坦和印度能够像美国和加拿大一样相处"。②

在该市市长赫瓦贾·伊赫桑·艾哈迈德举行的招待酒会上，印度总理用印度斯坦语说："我们之间仇恨已经够多了。现在我们必须建立友谊。达成这一点需要做出一些艰难的决定。为了友谊，我们必须讨论克什米尔问题。"③ 对于他的听众来说，这些话听起来像音乐般悦耳。因此，巴基斯坦媒体对他的访问进行了热情洋溢的报道。

在边境另一边，政治家和新闻界也对核试验后加剧的双边紧张局势有所缓解表示欢迎。倘若是一位出身国大党的总理进行这样的访问，并向巴基斯坦伸出橄榄枝，他或她可能会因为对这个不友好的邻国表现出的"软弱"而受到印度人民党的攻击。印度外交部长、人民党领导人贾斯万特·辛格概括了瓦杰帕伊这次历史性的访问的重要意义。他正确地断言："就像理查德·尼克松 1972 年访问中国一样，这是一种姿态，只有拥有强大的保守派背景的领导人才能这样做而不受惩罚。"④

克林顿总统迅速做出反应，称赞了瓦杰帕伊和谢里夫"表现出的勇气和领导能力，共同解决了长期以来分裂两国的难题"。⑤ 但他不知道，在签署《拉合尔宣言》之后举行的三次一对一会谈的最后一次会谈中，两位总理私下里同意开辟秘密渠道，就克什米尔问题制定一

① "Lahore Declaration," http://www.nti.org/treaties-and-regimes/lahore-declaration. 印巴两国外长一个月前就已经准备这项协议的草案了。
② Kenneth J. Cooper, "India, Pakistan Kindle Hope for Peace," *Washington Post*, February 21, 1999.
③ Philipose, "The Symbol of Pakistan."
④ Cited in Ranbir Vohra, *The Making of India: A Historical Survey* (Armonk, NY: M. E. Sharpe, 2000), 309.
⑤ "Clinton Welcomes Meeting Between Vajpayee and Sharif," press release, February 22, 1999, http://www.fas.org/news/india/1999/99022301_nlt.htm.

个双方都满意的方案，克什米尔人也同意这样做。

2月28日，谢里夫通过热线通知瓦杰帕伊，他准备在伊斯兰堡接见瓦杰帕伊提名的里希·库马尔·米什拉，此人将与他的首席部长安瓦尔·扎希德就克什米尔问题进行会谈。米什拉现年67岁，是总部位于德里的智库"观察者研究基金会"的创始主席。米什拉和扎希德于3月3日会晤。

但扎希德一周后去世了。谢里夫改派前外交部长尼亚兹·艾哈迈德·奈克接替他。奈克和米什拉3月底在德里逗留了5天，其间，他们敲定了一套四点指导方针。其中一点要求瓦杰帕伊和谢里夫克制，不要申明各自的官方立场——印度坚称克什米尔问题没有什么可谈的，这是一个已经解决的问题；巴基斯坦也提到过联合国安理会第47号决议。他们还决定在新千年到来之前解决克什米尔争端。

然而，他们和他们的头都不知道，巴基斯坦军方高层另有想法。


### 背后捅刀


正当台前幕后的外交活动致力于解决难缠的克什米尔争端时，巴基斯坦军方的高级将领却秘密着手了一项计划，想打破克什米尔的现状，好让伊斯兰堡方面得利。这个想法似乎出自总参谋长穆罕默德·阿齐兹·汗中将，他蓄着黑白相间的胡须，修剪得很是优雅，目光总是坚定地注视着中距离范围内，负责的是作战和情报工作。作为在巴控克什米尔蓬奇地区占主导地位的苏丹部族的领导人，他意在使德里放弃克什米尔48%的控制权。

在反苏"圣战"期间及之后，阿齐兹·汗曾监管为激进组织"赫尔卡特拥护者"（Harkat ul Ansar）① 建立训练营事宜，该组织在 1997年被华盛顿列为恐怖组织后，改名为"圣战者运动"（Harkat ul Mujahedin），其目标是争取克什米尔全部所有权归属巴基斯坦。他的想法立即被穆沙拉夫将军采纳，并把它转化为自己的创意。而他乐得紧守秘密，甚至没有把这件事告诉他的朋友、空军参谋长库雷希元帅。

穆沙拉夫的小圈子把重点放在夺取印控克什米尔中东部的卡吉尔地区，以此将印度军队从靠近巴控克什米尔的西部前线引开。该计划代号为"巴德尔行动"。连接斯利那加和拉达克地区首府列城唯一的公路，要穿越靠近控制线的卡吉尔地区。这里层峦叠嶂的群山高达16500 英尺，冬季平均气温会下降到令人难以置信的零下 60 摄氏度（零下 76 华氏度）。如此恶劣的条件使得印度和巴基斯坦在 1970 年代中期达成谅解，即从 9 月中旬到 4 月中旬，该地区无人值守。

巴基斯坦于 1999 年初春违反了这项非正式协议。在重炮和迫击炮的掩护下，阿齐兹·汗发动了"巴德尔行动"。他将 1000 名北方轻步兵空运到卡吉尔的德拉斯区，并为他们提供了 4000 人的后勤支援。他们为此又招募了数百名当地志愿者（称为"圣战者"）来执行后勤任务。之后，作战部队将增至 5000 人。他们成功地占领了 75 英里前线（纵深达 10 英里，覆盖 300 平方英里）沿途的 132 个印度哨所。他们的战术目标是控制印度人通往锡亚琴冰川的补给线，迫使他们从那里撤军。

5 月初，返回的印度士兵发现巴基斯坦人占据了俯瞰卡吉尔公路的山顶。这一发现发生在瓦杰帕伊政府 4 月 17 日倒台后的几周内，

---

① 亦译为"辅士运动"。——译者

此前不久，瓦杰帕伊政府未能在下议院赢得信任投票。当反对党未能在众议院获得多数席位时，总统基切里·拉曼·纳拉亚南于4月26日解散了议会，并任命瓦杰帕伊为看守总理。考虑到9月（季风过后）将举行新一轮选举，瓦杰帕伊发现对巴基斯坦强硬一点在政治上是有利的。

德里对伊斯兰堡在卡吉尔的行动提出了抗议。但巴基斯坦声称占领卡吉尔的是当地的克什米尔自由战士——"圣战者"。5月22日，印度对被占领土发动了空袭，将此举作为其"胜利行动"（Vijay，印度语）的一部分。但在起伏不平的山峰上进行空中轰炸，效果并不理想。

随后，印度从克什米尔山谷——而不是像穆沙拉夫和他的高级指挥官所期待的那样，从西部前线——撤军，以加强其在战区的步兵力量，将巴基斯坦人赶出所占哨所。据报道，空军参谋长库雷希被排除在原计划之外，他似乎也因此拒绝部署战机或将战机借给穆沙拉夫，想让穆沙拉夫束手束脚。①

在为时七周的战争中，瓦杰帕伊和谢里夫多次接通他们之间的热线。早在6月3日，克林顿总统还写信给两位总理，要求他们克制一点。巴基斯坦外交部长萨尔塔吉·阿齐兹于6月11日抵达德里，计划为克什米尔"圣战者"寻求安全出路以此来找到一条途径逐步缓和冲突。

对巴基斯坦而言，不幸的是，当天，印度方面公布了自己截获的当时访问北京的穆沙拉夫和在拉瓦尔品第的阿齐兹·汗之间的通话录音，以此驳斥了巴基斯坦一再声称的没有参与占领卡吉尔的行动的谎

---

① 1999年10月政变后，穆沙拉夫将空军参谋长库雷希解职。

言。这次情报反转，其真相一直广受猜测。印度的调查分析局声称此次拦截录音是有案可查的，但这一说法令人怀疑。最有可能的是，华盛顿慷慨资助的美国国家安全局与中央情报局合作，截获了阿齐兹·汗的所有通话，并按照白宫的指示，将与穆沙拉夫有关的谈话发给了印度的调查分析局。克林顿急于看到双方结束冲突。①

瓦杰帕伊无可争议地证实了巴基斯坦军队对卡吉尔的占领，他在6月13日与谢里夫通第三次电话时说："你们撤军，然后我们再准备会谈。"第二天，瓦杰帕伊接到克林顿的电话，建议他不要在克什米尔开辟新战场，以免造成冲突升级。6月15日，克林顿致电谢里夫，敦促他从卡吉尔撤军。然而谢里夫的反应并不令他满意。

此时的谢里夫进退两难。正如他后来一再声称的那样，他一直被高级将领们蒙在鼓里。在有关这个问题的很多猜想中，可以推断出他们在发动攻势很久之后才向他道出这个计划。这件事发生在5月17日，发言人贾姆沙德·古尔扎尔·基亚尼中将证实了这一事实，他称这次简报是"敷衍了事"。随着两军陷入激烈的交战，谢里夫面临着一个既成事实，即他无法从正在进行的武装冲突中脱身，这等于是告诉大家他管不了军方最高指挥部。

雪上加霜的是，谢里夫在外交方面也不敌瓦杰帕伊。印度领导人不仅赢得了美国的支持，也赢得了中国的支持，中国呼吁将军队撤回到战前位于控制线沿线的阵地，并和平解决印巴边界问题。谢里夫和瓦杰帕伊都在与克林顿保持持续的联系，但此举带给瓦杰帕伊的好处要比带给谢里夫的多。

---

① Praveen Swami, "Pakistan Revisits the Kargil War," *Hindu*, June 21, 2008. See also "The Musharraf Tapes—II," Moral Volcano Daily Press (blog), January 11, 2004, https://moralvolcano.wordpress.com/tag/musharraf; Haqqani, *Pakistan*, 252.

在瓦杰帕伊的要求下，克林顿在 6 月 19 日于德国科隆举行的八国集团峰会上游说各方，要求就卡吉尔战争表明立场。次日发表的公报称："我们认为任何改变［克什米尔］现状的军事行动都是不负责任的。因此，我们呼吁立即停止这些行动［并］继续遵守控制线。"不出所料，瓦杰帕伊对八国集团的声明表示欢迎，谢里夫和他的将军们则不然。

随着德里和伊斯兰堡之间的紧张加剧，克林顿于 6 月 22 日派遣美军中央司令部总司令安东尼·津尼将军和副助理国务卿吉布森·兰福尔前往伊斯兰堡。尽管印度宣称自己不会率先使用核武器，但巴基斯坦信息部长侯赛因现身 6 月 23 日 BBC 的 *World's HARDtalk* 节目时，拒绝做出同样的保证，称核战争的想法"太过牵强"。

在地面上，配备瑞典制造的"博福斯"自推进式火炮和激光制导航弹的印度军队正在节节进展，稳步向更高的距离提升，准备发起最后的攻击，夺取敌人手中的山头。14 年后，《这次要沉默多久?》(*Yeh Khamoshi Kahan Tak?* 乌尔都语) 一书中提供了内部人士对于巴基斯坦立场的看法，这本书的作者为（退休）中将沙希德·阿齐兹，当时他是三军情报局分析小组组长。他写道，巴基斯坦军队的指挥官告诉他们，印度人不会作出认真回应。"但事实正好相反——在大规模的空爆炮弹和持续空袭的支持下，印度军队向我们发起了一波又一波的袭击，"他指出，"我们的阵地被切断和丢弃，哨所开始一个接一个地倒塌，尽管［负责指挥的］将军公开予以否认。"作为军事行动的主要策划者，穆沙拉夫在卡吉尔迈出了决定性的第一步，但致命的是，他没有给自己留下退路——这是个不可原谅的败笔。

谢里夫担心，面对近在眼前的失败，穆沙拉夫会在克什米尔开辟新战线，逼得德里做出强烈反应，从而使冲突升级为与印度的全面战争——他认为必须避免这种灾难性的局面。至于穆沙拉夫，在考虑了与印度全面开战的最坏情况后，开始准备部署核方案——甚至都懒得通知谢里夫。他似乎没有意识到，他在萨戈达空军基地发射核弹头导弹的一举一动，逃不过华盛顿的间谍卫星。

白宫密切关注着这两个拥有核武器的邻国之间的战争。正当印度准备在 7 月 2 日发动三管齐下的攻势，夺取卡吉尔的山头时，惶恐不安的谢里夫打电话给克林顿，呼吁"美国立即介入，制止战斗，解决克什米尔问题"。克林顿对此含糊其辞。于是，谢里夫找上了沙特。他紧急致电自 1983 年以来一直担任沙特驻美国大使的班达尔亲王，请求帮助。班达尔代表谢里夫介入此事，后者再次致电白宫。

在华盛顿，克林顿对自己看到的美国国家安全局截获的卫星数据感到震惊，这些数据显示穆沙拉夫下令在萨果达空军基地展示了可能会在更大规模的印巴战争中使用的核弹头导弹，而纳瓦兹·谢里夫极有可能对此并不知情。这一点，差不多三年后在布鲁斯·里德尔提交的一份政策文件中被证实了，当时他是美国国家安全委员会高级主任、克林顿南亚问题特别助理。

克林顿急于阻止南亚发生核灾难，于是召谢里夫和瓦杰帕伊到华盛顿举行会谈。瓦杰帕伊提到了以前的承诺，拒绝了克林顿的相邀，他意识到参加美国举行的关于卡吉尔问题的三方会议将破坏印度长期以来的立场，即克什米尔是双边问题而不是国际问题。他将所有的精力都放在了 9 月的大选上。

穆沙拉夫到拉瓦尔品第的查克拉拉机场送别谢里夫，这表明总理的使命得到了军方的支持。电视观众并不知道谢里夫和他的家人这是要去华盛顿。7 月 3 日，他们一到杜勒斯机场，就被班达尔亲王接走了。据说，在前往亲王位于华盛顿郊外、有电子安保系统的豪宅途中，谢里夫告诉主人他担心自己有生命危险，所以携家人同来，因为他不确定自己在使命结束时还是不是总理。

## 1999 年 7 月 4 日在布莱尔大厦：史无前例

"先生们，非常感谢你们来为我们的独立日增光添彩。"1999 年 7月 4 日，强颜欢笑的克林顿在国宾馆布莱尔大厦欢迎谢里夫一行。无论是克林顿，还是他团队里的任何一人，包括国家安全顾问桑迪·伯格和布鲁斯·里德尔，都对不得不在美国的这个大日子里处理迫在眉睫的南亚战争与和平问题感到不快。

由于瓦杰帕伊的缺席，事情进展缓慢。没有他的同意，就不可能实现布莱尔大厦会谈的最终目标——停火，所以传真机上场了。随着克林顿和谢里夫的联合公报草案几经修改，布莱尔大厦和印度总理办公室之间的传真也越来越频繁。

正如里德尔说：

> 总理［谢里夫］告诉克林顿，他迫切希望找到一个解决方案，让巴基斯坦可以在一定的保护条件下撤军。谢里夫发出了不祥的警告，如果没有对巴基斯坦原教旨主义者做出安排，他们将针对他采取行动，而这次会晤将是他与克林顿的最后一次会晤……。克林顿问谢里夫，是否知道核战争威胁到底有多大？谢里夫知道他的军队正在准备核弹头导弹吗？谢里夫似乎吃了一惊，只说印度可能也在做同样的事。总统提醒谢里夫，1962 年美国和苏联因古巴问题差点爆发核战争。谢里夫是否意识到，即

使投下一枚炸弹……谢里夫接着［克林顿的话］说，那也将是一场灾难。

（这让在座的每个人都有理由停下来消化一下他所说的可怕后果。）

总统生气了。他告诉谢里夫，他曾多次要求巴基斯坦协助将阿富汗的奥萨马·本·拉登绳之以法。谢里夫也多次答应下来，却什么也没做。相反，三军情报局与本·拉登和塔利班合作，煽动恐怖主义。［克林顿的］声明草案还将提到巴基斯坦在支持阿富汗和印度恐怖分子方面所起的作用。克林顿问道，这就是谢里夫想要的吗？谢里夫下令巴基斯坦核导弹部队准备采取行动了吗？你意识到这有多疯狂吗？你们今天把我夹在中间，想让美国和失败绑在一起，我不会让这种事发生。巴基斯坦正在惹核祸。

会晤期间，德里方面不断提出意见，公报的起草工作因此推进缓慢。谢里夫对克林顿耳语道："他们会抓住我的，总统先生。"克林顿不为所动。"你们的军队像土匪一样，"他回答，"让文官来监督他们吧。"谢里夫对此迅速做出回应："不是军队的问题。只是有几粒老鼠屎而已。他们会插手掩盖卡吉尔的溃败。"这些"老鼠屎"是"五人组"：穆沙拉夫、阿齐兹·汗、（留着海象胡子、肩膀宽阔的拉瓦尔品第第十军团指挥官）马哈茂德·艾哈迈德中将以及阿齐兹·汗的直接下属——作战处主管阿齐兹中将、军事情报处主管埃桑·哈克少将。

谈判小组午餐时休会。克林顿留在了布莱尔大厦，而谢里夫回了他的酒店。这给了克林顿一个与瓦杰帕伊进行电话交谈的机会。

两位领导人再次会晤时，克林顿拿出一份声明。谢里夫离开房间去咨询他的顾问。他同意将部队撤回控制线。"情绪转瞬就变了，"里德尔回忆道，"克林顿告诉谢里夫，他们的私人关系在那天经受了严峻的考验，但最终达成了圆满的结局。"之后，他们在白宫拍照留念。

克林顿和谢里夫的这一声明称将采取步骤恢复未指明的控制线，从而推动停火，以此作为恢复双边会谈的前提，而这会谈将是解决所有印巴争端的最佳论坛。与克林顿分别时，谢里夫说他觉得自己"为巴基斯坦和世界做了正确的事"，但他不确定"军方是否会这么看"。事实证明，他的预感有先见之明，此事导致他三个月后被推翻。

当然，没有提及克林顿和谢里夫在正式会谈后单独进行的一对一谈判中达成的秘密协议。克林顿同意放松美国对伊斯兰堡的经济制裁，并建议国际货币基金组织不要扣发给巴基斯坦的下一笔贷款。作为回报，谢里夫答应积极配合华盛顿抓捕本·拉登。

回国后，谢里夫宣布巴基斯坦军队将撤出卡吉尔，同时为"巴德尔行动"正名，他认为该行动引起了国际社会对克什米尔争端的关注。7月11日停火协议生效，撤军开始。3天后，瓦杰帕伊宣布"胜利行动"成功。卡吉尔之战夺去了527名印度士兵（巴基斯坦称1600人）和450名巴基斯坦士兵（印度称700人）的生命。损失一架印度飞机的事简直不足挂齿。

瓦杰帕伊一直把注意力集中在大选上，当时他想把自己塑造成一个果敢的领导人，致力于实现和平关系，条件是符合印度的利益。归根结底，巴基斯坦撤至控制线是在美国总统的干预下才实现的。但瓦杰帕伊及其国防部长和外交部长将其完全归因于德里对卡吉尔被占所做出的强有力的军事回应，以及经由两位总理的亲信进行的秘密外交。瓦杰帕伊打破外交常规，透露他6月27日在德里告诉谢里夫的特使奈克，"除非巴基斯坦军队离开卡吉尔，否则一切免谈"。这些策略增加了印度人民党领导的全国民主联盟赢得选举的机会。

## 印度涌现了一批受欢迎的战争剧

在印度，公众对最近一次与巴基斯坦的冲突的看法不同于以往。过去，舆论完全由信息与广播部经营的广播媒体左右。但在最高法院1995 年做出裁决，结束国家对广播业的垄断后，情况发生了变化。随后，几家专门从事新闻和评论的印度私营电台和电视频道之间的竞争导致了战争新闻的轰动效应。因此，瓦杰帕伊宣布"胜利行动"击败巴基斯坦的"巴德尔行动"后，铺天盖地的报道接踵而来。

巴基斯坦的情况则截然不同。由于政府对广播媒体的垄断，有关卡吉尔剧变的所有新闻都被控制，政府把那里的战斗归咎于拿起武器的克什米尔"圣战者"。但是，由于卫星和有线电视已进入巴基斯坦，巴基斯坦人可以选择从非巴基斯坦来源获取新闻。他们的选择不仅包括 BBC 和全印广播电台，还包括印度的私营电视频道。除了有关前线报道的准确性（或其他方面）外，他们的陈述还远比巴基斯坦国家控制的电子媒介的刻板报道更有吸引力。随着巴基斯坦军队在卡吉尔之事上串通一气的行为为公众所知，以及谢里夫同意将军队撤回控制线，巴基斯坦媒体的可信度急剧下降。

10 年后，穆罕默德·阿扎姆·阿西夫少将在评论媒体对卡吉尔战争的报道时，不禁哀叹巴基斯坦媒体还没有与敌人的媒体入侵作斗争就已经举手投降。印度媒体利用板球运动员、电影演员和受欢迎人士来鼓舞军队士气，鼓噪战争狂热。他还说："巴基斯坦决定撤军是由于军队伤亡惨重、士气低落，不断加大的国际社会压力。它［巴基斯坦媒体］缺乏进攻性姿态，缺乏周密地协调和计划好的主题来提高军队的士气或保护他们不受印度宣传的影响。"

在印度，卡吉尔冲突导致大量的歌曲、纪录片、电影和舞台剧问世。在战争结束后的几个月里，成立5年的孟买四人摇滚乐队"五角星乐队"（Pentagram）发布了印度第一首由互联网独家发行、讲述这场冲突的歌曲《子弹的价格》，其特点在于词作者为著名的穆斯林诗人贾韦德·阿赫塔尔。撒哈拉电视台播出了一部名为《法蒂赫使命：卡吉尔英雄的真实故事》的连续剧，以胜利者的姿态叙述了印度军队的使命。

2002年2月，孟买上演了《50天战争》（Fifty Day War），一部耗资1500万卢比（约合33万美元）、有100名演员参演的大型戏剧，讲述的也是卡吉尔冲突。该剧在一个有着600个座位的圆形露天剧场上演，观众的座位围绕着戏台360度旋转。该剧由阿米尔·拉扎·侯赛因执导，场景宏大，灯光充足，声音震撼，还弥漫着真实爆炸所产生的火药味，在三维空间中再现卡吉尔战争的前线景象——这是戏剧史上的一项非凡壮举。侯赛因在接受《金融快报》采访时表示："该剧通过将观众从一个场景转移到另一个场景，试图打破传统的时空模式。"

一如既往，宝莱坞制片人也想从印度成功的军事冒险中赚一笔。2003年，宝莱坞电影《卡吉尔控制线》（LoC Kargil）在4个小时里再现了战争中的许多事件，从而创造了另一项纪录。早期的印度战争电影本质上是印度军队的征兵宣传工具，与此不同，在卡吉尔战争五周年之际发行的巨资打造的电影《目标》（Vaishya，印地语）中，有关卡吉尔冲突的虚构描述开辟了新的领域。影片的主人公是一个任性的年轻人，名叫卡兰·谢吉尔（由超级巨星赫里希克·罗山饰演），他意识到自己的人生目标是参军，夺回被巴基斯坦支持的克什米尔自由战士所占领的印控克什米尔战略高地上的一个据点。"一切都表现得相当好，没有通常的过度沙文主义，"剑桥大学的巴基斯坦史学者伊赫桑·阿斯拉姆在看过这部电影后指出，"当然，对印度观众来说有些还不错的观影感受，在巴基斯坦观众看完后未必这么觉得……。影片的后半部分给人一种很新颖的感觉，因为［女主角］普里蒂·津塔扮演了一名战地电视新闻记者。所有战争场景都是在夜晚拍摄的，死伤场景表现很真实。"剧本出自大名鼎鼎的贾韦德·阿赫塔尔之手，他的儿子法尔汉执导。该片获得了巨大的票房成功，盈利近 100 万美元，在印度算得上是笔巨款。

巴基斯坦没有任何产品可与之相比。仅有演员兼导演、制片人阿卜杜勒·劳夫·哈立德在巴基斯坦国营电视台播出的 27 集（1998—2000）系列节目《漫游》（*Laag*，乌尔都语）的最后一集，集中讲述了生活中印控克什米尔的克什米尔人所经历的考验和苦难，以此纪念卡吉尔战争。这在一定程度上是因为，与印度不同，巴基斯坦对卡吉尔战争的最终结果并没有一致的看法。更重要的是，这场冲突预示着巴基斯坦动荡的民主史的新篇章。

## 谢里夫与穆沙拉夫之战

1999 年 7 月 5 日，与克林顿进行了几个小时的紧张会谈后的谢里夫还在回国途中，穆沙拉夫就在对几家大报发表的评论中表达了他对谢里夫"投降"的不满。他声称，他们在军事战线上取得的成果在政治战线上丢失了，但他并没有为他的话提供无可辩驳的证据。

不过，总而言之，谢里夫在没有征求军方高层意见的情况下就同意从卡吉尔撤军激怒了将领们。因此，他违反了自巴基斯坦开国元勋——穆罕默德·阿里·真纳和利亚夸特·阿里·汗——去世以来指引巴基斯坦的基本原则，即制定和执行国家安全政策最终由军队指挥官说了算。这为他的下台埋下了伏笔。用一位不愿透露姓名的高级军官的话说：“谢里夫为了迎合美国政府，突然决定从卡吉尔撤军，令巴基斯坦军队蒙受了耻辱。在卡吉尔危机之后，我们在军队中几乎经历了一场起义，因为普通士兵认为政府背叛了他们。”

在某种程度上，这是 1971 年孟加拉战争后发生的事的重演。唯一的区别在于，东巴基斯坦的巴方指挥官在印度占领的达卡签署了投降文件，而这次双方军事行动总司令在印度旁遮普的阿塔里边境哨所签署了停火协议。

军队上下普遍觉得谢里夫令他们失望，但谢里夫对这种情绪无能为力。他曾答应克林顿要向塔利班施压，而塔利班在喀布尔的政府已经得到了巴基斯坦的承认，他的这一承诺令穆沙拉夫和其他将领相当不快。

1999 年 8 月 7 日，美国驻内罗毕和达累斯萨拉姆的大使馆发生爆炸，造成 227 人死亡。华盛顿方面指责当时居住在阿富汗坎大哈的本·拉登为幕后主谋。8 月 8 日晚，中央情报局特别行动司的两架专机抵达白沙瓦和奎达，在三军情报局特工的帮助下潜入阿富汗抓捕本·拉登。但半岛电视台在电视上泄露了这一消息，行动因此流产。

8 月 20 日，克林顿下令对阿富汗境内的 6 个恐怖分子训练营发动袭击。执行该命令的“亚伯拉罕·林肯号”航空母舰在阿拉伯海上，它需要发射穿越巴基斯坦领空的巡航导弹。由于本·拉登没有在那些地点的任何一处出现，几次袭击一次也没有击中它们的头号目标。华盛顿的行动让谢里夫心烦意乱。巴基斯坦官方声明说："谢里夫总理告诉克林顿总统，美国的单方面行动侵犯了独立国家的主权和领土完整。这次袭击在巴基斯坦引发了痛苦和愤怒。"美军袭击了霍斯特附近的一个训练营，造成的人员伤亡中包括三军情报局支持的克什米尔激进组织"圣战者运动"的成员。三军情报局与基地组织有间接关联的证据令谢里夫深感难堪。

克林顿视抓捕或击毙本·拉登为首要任务，为安抚克林顿，谢里夫于1999年10月初派遣三军情报局局长齐奥丁·布特中将前往华盛顿，协调下一步抓捕基地组织头目的行动。为了反驳他和穆沙拉夫之间不和的传言，9月30日，他确认了穆沙拉夫作为陆军参谋长的任期还有两年，还大张旗鼓地任命他为参谋长联席会议主席。这意味着两位领导人之间的休战。谢里夫甚至还邀请穆沙拉夫和他的妻子塞赫巴共进晚餐，席间，总理的父亲穆罕默德·谢里夫欢迎穆沙拉夫成为"我的第三个儿子"，他的次子是旁遮普省首席部长沙赫巴兹。

鉴于联手策划此事的阿齐兹中将在2013年10月出版的书中披露的情况，有必要对之前有关10月12日政变前夕的几个说法进行修正。据阿齐兹说，在9月的最后几天里，穆沙拉夫在拉瓦尔品第的陆军大楼主持会议，以决定推翻谢里夫政府的正确时机，好赶在总理撤换陆军参谋长之前先发制人。其中的关键人物是军事情报局的埃桑·哈克，他向穆沙拉夫及其他与他关系密切的人提供了有关谢里夫计划的最新信息。

至关重要的是，这两个老对头要表现得"一切如常"。但在前往科伦坡参加10月9日举行的斯里兰卡军队成立50周年的纪念活动之前，他对阿齐兹·汗、马哈茂德·艾哈迈德和阿齐兹中将说："你们三人将被分别授权发布罢黜政府的命令。我认为你们三人应该对[采取行动并罢免政府之任务]负责。"作为负责军事行动的总指挥，阿齐兹向拉瓦尔品第111旅指挥官下达了书面命令，要求为这次关键行动做好准备。

穆沙拉夫乘坐的从科伦坡返回的巴基斯坦国际航空公司（PIA）航班被延误了两次。在伊斯兰堡，谢里夫意识到他的言行已被军方情报机构监视，因此，10月10日，他在一个儿子和身穿便服的布特中将的陪同下，飞往阿布扎比，在一个没有间谍窥伺的环境下与布特进行磋商。在对阿联酋统治者谢赫·扎耶德·本·苏丹·阿勒纳哈扬进行了礼节性拜访，又决定升任布特为陆军参谋长之后，谢里夫一行于当天回国。埃赫桑·哈克向科伦坡的穆沙拉夫汇报了这一重要信息。

## 空中大戏

正如在阿布扎比最后确定的那样，谢里夫准备在10月12日宣布晋升布特为陆军参谋长。（巴基斯坦时间）下午3点，载有包括穆沙拉夫在内的200名乘客的巴基斯坦国际航空公司航班从科伦坡飞往卡拉奇，而就在此刻，谢里夫在伊斯兰堡的总理官邸举行了一个相应规模的仪式，任命布特为陆军参谋长。典礼由巴基斯坦唯一的国营电视台播出。但是在距离首都12英里的拉瓦尔品第的总司令部，总参谋长阿齐兹·汗中将不承认布特对总司令部的控制权。布特的命令被阻滞在这一层，无法往下传达。无独有偶，驻扎在拉瓦尔品第的第十军团司令马哈茂德·艾哈迈德中将也拒绝承认布特的权威。

下午 4 点左右，谢里夫的办公室宣布穆沙拉夫将军已经退休。一小时后，第十军团 111 旅的士兵乘卡车赶往伊斯兰堡，一到那里，他们就开始占据大街小巷。在旁观者好奇的注视下，他们占领了国家电视台，掐断了信号。

布特和谢里夫不得不阻止飞行中的穆沙拉夫到达卡拉奇。但他们不知道，在拉瓦尔品第的总司令部，阿齐兹·汗已经打电话给卡拉奇第五军团指挥官穆扎法尔·乌斯马尼中将，要他确保穆沙拉夫安全返回城市。下午 6 点 30 分左右，从科伦坡起飞的巴航航班即将到达卡拉奇机场，但空管部门拒绝让飞机降落。

高度戏剧化的一幕发生了。谢里夫命令空管人员让飞机改飞到信德省南部的讷瓦布沙阿机场，而谢里夫已经派了自己的飞机和一个安全小组去那里逮捕穆沙拉夫。在巴航飞机上，穆沙拉夫进入了驾驶舱。他指示飞行员继续在卡拉奇机场上空盘旋，并亲自敦促空管人员让飞机着陆。

空管人员拒绝了，直到第五军团的几支部队占领了控制塔。当穆沙拉夫降落在巴基斯坦土地上时，已是晚上 7 点 47 分，此刻停在那里的巴航飞机只剩下 7 分钟的燃油。他随即被第五军团的军官们带走了。

在伊斯兰堡，111 旅的士兵解除了谢里夫官邸的安全部队的武装。不久，艾哈迈德中将到了，要求谢里夫辞职或撤销他晋升布特的命令。两个选项都被谢里夫拒绝了。随后，他由士兵护送，被扣留在机场附近的一家政府招待所。至此，军队控制了全国所有的电视台、行政部门以及电力和通信基础设施。他们还派人看住了整个内阁的人，并切断了国际电话线。

晚上 10 点 15 分，军方恢复了电视播出。几分钟后，屏幕底部出现了一则公告，宣布总理纳瓦兹·谢里夫被解职。穆沙拉夫在 10 月 13 日凌晨 2 点 50 分向全国发表了预先录制的讲话，指出政变的主要原因之一是谢里夫企图分裂军队。"这不是戒严，而是在走另一条通往民主的道路，"他补充道，"武装部队无意继续掌握政权，这么做只是巴基斯坦走上真正的民主繁荣道路的绝对必要条件。"

这是巴基斯坦 52 年历史上军方第四次夺权。触发此次政变的原因在于它卷入了印控克什米尔的穆斯林分裂主义叛乱，搅和进了本·拉登的生死。此事也凸显了一个事实，那就是握有巴基斯坦最终决定权的是军方。这种状况有其历史、种族和社会经济等方面原因。克什米尔的武装冲突发生在这个新国家诞生的几个月内，这赋予了军方无上的地位。大多数士兵和军官都来自旁遮普，那里的总人口占全国的 55%，由此产生的种族同质性让军队有了额外的力量。在一个以农业为主、人口多为文盲或半文盲的社会里，军队成为纪律和秩序的突出典范。与其他所有机构不同，它几乎没有腐败，也因此受到大众的高度尊重。

殊为巧合的是，瓦杰帕伊在 1999 年 10 月 13 日宣誓就任总理。作为有 303 人之众的全国民主联盟的主席，他在议会下议院 545 席中获得了令人满意的多数。印度和巴基斯坦之间的反差更显一目了然。

### "首席执行官"穆沙拉夫

两天后，穆沙拉夫宣布全国进入紧急状态，自任国家最高行政长官并中止了宪法。他关闭了总理秘书处，让现任总统穆罕默德·拉菲克·塔拉尔继续留任。10 月 17 日，在他的第二次全国电视讲话中，他宣布成立一个由 7 名军人和文官组成的委员会，由他担任主席。

华盛顿迅速地谴责了这场政变，并敦促恢复民主。然而，德里的反应不一。"就是他在卡吉尔袭击我们，"前外交部长兼国家安全委员会顾问乔丁德拉·纳特·迪克希特说，"我们应该更加警惕穆沙拉夫这个人。"刚刚宣誓就职的瓦杰帕伊善于外交辞令，"我们愿意与巴基斯坦的任何政权展开对话，"他对记者说，"巴基斯坦应该为两国恢复对话创造有利条件。"不出所料，亲巴基斯坦的克什米尔人对此反应热烈。"很高兴看到巴基斯坦实现军事统治，只是来得晚了些，""圣战者党"的发言人说，"早在克什米尔［卡吉尔］战争期间，当谢里夫背叛我们的时候就该这么做了。"

卡吉尔之战溃败后，分裂组织"圣战者党"和"圣战者运动"加强了对印控克什米尔安全部队的攻击。12 月 24 日上午，"圣战者运动"5 名武装分子持手枪、刀和手榴弹劫持了一架从加德满都飞往新德里的印度航空公司飞机，这一消息立刻登上了国际媒体的头条。在巴基斯坦、阿富汗、阿曼和阿联酋等国多个机场拒绝允许其降落后，这架载有 155 名乘客和机组人员的飞机于圣诞节凌晨降落在坎大哈机场。

劫机者要求释放 36 名克什米尔因犯，还索要 1.25 亿英镑的赎金。瓦杰帕伊政府拒绝与他们打交道，并在随后通过喀布尔的塔利班当局进行了交错谈判。几天过去了，被关在飞机里的乘客、机组人员和劫机者在阿富汗的寒冬里靠着飞机发动机产生的能量取暖。印度人设法把劫机者的要求降到了释放他们名单上排在最前面的 3 个人。12 月 31 日，这几个人在印度外交部长贾斯万特·辛格的陪同下抵达喀布尔机场。获释人员包括巴基斯坦神职人员、毛拉马苏德·阿兹哈尔，他的兄弟穆罕默德·易卜拉欣正是此次劫机者之一。阿兹哈尔曾前往印控克什米尔为"赫尔卡特拥护者"（后改名为"圣战者运动"）内部的两个敌对派系进行调停，并被监禁。其余两名获释者中，有一人是艾哈迈德·奥马尔·谢赫，是个住在巴基斯坦的英国人，参与了旨在将克什米尔从印度分离出去的分裂运动。在坎大哈机场，持枪的劫机者和获释的好战分子登上了塔利班提供的一辆面包车，塔利班政府拒绝为他们提供庇护。这辆面包车被允许越过阿富汗和巴基斯坦边境，乘客在巴基斯坦下车后，暂时在安全屋栖身，然后转入地下。

没过几天，毛拉阿兹哈尔就出现在了卡拉奇。他在身着迷彩服、挥舞着自动步枪的保镖的簇拥之下，向聚集到卡拉奇市中心一座清真寺前的 1 万名支持者发表了煽动性演说。他宣称："我回来了，不解放克什米尔，我死不瞑目。"穆沙拉夫政府早些时候曾表示，一旦劫机者进入巴基斯坦，就会遭到逮捕。但没有人试图拘留阿兹哈尔或阻止他在集会上演说。

这个迄今为止世界上持续时间最长的劫机事件，在世纪之交的和平时期将印巴关系推到了最低点。

# 第十五章
# 穆沙拉夫在美国的压力下低头

穆沙拉夫统治下的巴基斯坦加强了与阿富汗塔利班政府的同盟关系，这引起华盛顿方面的严重关注。克林顿总统也很清楚，穆沙拉夫策划了印控克什米尔的卡吉尔地区的军事行动，而且不计后果地准备对印度发动核攻击。随后，他推翻了穆罕默德·纳瓦兹·谢里夫总理领导的民选政府，由此为自己危险的秘密行动画上了句号。

尽管巴基斯坦在 1999 年 7 月底完成了向克什米尔控制线撤军，但印控克什米尔叛乱分子造成的印度安全人员的死亡人数比上年增加了一倍多，在 1999 年达到了 425 人。不过，叛乱分子的死亡人数几乎是这个数字的 3 倍。[①]事实证明，印度无法彻底封锁复杂地形上漫长而曲折的停火线，印度成了克什米尔年轻人所实施的暴力的受害者，他们越过停火线，在巴控克什米尔接受训练并获得武器。

正是由于这种情况，克林顿在 2000 年 3 月中旬准备对孟加拉国、印度和巴基斯坦进行为期一周的访问时，将该地区称为"当今世界上最危险的地方"[②]。

## 在印度 5 日，在巴基斯坦 5 小时

在对达卡进行短暂访问后，克林顿于 3 月 20 日抵达德里。他在印度停留了 5 天，参观了阿格拉的泰姬陵、"粉红之城"斋浦尔、纳亚拉村、海得拉巴和孟买。他此次印度之行的时间相当于此前三位美国总统——德怀特·艾森豪威尔、理查德·尼克松和吉米·卡特——的总和。无论走到哪里，他都目睹了群众对他表现出的狂热，不仅他本人很受用，陪同他出访的女儿切尔西和岳母多萝西·罗德姆也很开心。

在结束与印度高级官员的一系列会晤并在印度议会联席会议上发表讲话后，他签署了有关商业和科技的协议，同时承认印度有成为一个信息技术超级大国的潜力。他和印度总理瓦杰帕伊一起发表了声明，阐明了印美关系的新"愿景"。他还提到将最高级别的相互对话制度化，并继续就核问题进行会谈。在联合新闻发布会上，瓦杰帕伊说："我们遭遇了跨境恐怖主义的问题，但没有战争的威胁在侧。"在距离斋浦尔 10 英里的纳亚拉访问期间，克林顿与民选代表进行了交谈，其中一些代表是身着色彩鲜艳的拉贾斯坦邦服装的妇女，这让他看到了民主在印度乡村层面发挥的作用。总的说来，克林顿在印度停留较长时间，使得德里与华盛顿的双边关系提到了一个新的高度，尤其是相比伊斯兰堡与华盛顿的关系而言。③

这一点在克林顿前往伊斯兰堡后的几个小时里变得尤为明显。3

---

① "Jammu and Kashmir Backgrounder," South Asia Terrorism Portal, 2001，http：//www. satp. org/satporgtp/countries/india/states/jandk/backgrounder/index. html.

② Jonathan Marcus, "Analysis：Th e World's Most Dangerous Place?，"BBC News，March 23，2000.

③ Mike Wooldridge, "Analysis：Clinton's Disappointments in South Asia," BBC News，March 26，2000.

月 25 日上午，他抵达孟买机场，走向总统专机"空军一号"C－17，让人以为他打算搭乘这架飞机。他稍作停顿，向美国驻印度大使理查德·塞莱斯特告别，但之后没有做出人们预期的举动。"空军一号"没带上克林顿就离开了机场，而克林顿则趁旁观者不备，偷偷登上了旁边一架小型的没有标记的湾流三型飞机，不一会儿就起飞了。

克林顿是在特勤局的坚持下玩了这出捉迷藏游戏。特勤局的负责人警告过他，巴基斯坦的安全部队已被恐怖分子彻底渗透，极端主义组织——可能是基地组织——会从他们在三军情报局内部的同情者那里获得他的行程路线，并密谋击落总统专机。

即使在载有克林顿的湾流三型飞机安全抵达伊斯兰堡的查克拉拉机场后，特勤局的计策也没有结束。在前往巴基斯坦总统穆罕默德·拉菲克·塔拉尔的办公室途中，克林顿的车队在一条地下通道附近停了下来，在那里他换了辆车。① 为保万无一失，巴基斯坦政府在他抵达之前清空了首都的中心地带。克林顿正是在这个戒备森严的鬼城中，在电视上对巴基斯坦人发表了讲话，这是他到访的先决条件，他将在此停留 5 个小时。

"现在我们正处于新世纪的曙光中，一个崭新的、不断变化的世界已经出现在我们的面前，"克林顿开门见山，"显然，民主的缺席会使前进变得更加困难……。如果民主还没等来机会站稳脚跟，就不断被连根拔起，民主就无法发展……。对于有缺陷的民主，解决办法不是终结它，而是加以改善。"接着，克林顿将话题转向恐怖主义。"我们［美国人和巴基斯坦人］都饱受这种痛苦，知道任何怨恨、任何理

---

① Bill Sammon, "Clinton Uses Decoy Flight for Security," *Washington Times*, March 26, 2000; James Risen and Judith Miller, "Pakistani Intelligence Had Links to Al Qaeda, U. S. Officials Say," *NewYork Times*, October 29, 2001.

由、任何信仰体系都不能成为蓄意杀害无辜的借口，"他说，"那些轰炸汽车站、袭击大使馆或杀害守法者的人不是英雄。他们是我们共同的敌人，因为他们的目的是利用棘手的问题，而不是解决它们。"接下来，他重点谈到了该地区问题。他说："对印度和巴基斯坦来说，这必须是一个克制的时刻，恪守控制线，恢复沟通。军事手段并不能解决克什米尔问题。挑起更大更血腥的冲突，不仅无法赢得反而会失去国际社会的同情、支持和干预。无论民怨有多大，支持越过控制线去袭击平民都是错误的。"至于美国，"我们不能也不会调解或解决克什米尔的争端。只有你们和印度才能通过对话办到"。①

为了强调他对穆沙拉夫的军事角色的强烈不满，他刻意使自己和独裁者握手的场面不会被摄像机记录下来。在与穆沙拉夫的一对一会谈中，他提出了恐怖主义和巴基斯坦民主路线图问题，但发现穆沙拉夫对此不置可否。

随后，令克林顿和其他许多人吃惊的是，巴基斯坦最高法院介入，制定了自己的路线图。5月中旬，由 12 名法官组成的最高法院一致以腐败、管理不善和经济衰退为由，为政变辩护，并指示首席执行官穆沙拉夫在政变发生之日起 3 年内举行选举，也就是 2002 年 10 月 12 日。②

## 德里与华盛顿携手，穆沙拉夫态度软化

瓦杰帕伊在 9 月中旬对华盛顿进行国事访问期间，使全球最大的民主国家与全球最强的民主国家之间的关系升温。他在国会的联席会

---

① "Clinton Addresses Pakistani People," CNN, March 25, 2000.
② "Pakistan Court Limits Army Rule," BBC News, May 12, 2000.

议上发表了讲话。第二天，克林顿在白宫南草坪以最高礼仪接待了他。在与东道主的谈话中，他并没有改变以往在恐怖主义问题上的立场（"印度是来自巴基斯坦的跨境恐怖主义的受害者"），还恢复了《拉合尔宣言》的进程（"将巴基斯坦停止援助克什米尔叛乱分子作为和解的先决条件"）和核议程（"印度无意签署美国参议院1999年否决的《全面禁止核试验条约》)。瓦杰帕伊一有机会就念叨："我乘公共汽车去拉合尔，但公共汽车开到了卡吉尔。"①

克林顿在公开讲话中，毫不吝惜对印度的赞扬。当瓦杰帕伊为印度大使馆对面、马萨诸塞大道的三角岛上一尊半裸的、手持一根长拐杖大步行走的圣雄甘地铜像揭幕时，克林顿说起圣雄甘地的美德，比瓦杰帕伊更加滔滔不绝。圣雄甘地也因此成为第一位在美国首都获得如此殊荣的南亚人物。

印度和美国之间的趋同超越了地缘政治。2000年1月1日，印度的软件公司为美国公司提供的服务使他们的计算机系统免于崩溃，由此为印-美工商业领域揭开了新的篇章。1999财年，印度的GDP增长了6.5％，突破了3％至5％的传统增长区间。受此鼓励，美国公司纷纷在印度投资。

批评人士认为，瓦杰帕伊在克林顿执政末期访问华盛顿，时机选得非常糟糕，但这些人忽略了一点，即两国之间迅速发展的经济往来与美国总统的任期无关。

德里和华盛顿之间日益密切的友好关系让一些人焦躁不安，穆沙拉夫就是其中之一。穆沙拉夫成立了以赛义德·穆罕默德·阿姆贾德中将领导的国家问责局，对腐败予以严厉打击。这让他广受赞誉，并

---

① Sridhar Krishnaswami, "Vajpayee's American Yatra," *Frontline* (Chennai), September 30 - October13, 2000.

因此巩固了自己的权力。如今，他准备好与印度总理会面了。如果南亚区域合作联盟（南盟）两年一次的会议于 2000 年如期举行，他的机会就来了。由于瓦杰帕伊（私下表示）拒绝与独裁者穆沙拉夫一道现身南盟，两年一度的会议被推迟了。

直到 2001 年 3 月中旬，由于联合国秘书长科菲·安南访问南亚，穆沙拉夫才有了机会。3 月 11 日，安南在伊斯兰堡会见了穆沙拉夫和他的外交部长阿卜杜勒·萨塔尔后，安南向记者解释说，既然联合国关于克什米尔问题的决议不是根据《联合国宪章》第七章自行通过的，这些决议的执行需要有关各方的配合。他敦促巴基斯坦和印度就克什米尔问题展开新的对话。①

安南 4 天后抵达德里，他说："你们和巴基斯坦在历史、家庭和文化纽带方面有太多的共同遗产，完全可以解决你们之间的分歧……。现在是时候开始弥合伤口了。"与瓦杰帕伊会晤完，他强调了印巴关于克什米尔争端进行对话的必要性。"②

瓦杰帕伊—谢里夫的首脑峰会在巴基斯坦举行后，轮到印度领导人邀请巴基斯坦领导人出访印度了。双方同意从 7 月 15 日开始为期 3 天的访问。

### 当灵活的穆沙拉夫遇上呆板的瓦杰帕伊

在峰会前几周，巴基斯坦总统塔拉尔辞职，给首席执行官穆沙拉

---

① "Annan's No to UN Resolution on Kashmir," *Tribune* (Chandigarh, India), March 11, 2001.
② "Activities of Secretary-General in India, 15 - 18 March 2001," United Nations, 2001, http：//www. un. org/News/Press/docs/2001/sgt2270R. doc. htm.

夫腾位子。这就是为什么穿着便服抵达德里机场的穆沙拉夫总统受到了印度总统 K. R. 纳拉亚南的欢迎。对于 58 岁的穆沙拉夫来说，回到他阔别 54 年的出生地是一次感人至深的经历。他去探访了他在达里亚甘吉社区的祖屋，与一位还记得他儿时模样的老仆人重逢，二人泪流满面。

穆沙拉夫成为第一位向圣雄甘地致敬的巴基斯坦领导人。在圣雄甘地骨灰的安放地献上花圈后，他和他胖乎乎的、留着短发、身着优雅的紫色绣花沙丽克米兹的妻子塞赫巴在纪念碑前洒下玫瑰花瓣，这是巴基斯坦人和北印度人常见的致敬仪式。"从未像今天这样强烈地感受到需要他的理想，尤其是在印巴关系的背景下。"穆沙拉夫在访客簿上写道，"愿他的灵魂安息。"①

穆沙拉夫竭尽全力让人们忘记他是克什米尔那场失败的卡吉尔之战的策划者。他一再声称其政府接受了《西姆拉协定》和《拉合尔宣言》。他把"我们不能让过去支配未来"这句话挂在嘴边，而瓦杰帕伊在华盛顿的口头禅是"我乘公共汽车去拉合尔，但公共汽车去了卡吉尔"。

巴基斯坦驻德里高级专员阿什拉夫·贾汉吉尔·卡齐邀请了印度和克什米尔主要政党——包括奉行分离主义的"全党派自由大会"（APHC）——的领导人，参加当晚在他的官邸举行的招待会。穆沙拉夫无视东道主的劝告，与"全党派自由大会"的领导人举行了闭门会议。但值得表扬的是，在他私下和公开发表的几次发言中，他从未提及"全党派自由大会"或联合国关于克什米尔问题的决议。在招待会开始前，他与受邀的印度记者、学者和前外交官们进行了长达 1 小

---

① Aijaz Ahmad, "Of What Went Wrong at Agra," *Frontline* (Chennai), July 21 – August 3, 2001.

时非正式会谈。其间，他给人留下了谦逊、和蔼的印象，是个表达清晰的专业人士，不太懂外交礼节，也不太会含糊其词。"我的英语不是太好，"他说，"因此，如果印度人对'克什米尔争端'一词有异议，那我们就称它为'话题'或'问题'。"至于"克什米尔是不是核心问题"这一有争议的话题，他说："让我们换个词，一个形容词。我的意思是，这是〔唯一一个〕我们为之打过仗的问题。"①

简而言之，穆沙拉夫表现得很灵活，而当天早些时候，在与巴基斯坦内政部长兼副总理拉尔·克里希纳·阿德瓦尼、外交部长辛格的会晤中，他收到了一份跨境恐怖主义活动清单。

第二天，会谈场地转移到了阿格拉，那里的泰姬陵是印度伊斯兰建筑的瑰宝，是印度次大陆莫卧儿王朝鼎盛时期的光辉象征。东道主发言人称这两次会谈"非常有建设性"。接下来的一天是寻找共同点，并准备一个双方都能接受的版本。但是在拖拖拉拉地进行了9个小时，交换了几份提案草案后，两个代表团未能拿出瓦杰帕伊和穆沙拉夫愿意签署的文件。

阿格拉峰会在硝烟中结束。这次失败与西姆拉（1972）和拉合尔（1999）的失败有所不同，一个主要的区别是媒体的报道。1972年，印度政府垄断了广播业，巴基斯坦在1999年也是如此。两年后在阿格拉，幸有印度私营广播公司的激增，带有侵入性的大量电子媒体凭借电视摄像机和随时到场的评论员，夜以继日地从事报道工作。鉴于这个行业竞争残酷，新闻受众和一线记者疯狂地制造令人激动的标题，好让每次半小时的新闻快报有头条，这种新闻快报多以没完没了、往往毫无意义的"突发新闻"的方式与受众见面。如此充沛的信

---

① Aijaz Ahmad, "Of What Went Wrong at Agra," *Frontline* (Chennai), July 21 – August 3, 2001.

息量，使得巴基斯坦人有大好的机会在印度的电视频道上表达他们的观点，这些电视频道正好也渴望用新奇玩意儿满足他们的观众。巴基斯坦人安排了称职的发言人。在没有经过演播室剪辑的情况下，它们提供了条理清晰的论据——这对印度观众而言是个耳目一新的变化。

事后，关于谁应该为这次峰会的失败负责的争论层出不穷。正如长期纷争中经常发生的那样，因果关系纠缠不清。印度人执着于跨境恐怖主义，一如巴基斯坦人坚持将克什米尔作为核心问题。印度高层官员热衷于不惜一切代价打击恐怖主义，却忽略了一个逻辑问题，即恐怖主义源于这样一个事实：由于德里的顽固，克什米尔争端持续了60多年依然无解。因此，跨境恐怖主义不能与悬而未决的克什米尔问题相提并论。原因必须放在结果之前。但这种简单的逻辑印度人民党的部长们不肯接受。

在与以色列建立牢固关系方面，印度人民党一直走在前列。印度1992年在外交上承认了以色列。2000年6月访问以色列时，出身印度人民党的内政部长阿德瓦尼说："巴基斯坦发动了跨境恐怖主义并实施非法渗透和边境管理，为挫败其图谋，我来到了以色列。"①

他此行为印度购买以色列的监视设备做了铺垫，包括主要用于克什米尔的热传感器和夜视设备。之后，一队以色列高级反恐官员视察了印控克什米尔和其他地方性反政府暴力地区。据2001年8月14日出版的英国《简氏恐怖主义及安全监测报》（*Jane's Terrorism and Security Monitor*）称，以色列派出了"几个小组"在克什米尔山谷培训印度的反叛乱人员。②

① Rahul Bedi，"The Tel Aviv Connection Grows，"*India Together*，July 26，2002，http：//www. indiatogether. org/govt/military/articles /isrlbuy02. htm.
② Ed Blanche，"Mutual Threat of Islamic Militancy Allies Israel and India，"*Jane's Terrorism and Security Monitor*，August 14，2001.

次月发生的针对纽约世贸中心和华盛顿五角大楼的恐怖袭击，扩大了印度人民党领导人在德里的势力，穆沙拉夫则做了他们的垫脚石。

## 911：一场地缘政治大地震

2001 年 9 月 11 日，三架客机撞上世贸中心的两座摩天大楼和五角大楼，第四架飞机劫机未遂但损失惨重，导致近 3000 人死亡。这是美国本土遭受过的破坏性最大的外来袭击。布什总统 9 月 12 日说："昨天针对我国的蓄意和致命的袭击不仅仅是恐怖行为，而是在宣战。"[1] 他立即成立了一个战争内阁。

在阿富汗的邻国中，巴基斯坦对美国最重要。的确，它是个关键的国家。与巴基斯坦接壤的国家没有陆地基地，而巴基斯坦有，在这种情况下，五角大楼的选择将严重受限。这反过来又会降低一场速战速决的行动成功的可能性，而这场行动，鉴于在全世界引爆穆斯林舆论的现实前景，是必不可少的。

9 月 11 日，当飞机撞上双子塔时，三军情报局局长马哈茂德·艾哈迈德中将正在与众议员波特·戈斯和参议员鲍勃·格雷厄姆（两人分别是众、参两院情报委员会主席）共进商务早餐。艾哈迈德向他们保证，一旦施压，塔利班领导人毛拉穆罕默德·奥马尔将把奥萨马·本·拉登交给美国。

戈斯和格雷厄姆对艾哈迈德的忠诚表示怀疑。他们知道，他曾拒

---

[1] "Text of Bush's Act of War Statement," BBC News, September 12, 2001.

绝配合中央情报局之前的一项计划，即收买当地指挥官，使他们倒戈，推翻塔利班。[①]

次日，在巴基斯坦驻美国大使马赫拉·洛迪的陪同下，艾哈迈德去副国务卿理查德·阿米蒂奇的办公室与其见面。据洛迪说，"他们俩都非常紧张。阿米蒂奇一上来就说：'这是一个严峻的时刻。美国的历史在今天翻开新的篇章。我们要问我们所有的友邦——你不是唯一一个我们要问的国家——我们要问大家你们究竟是站在我们这边还是对面。'"[②] 随后，他递给艾哈迈德一份官方要求清单。华盛顿方面的这份后来发表在911委员会报告中的愿望清单是这样写的：

1. 停止基地组织在边境的活动，终止对本·拉登的所有后勤支持。

2. 给美国所有必要的军事和情报行动以飞越领空权和着陆权。

3. 向美国及其盟国的军事情报机构和其他部门开放领土，以便对基地组织采取行动。

4. 向美国提供情报。

5. 继续公开谴责恐怖袭击。

6. 切断向塔利班运送的所有燃料，并阻止其新招募人员前往阿富汗。

7. 如有证据表明本·拉登和基地组织有瓜葛，而塔利班还

① DilipHiro, *War Without End: The Rise of Islamist Terrorism and Global Response* (London: Routledge, 2002), 314.

② Jane Perlez, "A Pakistani Envoy in Britain Defuses Cultural Land Mines," *New York Times*, August 4, 2007.

在窝藏他们，就与塔利班政府断绝关系。①

阿米蒂奇的这份文件，实际上是布什政府早些时候紧急致电穆沙拉夫的后续行动。穆沙拉夫已同意加入。在 9 月 13 日的电视讲话中，穆沙拉夫说："我希望布什总统和美国政府放心，我们将在反恐战争中给予最充分的合作。"他立即冻结了塔利班政权在巴基斯坦国家银行的资产，以及巴基斯坦各组织用来资助塔利班的账户。②

穆沙拉夫迅速而突然地放弃了他昔日支持和帮助塔利班的政策，还宣称巴方与塔利班没什么瓜葛，这对喀布尔的伊斯兰政权是个沉重的打击。自成立以来，巴基斯坦不仅是塔利班武装的军事物资、燃料和食品的主要供应者，还是唯一一个派人为其策划军事行动的国家，并曾允许 6 万名（主要是宗教学校的）学生参加了塔利班的多次袭击行动。③

在收到华盛顿的愿望清单后，穆沙拉夫于 9 月 15 日在拉瓦尔品第的总司令部召集十几位高级军事指挥官开会。会场气氛阴沉。穆沙拉夫简述了他全力支持美国即将对塔利班和本·拉登领导的基地组织发动的战争的提议。他解释说，如果不这样，美国不仅会切断包括国际货币基金组织贷款在内的对巴经济援助，而且很可能使巴基斯坦成为潜在的报复目标。艾哈迈德中将则不以为然，作为反对派领导人，他的阵营里有穆沙拉夫 1999 年发动政变的其他同谋（穆罕默德·阿齐兹·汗将军、穆扎法尔·侯赛因·乌斯马尼中将），还有贾姆沙德·古尔扎尔·基亚尼将军，此人目前是拉瓦尔品第实力雄厚的第十

---

① Hiro, *War Without End*, 314n38.
② 同上，314n36。
③ 同上，314n37。

军团指挥官。艾哈迈德说："让美国人干〔他们自己的〕脏活吧。它的敌人是我们的朋友。"① 穆沙拉夫随即辩称，这是一个操纵局势的战略机会，可以令巴基斯坦获利，一如穆罕默德·齐亚·哈克将军1979 年时的所为。除此之外，巴美联盟还为捉襟见肘的巴基斯坦财政部提供了有力支持："我们应该帮把手，而且，记住我的话，我们会得到'一张证明'。"② 在随后的几年中，巴基斯坦将升级为美国的非北约盟友（2004 年），从而有权购买美国先进的军事装备，并将获得总计 100 亿美元的经济和军事援助，用于参与华盛顿的反恐行动。但在这次关键的、拔剑弩张的会议上，持异议者并没有被说服。

无奈之下，穆沙拉夫打出了他的王牌。他透露，9 月 13 日，印度方面提出开放领土为美军对阿富汗的军事打击提供便利——瓦杰帕伊政府对这一决定保密，生怕激怒印度的穆斯林。③ 由于印度与阿富汗没有共同边界，印度的提议无法与巴基斯坦的相提并论。尽管如此，这对于巴基斯坦的伊斯兰将领来说也是犯忌的，因为比起亲塔利班，他们更恨印度。纵然不情愿，他们也只能附和穆沙拉夫。

的确，在 9 月 19 日向全国发表的电视讲话中，他夸大了印度的出发点，以证明自己在塔利班问题上的 180 度大转弯以及坚定地站在华盛顿一边是正确的。"他们〔印度人〕欣然向美国开放了所有的基地，并提供设施和后勤支援，"他说，"他们想要美国……宣布巴基斯坦为恐怖主义国家。他们还希望破坏我们的战略资产——核武器和导

---

① Rory McCarthy，"Pakistani Leader's Attempt to Rein in Militants Is Met with Defiance，" *Guardian*（London），May 26，2002.

② "Context of September 15，2001：Head of ISI Argues Pakistan Should Side with Taliban，but Musharraf Agrees to Help US as Opportunistic Necessity，" History Commons，n. d.，http：//www. historycommons. org/context. jsp? item＝a0901musharrafmeeting.

③ Hiro，*War Without End*，315n40.

弹——以及我们的克什米尔事业。"①

## 巴基斯坦糟糕的经济状况

巴基斯坦的外债为 380 亿美元，占其 GDP 的一半。偿还这些贷款和国内贷款耗去了政府税收的 65％。另有 25％的年收入是用于军事开支的。伊斯兰堡 17 亿美元的外汇储备刚刚够支付两个月的进口必需品的费用。因此，闭门进行的双边会谈着重于协商出逐步达成协议的方式，与此同时逐步加大对伊斯兰堡的经济让步——从取消美国因巴基斯坦进行核试验而采取的制裁，到更容易调整外国贷款、增加双边和多边信贷以及让巴基斯坦货物更方便地进入美国市场，作为交换，伊斯兰堡要执行美国的要求，并最终让亲塔利班的伊斯兰将领被解职或退休。② 为此，穆沙拉夫得到了华盛顿的承诺，即它不会扶植得到了俄罗斯、伊朗和印度支持的反塔利班北方联盟——后来，美国食言了，却没有受到惩罚。③

在国际边界的另一边，一旦印度支持布什在阿富汗的行动，美国就立即恢复了与印度的军事往来，两国的这方面关系是在印度 1998 年核试验后中断的。

尽管穆沙拉夫神气十足地打发了那些反对他与美国结盟的人，认为他们代表的人口不到 15％，但稍后的盖洛普民意测验显示，62％

---

① "Musharraf Rallies Pakistan," BBC News，September 19，2001.
② Hiro, *War Without End*，315n39.
③ 同上，315。

的人反对巴基斯坦加入美国领导的全球联盟。①

与布什政府达成协议后，穆沙拉夫试图说服毛拉奥马尔将本·拉登交给美国。在坎大哈举行的 8 小时会议期间，由艾哈迈德中将率领的巴基斯坦军方代表警告奥马尔，如果他的政府不将本·拉登交给华盛顿，他将面临以美国为首的联军的打击。但奥马尔执迷不悟。

五角大楼无情的空中打击始于 10 月 7 日，11 月 14 日结束，随着塔利班连夜逃离首都，喀布尔落入了由艾哈迈德·沙阿·马苏德领导的北方联盟（NA）手中。布什政府违背了对穆沙拉夫的承诺，积极支持北方联盟，而该联盟最初的支持者中包括印度。

相比之下，穆沙拉夫在 10 月 7 日无限期延长了自己的总统任期，一天之后他就兑现了自己对美国所做的关于处理军方高层中强硬的伊斯兰将领的最隐秘的承诺，"以符合国家的更大利益"。他强迫艾哈迈德中将辞职。印度则在艾哈迈德的下台中发挥了秘密作用。

接替艾哈迈德出任三军情报局局长的是埃桑·哈克中将，估计会清洗掉这个部门中帮助过塔利班的官员。穆沙拉夫解除了基亚尼将军对第十军团的指挥权，任命他为副官长，即军事行政长官——一个坐办公室的职位。他"提拔"阿齐兹·汗为参谋长联席会议主席，一个基本上是礼节性的职务，无权直接指挥军队。通过这么做，他削弱了野心勃勃的伊斯兰副总参谋长穆扎法尔·侯赛因·乌斯马尼中将的势力。乌斯马尼以辞职抗议。他的职位由温和派的穆罕默德·尤萨夫·汗中将接替。穆沙拉夫的这些举动令布什政府感到满意，同时，他大换血后的高层领导班子在概念上和战略上也完全支持他。

---

① Hiro, *War Without End*, 316n42.

印度站在道德制高点

与此同时，10月1日在斯利那加克什米尔省议会发生了一次骇人的恐怖袭击，凸显了印度作为跨境恐怖主义受害者的处境。一名自杀式袭击者驾驶一辆劫来的政府吉普车，载着炸药开到议会大楼的主入口，然后引爆了。在随后发生的骚乱中，两名身穿警服的武装分子溜进议会大楼的主楼，向安全部队开枪并投掷手榴弹。子弹和手榴弹横飞，当这场持续数小时的枪战结束时，38人死亡。毛拉马苏德·阿兹哈尔2000年3月在巴基斯坦创建的"穆罕默德军"（Jaish-e Muhammad，JeM，乌尔都语）声称对这起骇人听闻的袭击事件负责，并点出自杀式炸弹袭击者为巴基斯坦人瓦贾哈特·侯赛因。①

事实证明，对斯利那加立法机关的突袭只是"穆罕默德军"参与的更耸人听闻的事件的预演。12月13日，5名身穿突击队制服的枪手开着一辆白色汽车，穿过宏伟的德里圆形议会大厦（它建在一个高高的平台上，中央立法机关的两院在此都有会议室）的外围入口大门，他们带着笨重的大袋子，里面装满了手榴弹、卡拉什尼科夫冲锋枪和炸药，车顶上有一个红色的闪光信号灯，通常为议员们所用。

车辆穿过了1号门的砂岩门廊。巧的是，车道被副总统、议会上院的首席官员克里希纳·康德正准备离开的车队堵住了。当这伙歹徒的司机试图绕过车队时，撞上了副总统的车。5名袭击者乱作一团。他们冲上台阶开火，打伤了一个守卫着巨大雕花门的手无寸铁的哨兵。尽管受了伤，哨兵还是设法关上大门，用对讲机发出警报。大楼

———————————

① "Militants Attack Kashmir Assembly," BBC News，October 1，2001.

的其他 11 个入口很快被关闭了。随后，袭击者和安全人员在议会大厦的台阶上激战半小时。最终，所有的袭击者和 8 名保安都死了。恐怖分子计划屠杀 800 多名印度国会议员中的大半，他们瞄准的是坐在内阁部长所在的下议院前排座位上的人。

后来才知道，除了车祸和随之而来的混乱，恐怖分子的计划还因为德里常见的突然停电而出了意外。那天早上的停电使得穆罕默德·阿夫扎尔（又名阿夫扎尔·古鲁）无法完成自己的任务，这名克什米尔穆斯林后来因被怀疑是第六名同案犯而被捕，他的任务是坐在家里看电视新闻，并用手机通知这伙恐怖分子包括瓦杰帕伊在内的内阁部长何时到达。

所以，阿夫扎尔不知道下议院在会议开始 5 分钟后就休会了（因为反对派高声抗议国防部为士兵棺材支付过高费用的骗局），不知道瓦杰帕伊因此决定留在自己的官邸。当阿夫扎尔告诉车里的恐怖分子头目他无法收看 24 小时的电视新闻，后者很生气，照常行动。

当天晚些时候，瓦杰帕伊主持了由国防部长、内政部长、外交部长和财政部长组成的五人内阁安全委员会的紧急会议。政府称这一事件"是对印度民主的象征乃至民主实现的场所的攻击，也是对印度人民主权的攻击"。这次猖狂的袭击激怒了民众、政客和媒体。

美国大使馆称这是"令人发指的恐怖主义行为"，"是对印度民主核心的野蛮攻击"。[①] 第二天早上，美国大使罗伯特·布莱克威尔出席了议会大厦为那些殉职人员举行的追悼会。这位面色红润、留着胡子的大使，是专门研究 1962 年古巴导弹危机的历史教授。仪式结束后，布莱克威尔面对成排的电视摄像机宣布："美国和印度在这次暴

---

① "Indian Parliament Attack Kills 12," BBC News, December 13, 2001.

行中会同舟共济。昨天发生的恐怖分子制造的惨剧，其目的与 9 月 11 日在美国发生的恐怖袭击并无二致。"[1]

德里谴责总部设在巴基斯坦的穆罕默德军和虔诚军发动了这次疯狂的袭击，指责虔诚军的哈菲兹·穆罕默德·赛义德是主谋，呼吁穆沙拉夫取缔这两个组织，冻结其资产。巴基斯坦谴责这次袭击，但声称自己从未允许其领土被用于实施恐怖主义，并拒绝了印度的要求。为抗议伊斯兰堡的拖拉，印度削减了驻巴基斯坦的外交人员，并单方面中断了双边铁路和巴士线路。

巴基斯坦官方对议会大厦袭击事件有截然不同的看法。12 月 24 日，在会见来访的美国陆军副部长莱斯·布朗利时，副参谋长尤萨夫·汗说他怀疑印度操纵了此次袭击。他在伊斯兰堡也同样表示，德里的政策是利用其情报机构定期策划和安排恐怖袭击，以加深国际社会的印象。[2]

伊斯兰堡对穆罕默德军和虔诚军无所谓，与这种态度截然相反的是，美国马上取缔了这两个组织。根据白宫后来向美国记者通报的情况，这两个组织对最近印控克什米尔 70% 的袭击事件负有责任。[3]

### "帕拉克拉姆行动"

在内阁全体会议结束后，瓦杰帕伊命令国防部调动三军，主动进

---

[1] Steve Coll, "The Stand-Off : How Jihadi Groups Helped Provoke the Twenty-First Century's First Nuclear Crisis," *New Yorker*, February 13, 2006.

[2] 同上。

[3] Hiro, *War Without End*, 374n3.

攻。12月20日，印度军队以"帕拉克拉姆"（梵语，意为"勇气"）为代号行动了。空军准备攻击巴控克什米尔境内的训练营。但是，要调动陆军参谋长帕蒂马纳班将军指挥下的50万军队，并不能像政府期望的那样迅速实现。按照现代军事惯例，印度军队中只有一部分组成了一支打击部队。

德里的总体战略是针对伊斯兰堡和华盛顿的；它很清楚，作为受害方，它站在了道德的制高点。而致力于根除世界范围内的恐怖主义的布什政府，别无选择，只能站在印度这边，还不能对穆沙拉夫过于强硬。穆沙拉夫在推翻阿富汗塔利班政权方面发挥了关键作用，他的继续合作对于消灭塔利班和基地组织的残余分子至关重要。

与此同时，布什政府也无法改变德里提出的论点。印度将巴基斯坦对虔诚军、穆罕默德军以及早些时候对塔利班的支持，与三军情报局的克什米尔分支和阿富汗分支的行为相提并论，后两者曾是这些"圣战"组织背后的主要推手。它认为伊斯兰堡不能一面在其西部边境（阿富汗）对恐怖主义发动战争，一面在其东部边境（克什米尔）支持恐怖主义。

具体而言，印度要求巴基斯坦交出印方通缉的20多名生活在巴方境内的恐怖分子，其中6人是印度公民。名单上包括两年前印度航空公司的劫机者之一穆罕默德·易卜拉欣·阿兹哈尔。由于两国之间没有引渡条约，伊斯兰堡拒绝了。它要求德里提供针对巴基斯坦国民的证据，以便采取进一步行动。

到2002年1月初，印度在与包括克什米尔在内的巴基斯坦1875英里的边界上调集了大约50万军队和3个装甲师。其海军和空军处于高度警戒状态，并将核导弹移至离边界更近的地方。见此情形，巴基斯坦的尤萨夫·汗也如法炮制。他一声令下，调集了30多万巴基斯坦士兵。这是自 1971 年战争以来次大陆最大规模的一次军事集结。①

令华盛顿特别担心的是，尤萨夫·汗决定重新部署 7 万军队，组成五角大楼的"铁砧"，从本·拉登在阿富汗的藏身之处，到沿阿富汗—巴基斯坦边界的部落地带，再到克什米尔的控制线，一路追捕本·拉登。

尽管危机不断加深，但 2002 年 1 月 1 日，印度和巴基斯坦还是根据一项建立互信的协议的条款，交换了核装置和设施清单，该协议旨在确保这些设施不会在任何冲突中受到攻击。德里外交部的新闻稿称："今天，印度和巴基斯坦连续第 11 年通过外交渠道，同时在新德里和伊斯兰堡交换了《印巴两国禁止攻击核装置和设施协定》（Agreement on the Prohibition of Attack Against Nuclear Installations and Facilities）所涵盖的核装置和设施清单。②

这一点，因为获奖调查记者西摩·赫什在 11 月 5 日的《纽约客》上发表的一篇权威报道，而更加引人注目。该报道称印度正与美国和以色列合作，计划先发制人，以防核武器落入原教旨主义将领之手。就穆沙拉夫而言，由于担心美国的打击，他在 911 袭击发生后的 48 小时内开始将关键的核部件转移到 6 个新地点，远离五角大楼最可能瞄准的空军基地。③

鉴于迫切需要留住伊斯兰堡，作为布什的"反恐战争"联盟的积极分子，华盛顿不能公开向穆沙拉夫施压，要他遏制巴基斯坦境内的

---

① "2002—Kashmir Crisis," Global Security, 2011, http：//www.globalsecurity.org/military/world/war/kashmir-2002.htm.

② "International Concern over Danger of Conflict in South Asia," *Disarmament Diplomacy* 62（January–February 2002）.

③ Hiro, *War Without End*, 380；"Pakistan Moves Nuclear Weapons," *Washington Post*, November 11, 2001.

反印恐怖组织。不过，私下的外交努力从未中断。帕蒂马纳班将军做出的具有远见卓识的决定，让美国获得了机会。他和他的策划人员认为，巴基斯坦有意尽快将常规战争升级为核战。一年后，退休的帕蒂马纳班在接受报纸采访时透露，为了避免造成巴基斯坦想要的局面，让能够迅速确保战争目标之安全的印度军队到位就很重要。"12 月 13 日［议会大厦袭击］的事发生时，我的攻击编队在和平区域。当时，我无法调动大批部队越过［边界］。"[①]

阿米蒂奇的上司、美国国务卿科林·鲍威尔是位退役的四星上将，出生于纽约，父母是牙买加移民。据阿米蒂奇称，鲍威尔在多次"将军间"的电话交谈中敦促穆沙拉夫采取明确措施，结束其军队对克什米尔"圣战"分子的支持。鲍威尔还向印度外长贾斯万特·辛格呼吁："请不要破坏我们在阿富汗的战争。"[②] 如果巴基斯坦将其军队从阿富汗边境转移到印度边境，这种事就会发生。

印度要求看到穆沙拉夫正在拆除支持跨境恐怖主义的基础设施的证据，作为回应，穆沙拉夫的助手 2002 年 1 月 2 日告诉《纽约时报》，穆沙拉夫已下令解散在印控克什米尔协助亲巴基斯坦武装团体的三军情报局部门。他们还说，未来伊斯兰堡将把对克什米尔自由斗争的支持限制在扎根于本土的团体身上，并依靠克什米尔人进行其武装斗争，而巴基斯坦的支持只限于道义和政治上的。[③]

尽管危机不断加剧，瓦杰帕伊和穆沙拉夫还是决定出席 2002 年 1 月 5 日至 6 日在加德满都举行的第十一届南盟首脑会议。令所有人

---

① Praveen Swami, "Gen. Padmanabhan Mulls over Lessons of Operation Parakram," *Hindu*, February 6, 2004.
② Coll, "The Stand-Off."
③ Cited in Hiro, *War Without End*, 381.

大感意外的是，穆沙拉夫在演讲快结束时转向瓦杰帕伊说："当我从这个讲台上走下来时，我将向瓦杰帕伊总理伸出真挚的友谊之手。我们必须一起开启南亚和平、和谐与进步之旅。"当他走向这位印度领导人时，后者也向穆沙拉夫伸出了手，会场响起了雷鸣般的掌声。作为回报，瓦杰帕伊在演讲结束时说："我已经当着你们的面和他握了手。现在穆沙拉夫总统必须遵循这一姿态，不允许在巴基斯坦或其目前控制的任何领土上开展任何会帮助恐怖分子在印度滥用暴力的活动。"穆沙拉夫早些时候指出，巴基斯坦已经加入了打击恐怖主义的国际联盟。但他又说，反恐还必须查明和审视滋生恐怖主义的原因，弄清楚是什么逼得人们通过暴力铤而走险："我们不能只治标不治本。"他还认为，应该将抵抗和争取自由的斗争行为与恐怖主义行为区别开来。① 作为开头，印度和巴基斯坦外长在加德满都举行了双边会谈。

回到德里后，瓦杰帕伊发现他的内阁部长们对袭击巴基斯坦一事犹豫不决。他们的注意力转向了鹰派内政部长阿德瓦尼即将对华盛顿的访问，表面上是为了讨论"如何实现我们果断、迅速地打败恐怖主义的共同决心"。在与鲍威尔的会晤中，有人向他展示了穆沙拉夫几天后将在电视上发表的讲话的初稿。他将这份文件与他对穆沙拉夫的一系列要求进行了比较：明确要摈弃恐怖主义、关闭"圣战"训练营、终止对恐怖分子的援助、停止向印控克什米尔渗透人员和物资、交出20名巴基斯坦籍恐怖分子。他发现穆沙拉夫勉强打算同意他的前三个要求。

阿德瓦尼出访的高潮出现在他1月10日在白宫会见国家安全顾

---

① JavedNaqvi，"Musharraf Offers Sustained Talks：Handshake with Vajpayee Charms SAARC，"*Dawn*（Karachi），January 6，2002.

问康多莉扎·赖斯之时，布什忽然露面。他与布什进行了简短的交谈。在随后的新闻发布会上，阿德瓦尼提到布什希望穆沙拉夫放弃恐怖活动的声明（布什已经从其即将发表的演讲的草稿中读到了这一点），并说他感到放心了。[1] 毫无疑问，阿德瓦尼打电话给瓦杰帕伊，向他简要介绍了穆沙拉夫即将向全国发表的讲话。

另一方面，在1月11日举行的一次罕见的新闻发布会上，帕蒂马纳班将军提到了巴基斯坦领导人，称"如果有必要，他们将首先使用核武器"。谈到穆沙拉夫，他还说"如果他够男人（man）——纠正一下——够疯狂（mad）的话……他可以用"。但是，"如果核武器被用于对付印度、印度军队，对付我们在海上的资产、经济、人民或其他目标，那么犯下此暴行者将受到严惩，直到他们以后是否还能以任何形式继续存在或战斗都成问题。"[2]

## 穆沙拉夫硬着头皮继续

比起帕蒂马纳班将军的讲话，穆沙拉夫1月12日在电视上发表的1小时讲话如同长篇布道，充满了和平与善意。"巴基斯坦反对并谴责一切形式和表现的恐怖主义，"他宣称，"巴基斯坦不会允许其领土被用于世界上任何地方的任何恐怖活动……。任何组织都不得以克什米尔的名义从事恐怖主义活动。"接着他补充道，巴基斯坦不会放

---

① Sridhar Krishnaswami, "A Balancing Act," *Frontline* (Chennai), January 19 - February 1, 2002.

② Cited in Scott D. Sagan, "The Evolution of India and Pakistan Nuclear Doctrine," speech to the Belfer Center for Science and International Affairs, Harvard University, May 7, 2008, http://belfercenter.ksg.harvard.edu/files/uploads/Sagan_MTA_Talk_050708.pdf.

弃对克什米尔的主权要求。"克什米尔在我们的血液中。任何巴基斯坦人都接受不了与克什米尔断绝关系。我们将继续向克什米尔人提供道义、政治和外交支持。"[1] 他取缔了包括虔诚军和穆罕默德军在内的 5 个极端组织。在继续支持克什米尔自决——这一原则当年为英属印度的穆斯林所用，导致了巴基斯坦的诞生——的同时，穆沙拉夫让克什米尔脱离了泛伊斯兰运动，正如最先齐亚·哈克和后来本·拉登所做的那样。

华盛顿对穆沙拉夫的讲话是欢迎的。在短暂的含糊其辞后，德里做出了积极的回应。它注意到穆沙拉夫根据《维护公共秩序条例》（Maintenance of Public Order Ordinance）关闭了被取缔组织的 390 个办事处，拘留了约 3000 名活动分子，该条例授权警察在不提起指控的情况下拘留疑犯 30 天。最终，无人被指控，到 3 月，全都被释放了。被取缔的极端组织换个名字后重操旧业。

同样，印度的决策者也没有改变主意。他们仍然固守着自己的简单策略：以暴制暴粉碎恐怖主义。他们失去了对跨境恐怖主义和克什米尔人普遍疏远印度这两者之间联系的掌控，而这种联系已转变成了当地人对来自巴控克什米尔的武装分子的热情好"客"。哪怕意识到单纯依靠军事手段来解决恐怖主义是不可能的，他们还是继续推行坚持这一策略。

布什政府同样致力于在与伊斯兰堡和德里的关系中保持微妙的平衡。它要保证，当五角大楼和中情局在后塔利班时代的阿富汗 50 个据点发现大部分关于游击队训练的文献，都是关于在巴基斯坦军事行

---

[1] Hiro, *War Without End*, 382；Ahmed Rashid, *Descent into Chaos: How the War Against Islamic Extremism Is Being Lost in Pakistan, Afghanistan and Central Asia* (London：Allen Lane, 2008 / New York：Penguin Books, 2009)，146.

动总指挥穆沙拉夫的监督下训练解放克什米尔的圣战分子时，不会在人前表现出震惊。[①] 鲍威尔坚持要把这两个邻国从战争的边缘拉回来。他成功了，但随之而来的关系解冻被证明是短暂的。

① Adrian Levy and Catherine Scott-Clark，*Deception: Pakistan, the United States and the Secret Trade in Nuclear Weapons* (New York：Walker & Company，2007)，323.

# 第十六章
## 针锋相对的核武双胞胎

印巴关系的解冻在 2002 年 5 月 14 日结束。这一天，3 名身穿印度军装的克什米尔武装分子在查谟地区的维杰普尔登上了一辆开往查谟市的公共汽车。在卡鲁恰克军营前，他们让车停下，向军营射击，造成 7 人死亡。然后他们进入军营，投掷手榴弹，用自动步枪扫射，杀死 30 多人后才被击毙。这次对军事设施的惊人袭击对印度政府造成了前所未有的不安。

### 针锋相对

5 月 19 日，印度陆军参谋长帕蒂马纳班将军统一指挥准军事部队，包括沿国际边界派驻的边境安全部队和中央后备警察部队。同一天，印度海军接管了海岸警卫队的行动指挥权。所有印度商船都处于"警戒状态"，并按指示每日向海军报告位置。不久之后，海军将其军舰从位于维沙卡帕特南的东部基地重新部署到靠近巴基斯坦的阿拉伯海。德里的战略目标是维护对该海域的完全控制，不让巴基斯坦船只和潜艇有所活动。

5月22日，印度总理瓦杰帕伊宣称，"决战"的时刻已经到来，印度需要做好牺牲的准备，同时他让同胞放心，这场战斗将取得胜利。① 他命令空军袭击巴控克什米尔境内的训练营。当被告知军方缺少足够的激光制导炸弹和夜视吊舱来完成任务时，他的政府向美国寻求补给。但乔治·布什总统急于冷却德里和伊斯兰堡之间已然升温的危险关系，拒绝帮忙。瓦杰帕伊转而向以色列求援，以色列同意了。可是当3架C-130J大力神运输机把弹药和夜视吊舱，连同以色列国防部总干事阿摩斯·亚龙一起运抵德里的帕拉姆机场时，已是6月5日了。②

布什对印度的军事行动感到震惊，在5月25日公开呼吁巴基斯坦总统穆沙拉夫将军停止向印控克什米尔渗透。美国驻伊斯兰堡武官戴维·史密斯上校在多次被巴基斯坦将军拒绝之后，只能诉诸公共外交。那些拒绝他的将军往往这么对他说："唯有我们能抓住这些进入阿富汗的人——没有我们帮忙，你们做不到，我们正在尽我们所能帮助你们。你们给我们这么大压力，对印度却什么都不做。"③ 布什这招奏效了。他从穆沙拉夫那里得到保证，武装分子已经停止了对印控克什米尔的渗透。白宫将这个信息转告了德里。两天后，穆沙拉夫重申了遏制圣战组织的承诺。但瓦杰帕伊的内阁已经对他的话失去了信任。

---

① "2002—Kashmir Crisis," Global Security, 2011, http：//www. globalsecurity. org/military/world/war/kashmir-2002. htm.

② "When India Almost Went to War with Pakistan," Inside Story（blog）, *Hindustan Times*, November 2, 2011, http：//blogs. hindustan times. com/inside-story/2011/11/02/when-india-went-to-war-with-pakistan-twice/.

③ Steve Coll, "The Stand-Off：How Jihadi Groups Helped Provoke the Twenty-First Century's First Nuclear Crisis," *New Yorker*, February 13, 2006.

到这个月底，帕蒂马纳班已将陆军 10 个攻击师中的 8 个转移到了靠近边界的出发点。第二十一打击部队已向查谟地区的阿克努尔挺进，并建了一个前方指挥所。驻扎在克什米尔的第十四、十五和十六军团都增派了装甲旅和步兵旅，以便从防御转为进攻。穆沙拉夫和副参谋长穆罕默德·尤萨夫·汗在保持 9 个师的防守阵形不变的同时，调了一支由装甲师和摩托化步兵师组成的攻击部队到战备位置。他们把驻扎在俾路支省和西北边境省的两个步兵师重新部署到东部边境，他们调集了驻扎在拉瓦尔品第的第十军团的两个旅来增强克什米尔战线。同样，他们也扩充了旁遮普和信德省的印度边境的部队。①

## 英美人员大批撤离发挥了减震作用

华盛顿担心，印度即将对巴基斯坦克什米尔的极端分子训练营发动的跨境攻击可能升级为交战国之间互射核弹。这种担忧不无道理。两个正在角力的国家的领导人对彼此的核理论缺乏可靠、全面的了解，也就是说，不知道对方的最高长官会在什么情况下发射原子弹。2001 年 12 月印度议会大厦遇袭后不久，中央情报局副局长约翰·麦克劳克林告诉布什的战争内阁：情报分析人士认为，鉴于德里和伊斯兰堡的决策者对常规战争何时以及以什么方式升级为核对抗还不清楚，出现 1945 年 8 月以来的首次核打击的风险极高。②

印度和巴基斯坦领导人迄今为止的言论并未形成一致的、全面的

---

① "2002—Kashmir Crisis." Global Security, 2011, http：//www.globalsecurity.org/military/world/war/kashmir-2002.htm.
② Coll，"The Stand-Off."

核理论。"我们已经正式宣布了不首先使用核武器的政策,"瓦杰帕伊在 1998 年 12 月表示,"我们也不会与任何国家进行军备竞赛。我们的威慑力量将是最低限度的可靠的威慑力量,它将保护印度现在和未来的安全,即保护人类六分之一人口的安全。"① 这与巴基斯坦在 1999 年 5 月至 7 月期间采取的立场形成鲜明对比。当时巴基斯坦发言人拒绝做出类似的保证。②

1999 年 8 月 17 日,瓦杰帕伊任命的印度核理论国家安全顾问委员会发布了一项理论草案。该草案称:"印度核武器的根本目的是阻止任何国家或实体对印度及其军队使用和威胁使用核武器。印度不会首先发动核打击,但如果威慑失败,我们将采取惩罚性报复措施。"这份综合性文件涵盖了核力量、可信度和生存能力、指挥和控制以及安全与保障等方面内容。③ 但是,11 月 29 日,外交部长贾斯万特·辛格在接受《印度教教徒报》采访时表示,这不是政府的"政策性文件",因为顾问委员会的权威在法律上还不明确。尽管如此,他接着解释说,文件中提到的"最低限度的可靠的威慑力量"是个"充分性"的问题,而不是数字问题,他将它描述为一个"动态"概念,"严格依据战略环境、技术要求和国家安全需要"而定。④

穆沙拉夫则试图在核武器问题上采取温和立场。他在 2000 年 5 月表示:"与印度不同,巴基斯坦并不自命不凡地认为自己是地区或

---

① Cited in Scott D. Sagan, "The Evolution of India and Pakistan Nuclear Doctrine," 2008 年 5 月 7 日在哈佛大学贝尔弗科学与国际事务中心的演讲, http://belfercenter. ksg. harvard. edu/files/uploads/Sagan _ MTA _ Talk _ 050708. pdf。

② 见第十四章。

③ "India Draft Nuclear Doctrine," *Disarmament Diplomacy 39* ( July – August 1999) .

④ Mark Fitzpatrick, A. I. Nikitin, and Sergey Oznobishchev, eds. , *Nuclear Doctrines and Strategies: National Policies and International Security* ( Amsterdam: IOS Press, 2008), 131.

全球强国。"3 个月前，他在国家指挥局下设了战略计划司，并任命哈立德·基德瓦伊中将为司长，后者成为伊斯兰堡核政策的官方发言人。2001 年 10 月，他概述了巴基斯坦的核理论，开宗明义地表示"众所周知，巴基斯坦没有'不首先使用核武器的政策'"。他宣称，核武器仅针对印度。万一威慑不起作用，当印度袭击巴基斯坦并占领其大片领土（空间阈值），或者摧毁其大部分地面或空中部队（军事阈值），或者扼杀巴基斯坦的经济（经济阈值），抑或把巴基斯坦推向政治动荡或造成大规模内部颠覆（国内不稳定阈值）时，我们将使用核武器。[1] 在这些预设场景中，可能性最大的是空间阈值。这一情况引发了广泛的猜测，其不确定性引得德里和华盛顿同样焦虑。

华盛顿的国防情报局 2000 年 5 月初的一份报告预测，在最糟糕的情况下，印巴核战争最初可能导致 800 万至 1200 万人死亡，随后还有数百万人死于核辐射。[2] 美国和英国对这种情况感到震惊，建议大约 6 万名美国人和 2 万名英国人，包括数千名企业高管，从 5 月 31 日开始离开印度。大多数外交官及其家人都已回国。驻伊斯兰堡的美国大使馆和英国高级专员公署也向他们在巴基斯坦的国民提出了同样的建议。

人们如此深信德里可能会遭到巴基斯坦原子弹的攻击，以至于美国驻印度大使罗伯特·布莱克威尔的助手们调研了一下能否在大使馆大院建造一座坚固的掩体，以躲过核打击。但当他们意识到掩体里的人无法在核爆炸的冲击力下幸存时，便放弃了这个想法。[3]

6 月 3 日，瓦杰帕伊飞往哈萨克斯坦的阿拉木图，出席亚洲首次

---

[1] Cited in Sagan, "The Evolution of India and Pakistan Nuclear Doctrine."
[2] "Musharraf Refuses to Renounce First Use of Nuclear Weapons," *Irish Examiner*, June 5, 2002.
[3] Coll, "The Stand-Off."

互动与建立信任措施峰会，印度国防部表示："印度并不信奉动用核武器。"当天，穆沙拉夫在阿拉木图回答记者有关他是否排除首次使用核武器的可能性问题时说，"任何国家拥有核武器都意味着在某些情况下会使用核武器"。他没有对"某些情况"予以详细说明。在峰会上，瓦杰帕伊和穆沙拉夫隔着桌子对视，怒气冲冲地指责对方应为双方长达 50 多年的冲突负责。瓦杰帕伊冷冷地说："核大国不应该使用核讹诈。"俄罗斯总统弗拉基米尔·普京和哈萨克斯坦总统努尔苏丹·纳扎尔巴耶夫共同努力促成两个长期不和的领导人举行会晤，但均未能成功。印度领导人坚称，巴基斯坦必须先停止对跨境恐怖主义的支持。①

白宫新闻秘书阿里·弗莱舍归纳了危机的严重性。"我们将逐日评估事态进展，"他在 6 月 5 日表示，"在紧张局势下，我们的目标是避免战争，还有降低紧张程度。尽管局势依然紧张，但仍很微妙。战争并非不可避免。"②

当天，美国和英国敦促本国公民立即离开印度和巴基斯坦。德里提议在克什米尔进行联合边境巡逻，遭到伊斯兰堡拒绝之后，旅行警示也升级了。印度和巴基斯坦股市暴跌。这触动了两国政府，尤其是德里方面。印度人民党领导的亲商界的中右翼内阁，很希望推动印度摆脱之前 GDP 增长缓慢的局面。西方国家对印度经济状况的改善骤然失去信心，也让瓦杰帕伊有所顾忌。

后来，效忠于瓦杰帕伊的国家安全顾问布拉杰什·米什拉对总理

① "Leaders Agree on Using Peaceful Means: Putin," *Dawn* (Karachi), June 4, 2002; "Musharraf Refuses to Renounce First Use of Nuclear Weapons."
② "Almaty Summit Leads to Creation of Asian Security Organization," Conference on Interaction and Confidence-Building Measures in Asia, June 4, 2002, http://prosites-kazakhembus. homestead. com/Special _ Report _ CICA. html.

在与巴基斯坦开启武装冲突一事上的退缩，好言申辩了一番："2002
年5月，我们差一点就［开战了］，但瓦杰帕伊总理在跨出最后一步
前发现，他希望在自己漫长的政治生涯即将结束时被人们记住，他是
个爱好和平的人。"而对于许多巴基斯坦高级指挥官来说，瓦杰帕伊
的决定成了核威慑有效的铁证。一位巴基斯坦将军告诉《纽约客》的
史蒂夫·科尔："假设巴基斯坦在2002年没有核武器，可能战争已经
爆发了。"①

　　贾斯万特·辛格6月6日表示，印度不会首先使用核武器，而穆
沙拉夫重申，他不会放弃首先使用核武器的权利。对于印度和其他国
家来说，关键性的未知因素是触发巴基斯坦使用原子弹的空间阈值。
许多防务专家推测，距离印度边境只有15英里的拉合尔即将失守。
其他人则将广阔的印度河流域划为巴基斯坦空间阈值的红线。

### 从核战边缘撤回

　　6月15日，德里接受了穆沙拉夫的公开承诺，即结束武装分子
对印度的渗透。情报机构截获的情报显示，位于拉瓦尔品第的陆军总
司令部已下令第十军团指挥官停止渗透克什米尔控制线。据证实，穆
沙拉夫政府关闭了巴控克什米尔的一些武装分子训练营。印度投桃报
李，下令其军舰驶离巴基斯坦海岸线，并开始减少其在印巴国际边界
的驻军。华盛顿6月26日正式宣布，5月底和6月初的紧张局势已经

---

① Coll，"The Stand-Off ."

减弱。①

从那时起，如此大规模的武装冲突威胁再也没有出现过，尽管导致 2001—2002 年间两国剑拔弩张的根本原因——圣战恐怖主义、持续的互不信任、双方界定不清的互相核威慑体系——依然存在。

那些对这一可怕事件持积极态度的人认为，2001—2002 年的战争恐慌是 1962 年 10 月美苏之间持续三周的古巴导弹危机的重演。正如古巴导弹危机时期之后，两个超级大国将核威慑转变为军事克制、外交耐心以及就重大分歧进行谈判，拥有核武器的印度和巴基斯坦在卡鲁恰克危机发生后也是如此。换句话说，当面对圣战分子持续的恐怖袭击时，印度领导人学会了通过非军事手段进行防御性应对。

1962 年 10 月和 2002 年五六月的事件有很大区别。前一起事件中，约翰·肯尼迪总统通过热线与苏联领导人尼基塔·赫鲁晓夫直接谈判。但在拥有核武器的德里和伊斯兰堡之间的对峙中，敌对双方的谈判是通过华盛顿进行的。

尽管原因不同，两国都对美国表现出善意。在布什打击全球恐怖主义的联盟中，巴基斯坦几乎是不可或缺的一员，全球恐怖主义源于阿富汗及阿富汗—巴基斯坦边境的部落地带，而印度长期以来一直是恐怖主义的受害者。因此，毫不奇怪，5 月初，印度和美国在远离巴基斯坦的南部海港科钦附近的阿拉伯海进行了为期一周的、代号为"马拉巴尔演习"的联合军演。②

在布什的团队中，科林·鲍威尔在化解这两个南亚大国之间近乎一触即发的关系方面发挥了主导作用。这一点，从他 7 月 28 日在德

① "2002—Kashmir Crisis." Global Security，2011，http：//www. globalsecurity. org/military/world/war/kashmir-2002. htm.
② "Joint Indo-US Naval Exercise," BBC News，May 5，2002.

里的新闻发布会上提到自己 10 个月内三次访问这座城市，便可明了。"我注意到，过去一个月里，局势有了很大的改善，"他说，"美国这边，我们已经可以把暂时回国的家家户户接回来，也可以调整警戒或警示级别，调到现在我们所希望的点，好让更多的美国游客返回印度，更多的商家来设法加强美印之间的贸易。"与此同时，他指出两国的军队仍在进行动员。"因此，我们期待印度在巴基斯坦兑现永久停止支持渗透的承诺之际，也能采取进一步的缓和行动。"不过他承认，尽管渗透有所减少，但并没有结束。①

鲍威尔随后在伊斯兰堡与穆沙拉夫会晤时，发现他对结束所有渗透的承诺表现得"更为积极"。但是，当鲍威尔提出关闭恐怖分子训练营时，穆沙拉夫回答："他们将在适当的时候处理此事。"鲍威尔表示，华盛顿无法独立核实渗透状况。然而，美国的角色仍然至关重要。华盛顿的一位不愿透露姓名的国务院官员说："巴基斯坦是在美国的干预下才离开卡吉尔的。别忘了，穆沙拉夫［结束跨境恐怖主义］的承诺是对美国而非对印度做出的。所以我们必须保证他兑现。"②

不过，印度领导人很现实地意识到，在 9 月 19 日至 10 月 9 日的选举前夕，在印控克什米尔制造恐慌局面于巴基斯坦有益。同以往一样，克什米尔的分裂主义者反对此次演习。巴基斯坦的渗透仍在继续。结果，在竞选期间，800 多名武装分子、平民、选举候选人和安保人员被杀。

尽管遭到了舞弊和 43％的低投票率的诟病，选举还是产生了惊

---

① "Powell Press Conference in New Delhi，July 28，2002，" http：//www. usembassy. it/ viewer/article. asp? article＝/file2002 _ 07/alia/ A2072601. htm&plaintext＝1.

② ElaDutt，"Pervez Firm on Ending Infiltration：Powell，" *Tribune*（Chandigarh，India），August 1，2002.

人的结果。支持德里的"国民议会党"减少到 28 席，国大党紧随其后，减少到 20 席。穆夫提·穆罕默德·赛义德领导的新成立的人民民主党（PDP）呼吁印度与克什米尔进行"无条件对话"，以结束长期危机，赢得了 16 席；而反对"国民议会党"的"人民民主论坛"（PDF）赢得 7 席。在人民民主论坛支持下，国大党和人民民主党的联盟于 10 月中旬组建政府，第一次将"国民议会党"变为了反对党。[①] 这使得联合政府在克什米尔人中获得了一定的合法性。

两天后，印度宣布将从印巴边境撤军。伊斯兰堡也投桃报李。在 2001 年 12 月 13 日议会大厦遇袭一周年前夕，瓦杰帕伊政府决定结束印军的高度戒备状态。巴基斯坦随后做出相应决定。

印度长达一年的武装部队动员，耗资 750 亿卢比（约合 16.3 亿美元），其中部署和重新部署海军、海岸警卫队和空军花了 100 亿卢比（约合 2.1 亿美元）。这是导致 2002 财年 GDP 为 4.3% 这样低增长率的一个重要因素。相应地，巴基斯坦军队的集结消耗了 14 亿美元，在其预算中所占比例高出印度很多。[②]

这段令人揪心的插曲给印度政界和军方上了一课，让他们对陆军的组成和装备做出了某些基本改变，以应对未来的类似情况。帕蒂马纳班 2002 年底退役后，他的继任者尼马尔·钱达尔·维杰将军以新的武器系统对地面部队实施了雄心勃勃的现代化改造，使每个军团自己都有一定的进攻能力。重新装备后的特种部队在一段相当长的时间里增强了在敌后作战的能力。[③] 这些变化将纳入瓦杰帕伊政府指示军

① DilipHiro, *Apocalyptic Realm: Jihadists in South Asia*（New Haven，CT：Yale University Press，2012），111.
② AditiPhadnis，"Parakram Cost Put at Rs 6，500 Crore，"*Rediff News*（Mumbai），January 16，2003.
③ Praveen Swami，"Gen. Padmanabhan Mulls over Lessons of Operation Parakram，"*Hindu*，February 6，2004.

事领导人制定的新的武装部队理论。

与此同时，2003年1月4日，印度内阁安全委员会归纳出了印方的核理论。它在重申"不首先使用"核武器的同时，表示"对〔敌人〕发动的首次袭击将采取大规模的核报复，旨在造成难以承受的破坏"。万一"以生物或化学武器对印度或任何地方的印度军队进行重大袭击，印度将保留以核武器进行报复的选择"。它指出，核指挥局（Nuclear Command Authority）由一个政治委员会和一个执行委员会组成，由总理任主席的政治委员会是唯一可以授权使用核武器的机构。由国家安全顾问领导的执行委员会，其职能是为国家安全委员会的决策提供材料，并执行政治委员会下的命令。①

## 穆沙拉夫：从讲政治变为务实

印度私营电子媒体对（1999年5月至7月的）卡吉尔之战、巴基斯坦圣战分子劫持印度客机事件（1999年12月）以及对德里议会大厦的恐怖袭击（2001年12月）等印巴之间的一系列大戏，做了广泛而引人入胜的报道。随着时间的推移，这些电视频道吸引了大量的巴基斯坦人观众，这些人能看到卫星电视和有线电视，对国有的巴基斯坦电视台（PTV）提供的平淡无趣的经过净化的节目感到厌烦。鉴于有线电视运营商数以万计，穆沙拉夫政府不可能强行禁止接收印度电视频道。

---

① Prime Minister's Office, "Cabinet Committee on Security Reviews Progress in Operationalizing India's Nuclear Doctrine," press release, January 4, 2003, http：// pib. nic. in/archieve/lreleng/lyr2003/rjan2003/04012003/r040120033. html.

　　针对印度媒体在塑造巴基斯坦公众舆论方面不断增加的投入，穆沙拉夫决定放开电子媒体，同时确保在敏感的国家安全问题上制定政治议程，并对私营媒体进行监管。2002 年 1 月 16 日，政府成立了巴基斯坦电子媒体管理局（PEMRA），负责对私营电台和电视台发放许可证。

　　订阅有线或卫星服务的巴基斯坦人已经能接收两个乌尔都语的私人频道，一个是 1997 年巴基斯坦商人阿卜杜勒·拉扎克·雅库布在迪拜创办的 ARY 电视台，一个是总部设在卡拉奇、分别从迪拜和伦敦播送节目的独立媒体 GEO 电视台。①②

　　GEO 电视台 2002 年 5 月在卡拉奇成立，8 月 14 日独立日那天进行了试播，10 月 1 日，即穆沙拉夫政府按照最高法院的命令举行大选的 9 天前，开始了正常播出。该电视台播放候选人之间的辩论，给予反对党充足的时间，从而开辟了新天地，与国营电视台形成了鲜明对比。GEO 电视台比 PTV 提前几小时宣布了选举结果，这让观众大吃一惊。多年来，竞争激烈的乌尔都语频道都争相在对印度和美国的偏颇报道和分析中超过对方，不过，这些频道被认为是在为它们的对手着想，因为它们都认为自己是伊斯兰极端恐怖分子的受害者。

　　穆沙拉夫已经为竞选做了充分的准备。按照他的指示，忠于他的三军情报局局长埃桑·哈克中将着手创建一个亲穆沙拉夫的政党。他的出发点是造成巴基斯坦穆斯林联盟（谢里夫派）[PLM-（N）] 的严重分裂。这些变节者随后被引导去与亲穆沙拉夫的团体和独立人士合并，最终的结果是巴基斯坦穆斯林联盟（真纳派）[PML-（Q）]

---

① "Geo" 在乌尔都语中发音为 "jiiyo"，意思是 "活下去"。

② Amy Waldman，"Pakistan TV: A New Look at the News," *New York Times*，January 25，2004.

在 2002 年 7 月 20 日诞生，其领导人为扎法鲁拉·汗·贾马利，一个乏善可陈的俾路支部落首领。为了换取伊斯兰阵营支持穆沙拉夫在担任总统期间继续担任陆军参谋长，穆沙拉夫鼓励 6 个伊斯兰政党组成了一个六方联盟，称为"联合行动委员会"（MMA，乌尔都语）。

9 月 1 日，当局允许竞选活动开始，但禁止街头集会和使用扬声器。参加竞选的除了巴基斯坦穆斯林联盟真纳派，还有谢里夫派，以及巴基斯坦人民党和"联合行动委员会"。对于真纳派来说，竞选并不像穆沙拉夫政府所想的那样顺利，而是变得紧张起来。巴基斯坦通信部部长、三军情报局前局长贾瓦德·阿什拉夫·卡齐中将说："巴基斯坦记者分为两类——印度人用两瓶威士忌就可以收买的左翼自由派记者，以及爱国的右翼记者。'被收买的'记者的工作是搜集印度发表的官方故意散布的虚假信息，并将其作为自己的调查成果在巴基斯坦发表。"[1] 此处，印度作为带着终极恶意的对手被派上场了，其所为被指为不让穆沙拉夫兑现其不受约束的权力。

官方公布的 40％的选民参与率远高于普遍认同的 25％。[2] 在国民议会的 342 席中，巴基斯坦穆斯林联盟真纳派获得 103 席，人民党获得 80 席，"联合行动委员会"59 席，其余席位被小派别和无党派人士瓜分。[3] 伊斯兰主义者"联合行动委员会"进入主流政治是一个新动向，该政党要求实施伊斯兰教法，还组织了积极的反美运动。华盛顿和德里都对此忧心忡忡。在竞选活动中，"联合行动委员会"将911 袭击归咎于中央情报局和以色列在外国搞间谍活动的摩萨德，并

---

[1] Reporters Sans Frontières, "Pakistan—2003 Annual Report," http: //archives. rsf. org/article. php3? id _ article = 6480.

[2] Husain Haqqani, *Pakistan: Between Mosque and Military* (Washington, DC: Carnegie Endowment for International Peace, 2005), 260.

[3] 在国民议会的 342 个席位中，供竞争的有 271 个席位，其余的则根据民意分配给各个团体。

认为"反恐"就是"反伊斯兰"。有意思的是,"联合行动委员会"明明违反禁令于街头集会和使用扩音器,穆沙拉夫却视而不见。

穆沙拉夫的军事监查人员花了将近六周时间才匆匆拼凑出了一个有 170 名成员的联合政府,由贾马利担任总理。他重申会继续与华盛顿保持良好关系,同时为德里没有对伊斯兰堡提出的会谈建议做出积极回应而表示惋惜。

那倒也是。因为瓦杰帕伊政府已经注意到,2002 年 1 月取缔的 5 个巴基斯坦极端组织,一年不到就换了名字重新开张。虔诚军改名为 Pasban-e Ahl-e Hadith,穆罕默德军改名 Al Furqan,双双重出江湖。此外,神秘莫测的三军情报局还向圣战领导人,如虔诚军的哈菲兹·穆罕默德·赛义德、穆罕默德军的毛拉马苏德·阿兹哈尔,支付了大笔款项,以说服他们在一段时间内保持低调。[1] 由于他们的许多干将在此后几个月内获释,以上这些和其他圣战组织的活动只是略有收敛。

所有这些就是巴基斯坦军方的不变信条之一:印度是巴基斯坦的头号敌人。因此,以建立巴基斯坦的核武器库并鼓励针对印度和喀布尔的亲德里政府的定期恐怖行动这样的双轨策略来制衡德里在常规防御方面的优势,是伊斯兰堡的职责所在。为了抵消美国为首的北约部队最终从阿富汗撤军后印度可能在阿富汗获得的任何好处,伊斯兰堡必须维系和支持作为其代理人的阿富汗塔利班。

这种双轨策略的不利之处是,巴基斯坦对于西方企业的投资而言仍是高风险国家,而这种投资又是巴基斯坦脆弱的经济迫切需要的。这种认识,开始渗透到穆沙拉夫政府,因为自政变以来其财政部长、

---

[1] Haqqani,*Pakistan*,306,引自他 2005 年 1 月在伊斯兰堡对三军情报局官员的采访。

花旗银行前高管肖卡特·阿齐兹的地位开始上升。至此，印巴关系正常化出现一线曙光。2003年5月，这两个邻国在中断18个月之后恢复了全面外交关系。

巴基斯坦感受着在控制线上维持它的军队处于高度戒备状态所带来的经济上的痛苦，也从缓解克什米尔紧张局势中看到了救赎。穆沙拉夫9月24日在纽约联合国大会上发表讲话，邀请印度跟巴基斯坦一起参加旨在解决克什米尔问题的"持续对话"。穆沙拉夫提议两国应该宣布停止在克什米尔的暴力活动，包括"在印度军队和克什米尔自由战士方面有对等的义务和限制"。① 瓦杰帕伊没有接受。

不过，两个月后，印度和巴基斯坦同意全面停火，包括在国际边界和克什米尔地区。此时恰逢开斋节开始，这意味着穆斯林斋月的结束。12月1日，这两个邻国恢复了两年前切断的空中联系。

与此同时，穆沙拉夫积极参与华盛顿打击基地组织和塔利班的行动之举，已经导致他在沿阿富汗和巴基斯坦边境的半自治的联邦管理部族区部署了大量军队。这么做已经疏远了传统的部落首领，据报道，其中一些人有窝藏基地组织的副头目艾曼·扎瓦希里和塔利班的毛拉穆罕默德·奥马尔的嫌疑。反过来，基地组织领导层把穆沙拉夫列为头号目标，2003年4月企图在卡拉奇对他实施的首次刺杀以失败告终。

12月14日，穆沙拉夫侥幸躲过了一次精心策划的暗杀，当时，他的黑色奔驰车刚驶过拉瓦尔品第的一座桥，桥下的5枚炸弹就爆炸了。他对巴基斯坦电视台说："当时我刚从信德省回来，当我从［拉瓦尔品第附近的］查克拉拉［空军基地］回［伊斯兰堡的］家时，我

---

① SumanGuhaMozumder，"Not Keen to Meet Vajpayee：Musharraf，"*Rediff News* (Mumbai)，September 25，2003.

们穿过了阿马尔·乔克大桥，就在我们的车驶过半分钟或一分钟后，爆炸发生了。我在车里都感觉到了。我就知道这些。当然，这肯定是一起恐怖主义行为，不用说，目标就是我。"① 他被一个中情局提供的无线电干扰装置救了，这个安装在他车内的装置可以阻断半径650英尺范围内的所有无线通信。当他的车在桥上时，这个装置阻断了遥控引爆装置的信号。

但这还不算完。圣诞节当天下午1点20分，第二次谋杀来了。两名自杀式炸弹袭击者分别驾车朝他冲来，就在上次企图谋杀他的地点650英尺处。穆沙拉夫在发表电视讲话时显然还心有余悸，他提到一名自杀式炸弹袭击者从加油站朝他的汽车开过来，一名警察试图阻止时，一枚炸弹突然爆炸了。接着他说："我们加快了车速，但又一枚炸弹在第一次爆炸之处前几码的另一个加油泵旁爆炸了。"他让听众放心，这些爆炸事件给了他"新的力量"，让他下定决心要消灭国内恐怖分子和极端分子。② 后来发现，这些袭击是基地组织的阿姆贾德·法鲁基和阿布·法拉杰·利比策划的。参与过窝藏911事件策划者哈立德·谢赫·穆罕默德的法鲁基，将在2004年的一次突袭中被巴基斯坦安全部队击毙。而利比最终会被美国人羁押。③

在这两次侥幸逃脱之间，穆沙拉夫于12月17日表示，为结束长达56年的争端，他的政府准备放弃其长期以来对于执行联合国有关克什米尔问题决议的要求。他补充道，这需要双方在这个问题上都变通处理。④

---

① "Near Miss for Musharraf Convoy," BBC News, December 14, 2003.
② Salman Masood, "Pakistani Leader Escapes Attempt at Assassination," *New York Times*, December 26, 2003.
③ Bill Roggio, "Assassination Attempt Against Pakistan's President," *Long War Journal*, July 6, 2007.
④ "2002—Kashmir Crisis."

不出所料，克什米尔首席部长穆夫提·赛义德对此表示欢迎。奉行分裂的"全党派自由大会"领导人毛拉阿巴斯·安萨里对此进行了猛烈抨击。他说，巴基斯坦无权解决这个联合国已然给了克什米尔人民自决权的重大问题。[①]

在财政部长阿齐兹的支持下，穆沙拉夫在伊斯兰堡劝服了他的军方高层，只有与印度推进和平进程，巴基斯坦才能通过吸引外资，实现政治稳定和急需的经济增长。

### 回到谈判桌

正是在这样的背景之下，瓦杰帕伊来到伊斯兰堡，参加 2004 年 1 月 4 日至 6 日举行的第十二届南亚区域合作联盟首脑会议。这个城市的行政中心已经变成了一个堡垒。

1 月 5 日，他对穆沙拉夫进行了"礼节性拜访"。拜访持续了一个小时。第二天，两位领导人发表了一份联合声明，称他们的外交部长将在下个月举行会晤，启动陷入僵局的印巴会谈，就所有悬而未决的问题进行磋商。在随后的新闻发布会上，穆沙拉夫提到了联合公报中的关键点：继续让进程正常化，开始包括克什米尔问题在内的对话，以及巴基斯坦致力于防止恐怖组织利用其领土。他对瓦杰帕伊赞不绝口，说："我要将这一切归功于他的远见卓识和政治家风度，这些都为解决争端作出了巨大贡献，双方这才达成了这份联合声明。"

---

① "Chief Minister Hails Musharraf 's Statement," *Tribune* (Chandigarh, India), December 19, 2003.

为了公平起见，他表示"我想对双方谈判者的灵活变通都表示赞赏"。①

1979年时曾以外交部长的身份在伊斯兰堡为印度大使馆举行落成仪式的瓦杰帕伊，为它在一块10英亩的地皮上的扩建工程举行了奠基仪式。他说："四分之一个世纪转瞬即逝，每年都会出现新的问题，人们也在寻找新的答案。我们必须继续与巴基斯坦进行对话，我们必须共同努力，通过了解彼此的关切和困难来找出解决办法。"②

实际上，更重要的是，他的国家安全顾问米什拉与巴基斯坦高级官员举行了"重要会议"，没让媒体发觉。而最重要的是，他与三军情报局局长哈克中将的谈话。在双方首脑的指示下，他们同意恢复瓦杰帕伊5年前与巴基斯坦总理纳瓦兹·谢里夫建立的一条讨论克什米尔问题的秘密通道。③

在伊斯兰堡会谈后，印度外交部长沙善和巴基斯坦外交部长里亚兹·霍哈尔于2月18日宣布了全面对话中所有议题的讨论方式和时间表。他们同意在5月和6月举行会谈，讨论和平与安全，包括建立信任措施以及查谟和克什米尔问题。至于锡亚琴冰川、乌拉尔大坝、爵士河、恐怖主义与贩毒、经贸合作、促进各领域友好交流等问题，双方拟于7月进行谈判。

但就在举行这些会议前，德里政府发生了变动。在4月20日至5月10日举行的大选中，中右翼的人民党领导的全国民主联盟（134

① "Musharraf Says History Made Between India and Pakistan," *Daily Jang* (Islamabad), January 6, 2004.
② T. R. Ramachandran, "Need to Understand Each Other's Concerns, Says PM," *Tribune* (Chandigarh, India), January 5, 2004.
③ "Did Brajesh Mishra Meet ISI Chief ?," *Tribune* (Chandigarh, India), January 6, 2004.

席）输给了国大党领导的统一进步联盟（226 席）。结果，留着整洁的花白胡子、头戴一顶标志性的天蓝色头巾的 72 岁锡克教徒、经济学家出身的国大党领袖曼莫汉·辛格成了印度总理。

不过，就在投票前夕，负责对"予以巴基斯坦境内目标外科手术式摧毁"这一概念进行细化的印度军方高级指挥部，敲定了名为"冷启动"的闪电战新战略。

"冷启动"理论设想的是形成 8 个师级综合战斗群（IBG），每个战斗群由步兵、炮兵、装甲兵和空中支援组成，能够在战场上独立作战。如果在巴基斯坦的组织或者某个巴基斯坦组织发动恐怖袭击，综合战斗群将在意想不到的地点迅速渗透巴基斯坦，并推进到边境外不超过 30 英里的地方，扰乱巴基斯坦军队的指挥和控制网络，同时置身可能引发核报复的地点之外。其总体目标是迅速发动常规打击，但只造成有限的破坏，不让巴基斯坦有理由以核武器反击。①

这一战略的有效性乃是基于一种不靠谱的假设，即印度 30 多英里的突防不会导致巴基斯坦最高指挥部对印度目标发动核攻击。不管怎样，这项计划的存在足以使巴基斯坦人民及其文职和军事领导人对印度的恐惧和厌恶继续存在下去。

---

① Shashank Joshi, "India and the Four Day War," Royal United Services Institute, April 7, 2010, http: //www. rusi. org/analysis/ commentary/ref: C4BBC50E1BAF9C.

# 第十七章

# 曼莫汉·辛格变化多端的对话者

　　世俗的、中间偏左的国大党重新成为以曼莫汉·辛格为首的统一进步联盟的领导者，是个克什米尔僵局即将结束的好兆头。为了进一步实现 1999 年 2 月《拉合尔宣言》的目标，印度和巴基斯坦的外交部长、国防部长于 2004 年 6 月中旬举行会议，讨论核危机管理、战略稳定和降低风险等问题。两个邻国都决定继续暂停核试验，这一做法自 1998 年 6 月以来一直延续至今。

　　2001 年中期达成的一项初步谅解要求两国进行导弹试验要提前通知，但由于 2001 年 12 月印度议会大厦遭到恐怖袭击，双方未能达成正式协议。在最近的一次会议期间，双方同意维持原来的承诺。之所以未能出现更多的进展，主要原因有两点：印度和巴基斯坦在指挥和控制结构上是有限的，而且双方都不具备召回错误发射的核导弹的技术。与此同时，在一个简单得多的背景下，他们决定在德里和伊斯兰堡的最高级官员之间开通一条新的电话热线，并升级双方高级军事指挥官之间现有的安全热线，以提醒对方潜在的核风险。[①]

## 曼莫汉·辛格与穆沙拉夫的融洽

随后，2004 年 7 月和 9 月初，印度外长库瓦尔·纳特瓦尔·辛格和巴基斯坦外长库尔希德·马哈茂德·卡苏里在德里和伊斯兰堡举行了两轮会谈，为 9 月 24 日辛格总理和总统穆沙拉夫将军在纽约联合国总部的一对一会谈铺平了道路。谈判结束后，辛格宣布，只要不是基于宗教分裂或印度边界的改变，任何解决克什米尔争端的提议都是可以接受的。值得注意的是，第一个条件反映了独立前国大党领导人的观点，第二个条件则重申了尼赫鲁总理在 1955 年公开采取的立场。②

外界所不知的是，辛格和穆沙拉夫同意鼓励各自的国家安全顾问塔里克·阿齐兹和乔丁德拉·纳特·迪克希特之间进行秘密会谈，并授权他们就克什米尔问题敲定一份详细的文件。阿齐兹和迪克希特几乎每隔一个月就会在迪拜、伦敦和曼谷的酒店秘密会面。

10 月，辛格政府允许一群巴基斯坦记者访问印控克什米尔。令他们吃惊的是，他们可以想采访谁就采访谁。2005 年 6 月，德里将允许奉行分裂主义的"全党派自由大会"的一个代表团前往巴控克什米尔。

10 月 25 日，在斋月期间的一次开斋晚宴上，穆沙拉夫发表了一次非正式讲话，邀请各方就克什米尔全民公决的替代方案展开辩论。他认为有必要这样做，因为巴基斯坦不准备接受印度提出的变控制线

① "India and Pakistan Set Up Hotline," BBC News，June 20，2004.
② 见第七章。

为国际边界的建议，印度则认为没有必要按照联合国安理会 1948 年 4 月第 47 号决议的设想举行全民公决。他辩称，查谟和克什米尔由 7 个不同语言和教派的地区组成，其中 2 个（阿扎德-克什米尔和北部地区）属于巴基斯坦，5 个属于印度。[①] 他建议对这些地区的语言、种族、宗教、地理、政治和其他方面进行评鉴，以便找到和平解决克什米尔问题的办法。[②] 巴基斯坦掀起了抗议浪潮。穆沙拉夫出尔反尔。他解释说，他的发言并不能取代举行全民公决的官方立场——事实上，他几乎在一年前就放弃了这一立场。

然而，穆沙拉夫的公开反悔并没有破坏阿齐兹与迪克希特的秘密会谈。迪克希特 2005 年 1 月去世后，他的工作由印度前驻巴基斯坦高级专员萨丁德·拉巴赫接手。

2005 年 3 月 10 日，辛格通知印度议会下院，他已经邀请穆沙拉夫下个月到德里观看板球比赛。"我必须说，没有什么比我们对板球和宝莱坞电影的热爱更能把我们次大陆的人民团结在一起了。"他说。[③] 辛格指的是 4 月 17 日印度和巴基斯坦之间的"单日国际赛"（ODI）[④]。穆沙拉夫同意了。

4 月 17 日，在德里的费罗兹-沙赫-科特拉体育场打完"单日国际赛"后，辛格宣布"［印巴之间的］和平进程不可逆转"。穆沙拉夫概述了双方就和平进程达成的指导方针："印度坚决不允许重划边界；

---

① 印度管理的地区包括查谟的印度教教徒占多数的地区、查谟的穆斯林占多数的地区、克什米尔山谷的穆斯林占多数的地区，以及卡吉尔和拉达克。

② Syed RifaatHussain, "Pakistan's Changing Outlook on Kashmir," *South Asian Survey* 14, no. 2 (December 2007): 195–205.

③ "PM Invites Musharraf to Watch Cricket," *Rediff News* (Mumbai), March 10, 2005.

④ 1971 年出现，这种比赛每方只打一局，且有回合限定，也叫限制回合比赛。——译者

巴基斯坦拒不接受控制线；两国一致同意必须降低边界问题的重要性。"为了寻求最后一种选择，他提到了10天前在斯利那加和（阿扎德-克什米尔首府）穆扎法拉巴德之间开通的公交服务。在与辛格谈判之后，双方同意增加公交班次，并允许卡车在这条路线上行驶，以促进贸易。这一消息受到了控制线两侧的克什米尔家庭的热烈欢迎。①

10月8日发生了一场里氏7.6级的地震，震中靠近穆扎法拉巴德，对该地区造成了严重破坏，造成7.9万人死亡，其中印控克什米尔地区至少3000人，另有200万人无家可归。继阿扎德-克什米尔政府呼吁与印度合作以改善救灾状况，穆沙拉夫同意临时开放控制线。印度应其所求。这是德里和伊斯兰堡首次在有争议的克什米尔地区积极合作。

2006年3月，总部设在加拿大新斯科舍省帕格沃什的"帕格沃什科学和世界事务会议"破天荒地在伊斯兰堡主办了一次研讨会，议题是"查谟和克什米尔自治的前景以及整个控制线合作和交流的现状"。出席会议的有阿扎德-克什米尔的在职和前任官员、多位巴基斯坦名记者以及印控克什米尔各政党和组织的官员。

在研讨会的开幕式上，穆沙拉夫提出了逐步去军事化和自治相结合的办法，作为解决克什米尔争端的操作方案。他认为，这将使控制线变得无关紧要，重新划界也随之变得无关紧要。去军事化将是一项建立信任的重大措施，通过向克什米尔人提供救济，将有助于削弱对武装分子的支持。② 他的提议未能落实，主要原因是德里的决策者认为，削减印控克什米尔的安全部队会壮大分裂分子的民众基础。

不管怎样，辛格和穆沙拉夫都知道，在远离克什米尔的五星级酒

---

① GautamanBhaskaran，"India and Pakistan Play Political Cricket," April 26, 2005, http：//www. gautamanbhaskaran. com/gb/cricketdiplomacy. html.
② RifaatHussain，"Pakistan's Changing Outlook on Kashmir. "

店里，兰巴和阿齐兹的秘密会谈正在激烈地讨价还价。

在 2006 年 9 月出版的回忆录《火线：回忆录》（*In the Line of Fire: A Memoir*）中，穆沙拉夫将他的想法正式表述为四点计划：第一，确定克什米尔需要解决问题的各个地区；第二，对已确定的一个或多个地区实行去军事化，对为自由而斗争的所有武装分子予以遏制；第三，在已确定的地区内引入自治；第四，最重要的是，与巴基斯坦、印度和克什米尔各成员建立一个联合管理机制以监督自治，处理所有已确定地区以及自治范围以外的共同遗留问题。他将这一计划描述为"纯粹的个人想法"，认为各方都有必要向公众推销这个计划。①

到 2006 年秋末，阿齐兹和兰巴的谈判已经缓慢推进到穆沙拉夫认为可以测试民意的时候了。2006 年 12 月初，在接受德里的新德里电视台采访时，他概述了四点计划：第一，如果来自印控克什米尔两个地区的人都可以自由通过开放的边界，巴基斯坦将放弃对此地的主权要求；第二，克什米尔的两个地区哪个都不能独立，但都可以有一定的自治权；第三，分阶段从控制线双边撤军；第四，将建立一个由印度、巴基斯坦和克什米尔代表组成的"联合机制"，以监督与双方人民利益攸关的问题，比如水权。②

## 穆沙拉夫的倒台

归根结底，在克什米尔问题上，伊斯兰堡的官方层面最要紧的是

---

① Cited in A. G. Noorani, "A Step Closer to Consensus," *Frontline* (Chennai), December 15 - 30, 2006.

② Jyoti Malhotra, "Kashmir: Is Solution in Sight?," BBC News, December 7, 2006.

军方高级将领的意见，其中包括时任三军情报局局长的阿什法克·帕瓦兹·卡亚尼中将。自从穆沙拉夫连任陆军参谋长以来，他手下的指挥官即使在私下里也很难与他意见相左。

因此，2007 年初，阿齐兹和兰巴谈判的秘密文件经过精心修饰后，被穆沙拉夫正式交给他手下包括他的副手穆罕默德·尤萨夫·汗将军在内的 12 名指挥官，以及外交部长卡苏里审阅。[1]

不久之后，巴基斯坦精英的注意力转向了穆沙拉夫和思想独立的首席大法官伊夫提哈尔·穆罕默德·乔杜里之间的争执。3 月 9 日，穆沙拉夫暂停了乔杜里的首席大法官之职，后者在最高法院对此提出质疑。街头爆发了民众抗议活动，主要反对党贝娜齐尔·布托的巴基斯坦人民党和穆罕默德·纳瓦兹·谢里夫的巴基斯坦穆斯林联盟谢里夫派在其间联手了。7 月 20 日，13 名法官中的 10 名裁定乔杜里应该复职。遭到穆沙拉夫拒绝后，抗议活动愈演愈烈。与此同时，在军方7 月 10 日至 11 日突袭了伊斯兰堡的圣战分子堡垒红色清真寺之后，伊斯兰恐怖分子开始了暴力反击。[2] 无奈之下，穆沙拉夫在 11 月 3 日宣布进入紧急状态。此前不久，他在一次有争议的总统选举中赢得了省级和全国立法机构的多数选票。他叫停了宪法和议会，并将所有法官软禁起来。但事实证明，以这种策略获得的任何保护都是暂时的。

在德里，尽管对和平解决长期存在的克什米尔争端的计划深感兴趣，但印度对话者不得不思考三个主要的未知因素。对于这个自巴基斯坦诞生以来对提高军队的声望和预算方面都很关键的重要议题，将领们是否会与穆沙拉夫同进退？穆沙拉夫像 1969 年阿尤布·汗将军

---

[1] Steve Coll, "The Back Channel," *New Yorker*, March 2, 2009.
[2] Dilip Hiro, *Apocalyptic Realm: Jihadists in South Asia* (New Haven, CT: Yale University Press, 2012), 211 – 212.

那样被他的最高指挥部推翻的可能性有多大？后穆沙拉夫政权，无论是军人还是文官当政，遵守穆沙拉夫与印度方面达成的临时协议的可能性有多大？

第一个问题的答案出现在 2007 年 11 月 28 日。那一天，穆沙拉夫在宣誓开始他作为文官总统的第二个任期之前，因宪法原因被迫辞去陆军参谋长之职。（在辞职前，他提拔卡亚尼担任该职。）第二个问题的答案出现在 2008 年 8 月 18 日。在当年 2 月的大选中，他领导的巴基斯坦穆斯林联盟真纳派表现不佳反映出了穆沙拉夫支持率的迅速下降。随着巴基斯坦人民党的优素福·拉扎·吉拉尼成为总理，他有了一个强大的政治对手需要抗衡。8 月 18 日，穆沙拉夫辞去总统一职，躲过了遭国民议会弹劾之辱。2 月的大选之后，国民议会由两个反对穆沙拉夫的政党主导。根据宪法，参议院议长穆罕默德·米安·索姆罗成为代总统。

## 巴基斯坦圣战分子的反击

向着和平解决克什米尔争端而进行的明确而缓慢的行动，使巴基斯坦的圣战组织感到不安，特别是虔诚军和"伊斯兰圣战组织"（HuJI，阿拉伯语）。虽然他们在 2002 年被正式取缔，但虔诚军仍打着某伊斯兰慈善机构的幌子存在。2005 年 10 月，虔诚军的印度同伙在德里成功地实施了三次爆炸，造成 61 人死亡。在印度首都发生如此胆大妄为的恐怖袭击，预示着印巴关系将进入又一段恶化时期。

察觉到穆沙拉夫决心不让巴基斯坦的圣战组织向印度输出恐怖活动，虔诚军和"伊斯兰圣战组织"领导人决定赞助一个能自给自足的印度圣战组织。通过吸纳那些擅长敲诈勒索、抢银行的年轻印度穆斯林，他们做到了。孟买和加尔各答就有这样的团伙。此外，随着南亚人口居多的迪拜逐渐成为一个繁荣的金融中心和转运口岸，巴基斯坦和印度的有组织犯罪——部分涉及洗钱——之间早期松散的联系得到了加强。最终结果是在 2005 年成立了"印度圣战者组织"（IM）。为了尽可能制造更多的伤亡，该组织的恐怖分子专挑市场和电影院以及印度教寺庙下手。他们发送带有对印度教教徒和印度教的侮辱性言论的极度挑衅的电子邮件，以此让印度教教徒与穆斯林的关系变得更紧张。

2008 年 7 月 26 日，同一时间发生了 16 起炸弹爆炸，在艾哈迈达巴德造成 38 人死亡。爆炸发生前 5 分钟，"印度圣战者组织"向媒体发送了一份署名为"Al Arabi Guru al Hindi"的 14 页文件。其中包含了《古兰经》的几段及其英文译文，满眼都是"啊，印度教教徒！不可信的不信神的印度人！"这样的字眼。"难道你还没有意识到，你那3.3 亿个肮脏的泥偶的虚假，还有你那又聋又哑的偶像的异端邪说，根本不能从屠刀下救出你的脖子？"① 这里指的是印度教神话中的 3.3亿男女神祇；伊斯兰教禁止崇拜偶像、图标或图像。"印度圣战者组织"的爆炸活动将在 2008 年 9 月达到高潮，比虔诚军赞助、它和三军情报局官员 11 月 26 日在孟买联合实施的恐怖袭击早了两个月。

在巴基斯坦，虔诚军的领导人发现他们的干将叛逃了，去了像基地组织这样的打算在全球开展圣战的组织。这引起了虔诚军的高层乃至三军情报局的关注。三军情报局领导层专注于破坏印控克什米尔的稳定，他们不希望以克什米尔为基地的组织与更广泛的以圣战为目的

---

① 关于"印度圣战者"艾哈迈达巴德爆炸案的邮件全文，参见 http：//deshgujarat.com/2008/08/02/full-text-of-indian-muajahideens-ahmedabad-blasts-email.

的派别结合，削弱其在克什米尔的行动。① 虔诚军和三军情报局的目标就是这样融合在一起的。有人指望通过对印度发动一场大规模军事行动，改善虔诚军的激进形象，遏制其人员外流。

虔诚军与三军情报局的计划，并没有受到 2008 年 4 月伊斯兰堡新成立的文官联合政府的影响。巴基斯坦人民党在大选后成为国民议会中最大的团体，阿西夫·阿里·扎尔达里在大选中借着妻子贝娜齐尔·布托被激进的圣战分子暗杀所引发的同情浪潮，取代穆沙拉夫成为巴基斯坦总统。

虔诚军的领导人注意到，在其队伍中有这样一位巴基斯坦裔美国人，他对这项事业的奉献精神对得起他在虔诚军训练营所受的培训。此人就是 1960 年出生在华盛顿的达奥德·赛义德·吉拉尼，其父是巴基斯坦外交官赛义德·萨利姆·吉拉尼，其母是出生在宾夕法尼亚州的巴基斯坦大使馆秘书塞里尔·赫德利。

吉拉尼是在伊斯兰堡附近的一所精英军事学校受的教育，后前往费城与离异的母亲一起生活，帮她经营一家酒吧。他同时拥有美国和巴基斯坦的护照。他因携带毒品入境而在巴基斯坦被捕，第一次是在 1987 年，第二次是在 1998 年，于是成了美国缉毒署的卧底。911 事件后不久，缉毒署送他去了巴基斯坦，尽管已获悉他有亲伊斯兰倾向。2001 年 12 月，他在他做礼拜的拉合尔某清真寺被虔诚军挂的广告所吸引，加入了该组织。2002 年至 2005 年间，他在虔诚军办的训练营接受了小型武器和反侦察技能培训。他决心积极参与圣战，并等待虔诚军领导人采取行动。当命令久久未至，他便只身前往巴基斯坦

---

① Jason Burke, "Mumbai Spy Says He Worked for Terrorists—Then Briefed Pakistan," *Guardian* (London), October 18, 2010. 三军情报局还指示大卫·科尔曼·赫德利招募印度特工，以便汇报印度军队的动向和层级。

和阿富汗边境，在没有官方许可的情况下进入了部落领土，然后被三军情报局一位官员逮捕了。

一旦吉拉尼表露了对虔诚军的忠诚，此人就把他移交给了拉合尔的三军情报局的"伊克巴尔少校"（又名马扎尔·伊克巴尔）。伊克巴尔少校成了他的负责人。根据他的建议，2006年，吉拉尼在美国逗留期间改名为大卫·科尔曼·赫德利。通过他在虔诚军的一名训练员，即俾路支第六军团退休军官阿卜杜尔·拉赫曼·哈希姆（又名帕夏），赫德利与同基地组织有来往的伊利亚斯·克什米尔接上了头。三军情报局给了赫德利2.5万美元，让他在孟买开了个美国签证代办处作掩护。在该市搜寻到目标后，他把闪存盘交给了虔诚军和三军情报局。他和虔诚军的军事行动负责人扎赫基·拉赫曼·拉赫维一起浏览了这些图片。2007年，赫德利6次去孟买，其中两次是和他的摩洛哥妻子法伊扎·奥塔尔哈一起，并住在泰姬陵皇宫酒店。2007年9月，他的虔诚军负责人指示他盯紧这家酒店。

2008年4月，赫德利租了船去侦察登陆地点，并将GPS坐标发给了虔诚军最高指挥部。伊克巴尔少校是虔诚军行动策划人，他负责泰姬陵皇宫酒店的模型，并为此次袭击安排了通讯系统。2008年6月至8月，虔诚军最高指挥部将此次行动从袭击泰姬陵皇宫酒店升级为涉及多个目标，而对两三名行动人员的安排也从干完就逃改为以自杀式炸弹同归于尽。袭击者都是"自愿牺牲者"（fidayeen，阿拉伯语），其终极目的是让大家注意到印度统治下的克什米尔穆斯林的苦难，以此作为解放他们的一步。

虔诚军从招募的25人中选出10人，由拉赫维向他们灌输这项神圣的任务。（自2002年1月被取缔后，虔诚军在其政治机构达瓦慈善会的名义下运作。）穆罕默德·阿贾马尔·阿米尔·卡萨布就是这10

人之一，他 21 岁，矮矮胖胖，长着一张娃娃脸，来自旁遮普东部迪巴尔布尔附近的法里德果德村。他是在去拉瓦尔品第的途中，于 2007 年 12 月加入虔诚军的，最后去了拉合尔附近的训练大本营。随后他又在巴控克什米尔穆扎法拉巴德附近的一个营地受训，包括学习印地语。在 2008 年 5 月回法里德果德期间，他告诉母亲他将参加解放克什米尔的圣战，请母亲祝福他。①

2008 年 10 月，虔诚军的"自愿牺牲者"被安置在卡拉奇机场附近阿齐扎巴德的一间安全屋里，并在此学习如何驾驶橡皮艇。他们第一次乘船从卡拉奇出发的袭击行动失败了，因为波涛汹涌。第二次尝试取得了成功，并在全球恐怖主义史上留下了惊人的印记。

## 创纪录的 60 小时

袭击者身穿海军蓝的 T 恤和牛仔裤，携带左轮手枪、AK - 47、弹药、手榴弹、爆炸物、移动电话和卫星电话以及干果，乘橡皮艇离开卡拉奇，前往 310 英里航程外的孟买。途中，他们经过印度的波尔班达尔港，劫持了印度拖网渔船"库伯号"。杀死 4 名船员后，强迫船长阿马尔·辛格·索兰基驶往印度商业首都孟买。在接近目的地时，他们杀害了索兰基。

在"老旧的佳明（Garmin）装置"的 GPS 坐标指引下，② 他们乘

---

① 卡萨布的故事，参见 http：//chauhansaab. blogspot. co. uk/2012 _ 11 _ 01 _ archive. html；亦可参见 "I Am Going Away for Jihad: Kasab Told His Mother in Pak," *Indian Express*，December 13, 2008。

② Catherine Scott-Clark and Adrian Levy, *The Siege: 68 Hours Inside the Taj Hotel* (New York: Penguin Books, 2013) / *The Siege: Three Days of Terror Inside the Taj* (London: Viking, 2013), 55.

坐的橡皮艇安全地停在了孟买南部的印度门。时间是 11 月 26 日晚上 8 点。他们的主要目标是：贾特拉帕蒂-希瓦吉铁路终点站（CSRT，前身为维多利亚铁路总站），地标性建筑泰姬陵皇宫酒店，奥贝里伊三叉戟酒店，以及犹太人社区的中心纳里曼大厦。虔诚军行动策划者想打击住在孟买最著名的酒店里的印度商业精英、入住纳里曼大厦的以色列人，还想在繁忙的铁路终点站屠杀印度平民，以制造大规模恐慌和混乱。他们已经指导袭击者用谷歌地图来熟悉目标的位置。

在铁路终点站拥挤的乘客大厅里，当卡萨布用冲锋枪扫射时，其同伴、25 岁的阿布德拉·伊斯梅尔·汗掷出了手榴弹。15 分钟内，58 人死亡，其中包括 22 名穆斯林，104 人受伤。接着，他们劫持了一辆汽车，继续疯狂射击。在海滩附近遭遇警方路障时，他们试图掉头。在随后的枪战中，汗被杀，卡萨布被活捉。事实证明，他是印度当局的无价之宝。为了保住小命，卡萨布欣然供出了重要情报，包括拖网渔船的事，都得到了证实。

其余 8 名恐怖分子根据各自的目标分头行动，其中 4 人袭击了位于阿波罗码头、拥有 560 间客房和 44 间套房的泰姬陵皇宫酒店。一到那里，他们就在大理石走廊里用 AK－47 扫射，还破门而入，射杀躲在门后的人。剩下的恐怖分子则前往豪华的奥贝里伊三叉戟酒店和纳里曼大厦。根据印度情报部门截获的无线电信息，虔诚军在卡拉奇办公室的负责人告诉恐怖分子，犹太人的命比非犹太人的值钱 50 倍。[①]

枪手的行动是由他们的长官从巴基斯坦境内通过移动电话和 IP 电话指挥的。"伤亡越大越好，"巴基斯坦的一名行动负责人对奥伯罗

---

① Alastair Gee, "Mumbai Terror Attacks: And Then They Came After the Jews," *Times* (London), November 1, 2009.

伊三叉戟酒店的袭击者说，"继续打。别被活捉。"[1] 印度情报人员在设法监听并记录恐怖分子与其在巴基斯坦的操纵者之间的对话时，意识到袭击者正在通过印度和外国的电视频道的播出获取重要信息。因此，印度当局切断了泰姬陵皇宫酒店和奥伯罗伊三叉戟酒店的电视信号。但他们在卡拉奇的操纵者仍然可以通过监看新闻频道，把情况通知枪手。

事出意外，省政府和中央政府在调遣当地警察、国家安全卫队（NSG）、海军突击队以及快速行动部队之前，显得手忙脚乱。到 11 月 27 日上午，国家安全卫队拿下了纳里曼大厦和奥伯罗伊三叉戟酒店。

11 月 27 日上午 11 点，印度内政部长希夫拉吉·帕蒂尔向媒体通报了情况，称对袭击事件"异常震惊"，直到总理辛格晚上 7 点 30 分在本应于下午 4 点 30 分播出的一档电视节目中亮相，官方才宣布这一消息。这 3 小时的耽搁，加剧了公众的焦虑；人们迫切希望知道当局对于印度和外国电视台的连篇报道会作何反应。辛格在讲话中措辞谨慎，没给出有力的信息，也没有向人们保证政府已经控制了局势。

事实证明，结束对泰姬陵酒店的围攻要困难得多，恐怖分子在这家酒店让客人排好队，把美国人和以色列人挑出来作为猎物。劫持者对这家酒店的奢华程度感到震惊，他们由此联想到了克什米尔穆斯林的苦难以及以色列人控制下的巴勒斯坦人的苦难。一名恐怖分子对着吓坏了的人质大叫："你知道有个犹太复国主义将军（阿维·米兹拉

---

[1] Lydia Polgreen and Vikas Bajaj, "Suspect Stirs Court by Confessing," *New York Times*, July 20, 2009.

希）两个月前访问了克什米尔吗?"①

辛格总理于 11 月 28 日赶赴孟买,当天不仅主持了省高级官员会议,还去医院看望了伤者。

在泰姬陵酒店,袭击者制造了六起爆炸——大堂一起,电梯两起,餐厅三起。这导致国家安全卫队启动了消灭袭击者的"黑旋风行动"(Black Tornado)。他们最终都死了,不是被安全卫队所射杀,就是自杀。这段异常血腥的插曲在 11 月 29 日上午 8 点结束。

对恐怖分子的血液测试显示,他们服用过可卡因和迷幻药,以维持精神状态,并使自己在两天半的时间里保持清醒。警方称在大屠杀现场发现了注射器。

在 60 个小时的暴行结束时,遇难的 166 人中包括 28 名外国人,其中 6 名是美国人。293 名伤者中,除 37 人外,其余均为印度人。孟买的这起事件在印度被称为 11·26 恐怖袭击。

11·26 事件的一个前所未有的特点是,社交网络被广泛使用,以传递电视上不间断播出的有关暴力行为的信息。它成为迄今为止被最完整记录的恐怖袭击。从外交角度看,这个事件摧毁了两个邻国之间自 2004 年以来逐步建立起来的信任和信心。印巴关系变得与巴基斯坦将 11·26 恐怖袭击的行凶者绳之以法的进展密不可分。

## 德里与伊斯兰堡的关系封冻

血腥的孟买事件引发了一连串的外交活动。德里、华盛顿和伊斯

---

① Hiro, *Apocalyptic Realm*, 114.

兰堡之间的电话线响个不停，美国国务卿康多莉扎·赖斯扮演了关键角色。这些首都的高级官员之间抓狂的对话，导致了串线和混乱，这增加了两个拥有核武器的邻国之间爆发热战的可能性。

11月28日，辛格根据卡萨布的供述和在卡拉奇截获的恐怖分子及其头目之间的对话所形成的累加证据，给巴基斯坦总理吉拉尼打了电话。他建议派三军情报局局长艾哈迈德·舒贾·帕夏中将前往德里，看看印度有关虔诚军与恐怖分子牵连的证据。吉拉尼同意了。但当他找到帕夏的上级——陆军参谋长卡亚尼将军和总统扎尔达里时，他们否决了派三军情报局局长去德里的提议。随后达成的妥协是，吉拉尼改派三军情报局一名较低职级的人作为代表前往德里。

伊斯兰堡方面坚称，虔诚军与孟买的暴行无关，听信了官方通报的巴基斯坦媒体将孟买的暴行归咎于孟加拉国和印度的犯罪分子。当印度当局透露，被逮捕的嫌疑人是来自法里德果德的阿米尔·沙班·卡萨布之子时，伊斯兰堡政府坚称巴基斯坦查无此人。调查记者赛义德·沙阿做出了截然相反之举，他前往法里德果德，去找阿贾马尔·阿米尔·卡萨布的家人。① 随后他在法里德果德的选民册上查到了老卡萨布及其妻子努尔·伊拉希的名字和身份证号。还有几名记者也接踵而至。12月3日晚，卡萨布夫妇神秘地消失了。

11月29日，辛格主持了一次军事高级指挥官和情报部门负责人会议。空军总参谋长法利·霍米上校强烈主张对巴控克什米尔的恐怖分子训练营进行外科手术式打击。总理答应在下一次内阁安全委员会会议上讨论该方案，而委员会倾向于攻击训练营。中央情报局德里站站长从一份关于这次高级别辩论的秘密报告中得出结论：印度将对巴

---

① Saeed Shah, "Revealed: Home of Mumbai's Gunman in Pakistan Village," *Guardian* (London), December 7, 2008.

基斯坦动手。他立即向中央情报局局长迈克尔·海登将军做了报告，海登将军又汇报给了乔治·布什总统。

前一天，印度外长普拉纳布·慕克吉和巴基斯坦外长穆赫多姆·沙阿·马哈茂德·库雷希在电话中进行了激烈的交谈，后者在孟买遭袭期间碰巧人在德里。慕克吉在声明印度会为孟买大屠杀不惜动用"一切报复手段"后，补充说："他们［巴基斯坦人］让我们别无选择，只能开战。"① 库雷希将穆克吉的话解读为战火即将燃起的警告，并转告了总理吉拉尼。

在华盛顿，白宫一名助理焦急地打电话给赖斯，告诉她"巴基斯坦人说，印度人已警告他们印方决定开战了"。她一惊："什么？"接着说："他们跟我不是这么说的。过去两天我和印度人谈了多次，他们强调他们希望缓和局势，并且要看到巴基斯坦采取行动表明自己已承担起追查恐怖分子的责任。"随后，她叫国务院的行动中心给慕克吉打电话。但没联系上。"我又打，"赖斯接着说，"还是没有反应。这时，国际电话线上消息满天飞。巴基斯坦人在跟所有方面通话——沙特人、阿联酋人、中国人。后来，慕克吉总算回电话了。我把我听到的跟他说了。"他解释说，库雷希对他在电话里的严厉措辞"会错了意"。在国务院，赖斯接到了美国驻新德里和伊斯兰堡大使的紧急电话。"［德里的］（大卫·）马尔福德大使的消息简单明了：'这里弥漫着战争狂热。我不知道总理能否坚持下去。每个人都知道恐怖分子来自巴基斯坦。'"接着她与驻伊斯兰堡的安妮·帕特森大使通了话。"她给出的信息同样清晰。'他们都在回避现实。'她说。"此话被记入了赖斯的《没有崇高的荣誉：我的华盛顿生涯回忆录》（*No High*

---

① "Post - 26/11, Pranab Mukherjee's Words Rattled Pakistan: Condoleezza Rice," *Economic Times*, October 28, 2011.

*Honor: A Memoir of My Years in Washington*）一书。[1]

这些事态的进展足以在华盛顿响起警钟。11 月 30 日（第二天），布什指示赖斯赶往南亚。

赖斯于 12 月 3 日抵达德里。在与印度最高层官员的会晤中，她向印度政府和人民转达了美国政府的慰问。在赖斯的陪同下，慕克吉告诉记者，毫无疑问，袭击孟买的恐怖分子来自巴基斯坦，他们是在巴基斯坦指挥行动的。他还说："印度政府决定采取果断行动，尽我们所能，用一切手段保护我们的领土完整和国民和平生活的权利。"[2] 赖斯表示："巴基斯坦要以紧迫感和决心采取行动，〔并与印度〕充分和透明地合作。巴基斯坦政府的回应应视为一种合作与行动。这正是我们所期望的，我们一直在传递这个信息。"[3]

赖斯在伊斯兰堡与最高文职和军事领导人进行了磋商。"巴基斯坦人立刻吓到了，同时又对印度的要求不屑一顾。"她在回忆录中写道，"扎尔达里总统强调他希望避免战争，但又不肯承认巴基斯坦可能参与了这些袭击事件。"总理吉拉尼喋喋不休地解释说发动孟买袭击的人与巴基斯坦无关，赖斯听后说："总理先生……要么是你在骗我，要么是你的人在骗你。然后我告诉他我们——美国人——了解到了有关这次袭击的起源。我并没有指责巴基斯坦政府参与其中；那不是重点。但安全部门内部的流氓可能帮助了恐怖分子。是时候承认这一点并更慎重地展开调查了。"她在书中提到，卡亚尼将军这个人

---

[1] "Post‐26/11, Pranab Mukherjee's Words Rattled Pakistan: Condoleezza Rice," *Economic Times*, October 28, 2011.

[2] "2008—Mumbai Attack 22/11," Global Security, 2011, http: //www. globalsecurity. org/military/world/war/indo-pak _ 2008. htm.

[3] China Hand, "The Mumbai Paradox," China Matters（blog），December 4, 2008, http: //chinamatters. blogspot. co. uk/2008/12/mumbai-paradox. html.

"即使不能承认负有责任，也应该明白巴基斯坦必须对所发生的事情作出交代".①

离开伊斯兰堡之前，赖斯在查克拉拉空军基地发表的相对温和的声明与位于卡拉奇的《黎明》报发表的报告并不一致。在与巴基斯坦官员的会谈中，她提到了"无可辩驳的证据"，证明巴基斯坦境内的一些人参与了孟买袭击，巴基斯坦需要采取紧急和有效的行动避免国际社会做出强烈反应。②

12月7日，赖斯在接受美国CNN的沃尔夫·布利策采访时这样总结道："我不认为有令人信服的证据表明巴基斯坦官员参与了袭击。但我确实认为巴基斯坦有责任采取行动，非国家行为体出面也没关系。"③

扎尔达里总统已经习惯于用"非国家行为体"一词来否认巴基斯坦政府参与其中。但这并不能免除伊斯兰堡调查德里提供的确凿事实之责。相比之下，印度总理辛格声称，有确凿证据表明此事与巴基斯坦有关，还警告说，印度不会容忍利用其邻国的领土对他的国家发动攻击，敢这么做就要付出"代价"。

赖斯前脚刚走，败北的共和党总统候选人麦凯恩参议员就到了德里。他会见了辛格，然后于12月5日飞往伊斯兰堡与吉拉尼磋商。在与拉合尔的资深记者和政界人士的非正式午餐会上，他告诉听众，"一脸怒气的"辛格告诉他，他们有足够的证据证明三军情报局前官员参与策划和实施了孟买袭击，如果巴基斯坦政府未能迅速采取行动

---

① Post‐26/11, Pranab Mukherjee's Words Rattled Pakistan."
② Nirupama Subramanian, "McCain Warns Pakistan of Indian Air Strikes," *Hindu*, December 7, 2008.
③ *Late Edition with Wolf Blitzer*, CNN, December 7, 2008, http：//edition. cnn. com/2008/POLITICS/12/07/rice. mumbai.

逮捕涉案者，印度将别无选择，只能对某些巴基斯坦目标进行空中打击。据参加午餐会的《每日新闻》① 高级编辑艾哈兹·海德尔所言，麦凯恩说："印度的民主政府正面临压力，在向巴基斯坦提供证据几天后，如果伊斯兰堡不对恐怖分子采取行动，［他们就］决定使用武力。911 事件发生后我们很愤怒。这等于是印度的 911。我们自己遇到这种事的时候，是叫塔利班交出奥萨马·本·拉登，以免大祸临头，他们拒绝，我们就出兵了。我们自己是这么做的，总不能叫印度别采取行动。"②

## 巴基斯坦一步步屈服

　　华盛顿和德里的联合施压奏效了。12 月 7 日，巴基斯坦军队突袭了位于巴控阿扎德-克什米尔首府穆扎法拉巴德附近的虔诚军基地。他们逮捕了 20 名虔诚军武装分子，还有被控策划孟买袭击的拉赫维和虔诚军另一位领导人扎拉尔·沙阿。③ 与此同时，伊斯兰堡宣布，即使是对巴控克什米尔疑似恐怖分子训练营进行外科手术式打击，也将被视为对巴基斯坦主权的侵犯，巴基斯坦将"竭尽全力"进行报复。

　　12 月 10 日，联合国安理会将虔诚军的掩护机构达瓦慈善会定为恐怖组织。安理会所设的制裁基地组织和塔利班的委员会宣布，拉赫维、哈菲兹·穆罕默德·赛义德以及虔诚军另外两名领导人为要制裁

---

① *Daily Times*, 巴基斯坦著名的英文报刊。——译者
② Subramanian，"McCain Warns Pakistan of Indian Air Strikes."
③ Tariq Naqash and Syed IrfanRaza，"Operation AgainstLeT-Dawa Launched in AJK，"*Dawn*（Karachi），December 8，2008.

的恐怖分子。依据《维护公共秩序法》，巴基斯坦将赛义德软禁了起来，该法也允许当局暂时拘留那些被认为可能制造混乱的人。这一点以及巴基斯坦政府宣布将取缔达瓦慈善会的声明，受到了德里方面的欢迎。①

为了不让印度有理由对设在拉合尔以北20英里处的穆尔代克的虔诚军/达瓦慈善会总部进行外科手术式打击，巴基斯坦政府向虔诚军/达瓦慈善会的管理层施压，要他们允许德里的《喧嚣》杂志的印度记者哈林德·巴韦亚于12月中旬去参观总部。她在导游的带领下浏览了这座教育设施，由于时值开斋节假期，来这里的人很少，达瓦慈善会的发言人阿卜杜拉·蒙塔齐尔坚称这是一个慈善组织。在再三追问下，他承认"我们曾为虔诚军提供后勤保障，为他们筹集资金并做宣传"，还说"他们肯定是用我们给的钱买了武器"。②

但这些姿态还不足以让印度结束其空军和海军长达一周的战备状态。不过，不调动地面部队的决定并没有改变。"巴基斯坦的军队是世界上最好的军队之一，"吉拉尼在抵达巴基斯坦军队的木尔坦基地时宣称，"国民不用担心……巴基斯坦是个负责任的国家。作为核大国，我们的反应是谨慎的。"鉴于印度军舰重新部署，伊斯兰堡也让其海军部队处于警戒状态。同样，其空军也证实了有关其"提高警戒级别"的报道。③

尽管最近一段日子举步维艰，布什政府还是强烈建议这两个争执不下的邻国冷静下来。两国听从了劝告。"我们不打算采取任何军事行动，"印度国防部长阿拉卡帕拉姆比尔·库里安·安东尼12月16

---

① "UN Bans Jamaat ud Dawa: Declares It a Terror Outfit," *Times of India*, December 11, 2008.

② HarinderBaweja, "Into the Heart of Darkness," *Tehelka*, December 20, 2008.

③ "2008—Mumbai Attack 22/11."

日说，"但如果巴基斯坦不对那些在其国土搞小动作对付印度的恐怖分子以及孟买恐怖袭击的所有幕后黑手采取行动，一切就会改变。"①

慕克吉一周后证实了安东尼的声明。他解释说，如果巴基斯坦政府不能在其本土遏制恐怖分子，印度不排除对身在巴基斯坦的恐怖分子采取军事行动。"如果你问及军事冲突，没人会在媒体上谈这事。〔但〕我们保留选择的余地。"②

12月16日，巴基斯坦令其空军进入高度戒备状态，并对所有可能成为印度目标的敏感地点进行空中监视。它还调集了地面部队，沿控制线和国际边界保护重要地点。令华盛顿苦恼的是，巴方将部署在巴基斯坦和阿富汗边境部落地区的五分之一的军队转移到了印巴边境。作为回应，德里也在巴基斯坦边境重新部署了士兵。这使得华盛顿诉诸公共外交，敦促两国在调查孟买袭击事件方面加强合作，印度则直截了当地指责这是巴基斯坦武装分子所为。③

"我提议印度暂时关闭前沿空军基地，"库雷希12月30日表示，"还建议印度将其地面部队调回和平时期的位置。这些举措将会缓和紧张局势，我们也将以积极的方式向前推进。"慕克吉提到了印度军队的声明，后者称其行动是"正常的冬季演习"的一部分。至于他自己的立场，他说："从第一天起，我就说这不是印巴问题。这是来自巴基斯坦境内的恐怖分子发动的攻击，巴基斯坦政府应该采取行动。"④

伊斯兰堡无视压倒性的相反证据，数周来一直否认阿贾马尔·阿米尔·卡萨布的巴基斯坦国籍。然后在1月7日，又承认他是巴基斯

---

① "2008—Mumbai Attack 22/11."
② 同上。
③ 同上。
④ 同上。

坦人，接着对其提起诉讼。这在一定程度上安抚了印度人。

一周后，印度的陆军参谋长迪帕克·卡普尔将军说，他认为战争是"万不得已才为之"。作为回应，吉拉尼称，印度和巴基斯坦均为核大国，它们之间没有发生战争的可能。他向他的同胞解释说，印度领导人发表强硬声明是为了平复其国内的愤怒舆论。①

尽管这两个邻国再度避免了热战，但在孟买事件之后，两国关系正常化的进程陷入了封冻状态。几个星期来，它们通过不同声道交流。但难以沟通的根本原因在于，巴基斯坦断然否认有任何参与，就连那是在其领土上活动的非国家行为体也不肯认。该国领导人担心，如果11·26事件后，他们在联合国安理会的群情激愤中承认本国与孟买袭击之间存在任何联系，那么安理会就会对巴基斯坦实施制裁。所以他们敷衍塞责，等着情绪降温。他们花了十周的时间才确认卡萨布为巴基斯坦国籍。

但是，巴基斯坦官员的长期矢口否认，加剧了德里与伊斯兰堡之间的紧张关系；双方各自让空军和海军保持高度戒备。印度仍在愤愤地抱怨，尽管巴基斯坦从印度得到了大量证据，却并没有采取足够的行动逮捕袭击事件幕后指使。

2009年2月12日，情况突然缓和。巴基斯坦内政部长拉赫曼·马利克承认："[发动孟买袭击的]阴谋部分发生在巴基斯坦。"他还表示，来自被取缔的虔诚军的8名嫌疑人已被拘留。"我们已将第一信息的报告（FIR）给了警方。"②

尽管印度对嫌犯名单中没有虔诚军创始人之一哈菲兹·穆罕默德·赛义德感到失望，但还是很高兴最终能让巴基斯坦人与他们站在

---

① "2008—Mumbai Attack 22/11."
② "Pakistan Admits India Attack Link," BBC News，February 12，2009.

同一立场。马利克只承认了与巴基斯坦有关的那"部分"阴谋，主要是为了证实伊斯兰堡的说法，即策划者得到了一些印度穆斯林的积极配合，其中包括为恐怖分子的移动电话提供 SIM 卡。

## 冰川融化

当巴基斯坦当局将此案提交审判时，已是 4 月了。次月，国大党领导的联合政府在曼莫汉·辛格的带领下再次当选。6 月 24 日，辛格在俄罗斯叶卡捷琳堡出席上海合作组织峰会期间会见了扎尔达里总统。他们决定克服阻碍两国"全面对话"的因素。

7 月 16 日，在埃及沙姆沙伊赫出席不结盟运动峰会期间，辛格会见了吉拉尼。"吉拉尼总理保证，巴基斯坦将在［打击恐怖主义］这方面尽其所能，"双方的联合公报称，"他说，巴基斯坦提供了一份关于孟买袭击事件调查情况的最新卷宗，并在寻求更多的信息/证据。"公报指出"两国将分享未来任何恐怖主义威胁的实时、可信和可操作的信息"后，还说"吉拉尼总理提到，巴基斯坦掌握了有关俾路支省和其他地区威胁的一些信息"。最后，两位领导人认为，"反恐行动不应与全面对话进程挂钩，也不应将它置于其中"。辛格总理表示，印度准备与巴基斯坦讨论所有问题，包括所有悬而未决的问题。"①

---

① "Text of India-Pakistan Joint Statement in Sharm-el-Sheikh BetweenManmohan Singh and Pakistan PM Syed Yusuf RazaGilani on July 16, 2009," Islamic Terrorism in India (blog), July 18, 2009, http://islamicterrorism.wordpress.com/2009/07/18/text-of-india-pakistan-joint-statement-in-sharm-el-sheikh-between-manmohan-singh-and-pakistan-pm-syed-yusuf-raza-gilani-on-july-16-2009/.

对该声明的不同解读随之而来。在伊斯兰堡，将反恐行动与全面对话脱钩被誉为巴基斯坦外交上的胜利，因为巴基斯坦急于从孟买事件中脱身。此外，巴基斯坦媒体将联合公报中单单提到俾路支省这一点，读解为印度暗地里协助与伊斯兰堡对抗、以争取独立的俾路支省叛乱分子的证据。

在德里，辛格受到了反对党印度人民党的指责。后者谴责联合公报是印度的"投降"之举，并对文件中提到俾路支省予以了猛烈抨击，甚而退出了议会。7月30日，辛格在回应中辩称，将全面对话与巴基斯坦的反恐行动脱钩，强化了印度的承诺，而且"除非巴基斯坦采取措施控制恐怖主义，否则就无法推进有意义的接触进程"。他还指出："当我和吉拉尼总理谈到来自巴基斯坦的恐怖主义时，他向我提到许多巴基斯坦人认为印度插手了俾路支省的事。我告诉他，我们无意破坏巴基斯坦的稳定……。如果巴基斯坦有任何证据……我们愿意看一下，因为我们没有什么可隐瞒的。"最后，他表示："除非我们想和巴基斯坦开战，否则对话是唯一的出路，但对话应该建立在信任和弄清事实的基础上。"[1]

印巴两国的政治家和新闻界对辛格与吉拉尼的声明截然相反的解释，表明它们各自民众的看法之间存在着巨大的鸿沟。

尽管如此，当年8月，德里方面提供了赛义德参与11·26事件的进一步证据。作为回应，在9月的联合国大会期间，库雷希在纽约和印度外长克里希纳会晤后，向其保证会"尽一切努力"将孟买袭击案的行凶者绳之以法。

德里和伊斯兰堡都受到了美国奥巴马政府的压力，要它们恢复和

---

[1]　Sana Qamar, "Sharm El-Sheikh Meeting: An Analysis," *Reflections* 4 (2009).

平进程。国务卿希拉里·克林顿认为，对于华盛顿实现其把饱受战争蹂躏的阿富汗变成一个稳定、民主的政治实体的总体目标，印巴之间的和解至关重要。尽管遭到国内的反对，辛格还是咬紧牙关，发起了外交部长间最高级别官员的对话。巴基斯坦官员幸灾乐祸地说"印度已经屈服了"。作为回应，印度威胁说，如果伊斯兰堡不停止"哗众取宠"，印度将取消会谈。

然而，认知上的差异依然存在。尽管德里坚持认为这些是"关于会谈的会谈"，但巴基斯坦看到议程上只有一项——恐怖主义——时表示，它想讨论好几个问题，克什米尔便是其中之一。①

2010年2月25日，印度外长尼鲁帕玛·拉奥和巴基斯坦外长萨勒曼·巴希尔在新德里举行了长达4小时的会谈。巴希尔强调，巴基斯坦是恐怖主义的受害者而非支持者。自2008年以来，超过5000名巴基斯坦人在恐怖袭击中丧生，近1.3万人受伤。他指责印度对阿富汗"武装分子和恐怖分子"的支持，危及了巴基斯坦的安全。②

拉奥这边向巴希尔提交了三份有关巴基斯坦境内50名高级别伊斯兰武装分子的档案，并敦促伊斯兰堡加大力度，追捕孟买恐怖袭击的罪魁祸首。她对虔诚军的赛义德仍逍遥法外表示失望。2009年6月初，拉合尔高等法院裁决对赛义德的拘留违宪，下令予以释放。一个月后，巴基斯坦政府对此提出上诉，但败诉了。10月12日，拉合尔高等法院撤销了对赛义德的所有指控并将他释放。法院还裁定达瓦慈善会不在被取缔组织之列，可以在巴基斯坦自由开展工作。③

---

① "South Asia Rivals' Differing Agendas," BBC News, February 23, 2010.
② Jason Burke, "India-Pakistan Talks Centre on Terrorism but Fail to Make Progress," *Guardian* (London), February 25, 2010.
③ 同上。

印度和巴基斯坦领导人继续沿用老套路，利用南亚区域合作联盟峰会的召开在场外举行非正式会晤。4 月底，在不丹廷布举行的此次区域间会议上，辛格与吉拉尼进行了一小时的一对一对话。随后没有发表任何联合声明，但据可靠消息，他们决定，两国外交部长应制定"方法"来推进全面对话进程。[1]

对于被取缔的达瓦慈善会，巴基斯坦列出了遏制其活动的步骤。5 月初，内政部长马利克说："我们冻结了达瓦慈善会的 16 个银行账户，查封了 6 个网站，吊销了发给该组织的所有武器许可证，拘留了 71 名活动分子，将 64 名活动分子的名字列入出境管制名单，把该组织的超过 63 所宗教学校置于政府控制之下，没收了其所有的出版物和文件。"政府还就释放赛义德一事向最高法院提出上诉，并等待判决。[2] 5 月 26 日，最高法院驳回了检察官的上诉，维持了下级法院释放赛义德的判决。

6 月，印度内政部长帕拉尼亚潘·齐丹巴拉姆在南亚区域合作联盟内政部长会议期间，在伊斯兰堡会见了马利克。他在为孟买袭击事件提供进一步线索的同时，也对拉瓦尔品第反恐法庭迟迟不审结 7 名嫌犯表示不满。他指出，5 月 9 日，辩护律师提交了申请，称其认为政府在采取各种手段拖延审判。他们提到向印度当局提出过申请，希望能与卡萨布接触。申请无疑被拒，因为卡萨布在 5 月 6 日被控 86 项罪名，并被判处死刑。根据巴基斯坦《刑事诉讼法》第 403 条以及《宪法》第 13 条，一个人一旦被定罪或无罪释放，就不能因同一罪行

① Sachin Parashar, "High-Level Visits in Bid to Restore Full-Scale Dialogue," *Times of India*, July 10, 2010.
② "Pakistan Asks India to Give Access to Kasab," NDTV/PTI, May 3, 2010, http://www.ndtv.com/article/world/pakistan-asks-india-to-give-access-to-kasab-20871.

再次受审。①

　　就如何缩小"信任赤字"问题，巴基斯坦外交部长库雷希与克里希纳通了 25 分钟电话，临近结束时，他邀请克里希纳去伊斯兰堡。但是，就在克里希纳 7 月 14 日出发前夕，印度内政部长格帕尔·克里希纳·皮莱披露的消息，让迄今为止所有的善意统统烟消云散。此一消息根据的是 2010 年 5 月大卫·科尔曼·赫德利的所有供词，这是他 2009 年 10 月在芝加哥被捕后免于死刑的认罪协议的一部分。6 月，他在美国联邦调查局特工在场的情况下，与印度调查人员谈了 34 个小时。皮莱说，赫德利提供的新证据显示，三军情报局和赛义德在策划和执行 11·26 恐怖袭击中发挥的作用，比以往"所知的更为重要"。②（10 月，印度公布了一份 109 页的大卫·科尔曼·赫德利供词摘要。）

　　尽管克里希纳如期参加了各次会面，与库雷希的会面是其中之一，当时内政部长马利克也去了，而且当即指斥赫德利是个"不可靠的证人"，但减少相互的"信任赤字"的可能性实际上已经消失了。在联合记者招待会上，当库雷希说除了恐怖主义，两国代表团还讨论了克什米尔、爵士湾和锡亚琴冰川的问题时，克里希纳面无表情。他对此表示称赞，这表现在他提到了巴基斯坦保证将认真跟进齐丹巴拉姆早些时候提供的线索。③ 不过，从德里的角度来看，最新的发展不过是"关于会谈的会谈"之延续。

　　巴基斯坦将印度的态度——除非就 11·26 恐袭和跨境恐怖主义

---

① "Pak Court Adjourns 26/11 Case to May 22," *Hindu*, May 9, 2010.
② "ISI Behind 26/11, from Start to End: Home Secy," *Indian Express*, July 14, 2010.
③ Nissar Ahmad Thakor, "Everything Including Kashmir Discussed: Qureshi," *Greater Kashmir*, July 15, 2010.

问题达成实质性进展，否则不会恢复全面对话——视为虚张声势。它需要做的就是拖延 7 名嫌犯的审判，审理于 2009 年 4 月开始，其间法官换了 4 次。这个花招奏效了。印度政府总结后认为，它不能一味地继续"不接触"，而是要带着希望与巴基斯坦接触，即希望通过接触产生拒绝对话所得不到的结果。2011 年 2 月 6 日，这一政策在廷布举行的外长会议上付诸实施。

不过，直到 3 月 27 日才有了明显的动静。这一天，辛格邀请吉拉尼来观看 3 月 30 日在距离巴基斯坦边境几英里的旁遮普小镇莫哈利举行的板球世界杯半决赛，由印度对战巴基斯坦。吉拉尼同意了。他的政府也摆出了希望建立信任的高姿态，决定让印度调查人员前往巴基斯坦调查孟买袭击事件。

3 月 30 日，莫哈利布置了严密的安保措施。印度军方直升机和高射炮在莫哈利体育场上空强行划出了禁飞区，以防武装分子发动任何可能的袭击。辛格和吉拉尼看了 8 个小时的比赛。据拉奥说，宽泛的"议程"是"更好地相互了解，解决悬而未决的问题，而对话的核心是……使关系正常化"。[①] 印度队以 9 个三柱门拿下 260 分，赢得了比赛，巴基斯坦队全场得了 231 分。

外交部长们随后进行了新一轮会谈。6 月 24 日，巴基斯坦终于同意将非国家行为体和恐怖分子的安全庇护所列入待解决的恐怖主义基础设施。[②]

这下该谈交换条件了。在 7 月 27 日于新德里和巴基斯坦新任外长希娜·拉巴尼·哈尔商议后，克里希纳含蓄地承认参加了与巴基斯

---

① Neeta Lal，"Will Manmohan Singh's Invitation to His Pakistani Counterpart to Watch an India vs Pakistan World Cup Tie Help Ties?，"*Diplomat*，April 1，2011.

② "Indo-Pak Ties Not a Profit or Loss Statement：Rao，"IBN Live，July 3，2011，http：// ibnlive．in．com/news/indopak-ties-not-a-profit-or-loss-statement-rao/164704-3．html.

坦的"全面对话"。双方的联合公报对举行有关反恐（包括孟买系列审判的进展）和麻醉品管制，以及经济合作、锡亚琴冰川和尤为重要的克什米尔争端等其他问题的会议表示满意。他们决定继续进行有目的的磋商，以期通过缩小分歧、建立共识找到和平解决办法。在开放跨控制线贸易和旅行的问题上，他们达成了一致。①

这是 2008 年孟买恐怖袭击事件后首次举行的有实质性意义的外长会议。他们有理由将其定义为双边关系中的"新时代"的基础。

### 善意萌芽的迹象

10 月 23 日，两国关系改善的一个生动例证出现了。载有一名上校和两名少校的一架印度军用直升机在恶劣天气中失去了方向，误入离印控地区的基地 12 英里的巴控克什米尔。这一事故有可能演变成一场需要高层政治干预的大口角。然而，巴基斯坦军方的做法是，命令这架入侵的飞机降落后，派机护航引导其着陆，经过礼貌地询问机组人员，发现机上只有标准的工程设备。信息传到了伊斯兰堡的最高军事当局，它拨打了德里的热线，结果，印度机组人员被释放，直升机的油箱也被加满了。5 个小时之后，飞机回到了基地。②

一周后，伊斯兰堡宣布它有意延长印度的最惠国待遇（MFN），与印度实现商业关系正常化。最惠国待遇意味着巴基斯坦准备在

---

① "Text of the Joint Statement by Foreign Minister HinaRabbaniKhar and Indian Minister of External Affairs S. M. Krishna, New Delhi; 27 July 2011," http: //www. piia. org. pk/ images/document/text-of-the-joint-statement-by-foreign-minister-hina-rabbani-27-july-2011. pdf.

② Mark Magnier, "Indian Helicopter Strays into Pakistan-Held Part of Kashmir," *Los Angeles Times*, October 24, 2011.

2013 年 1 月 1 日前提供低关税，让印度有贸易优势，从而回报印度早在 1996 年就做出的姿态。这是伊斯兰堡做出的一个重大让步，此前，伊斯兰堡一直坚持只有在和平解决克什米尔争端之后，才能改善贸易关系和民间交往。

随着关系略有解冻，辛格和吉拉尼 11 月 10 日在马尔代夫阿杜市举行的南盟峰会期间，进行了一个小时的会晤。他们讨论了恐怖主义、贸易和克什米尔的分治领土。在联合记者招待会上，辛格站在吉拉尼旁边说："是时候为我们两国的关系谱写历史新篇章了。"哈尔外长比较现实。她说："我们还有很多很长的路要走。"[1]

2012 年 4 月 3 日，正在访问德里的美国副国务卿温迪·谢尔曼告诉印度人，华盛顿悬赏 1000 万美元捉拿赛义德，因为他涉嫌参与 2008 年的孟买袭击。[2] 除了他，只有 3 名极端分子的悬赏金额如此惊人，其中之一是塔利班领导人毛拉奥马尔。

赛义德做出了挑衅之举，在拉瓦尔品第的巴基斯坦陆军总部对面的一家酒店举行了新闻发布会，这一带有象征意义的姿态表明他与三军情报局的关系一如既往地密切。"我在光天化日下生活，美国可以随时联系我。"他还说，美国人知道他在哪里。"这是一个可笑、荒谬的声明……。我就站在大家面前，不是躲在山洞里。"[3]

国民议会就此问题进行的激烈辩论中，吉拉尼警告说，美国的悬赏是一个"负面信息"，将"进一步扩大华盛顿和伊斯兰堡之间的信任赤字"。他称赛义德是"一个国家的内部事务"。反对党议员称这种

---

① "India Pakistan Relations: Prime Minister Manmohan Singh Calls for a New Chapter," *Huffington Post*, November 10, 2011.

② Assad Kharal, "US Announces $10 Million Bounty on Hafiz Saeed: Report," *Express Tribune*, April 3, 2012.

③ Stephanie Kennedy, "Pakistan Militant Taunts US over $10m Bounty," ABC News, April 5, 2012.

说法"令人难以置信"且"荒谬可笑"。而在议会外，拉合尔的右翼律师指出，巴基斯坦的法院已经驳回了对他的所有指控。[①]

4月8日，就在巴基斯坦媒体和印度媒体热烈讨论这笔悬赏对赛义德的影响时，扎尔达里总统已准备前往拉贾斯坦邦的阿杰梅尔，以私人名义去朝拜苏非派圣人契斯提的神社。他很早以前就计划了这次旅行，是为了兑现他在因腐败指控而被长期监禁期间许下的誓言[②]。辛格总理邀请他在德里共进午餐，他欣然答应。

在启程前往印度前夕，他见了记者，告诉他们："我对赛义德的立场和我的政府没有什么不同，我对印度的访问是宗教性质的，我不认为曼莫汉·辛格会让我坐下来［只讨论］这个问题。"[③]印度官员试图淡化为扎尔达里举行的午宴，午宴上的菜肴各式各样，包括克什米尔美食戈什塔巴，即凝乳咖喱肉丸。但巴基斯坦总统7年来首次访问印度的意义不容低估。

4月13日传出了双边关系进一步回暖的消息。那天，印度和巴基斯坦的贸易部长在瓦加为一个扩建后每天可容纳600辆卡车的边境商业码头举行揭幕仪式。这促进了双边贸易，其贸易额从2004年的3亿美元增加到每年26亿美元。与此同时，印度决定解除禁令，允许巴基斯坦来进行外国直接投资。[④]

辛格和扎尔达里于2012年8月30日在德黑兰举行的不结盟运动

---

① Salman Masood, "Pakistani Lawmakers Criticize US Reward for Militant Leader," *New York Times*, April 5, 2012.
② mannat，这种起誓是苏非派流行的一种做法，信徒会发誓如果其愿望成真就要去拜一个著名的苏非派圣徒的神龛或向穷人施舍钱财或食物。
③ "Delicacies Await Zardari at Dr Singh's Lunch, BUT . . . ," *Rediff* (Mumbai), April 7, 2012.
④ Annie Banerji, "India to Allow FDI from Pakistan, Open Border Post," Reuters, April 13, 2012.

峰会期间再次会晤。在联合记者会上，扎尔达里说："我们已经在很多领域取得了进展，但仍有很长的路要走。"他补充道，巴基斯坦热切期待出生在巴基斯坦旁遮普省加赫村的辛格总理回来看看，在他看来，辛格"早该来了"。但是，这位印度领导人很腼腆，用外交辞令来掩饰自己，说"在适当的时候"会去伊斯兰堡。他的外交秘书兰詹·马塔伊在向印度媒体通报情况时说："辛格总理敦促尽快结束11·26案的审判，并且表示在这方面采取的行动将是建立信任的一项重要举措。"他还说这将有助于缩小信任赤字，并为印度希望看到的两国关系建立公众支持。①

总之，德里的底线没有改变。除非巴基斯坦将孟买袭击的行凶者绳之以法，否则就不会有"完全的正常关系"。

克里希纳在启程前往伊斯兰堡参加 9 月 8 日的第三轮高级别会谈前，接受印度报业托拉斯专访时，同样强调了这一点。考虑到此案多次休庭，印度人的耐心正在一点点消失。沮丧的辛格提到"试图越过控制线的武装分子越来越多"。换句话说，印度继续把恐怖主义作为议事日程上的第一项。尽管如此，两国政府还是签署了新的签证制度。变更的条款中，包括免除 65 岁以上、12 岁以下的旅行者以及商人在旅行期间向警方报备的义务。②

另一方面，迫于伊斯兰组织和农业游说团体的压力，巴基斯坦政府未能兑现在 2012 年 12 月 31 日前给予印度最惠国待遇的承诺。新年伊始，克什米尔的紧张局势突然加剧。整个控制线上的小打小闹司空见惯，这些并没有威胁到 2003 年 11 月签署的停火协议。2012 年

---

① "Both Leaders Stick to Their Stands," *Dawn* (Karachi), August 30, 2012.
② Salman Masood, "India and Pakistan Sign Visa Agreement, Easing Travel," *New York Times*, September 8, 2012.

双方发生的 80 多起轻微技术违规事件，也被视为是家常便饭。

1 月 6 日至 8 日，在查谟以北 140 英里的门达附近爆发的暴力事件中，一名巴基斯坦士兵被印度人杀害，据称这是对巴基斯坦违反停火协议的报复，这进而导致两名印度士兵被杀。其中一人，名叫兰斯·奈克·赫姆拉杰，被越境突击队斩首。"发生这种野蛮行径后，不可能再像往常一样与巴基斯坦交往了，"辛格表示，"在控制线发生的这种事是不可接受的；对此事负有责任的人应受惩罚。"巴基斯坦外交部长哈尔回应道："我们已经下令进行独立调查，而且我们还要提议让第三方来调查此事。"对此，印度没有接受。"〔斩首〕是经过周密安排、早有预谋的，"印度陆军参谋长比克拉姆·辛格将军说，"印度保留在其选定的时间和地点进行报复的权利。现在重要的是，确保克什米尔指挥官士气高涨。"[1]

不过，一番武力威胁之后，印度军事行动总干事维诺德·巴蒂亚中将与巴基斯坦军事行动总干事进行了磋商。他们达成协议，同意对事态进行降温。

不久之后，南亚民众的注意力转向了巴基斯坦即将举行的大选。为了确保公平竞争，退休法官米尔·哈扎尔·汗·霍索于 2013 年 3 月 25 日宣誓就任看守政府总理。

## 纳瓦兹·谢里夫的回归

在 5 月 11 日举行的国民议会投票中，由亲商业的保守派穆罕默

---

[1] "From Bashir to Khurshid: Who Said What on the LoC Crisis," *First Post* (Mumbai), January 17, 2013.

德·纳瓦兹·谢里夫领导的巴基斯坦穆斯林联盟谢里夫派赢得了166席，让现下巴基斯坦人民党的席位减到只有以前的一小部分。随着18名独立的国民议会成员加入谢里夫派，谢里夫在374人的议会中稳居多数。在经历了所有的刑事定罪（后来被推翻），又在穆沙拉夫独裁统治期间入狱6个月，还在沙特阿拉伯（其间获得一笔政府贷款，建了家钢铁厂）和英国流亡7年后，他回到自己的国家掌权了。

辛格祝贺他和他的政党"取得了重大胜利"，希望与他一起为两国关系开辟出"一条新的道路"。令人惊讶的是，印度人民党主席拉杰纳特·辛格模仿辛格总理的说法，表示："谢里夫先生关于重建与印度关系的声明是一个积极的信号。"在谈到谢里夫关于"拾起1999年和平进程的碎片"之说时，他补充道："考虑到我们过去与巴基斯坦打交道的经验，印度人民党对谢里夫先生的言论持谨慎乐观的态度。"①

谢里夫在国民议会获得了创纪录的244票后，于6月5日宣誓就任总理。他还创造了一项纪录，即成为该国65年历史上首位从任期满5年的民选政府那里接任总理的人，这是一项前所未有的成就。"巴基斯坦政府的民主过渡是一个值得欢迎的进步。"印度人民党的领导人说。②

由于7月底控制线上再次爆发了针锋相对的暴力冲突，这种友好关系并没有持续多久。印度士兵杀死了4名来自巴控克什米尔的男子，声称他们是渗透者。这种说法与他们手上只有一支突击步枪、没

---

① "Statement by BJP President, ShriRajnath Singh on Mr. Nawaz Sharif 's Win in Pakistan Polls," http：//www. bjp. org/index. php? option = com _ content&view = article&id = 8732：press—shri-rajnath-singh-on-mr-nawaz-sharifs-win-in-pakistan-polls&catid = 68：press-releases&Itemid = 494.
② 同上。

有手榴弹或通信设备的事实不符。伊斯兰堡辩称他们是当地农民，在采摘草药时误越控制线，被印度人绑架。

这些杀戮引发了新一轮的流血事件。一些分析人士认为，这类袭击是印度和巴基斯坦军队内部反对两国政府和解的人蓄意策划的。

当印度方面称其守护控制线的 5 名士兵在 8 月 6 日晚被杀时，劈头盖脸的指责和反诉随之而来。8 月 7 日，"印度青年大会"（Indian Youth Congress）的数百名成员在德里的巴基斯坦高级委员会附近举行了暴力抗议活动。印度的其他大城市也发生了反巴示威。印度国防部长安东尼注意到街上的骚乱，对议会说"巴基斯坦军队的特种部队参与了这次袭击"，就此直接将矛头指向了政府。"我们都知道，如果没有巴基斯坦军队的支持、援助、提供便利和直接参与，控制线的巴基斯坦一方什么事也不会发生。"①

在伊斯兰堡，谢里夫对政府官员发表了讲话，表示"他对最近发生的事件感到难过"，还说，"双方领导层有责任不让局势恶化，并且采取措施和缓气氛。"② 当月晚些时候，谢里夫在接受伦敦《每日电讯报》的戴维·布莱尔和大卫·蒙克采访时说："我们在选举中没有任何抨击印度的口号。过去有过，10 年前有，20 年前、30 年前也有，但现在没了。事实上，即使在选举之前，我也清楚地谈到过与印度的良好关系。"③

9 月 27 日，谢里夫在联合国大会上发表演讲时继续谈及这一主题。"我们随时准备与印度重启实质性的、有目的的对话，"他表示，

① Jon Boone, "Kashmir Tensions Threaten to Return India and Pakistan to Vitriolic Past," *Guardian* (London), August 8, 2013.
② 同上。
③ David Blair and David Munk, "If Pakistan Is to Prosper, We Must Stop Bashing India," *Daily Telegraph* (London), August 24, 2013.

"我们可以以 1999 年签署的《拉合尔宣言》为基础，它为通过和平谈判解决我们之间的分歧制定了路线。我将竭力为一个和平和经济繁荣的地区而奋斗。这是我们的人民想要的，也是我一直渴望的。"①

相反，次日，曼莫汉·辛格在联大发言中猛烈抨击了巴基斯坦，他说："印度尤为关注国家支持的跨境恐怖主义，这也是因为我们所在地区的恐怖主义中心就在我们的邻国巴基斯坦。"他表示愿意与巴基斯坦和平解决包括克什米尔在内的所有问题，又说："然而，要取得进展，巴基斯坦的领土及其控制的地区就必然不能被用来协助和教唆针对印度的恐怖主义。关闭从巴基斯坦获取资源维生的恐怖主义机构亦是同等重要。"②

尽管如此，正如之前商定的那样，辛格和谢里夫 9 月 29 日在纽约一家酒店共进早餐时举行了一个小时的会议。9 月 26 日，武装分子袭击了印控克什米尔的一个警察局和一个军事基地，造成 13 人死亡，此举旨在破坏两国总理的会晤，但他们的这一政治目标未能实现。两国领导人一致认为，为推动和平谈判，他们需要制止克什米尔地区最近发生的一系列袭击事件。为此，他们指示各自的高级军事指挥官想办法守住控制线。③

两天前，辛格在白宫与奥巴马总统共进午餐。他们在联合公报中称："他们重申他们会致力于消除恐怖分子的庇护所和基础设施，瓦解包括基地组织和虔诚军在内的恐怖主义网络。两位领导人呼吁巴基

---

① "Pakistan Committed Against Extremism, but Drones Must Stop: Nawaz at UN," *Express Tribune*, September 27, 2013.
② Elizabeth Roche, "Manmohan Singh at UN: Pakistan Should Dismantle Terror Machinery," *Live Mint* (Delhi), September 28, 2013.
③ "Nawaz, Manmohan Agree to Reduce Kashmir Tensions," *Dawn* (Karachi), September 29, 2013.

斯坦努力将 2008 年 11 月孟买袭击案的凶手绳之以法。"[1]

尽管德里一再敦促加快对孟买袭击事件嫌犯的审判，但该案由伊斯兰堡的马利克·穆罕默德·阿克拉姆法官的反恐法庭受理，因为各种原因（技术和其他原因）而进展极其缓慢。2013 年 5 月，首席检察官乔杜里·佐勒菲卡尔·阿里在伊斯兰堡被疑似武装分子枪杀，该案是从拉瓦尔品第转过来的，嫌疑人关押在那里的阿迪亚拉监狱。

2014 年 2 月，谢里夫的国家安全和外交事务顾问萨尔塔吉·阿齐兹向印度外交部长萨勒曼·胡尔希德保证，该案很可能在几个月内作出裁决。[2] 事实证明，他的预测过于乐观。3 月 3 日，伊斯兰堡的一家区法院遭到袭击，恐怖分子打死 12 人，其中包括两名法官。走马上任的该案新法官要求安排突击队来保障他的人身安全。遭到政府拒绝后，他不再每周探访阿迪亚拉监狱。案子实际上就搁置了。到目前为止，法院只盘问了 60 名控方证人中的 32 人。[3]

归根结底，2008 年的孟买大屠杀与印巴之间尚未解决的克什米尔争端有关。这一争端的根源在于次大陆的分裂。但是，这两个因分裂而产生的国家之间还有另一场较量——阿富汗。只要印度次大陆是大英帝国的一部分，阿富汗就是帝国最有价值的殖民地与先由沙皇统治、后由布尔什维克统治的俄罗斯之间的缓冲区。英属印度的分裂导致了地缘政治的剧变。

---

[1] "Joint Statement on Manmohan Singh's Summit Meeting with President Obama in Washington," *Hindu*, September 27, 2013.

[2] "26/11 Mumbai Attacks: Trial Against Pak Suspects Adjourned," *First Post* (Mumbai), March 5, 2014.

[3] Malik Asad, "Trial of Mumbai Attack Case Suspects Stalled," *Dawn* (Karachi), April 4, 2014.

# 第十八章

# 争夺喀布尔

印度次大陆与阿富汗之间的历史渊源可追溯到扎希鲁丁·穆罕默德·巴布尔皇帝统治时期。巴布尔是个中等身材的壮实男人，脸颊丰满，留着稀疏的胡须，1526年，他在次大陆建立了莫卧儿帝国。在攻占德里苏丹国之前，他已经统治了喀布尔——今天的阿富汗东部和南部——21年。他1530年去世，为了实现其愿望，他在阿格拉的继任者在他去世10年后，将其遗体运到喀布尔安葬。他的墓是封闭的，坐落在一座小山顶上，小山后来被改建成了一个带围墙的露台花园，叫巴布尔花园，现在是个著名的野餐胜地。

这段共同的历史随着英属印度的分裂而断裂，巴基斯坦的西部边界是与阿富汗共有的。巴基斯坦的诞生重新引发了一场关于杜兰线（Durand Line）的旧恩怨，1893年，杜兰线划定了英属印度和阿富汗的边界，苏莱曼山脉的所有关口都归英国管辖。阿富汗认为巴基斯坦不是承自英国的国家，而是从英属印度分裂出来的一个新国家。因此，来自《杜兰协定》的任何权利都已失效。巴基斯坦总督穆罕默德·阿里·真纳拒不接受这一论点。

另一个有争议的问题是在西北边境省（后来的开伯尔—普赫图赫

瓦省）和联邦直辖部落区的部分地方创建独立的普什图斯坦的运动，
两片区域占据了巴基斯坦西部的五分之一领土。这场运动得到了喀布
尔的支持，却被巴基斯坦嘲笑为"阿富汗的噱头"。阿富汗对巴基斯
坦的敌意如此之强，以至于在 1947 年 9 月 30 日这个新生国家申请加
入联合国时，投下了唯一的反对票。[①]

真纳注意到阿富汗—巴基斯坦边境沿线的那些在英国统治下享有
半自治地位的普什图部落的不满情绪，于是与他们的领导人举行了会
谈，想制定出暂时妥协的新办法。会谈均以失败告终。局势仍然紧
张。1949 年 6 月，巴基斯坦的飞机袭击了一个阿富汗村庄。尽管政
府为此道了歉，但边境事件仍然时有发生。

对巴基斯坦的敌意使得阿富汗在 1950 年 1 月与印度签署了友好
条约，其中暗示"两国之间自古就有的联系已经存在了几个世纪"。
《政事论》（*Arthashastra*，梵文，字面意思为"关于财富的文字"）
是公元前 300 年左右的查卡亚·考提利亚所著的一本关于治国方略的
手册，熟悉它的印度学者赞许地引用了其中的格言："领土毗连的统
治者是对手。而对手隔壁的那个统治者应被视为朋友。"

不过，在现代，管理一个与巴基斯坦有着共同的漫长边界的内陆
国家，限制了阿富汗国王穆罕默德·扎希尔·沙阿的回旋余地。地理
位置胜过国际政治。阿富汗政府于 1950 年底与巴基斯坦签署了《过
境贸易协定》，它为阿富汗赢得了通过卡拉奇进口免税商品的权利。

1954 年 9 月，巴基斯坦与泰国和菲律宾成立了东南亚条约组织，
并成功地使该组织承认了杜兰线。此事激怒了喀布尔，它在 1955 年
3 月警告巴基斯坦政府不要把普什图地区划入西巴基斯坦拟议的单独

---

[①] Fazal-ur Rahim Marwat, "The Durand Line Issue," *Frontier Post* (Peshawar), October 17, 2003.

区域。但巴基斯坦没有理睬。

6 年后，巴基斯坦军队在其动荡的部落地带发动了一次大规模进攻，遭到阿富汗的抗议。8 月 22 日，巴基斯坦关闭了驻阿富汗的领事馆，并要求喀布尔做出同样的举动，但遭到拒绝。巴基斯坦关闭了与阿富汗的边界，并与之断绝了外交联系。

失去了与巴基斯坦的商业途径，迫使阿富汗加强了与苏联的贸易往来，苏联的三个成员国——土库曼斯坦、乌兹别克斯坦和塔吉克斯坦——都毗邻阿富汗。见此情形，巴基斯坦希望恢复与西方邻国的关系。两国关系在 1963 年 5 月和解。1965 年，它们签署了一项新的《过境贸易协定》，恢复到了最近一次争端之前的局面。尽管如此，喀布尔与莫斯科之间的贸易仍在扩大，以至于到 1970 年代中期，阿富汗与苏联的贸易将占其对外贸易量近一半。


## 阿富汗对 1971 年后的巴基斯坦举足轻重


失去巴基斯坦的东翼让伊斯兰堡的领导人很受伤。他们发誓要带着高度警惕来保护剩下的西翼，免受印度恶意图谋之害，后者的军事规划人员已不再需要制定双线作战对付巴基斯坦的战略了。既然德里的将军们现在可以放心地集中精力在单一战线上，那么确保巴基斯坦在与德里开战时喀布尔会积极配合，就成了巴基斯坦将军们的职责所在。阿富汗和巴基斯坦之间漫长而松懈的边界不啻为一条退路，对巴基斯坦的文职和军事领导人如此，对部队和战争物资亦是如此。由此，在 1747 年以来一直由王室统治的阿富汗有个友好的政府就变得非常必要。

不料，喀布尔的局势发生了翻天覆地的变化。1973年7月，首相穆罕默德·达乌德·汗将军推翻了他的堂兄扎希尔·沙阿，宣布阿富汗为共和国。为了巩固自己的权力，他重提与巴基斯坦之间的普什图尼斯坦问题。他的军官们开始训练1.2万名普什图民族统一主义者和俾路支志愿者，以骚扰巴基斯坦军队。作为回敬，巴基斯坦总理佐勒菲卡尔·阿里·布托在1975年7月发动了推翻达乌德·汗的政变，可惜未遂。在伊朗国王穆罕默德·礼萨·巴列维的斡旋下，局势到1977年有所缓和。但是，喀布尔和伊斯兰堡之间的正常关系在1978年4月中断，因为信奉马克思主义的军官发动了推翻达乌德·汗的政变，达乌德·汗被暗杀。他们将这个国家更名为阿富汗民主共和国（DRA）。

在这堆乱糟糟的事件中，印度作壁上观。它承认了阿富汗民主共和国，但巴基斯坦不承认。在1979年12月克里姆林宫对阿富汗进行军事干预之后，德里继续与喀布尔政府保持友好关系。事实上，鉴于1971年与莫斯科签订的友好合作条约，德里还增加了对阿富汗的投入，与喀布尔在工业、灌溉和水电项目等方面进行了合作。1980年代中期，印度成为阿富汗最大的单一捐助国。[1] 例如，1988年，印度水电咨询服务公司（WAPCOS）开始重建赫拉特省哈里河上的萨尔玛大坝。

巴基斯坦的情况恰恰相反，它成了华盛顿将苏联人赶出阿富汗的前哨国。令伊斯兰堡懊恼的是，在1989年2月苏联军队撤出后，穆罕默德·纳吉布拉领导的左派政府在喀布尔并未倒台。印度一直支持

① William Dalrymple, "A Deadly Triangle," Brookings Institution, June 25, 2013, http://www.brookings.edu/research/essays/2013/deadly-triangle-afghanistan-pakistan-india-c.

纳吉布拉，直到他 1992 年 4 月被得胜的伊斯兰圣战分子杀害。他在他的政权倒台前夕把家人送到了德里，而他自己未能在最后一刻赶上飞往印度首都的航班，以致被圣战分子残害并杀死。

1992 年春天过后，阿富汗爆发了民族内战，巴基斯坦在调解交战各方方面发挥了积极的作用。但它的努力最终还是没能见效。因此，它决定从 1994 年开始支持一个新的派别，即塔利班。在巴基斯坦积极的经济和军事援助下，塔利班开始逐渐控制阿富汗，并于 1996 年 9 月 26 日占领了喀布尔。在其占领阿富汗首都前夕，印度关闭了大使馆。与此截然相反，兴高采烈的巴基斯坦准备在喀布尔设立大使馆。

伊斯兰堡努力地为塔利班政权争取外交上的承认。接下来的 5 年里，塔利班控制了阿富汗 95％的领土，标志着它在阿富汗的影响力达到顶峰。然而，独眼的塔利班领导人毛拉奥马尔拒绝承认杜兰线，认为"在伊斯兰世界和国际社会之间不可有边界"。①

与此截然相反，印度支持由塔吉克族人艾哈迈德·沙阿·马苏德领导的北方联盟，该联盟就是为了反抗塔利班而成立的。它控制着阿富汗北部的一小片地区，总部设在赫瓦贾-巴哈乌丁镇，有个安全基地在相邻的塔吉克斯坦。

北方联盟的另外两个主要支持者是俄罗斯和伊朗。尽管克里姆林宫通过塔吉克斯坦向北方联盟提供重型武器和直升机，但它尊重北方联盟反对让俄罗斯人加入其民兵组织的立场，这些民兵在阿富汗与苏联人作战多年。

这为几十年来一直在使用苏制军事装备的印度人创造了一个机

---

① Najmuddin A. Shaikh, "What Does Pakistan Want in Afghanistan?," *Express Tribune* (Karachi), December 27, 2011.

会。印度派遣技术人员来为北方联盟修理和维护苏制武器，还向其提供武器和其他战争物资以及军事顾问。印度的调查分析局希望塔吉克斯坦同意印度用其首都杜尚别附近的艾尼空军基地和杜尚别东南 81 英里处的法克尔空军基地向北方联盟运送军事装备，还为其坦克、直升机和火炮服务，并收集情报。但是，待到莫斯科为了自身利益出面干预后印度才如愿以偿。①

多年来，印度武装部队逐步提升了艾尼和法克尔空军基地的级别，并在法克尔建了一个秘密的野战医院来治疗北方联盟的战士。2001 年 9 月 9 日，医院收治了大名鼎鼎的马苏德，他是被直升机送来的，脑袋上弹片扎得很深。此前，他正在位于赫瓦贾-巴哈乌丁的北方联盟总部录制电视采访，两名摩洛哥人——卡里姆·塔扎尼和巴肯·巴卡利——伪装成比利时记者，其中的巴卡利引爆了绑在录像带和塔扎尼身上的炸药。塔扎尼当场死亡，巴卡利则被马苏德的保镖杀死。马苏德抵达野战医院几小时后，在那里咽气了。②

两天后，纽约和华盛顿遭遇了 911 恐怖袭击。这些由阿富汗的基地组织头目奥萨马·本·拉登精心策划的暴行导致布什总统宣布在全球"反恐"。印度表示支持。巴基斯坦总统佩尔韦兹·穆沙拉夫则闪烁其词。但面对巴基斯坦可能会被塔利班统治的阿富汗包围的前景，他切断了与塔利班的联系，转而与美国合作。不过，后来的事件表明，穆沙拉夫对塔利班态度的 180 度大转弯其实是一种缓兵之计，是为了重获华盛顿的信任和支持。③

---

① 德里直到 2002 年才承认在法克尔建了一个空军基地。

② Dilip Hiro, *War Without End: The Rise of Islamist Terrorism and Global Response* (London: Routledge, 2002), 297 – 298.

③ Husain Haqqani, *Pakistan: Between Mosque and Military* (Washington, DC: Carnegie Endowment for International Peace, 2005), 262.

美国领导的历时八周的"持久自由行动"（Enduring Freedom）于2001年10月7日启动，推翻了塔利班政权。12月5日，在德国波恩举行的阿富汗问题国际会议上，普什图族人哈米德·卡尔扎伊被提名为阿富汗临时总统。

## 后塔利班时代的阿富汗

卡尔扎伊是家里的第4个儿子，其父是政治家、波帕扎伊部落的领导人阿卜杜尔·阿哈德·卡尔扎伊，1976年，19岁的卡尔扎伊毕业于喀布尔的一所高中。之后，他被印度西姆拉的喜马偕尔邦大学录取，成为交换生。1983年，他拿到了国际关系和政治学硕士学位。[①] 在印度的7年里，他能说一口流利的乌尔都语/印地语，还迷上了印度北部的美食和宝莱坞电影。据说30年后，在接受一位英国历史学家的采访时，他回忆起"季风雨打在［西姆拉的］学生宿舍铁皮屋顶上的声音，以及美丽的云朵在窗前飘过的情景"时，动情不已，"差点落泪"。[②]

随后他去了巴基斯坦，加入了反对苏联驻军阿富汗的圣战组织。1985年，他前往法国里尔参加一个为期三个月的新闻学习班。回到白沙瓦后，他在西卜加图拉·穆贾迪迪教授领导的亲君主制传统宗教团体"阿富汗民族解放阵线"当上了政治部副主任。

1992年喀布尔成立了圣战组织政府，卡尔扎伊被任命为副外长。两年后，当各圣战组织开始内讧时，他辞去了职务，转而积极筹划召

---

① 2002年，喜马偕尔邦大学授予哈米德·卡尔扎伊荣誉博士学位。
② Dalrymple,"A Deadly Triangle."

开"全国支尔格大会"（普什图语，即大国民议会）。1999 年 8 月，他的父亲被塔利班特务及其巴基斯坦支持者暗杀，其父生前一直在其位于奎达的大本营组织反塔利班的抵抗运动。于是他接手了波帕扎伊部落的领导权，并在巴基斯坦的一个难民营里主持该部落的事务。当五角大楼对塔利班统治的阿富汗发动战争时，他正在阿富汗国内竭力推动反塔利班的抵抗运动。

2001 年 12 月 22 日，印度和巴基斯坦都派出了外长前往喀布尔，亲眼见证阿富汗总统、北方联盟的塔吉克族领导人拉巴尼将权力移交给了卡尔扎伊。第二天，印度外长贾斯万特·辛格重新开放了印度驻喀布尔大使馆，并宣布印度驻贾拉拉巴德、坎大哈、马扎里沙里夫和赫拉特的领事馆将在"未来几个月"重新开放。[①] 这些使团的目的是协助印度与当地领导人建立联系、促进贸易和投资，更好地了解区域发展情况。此外，国营的印度航空公司还向卡尔扎伊政府捐赠了几架飞机，协助其重新启动在塔利班统治期间暂停的国际航班，让境况不佳的阿富汗航空公司恢复元气。

巴基斯坦一个月后才重新开放了该国驻喀布尔的大使馆。在2002 年 1 月的一次捐助会议上，它和印度分别承诺向阿富汗提供 1 亿美元的援助。但鉴于印度在发展阿富汗基础设施方面早先积累的经验，印度很快就在这场竞赛中超过了巴基斯坦。更令伊斯兰堡失望的是，一家印度公司赢得了从边境城镇斯平布尔达克修建一条通往坎大哈的公路的合同。

布什政府曾答应穆沙拉夫总统不与北方联盟打交道，但它食言了，甚而监督了北方联盟的人在卡尔扎伊政府中的补选，这让德里非常高兴。

---

① "Alongside Its Embassy in Kabul, India Will Open Consulates in Four Afghan Cities," *Pravda*, December 24, 2001.

2002 年 6 月，随着八分之七的代表在联合国支持的支尔格大会上把票投给卡尔扎伊，卡尔扎伊的临时总统身份就此板上钉钉。印度人很高兴看到像卡尔扎伊这样的亲印派担任总统，因为他认为印度是个稳定的、相对发达的民主国家，是他这个欠发达的、苦苦挣扎的国家的理想伙伴。就任国防部长的穆罕默德·卡西姆·法希姆将军来自塔吉克族，外交、内政和情报等部门的职位也在塔吉克族人手上，就这样，卡尔扎伊的 29 人内阁维持住了现状。担任国家安全局（NDS）局长一职的是穆罕默德·阿里夫·瑟尔瓦里，他是北方联盟前首席情报官员。

和过去一样，他对巴基斯坦及其在阿富汗的情报网存有疑心，对印度则比较友善，允许其建立自己的情报网。印度调查分析局的特工也与阿富汗国家安全局的人积极合作，对亲巴基斯坦分子和亲塔利班分子进行监视。

## 相互踢打的连体儿

在 911 事件一周年纪念日的前一周，塔利班以惊人的方式向世人宣布自己东山再起：喀布尔的一起炸弹爆炸事件造成 15 人死亡，卡尔扎伊在访问坎大哈期间差点被暗杀。[1] 就在五角大楼 2003 年 3 月和 4 月大肆宣扬其在伊拉克的速胜之时，塔利班在毗邻巴基斯坦的南部省份赫尔曼德和扎布尔发动了游击战，那里是塔利班的志愿者、现金和武器的主要来源，也是其几个训练营的所在地。

---

[1] Ahmed Rashid, Descent into Chaos: How the War Against Islamic Extremism Is Being Lost in *Pakistan, Afghanistan and Central Asia* (London: Allen Lane, 2008 / New York: Penguin Books, 2009), 143 - 144.

穆沙拉夫在 2003 年 6 月的最后一周访问美国,其间,他在戴维营会见了布什总统,这表明他被美国总统视为"亲密朋友"。当记者问及巴基斯坦对阿富汗的跨境袭击时,他答道,卡尔扎伊的政令出不了喀布尔的边界。此语激怒了卡尔扎伊。7 月 7 日,他指责穆沙拉夫干涉阿富汗的内政。

与此同时,喀布尔流传的报道称,巴基斯坦军队沿两国的共同边界侵入楠格哈尔省 16 英里。这引发了第二天在喀布尔的巴基斯坦大使馆外的抗议活动。一群组织严密的暴徒手持棍棒、石块和大锤肆意破坏使馆,工作人员只好把自己锁在了地下室里。巴基斯坦关闭了驻喀布尔的大使馆和驻贾拉拉巴德的领事馆。①

美国总统的阿富汗问题特使扎勒梅·哈利勒扎德是阿富汗裔美国人,在他的干预下人们平息了愤怒。卡尔扎伊为巴基斯坦使团所受的损失赔礼道歉,并同意赔偿。美国、阿富汗和巴基斯坦的代表共同决定派遣一个联合小组,调查有关巴基斯坦和阿富汗部队在边界发生冲突的报道。巴基斯坦 7 月 23 日重新开放其大使馆。不过,在越境袭击阿富汗的极端分子的来历问题上,哈利勒扎德毫不含糊,他说:"我们知道塔利班正在奎达策划[袭击]。"②

在此次外交纷争期间,卡尔扎伊强调巴基斯坦对他的国家至关重要。在接受巴基斯坦记者兼作家艾哈迈德·拉希德采访时,他说:"我们就像连体儿,就像有时会不停地互相踢打的双胞胎。"遗憾的是,卡尔扎伊意识到他和穆沙拉夫之间的"兄弟情谊"正在消失。他说:"我们书写过充满了对友谊的渴望和对彼此的需要的历史篇章。

---

① Ahmed Rashid, "Pakistan Closes Its Embassy in Afghanistan amid Escalating Diplomatic Tension," *RefWorld*(UNHCR), July 8, 2003.

② Ahmed Rashid, "Islamabad's Lingering Support for Islamic Extremists Threatens Pakistan-Afghanistan Ties," *RefWorld*(UNHCR), July 23, 2003.

但如果干预继续下去，后果将写在历史的另一页上……。阿富汗人将别无选择，只能站起来阻止它。"①

为了让卡尔扎伊和瓦杰帕伊总理治下的印度双双采取守势，7月27日，伊斯兰堡对德里在巴基斯坦和阿富汗边境的活动表示了"深切关注"。它声称，印度领事馆"与人道主义援助关系不大，与印度最高秘密情报机构——调查分析局——关系更大"。9月1日，印度的贾拉拉巴德领事馆遭遇手榴弹袭击，引发了国际媒体的关注。在随后从贾拉拉巴德提交给总部位于波士顿的《基督教科学箴言报》的报告中，斯科特·巴尔道夫总结了巴基斯坦的说法。报告指称，印度驻巴基斯坦领事馆在印制巴国假钞，并在巴方领土上组织蓄意破坏活动和恐怖主义行动；指责德里在阿富汗境内建立"恐怖分子训练营"网络，地点在喀布尔北部的库什拉-贾迪德军事基地、赫尔曼德省的格里什克附近、首都东北部的潘杰希尔谷地以及尼姆鲁兹省的卡哈克和哈桑-吉利斯。然而，在访问贾拉拉巴德期间，巴尔道夫发现领事馆"挤满了印度外交官和商人的代表团，他们正在争抢许多有利可图的、重建阿富汗的道路和基础设施的项目。"②

巴基斯坦首席部长贾姆·穆罕默德·优素福长期以来一直认为俾路支省"解放军"是虚构出来，他在2004年8月中旬宣称，印度的调查分析局正在该省经营着40个恐怖分子营地。③ 随着萨达尔·阿克巴·布格提领导的俾路支省叛乱活动愈演愈烈，巴基斯坦媒体时常提到印度驻阿富汗领事馆参与其中，并声称已握有证据，却从未公之

① Ahmed Rashid, "Islamabad's Lingering Support for Islamic Extremists Threatens Pakistan-Afghanistan Ties," *RefWorld* (UNHCR), July 23, 2003.
② Scott Baldauf, "India-Pakistan Rivalry Reaches into Afghanistan," *Christian Science Monitor*, September 12, 2003.
③ "Image of the Beast," There Are No Sunglasses (blog), January 9, 2010, https://therearenosunglasses. wordpress. com/2010/01/09.

于众。叛乱活动在 2006 年夏天达到顶峰。

卡尔扎伊的第一个总统任期

在 2004 年 10 月根据新宪法举行的选举中，卡尔扎伊以 55％的得票当选总统，选民投票率高达 73％。他的副总统有两位：来自塔吉克族的法希姆，什叶派哈扎拉人卡里姆·哈利利。

印度总理曼莫汉·辛格在 2005 年 8 月对喀布尔进行了为期两天的访问，其间，他为阿富汗议会大楼主持了奠基仪式，这幢建筑将由德里出资，地点定在首都郊区被毁的达尔阿曼皇宫对面。辛格希望阿富汗民主的种子能够苗壮成长为一棵大树。由于开工时间的一拖再拖，最初定的 30 亿卢比（约合 6000 万美元）成本，将在 8 年内飙升到 71 亿卢比（约合 1.4 亿美元）。

这样的姿态生动地凸显了印度对阿富汗的慷慨，凸显了印度忠于民主，同时也刺痛了巴基斯坦的决策者，此时他们正面临着俾路支省以及联邦管理部族区不断升级的叛乱。2006 年 3 月，当巴基斯坦军队在北瓦济里斯坦和南瓦济里斯坦两个部族区攻打武装分子的行动遭遇顽强抵抗时，伊斯兰堡一位不愿透露姓名的官员宣称，巴基斯坦已经收集了"有关印度参与煽动南瓦济里斯坦和北瓦济里斯坦两个部族区骚乱的所有必要信息"。他还指控"印度驻阿富汗南部的多个领事馆一直在向武装分子提供资金及武器、弹药，给部落地带带去了更多的纷争和暴力"。①

---

① Shaiq Hussain，"Pakistan to Ask India to Rein in Afghan Consulates，" *Nation* (Islamabad)，March 18，2006.

2006 年 4 月，巴基斯坦参议院外交关系委员会主席穆沙希德·侯赛因·赛义德（又名穆沙希德·侯赛因）在接受德里的《展望》杂志（*Outlook*）采访时，声称调查分析局与北方联盟的残余势力合作，在阿富汗开办了训练营。"大约有 600 名俾路支部族持不同政见者正在这些营地里接受专门训练，学习如何处理爆炸物、设计制造和让炸弹爆炸，以及如何使用尖端武器。"他还说，"印度驻坎大哈和贾拉拉巴德的领事馆及其驻喀布尔的大使馆被用来进行秘密活动，一般是在巴基斯坦境内，重点则是在联邦管理部族区和俾路支省"。据赛义德说，"印度外交官员和调查分析局的官员插手阿富汗部族事务很深，他们以此为掩护开展秘密活动。印度特工的重要作用则在于，安排部落长老和拥有双重国籍的阿富汗人与印度驻贾拉拉巴德领事馆官员会面，并协助他们从贾拉拉巴德和巴基斯坦的南、北瓦济里斯坦部族区发现和招募合适的部落长老从事秘密活动"。他还补充说，"部落长老会议是在印度驻阿富汗各外交部门中效力于调查分析局的官员的授意下，由阿富汗情报机构安排的。凭借阿富汗边境安全部队官员的积极支持，印度特工正在霍斯特省边境地区和巴基斯坦的米兰沙阿部落地带从事秘密活动"。①

数年后，印度驻坎大哈某前总领事"私下"向德里的一位采访者承认，"他在那里的领事馆会见了俾路支的领导人"，同时声称他的大使给了他"严格的指示，不要以任何方式帮助他们对付巴基斯坦"。他还"暗示"，"坎大哈和贾拉拉巴德领事馆的工作人员中有调查分析局的人"。②

真相很难厘清。真正重要的是印度赞助的叛乱行动的范围和强度。这些可以合理地解释成德里对伊斯兰堡参与煽动印控克什米尔分

---

① Mariana Baabar, "RAW Is Training 600 Baluchis in Afghanistan," *Outlook* (Delhi), April 24, 2006.

② Dalrymple, "A Deadly Triangle."

裂运动的针锋相对，哪怕调查分析局的活动从没有与印控克什米尔的三军情报局的活动相匹敌。另一方面，正如巴基斯坦时不时就要谴责印度在克什米尔严重侵犯人权一样，德里对俾路支省的战斗表示关注，并建议进行对话。总的说来，可以公平地说，即使没有调查分析局的颠覆活动，伊斯兰堡也会在其部落带和俾路支省这两个都有着悠久历史的地区遇到安全问题。

通过将联邦管理部族区发生的反巴基斯坦暴力活动归咎于印度与阿富汗的勾结，伊斯兰堡在后来对联邦管理部族区的激进圣战分子发动攻势时，以此来激发巴基斯坦部队的斗志。他们让官兵相信，归根结底，他们在联邦管理部族区落的行动是针对他们的头号敌人印度的，而这正是巴基斯坦军队的不变信念。

随着阿富汗塔利班的重新集结，以及阿富汗南部的叛乱势头在2006年初愈演愈烈，卡尔扎伊与穆沙拉夫之间的关系变得极不稳定。为了缓和局势，阿富汗总统2月中旬去伊斯兰堡见了巴基斯坦总统。他此行所做的事之一，就是把一份据称是居住在巴基斯坦的阿富汗塔利班武装分子名单交给了对方，其中包括塔利班领导人奥马尔。见对方没有采取任何行动，喀布尔便将名单泄露给了媒体。穆沙拉夫后来声称，"大部分情报都是过时的、无用的"。

穆沙拉夫自己则抱怨阿富汗国防和情报机构策划了反巴基斯坦阴谋，而管理这两个机构的塔吉克族人——分别是法希姆和塞尔瓦里——曾是亲德里的北方联盟的中坚分子。他说："［卡尔扎伊］最好纠正一下这个问题。"[1] 他的威吓激怒了卡尔扎伊，后者认为这是在公然干涉阿富汗的内政。

---

[1] "Pakistan's Musharraf Slams Afghanistan's Karzai," *Afghanistan News Center*, March 6, 2006.

布什3月初对喀布尔、德里和伊斯兰堡进行了短暂的访问，其间，讨论了阿富汗与巴基斯坦的紧张关系。一位不愿具名的、与穆沙拉夫关系密切的巴基斯坦高官告诉法新社："我们已经向布什总统提供了足够的证据，证明某些阿富汗官员正在为巴基斯坦的武装分子提供资金和武器……。例如，贾拉拉巴德的一名阿富汗指挥官正在向巴基斯坦一些地区运送武器。这下，我们的士兵要死了，他们的也是。"①

在巴基斯坦对卡尔扎伊政权的指控中，贾拉拉巴德扮演了重要的角色，就像它在德里的辛格政府事件中一样。

与此同时，塔利班的死灰复燃导致阿富汗南部的坎大哈省和赫尔曼德省发生了激烈的战斗。在美国为首的北约支持下采取行动的英国和加拿大军队，因自杀式炸弹袭击遭受了重大损失。到2006年夏天，北约的情报部门获得了无可辩驳的证据，证明三军情报局与阿富汗叛乱分子结盟，不仅招募、训练、武装和派遣游击队员，还监管他们的领导。

相比之下，穆沙拉夫9月19日在接受《国际新闻周刊》（*Newsweek International*）的编辑法里德·扎卡里亚采访时，声称奥马尔就在坎大哈，因此"［塔利班］运动的重心在阿富汗"。而两天后，卡尔扎伊在接受扎卡里亚的采访时反驳道："奥马尔肯定在巴基斯坦的奎达……。我们甚至给了他［穆沙拉夫］奥马尔住所的GPS坐标和几个电话号码……就是在那天［2月］我们开完了一个烦人的会之后又开了一个。"②

---

① "Pakistan's Musharraf Slams Afghanistan's Karzai," *Afghanistan News Center*，March 6，2006.

② "Afghanistan President Hamid Karzai with FareedZakaria, Editor, *Newsweek International*," Council on Foreign Relations, September 21, 2006, http：//www.cfr.org/afghanistan/afghanistan-president-hamid-karzai-rush-transcript-federal-news-service/p11507.

布什邀请卡尔扎伊和穆沙拉夫 2006 年 9 月 27 日出席白宫举行的工作晚宴，希望在晚宴上帮这两个冤家把相互关系翻开新的一页。卡尔扎伊控诉巴基斯坦庇护阿富汗塔利班的政策，穆沙拉夫则不仅指责他的控诉是被"过时的"情报误导了，还指责他对印度卑躬屈膝。尽管美国财政部自 2002 年以来已经向阿富汗投入了数十亿美元，向巴基斯坦军队提供了 55 亿美元，以协助五角大楼在阿富汗采取的行动，但美国总统还是没能让这两位争吵不休的重要客人和解。

## 杜兰线的争议在继续

界定不清的阿富汗和巴基斯坦边界仍然是紧张局势和周期性遭遇战的持续性根源。例如，2005 年 9 月，因在阿富汗境内悬挂巴基斯坦国旗而引发的武装冲突中，120 名阿富汗士兵集结到了霍斯特省边境，威胁说，如果巴基斯坦士兵不放弃一个有争议的检查站，就出兵打他们。这件事在一位美国官员的介入下才得以平息。[1]

2007 年 5 月，阿富汗军队袭击了巴基斯坦的一个军事哨所，理由是该哨所是在阿富汗土地上非法搭建的，袭击中他们杀死了 8 名巴基斯坦士兵。作为报复，巴基斯坦炮击了阿富汗境内目标，导致阿富汗部队 7 人死亡。

差不多一年后，150 名来自巴基斯坦边境部队的准军事人员在霍斯特附近进入阿富汗，并与阿富汗边防部队交火。当天晚些时候，两组各 30 人的阿富汗士兵以巴基斯坦边境哨所为目标进行了报复。交

---

[1] "Seven Pakistani Troops Dead as Border Clash Continues," *Nawaaye Afghanistan*, May 15, 2008.

火直到当双方部落的长老赶来边界会谈解决争端时才结束。①

5月中旬，阿富汗和巴基斯坦军队在阿富汗帕克蒂亚省的阿约布扎伊地区交火3天，造成7名巴基斯坦人和8名阿富汗人死亡。这次冲突是由巴基斯坦人拆除阿富汗安全检查站所引发的，巴基斯坦人想建自己的哨所。②

这是联邦管理部族区的混乱状况的辐射。阿富汗和巴基斯坦之间的紧张局势进一步加剧，卡尔扎伊警告说，如果伊斯兰堡不镇压联邦管理部族区的圣战分子，他就派阿富汗军队进入巴基斯坦去收拾这些人。

## 印度驻喀布尔大使馆遭到致命袭击

2008年7月7日，印度驻喀布尔大使馆遭遇致命的汽车炸弹袭击，印巴关系和阿巴关系再创新低。袭击造成58人死亡，其中包括印度使馆国防专员拉维·达特·梅塔准将和印度外交部官员V. 文卡特斯瓦拉·拉奥，另有140多人受伤。这次自杀式炸弹袭击发生时，大使馆的大门正在打开，让一辆载着梅塔和拉奥的汽车驶入。

卡尔扎伊的发言人胡马雍·哈米扎达说："这次袭击的复杂程度、使用的材料种类、锁定的目标，全都带有某个情报机构的特征，这个机构过去在阿富汗境内实施过类似的恐怖行动。我们有足够的证据证

---

① "Seven Pakistani Troops Dead as Border Clash Continues," *Nawaaye Afghanistan*, May 15, 2008.
② 同上。

明这一点。"① 这几乎等于矛头直指三军情报局。因此，哈米扎达含蓄地驳斥了塔利班声称为恐怖袭击负责的说法。卡尔扎伊也介入进来，断言："阿富汗的人员被杀、桥梁被毁……都是巴基斯坦情报部门和军事部门干的。"②

几周后，印度直指三军情报局参与了对其大使馆的爆炸袭击。其发言人提到，北约领导的驻阿富汗国际安全援助部队（ISAF）的法医专家对恐怖行动中所用的爆炸物进行了分析。国际安全援助部队得出的结论是，它们来自巴基斯坦北部驻军城市瓦赫的巴基斯坦军械厂（POF）。③

2008 年 8 月 1 日的《纽约时报》上刊载了马克·马泽蒂和埃里克·施密特的报道，报道中称，美国情报机构得出结论，三军情报局人员协助策划了印度大使馆爆炸案。这是基于截获的三军情报局官员和制造了这次大规模炸弹爆炸的武装分子之间的通讯记录得出的，这些武装分子隶属于以北瓦济里斯坦为大本营的基地组织下属的"贾拉勒丁·哈卡尼网络"。④ 美国情报机构的结论与阿富汗国家安全局的调查结果正好吻合。

进一步的细节和证据，随着《纽约时报》资深记者卡洛塔·加尔 2014 年 3 月出版的《错误的敌人：2001—2014 年美国在阿富汗》（*The Wrong Enemy: America in Afghanistan, 2001‑2014*）一书浮出

---

① "Embassy Attack in Kabul Highlights Pakistan-India Rivalry," EurasiaNet，July 8，2008，http：//www. eurasianet. org/departments/insight/articles/pp070208. shtml.

② SayedSalahuddin，"Karzai Says Pakistan Behind Indian Embassy Bomb," *Afghan News Bulletin* no. 2105，July 15，2008.

③ 2008 年孟买恐怖袭击中所用的一些手榴弹也追溯到瓦赫的警察部队，它是警察部队经一家奥地利公司许可制造的。

④ Mark Mazzetti and Eric Schmitt，"Pakistanis Aided Attack in Kabul, US Officials Say," *New York Times*，August 1，2008.

水面。她指出："大使馆爆炸案不是三军情报局流氓特工的个人行为，而是在巴基斯坦情报部门最高官员准许与监控下进行的。"又补充道："美国和阿富汗的监控系统截获了巴基斯坦三军情报局官员的电话，听到他们在爆炸发生前几天在喀布尔与武装分子策划此次袭击。当时，监听电话的情报官员并不清楚在策划什么，不过，有一名高级官员在促成恐怖袭击这一点是显而易见的。"但是，她接着说，"证据是如此确凿，以至于布什政府派出中央情报局副局长斯蒂芬·卡佩斯到伊斯兰堡，向巴基斯坦人提出抗议"。然而，卡佩斯人还没到，炸弹就爆炸了。调查人员在爆炸后的汽车残骸里发现了袭击者的手机，顺藤摸瓜找到了他在喀布尔的一名同伙，后者是为袭击提供后勤保障的，是个阿富汗人，通过电话与巴基斯坦直接联系过。而他所拨打的电话号码属于白沙瓦的三军情报局的一名高级官员，此人非常资深，直接向伊斯兰堡的三军情报局总部汇报工作。这次行动的最终目的远非损害印度的利益那么简单。"其［首要］目的是让所有支持卡尔扎伊政府的人都因为代价过高而无法再支持它，"加尔总结道，"三军情报局希望他们全都回家去。"喀布尔当局调查这次袭击时，他们更加确信"三军情报局在与基地组织、塔利班、哈卡尼网络以及巴基斯坦的虔诚军等组织合作，虔诚军是大多数印度遭袭事件的幕后黑手。"①

　　暴行发生之后，印度建议卡尔扎伊设立一个外国情报机构，就像印度在1968年所做的那样。他答应了。随后，阿富汗研究分析局（RAMA）在印度调查分析局的积极协助下成立，一年后开始运作。其简称，正好是印度教罗摩神（Rama）的名字。这为巴基斯坦的评

---

① "ISI Nailed in Kabul Embassy Outrage: 2008 Bombing Plan WAS Hatched in Pakistan, New Book Claims," *Mail Today Bureau* (Delhi), March 23, 2014; "2008 Indian Embassy Attack in Kabul Sanctioned by ISI, New Book Claims," *Times of India*, March 23, 2014.

论人士提供了足够的话柄，将邪恶的阴谋归咎于这一新成立的阿富汗机构，说它的主要任务就是破坏巴基斯坦的稳定。

同以往一样，2008 年 8 月 2 日在科伦坡举行的南亚区域合作联盟峰会为印度和巴基斯坦总理提供了一次相互磋商的机会。辛格向巴基斯坦总理吉拉尼提出了印度驻喀布尔大使馆被炸一事，吉拉尼答应进行调查，但后来要求辛格提供"具体证据"。①

与此同时，喀布尔与德里的经济关系蓬勃发展，这让伊斯兰堡大为懊恼。在印藏边境部队分遣队 300 多人的保护下，印度陆军的"边境道路组织"建设的迪拉腊姆道路网于 2008 年底竣工，它全长 150 英里，与库什卡—赫拉特—坎大哈公路相连。工程是冒着遭到塔利班袭击的危险完成的。印度工程师在阿富汗的 11 个省建成了数字化的电信网络。阿富汗学生每年有 1000 个名额，可以获得印度各大学的奖学金。② 印度沿袭之前的做法，将其对双方商定的水井、学校和医疗诊所的发展援助纳入阿富汗政府的预算。③ 这一流程截然不同于美国及其盟国直接向民间承包商或经批准的当地和外国非政府组织支付费用的做法。


### 卡尔扎伊的巴基斯坦对话者的更换


在伊斯兰堡，穆沙拉夫因违反宪法而被民主选举产生的执政 6 个

① KuldipNayar, "ISI Playing a Dangerous Game with Taliban," *Sunday Times*（Delhi），August 17, 2008.
② Bhashyam Kasturi, "India's Role in Afghanistan," State of Pakistan, February 20, 2012, http: //www. stateofpakistan. org/indias-role-in-afghanistan.
③ "India and Pakistan Ramp Up Aid as They Jostle for Influence in Kabul," Reuters, March 4, 2014.

月的联合政府弹劾，被迫于 2008 年 8 月 18 日辞去总统职务。对此，印度内阁拒绝发表评论，卡尔扎伊则希望穆沙拉夫的离开能对两国的民主进程都有所促进。

这位阿富汗总统称吉拉尼总理是个"有正确意图的人"。而当巴基斯坦陆军总司令阿什法克·帕瓦兹·卡亚尼 8 月 19 日访问位于巴格拉姆的美国空军基地时，卡尔扎伊也对他表示了欢迎。他对卡亚尼说："不同巴基斯坦建立友好关系，阿富汗就无法实现和平与繁荣。"在跟《时代周刊》的艾琳·贝克谈话时，卡尔扎伊说："我希望[卡亚尼]认识到，他们[在支持阿富汗武装分子方面]所做的事正在对巴基斯坦自身造成巨大损害。某人必须意识到，有必要进行变革，有必要与阿富汗建立现代的关系、文明的关系。我希望这些能如我所愿。"①

卡尔扎伊未能如愿。卡亚尼不遗余力地维护巴基斯坦军方的信条，即印度是其头号敌人，这使得巴基斯坦必须获得战略纵深，以防印度通过在喀布尔拥有无可匹敌的影响力而入侵巴基斯坦。另一方面，卡尔扎伊对战略纵深的概念及伊斯兰堡为实现这一目标而采用的手段都提出了严厉的批评。他说："如果巴基斯坦想把激进主义作为实现其在阿富汗的战略纵深政策的工具，那么，我想告诉他们，那行不通。"②

2008 年 9 月，阿西夫·阿里·扎尔达里一被省级和联邦议员选为总统，作为权力的最终仲裁者的平民民主机制就在伊斯兰堡全部到位了，至少理论上如此。而现实中，与以往一样，国家安全事务的真正权力掌握在军方手中。扎尔达里既没有妻子贝娜齐尔·布托的才智

① Aryn Baker, "Karzai on Musharraf: Good Riddance," *Time*, August 19, 2008.
② 同上。

和魅力，也没有谢里夫那样的政治手腕。不过，他对阿富汗和印度都持温和的看法。

在土耳其总统居尔的倡议下，他于 12 月 5 日在安卡拉会见了卡尔扎伊。在三方峰会结束时，卡尔扎伊说，自扎尔达里当选总统以来，阿富汗与巴基斯坦的关系改善得非常好。双方讨论了遏制伊斯兰极端分子的新途径，并承诺加强反恐合作。双方的联合公报称："阿富汗和巴基斯坦的外长目前正在共同努力，一起制定打击［在我们的边境地区开展活动的］基地组织和其他恐怖组织的联合战略。"①

作为后续行动，卡尔扎伊和扎尔达里在居尔的主持下，2009 年 4 月 1 日在安卡拉再次会晤，商讨加强打击伊斯兰激进分子的军事合作。但在巴基斯坦，文职官员没法掌控军队。这一点，在 2009 年 5 月扎尔达里将三军情报局从军方移交给内政部时，变得一目了然。卡亚尼将军拒绝执行这一命令。几个小时后，扎尔达里收回成命。

伊斯兰堡官方对卡尔扎伊政府的立场的改变，并未影响阿富汗人对巴基斯坦的普遍看法。根据总部设在喀布尔的阿富汗社会经济和民意研究中心 2009 年 2 月为英国 BBC、美国 ABC 和德国广播电视联合会（ARD）所做的民意调查，91％的人对巴基斯坦持某种程度或极其负面的看法。在印度，这个数字是 21％，而 74％的人对巴基斯坦有一定程度的或非常正面的看法。② 部分原因是广受欢迎的宝莱坞电影和印度的肥皂剧在阿富汗的电视频道上大量播放，而且播的通常是用阿富汗的官方语言达里语配过音的版本。

不出所料，扎尔达里未能让奥巴马政府相信，巴基斯坦各安全部

---

① "Turkey，Afghanistan，Pakistan to Strengthen Anti-Terrorism Co-op，" Xinhua Net，December 5，2008.

② "Afghanistan：National Opinion Poll" for BBC，ABC News，and ARD，http：// news. bbc. co. uk/1/shared/bsp/hi/pdfs/05 _ 02 _ 09afghan _ poll _ 2009. pdf.

门已经停止了对在阿富汗境内与北约和当地部队作战的武装组织一直以来的支持。

2009 年 10 月 8 日，印度驻喀布尔大使馆遭遇了第二次恐怖袭击，这一事件表明情况并没有太大改观。一辆 SUV 携带的一枚大规模破坏性炸弹，炸死了 17 名警察和平民，炸伤 76 人，另有一些车辆和建筑物被毁。爆炸声响彻整个首都，冲击波震碎了窗户，腾起的巨大棕色烟雾达数百英尺之高。但是，由于印度在 2008 年 7 月的袭击之后，修建了高高的防爆墙，换上了厚重的钢门，把入口改得更迂回曲折，从而加固了大使馆的防御，使得使馆大楼没有受损。与早前的恐怖袭击事件一样，塔利班声称对此负责。但和之前一样，再次被证明是冒认。而美国国家安全局截获的通话信息，提供了证据，使得矛头直指三军情报局。①

卡尔扎伊的第二任期

2009 年 8 月 20 日的总统选举，由于遭遇大规模的舞弊，阿富汗独立选举委员会（IEC）宣布卡尔扎伊以 54.7％的选票获胜。质疑的声音此起彼伏，该委员会对结果进行了彻底的审计。10 月中旬，它裁定卡尔扎伊的得票是 49.67％，与获胜所需的 50％仅一票之差。但第二轮选举在 11 月 2 日，即他的对手阿卜杜拉·阿卜杜拉退出竞选时，宣布取消。卡尔扎伊被默认为胜利者，于 11 月 19 日宣誓就职。

当美国为首的北约部队参与打击塔利班叛乱分子，并训练迅速壮

---

① Dalrymple, "A Deadly Triangle. "

大的阿富汗军队和警察部队——阿富汗国家安全部队（ANSF）——时，他们的政治领导人不得不制定和实施一项撤离战略。这就是2010年1月28日在伦敦举行的阿富汗问题国际会议的主要目的。卡尔扎伊说："我们必须深入接触我们所有的同胞，尤其是我们那些心灰意冷的兄弟，他们既不是基地组织的人，也不属于其他恐怖网络，而且愿意遵守阿富汗宪法。"他同意成立一个"全国性的和平、和解与重返社会委员会"，并在沙特国王阿卜杜拉的帮助下重新向塔利班高级领导人展示出和平姿态。华盛顿支持他的这一举动。美国国务卿希拉里·克林顿表示："迈出这步的前提是你不与朋友讲和，还得有能力与敌人打交道。"①

2009年BBC/ABC新闻/ARD的那份民意调查显示，64%的阿富汗人赞成与塔利班谈判。②尽管印度出席了伦敦会议，但受到美国鼓动的卡尔扎伊政府与塔利班谈判的前景，令印度的决策者忧心忡忡。印度和塔利班之间毫无友爱可言。2010年2月26日，喀布尔发生了一起针对印度目标的恐怖袭击，再次证明了塔利班对德里怀有敌意。这一次的袭击地点艾莉亚宾馆，它靠近喀布尔市中心的豪华的萨菲兰德马克酒店，那里住着印度医生。该宾馆被配备自杀式背心和自动步枪的塔利班炸弹袭击者炸毁了。宾馆的客人是军医，但顾及伊斯兰堡对印度向阿富汗提供军事援助的敏感，被派到喀布尔去的英迪拉-甘地儿童健康研究所的所有军医和护士都身着便装，没有携带武器。9名印度医生在袭击中丧生，受伤的人更多。

袭击事件开始于上午6点30分，当时，一枚汽车炸弹在目标建

---

① Julian Borger, "UN in Secret Talks with Taliban," *Guardian* (London), January 28, 2010.

② Afghanistan: National Opinion Poll.

筑物外爆炸。剧烈的爆炸将建筑物夷为平地。随后，一名自杀式炸弹袭击者在倒塌的大楼外引爆了他的炸弹背心。苏博德·桑吉泊尔博士是幸存者之一。他把自己锁在浴室里待了3个小时。"我出来的时候，看到了两三具尸体，"他在喀布尔的军医院说，"当枪声响起时，第一枚汽车炸弹爆炸了，车顶飞到了我头顶上方。"① 卡尔扎伊特意谴责了这次恐怖袭击并感谢了印度为他的共和国提供的援助。

而与此同时，卡尔扎伊试图将塔利班领导人引到谈判桌上来，这一雄心得到了伊斯兰堡方面的热情支持。6月28日，卡尔扎伊要在喀布尔会见卡亚尼将军和三军情报局局长艾哈迈德·舒贾·帕夏中将，在这天到来前夕，他解雇了他的国家安全局局长阿姆鲁拉·萨利赫。与其前任塞尔瓦里一样，萨利赫也是一个毫无顾忌的亲印度的塔吉克族人，被塔利班和三军情报局视为他们最高调的对手。② 据报道，卡亚尼和舒贾敦促卡尔扎伊在未来的政治解决方案中给塔利班一席之地。德里立即表达了对塔利班可能达成的分享权力的交易的不安，它一旦达成，就会成为阻碍印度的民用援助和投资的因素之一。③

鉴于南亚大国之间在阿富汗问题上的零和关系，德里在外交上的挫折对伊斯兰堡来说是一种自动增益，此时的伊斯兰堡希望看到阿富汗的和平进程取得进展，但又要这种进展只能在其指导下获得。最近的事态发展也凸显了这样一个事实，即在喀布尔政府与塔利班叛乱分子和解问题上，印度除了提出反对意见外，发挥不了其他任何作用。

---

① "9 Indians Among 17 Dead as Taliban Bombers Attack Kabul," *Times of India*, February 26, 2010.
② 卡尔扎伊任命其妹夫易卜拉欣·斯宾扎达为新成立的国家安全局的临时局长，之后以普什图族政治家拉赫马图拉·纳比勒替下了他。
③ "Amid Pakistani Moves, Krishna to Attend Kabul Meet," *Thaindian News*, July 10, 2010.

  德里的高级官员也感到恼火，因为当阿富汗和巴基斯坦在进行谈判以更新双方 1965 年的《过境贸易协定》时，印度的利益被忽视了。伊斯兰堡同意了喀布尔的请求，允许阿富汗卡车开去印度的瓦加口岸以及卡拉奇和瓜达尔两地的港口。这已被纳入 2010 年 7 月签署的《巴基斯坦和阿富汗谅解备忘录》。与此形成鲜明对比的是，伊斯兰堡断然拒绝了德里的提议，即希望允许其卡车通过巴方领土运送阿富汗的货物。巴基斯坦是阿富汗的主要出口伙伴，也是仅次于美国的第二大进口伙伴。为了维持目前对阿富汗的商业霸权，它想排挤掉印度这个竞争对手。

  阿富汗穿过巴基斯坦实现的过境贸易也是卡拉奇港和巴基斯坦各公路运输公司的一项利润丰厚的收入来源，卡拉奇港是阿富汗大部分对外贸易的必经之处，而巴基斯坦的公路运输公司很多都属军队所有。此外，巴基斯坦官员担心，如果他们允许阿富汗和印度通过他们的国家直接进行商业活动，阿富汗人可能会开始利用孟买港来进行部分对外贸易，而这会削减巴基斯坦的收入。

  2010 年 11 月，为了扩大贸易，阿富汗和巴基斯坦建立了一个联合商会。阿富汗和巴基斯坦之间的官方贸易稳步增长，从 2006 年的 8.3 亿美元增长到 2012 年的 25 亿美元。而那一年的包括走私在内的非正规贸易达 20 亿美元。[1]

  因为巴基斯坦拒绝让印度利用其领土与阿富汗开展贸易，印度转而更多地以伊朗作为与阿富汗进行贸易的通道。2003 年签署的《印—阿优惠贸易协定》降低了一系列货物的关税，其结果是 2011 年

---

[1] "Expert Discuss Ways to Promote Pak-Afghan Trade," *Express Tribune* (Karachi), August 24, 2013.

双边贸易额增至 6 亿美元。[①]

在政治领域，令德里松了一口气的是，卡尔扎伊和卡亚尼之间的友好关系在大约一年后因他们无法控制的原因而破裂。奥巴马政府已经越来越多地利用无人机发起攻击，定点清除巴基斯坦的圣战武装分子。2011 年 5 月 2 日，美军采取单方面行动，击毙了躲藏在巴基斯坦阿伯塔巴德市的奥萨马·本·拉登。尽管华盛顿自 911 事件以来已向巴基斯坦提供了 200 亿美元的援助，[②] 但它不能指望巴基斯坦政府在与其合作抓捕或暗杀基地组织头目的过程中严格保密。

五角大楼的行动激怒了阿富汗塔利班以及成立 4 年的巴基斯坦塔利班。后者发誓要升级阿富汗—巴基斯坦部落带和阿富汗东部的暴力活动，以此为被杀的本·拉登复仇。此外，在以美国为首的北约从阿富汗边境省份撤军，将安全事务移交给当地部队处理之前，北约的指挥官怂恿阿富汗士兵去袭击巴基斯坦边境哨所。越境炮击事件因此急剧增加。

6 月 26 日，卡尔扎伊声称，巴基斯坦在过去三周内向阿富汗东部两个已被北约部队进行人员疏散的省份发射了 470 枚火箭弹，造成 36 人死亡。他认为，即使巴基斯坦正规部队没有参与其中，伊斯兰堡也应对这次轰炸负责。[③]

巴基斯坦军方对阿富汗塔利班的行动的炮火支持，一方面表明伊

---

① Larry Hanauer and Peter Chalk，"India's and Pakistan's Strategies in Afghanistan：Implications for the United States and the Region，"Occasional Paper，Center for Asia Pacific Policy，RAND，2012，http：//www. rand. org/content/dam/rand/pubs/occasional _ papers/2012/RAND _ OP387. pdf，16n35.

② Susan Cornwell，"Factbox：US Has Allocated ＄20 billion for Pakistan，"Reuters，April 21，2011.

③ Solomon Moore and Rahim Faiez，"Hamid Karzai：Pakistan Firing Missiles into Afghanistan，"*Huffington Post*，June 28，2011.

斯兰堡的文官政府缺乏对武装部队的控制，另一方面表明巴基斯坦在阿富汗塔利班问题上继续跟美国玩两面三刀。

因此，阿富汗—巴基斯坦边境地区局势仍不稳定。9 月 25 日，喀布尔方面宣称，4 天里，从巴基斯坦射来 340 多枚火箭弹。两周后，巴基斯坦安全部队声称有一伙 200 人的叛乱分子从阿富汗越界进入巴基斯坦，其中 30 名阿富汗武装分子已被他们消灭。[①]

2011 年 9 月 20 日喀布尔的自杀性爆炸事件，导致阿富汗前总统、阿富汗和平高级委员会（HPC）主席（塔吉克人）布尔汉努丁·拉巴尼丧生，此事发生后，卡尔扎伊政府指责三军情报局有份参与，在它看来，伊斯兰堡因为意识到自己被阿富汗和平高级委员会排除在寻求与塔利班达成和平的过程之外，所以采取了这种策略。通过这么做，巴基斯坦彰显了自己对和解进程的控制，强调了自己的主张在任何关于结束暴力的谈判中所发挥的关键作用，以及它在和平谈判被搁置时破坏和平谈判的能力。


喀布尔与德里的战略伙伴关系


2011 年 10 月 4 日，卡尔扎伊与印度总理辛格签署了《印度与阿富汗伊斯兰共和国战略伙伴关系协定》。这是喀布尔继 1979 年与苏联签订条约后所签署的第一个此类协定。值得注意的是，该文件提到了 1950 年的两国《友好条约》，并指出它"不针对任何其他国家或国家集团"。根据其中的"政治和安全合作"条款，印度同意"根据双方

---

① "30 Afghan Militants Killed After Cross Border Raid," *Express Tribune*（Karachi），October 10, 2011.

的决定，在阿富汗国家安全部队的训练、装备和能力建设项目上提供协助。"协定的大部分内容涉及贸易和经济发展方面的合作。这种战略伙伴关系的发展将在一个由两国外交部长共同主持的伙伴关系理事会的监督下进行。①

辛格在联合记者招待会上说，阿富汗境内的暴力事件正在破坏南亚的安全，印度将在外国军队 2014 年 12 月撤出该国时"站到阿富汗这一边"。他没有明确地提及，德里承诺过要增加其对包括警察在内的阿富汗安全部队进行培训。② 第二天，卡尔扎伊解释说，这项协议只是把印度与阿富汗的后塔利班政府多年来的密切关系正式化，其间自 2002 年以来印度向喀布尔提供了大量的民用援助。

巴基斯坦对此的反应令人费解。其外交部发言人强调，现在"不是故弄玄虚、玩弄政治或哗众取宠的时候"，"在这个挑战成倍增加、机遇也成倍增加的决定性阶段，我们期望每个人，尤其是阿富汗当权者，都能展现出必要的成熟度和责任感。"相比之下，巴基斯坦的退役将军、经常就国家安全问题发表评论的塔拉特·马苏德则直言不讳。他暗指巴基斯坦长期以来都认为"它正被印度从东西边境包围"，表示"该协议将加深巴基斯坦的不安全感"。颇有影响力的《黎明》报则表示担忧，认为这项协议可能导致"巴基斯坦不明智地加大其对阿富汗的干预力度"。③

11 月 29 日，总部位于科尔斯登的《简氏防务周刊》（*IHS Jane's Defence Weekly*）公布了驻德里记者拉胡尔·贝迪提供的关于印度承

---

① "Text of Agreement on Strategic Partnership between the Republic of India and the Islamic Republic of Afghanistan," October 4, 2011, http: //im. rediff. com/news/2011/oct/04indo-afghan-strategic-agreement. pdf.
② "Afghanistan and India Sign 'Strategic Partnership,'" BBC News, October 4, 2011.
③ Sebastian Abbot, "Pakistan Warns Afghanistan After Pact with India," Associated Press, October 6, 2011.

诺予以军事援助的细节，伊斯兰堡得知后忧心更甚。这项援助计划打算在未来 3 年内，用飞机送 2 万到 3 万名阿富汗新兵去印度北部和东部的军团中心接受训练。极有前途的部队将在东北部的米佐拉姆邦的陆军"平叛和丛林战学校"接受进一步训练。受训的阿富汗人员将配备突击步枪和其他小型武器，并有可能在稍后把火箭发射器、轻型火炮和改装的苏联 T-55 坦克也交到他们手里。①

2 万到 3 万的阿富汗学员人数经证明是被过分夸大了。在卡尔扎伊 2013 年 12 月访问印度期间，两国政府宣布，印度将把受训的阿富汗国家安全部队人数增加到每年 1000 人，重点是培养平叛和反恐行动能力。②

大约在同一时间，卡尔扎伊政府决定将位于阿富汗中部的 4 个铁矿石区块中的 3 个（铁含量达 18 亿吨），划给一众印度公司组成的阿富汗钢铁联盟，该联盟由国有的印度钢铁管理局有限公司领导。这笔交易需要 103 亿美元的投入，这是迄今为止这个饱受战争蹂躏的国家最大的一笔投资。③ 但两年后，由于无法以优惠条件筹集资金，再加上面临着越来越大的安全风险，该联盟考虑将此项目的启动开支削减至 15 亿美元。④

为免给人留下亲印度的印象，卡尔扎伊 2012 年 9 月在纽约举行

---

① "India Plans to Train 30,000 Afghan Soldiers," *National* (Dubai), December 3, 2011, 3; Rahul Bedi, "India Steps Up Afghan Troop Training," *IHS Jane's Defence Security Report*, November 29, 2011.

② Richard Weitz, "Afghanistan and India Deepen Strategic Cooperation," CACI Analyst, January 22, 2014. 据阿富汗驻印度大使说，每年大约有 350 名阿富汗军官在印度受训，自 2003 年以来已总计训练了 1400 人。

③ "Indian Consortium Wins $10bn Afghanistan Mines Deal," BBC News, November 29, 2011.

④ "SAIL-Led Consortium to Cut Spend on Afghan Iron Ore Mine," *Live Mint* (Delhi), November 11, 2013.

的联合国大会间隙，出席了 9 月 27 日由英国首相大卫·卡梅伦主持的阿富汗-巴基斯坦-英国峰会，并在会上提出与巴基斯坦签订《战略伙伴关系协议》（SPA）。提议得到了扎尔达里总统的热烈欢迎。然而，在返回喀布尔时，卡尔扎伊提出了一个先决条件。他说，巴基斯坦必须停止"输出恐怖主义、自杀式炸弹袭击者、干涉，以及其他所有导致阿富汗人死亡、破坏人民安宁和正在破坏阿富汗稳定的行为"。① 卡尔扎伊的这一出人意料的举动让这两个邻国签订战略伙伴关系协议的进程缓了下来。

尽管如此，11 月，阿富汗和平高级委员会还是向巴基斯坦高级官员泄露了一份"到 2015 年的阿富汗和平进程路线图"。这份文件设想喀布尔政府和塔利班在 2013 年初举行直接会谈，首选地点是沙特某城市，在很快达成停火协议后，便安排叛乱分子重返社会，让他们的领导人分享权力。这看起来更像是一份愿望清单，而不是一个现实的计划。

然而，其中最突出的是它承认了巴基斯坦在和平进程中的中心地位，这一点是卡尔扎伊政府迄今不愿承认的。这足以引起印度的警觉。其国家安全顾问希夫·山卡·梅农提到了 2010 年 1 月的阿富汗问题伦敦会议上商定的几条红线，它要求塔利班切断与基地组织和其他恐怖组织的所有联系，尊重阿富汗宪法中所昭示的价值观和理念，其中包括妇女权利。②

---

① Huma Imtiaz, "New York Summit: Zardari, Karzai and Cameron Discuss Afghan Endgame," *Express Tribune* (Karachi), September 27, 2012; "Accusations of Afghan President Termed 'Totally Misplaced,' " *Express Tribune* (Karachi), October 9, 2012.

② AnirbanBhaumik, "India Concerned over Leaked Afghan Peace Road Map," Taand. com, January 4, 2013, http: //www. english. taand. com/index. php? mod = article&cat = articles&article = 2280.

总之，尽管一再承诺在某个日期前完成设想的战略伙伴关系协议，但由于邻国之间存在信任赤字，此事没有任何明确的结果。在与叛乱分子的和平进程也没有任何明显的进展。鉴于 2014 年 12 月是外国军队撤离阿富汗的日期，塔利班领导人认为没有必要与卡尔扎伊进行谈判，他们通常将卡尔扎伊描述为美国的傀儡。在这些领域没有进展，正好符合德里的利益。

## 耍把戏的卡尔扎伊

随着北约部队撤离日期的临近，卡尔扎伊敦促德里加大援助力度，在 2011 年印-阿战略伙伴关系协议的框架内加强安全保障。2013 年 5 月 20 日至 22 日，是他上任以来第 12 次访问印度，在此期间，他拿出了一份愿望清单，是有关提升阿富汗的安全保障和反恐能力的，清单包括提供攻击直升机、火箭发射器、轻型和重型火炮、改装的苏联 T-55 坦克和运输机等。

鉴于纳瓦兹·谢里夫领导的政党在巴基斯坦大选中获胜，印度政府需要斟酌卡尔扎伊的要求。谢里夫在伊斯兰堡重新掌权预示着印巴关系的改善，对阿富汗的形势产生了积极影响。为喀布尔配备重型武器，可能会被伊斯兰堡视为挑衅。因此，辛格政府闪烁其辞，声称需要征得克里姆林宫的许可后，才能将其苏联时代的武器交给阿富汗。德里还有另一重担心，那就是 2014 年总统大选后，卡尔扎伊的继任者不会像他这样亲印度。

把卡尔扎伊政府和塔利班领导人带到多哈回合谈判桌上的幕后努力，在 2013 年 6 月宣告失败，因为塔利班这时将其在卡塔尔首都新开设的办事处称为阿富汗酋长国大使馆，并让塔利班的旗帜飘扬在使馆上空。消息传来，卡尔扎伊气得脸色发青。

和以前一样，卡尔扎伊再出险招，意在表明阿富汗与印度的关系并不是以牺牲与巴基斯坦的关系为代价的。8月25日，卡尔扎伊去了伊斯兰堡，与纳瓦兹·谢里夫进行了磋商，会谈进行得非常顺利，以至他将原定一天的行程延长了一天。谢里夫把巴基斯坦对喀布尔的援助增加了1.15亿美元，使总额达到5亿美元。在联合新闻发布会上，卡尔扎伊表示，他希望巴基斯坦政府能够在塔利班问题上发挥调解作用，因为其对塔利班具有"很大的影响力"。作为回报，谢里夫重申了巴基斯坦的口头禅：阿富汗的和平与和解进程必须是"为阿人所有，由阿人领导"。[①]

对于卡尔扎伊的要求，即释放2010年2月在卡拉奇被捕的奥马尔的温和派副手阿卜杜勒·加尼·巴拉达，谢里夫次月便做到了。但塔利班并没有改变其官方立场，仍然拒绝与卡尔扎伊政府会商。

塔利班的暴力活动包括破坏印度批准的20亿美元民用援助的成果，这其中的70％将于2013年底前拨付。相比之下，巴基斯坦5亿美元援助仅拨付40％。而且，伊斯兰堡并没有修建过可以彰显阿富汗的开放姿态的道路、大学或医院。[②]

与此同时，由于缺乏适当的审计和监督，最终结果与印度官员描绘的美好图景相去甚远。例如，一名路透社记者在造访阿富汗东南部的阿钦村时，发现"［印度资助的］一所学校的屋顶上有个大洞，墙

---

① "Karzai Calls for Pakistan Role in Afghan Peace Process," BBC News, August 26, 2013.

② "Afghanistan Aid" (graph), Reuters, March 4, 2014.

壁开裂，课桌椅破破烂烂"。但令校长惊讶的是，喀布尔方面的记录显示，该校已经竣工。[1]

值得注意的是，截至 2011 年 6 月，印度在过去两三年内没有推出过任何重大举措。印度修建的迪拉腊姆道路网要穿过塔利班控制的尼姆鲁兹省，已然被塔利班的简易爆炸装置（IED）造成的弹坑弄得坑坑洼洼。[2] 2006 年在赫拉特启动的耗资 3 亿美元、预计 4 年完成的雄心勃勃的萨尔玛大坝工程，因建筑工人多次遭到简易爆炸装置的袭击，加上预算超支，到 2013 年年中仍未完工。一旦完工，这座大坝将能灌溉赫拉特的 7.5 万英亩土地，发电 45 兆瓦。[3]

总的来说，印度和巴基斯坦在阿富汗的竞争不仅涉及地缘政治和商业，还涉及软实力。

### 软实力竞赛：一边倒

在软实力方面，印度遥遥领先于竞争对手巴基斯坦。这在电视节目方面最为突出。自 2004 年 10 月开播的 Tolo TV（达里语，意为"日出"）开始，商业电视在阿富汗蓬勃发展，而在塔利班统治时期的阿富汗，商业电视是被取缔的。Tolo TV 提供了丰富多彩的电视节目。其中，以达里语配音的印度肥皂剧很受欢迎，每天在供电稳定的黄金时段播出一集。到 2008 年初，Tolo TV 每天播放三部印度肥皂

① "India and Pakistan Ramp Up Aid."
② Hanauer and Chalk, "India's and Pakistan's Strategies in Afghanistan."
③ "India Vows to Complete Salma Dam Project Within a Year," *Tolo News*, August 24, 2013.

剧，而其一些竞争对手则会播放六部，原因在于这类节目低成本且令人着迷。

在 Tolo TV 的印度电视剧中，《婆婆也曾是儿媳》（印地语）因其中的儿媳名字叫图尔西·维兰，而被普遍称为 *Tulsi*。在一个拥有3000 万人口的国家，有 1000 万观众观看是创纪录的。阿富汗人对这部剧如此着迷，以至于从晚上 8 点 30 分开始后的半小时里，阿富汗几乎一切活动都停止了。"这就像上瘾一样。"23 岁的警察纳斯鲁拉·穆罕默德说。[①] 这种文化对阿富汗人的影响是如此之大，以至于阿富汗青少年开始模仿印度同龄人，触摸长辈的脚以示尊重，这在阿富汗是从没有过的事。

有几个因素可以解释这一现象。总的来说，阿富汗人和印度人有着相似的家庭模式及文化规范和传统。例如，婆婆总是对年轻的缺乏自信的儿媳要求苛严，处处压制，因为当她自己是一个大家庭里的年轻妻子时，她的婆婆就是这样对待她的。出了家门，没有任何娱乐活动可言，女性更是如此。"其他国家的人有别的享受和娱乐，但我们什么都没有。"23 岁的罗亚·阿明说，她是喀布尔的一位年轻母亲，女儿尚年幼，她每天看三部印度电视剧。[②] 这些有趣的剧集也帮助阿富汗人忘记了他们国家没完没了的暴力和苦难。

宝莱坞电影也是这个道理。在塔利班出现之前，这些电影是当地电影观众的主要娱乐生活。阿富汗女演员维达·萨马扎伊 2010 年访问德里时说："我们的文化如此相似，最棒的是我们大多数人都是通过看宝莱坞电影来学习印地语的。""甚至在来印度之前，我的印地语

---

① Aryn Baker，"Afghanistan Unplugs Bollywood's Siren Song，" *Time*，May 8，2008.

② Alisa Tang and Rahim Faiez，"TV Stations Defy Afghan Government Ban on Indian Soap Operas，" Associated Press，April 23，2008.

就已经很流利了，多亏了宝莱坞电影，我的印地语有 80％ 堪称完美。"①

目前，虽然喀布尔有一些在正常营业的电影院，但放的宝莱坞电影都是盗版的，因为当地的发行商缺乏资金。门票通常不到半美元。在某些情况下，印度制片人把洗印好的电影拷贝当礼物送给阿富汗发行商。电视频道也照样播放盗版影片。

"我非常喜欢印度舞蹈和歌曲，每周至少去电影院看一次印度电影，"20 岁的学生、负责赚钱养家的阿卜杜勒·瓦希德说，"早上在学校努力学习，下午去干无聊的工作养家，我夹在中间疲于奔命。要忘记痛苦，最合理的做法就是去电影院看印度电影。"② 当然，还有一种强烈的代入因素在起作用。苏吉特·萨卡在他的《寻找新阿富汗》(In Search of a New Afghanistan) 一书中解释道："宝莱坞英雄们的超凡表现，与其严酷的现实形成鲜明对比，为他们提供了一个把自己代入进去的机会，让他们沉浸在宏大的电影场景制造的人生幻想中。离经叛道的音乐是另一个令人上瘾的元素。"③

与电视观众的数量相比，电影观众微不足道。《婆婆也曾是儿媳》和其他类似的印度电视剧的空前流行，引起了阿富汗官员和宗教领袖的关注。他们反对拍摄印度教偶像和对它们的崇拜，这与伊斯兰教严禁偶像崇拜的教义是相悖的，身着纱丽的印度女演员的低领口和裸露的腹部、肩膀和手臂等也不合教规。

---

① Robin Bansal, "Afghanistan Crazy About Bollywood, but Lacks Official Market," IANS, April 18, 2010, http://www.bollywood.com/afghanistan-crazy-about-bollywood-lacks-official-market.
② AbdulHaleem, ChenXin, "Feature: JoblessYoungAfghansFindEscapeinBollywoodMovies," Xinhua Net, June 17, 2012.
③ "Afghanistan and the Popularity of Bollywood Are Inseparable," *Economic Times*, June 17, 2012.

2008 年 4 月初，信息和文化部下令包括 Tolo TV 在内的 4 个电视频道在 4 月中旬之前停播 5 部印度肥皂剧。除了 Tolo TV 外，其他电视台都照办了。Tolo TV 选择给有争议的图像打上马赛克。但这还不够。5 月初，议会通过了一项法律，禁止《婆婆也曾是儿媳》和另外 4 部印度连续剧的播出。自那以后，电视频道雇了审查员来给任何可能引起反感的内容打马赛克。

至于宝莱坞电影，官方审查员下令删减之后才给发行商发电影放映许可证。巴基斯坦也是如此，尽管在 1965 年印巴克什米尔战争之后，宝莱坞电影被（官方）禁止进口达 40 年之久，但宝莱坞电影仍源源不断地对巴基斯坦大众散发着魅力。

# 第十九章
## 共享文化，商业兴起

在为印度穆斯林寻找次大陆上的家园时，穆罕默德·阿里·真纳将大众福祉放在首位。他设想现有的旁遮普和孟加拉成为巴基斯坦的一部分。至于穆斯林占少数的大部分省份，他畅想的是，他们的安全将由巴基斯坦东西两翼的印度教教徒和锡克教徒来保证。也就是说，每个独立的国家都会将其边界内的少数民族群体作为与另一个国家讨价还价的有效筹码。这种情况并没有发生。由于旁遮普的分裂，以及随后几乎全部是在村庄层面发生的集体屠杀，巴基斯坦这边的印度教教徒、锡克教徒和东部的穆斯林都被清除了。因此，在后独立时期，没有印度教或锡克教家庭被边界隔开。最初，在分裂后的孟加拉邦很少有印度教教徒和穆斯林移民。

在少数民族省份的穆斯林中发生了家庭四分五裂的情绪，因为他们选择移民到巴基斯坦，去一个伊斯兰教环境中寻求更好的经济前景和生活。这种自愿迁移，大多发生在德里、联合省和孟买的部分地区，尤其是首府城市和该省讲古吉拉特语的地区。这些穆斯林移民一向是受过教育的，在商业部门或政府部门工作。正是这些人对1950年代中期以来印度和巴基斯坦之间的旅行日渐受限的情况怨声载道。

尚未分裂的信德省，人口只有 500 万，其中四分之一是印度教教徒。他们主要是城市居民，多以经商或专业技能为生，占公务员队伍的很大一部分，并且与当地穆斯林几乎没有什么往来。没有印度教农民，信德省也就没有发生大规模的暴力事件。然而，随着从印度的穆斯林少数民族省份来的移民人数在卡拉奇和信德省第二大城市海得拉巴激增，当局任由反印度教暴力在这些城市短暂地爆发一下。这足以导致在接下来的几年里，大约 100 万印度教教徒有序地迁往印度的其他地区，从北部的德里到孟买南部的戈尔哈布尔。因此，信德的印度教教徒家庭没有四分五裂。

印度教教徒和穆斯林之间所共有的任何文化价值观，都仅限于孟买制作的印度斯坦语电影之中。（"宝莱坞"一词是后来才出现的。）由于电影院只存在于大城市和城镇中，去电影院的穆斯林要比印度教教徒少。

尽管如此，拉兹·卡普尔和迪利普·库马尔（原名穆罕默德·优素福·汗）等印度电影明星，在巴基斯坦和印度享有同样的声誉。拉兹·卡普尔在 1951 年的电影《流浪者》（*Awara*，印度斯坦语）中与穆斯林纳尔吉斯共同担任主演，影片在巴基斯坦西部和印度都大受欢迎。作为多才多艺的演员，他和迪利普·库马尔之间的良性竞争在 1960 年结束，这一年，迪利普·库马尔在其主演的《伟大的莫卧儿》（*The Great Mughal*）一片中的精彩表演打破了两国的票房纪录。

1965 年 9 月的印巴战争后，所有这些都变了。巴基斯坦总统、陆军元帅穆罕默德·阿尤布·汗发布了一项总统令，宣布此前在巴基斯坦常规放映的印度电影为"敌方财产"。

齐亚·哈克发布的关于电影登记的"81 号戒严令"（MLO），吊销了 1947 年至 1981 年间发行的所有印度电影的执照。① 相应地，伊斯兰堡的贸易议定也禁止进口任何对白或演员源自印度或巴基斯坦的电影。

不过，在齐亚·哈克统治期间，有两部电影例外：《努尔加汗》（*Noor Jehan*）和《吸引力》（*Kashish*，印地语）。1967 年在印度上映的《努尔加汗》根据莫卧儿王朝一位皇后的生活故事改编，堪称一场豪华铺张的电影盛宴。其糟糕的票房让演员兼制片人谢赫·穆克塔破了产。绝望之下，他带着自己制作的 7 部电影的拷贝移民去了巴基斯坦。多年来，他一直请求巴基斯坦官员允许发行他的一部或多部作品，但从未获得批准——直到他说服齐亚·哈克去看他的《努尔加汗》。齐亚·哈克喜欢这部片子。但命运跟谢赫·穆克塔开了一个残酷的玩笑，就在 1980 年 5 月 11 日，也就是审查员给它的影片开绿灯的那一天，穆克塔死于心脏病。该片于 5 月 23 日首映，并大获成功。

另一部突破巴基斯坦对印度电影的全面禁令的是历史故事片《莫卧儿阿扎姆》（Mughal-e-Azam）。这部电影由卡里穆丁·阿西夫执导，讲述了阿克巴大帝的故事以及王储萨利姆（后来的贾汗吉尔皇帝）与名妓阿纳卡里之间的私情。1960 年，它以黑白片上映，是迄今为止印度史上最宏大的史诗电影，有着一流的演员和华丽的布景与服饰。2004 年，该片卷土重来，这一次是由原制片人沙普尔基·帕龙基·米斯特的孙子沙普尔基·米斯特制作的数字彩色版，在印度全国放映后，赢得了极大的赞誉和巨大的票房。

次月，导演卡里穆丁·阿西夫在伦敦的儿子阿克巴·阿西夫将这

---

① Pending Proceedings Order, Martial Law Order No. 107（December 30，1985），http：//pakistan constitutionlaw. com/pending-proceedings-order-martial-law-order-no-107-30th-of-december-1985.

部彩色电影的拷贝作为礼物送给了巴基斯坦总统穆沙拉夫。穆沙拉夫于 2005 年 5 月批准了该片的放映。① 2005 年底，巴基斯坦总统访问伦敦期间，阿西夫和制片人去见了他，主动提出将该片在巴基斯坦的票房收入捐给 10 月 8 日克什米尔地震的幸存者。②

电影《莫卧儿阿扎姆》2006 年 4 月 22 日在拉合尔首映。阿西夫说："确保《莫卧儿阿扎姆》成为印度和巴基斯坦之间的文化桥梁是为了实现我父亲的梦想，让它成为第一部获准在巴基斯坦上映的电影。"③ 作为 41 年后第一部正式在巴基斯坦影院上映的印度电影，此片的地位无与伦比。

几天后，另一部宝莱坞电影《泰姬陵：永恒的爱情故事》（*Taj Mahal: An Eternal Love Story*）在拉合尔上映，它是 2005 年制作的。穆沙拉夫之所以法外开恩，是因为这部电影与莫卧儿王朝有关，女主人公蒙塔兹·玛哈尔皇后——那座闻名于世的纪念碑正是为她而建——的扮演者是巴基斯坦女演员索尼娅·杰汉，她的母亲是法国人。

首映之夜，印度旅游和文化部长安比卡·索尼到拉合尔会见了印度代表团。"这是一个良好的开端"，她说，她希望《泰姬陵》一片能为最终巴基斯坦解除禁令铺平道路。伊斯兰堡的官方立场是，在与印度所有悬而未决的问题得到解决之后，才允许放映印度电影。索尼指出，德里没有对在印度上映的巴基斯坦电影和表演的艺术家施加任何

---

① Taran Adarsh, "Mughal-e-Azam Censored in Pakistan," *Sify Movies*, February 13, 2006, http：// www. sify. com/movies/mughal-e-azam-censored-in-pakistan-news-bolly-wood-kkfvtdefjcd. html.

② "Pakistan Clears Bollywood Films," BBC News, February 8, 2006.

③ "Mughal-e-Azam Releases in Pakistan：Will Others Follow Suit?," *One India News*, April 23, 2006.

限制。① 2006 年 6 月，巴基斯坦政府颁布了《法定监管令》，允许进口和展映印度和其他外国的电影及连续剧。②

此时，随着 1990 年代中期 VHS 录像带和 DVD 的出现，盗版印度和其他外国的电影的现象已经司空见惯。在巴基斯坦的本土市场，卖最新好莱坞和宝莱坞大片的 DVD 商贩处处可见。巴基斯坦的分销商还通过造文件证明其影片原产于英国或阿联酋，以此进口印度电影。根据 2006 年的非官方估计，巴基斯坦每天约有 1500 万人观看宝莱坞电影——占总人口的 10%。③

2008 年，一部以迪拜和德班为背景的惊悚喜剧和重磅动作大片《竞赛》（Race）让巴基斯坦的放映商尝到了印度进口电影令人垂涎的票房成功滋味。电影上座率的激增，扭转了影院数量从 1970 年代的 1300 家锐减到 270 家的颓势，并引发了新的多厅影院的兴起。④

2012 年 11 月，电视谈话节目主持人穆巴希尔·卢克曼向拉合尔高等法院递交诉状，直指走私印度电影及其在巴基斯坦影院放映的事实。他声称，自 2006 年 6 月以来，至少有 213 部印度电影通过伪造的原产地证书在巴基斯坦放映。法院下令中央电影审查委员会不得对缺乏应备进口文件的电影进行认证。⑤

虽然乌尔都语只是巴基斯坦 5% 的人口的母语，却是这个国家的官方语言，而且全国各地的学校都在教。因此，大多数巴基斯坦人都会说两种语言。乌尔都语是印度官方承认的 18 种语言之一，而印度

---

① "Taj Film Set for History in Pak," *Telegraph* (Kolkata), April 25, 2006.
② M. Zulqernain, "Pakistani Court Stops Airing of Indian, Foreign Films on TV," *Rediff News* (Mumbai), December 11, 2013.
③ "Mughal-e-Azam Releases in Pakistan."
④ 同上。
⑤ "Ban on Indian Movies," *Dawn* (Karachi), December 6, 2012.

本土语言的主要语言是印地语。除了泰米尔纳德邦外，其他非印地语区的学校都教授印地语。印地语的口语类似于乌尔都语，这种语言通常被称为印度斯坦语。宝莱坞的剧本就是用印度斯坦语写的。

"巴基斯坦的普通百姓需要娱乐，而印度电影为他们提供了一个摆脱［世俗］日常生活的源泉，"巴基斯坦影评人伊尔凡·阿什拉夫说，"巴基斯坦的影院老板了解媒体政治经济的这一面，因此［他们中的大多数］想搞到印度电影，尽管当地一些电影制片人和导演总是抵制［印度片］。"①

2013 年 12 月 19 日，预算达 2100 万美元的宝莱坞动作惊悚片《幻影车神 3》（Dhoom 3，北印度语）在印度上映，一周后又在巴基斯坦上映，为印度电影业与巴基斯坦之间错综复杂的故事增添了新的元素。编剧兼导演为克里希纳·阿查里亚，主演则是超级巨星阿米尔·汗。上映第一天，这部电影在卡拉奇的 56 块银幕上获得 2000 万卢比的票房，打破了巴基斯坦电影《罢工》（Waar，乌尔都语）上个月创下的 1140 万卢比的票房纪录。这个港口城市对《幻影车神 3》是如此狂热，以至于多厅影院的所有银幕都在放映该片，每块银幕每天放五场，发行商纳蒂姆·H. 曼德维瓦拉欣喜若狂。"对于放映商和发行商而言，2013 年是伟大的一年。《我是板球巨星沙希德·阿夫里迪》（Chambeli, Man Hoon Shahid Afridi；乌尔都语）、《罢工》、《金奈快车》和《幻影车神 3》的成功，都表明了巴基斯坦和印度电影可以在银幕上共存。"②

实际上，这种共存已经正式成为现实。向拉合尔高等法院申请印

---

① Palash Ghosh, "Bollywood Boom and 'Dhoom': Indian Films Wildly Popular in Pakistan Despite 'Ban' on Their Exhibition," *International Business Times*, January 7, 2014.
② "Amir Khan's 'Dhoom 3' Breaks Box Office Records in Pakistan," *Indian Express*, December 26, 2013.

度电影禁令，并得到了那些担心宝莱坞进口片导致国内电影业衰落的人的支持的卢克曼，于 12 月 16 日在达成妥协后撤回了他的请愿书。他与巴基斯坦电影业主协会和电影发行商签署了一项谅解备忘录，允许巴基斯坦的电影院为印度和巴基斯坦的电影提供同等的放映时间。[①]

然而，商界的这种务实态度与政界和军界的普遍观点是相左的。

## 心理战工具

政界和军方的强硬派担心印度电影和广播媒体在塑造巴基斯坦舆论方面存在险恶用心。在拉瓦尔品第的总司令部为军官团出版的最新一期巴基斯坦双年刊《绿皮书》（*Green Book*）中，穆罕默德·阿西夫少将在一篇文章里对现实感到失望，即因为巴基斯坦媒体缺乏公信力，许多人转向全印广播电台、BBC 和印度卫视新闻频道接收新闻，在印巴危机期间尤其如此。[②]

2012 年出版的《绿皮书》（2010 年刊）谈到了信息战。在开篇文章《论印度支持的对巴基斯坦的心理战》中，乌马尔·法鲁克·杜拉尼准将说，印度的调查分析局资助了许多报纸甚至电视频道，如 ZEE TV，该电视台"被认为是印度所发动的心理战的媒体总部"。然而，杜拉尼认为，最微妙的心理战形式"是电影里的，以情节剧的背景展示了穆斯林和印度教教徒的友谊。印度肥皂剧和电影很容易受到巴基

① "Pakistan's Ban on Bollywood Films Withdrawn," *Financial Express*, December 17, 2013.
② "Pak Army Must Acquire a Television Channel," *Siasat Daily* (Hyderabad), December 17, 2013.

斯坦的大多数家庭的欢迎。通过这种方式所希望得到的效果是破坏
［穆罕默德·阿里·］真纳个人所痴迷的两个民族理论"。在这本书的
前言中，陆军参谋长阿什法克·帕瓦兹·卡亚尼将军描述这些文章将
为"领导层提供一个有效的论坛，让他们反思、认清和界定巴基斯坦
军队面临的挑战，彼此交流打赢这场仗的方法"。[①]

至于以拉合尔为大本营的巴基斯坦电影产业，即"洛莱坞"
（Lollywood），已经从齐亚·哈克统治时期的低谷中复苏。但与宝莱
坞相比，还只是一条小鱼。2011 年，宝莱坞的收入为 30 亿美元，预
计 2016 年将达到 45 亿美元。[②]

在大众文化领域，巴基斯坦人在与印度人的竞争中唯一可以安慰
自己的是板球。只有在那项运动中，他们才有胜算。


## 板球：独占鳌头的壮观竞技场


分治的结果之一是形成了更有力的体育竞争，这一点在板球比赛
的椭圆形场地上表现得淋漓尽致。尽管巴基斯坦在 1948 年成为国际
板球理事会（ICC）的常任理事国，但它在 4 年后才获得测试赛[③]资
格。在接下来的 60 年里，它与印度进行了 58 次测试赛，赢了 11 次，
输了 9 次，其余的为平局。[④] 另一方面，印度人 1983 年 6 月在伦敦的
罗德球场赢得了国际板球理事会举办的世界杯，比伊姆兰·汗率领的

---

① Praveen Swami, "*Green Books*, Red Herring and LoC War," *Hindu*, January 16, 2013.
② Ghosh, "Bollywood Boom and 'Dhoom.'"
③ 通常打 5 天，每天打 6 小时或更久，每方各打两局。——译者
④ "India vs Pakistan: Cricket History," NDTV Cricket, December 10, 2012, http://sports.ndtv.com/india-vs-pakistan-2012/about/200488-india-vs-pakistan-cricket-history.

巴基斯坦队在墨尔本赢得世界杯早了9年。从1978年10月开始，这两个邻国的国家队在单日国际赛、多国锦标赛和Twenty20赛中相互较劲。① 到2014年3月为止，126场交锋中，巴基斯坦队赢了72场，印度队胜了50场，其余4场为平局。②

巴基斯坦与印度的第一次测试赛始于1952年，其球队在德里输掉了第一场。之后它在勒克瑙神勇反击，以一局之差让主队蒙受了耻辱性的失败。虽然它的表现让国内的巴基斯坦人精神振奋，体育馆现场的印度观众却非常愤怒，他们发出嘘声嘲笑印度球员。靠着赢得下一场比赛，印度人保住了自己在体育上的荣誉。但在勒克瑙发生的对印度板球队的辱骂留下了不可磨灭的印记，其传达的信息是：除了板球以外，还有很多的利害关系。两支国家队之间的一场比赛将被视为一场在球场上进行的战斗——一场没有枪声的战争。事实上，在印度和巴基斯坦之间，"交锋"一词取代了正常的"比赛"。这迫使两名队长和他们的球队采取防守战术。因此，巴基斯坦主办的1954—1955年测试赛和印度主办的1960—1961年测试赛都是平局。

1965年的克什米尔战争造成的体育赛事和贸易中断，一直持续到发生在1971年的下一次武装冲突之后。直到1978年，两国分别为莫拉吉·德赛和齐亚·哈克将军——都不是1971年战争的直接参与者——执政时，双方的板球赛事才得以恢复。1978年11月，第16次印巴测试赛在巴基斯坦的费萨拉巴德举行。印度—巴基斯坦板球测试赛系列赛成为一年一度的大事。

---

① 2003年引入的英格兰和威尔士的Twenty20赛，有两支球队参加；每支球队有一局，最多击球20次。

② Statistics from ESPN's Cricinfo, http://stats. espncricinfo. com/ci/engine/stats/index. html? class = 2; filter = advanced; opposition = 7; orderby = won; team = 6; template = results; type = team.

在一些锦标赛中也会进行单日赛，例如在阿联酋举行的历史短暂的澳亚杯。由于此类比赛时间短暂，通常非常刺激。印度和巴基斯坦之间最令人难忘的一场比赛是 1986 年在沙迦举行的澳亚杯决赛。巴基斯坦要获胜，最后一球就得打出 4 分。传奇击球手贾维德·米安达德的一记好球击出了 6 分，球越过边界标进入人群。劲敌一被击败，巴基斯坦全国上下顿时欣喜若狂。这是巴基斯坦在锦标赛的单日赛中取得的第一场胜利，这让印度人陷入沮丧中很久不能平复。事实上，胜负的冲击如此之大，以致国境两边都有数人死于心脏病。①

第二年，印度总理拉吉夫·甘地另辟蹊径，于 1987 年 2 月邀请齐亚·哈克与他一起观看一场板球比赛，以缓和印度的"布拉斯塔克斯行动"所造成的紧张局势。至此，"板球外交"一词进入了南亚的外交词典。后来，由于克什米尔的叛乱，德里—伊斯兰堡的关系恶化，参赛球队的全国巡回赛终止，1989 年 12 月中旬在巴基斯坦锡亚尔科特举行的第 45 次测试赛是 12 年间的最后一次。一个月前，16 岁的萨钦·滕杜尔卡在卡拉奇与巴基斯坦国家队的测试赛系列中首次亮相，后来他被誉为战后最伟大的击球手。

一方面，测试赛在印巴边境两侧激起了铁杆球迷的热情；另一方面，它使得人与人之间的接触成为可能。"我记得在拉合尔的 1989 年测试赛中，人们从新德里和阿姆利则赶过来，"巴基斯坦板球委员会（PCB）首席执行官拉米兹·拉贾回忆道，"同样，巴基斯坦在印度比赛时，巴基斯坦人也会前往昌迪加尔和其他印度城市。"②

---

① KanishkaaBalachandran, "Going, Going . . . Gone, Following ShivnarineChanderpaul's Heroics, Cricinfo Looks Back at Similar One-Day Thrillers," ESPN Cricinfo, April 10, 2008.
② "Resumption of India-Pakistan Matches Moves Closer," ESPN Cricinfo, October 22, 2003.

1990 年代初，随着克什米尔分离主义分子的叛乱活动愈演愈烈，印度政府铁腕镇压，德里和伊斯兰堡之间关系冷淡，板球测试赛也暂停了。

在印度商业巨擘撒哈拉集团的倡议下，巴基斯坦板球委员会和印度板球总会（BCCI）于 1995 年签署了一份为期五年的合约，在中立的地点多伦多一年举办一次单日国际赛。在 1996 年 9 月至 1998 年 9 月的三个赛季中，巴基斯坦赢了比赛。到那时，随着有线电视在印度的普及，越来越多的印度人有机会观看海外的板球比赛。尽管赌板球是非法的，在印度和巴基斯坦却很司空见惯。1999 年春天的卡吉尔战事之后，撒哈拉集团终止了赞助，还没来得及举行的两届单日国际赛也泡汤了。[①]

至于印巴测试赛，在印度总理瓦杰帕伊 1999 年 2 月从德里到拉合尔的巴士之旅前夕，第 46 次印巴测试赛在金奈举行。巴基斯坦以 12 分的优势获胜。由于卡吉尔的战事，印度队的回访赛未能实现，这导致官方层面的双边板球联系又一次中断。

1999 年 6 月 8 日，当印度和巴基斯坦的士兵在卡吉尔交战时，在英格兰的曼彻斯特举行的世界杯比赛中，交战国的板球队之间的较量成为此次赛事中最引人瞩目的部分。虽然巴基斯坦被印度击败，但它在之前的比赛中表现不俗，因而进入了半决赛。

2001 年 12 月印度议会大厦遭恐怖袭击后，德里与伊斯兰堡断绝了外交关系，包括体育在内的双边关系一直冻结到 2003 年 8 月。6 个月后，尽管存在安全顾虑，印度还是打响了它的 3 次测试赛中的第一次比赛，而且举行了同等数量的单日国际赛。"近 14 年来，我们的

---

① "Sahara India to Sponsor India, Pakistan Matches in Canada," ESPN, July 15，1996，http：//www.espncricinfo.com/page2/content/story/72440.html.

大众一直渴望看到印度在巴基斯坦打比赛，"巴基斯坦板球委员会首席执行官拉米兹·拉贾说，"我认为 8 场国际比赛将产生巨大的刺激和兴趣，而差不多每个［体育］中心都将获得应有的［主办比赛的］场次。"① 印度队以 2∶1 赢得了系列赛。至此，在电视上播放板球比赛已成为一项大生意。对球员来说，获胜的压力也因此越来越大。

不难想见，2008 年 11 月发生在孟买的恐怖袭击事件导致印巴的板球交往破裂。2009 年 3 月，来访的斯里兰卡队在拉合尔遭遇恐怖袭击后，国际板球协会取消了巴基斯坦合办 2011 年板球世界杯的资格。组委会总部从拉合尔迁往孟买。由于巴基斯坦不再举办比赛，8 场比赛在印度，4 场在斯里兰卡，2 场在孟加拉国。这对巴基斯坦来说是一个重大打击，至今尚未完全恢复过来。

## 旁遮普平原上的板球之战

当 2011 年的板球世界杯半决赛上，印度和巴基斯坦球队在昌迪加尔的卫星城莫哈利的体育场对决时，两国观众群情振奋，博彩规模也随之高涨，此时已达数十亿卢比。3 月 30 日，印度总理曼莫汉·辛格邀请巴基斯坦总理吉拉尼到场观看这场持续一天的战斗，为这一赛事增添了更多的戏剧元素。

在这件大事拉开序幕前夕，莫哈利体育场被身着卡其布制服的警察分遣队、身着蓝色制服的防暴准军事部队、身穿黑色工作服的突击队和穿着全套作战制服的正规部队重重包围。他们还得到了携嗅探犬

---

① "Resumption of India-Pakistan Matches Moves Closer."

前来的拆弹小组和空中直升机的支援。进入体育场的人都要经过一个金属探测器，保安人员还会对入场者进行严格的搜身。

体育场的2.8万个座位中，只有一半可用——另一半是留给两国的名人、外交官和官员——这种需求远大于供给，造成门票售价高达官方价格的10倍。那些拼命想进入赛场的人在赛前36小时就开始排队了。尽管有报道称印度向数千名巴基斯坦人发放了签证，但与此不符的是，从瓦加边境哨所过境的人寥寥无几。大多数巴基斯坦人选择观看电视直播。

在板球队队长沙希德·阿夫里迪的家乡卡拉奇，当局在全市各比赛场馆竖起了巨大的电视屏幕，车主们则将国旗和球员海报挂在自己的车上。监狱官员也表现出罕见的友好姿态，为他们的印度囚犯安排了通过屏幕观看比赛的机会，还提供了印度三色旗，好让他们为自己的球队加油。在昌迪加尔，旁遮普邦副首席部长苏哈比尔·辛格·巴达尔敦促当地居民"向边境另一边的兄弟敞开心扉，敞开家园"。在某种程度上，他们对巴基斯坦游客很慷慨。"他们能来，他们能打，但他们赢不了，"一名印度队的狂热球迷说，"这是印度的囊中之物。"①

结果就是这样。印度以29分的优势获胜。3名巴基斯坦人死于输球引起的心脏病发作。其中一人是55岁的利亚夸特·索迪亚，是个演员、编剧兼导演，他是在卡拉奇参加一个为宣传这场比赛而办的电视节目时当场猝死的。"全国上下……失望之极，"总部设在拉合尔的《世界日报》（*Dunya*）的社论说，"观看现场直播的球迷在比赛的

---

① SanjoyMajumder, "India-Pakistan Cricket Battle at Mohali Raises Passions," March 30, 2011.

最后阶段都掉头回家去了。"①

　　在孟买的决赛中，印度队与斯里兰卡队对阵。印度以 6 个三柱门击败了对手，取得了胜利，成为第一个在本土赢得板球世界杯决赛的国家。观看这场扣人心弦的决赛的观众达到了创纪录的 6760 万人，大多数人都是悬在座位边缘上看的——这场比赛也成为在电视上观看人数最多的体育赛事之一。

<br>

### 印度的地位在上升

　　到目前为止，印度与巴基斯坦的球队的国际地位并不在一个级别上。这源于印度球员素质的提高以及印度作为国际板球商业中心的崛起。意识到与印度的比赛失利，巴基斯坦国家队将因此被排除在最有利可图的核心团队之外，巴基斯坦板球委员会敦促印度板球总会恢复双方的体育交往，并重申其长期以来的立场，即政治不应干预体育交流。2012 年 12 月底和 2013 年 1 月初，印度板球总会邀请巴基斯坦球队赴印度进行三场单日国际赛和两场 Twenty20 赛。

　　在这 5 年以来的第一次印度之行中，巴基斯坦队甚至在 Twenty20 系列赛中出局，但以 2：1 赢得了单日国际赛，这是他们自 2005 年以来的首次胜利。它的板球运动员和媒体，也在印度板球运动员滕杜尔卡结束近 25 年职业生涯准备退役时，展现出了一种真正的体育精神。其中之一，就是巴基斯坦媒体直播了 2013 年 11 月 16 日滕杜

---

① "Heartbreak in Pakistan，Three Die over Defeat，" NDTV，April 1，2011，http：//www. ndtv. com/article/world/heartbreak-in-pakistan-three-die-over-defeat-95531.

卡尔的告别演讲。报纸和板球运动员们纷纷称赞这位体坛偶像。《论坛快报》（*The Express Tribune*）和《每日新闻》称他是"同年龄段最完美的击球手"，并解释说他拥有罕见的能击退各种投球的技能，还能根据球队的需要调整自己天生的攻击性。对滕杜尔卡的热情感念持续了很长时间，以致巴基斯坦塔利班的领导人大为光火。该组织发言人在一段视频中敦促巴基斯坦媒体停止对这位印度击球手的赞扬。①

这种态度，巴基斯坦板球委员会并不陌生，该委员会热切希望看到印度板球总会接受其邀请来巴基斯坦做一次双边板球之旅，上一次来还是在 2006 年。但印度板球总会没有接受。这让巴基斯坦板球委员会升起挫败感。2013 年 12 月，该委员会代理主席、著名记者、商人纳贾姆·塞西表示，巴基斯坦非常愿意访问印度。"如果他们不来巴基斯坦，我们愿意去，"他解释说，"根据未来巡回赛计划②，印度欠我们两个主场系列赛，而印巴系列赛是最受欢迎的，数百万人翘首以待。"但他也指出，印度是金融中心，又拥有最受欢迎的球队之一，因而印度的板球赛程非常繁忙，这一情况不利于球队与巴基斯坦队等劲敌打长时间的系列赛。③ 换句话说，印度日益增长的经济影响力正在成为影响其与南亚主要邻国的板球交往的一个因素。

2004 年至 2011 年，印度经济实现了 8％的平均增长率，而巴基

---

① "Stop Praising Sachin Tendulkar, Taliban Warn Pakistan Media," *Times of India*, November 28, 2013.
② Future Tour Program，板球运动的最高管理机构国际板球理事会为参加测试赛的国家制定了一份时间表，根据该表，所有国家在 10 年内必须至少进行两个双边系列赛（主客场各一）。该时间表被称为未来巡回赛计划（FTP）。——译者
③ "Pakistan Ready to Tour India for Cricket Revival: Sethi," *Dawn* (Karachi), December 18, 2013.

斯坦的 GDP 增长率则从同期的 7.4％降到了 2.8％。[①] 2013 年，印度 GDP 增长率较低，为 5％，但仍是其劲敌的两倍。事实上，与印度相比，巴基斯坦经济的疲软在巴建国之初就已经显露无遗。

## 双边贸易的起伏

考虑到 1947 年印度和巴基斯坦的 GDP 差距极大，关贸总协定允许这个新国家对其与印度的贸易施加限制。作为关贸总协定的继承者，世贸组织在 1995 年也沿用了它的做法。这就是为什么当印度在 1996 年给予巴基斯坦最惠国地位时——这意味着印度准备通过提供低关税来给巴基斯坦贸易优势——世贸组织免除了巴基斯坦的互惠义务，这种做法很常见。

分治后，黄麻种植区划入了东巴基斯坦，棉花种植区信德省划入了西巴基斯坦，而麻纺厂和棉纺厂分别位于西孟加拉邦和孟买。因此，巴基斯坦 56％的出口产品流向了印度，印度则只有 32％的成品出口流到巴基斯坦。在 1965 年之前，西巴基斯坦和印度的双边贸易使用了 11 条陆路：旁遮普 8 条，信德省 3 条。[②] 随着朝鲜战争（1950—1953）导致商品价格上涨，巴基斯坦对印度实现了贸易顺差，而且这种情况在冲突结束后又继续了数年。1957 年至 1963 年，双边贸易持平。之后的情况对巴基斯坦有利。例如，在 1964 财年，价值

---

[①] "Gross Domestic Product (GDP) in Pakistan," Kushnirs, n. d. , http：//kushnirs. org/macroeconomics/gdp/gdp _ pakistan. html.

[②] Mubarak Zeb Khan, "MFN Status for India on the Cards," *Dawn* (Karachi)，January 26, 2014.

4600万美元的巴基斯坦货物被运往印度，而印度对巴基斯坦的出口收入仅为2700万美元。[1]

1965年印巴战争后，双边贸易中止。战前，客运和货运列车通常在拉贾斯坦邦的焦特布尔和卡拉奇之间开行。武装冲突之后，拉贾斯坦邦的穆那堡和信德省的霍卡拉帕尔之间的铁轨被彻底拆除。直到40年后的2006年2月，穆那堡和霍卡拉帕尔的火车站才重新连接起来。[2] 1965年的战争之后，跨越国界的旅行实际上停止了，因为即使是邻国之间的一次往返入境签证也已基本停发。巴基斯坦人每到一个印度邦都要提供单独的签证，而且每次到不同的邦都必须向当地警察局报到。去巴基斯坦的印度人也需要走同样的程序。

1971年初，德里和伊斯兰堡签署了一项贸易协定，但随着当年12月的孟加拉战争的爆发，协定变成了一纸空文。直到1975年，两国才签署了一份新的有效期为三年的商业协议。在此期间，双边贸易对印度是有利的。在接下来的12年里，贸易总额在3100万美元到8700万美元之间波动，巴基斯坦的商品销售超过了印度。但是，当巴基斯坦在1996年（当时印度给了它最惠国待遇）将其正面清单上的项目数量提高到800个，在总额为2.41亿美元的双向贸易中，印度的收益达到1.68亿美元。[3]

后来，无论德里和伊斯兰堡之间外交上出现何种敏感情况，都极易影响跨境贸易的规模。由于卡吉尔的战事，1999财年的双边贸易额比起前一年的3.195亿美元少了43%。相反，由于2004年1月在

[1] *MNF Status and Trade Between Pakistan and India*，Pakistan Institute of Legislative Development and Transparency，January 2012.

[2] Vimal Bhatia，"Road Link Likely Between India and Pakistan Soon," *Times of India*，September 23，2012.

[3] *MNF Status and Trade Between Pakistan and India*. Pakistan Institute of Legislative Development and Transparency，January 2012.

伊斯兰堡举行的南亚区域合作联盟峰会上，瓦杰帕伊和巴基斯坦总统穆沙拉夫商定为和平开展全面对话，双边贸易有所回升。2004 财年，双边贸易比上一年的 4.76 亿美元增长了 76％。[①] 领导人决定重开中断的铁路和航空线路。

在旁遮普省历史悠久的大干道上的瓦加—阿塔里边境点是天然的选择。但实施是分阶段进行的，而巴基斯坦反应迟缓，只允许 14 种印度物品通过公路进口。2005 年，双方签署了一项议定书，只要卡车在原产国卸货，由搬运工将货物运过边境，就可以通过这个边境点进行贸易。

## 瓦加—阿塔里边境点升级

直到 2007 年 10 月 1 日，伊斯兰堡和德里才同意让卡车过境，并将货物存放在对方的海关，在检查后重新装上当地的车辆。这一天，印度的阿塔里这边气氛一片喜庆，国旗在措辞欢快的横幅中飘扬，农民们穿着盛装载歌载舞。印度旁遮普邦的首席部长巴达尔用一辆装饰华丽的卡车运出了第一批西红柿。相比之下，另一边的气氛却不冷不热。令人失望的是，对面巴基斯坦旁遮普省的首席部长夏巴兹·谢里夫并没有以相应的姿态回应。[②]

印度对巴基斯坦的出口从 2004 财年的 5.47 亿美元，跃升至 3 年后的 17 亿美元。但巴基斯坦对印度的出口停滞不前，在 3 亿美元左

---

① *MNF Status and Trade Between Pakistan and India*. Pakistan Institute of Legislative Development and Transparency，January 2012.

② "Tomato-Laden Truck Covers New Ground for India-Pakistan Trade," *DNA India*，October 1，2007.

右，因为其大部分出口产品为传统纺织品、皮革制品、体育用品、化学品和水泥。① 2008 年 6 月，两国政府决定将德里至拉合尔的货运列车的班次从每周两班增加到五班，以应对商业活动的稳步增长。②

有趣的是，通过走私渠道和第三国路线进行的禁运品交易超过了合法交易。它不仅包括录音带和录像带，还包括印度制造的机器和零部件（特别是用于纺织业生产的）以及新闻纸，后者是巴基斯坦人通过（阿联酋）或新加坡带进来的。鉴于伊斯兰堡可怜的外汇储备，政府在 911 事件之前一直对非法贸易睁只眼闭只眼。华盛顿因为伊斯兰堡参与其对圣战恐怖主义的打击而提供了慷慨援助，多亏了这援助，巴基斯坦的外汇储备增长了近 7 倍。因此，从印度进口第三国产品的需求减少了。③

2008 年 9 月，印度总理辛格和巴基斯坦总统扎尔达里在纽约会晤，结束时，双方表现出的一团和气预示着两国经济联系将更加紧密。次月，印度和巴基斯坦允许在乌里—穆扎法拉巴德、蓬奇—拉瓦拉科特这两条贸易路线上跨越克什米尔控制线进行有限的贸易。但孟买的恐怖袭击逆转了商业的上升趋势。2008 财年的双边贸易额下降了 4.4 亿美元。

尽管南亚自由贸易区的条约——规定南盟成员国④到 2016 年将所有贸易货物的关税减至零——已于 1 月 1 日生效，但印度和巴基斯

---

① *MNF Status and Trade Between Pakistan and India.* Pakistan Institute of Legislative Development and Transparency，January 2012.
② "Pakistan，India to Increase Frequency of Freight Trains，" *Nation*（Islamabad），June 20，2008.
③ B. Raman，" Indo-Pak Economic Ties：Ground Realities，" Observer Research Foundation，November 26，2004，http：//orfonline. org/cms/sites/orfonline/modules/analysis/AnalysisDetail. html？cmaid＝2252&mmacmaid＝197.
④ 2007 年南亚区域合作联盟的 8 个成员国为阿富汗、孟加拉国、不丹、印度、马尔代夫、尼泊尔、巴基斯坦和斯里兰卡。

坦 2009 年才批准该条约。印巴贸易也因此得到了提振。2010 财年，双向贸易增长了三分之一，略高于 20 亿美元。然而，巴基斯坦占印度贸易总额的比例不到 0.5%，印度也只占巴基斯坦贸易总额的 1% 多一点。①

印度敦促巴基斯坦给印方最惠国待遇作为回报。但由于国内反对的声音很高，巴方未能对德里的呼吁做出积极回应。反对的声音主要来自农业游说团体，后者担心来自印度的农业和纺织品制造商的竞争。巴基斯坦的纺织厂主主要面向国外市场，生产的大体上是质量更好的布料；而印度的纺织厂主要是服务庞大的国内市场，优先考虑生产廉价的、质量较低的纺织品。因此，巴基斯坦制造商很容易受到印度廉价布料进口的冲击。由于无法克服根植于经济的阻力，再加上伊斯兰组织出于意识形态原因的反对，巴基斯坦政府进退两难。

尽管如此，印度内阁还是希望改善与伊斯兰堡的经济关系，遂决定于 2010 年 2 月在阿塔里建一个占地 118 英亩的综合检查点（ICP）。18 个月后的 2011 年 8 月，印度将巴基斯坦从《外汇管理法》的负面清单中抹去，为巴基斯坦的投资铺平了道路。2011 年 11 月，巴基斯坦决定原则上给予印度最惠国待遇。②

## 巴基斯坦的质变促进了贸易

2012 年 3 月 21 日，巴基斯坦做出了重大的政策转变。到那时为

---

① Mohsin S. Khan, "Improving India-Pakistan Relations Through Trade," East Asia Forum, April 19, 2010, http://www. eastasiaforum. org/2010/04/19/improving-india-pakistan-relations-through-trade.
② "India-Pakistan Events," Reuters, August 4, 2012.

止，它一直按一份正面清单行事，上面是可以从印度进口的商品名目。现在，它代之以一份针对印度进口产品的负面清单，也就是说，其他所有未明确列出的产品都允许进入巴基斯坦。这样一来，允许进口的印度商品数量从 1956 件跃升至 6800 件。此举于巴基斯坦的工业企业是有助益的，它们现在可以自由地从印度进口原材料，只要不是巴基斯坦国内生产的。① 值得注意的是，禁止进口的 1290 件物品涉及农业、纺织、制药和汽车业。②

伊斯兰堡的开放进口议定书预计会减少经由阿联酋等第三国进口的印度商品数量，商品价格因此被推高。经由迪拜运到巴基斯坦的印度货物，要比通过陆路运到巴基斯坦的贵 3 倍。例如，已在巴基斯坦与印度的正面贸易清单上的自行车轮胎，从迪拜抵达巴基斯坦时，其价格从原来的 250 印度卢比（1 印度卢比＝1.6 巴基斯坦卢比）飙升至 600 巴基斯坦卢比。③

2012 年 4 月 13 日，阿塔里就像一个活跃的蜂巢。由于正值白萨琪节（Baisakhi），一个与旁遮普新年同步的丰收节日，全省充满了节日的气氛。印度内政部长 P. 齐丹巴拉姆选择在这一天，为阿塔里综合检查点举行落成典礼，该建设项目耗资 15 亿卢比（约合 3000 万美元），由印度内政部下属的边境安全部队负责守卫。巴基斯坦的瓦加综合检查点是早前建的，占地 9 英亩，由巴基斯坦突击队守卫，那是一支由内政部供养的准军事部队。

阿塔里综合检查点是一座黄色和粉色的石头结构的建筑，拥有最

---

① "Pakistan Notifies Negative List for Trade with India," *Economic Times*, March 21, 2012.
② "Modi Uses Business the Way Out with Pak," *Siasat Daily* (Hyderabad), May 28, 2014.
③ "Pak Trade Barrier Holds Indian Bicycle Industry," *Hindustan Times*, April 6, 2014.

先进的设施，以适应铁路和公路的客货运输的安全、海关及移民要求。其两层高的客运大楼类似于机场航站楼，设有等候区、餐厅、休息室和免税店。货运站盖得像个办公大楼，有分别指定给政府机构、货物装卸代理和银行等部门专用的区域。其停车场可容纳500辆卡车，其仓库（包括冷库）用于接收、检查、转运和交付进口货物。穿过尘土飞扬的拱门，有标识醒目的贸易区大门和客运区大门，一路都是崭新高效的设置。过去卡车司机往往要经过漫长的一周才能办妥，预计这些新设施将大大减少时间上的耽搁。

齐丹巴拉姆一身整洁的白色泰米尔服装，穿着开领衬衫，缠着飘逸的长腰布，揭开了10英尺高的牌子，上面用印地语、旁遮普语和英语刻着祝"民族以及印巴和平、和谐"，顿时，巴达尔和巴基斯坦首席部长夏巴兹·谢里夫、印度商务部长阿南德·沙玛和巴基斯坦商务部长马哈杜姆·阿明·法希姆报以热烈的掌声。[1] 此前一天，沙玛和巴基斯坦商务部秘书扎法·马哈茂德在德里举办了"2012年巴基斯坦生活方式展"，展出了时尚纺织品、珠宝和名牌家具。印度已将禁止从巴基斯坦进口的物品数量减少了三分之一。

在阿塔里，政要们发表了讲话。当法希姆以即兴喊出的"巴基斯坦—印度斯坦友谊万岁"的口号结束自己的演讲时，得到了观众的热烈响应。巴达尔要求该检查站能够处理卡拉奇和孟买之间的所有6800个项目的贸易，而不是像当时那样只有137个。[2]

6个月后，印度同意在2013年4月之前，将南亚自由贸易区允许的敏感清单从目前的614项削减至100项，借此，南亚区域合作联

---

[1] SarabjitPandher, "Attari Integrated Check Post to Open Tomorrow," *Hindu*, April 12, 2012.

[2] SarabjitPandher, "New Liberal Visa Regime with Pakistan Soon: Chidambaram," *Hindu*, April13, 2012.

盟的成员国被准许维持高关税。伊斯兰堡同意在 2012 年 12 月逐步取消负面清单，并在 5 年内将敏感清单从 950 项削减至 100 项。[1]

到 2013 年 4 月，通过阿塔里—瓦加边境点的印巴陆路贸易几乎翻了一番。而每天的过境人数约 300 人。[2] 2012 财年，双边贸易额达到了创纪录的 26 亿美元，但这远远低于印巴经由第三国达成的贸易额，后者据估计超过 40 亿美元。[3]

巴基斯坦人民党领导的伊斯兰堡政府未能兑现其承诺，即在 2012 年底前给予印度最惠国待遇。它为自己辩解，说这是因为印度没有解决巴方对德里设置的非关税壁垒（NTB）的担忧。实际上，印度曾辩称，其非关税壁垒并非专为针对巴基斯坦，这个问题属于南亚自由贸易区的范围。归根结底，伊斯兰堡没有遵从由汽车和制药行业以及农业游说团体发起的抵制，而且大选将于 2013 年 5 月举行。由于被反对党指责亲德里，如果人民党此时给予印度最惠国待遇，可能会被对手抓住把柄。

## 最惠国之别称

议会选举之后，1999 年 6 月在军事政变中被推翻的穆罕默德·纳瓦兹·谢里夫，此时领导巴基斯坦穆斯林联盟谢里夫派于 2013 年 6 月组建政府。在 2014 年 1 月 17 日的会议上，印巴两国的商务部长沙玛、胡拉姆·达斯特吉尔·汗，在互惠基础上就非歧视性市场准入

[1] "India to Cut List to 100 from 614 Items," *Nation* (Islamabad), October 22, 2012.
[2] NazarUl Islam, "Trading with the Enemy," *Newsweek*, December 17, 2013.
[3] "Trade Between India and Pakistan Surges 21% to $2.4 Billion," *Express Tribune*, May 14, 2013.

议定书达成一致，因为在巴基斯坦，"最惠国"一词已经带有政治色彩。伊斯兰堡同意裁减对印贸易项目的负面清单，与此同时保留敏感清单上的 100 个项目，而对这些项目征收额外关税是允许的。[①]

两位部长还决定瓦加—阿塔里边境口岸 24 小时全天候开放，而非一天仅开放 12 小时。伊斯兰堡同意让从印度进口的所有产品从瓦加综合检查点进入。这些变化，预计将使贸易从复杂的海上航线转向便捷的陆上路线。瓦加和阿塔里被宣布为无水港，这为集装箱运输奠定了基础，此举将降低运输和装卸成本。[②]

这些措施促进了跨境贸易。进一步扩大贸易的主要障碍之一是巴基斯坦的陆上边境地区基础设施薄弱，它在瓦加的综合检查点，只是印度的阿塔里综合检查点的规模的一小部分。

此外，巴基斯坦的官僚做派和其他程序都远比印度的繁复。身为巴基斯坦出口商，必须与准军事组织巴基斯坦突击队、负责危机管理和后勤紧急情况的军方的国家后勤小组、海关部门和缉毒部队等职责重叠的单位打交道。巴基斯坦的铁路基础设施状况也不如印度。由于卡拉奇是迄今为止巴基斯坦唯一的主要港口，海运受到港口设施有限、海关手续繁琐和官僚作风的限制。此外，由于货币管制，所有付款都必须以硬通货支付。

另一方面，政治上反对这两个邻国实现商业关系正常化的声音正在减弱，而商界为实现这一目标而进行的游说活动则变得更为活跃。2014 年 2 月，"巴基斯坦工业和贸易协会阵线"的主席马利克·塔希

---

① "Govt to Curtail Negative List of Trade Items with India," *Express Tribune*, January 23, 2014.

② "India, Pakistan Need to Take Steps to Boost Trade," *Economic Times*, January 21, 2014; Zeb Khan, "MFN Status for India on the Cards."

尔·贾韦德敦促政府允许从印度进口所有非巴基斯坦制造的产品。[1]

如果果真如此，那么在这个 10 年结束之前，每年的双边年贸易额将很容易达到 100 亿美元。也有估计称，当伊斯兰堡和德里之间商业关系"正常"后，每年的双边贸易额或可达到 200 亿美元。2007年 7 月《伊斯兰堡—北京自由贸易协定》生效后，从 2006 财年算起，双边贸易额在 6 年里增长了 3 倍多，2016 财年的双边贸易额为 41 亿美元。[2]

当 1991 年至 1992 年，北京方面和德里方面开始实行经济自由化时，双方决定搁置 30 年前导致战争的边界争端，并加强商业关系。不出 10 年，两国的双边贸易额从 2.65 亿美元激增至 49.5 亿美元。在随后的 10 年里，增长率加快了。2012 财年，双边贸易额达 747 亿美元，中国成为印度的头号贸易伙伴。[3]

这件事的寓意是，如果巴基斯坦和印度效仿中国和印度的做法，这两国都将获得实质性的收益。繁荣的贸易有助于在持续和平共处的基础上创造共同繁荣，这可能会让印巴两国最终走出因为 1947 年 8 月的分治而久久未散的阴影，结束这"漫长的八月"。这就需要像北京和德里对待边界争端那样，把克什米尔问题放在次要位置，而把精力集中在建立强大的经济往来上。

---

[1] "Importable Items from India: PIAF Asks Government to Cut Down Negative List," *Business Recorder*, January 2, 2014.

[2] AamirShafaat Khan, "Trade Deficit with China Up 58pc," *Dawn* (Karachi), February 10, 2013.

[3] "Economic and Trade Relations between China and India," Economic and Commercial Section of the Consulate General of the People's Republic of China in Mumbai, December 15, 2004, http://bombay2. mofcom. gov. cn/article/bilateralcooperation/inbrief/200412/20041200010319. shtml; "Total Trade, Country-wise," Ministry of Commerce & Industry, Government of India, http://commerce. nic. in/eidb /Default. asp.

# 第二十章
# 概述与结论

印度和巴基斯坦这对 1947 年 8 月出生的双胞胎,现在分别是地球上排名第二和第六的人口大国。它们也同在有 9 名成员的核武器俱乐部。根据按购买力平价估算的 GDP,印度排在美国和中国之后,位列第三。它是世界上最大的民主国家。这些事实凸显了印度与它的邻国,即同中国、阿富汗和伊朗接壤的巴基斯坦的关系的重要性。1999 年至 2002 年期间,印度和巴基斯坦曾两度濒临核对抗的边缘。

印度次大陆的分裂是一个漫长历史进程的高潮,它始于以阿富汗为大本营的穆罕默德·戈里指挥着一支由阿富汗人、阿拉伯人、波斯人和土耳其人组成的大军,于 1188 年控制了印度河流域。4 年后,他在第二次地形战中击败了普里斯维·拉杰,为他手下大将库特布丁·艾伊拜克吞并德里铺平了道路。德里苏丹国由此诞生,并一直存在到 1526 年,之后被莫卧儿王朝取代,后者于 1807 年灭亡。阿富汗人和莫卧儿人与次大陆早期入侵者/征服者的区别在于,他们信仰的是伊斯兰教。在信仰和宗教习俗上,他们与土生土长的印度教教徒发生了冲突。

大英帝国在莫卧儿王朝的废墟上崛起,把占人口多数的印度教教徒和占人口少数的穆斯林双双置于一个外国势力的统治之下,而这个外国势力的大本营则在遥远的基督教国家英国。失去权力让穆斯林精英郁郁寡欢，上层种姓的印度人却很快适应了，还从学习波斯语转向学习英语，以帮助新统治者管理次大陆。

在那些接受了令人不快的现实的穆斯林贵族中，最为杰出的是赛义德·艾哈迈德·汗爵士，他促请自己的教友们学习英语。他也明白民族主义这一源自 19 世纪欧洲的概念的重要性，在他看来，印度的穆斯林是一个民族，印度教教徒也是。

在印度国大党 1885 年成立后的几年里，该党呼吁印度人在政府中发挥更大的作用，赛义德爵士预见到这一小小的诉求将升级为一场将英国人逐出印度的运动。他语重心长地问："在［英国撤军］这种情况下，伊斯兰教和印度教这两个民族有可能平起平坐共享大权吗？"[1]

他的论点是有缺陷的。他没有意识到，独立之后的印度会通过普选剥夺作为少数民族的穆斯林享有"平等权力"的权利。这是穆罕默德·阿里·真纳 40 年后阐述的观点。1928 年在国会演讲中，他暗示了历史上占人口多数的民族对少数民族的压迫，要求为穆斯林少数民族群体提供法律保障。他恳请对占人口四分之一的穆斯林赋予三分之一的政治权力，而印度教教徒占压倒性多数的国大党领导层只准备让步到 27％。这是导致次大陆分裂的第一个标志性事件。

### 国大党的失误

下一件这样的事发生在 1937 年。在"穆斯林联盟"赢得孟买立

---

[1] R. Shayan, "Sir Syed Ahmed Khan," Agnostic Pakistan（blog），December 14，2008，http：//agnosticpakistan. blogspot. co. uk/2008/12/sir-syed-ahmed-khan. html.

法机构三分之二的穆斯林席位和联合省五分之二的穆斯林席位后,真纳提议"穆斯林联盟"与国大党结成伙伴关系。但是,控制政党机器的瓦拉巴伊·帕特尔要求他们先并入国大党,再谈任命他们的议员为部长的事。面对国大党官员的傲慢行为,就连中立的穆斯林领导人也开始怀疑其对穆斯林的真实意图。

抛开穆斯林占多数的小小的西北边境省这种例外不谈,国大党在10个省中平均每个省赢得1个穆斯林席位。由于议会席位上几乎没有穆斯林议员,国大党实际上统治了6个省。这使得非穆斯林联盟的立法者意识到,国大党将在普通(印度教)选民占多数的基础上行使权力。于是,非穆斯林联盟领导人开始与穆斯林联盟合作。

说到对穆斯林的信仰和感受漠不关心,国大党党员所在各部的表现便是活生生的例子。在中小学、大学和其他地方,众人演唱歌曲《向母亲致敬》是官方礼节的一部分。根据民族主义诗人和哲学家泰戈尔的说法,《向母亲致敬》的核心是对女神杜尔加的赞美诗。而在伊斯兰教中,神化或崇拜那个唯一的(看不见的)主之外的任何人或任何东西,都构成了偶像崇拜,都是犯禁的。

国大党两年多的统治让穆斯林对独立后的印度的情景有所预见。对穆斯林联盟的支持也迅速增长。在1945—1946年的选举中,穆斯林联盟获得了中央立法议会中所有的30个穆斯林席位,获得了87%的穆斯林选票。在省级立法机构中,其规模翻了两番,拿到了485个穆斯林席位中的425个。[1]

此时,穆斯林联盟的一项决议已通过6年之久,该决议宣称"无

---

[1] Arun, "Provincial Elections India 1946," Wake Up, Smell the Coffee (blog), January 27, 2011, http：//observingliberalpakistan. blogspot. co. uk/2011/01/provincial-elections-india-1946. html.

论根据哪种定义，穆斯林都是一个民族"，并且印度西北部和东部的那些穆斯林占多数的地区"应该组成独立省联合体，其中的各组成部分应是自治和拥有主权的"①。

更重要的是，"巴基斯坦"一词已经变得对所有阶层和持任一政治观念的穆斯林都具有不可抗拒的吸引力。正统穆斯林设想建立一个根据伊斯兰教法运作的穆斯林国家。穆斯林地主们觉得应该延续"地主土地所有制"，国大党则发誓要废除这一制度。穆斯林商人尽情想象着在巴基斯坦没有印度教教徒与之竞争的新的市场前景。公务员则预见到自己会在这个新生的省迅速晋升。穆斯林当中存在的这些想法，是在一个印度教教徒经济状况比穆斯林好得多的环境里滋长出来的。

令人惊讶的是，国大党领导人对支撑穆斯林联盟吸引力的经济因素缺乏认知。尼赫鲁对于农民——无论是穆斯林中的还是印度教教徒中的——在地主手下受苦受难的问题发表的评论，不过是顺嘴一提。圣雄甘地没有意识到，正是这部分认为自己无法在政府职位或工商业方面与印度教教徒竞争的穆斯林在支持穆斯林联盟。

在政治方面，使分裂变得不可避免的是 1947 年 7 月 8 日尼赫鲁对于 5 月 16 日英国宪法裁决的一番夸夸其谈。他在讲话中构想了一个统一的印度，其制宪会议由现有的省级立法机构在德里召集短期会议选举产生，然后分为 A（印度教教徒占多数）、B（穆斯林占多数，西北地区）和 C（穆斯林占多数，孟加拉-阿萨姆）三个部分，为独立后的印度联邦划分的三个亚联邦制定宪法。尼赫鲁宣称，国大党已同意参加制宪会议，一旦召开，制宪会议如果愿意，就有权修改宪法

① Cited in DilipHiro, *The Timeline History of India* (New York: Barnes & Noble, 2006), 261.

裁决的条款，而其中的分组方案很可能无法继续存在。这番话导致真纳收回了穆斯林联盟接受英国宪法裁决的决定。

在旁遮普，穆斯林和非穆斯林——印度教教徒和锡克教徒——互相残杀，致使 50 万至 80 万人死亡，并造成了历史上最大规模的人口外逃。当不同群体掀起的狂暴席卷德里，穆斯林首当其冲时，尼赫鲁坚守自己的世俗信仰，而帕特尔和拉金德拉·普拉萨德不赞成印度军队去保护穆斯林公民。

此外，帕特尔和他在尼赫鲁政府中的同道一心想将巴基斯坦扼杀在摇篮中。这一点，真纳向英国首相克莱门特·艾德礼抱怨过，并发誓巴基斯坦自治领"永不屈服"。尽管他的健康状况每况愈下，但还是帮助由相隔千里的两翼组成的、初生的巴基斯坦站稳了脚跟。


## 真纳向王公示好未成


在担任巴基斯坦首席行政长官期间，真纳直接与毗邻阿富汗的部落地区和土邦王国打交道。他认识到，如果不能说服穆斯林占主导的查谟和克什米尔地区的印度教王公哈里·辛格爵士加入巴基斯坦，对他的"两个民族论"将是严重的打击。作为真纳理论的反对者，这位王公断然拒绝了他的友好试探。

真纳随后将克什米尔事务交给了总理利亚夸特·阿里·汗。汗完善了他接管由克什米尔穆斯林独立组成的阿扎德军队的战略，还计划从部落地区调集非正规武装人员，以确保斯利那加的安全。他把第一部分向真纳做了汇报，但瞒下了第二部分。

1947 年 10 月，当那位王公加入印度，随后部落非正规军的入侵导致印度将军队空运到斯利那加时，真纳感到心烦意乱。而巴基斯坦总司令弗兰克·梅瑟维爵士拒绝服从他的调集巴基斯坦军队的命令时，他的不安更甚。弗兰克爵士辩称，执行真纳总督的命令将导致英国军官指挥各自的印度和巴基斯坦特遣队对彼此开战。

真纳想将查谟和克什米尔全部并入巴基斯坦的美梦破灭了，这令他的身体更加大不如前。巴基斯坦建国才一年，他就以身殉职了。

巴基斯坦成立后没过几个月，就与印度在克什米尔开战了，这使得巴基斯坦军队从此在这个国家居于至高无上的地位，而在 1951 年10 月阿里·汗被暗杀后，军方又垄断了国家安全政策的起草和执行。他的离世，让巴基斯坦失去了仅存的联合开国元勋。穆斯林联盟开始瓦解，与此同时，东西两翼有关孟加拉语地位问题的分歧却在加剧，须知孟加拉语是大多数巴基斯坦公民的母语。而乌尔都语仍是唯一的官方语言。

政客之间的争吵不断导致穆罕默德·阿尤布·汗将军在 1958 年夺权。这凸显了巴基斯坦和印度截然不同的发展历程，在印度，依据共和宪法举行的两次大选和普选使国大党重新掌权，尼赫鲁任总理兼外长。他的不结盟政策与巴基斯坦同美国结盟之举形成了鲜明的对比，巴基斯坦则因此有了一重特殊身份：反共的东南亚条约组织以及中央条约组织的成员。

阿尤布·汗身为巴基斯坦稳定的军政当局的领导人，一旦世界银行说服美国和英国以及澳大利亚和新西兰为在印度修建运河和蓄水设施提供资金，将印度东部河流的水输送到巴基斯坦西部，他就能在印度河水域的分配上达成协议。

1960 年 9 月，尼赫鲁在巴基斯坦首都卡拉奇受到热烈欢迎，此行他是来与阿尤布·汗共同签署《印度河水域条约》的。长期的经济争端圆满解决令阿尤布·汗备受鼓舞，便抛出了克什米尔问题。但是，当他在位于风景秀丽的穆里的总统官邸开启这一话题时，尼赫鲁把视线转向了迷人的风景。他在会面结束时表示，对现状做出任何改变都将遭遇国内的强烈反对，并且提到了民众对中国占领印度领土的激烈反应。


## 尼赫鲁与中国的争执


到那时，中国已经成为印巴关系中不可分割的一部分，因为正如德里方面所称，中国占据了克什米尔的一部分。尼赫鲁向阿尤布·汗提出了巴基斯坦与中国的边界的问题。后者对尼赫鲁说，按照巴方专家的判断，巴方没有对实际控制线以外的任何地区提出主权要求。尼赫鲁在返回德里后，批评巴基斯坦与中国接洽划定边界。

尼赫鲁太自以为是了。这种态度在印度坚持世俗主义和民主等进步理念时有其优点，他也曾因此在印度享有无与伦比的民众威望。但这种态度不适用于外交，在外交上，彼此迁就才是通行法则。这一点在他与巴基斯坦就克什米尔问题打交道，以及随后与中国处理边界问题时一目了然。一些分析人士将自以为是归因于尼赫鲁的婆罗门血统。在种姓制森严的印度教社会，婆罗门自恃精通各种知识，文化传习无出其右。

为了通过谈判解决边界争端，中国总理周恩来向尼赫鲁建议双方的军队从边境回撤 12 英里。尼赫鲁拒绝了。尽管如此，中国还是单方面撤军 12 英里。印度把这看成是中方的软弱，占领了 1540 平方英里的中国领土，还设立了 60 个前沿哨所，其中 43 个设在东段的"麦克马洪线"以北。1962 年 9 月 11 日，德里准许所有前沿哨所和巡逻队向任何进入其宣称的印度领土的中国武装人员开火。此举无异于宣战。

10 月 18 日，毛泽东主席在中共政治局就此问题发表讲话。"既然尼赫鲁非打不可，那我们只有奉陪了，"他说，"但我们的反击只是为了警告尼赫鲁和印度政府，用军事手段解决边界问题是行不通的。"①

毛泽东声明的后半部分被证明是理解一件事的关键，即当中方在长达一个月的战争中，于武器、战略、通讯、后勤和筹划等方面确立了优势后，为什么会在 11 月 20 日午夜单方面宣布停火，并宣称撤军后，中国边防军会撤到比他们 1962 年 9 月 8 日之前所在阵地还要靠后的位置。

仗打来打去，这次可谓事小，双方都没有部署空军。但它为印度的外交政策以及美苏关系揭开了新的篇章。两个超级大国抛开了它们之间的较量，一起支持印度，将中国视为它们共同的敌人。这种颠覆性地关系重组影响了印巴关系。看到印度被美英全副武装起来，亲华盛顿的巴基斯坦既惊恐又愤怒——在中印战争期间，美英两国都劝说阿尤布·汗不要在克什米尔或其西部边境的其他地方对印度开战。

尽管尼赫鲁在其政府与巴基斯坦就克什米尔问题进行的多次谈判中通过了数次动议，但都无果而终。他无意改变自己的立场，即把克什米尔目前的停火线变为国际边界。这对巴基斯坦来说是不可接受的，它要求举行全民公决，一如尼赫鲁最初同意的那样。直到 1963 年 12 月斯利那加发生大规模反印示威游行时，尼赫鲁才考虑修改他对克什米尔的政策。

---

① Cited by Ye Zhengjia, "Clearing the Atmosphere," *Frontline* (Chennai), October 10 - 23, 1998, citing Major-General Lei Yingfu, *My Days as a Military Staff in the Supreme Command* (in Chinese) (Nanchang: Baihuazhou Culture and Arts, 1997), 210.

1964 年春，他把克什米尔领导人谢赫·穆罕默德·阿卜杜拉放出监狱，阿卜杜拉飞往拉瓦尔品第去见阿尤布·汗，让大家看到了曙光。但是尼赫鲁在 5 月死于心力衰竭，此时阿卜杜拉却在巴基斯坦。尼赫鲁一死，想在他有生之年圆满地解决克什米尔难题的希望就此破灭。

总之，尼赫鲁 17 年来在克什米尔问题上的僵化立场加剧了巴基斯坦领导人的挫败感。等到忍无可忍时，他们便试图通过武力改变现状。鉴于印度的军事优势，他们的尝试将以失败而告终。克什米尔问题上的挫折从根本上改变了巴基斯坦的历史，1965 年的战争导致了东巴基斯坦的分裂，1999 年的卡吉尔冲突造成了民主的终结。巴基斯坦领导人还试图通过派遣武装渗透者破坏印控克什米尔的稳定来实现其目标。德里对此予以酷烈的回应，大规模动用了酷刑和法外处决。不过，911 事件之后，作为跨境恐怖主义的受害者，印度获得了西方的广泛同情，这提高了它的外交影响力。


## 第二次印巴战争


中印战争结束后，英美对印度的军事援助开始向有利于印度的南亚均势倾斜。阿尤布·汗动用武力将印度从其占领的 48％的查谟和克什米尔地区赶了出去。

他所采取的战略和阿里·汗 18 年前所做的如出一辙。在"直布罗陀行动"中，巴基斯坦训练的民兵 1965 年 8 月潜入印控克什米尔，随后，正规部队在 9 月 1 日也加入了入侵印控克什米尔的行动。这场持续三周的武装冲突蔓延到了巴基斯坦和印度旁遮普，最终在联合国斡旋下停火。对于中国在印度东部边境开辟战线的担忧，是德里方面接受停火协议的一个重要因素。

双方的人员和军事装备都遭受了重大损失。就挫败巴基斯坦改变克什米尔现状的目标来说，印度取得了成功。阿尤布·汗的失败对国内局势影响深远。在冲突期间，军队对东巴基斯坦人民保护不周，将他们暴露于危险之中。这些人的恐惧和无助加剧了他们与西巴基斯坦的疏远，并助长了孟加拉民族主义，这种民族主义最终以东巴基斯坦创建了主权国家孟加拉国的形式实现了自己的目标。巴基斯坦政府掌控下的媒体设法让人们相信本国的武装部队表现得非常好。但如果是这样，阿尤布·汗为什么会接受联合国的停火决议？大多数巴基斯坦人大惑不解。这位军事独裁者的信誉就此一落千丈，为他 1969 年的下台埋下了伏笔。

1970 年 10 月至 12 月巴基斯坦举行的普选，其结果是将总理职位授予了孟加拉民族主义政党"人民联盟"的领导人谢赫·穆吉布·拉赫曼，但阿尤布·汗的继任者叶海亚·汗将军并未兑现这一结果，反而在东巴基斯坦拉开了恐怖统治的序幕。

随后发生的数百万东巴基斯坦人外逃所引发的危机，让英迪拉·甘地政府有机可乘。凭借着精明的外交手腕，训练游击队骚扰东巴基斯坦政府，高超的军事战术，再加上破译了巴基斯坦军队的密码等，甘地逼得阿米尔·阿卜杜拉·汗·尼亚兹将军 1971 年 12 月 17 日在达卡签署了投降书。

以印度教为主的印度人以他们的宗教神话来装点他们的胜利。他们授予英迪拉·甘地"女神杜尔加"（梵文，意为"不可接近"）的称号。根据印度教的传说，杜尔加是斩杀了牛魔马西萨苏拉的女战神。如今，甘地摆脱了邪恶的"两个民族"理论，而真纳正是在这个理论之上建立了有着相隔遥远的两翼的巴基斯坦。

东巴基斯坦的分裂证明了一个共同的宗教并不足以将两个拥有不同语言、服饰和文化的社会黏合在一起。种族民族主义对宗教的宣扬，对西巴基斯坦人乃至那些主张加入巴基斯坦的印控克什米尔人而言，都是一颗难以下咽的苦果。

第三次印巴战争结束了南亚独立后的这段动荡时期。

## 1971 年之后的巴基斯坦

现在，印度不得不面对一个虽然失去了一半以上人口，但在种族和宗教上更具凝聚力的巴基斯坦，在那里，印度教教徒这样的少数群体减至不到 2%。此时在巴基斯坦执政的是民选总理、白手起家建立了巴基斯坦人民党的佐勒菲卡尔·阿里·布托。

1972 年 6 月的西姆拉峰会上，他碰上了获胜的甘地，后者的首要目标是正式结束克什米尔争端。布托对此表示反对。当双方的代表团陷入僵局时，他与甘地进行了一对一的会谈。他说服她相信，在他丢了东巴基斯坦之后，如果再放弃他的国家对克什米尔申明的主权，他就会被军方赶下台。早些时候，布托同意将 1949 年的联合国停火线改为控制线，他似乎愿意让这条线在没有书面声明的情况下变成国际边界。在甘地的坚持下，最终草案要求双方"通过双边谈判或双方同意的其他和平方式"解决所有分歧，从而排除了第三方调解的可能。它还把查谟和克什米尔问题的最终解决列为"有待解决的突出问题之一"。① 在随后的几十年里，1972 年的《西姆拉协定》始终是印

---

① "Simla Agreement, July 2, 1972," http: //www.jammu-kashmir.com/documents/simla.html.

巴所有谈判的基础。

但由于印度和巴基斯坦国内局势动荡，两国关系正常化和恢复贸易与经济合作的进展被冷落在一旁。布托要面对俾路支省民族主义者的叛乱。1975 年 6 月，法院裁定甘地在 1971 年竞选期间利用政府设施和资源的腐败行为赢得的议会席位无效。她没有下台，而是宣布国家进入紧急状况，并通过法令进行统治。

在巴基斯坦，人为操纵的 1977 年 3 月大选，使人民党获得了绝大多数选票。反对党集结在巴基斯坦民族联盟的旗帜下，举行了大规模示威游行。7 月 5 日，巴基斯坦陆军总司令穆罕默德·齐亚·哈克出手干预，他发动了"公平行动"，逮捕了布托，并答应在 90 天内举行公正选举。但公正选举从未兑现。

齐亚·哈克本质上是一名伊斯兰主义者，其统治一直延续到 1988 年 8 月，他和另外 27 人在巴哈瓦尔布尔机场附近的一架运输机爆炸中丧生。在他治下，巴基斯坦的国家和社会走向了伊斯兰化，与世俗的民主的印度渐行渐远。

苏联军队在 1979 年圣诞节进驻阿富汗，支撑喀布尔才 20 个月大的马克思主义政权，这使得美国对齐亚·哈克的军事独裁所生出的任何恶感都烟消云散了。印度承认了阿富汗的左翼政权，巴基斯坦却没有。当吉米·卡特总统提出给伊斯兰堡 4 亿美元以支援伊斯兰武装分子对抗阿富汗政府时，齐亚·哈克称这笔钱为"花生"①并拒绝了。

罗纳德·里根 1981 年就任美国总统后，齐亚·哈克的前景变得更加光明。华盛顿通过巴基斯坦军方的三军情报局向阿富汗圣战分子输送了大量资金和武器。里根说服国会批准在未来 6 年内向伊斯兰堡

---

① 穆罕默德·齐亚·哈克没明白"花生"一词的讽刺意味：吉米·卡特在 1970 年代当选佐治亚州州长之前是个种花生的农民。

提供 32 亿美元的援助，理由是用美国的现代武器装备巴基斯坦将降低巴基斯坦动用核武器的可能性。实际上，巴基斯坦在常规武器和核武器两方面都取得了进展。

1974 年 5 月，印度引爆了一个"核装置"，这令巴基斯坦感到震惊，因而启动了一项秘密计划，以期在这方面赶上其劲敌。据称，北京的终极目的是不让印度成为南亚霸主，它在暗中对伊斯兰堡的核武器计划提供了帮助。在这个四边形的关系网上还有另一个角色：以色列。以色列一向致力于挫败任何穆斯林国家拥有核武器的野心，它提出愿与德里联手轰炸卡胡塔核设施，此处距离伊斯兰堡 20 英里，由阿卜杜勒·卡迪尔·汗运营。到 1982 年底，印以联手袭击卡胡塔的计划酝酿成形。1983 年初，印度军官秘密前往特拉维夫，其间购买了电子设备，用以干扰卡胡塔的防空系统。

表面上，甘地和齐亚·哈克保持着友好关系。1983 年 3 月在德里举行的第七次不结盟运动首脑会议期间，他们还同意成立印巴联合委员会，下设贸易、经济、信息和旅游委员会。这种两面派行为成了德里与伊斯兰堡关系的一个长期特征。

印以对巴基斯坦的阴谋并没有将三军情报局长期蒙在鼓里。1983 年秋天，三军情报局的头向印度调查分析局的外国情报机构的头发了条消息，这促成巴基斯坦原子能委员会主席穆尼尔·艾哈迈德·汗和巴巴原子研究中心主任拉贾·拉曼纳在维也纳一家酒店举行了会晤。汗警告拉曼纳：如果印度单独或与以色列勾结袭击卡胡塔，巴基斯坦将打击印度在孟买郊区特伦贝的核设施。[1] 这逼得甘地进退两难。此

---

[1] Adrian Levy and Catherine Scott-Clark, *Deception: Pakistan, the United States and the Secret Trade in Nuclear Weapons* (New York: Walker & Company, 2007), 104 - 105.

外，巴基斯坦驻德里大使也向印度外交部传达了同样的信息。①

这一招帮助齐亚·哈克实现了他的双重目的，即向外界表明伊斯兰堡的核计划势不可当，从而悄无声息地得到国际社会的认可，同时向甘地发出严厉警告。她撤销了早些时候与以色列鹰派国防部长阿里尔·沙龙推进的行动。

激进的锡克教徒为了建立一个独立的家园（即卡利斯坦）而进行的暴力煽动，由于是基于宗教的原因，引起了齐亚·哈克的注意。在他的授意下，三军情报局在训练和武器方面对锡克教极端分子予以了帮助。卡利斯坦运动的积极分子将锡克教徒最神圣的建筑群——阿姆利则金庙——变成了一个武装堡垒。为了摧毁它，甘地下令军队在1984年6月攻占金庙。军队成功了，但代价是大量的伤亡以及全国锡克教徒社区的离心离德。作为报复，甘地的两名锡克教保镖在10月暗杀了她，她也因此成为第二位做了宗教狂热所滋生的暴力行为牺牲品的印度领导人。上一位是圣雄甘地，他因敦促印度政府履行对巴基斯坦的财政义务而被印度教至上主义者杀害。

## 核武竞赛

拉吉夫·甘地，作为英迪拉唯一健在的儿子，接替她出任印度总理，却对政治或行政一窍不通。尽管如此，1985年12月他与齐亚·哈克在德里会晤后，双方同意不攻击对方的核设施，以此作为建立互

---

① Adrian Levy and Catherine Scott-Clark，*Deception: Pakistan, the United States and the Secret Trade in Nuclear Weapons*（New York：Walker & Company，2007），106.

信的措施。但是至关重要的是，他们在对各自核计划的性质的认识上存在分歧，双双宣称是和平利用核能，这一表象将在 1987 年撕开。

1986 年 12 月，甘地批准印度陆军参谋长桑搭吉中将进行代号为"布拉斯塔克斯"的军事演习，以测试他所创新的将机械化、机动性和空中支援结合起来的理念。这次行动调动了拉贾斯坦邦近四分之三的印度军队，并让他们处于高度戒备状态。作为全面入侵的模拟，它重新唤起了巴基斯坦领导人长期以来的噩梦：他们的国家将被印度毁灭。

出于报复，身为陆军参谋长的齐亚·哈克延长了军队在旁遮普的冬季演习时间，动员了卡拉奇的军队和南部空军司令部，并部署了装甲师和炮兵师作为夹击印度旁遮普的行动一部分，因为锡克教徒叛乱活动在那里死灰复燃了。

作为一个精心布局的计策的一环，卡迪尔·汗 1987 年 1 月 28 日在伊斯兰堡接受了印度记者库尔迪普·纳亚尔的采访。他对纳亚尔说，如果印度把巴基斯坦逼到走投无路，"我们将使用核弹，我们不会在常规武器上浪费时间。"[1] 当纳亚尔的独家新闻被总部位于伦敦的周报《观察家》拿到，尚在等待不同的消息来源证实的过程中，报道泄露了。

为化解这场愈演愈烈的危机，甘地邀请齐亚·哈克观看 2 月 22 日在斋浦尔举行的为期五天的板球比赛第二天的赛事。后者接受了邀请。据报道，他坐在甘地身旁低声说，如果印度军队越过边界，印度的城市将被"摧毁"。伊斯兰堡随后按惯例否认了这一说法。尽管如此，从那时起，印度媒体经常宣称巴基斯坦"螺丝刀拧几圈"就能组

---

[1] Adrian Levy and Catherine Scott-Clark, *Deception: Pakistan, the United States and the Secret Trade in Nuclear Weapons* (New York: Walker & Company, 2007), 151.

装出一颗原子弹。

简而言之，在对印度压倒性的军事优势的恐惧中生活了40年后，巴基斯坦在核威慑方面达到了与对手相当的水平。然而，这并没有消除巴基斯坦领导人对印度成为南亚地区无可匹敌的大国的担忧。

起初，甘地和巴基斯坦的民选总理贝娜齐尔·布托相处得不错。在1988年12月底伊斯兰堡举行的南亚区域合作联盟峰会期间，布托与甘地举行了会晤。她答应断绝巴基斯坦对锡克教分裂分子的援助。作为回报，甘地答应从克什米尔有争议的锡亚琴冰川撤军，但由于其政党在1989年的大选中败北，他未能兑现承诺。

1988年的最后一天，两国领导人签署了《关于禁止攻击对方核设施的协议》，自1991年1月27日起生效。1988年早些时候，甘地坚持采取双方都采用的不光明正大的政策，下令对1974年开始使用的拉贾斯坦邦波卡兰核试验场进行升级改造，使其能随时接到通知随时引爆。

1989年以来，随着克什米尔地区的分离主义叛乱加剧而德里采取野蛮手段镇压，印巴关系恶化。布托和她的继任者穆罕默德·纳瓦兹·谢里夫对此进行抗议，但无济于事。

拉吉夫·甘地1991年5月遇刺身亡后，国大党的领导权交到了纳拉辛哈·拉奥手上。他在任5年间，国际舞台发生了翻天覆地的变化。苏联在1991年12月解体，标志着美国在长达45年的冷战中取得了胜利。

德里加强了与华盛顿的关系，而华盛顿认为没必要因此削弱自己与巴基斯坦之间的历史渊源。

印度在1992年与以色列建立了全面外交关系——其时正值克什米尔的伊斯兰叛乱活动急剧增加——这么一来，以色列这个军事实力强、有着长期反恐经验的小国便成了决定德里与伊斯兰堡关系的一个因素。

总的来说，印度和巴基斯坦在建国后的半个世纪内，发现其双边关系受到多种因素的影响，这些因素包括美国、苏联、中国、以色列和阿富汗。

1995年，纳拉辛哈·拉奥决定核武器试验在地下进行。准备工作的巅峰阶段在12月初到来，这一切都被4颗强大的美国间谍卫星发现了。克林顿总统强烈要求他放弃这项计划。他这么做了，但指示核科学家在接到行政命令后的一个月内做好测试准备。[①] 印度人则通过彻底改变自己的工作方式——比如只在夜间在波卡兰开工——成功地骗过了美国的间谍卫星。

1998年3月，印度人民党领袖瓦杰帕伊以人民党领导的全国民主联盟主席的身份凭借微弱多数当选总理。他下令进行核试验，以增强联盟中非人民党成员的凝聚力。

5月11日，他宣布了进行了三次地下核试验，其中一次动用的是热核装置。5月13日，又进行了两次小型核弹试验。这几次引爆激发了民众广泛的热情，令印度人为他们的科学家和工程师掌握了高科技而感到自豪。

边境另一边，谢里夫总理正面临进退两难的局面。鉴于巴基斯坦糟糕的经济状况，他难以承受美国的制裁，而克林顿也在强烈要求他不要进行核试验。但是，等到伊斯兰政党5月15日举行了支持核试验的示威活动之后，谢里夫别无选择，只能顺应民意。

两天后，他命令巴基斯坦原子能委员会主席伊什法克·艾哈迈德

---

[①] T. V. Paul, "The Systemic Bases of India's Challenge to the Global Nuclear Order," *Nonproliferation Review* (Fall 1998).

"实施核爆!"。<sup>①</sup> 核试验是 5 月 28 日在俾路支省的拉斯科山脉进行的。他在巴基斯坦电视上宣布:"我们了结了旧账,成功地进行了 5 次核试验。"为了打败印度,他卜令在 5 月 30 日再来一次核试验。

## 友好的迹象昙花一现

这些核试验提升了谢里夫和瓦杰帕伊的声望,让他们有信心停止炫耀武力,开始修补彼此的关系。在纽约联合国大会期间举行的会议上,他们决定恢复德里和拉合尔之间的巴士服务,以鼓励双方的民间往来。

1999 年 2 月 20 日,新开通的巴士路线上迎来了明星乘客瓦杰帕伊。在国际媒体的高度关注下,纳瓦兹·谢里夫及其内阁资深的部长们在瓦加边境口岸迎接了他。他的拉合尔之行的高潮是在巴基斯坦独立纪念塔敬献花圈,1940 年 3 月 23 日,全印穆斯林联盟正是在这里通过了为印度穆斯林建立家园的决议。瓦杰帕伊在访客簿上写道:"一个稳定、安全和繁荣的巴基斯坦符合印度的利益。请巴基斯坦人民不要怀疑这一点。印度衷心祝愿巴基斯坦安好。"<sup>②</sup> 一位印度教民族主义领导人发表这样的声明,获得了巴基斯坦政界人士和媒体的热烈欢呼。

两国总理签署了《拉合尔宣言》。宣言指出,这两个拥有核武器的国家需要承担额外的责任以避免冲突,促进信任措施的建立。为免

---

① Rai Muhammad Saleh Azam, "When Mountains Move—The Story of Chagai," *Defence Journal* ( June 2000).

② Pamela Philipose, "The Symbol of Pakistan," *Indian Express*, February 22, 1999.

意外地或未经授权地使用核武器，双方同意在弹道导弹飞行试验以及意外或无法解释原因地使用核武器之前通知对方，以防发生核冲突。双方还同意就各自的核理论和相关安全问题进行磋商。[1]

谢里夫希望巴基斯坦和印度能够像美国和加拿大那样成为友好邻邦，但这种想法仅仅三个月之后就被证明过于乐观了。

两次走在核战爆发的边缘

陆军总参谋长佩尔韦兹·穆沙拉夫甚至连谢里夫也没有通知，就企图在卡吉尔地区使用武力来改变克什米尔的现状，以致违反了《西姆拉协定》。伊斯兰堡最初声称那里发生的战斗，是克什米尔当地的圣战组织所为。但在印度当局公开了印方截获的（此时正在北京访问的）穆沙拉夫与陆军参谋长穆罕默德·阿齐兹·汗中将在拉瓦尔品第的谈话录音后，谎言不攻自破。

6月13日，瓦杰帕伊告诉谢里夫，等巴基斯坦撤军之后才会准备和他谈判。克林顿出面干预，他劝告瓦杰帕伊不要在克什米尔开辟新战线。值得注意的是，中国呼吁巴基斯坦军队撤回控制线区域，以和平方式解决与印度的边界问题。

印度宣称自己不会率先使用核武器，但6月23日，巴基斯坦信息部长穆沙希德·侯赛因在BBC的一档节目中拒绝做出同样的保证。[2]

---

[1] "Lahore Declaration," http：//www. nti. org/treaties-and-regimes/lahore-declaration. 印巴两国外长一个月前就已经准备该协议的草案了。

[2] "Pakistan Warns of Kashmir War Risk," BBC World, June 23, 1999.

在前线，印度人开始把巴基斯坦人赶出他们在卡吉尔占领的前哨阵地。谢里夫估计，面对近在眼前的败局，穆沙拉夫很可能会在克什米尔开辟新的战线。而印度若做出激烈的回应，就会引发全面战争，未来将是一场灾难。在华盛顿，克林顿研究了美国国家安全局截获的卫星图像，看到了穆沙拉夫下令在萨戈达空军基地部署的可能用于与印度全面开战的带核弹头导弹，他对此深感不安。为防止南亚发生核大屠杀，克林顿把谢里夫和瓦杰帕伊召去了华盛顿。但瓦杰帕伊拒绝前往，他明白参加一个有关卡吉尔问题的三方会议有违印度的立场，即克什米尔问题是一个双边问题。

在 1999 年美国独立日当天，经过紧张的谈判，谢里夫与克林顿签署了一份联合声明。其中专门就恢复控制线达成一致，以促成停火，这一点被视为恢复解决所有印巴争端的双边会谈之先决条件。谢里夫怀疑本国军方是否会认为这一声明"对巴基斯坦和全世界而言是做了件对的事"。

事实证明，他的预感有先见之明。10 月，谢里夫政权被穆沙拉夫推翻。正如 1965 年的印巴克什米尔战争导致阿尤布·汗将军被推翻一样，卡吉尔冲突也造成了类似的乱局，而唯一不同的是，这次是陆军参谋长（叶海亚·汗）而不是什么民选政治家取代了军人总统阿尤布·汗。

和以前的军事独裁者一样，穆沙拉夫一巩固了他的权力，就试图解决克什米尔问题。2001 年 7 月，穆沙拉夫在阿格拉与瓦杰帕伊举行会谈，提出了除全民公决外的其他解决方案，此举展现了他的灵活性，到头来发现瓦杰帕伊及其人民党资深内阁部长们坚持要求穆沙拉夫停止实施跨境恐怖主义，不再非法渗透印控克什米尔。

911 恐怖袭击以牺牲穆沙拉夫的方式壮大了印度人民党领导人在

德里的势力。德里议会大厦 12 月遭遇的恐怖袭击，进一步提升了印度的道德制高点。不过，还需美国总统乔治·W. 布什不断施压、印度军队调兵遣将，才迫使穆沙拉夫在 2002 年 1 月中旬取缔了 5 个极端组织。穆沙拉夫在这么做的同时，还同意只向克什米尔人提供"道义、政治和外交上的支持"。

事实证明，与过去一样，德里与伊斯兰堡关系的解冻如昙花一现。2002 年 5 月 14 日，克什米尔的卡鲁恰克军营发生了一起耸人听闻的恐怖袭击，造成 30 名男女老幼死亡，前所未有地激怒了印度领导人。

瓦杰帕伊授权军方轰炸巴控克什米尔境内的训练营。但是，空军缺少足够的激光制导炸弹和夜视吊舱来完成这项任务。当这些装备从以色列运抵时，时间已是 6 月 5 日。其间，陆军参谋长帕蒂马纳班将军把陆军 10 个师的打击部队中的 8 个调到了巴基斯坦边境附近的出发点。他的对手，巴基斯坦陆军参谋长穆沙拉夫也把一支由装甲师和摩托化步兵师组成的攻击部队调到了战备位置。

华盛顿和伦敦警铃大作。中情局局长告诉布什的战争内阁，他的分析人士认为，鉴于德里和伊斯兰堡的决策者对常规战争何时及以何种方式升级为核对抗不甚明确，因而发生第二次世界大战以来的首次核打击的风险极大。[①] 华盛顿和伦敦向大约 6 万名美国人和 2 万名英国人发出警告，劝他们从 5 月 31 日开始撤离印度。

印度和巴基斯坦的股市暴跌。两国政府为之震惊，尤其是德里方面。亲商界的印度人民党领导的内阁希望推动印度摆脱过去 GDP 增长缓慢的局面。西方则突然不相信印度经济会快速增长，这让瓦杰帕

---

① Steve Coll, "The Stand-Off: How Jihadi Groups Helped Provoke the Twenty-First Century's First Nuclear Crisis," *New Yorker*, February 13, 2006.

伊不知如何是好。

邻国之间一触即发核冲突的危机过去了，但两国军队仍然处于战备状态。穆沙拉夫体会着让驻扎在控制线地区的军队保持高度戒备带来的经济上的伤害，认识到了实用主义的好处。2003 年 12 月 17 日，他声称他的政府准备放弃长期以来在克什米尔问题上的要求，即以全民公投来结束这场持续了 56 年的争端。这件事，看起来需要双方都能灵活应对。

2004 年 5 月曼莫汉·辛格担任总理期间，当印度政府再度由国大党领导，缓慢的双边会谈进程开始加快。穆沙拉夫和辛格开通了一条秘密渠道来解决克什米尔问题，以避开媒体的窥探。

在世界各地的酒店举行了多次会晤之后，两国的特使塔里克·阿齐兹和萨丁德·拉巴赫就一项计划达成一致。穆沙拉夫在 2006 年 12 月接受新德里电视台采访时透露了这一点。巴基斯坦控制着克什米尔三分之一以上的领土，如果两边的人民都能自由穿行于开放的边界，巴基斯坦愿意放弃对约占原土邦王国一半面积的印控克什米尔的主权要求。① 两国军队将分阶段从控制线两边撤军。②

由于这一方案无需改变边界，印度领导人对此很感兴趣，但他们也担心军队一旦从该地区撤出，分裂分子的活动会猖獗起来。而且，他们也不确定，穆沙拉夫在这个问题上是否得到了军方高级将领的同意，因为该问题在巴基斯坦军方历史上至关重要。他们不得不权衡穆沙拉夫像阿尤布·汗一样被军方高层排挤掉的可能性。最后一点疑问是，在后穆沙拉夫时代，穆沙拉夫政府达成的协议能否原封不动地继续下去？

① 1947 年前查谟和克什米尔的其余地区由中国控制。
② Jyoti Malhotra, "Kashmir: Is Solution in Sight?," December 7, 2006, BBC News.

2007 年 11 月 28 日，穆沙拉夫不得不辞去陆军总参谋长一职，然后宣誓以文职总统的身份进入第二任期。议会在 2008 年 2 月大选后由反穆沙拉夫的政党主导，8 月 18 日，为免遭议会弹劾，他辞去了总统职务。至此，这两个南亚对手又失去了一次和平解决克什米尔争端的机会。

3 个月后，为解放印控克什米尔而招募的巴基斯坦恐怖分子对孟买的豪华酒店发动了长达 60 多小时的围困，这一事件严重损害了印巴关系。两国政府用了两年半的时间才恢复外交对话。而印度最初咬定，在孟买袭击案的凶手被绳之以法之前，两国关系正常化不会取得任何进展。后来，其态度有所缓和。

## 贸易增长带来希望

《南亚自由贸易协定》明确规定，到 2016 年，南亚区域合作联盟的 8 个成员国将把所有贸易商品的关税降为零，作为缔约国，印度和巴基斯坦从 2009 年开始实行双边贸易自由化。但是，由巴基斯坦人民党领导的政府未能兑现其在 2012 年底之前给予印度最惠国待遇的承诺，而德里 1996 年就给了巴基斯坦最惠国待遇。不过，2012 年 3 月，伊斯兰堡用负面清单取代了规定哪些货物可以从印度进口的正面清单。这使得获准进口的印度产品的类别增加了 3.5 倍，达到 6800 项。

2013 年 5 月谢里夫重新掌权后，印度和巴基斯坦就一项非歧视性市场准入协议达成一致，从而避免了使用"最惠国待遇"一词，因为在巴基斯坦，这个词已被政治化。在截至 2013 年 4 月的这一财年，印巴贸易额为 26 亿美元，远低于印度和巴基斯坦通过第三国实行的贸易额，即 40 亿美元。

值得回想一下的是，1999 年初签署《拉合尔宣言》后，谢里夫曾当着瓦杰帕伊的面表示希望"巴基斯坦和印度能像美国和加拿大那样相处".[1] 这两个北美邻国之间的关系如此融洽，以至于它们长达 1538 英里的边界没有任何军事防卫。遗憾的是，谢里夫的情绪仍然停留在一个源于富有感染力的善意形成的良好愿望。尽管如此，它还是让我们眼前闪过一种可能的景象：这对南亚双胞胎以另一种方式相处，即在持续的相互合作和友好的基础上，走向繁荣昌盛与和平共处。

令人遗憾的是，这两个邻国奉行全面敌对的双边政策，而敌意的根源在于棘手的克什米尔争端，这使得本应用于促进医疗卫生、教育和社会福利的稀缺资源转而用于建设军队以及伴随而来的军工业方面。根据印度宪法，受教育是印度人民的一项基本权利，2011 年的识字率达到 74%，却仍然远远落后于其官员经常重复的达到普及的目标。[2] 在巴基斯坦，2012 年只有 21% 的识字率。[3] 对于一个有能力制造核武器并与邻国印度进行核军备竞赛的国家来说，这个数据令人沮丧。

---

[1] Kenneth J. Cooper, "India, Pakistan Kindle Hope for Peace," *Washington Post*, February 21, 1999.

[2] "Literacy in India," Census of India 2011, http://www.census2011.co.in/literacy.php.

[3] "Pakistan Ranks 180 in Literacy: UNESCO," *Pakistan Today*, December 4, 2013.

# 结　语

（由印度教的奉行民族主义的印度人民党领导的）全国民主联盟在印度大选中取得压倒性胜利后，人民党领导人莫迪随即邀请南亚区域合作联盟的另外 7 位领导人参加他 2014 年 5 月 26 日的总理就职典礼。

伊斯兰堡的将军们建议谢里夫总理拒绝这一邀请，但他不肯听劝。这让将军们很不满，因为在他们看来，印度仍是巴基斯坦国家安全问题的大患，而他们正是因此才有权在这方面最后拍板。为了强调自己的至高权威，谢里夫在启程去德里的前夕，下令释放了因在巴基斯坦水域捕鱼而被捕的 151 名印度渔民，以示友好。[①]

5 月 27 日，谢里夫与莫迪进行了一小时的一对一会谈，其间，他还邀请东道主访问巴基斯坦。他们在摄像机前热情地握手，似乎预示着印巴关系的改善。谢里夫称，两国的最高外交官将很快会晤，推动双方的对话进程。作为亲商业的领袖，他们致力于追求贸易关系的正常化。据设在德里的新德里电视台的巴克哈·达特所说："谢里夫

---

[①] Saba Imtiaz, "Fishermen Cross an Imperceptible Line into Enemy Waters," *New York Times*, August 24, 2014. Between 2008 and 2013, India had released 353 Pakistani fishermen.

表示，以这样有力的方式掌权，让双方领导人摆脱了束缚……真正翻开了印巴关系史新的一页。"① 谢里夫此处所指，是其政党在一年前的巴基斯坦大选中赢得的绝大多数票。

莫迪送给谢里夫母亲沙米姆·阿赫塔尔一条披肩，巴基斯坦领导人则在6月初回赠印度总理的母亲赫拉本·莫迪一件白色纱丽。

然而，一如以前，外交的紧张局势一缓和，克什米尔控制线沿线的违规行为就有所增加。6月初至8月初，印度确认了30多起违反控制线的行为，巴基斯坦报告了57起。②

8月12日，莫迪访问了克什米尔的卡吉尔，参加一座发电厂的落成典礼。他说："巴基斯坦已经无力去打常规战，但是在继续通过恐怖分子打代理战争。"当天早些时候，他在对克什米尔的地区首府列城的士兵讲话时，告诉他们印度军队"因恐怖主义活动所蒙受的伤亡损失多过战争造成的"。③

莫迪的声明似乎不足以驱散印巴之间在当年春季产生的友好情谊，伊斯兰堡街头的抗议也在威胁着谢里夫的任期，此次抗议将持续数周。

从8月14日巴基斯坦独立日开始，反对党领袖伊姆兰·汗领导了一场从拉合尔到伊斯兰堡的抗议游行，以谢里夫的政党操纵了2013年的大选为由，要求他辞职。还有一场游行是卡德里领导的，他是一名神职人员，他领导的"巴基斯坦人民运动"（Pakistan Awami

① Hilary Whiteman and Harmeet Shah Singh, "India, Pakistan Leaders Meet, Signal Steps toRebuild Trust," CNN, May 27, 2014.
② Hari Kumar, "Premier Denounces Pakistan for 'Proxy War,'" *New York Times*, August 12, 2014.
③ Hari Kumar, "Premier Denounces Pakistan for 'Proxy War,'" *New York Times*, August 12, 2014; "NarendraModi Accuses Pakistan of Waging Proxy War in Kashmir," *Guardian* (London), August 12, 2014.

Tehreek，乌尔都语）是由温和的逊尼派和受迫害的什叶派组成的广泛联盟。他的政党一年前抵制了议会选举。卡德里倡导真正的民主，即赋予弱势群体权力。

谢里夫下令用铁丝网和集装箱封锁首都的行政中心，称之为"红区"。

8月19日，抗议者拆除路障，进入红区，陆军总司令拉希尔·谢里夫呼吁政府与抗议者进行谈判。但当政府指派一组政客去与示威者领导人对话时，汗坚称总理必须先辞职。这是谢里夫以及所有其他反对派团体都不能接受的。虽然军方高层似乎无意夺权，但他们很高兴看到谢里夫政府被削弱。

与此同时，8月25日原是外交部所定的印度外长苏加沙·辛格抵达与巴基斯坦外长艾扎兹·乔杜里会谈的日期。除讨论其他事项外，他们还期望为9月底在纽约举行的莫迪与谢里夫的会晤制定议程。但问题来了。

据伊斯兰堡方面称，在印巴会谈之前"一向有惯例"，即巴基斯坦高级专员在德里与持不同政见的克什米尔领导人举行会谈，以"促进对克什米尔问题的实质性磋商"。

当印度得知克什米尔分裂分子领导人沙比尔·艾赫迈德·沙哈即将与巴基斯坦高级专员阿卜杜勒·巴西特会面时，外长辛格建议巴西特取消此次约见。巴西特按照本国外交部的建议没有理会。考虑到谢里夫当时面临的街头抗议，他不能让人认为自己对印度"卑躬屈膝"。巴西特与沙哈的会谈在8月18日如期举行。巴基斯坦发言人塔斯尼姆·阿斯拉姆辩称，克什米尔是有争议的领土，而巴基斯坦是克什米尔争端中的"合法利益相关方"。

莫迪政府将巴基斯坦特使的行为描述为对印度内政的干涉，于是取消了两国外长的谈判。莫迪拒绝放任巴基斯坦与克什米尔分裂分子公开接触——就像前几届政府为维护和平进程所做的那样——就此划下了一条新的红线。他也因此对他上任后开始的新的和平努力造成了打击。

虽然仍面临着抗议活动造成的危机（这抗议活动已使巴基斯坦首都陷入瘫痪），谢里夫还是采取行动，打破了与德里的外交僵局。9月初，他给莫迪送去了一盒千挑万选的巴基斯坦芒果，也给印度外长苏什玛·斯瓦拉杰、总统普拉纳布·慕克吉和副总统哈米德·安萨里送了，后两者都是国大党的老党员。此举表现了一种极其友好的姿态。

事实证明，这种姿态并不足以唤起诚意。9月26日，谢里夫在联合国大会上发表讲话，对取消外长级会谈表示失望。"查谟和克什米尔的核心问题必须得到解决，"他说，"这是国际社会的责任……巴基斯坦愿意通过谈判来解决这个问题。"与此同时，他宣称："在遵照查谟和克什米尔人民的意愿解决克什米尔问题之前，我们不能在这个问题上遮遮掩掩。"发表讲话后，他很快返回伊斯兰堡，以化解那里持续的政治危机。

第二天，莫迪在联合国大会上说，南亚和世界面临着更为紧迫的问题，"在联合国提出［克什米尔争端］并不能解决双边问题。"他还说："我们也想促进与巴基斯坦的友谊，但我们只能在摆脱了恐怖主义阴影之后展开对话。"

简而言之，长达数十年的克什米尔争端仍是一个死结。相比之下，印巴两个邻国之间的贸易和文化关系还在继续稳步改善。9月11日，外长级会议取消事件的核心人物、高级专员巴西特在新德里为巴基斯坦生活方式展揭幕。现场展示了巴基斯坦的纺织品、大理石和皮革产品。更重要的是，两周前，印度汽车零部件制造商协会与巴基斯坦汽车零部件和配件制造商协会在拉合尔签署了一份谅解备忘录，它们将在巴基斯坦建立测试设施，并在技能开发方面展开合作。

在文化领域，6月发生了一件大事。ZEE娱乐有限公司推出了一个新频道——生活电视台（Zindagi，印地语/乌尔都语），向印度各地的观众播放巴基斯坦最好的电视节目——喜剧片、一次性电视电影以及演绎家庭生活故事的电视剧。ZEE公司的执行官沙里加·克里瓦尔说，印度人对巴基斯坦的生活"深感好奇"。"令人吃惊的是，独立之后，印度观众从未真正见过巴基斯坦。当我们说这些地方就在巴基斯坦时，参加试看的观众既震惊又兴奋，因为这些场景对他们来说太熟悉了。"

这样一个广阔的电视市场的开放，为巴基斯坦媒体业提供了巨大的机会。同样重要的是，谢里夫在5月下旬访问德里期间，与ZEE公司所隶属的埃塞尔集团的主席苏巴什·钱德拉举行了会谈，讨论了生活电视台的播放内容。不出几周，生活电视台的巴基斯坦节目就大受欢迎，用一位印度电视评论家的话来说，部分原因在于"这些巴基斯坦电视剧讲述故事的方式简单直接，与那些紧张刺激、没完没了的印度电视剧相比，这是一个可喜的变化。"

总而言之，尽管解决克什米尔争端方面没有任何进展，印巴在商业和文化交流领域的关系正在稳步发展。

# 特别推荐参考文献

Adams, Jad. *Gandhi: Naked Ambition*. London: Quercus, 2010.

Ahmed, Akbar S. *Pakistan and Islamic Identity: The Search for Saladin*. London: Routledge, 1997.

Akbar, M. J. *India: The Siege Within*. Harmondsworth, UK: Penguin Books, 1985.

Ali, Tariq. *The Duel: Pakistan on the Flight Path of American Power*. New York: Scribner, 2008.

———. *Pakistan: Military Rule or People's Power*. London: Jonathan Cape, 1970.

Anderson, Perry. *The Indian Ideology*. Gurgaon: Three Essays Collective, 2012.

Aziz, Khursheed Kamal. *Rahmat Ali: A Biography*. Lahore: Vanguard Books, 1987.

Bandhopadhyay, J. *The Making of India's Foreign Policy*. New Delhi: Allied, 1991.

Bhutto, Fatima. *Songs of Blood and Sword: A Daughter's Memoir*. London: Jonathan Cape, 2010 / NewYork: Nation Books, 2010.

Bhutto, Zulfikar Ali. *If I Am Assassinated*. New Delhi: Vikas, 1979.

———. *The Myth of Independence*. London and Karachi: Oxford University Press, 1969.

Blackburn, Robin, ed. *Explosion in a Subcontinent: India, Pakistan, Bangladesh and Ceylon*. Harmondsworth, UK: Penguin Books, 1975.

Bolitho, Hector. *Jinnah: Creator of Pakistan*. Westport, CT: Greenwood, 1981.

Bose, Sumanta. *Kashmir: Roots of Conflict, Paths to Peace*. Cambridge, MA: Harvard University Press, 2005.

Chatterji, Joya. *Bengal Divided: Hindu Communalism and Partition, 1932 –*

*1947*. Cambridge: Cambridge University Press, 2002.

Chaudhri, Muhammad Ali. *The Emergence of Pakistan*. New York: Columbia University Press, 1967.

Fischer, Louis. *Gandhi: His Life and Message for the World*. New York: Mentor Books, 1954.

———. *The Life of Mahatma Gandhi*. London: Granada, 1982.

French, Patrick. *Liberty or Death: India's Journey to Independence and Division*. London: HarperCollins, 1997.

Galbraith, John Kenneth. *Ambassador's Journal: A Personal Account of the Kennedy Years*. Boston: HoughtonMifflin / London: Hamish Hamilton, 1969.

Gandhi, Rajmohan. *Gandhi: The Man, His People and the Empire*. Berkeley: University of California Press/ London: Haus, 2010.

———. *Understanding the Muslim Mind*. New Delhi: Penguin Books, 2000.

Ghose, Sankar. *Jawaharlal Nehru: A Biography*. New Delhi: Allied, 1993.

———. *Mahatma Gandhi*. New Delhi: Allied, 1991.

Gould, Harold. *The South Asia Story: The First Sixty Years of U. S. Relations with India and Pakistan*. NewDelhi: Sage, 2010.

Guha, Ramchandra. *India After Gandhi: The History of the World's Largest Democracy*. London: Macmillan, 2007 / New York: Harper Perennial, 2008.

Gulhati, Niranjan D. *The Indus Waters Treaty: An Exercise in International Mediation*. Bombay: Allied, 1973.

Hansen, Thomas Blom. *The Saffron Wave: Democracy and Hindu Nationalism in Modern India*. Princeton, NJ: Princeton University Press, 1999.

Haqqani, Husain. *Pakistan: Between Mosque and Military*. Washington, DC: Carnegie Endowment forInternational Peace, 2005.

Hiro, Dilip. *Apocalyptic Realm: Jihadists in South Asia*. New Haven, CT: Yale University Press, 2012.

———. *Inside India Today*. London: Routledge&Kegan Paul, 1976 / New York: Monthly Review Press, 1977.

———. *The Timeline History of India*. New York: Barnes & Noble, 2006.

———. *War Without End: The Rise of Islamist Terrorism and Global Response*. London: Routledge, 2002.

Hutchinson, Robert. *Weapons of Mass Destruction: The No-Nonsense Guide to Nuclear, Chemical and BiologicalWeapons Today*. London: Weidenfeld& Nicolson, 2003.

Jagmohan. *My Frozen Turbulence in Kashmir*. 8th edition. New Delhi: Allied, 2007.

Jalal, Ayesha. *The Sole Spokesman: Jinnah, the Muslim League and the Demand for Pakistan*. Cambridge: Cambridge University Press, 1985.

Khilnani, Sunil. *The Idea of India*. London: Penguin Books, 1998 / New York: Farrar, Straus and Giroux, 1998.

Kux, Dennis. *India and the United States: Estranged Democracies, 1941 - 1991*. Washington, DC: NationalDefense University Press, 1992.

Lamb, Christina. *Waiting for Allah: Pakistan's Struggle for Democracy*. London: Hamish Hamilton, 1991.

Levy, Adrian, and Catherine Scott-Clark. *Deception: Pakistan, the United States and the Global NuclearWeapons Conspiracy*. London: Atlantic Books, 2007 / New York: Walker & Company, 2007.

Lieven, Anatol. *Pakistan: A Hard Country*. London: Allen Lane, 2011.

McGarr, Paul M. *The Cold War in South Asia: The United States and the Indian Subcontinent, 1945 - 1965*. Cambridge: Cambridge University Press, 2013.

Merriam, Allen Hayes. *Gandhi Versus Jinnah: The Debate over the Partition of India*. Calcutta: MinervaAssociates, 1980 / Thousand Oaks, CA: Sage, 1982.

Michel, Aloys Arthur. *The Indus Rivers: A Study of the Effects of Partition*. New Haven, CT: Yale UniversityPress, 1967.

Moon, Penderel. *Divide and Quit*. Berkeley: University of California Press, 1962.

————, ed. *Wavell: The Viceroy's Journal*. New York: Oxford University Press, 1997.

Nayar, Kuldip. *Beyond the Lines: An Autobiography*. New Delhi: Roli Books, 2012.

————. *India: The Critical Years*. London: Weidenfeld& Nicolson, 1971 / New Delhi: Vikas, 1971.

Peer, Basharat. *Curfewed Night*. Noida: Random House India, 2009. / *Curfewed Night: One Kashmiri Journalist's Frontline Account of Life, Love, and War in His Homeland*. New York: Scribner, 2010. / *Curfewed Night: A Frontline Memoir of Life, Love and War in Kashmir*. London: Harper, 2010.

Prasad, Rajendra. *Satyagraha in Champaran*. Ahmedabad: Navajivan, 1949.

Raman, B. *The Kaoboys of R&AW: Down Memory Lane*. New Delhi: Lancer, 2008.

Sattar, Abdul. *Pakistan's Foreign Policy, 1947 - 2005: A Concise History*. Karachi: Oxford University Press, 2007.

Schofield, Victoria. *Bhutto: Trial and Execution*. London: Cassell, 1977.

————. *Kashmir in Conflict: India, Pakistan and the Unending War*. Revised edition. London: I. B. Tauris, 2003.

Scott-Clark, Catherine, and Adrian Levy. *The Siege: 68 Hours Inside the Taj Hotel*. New York: PenguinBooks, 2013. / *The Siege: Three Days of Terror Inside the Taj*. London: Viking, 2013.

Singh, Jaswant. *Jinnah: India—Partition—Independence*. New Delhi: Rupa and Company, 2009.

Singh, Khushwant. *A History of the Sikhs: Volume 2, 1839 - 2004*. New Delhi: Oxford University Press, 2012.

————. *Train to Pakistan*. New Delhi: Penguin Books, 2009.

Snedden, Christopher. *Kashmir: The Unwritten History*. New Delhi: HarperCollins India, 2013.

Stephens, Ian. *Pakistan*. London: Ernest Benn, 1963.

Tidrick, Kathryn. *Gandhi: A Political and Spiritual Life*. London: I. B. Tauris, 2006.

Verghese, B. G. *Waters of Hope*. New Delhi: Oxford and IBH, 1990.

Von Tunzelmann, Alex. *Indian Summer: The Secret History of the End of an Empire*. London: Simon &-Schuster, 2008.

Ziring, Lawrence. *The Ayub Khan Era: Politics in Pakistan 1958 - 1969*. Syracuse, NY: Syracuse UniversityPress, 1971.

————. *Pakistan in the Twentieth Century*. Karachi: Oxford University Press, 1997.

Dilip Hiro

The Longest August：The Unflinching Rivalry Between India and Pakistan

Copyright © 2015 by Dilip Hiro

图字：09 - 2019 - 758 号

**图书在版编目（CIP）数据**

漫长的八月/（英）迪利普·希罗（Dilip Hiro）著；
周平译. —上海：上海译文出版社，2023.8
书名原文：The Longest August：The Unflinching
Rivalry Between India and Pakistan
ISBN 978 - 7 - 5327 - 9272 - 6

Ⅰ.①漫…　Ⅱ.①迪…②周…　Ⅲ.①印巴战争 - 研
究②克什米尔问题 - 研究　Ⅳ.①D835.331②D835.331

中国国家版本馆 CIP 数据核字(2023)第 109269 号

**漫长的八月**
［英］迪利普·希罗　著　周平　译
责任编辑/钟　瑾　装帧设计/柴昊洲

上海译文出版社有限公司出版、发行
网址：www. yiwen. com. cn
201101　上海市闵行区号景路 159 弄 B 座
上海市崇明县裕安印刷厂印刷

开本 890×1240　1/32　印张 19　插页 2　字数 424,000
2023 年 8 月第 1 版　2023 年 8 月第 1 次印刷
印数：0,001—8,000 册

ISBN 978 - 7 - 5327 - 9272 - 6/K · 316
定价：88.00 元